Theo Feist, Wolfgang Ulshöfer, Hans-Peter Engler, Anton Wörner

Technik und Management

Berufliches Gymnasium

Technische Richtung

Band 1: Management

2. Auflage

Bestellnummer 00780

Bildungsverlag EINS

Haben Sie Anregungen oder Kritikpunkte zu diesem Produkt?
Dann senden Sie eine E-Mail an 00780_002@bv-1.de
Autoren und Verlag freuen sich auf Ihre Rückmeldung.

www.bildungsverlag1.de

Bildungsverlag EINS GmbH
Hansestraße 115, 51149 Köln

ISBN 978-3-427-**00780**-7

Vorwort

Das vorliegende Lehr- und Arbeitsbuch orientiert sich am Lehrplan des Profilfaches „Technik und Management" des Technischen Gymnasiums in Baden-Württemberg. Es enthält jene Lehrplaneinheiten, die wirtschaftliche Bildungsinhalte zum Gegenstand haben. Damit ist das Buch Teil einer mehrbändigen Lehrbuchreihe, durch die das gesamte Profil „Technik und Management" abgedeckt wird.

Lehrplanänderungen ab dem Schuljahr 2010/2011 wurden in der 2. Auflage eingearbeitet. Leider musste der bisherige Themenkreis „Grundlagen der Wirtschaft" entfallen. Er wird wegen seiner grundlegenden Bedeutung aber im Unterrichtsbegleitmaterial aufgenommen.

Jedes Kapitel mit einstelliger Gliederungsziffer beginnt mit einer Beschreibung der Probleme, die auf den darauffolgenden Seiten bearbeitet werden. Damit ist beabsichtigt, bei den Lesern das erkenntnisleitende Interesse für die entsprechenden Sachinformationen zu wecken. Zahlreiche Beispiele, Grafiken, Schaubilder und Tabellen ergänzen und veranschaulichen die Fachinhalte. Die für den Strukturaufbau zentralen Definitionen sind besonders hervorgehoben und entsprechend farblich abgesetzt. In den zusammenfassenden Übersichten am Ende der einzelnen Unterabschnitte wurden die für die Stofferschließung bedeutsamen wesentlichen Strukturelemente aufgenommen. Ebenfalls am Ende der Unterabschnitte wurden Fragen zur **Wiederholung des Grundwissens** sowie vertiefende **Aufgaben und Probleme** aufgenommen. Informationen darüber, wann die vertiefenden Aufgaben jeweils bearbeitet werden können, sind der Randspalte zu entnehmen. Gleichzeitig enthält die Randspalte auch Hinweise zum Einsatz der integrierten Unternehmenssoftware (IUS), die Gegenstand eines eigenständigen Lehrbuchs ist.

Für Anregungen und Verbesserungsvorschläge sind Verfasser und Verlag dankbar.

Köln, Frühjahr 2011 Die Verfasser

Inhaltsverzeichnis

Themenkreis 1
Abschluss und Erfüllung von Verträgen

Um welche Probleme geht es in diesem Kapitel?

Damit Personen am Rechtsverkehr teilnehmen können (z. B. als Vertragspartner), müssen sie mit bestimmten Fähigkeiten ausgestattet sein. Sind sie rechtsfähig, so können sie bestimmte Rechte und Pflichten übernehmen. Rechtswirksame Willenserklärungen können sie hingegen nur dann uneingeschränkt abgeben, wenn sie geschäftsfähig sind.

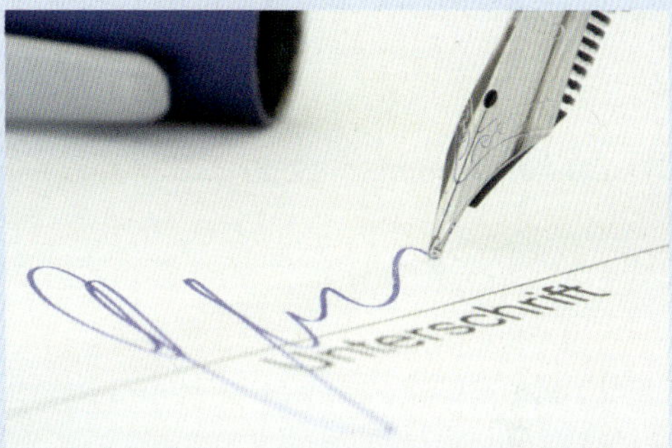

Mit dem Abschluss eines rechtswirksamen Vertrages entstehen für die Vertragspartner Rechte und Pflichten. Wann jedoch ein Vertrag tatsächlich zustande kommt, ist von verschiedenen Bedingungen abhängig. Wird ein wirksamer Vertrag nicht pflichtgemäß erfüllt, so kann der jeweils andere Vertragspartner bestimmte Rechte geltend machen.

1.1 Rechts- und Geschäftsfähigkeit

1.1.1 Rechtsfähigkeit

Rechtsfähigkeit ist die Fähigkeit von Personen, Träger von Rechten und Pflichten zu sein.

Wer rechtsfähig ist, kann eigene Rechte wahrnehmen. Er kann unter bestimmten Voraussetzungen Verträge abschließen, erben, klagen und verklagt werden. Er muss aber auch Pflichten erfüllen, z. B. Steuern zahlen.

Rechtsfähig und damit **Rechtsträger** sind **natürliche Personen**, **juristische Personen** und **rechtsfähige Personengesellschaften**.

Natürliche Personen sind alle Menschen, und zwar unabhängig von ihrem Alter. Die Rechtsfähigkeit natürlicher Personen beginnt mit der Vollendung der Geburt und endet mit dem Eintritt des Todes. § 1 BGB

Rechtsfähigkeit eines zweijährigen Kindes

Die zweijährige Brigitte Feldt hat aufgrund eines Testaments ihres verstorbenen Großvaters eine Briefmarkensammlung geerbt. Sie ist Eigentümerin dieser Sammlung.

Juristische Personen sind Vereinigungen von Personen, denen die Möglichkeit eingeräumt wird, als Träger von Rechten und Pflichten am Rechtsverkehr teilzunehmen.

Von den **juristischen Personen des privaten Rechts** (eingetragene Vereine, Aktiengesellschaften, Genossenschaften, Stiftungen wie die Stiftung Warentest) sind die **juristischen Personen des öffentlichen Rechts** (Körperschaften wie Bund, Länder und Gemeinden; Anstalten wie Rundfunkanstalten, Sparkassen; Stiftungen wie die Stiftung Preußischer Kulturbesitz) zu unterscheiden.

Die Chemo-Werke AG – eine juristische Person des privaten Rechts

Die Chemo-Werke AG – nicht aber deren Aktionäre – ist Eigentümerin von Grundstücken, Maschinen, Waren usw. Die AG hat die Pflicht, Körperschaftsteuer, Gewerbesteuer, Grundsteuer usw. zu zahlen (**Rechtsfähigkeit**). Die Aktionäre können zur Begleichung von Verbindlichkeiten der AG nicht herangezogen werden.

Juristische Personen können ihre Rechte und Pflichten nur durch ihre Vertreter wahrnehmen.

Kapitalgesellschaften und Genossenschaften erlangen durch Eintragung in das Handelsregister bzw. das Genossenschaftsregister Rechtsfähigkeit. **Vereine** werden durch Eintragung in das Vereinsregister rechtsfähig. **Juristische Personen des öffentlichen Rechts** erlangen Rechtsfähigkeit durch Gesetz, Erlass oder Verleihung.

Rechtsfähigkeit der Industrie- und Handelskammer Südlicher Oberrhein

Die Industrie-und Handelskammer Südlicher Oberrhein hat ihren Geschäftssitz in Freiburg. Sie ist verpflichtet, dafür zu sorgen, dass vor ihrem Geschäftsgebäude in Freiburg der Winterdienst (z. B. Streupflicht) geleistet wird.

§ 14 Abs. 2 BGB

„Eine **rechtsfähige Personengesellschaft** ist eine Personengesellschaft, die mit der Fähigkeit ausgestattet ist, Rechte zu erwerben und Verbindlichkeiten einzugehen".

Aufgaben 1 u. 2 Seite 14

Rechtsfähigkeit der Fritz Klumpp OHG

Fritz Klumpp hat für die Fritz Klumpp OHG eine Werkzeugmaschine bei der Emmendinger Maschinenfabrik AG gekauft. Gegebenenfalls kann die Emmendinger Maschinenfabrik AG die Fritz Klumpp OHG auf Zahlung verklagen. Die OHG ist eine rechtsfähige Personengesellschaft.

1.1.2 Geschäftsfähigkeit

Von der Rechtsfähigkeit zu unterscheiden ist die **Geschäftsfähigkeit**.

Geschäftsfähigkeit ist die Fähigkeit, Rechte und Pflichten durch Rechtsgeschäfte selbstständig erwerben zu können.

Rechtsfähigkeit ohne Geschäftsfähigkeit

Die zweijährige Brigitte Feldt hat durch die Erbschaft das Eigentumsrecht an der Briefmarkensammlung erworben. Sie selbst kann die Sammlung aber nicht verkaufen. Sie ist zwar rechtsfähig, aber es fehlt die Geschäftsfähigkeit.

Juristische Personen sind nicht geschäftsfähig. Sie sind im Rechtsverkehr nur handlungsfähig durch ihre Organe.

Verträge mit der Chemo-Werke AG

Vertreten durch ihren Vorstand schließt die Chemo-Werke AG Verträge mit Lieferanten und Kunden, Banken und Arbeitnehmern.

Der **Umfang der Geschäftsfähigkeit natürlicher Personen** hängt von deren Lebensalter ab:

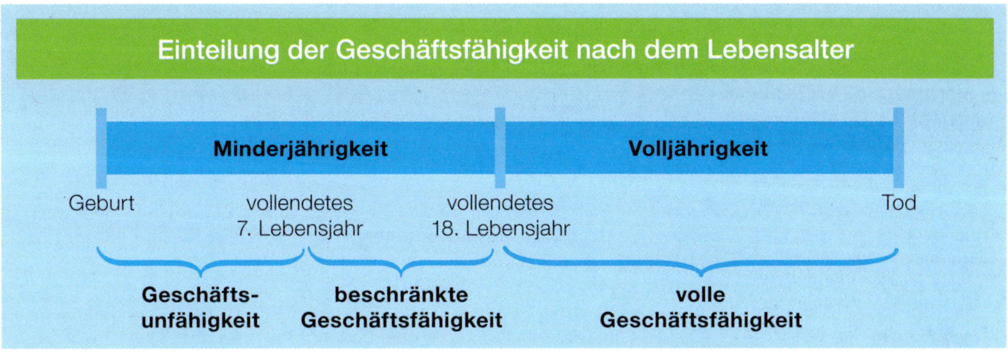

Voll geschäftsfähig ist, wer ohne Einschränkung selbstständig rechtswirksame Willenserklärungen abgeben kann. Er ist damit gleichzeitig vertragsfähig.

Geschäftsunfähig sind Personen bis zum vollendeten 7. Lebensjahr § 104 BGB
und Personen, die dauernd geisteskrank sind. **Willenserklärungen** Geschäftsunfähiger sind **nichtig**. Für sie handeln gesetzliche Vertreter (Eltern, Vormund, Betreuer). **Vormundschaft** gibt es im Bedarfsfall nur für § 1773 BGB
Minderjährige. Für Volljährige wird z. B. bei einer geistigen Behinderung ein **Betreuer** bestellt. Dieser übernimmt in festgelegten Aufgabenkreisen § 1896 BGB
die gesetzliche Vertretung. Ist es zur Abwehr einer erheblichen Gefahr für die Person oder das Vermögen des Betreuten erforderlich, kann das Vormundschaftsgericht Einschränkungen für die Teilnahme des Betreuten am Rechtsverkehr anordnen. Der Betreute bedarf dann zu einer Willenserklärung der Einwilligung des Betreuers (**Einwilligungsvorbehalt**). § 1903 BGB

Geschäftsunfähigkeit

Beschränkt geschäftsfähig sind Minderjährige, die das 7. Lebensjahr vollendet haben. **Willenserklärungen** beschränkt geschäftsfähiger Personen bedürfen grundsätzlich der **Zustimmung** durch den § 106 BGB
gesetzlichen Vertreter, entweder als **Einwilligung** (= vorherige Zustimmung) oder als **Genehmigung** (= nachträgliche Zustimmung). Für diesen Personenkreis gelten einige Sonderregelungen. § 183 BGB § 184 BGB

Beschränkte Geschäftsfähigkeit

Willenserklärungen geschäftsunfähiger Personen sind nichtig. Willenserklärungen, die ohne Einwilligung des gesetzlichen Vertreters von beschränkt geschäftsfähigen Personen abgegeben werden, sind schwebend unwirksam.

Volle Geschäftsfähigkeit

Rechtswirksamkeit von Willenserklärungen, die beschränkt Geschäftsfähige abgeben	
1. Schließt ein beschränkt Geschäftsfähiger **mit vorheriger Zustimmung (Einwilligung) des gesetzlichen Vertreters** einen Vertrag, so ist dieser **rechtswirksam** (§ 107 BGB).	**Beispiele:** Der zwölfjährige Horst Kolb kauft drei CDs zum Preis von 24,00 EUR. Seine Eltern haben dem Kauf vorher zugestimmt. Damit ist der Kaufvertrag rechtswirksam.
2. Schließt ein beschränkt Geschäftsfähiger **ohne Einwilligung des gesetzlichen Vertreters** einen Vertrag, so ist die **Rechtswirksamkeit von der nachträglichen Zustimmung (Genehmigung) des gesetzlichen Vertreters abhängig**. Bis zur Erteilung der Genehmigung ist der Vertrag schwebend unwirksam (§ 108 BGB). Das BGB schützt somit den beschränkt Geschäftsfähigen. Vertragsschließende müssen den Grundsatz kennen: „Guter Glaube an die Geschäftsfähigkeit wird nicht geschützt.“	In Abwesenheit seiner Eltern kauft der dreizehnjährige Michael Junk von einem vorbeikommenden Obstbauern (Straßenverkauf) eine Stiege Äpfel zum Preis von 12,00 EUR. Der Vertrag ist zunächst schwebend unwirksam. Er wird rechtswirksam, wenn die Eltern nachträglich zustimmen (genehmigen). Verweigern die Eltern dies und fordern sie die Rücknahme des Obstes gegen Erstattung des Geldes, so muss der Verkäufer dieser Forderung entsprechen.
3. **Willenserklärungen sind voll rechtswirksam ohne Einwilligung des gesetzlichen Vertreters**, wenn sie dem beschränkt Geschäftsfähigen lediglich einen **rechtlichen Vorteil** bringen (§ 107 BGB). Dabei kommt es nicht auf die wirtschaftliche Bewertung, sondern allein auf die Rechtsfolgen an.	Der vierzehnjährige Michael Junk erhält drei CDs im Wert von 72,00 EUR von seiner Tante geschenkt. Da für Michael keine rechtliche Pflicht (Bezahlung) besteht, ist das Rechtsgeschäft Schenkung gültig.
4. **Willenserklärungen sind voll rechtswirksam auch ohne Zustimmung des gesetzlichen Vertreters**, wenn der beschränkt Geschäftsfähige Verträge schließt und für die **Erfüllung der Verträge Mittel verwendet, die ihm zu diesem Zweck oder zur freien Verfügung** von seinem gesetzlichen Vertreter oder mit dessen Zustimmung von einem Dritten **überlassen worden sind** (§ 110 BGB).	Kauft der vierzehnjährige Michael Junk eine CD für 15,00 EUR von seinem monatlichen Taschengeld, so ist der Kaufvertrag auch ohne Zustimmung seiner Eltern rechtswirksam.
5. **Beschränkt Geschäftsfähige** gelten in zwei Fällen als **voll geschäftsfähig**: a) Der beschränkt Geschäftsfähige wird **durch seinen gesetzlichen Vertreter ermächtigt, ein Dienst- oder Arbeitsverhältnis einzugehen**. Er ist dann im Rahmen dieses Vertragsverhältnisses unbeschränkt geschäftsfähig (§ 113 BGB). b) Der beschränkt Geschäftsfähige wird **durch seinen gesetzlichen Vertreter mit Genehmigung des Vormundschaftsgerichts zum selbstständigen Betrieb eines Erwerbsgeschäftes ermächtigt (§ 112 BGB)**. Er ist dann für solche Rechtsgeschäfte unbeschränkt geschäftsfähig, die der Geschäftsbetrieb mit sich bringt.	Der sechzehnjährige Dieter Weiß hat mit Einwilligung seiner Eltern eine Tätigkeit in einem Betrieb übernommen. Der Betrieb zahlt den Lohn bargeldlos. Dieter Weiß darf sich ein Bankkonto einrichten lassen, also einen Girovertrag mit einer Bank oder Sparkasse schließen, da er im Rahmen des Arbeitsverhältnisses[1] voll geschäftsfähig ist. Aus Gesundheitsgründen überträgt der Geschäftsinhaber Walter Haber seinen Betrieb auf seinen siebzehnjährigen Sohn Peter. Für den Betrieb darf der beschränkt Geschäftsfähige rechtswirksame Verträge schließen.

↘ Aufgaben 3–6 Seite 14 f.

[1] *Für ein Ausbildungsverhältnis gilt dies nicht, da Ausbildungsverhältnisse aus rechtlicher Sicht nicht als Arbeitsverhältnisse gelten.*

Zusammenfassende Übersicht zu Kapitel 1.1: Rechts- und Geschäftsfähigkeit

Rechtsfähigkeit

= Fähigkeit von Personen, Träger von Rechten und Pflichten zu sein

Rechtssubjekte

Natürliche Personen	**Juristische Personen**	**Rechtsfähige Personengesellschaften**
Menschen von der Geburt bis zum Tod	Personenvereinigungen, die durch staatliche Mitwirkung (z. B. Gesetz) oder durch Eintragung in das Vereins- oder Handelsregister zu Rechtssubjekten werden	Personengesellschaften, die fähig sind, Rechte zu erwerben und Verbindlichkeiten einzugehen (OHG, KG)

Geschäftsfähigkeit

Fähigkeit, Rechte und Pflichten durch Rechtsgeschäfte selbstständig erwerben zu können (rechtswirksame Abgabe von Willenserklärungen)

Einteilung der Geschäftsfähigkeit nach dem Lebensalter

Minderjährigkeit		**Volljährigkeit**
Geburt bis vollendetes 7. Lebensjahr	vollendetes 7. Lebensjahr bis vollendetes 18. Lebensjahr	vollendetes 18. Lebensjahr bis Tod
Geschäftsunfähigkeit § 104 BGB	**beschränkte Geschäftsfähigkeit § 106 BGB**	**volle Geschäftsfähigkeit**

Rechtsgeschäfte eines beschränkt Geschäftsfähigen sind auch ohne Zustimmung des gesetzlichen Vertreters wirksam, wenn eine der folgenden Voraussetzungen gegeben ist:

- rechtlicher Vorteil (§ 107 BGB)
- Mittel zur freien Verfügung, z. B. Taschengeld (§ 110 BGB)
- Dienst- oder Arbeitsverhältnis (§ 113 BGB)
- Selbstständiger Betrieb eines Erwerbsgeschäfts (§ 112 BGB)

Wiederholung des Grundwissens

1. Was ist Rechtsfähigkeit?
2. Wie erlangen natürliche und juristische Personen jeweils ihre Rechtsfähigkeit?
3. Nennen Sie ein Beispiel für eine rechtsfähige Personengesellschaft.
4. Was ist Geschäftsfähigkeit?
5. Unterscheiden Sie die Geschäftsfähigkeit natürlicher Personen in Abhängigkeit von deren Lebensalter.
6. Welche Rechtswirkung hat eine Willenserklärung, die ein beschränkt Geschäftsfähiger ohne Einwilligung seines gesetzlichen Vertreters abgibt?
7. Wann sind Willenserklärungen beschränkt geschäftsfähiger Personen auch ohne Zustimmung des gesetzlichen Vertreters voll rechtswirksam?

Aufgaben und Probleme

1. Bei welchen der nachstehend aufgeführten Institutionen handelt es sich um juristische Personen?
   a) Sportclub Freiburg e.V.
   b) BASF AG
   c) Industrie- und Handelskammer (IHK) Stuttgart
   d) Metallbau Richard Kellner e.K.
   e) Vorstand der Adam Opel AG
   f) Sparkasse Mannheim
   g) Universität Hohenheim
   h) Richter am Amtsgericht Heilbronn
   i) Axel Weber OHG

2. Die schwerkranke Alice Männer will ihr Barvermögen in Höhe von 40000 EUR ihrer fünfjährigen Nichte Anna Wieber vererben. Beurteilen Sie anhand des Gesetzes, ob die fünfjährige Anna Wieber rechtmäßige Erbin sein kann.

3. Der sechzehnjährige Auszubildende Georg Krahn kauft eine Stereoanlage zum Preis von 950 EUR. Im Kaufvertrag ist vereinbart, dass der Kaufpreis in zwölf Monatsraten beglichen werden soll.
   a) Kann Georg Krahns Vater vom Verkäufer die Rücknahme des Gerätes verlangen?
   b) Wie wäre die Rechtslage, wenn Georg Krahn den Kaufpreis aus angesparter Ausbildungsvergütung sofort in einer Summe bezahlt und ihm sein Vater die Ausbildungsvergütung zur freien Verfügung überlassen hätte?

4. Die 15-jährige Elke Saumer erhält von ihrer 82-jährigen Tante ein Sparbuch mit einem Betrag in Höhe von 10000 EUR. Elke Saumer musste sich dafür bereit erklären, für ihre Tante die Einkäufe in einem nahe gelegenen Supermarkt zu erledigen.
   Beurteilen Sie, ob die zwischen Elke Saumer und ihrer Tante getroffenen Vereinbarungen rechtswirksam sind.

5. Unter welchen Voraussetzungen sind die Rechtsgeschäfte eines beschränkt Geschäftsfähigen bereits von Anfang an wirksam?

6. Der siebzehnjährige Dietmar Wilhelm hat mit Zustimmung seiner Eltern bei der Firma Kellermann GmbH während der Sommerferien einen Job angenommen. Die Kellermann GmbH ist aus praktischen Gründen nicht bereit, den Arbeitslohn bar auszubezahlen. Deshalb schließt Dietmar Wilhelm ohne Zustimmung seiner Eltern mit der Volksbank Kehl einen Girovertrag (Zahlungsdiensterahmenvertrag) ab. Beurteilen Sie, ob der Girovertrag gültig ist.

1.2 Rechtsgeschäfte

1.2.1 Zustandekommen von Rechtsgeschäften

Rechtsgeschäfte entstehen aufgrund von **Willenserklärungen**, die bestimmte Rechtsfolgen nach sich ziehen. Sie können durch eine Willenserklärung (**einseitige Rechtsgeschäfte**) oder **mehrere** Willenserklärungen (**mehrseitige Rechtsgeschäfte**) zustande kommen.

Einseitige Rechtsgeschäfte

Einseitige Rechtsgeschäfte kommen durch **eine Willenserklärung** zustande. Diese kann empfangsbedürftig (z. B. Kündigung) oder nicht empfangsbedürftig (z. B. Testament) sein.

Beispiel 1: Kündigung

Klaus Freitag kündigt sein Arbeitsverhältnis. Der Arbeitgeber muss die Willenserklärung erhalten, damit sie wirksam wird.

Beispiel 2: Testament

Ferdinand Schulte legt seinen letzten Willen in seinem Testament fest. Seine Willenserklärung ist gültig, auch ohne dass seine Erben Kenntnis davon haben.

Mehrseitige Rechtsgeschäfte (Verträge)

Ein Vertrag kommt durch gegenseitige, übereinstimmende Willenserklärungen zustande. Am häufigsten sind dabei Verträge mit zwei Partnern, z. B. Käufer und Verkäufer beim **Kaufvertrag**, Kreditnehmer und Kreditgeber beim **Kreditvertrag** (zweiseitige Rechtsgeschäfte). Rechtsgeschäfte, bei denen häufig mehr als zwei Personen beteiligt sind, liegen z. B. bei **Gesellschaftsverträgen** vor.

Ein Mietvertrag entsteht

Der Student Toni Pfleiderer liest eine Anzeige, in der eine geeignete Studentenbude für ein halbes Jahr angeboten wird. Er sucht den Vermieter auf, verhandelt mit ihm über nötige Kleinreparaturen und über den Mietpreis. Man ist sich schließlich einig. Am 1. Oktober soll eingezogen werden. Der Mietvertrag ist durch die mündliche Vereinbarung entstanden.

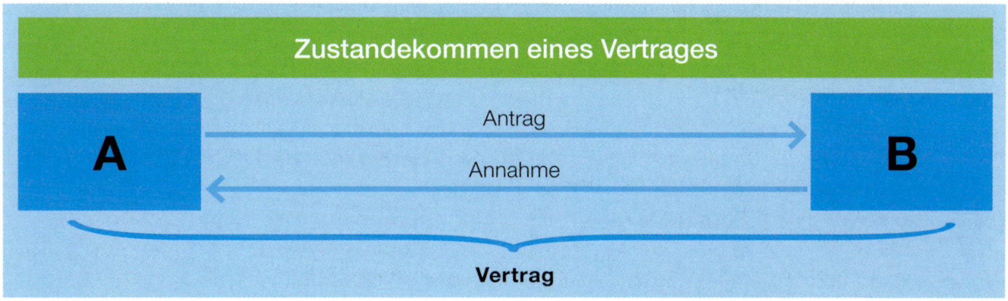

Zwei Willenserklärungen liegen vor:

1. Der **Antrag** ist die Willenserklärung, mit der einem anderen der **Abschluss eines Vertrages angeboten** wird.
2. Die **Annahme** ist die Willenserklärung, mit der dem Antragenden die **Zustimmung zum Vertragsabschluss** gegeben wird.

Rechtsgeschäfte entstehen durch Willenserklärungen. Einseitige Rechtsgeschäfte bedürfen einer Willenserklärung, mehrseitige Rechtsgeschäfte (Verträge) mehrerer Willenserklärungen.

Überblick über die Rechtsgeschäfte

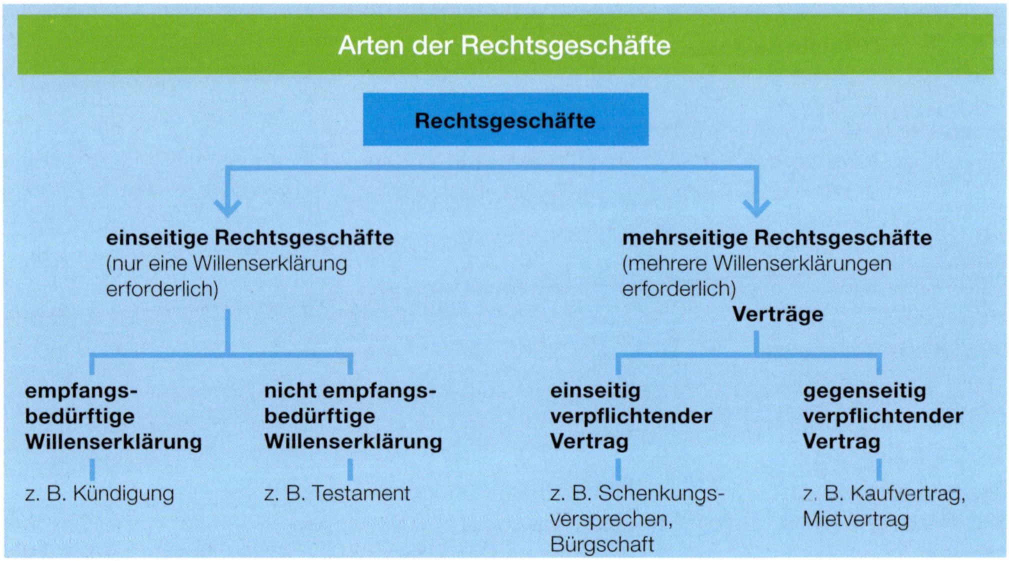

Aufgabe 1 Seite 20

1.2.2 Formvorschriften für Rechtsgeschäfte

Rechtsgeschäfte können **grundsätzlich formfrei** abgeschlossen werden. Willenserklärungen können mündlich, telefonisch, schriftlich, per Telefax, E-Mail, online, aber auch durch schlüssiges Handeln (konkludentes Handeln) abgegeben werden. Jedoch sind folgende **Ausnahmen** zu beachten:

§ 126 BGB
§ 766 BGB
§ 623 BGB

– **Schriftform** (schriftliche Abgabe der Willenserklärung ist z. B. erforderlich für Bürgschaftserklärungen von Nichtkaufleuten sowie für die Kündigung eines Arbeitsvertrages. Ist Schriftform vorgeschrieben, muss die Urkunde vom Aussteller eigenhändig durch Namensunterschrift unterzeichnet werden. Wird über einen Vertrag nur eine Urkunde ausgestellt, müssen beide Vertragspartner unterschreiben. Werden über einen Vertrag mehrere Urkunden ausgestellt, genügt es, wenn jede Partei die Urkunde unterzeichnet, die für die andere Partei bestimmt ist.

§ 126 Abs. 3 BGB
§ 766 Abs. 1 BGB
§ 780 Abs. 1 BGB

Die **schriftliche Form** kann durch die **elektronische Form** (E-Mail, Bestellformular im Internet, Telefax) ersetzt werden, wenn sich aus dem Gesetz nichts anderes ergibt. So ist z. B. im Falle einer Bürgschaftserklärung oder eines Schuldversprechens die Erteilung in elektronischer Form vom Gesetz ausdrücklich ausgeschlossen.

Die Verwendung der **elektronischen Form** erfordert, dass der Aussteller der Erklärung seinen Namen hinzufügt und das elektronische Dokument mit einer **qualifizierten Signatur** nach dem Signaturgesetz versieht. Eine qualifizierte elektronische Signatur ist eine Art Siegel zu digitalen Daten. Durch deren Verschlüsselung mithilfe besonderer Programme soll der Missbrauch vermieden werden. § 126a BGB

Ist vom Gesetz **Textform** vorgesehen (z. B. Verlangen einer Mieterhöhung, Garantieerklärung an einen Verbraucher), muss die Erklärung in einer Urkunde auf andere zur dauerhaften Wiedergabe in Schriftzeichen geeignete Weise abgegeben werden. Der **Erklärende** muss genannt und der Abschluss der Erklärung durch **Nachbildung der Unterschrift** oder anders erkennbar gemacht werden. § 126b BGB § 558a BGB § 477 Abs. 2 BGB § 126b BGB

- **Öffentliche Beglaubigung** (schriftliche Abgabe der Willenserklärung und Beglaubigung der Unterschrift durch Notar oder Behörde) ist z. B. für Anträge auf Handelsregister- und Vereinsregistereintragungen und für Erklärungen zwecks Grundbucheintragung notwendig. Nicht der Inhalt der Erklärung wird beglaubigt, sondern nur die Echtheit der Unterschrift. § 129 BGB
- **Notarielle Beurkundung** (Aufnahme der Willenserklärung in Form einer öffentlichen Urkunde) ist z. B. für Grundstückskaufverträge notwendig. Im Gegensatz zur öffentlichen Beglaubigung nimmt der Notar den gesamten Wortlaut der vertraglichen Abmachung zur Niederschrift auf. § 128 BGB

Geschäfte des täglichen Lebens, z. B. Ladenkäufe, werden **in der Regel mündlich** abgeschlossen. Bei Verträgen über größere Summen ziehen Verkäufer und Käufer die Schriftform vor, um in möglichen Streitfällen eindeutige Beweise zu haben. Kaufleute untereinander schließen Verträge fast immer schriftlich ab.

Aufgaben 2 u. 3 Seite 21

1.2.3 Nichtigkeit und Anfechtbarkeit von Rechtsgeschäften und Willenserklärungen

In einigen besonderen Fällen, die im Bürgerlichen Gesetzbuch geregelt sind, können **Rechtsgeschäfte von Anfang an ungültig** sein oder **durch besondere Erklärung nachträglich ungültig** gemacht werden.

Nichtige Willenserklärungen

Willenserklärungen sind von Anfang an ungültig, wenn der eigentliche Wille des Erklärenden nicht zum Ausdruck kommt oder wenn gegen gesetzliche Vorschriften verstoßen wird, die dem Schutz des Schwächeren dienen sollen.

Nichtige Willenserklärungen sind ungültige Willenserklärungen. Ein Rechtsgeschäft ist erst gar nicht entstanden.

Ein nichtiges Rechtsgeschäft

Ernst Gruber bietet einer Familie, die durch einen Brand ihre Wohnung verloren hat, eine leer stehende Dachgeschosswohnung an. Der Mietpreis ist allerdings doppelt so hoch wie bei einer vergleichbaren Wohnung. Der Familienvater unterschreibt in seiner Not den Mietvertrag.
Seine Unterschrift ist aber dann ungültig, wenn sich herausstellt, dass dies eine Wuchermiete war.

Anfechtbarkeit von Willenserklärungen

Wer eine Willenserklärung abgibt, über deren Inhalt er im Irrtum war (Inhaltsirrtum), kann sie **im Nachhinein** für ungültig erklären, er kann das Rechtsgeschäft anfechten. Das Gleiche gilt, § 119 BGB

wenn sich der Erklärende verspricht oder verschreibt (Erklärungsirrtum) oder wenn er durch eine
§ 123 BGB widerrechtliche Drohung zu deren Abgabe gezwungen wurde.

Ungültigkeit eines Rechtsgeschäfts durch Anfechtungserklärung

Herr Geiger will bei einem Versandhaus einen CD-Player mit der Bestellnummer 2504 bestellen. Aus Versehen schreibt er auf die Bestellkarte die Bestellnummer 2405 und erhält deshalb einen Tennisschläger zugeschickt.

Wer das Recht auf Anfechtung hat, dem bleibt die freie Wahl, ob er das Rechtsgeschäft durch Anfechtungserklärung ungültig machen will oder nicht. Ohne Anfechtungserklärung bleibt das Rechtsgeschäft gültig.

Inhaltsirrtum

Karl Senne bestellt in der *Krone* Hagnau Knurrhahn. Er weiß nicht, dass es sich dabei um ein Fischgericht handelt und nicht um Geflügel.
Karl Senne kann deshalb die abgegebene Willenserklärung anfechten (**Inhaltsirrtum**).

Anfechtbare Rechtsgeschäfte können durch Erklärung rückwirkend für ungültig erklärt werden. Werden sie angefochten, so sind sie von Anfang an ungültig.

Der Vertrag über den Tennisschläger ist durch übereinstimmende Willenserklärungen gültig zustande gekommen. Herr Geiger kann jedoch die abgegebene Willenserklärung wegen **Irrtums in der Erklärung** anfechten und den Tennisschläger zurückschicken. Er muss jedoch die dem Versandhaus entstandenen Kosten ersetzen (§ 122 BGB).

Überblick über die Ungültigkeit von Rechtsgeschäften

Nichtige Rechtsgeschäfte sind:	**Rechtsgeschäfte sind anfechtbar wegen:**
– Geschäfte von Geschäftsunfähigen (§ 105 BGB) – Scheingeschäfte (§ 117 BGB) – Scherzgeschäfte (§ 118 BGB) – Geschäfte, die gegen Gesetz oder gute Sitten verstoßen (§ 134 und § 138 BGB) – Geschäfte, die gegen Formvorschriften verstoßen (§ 125 BGB)	– Irrtums (Beispiel und § 119 BGB) – widerrechtlicher Drohung (§ 123 BGB) – arglistiger Täuschung (§ 123 BGB)

Hat sich der Erklärende im Beweggrund geirrt (= **Motivirrtum**), so ist eine Anfechtung nicht möglich.

Aufgabe 4
Seite 21

Fabian Keller hat sich über die Sendung „Börse online“ Informationen über eine Geldanlage in Aktien der Solar AG eingeholt. In dieser Sendung wurde glaubhaft vermittelt, dass innerhalb eines Geschäftsjahres mit Kurssteigerungen in Höhe von 20 % gerechnet werden kann.
Tatsächlich ist der Kurs aber um 5 % gesunken.
Fabian Keller kann das Rechtsgeschäft nicht anfechten, da er sich im Beweggrund (Motiv) geirrt hat.

Bei einem Irrtum im Beweggrund (Motivirrtum) ist das Rechtsgeschäft nicht anfechtbar.

Zusammenfassende Übersicht zu Kapitel 1.2: Rechtsgeschäfte

Zustandekommen von Rechtsgeschäften

einseitige Rechtsgeschäfte (Abgabe nur einer einzigen Willenserklärung)

- **nicht empfangsbedürftig (z. B. Testament)** → abgegebene Willenserklärung genügt
- **empfangsbedürftig (z. B. Kündigung)** → Willenserklärung muss zugegangen sein

mehrseitige Rechtsgeschäfte (Abgabe von mindestens zwei übereinstimmenden Willenserklärungen)

- **einseitig verpflichtende Verträge** (z. B. Schenkungsversprechen – § 516 BGB; Bürgschaft – 765 BGB)
- **mehrseitig verpflichtende Verträge** (z. B. Kaufvertrag – § 433 BGB; Mietvertrag – 535 BGB)

Formvorschriften

Grundsatz: Formfreiheit

↓

Ausnahmen: gesetzliche Vorschriften für bestimmte Rechtsgeschäfte

Formvorschriften

Schriftform § 126 BGB	elektronische Form § 126 a BGB	Textform § 126 b BGB	öffentliche Beglaubigung § 129 BGB	notarielle Beurkundung § 128 BGB
eigenhändige Namensunterschrift(en)	Name des Ausstellers der Erklärung qualifizierte Signatur nach Signaturgesetz	Erklärung auf einer Urkunde Nennung des Erklärenden Nachbildung der Unterschrift	schriftliche Abfassung des Rechtsgeschäfts + Beglaubigung der Unterschrift	Notar beurkundet Inhalte und Unterschrift

Grundsatz (Schriftform und elektronische Form):
Schriftform ist durch elektronische Form ersetzbar, soweit sich aus dem Gesetz nicht ein anderes ergibt (§ 126 Abs. 3 BGB).

Nichtigkeit und Anfechtbarkeit von Rechtsgeschäften und Willenserklärungen

nichtiges Rechtsgeschäft von Anfang an ungültig

- Geschäftsunfähigkeit (§ 105 Abs. 1 BGB)
- Scheingeschäft (§ 117 Abs. 1 BGB)
- gesetzliches Verbot (§ 134 BGB)
- Verstoß gegen gute Sitten (§ 139 BGB)
- Verstoß gegen Formvorschrift (§ 125 BGB)
- Scherzgeschäft (§ 118 BGB)

anfechtbares Rechtsgeschäft: zunächst gültig, bei Anfechtung von Anfang an ungültig

Anfechtungsgründe

Irrtum (§§ 119 ff. BGB) Frist: unverzüglich

- Inhaltsirrtum
- Erklärungsirrtum
- Eigenschaftsirrtum
- Übermittlungsirrtum

arglistige Täuschung, widerrechtliche Drohung (§§ 123 f. BGB) Frist: innerhalb eines Jahres ab Entdeckung oder Wegfall der Zwangslage (Ausschluss: nach 10 Jahren)

kein Anfechtungsgrund: Motivirrtum

Wiederholung des Grundwissens

1. Nennen Sie jeweils ein Beispiel für ein ein- und ein mehrseitiges Rechtsgeschäft.
2. Wie kommt ein Vertrag zustande?
3. Unterscheiden Sie die Arten der Rechtsgeschäfte.
4. Was ist unter dem Begriff „Formfreiheit“ zu verstehen?
5. Was ist jeweils zu beachten, wenn für die Gültigkeit eines Rechtsgeschäfts Schriftform, elektronische Form, Textform, öffentliche Beglaubigung oder notarielle Beurkundung vorgeschrieben ist?

Aufgaben und Probleme

1. Erstellen Sie eine Tabelle nach folgendem Muster und kennzeichnen Sie, um welches Rechtsgeschäft es sich jeweils handelt.

	Einseitige Rechtsgeschäfte		Mehrseitige Rechtsgeschäfte (= Verträge)
	Empfangsbedürftige Willenserklärung	Nicht empfangsbedürftige Willenserklärung	
a) Testament			
b) Beförderungsvertrag			
c) Auftragsbestätigung			
d) Erbvertrag			
e) Kündigung			

2. Eugen Frey ist seit Jahren am Kauf seines Nachbargründstücks interessiert, dessen Eigentümer Roland Beck ist. Roland Beck ist auch bereit, das Grundstück zu gegebener Zeit an seinen Nachbarn zu verkaufen. Der von beiden unterzeichnete Vertrag hat folgenden Inhalt (Auszug):

Roland Beck verpflichtet sich, das Grundstück .... – eingetragen im Grundbuchamt Staufen – im Laufe des Jahres 2010 an Eugen Frey zum Preis von 160 EUR/qm zu verkaufen. ...

a) Welche Verpflichtungen sind Roland Beck und Eugen Frey durch den vorliegenden Vertrag eingegangen?
b) Beurteilen Sie, ob der vorliegende Vertrag gültig ist.

3. Überprüfen Sie, ob bei den folgenden Rechtsgeschäften Formvorschriften verletzt werden:
a) Susanne erhält von einem Hundezüchter einen acht Wochen alten Colliewelpen. Sie bezahlt dafür 300 EUR.
b) Bauer Himmelsbach verkauft seinen Acker an den Unternehmer Eble. Beide unterschreiben den vorformulierten Kaufvertrag im Beisein des Zeugen Muttach.
c) Unternehmer Rhode kündigt seinem Mitarbeiter Schmitz mündlich, nachdem dieser trotz intensiver Schulung das Finanzbuchhaltungsprogramm immer noch nicht beherrscht.
d) Einkäufer Bühler und Verkäufer Haag vereinbaren in einem Vertrag, dass zukünftige Preiserhöhungen erst nach einer schriftlichen Vorankündigung von zwei Wochen wirksam werden.

4. Begründen Sie für nachstehende Rechtsfälle, ob diese ggf. nichtig oder anfechtbar sind:
a) Teppichimporteur Heyn bietet seinen Kunden in einem persönlichen Schreiben einen indischen Teppich irrtümlich zum Preis von 510 EUR an. Der kalkulierte Verkaufspreis beläuft sich allerdings auf 5 100 EUR.
b) Ein Schlosser droht seinem Arbeitgeber, seinen Arbeitsvertrag zu kündigen, wenn er keine Lohnerhöhung um mindestens 6 % erhält.
c) Herr Kammerer kauft ein Haus in der Annahme, dass es sich um ein solides Fachwerkhaus handelt. Er übersieht dabei, dass es sich um ein in Leichtbauweise erstelltes Holzhaus handelt.
d) Ein Kapitalanleger kauft die in der Zeitschrift „Börsenbrief“ empfohlenen Gamma-Aktien in der Erwartung, dass der Aktienkurs wie angegeben steigen wird. Wegen dramatischer Verschlechterung der Absatzlage der Gamma AG sinkt der Kurs jedoch um 25 %.
e) Ein Fliesenleger kauft bei einem Waffenhändler eine nach dem Waffengesetz waffenerwerbscheinpflichtige seltene Selbstladepistole (Sammlerstück). Er erklärt dem Waffenhändler, dass er den Waffenerwerbschein innerhalb von zwei Wochen vorlegen wird, weiß aber jetzt schon, dass er keinen erhalten kann.
f) Egon bietet Heiko anlässlich eines geselligen Beisammenseins zu vorgerückter Stunde den wertvollen Diamantring seiner Frau für 5 EUR an. Heiko zahlt den Betrag sofort und verlangt die Übergabe des Ringes.
g) Mirko und René sind Bildjournalisten. Mirko befindet sich in Zahlungsschwierigkeiten, verfügt aber über eine doppelte Kameraausrüstung. Mirko vereinbart mit René die Übereignung einer Ausrüstung, wobei sich beide darüber einig sind, dass sie zurückgegeben wird, wenn die Gefahr einer möglichen Pfändung durch einen Gläubiger vorbei ist.
h) Ludwig zwingt Peter zur Vertragsunterschrift unter Androhung einer Tracht Prügel.

1.3 Rechtliche Grundlagen der Beschaffung

IUS

1.3.1 Anfrage und Angebot

Das Wesen der Anfrage

Durch eine **Anfrage** können

- Geschäftsbeziehungen neu angebahnt werden,
- seitherige Lieferer zur Abgabe eines Angebotes aufgefordert werden.

Die Anfrage ist völlig unverbindlich. Sie hat keine rechtliche Wirkung.

Da mit einer Anfrage keine rechtliche Bindung ausgelöst wird, können bei der Suche nach einem bestimmten Artikel beliebig viele Lieferer angeschrieben werden.

Von der Einkaufsabteilung werden Preisanfragen geschrieben, wenn ein Bedarf an Waren oder Materialien festgestellt wird. Man wird in der Regel gleichzeitig bei mehreren Lieferern anfragen, ob und zu welchem Preis und unter welchen Bedingungen eine bestimmte Ware oder ein Material geliefert werden kann.

Eine Anfrage kann **allgemein** oder **bestimmt** abgefasst sein.

- Eine **allgemeine Anfrage** richtet sich auf das gesamte Lieferprogramm eines Lieferanten.

Beispiel: „Senden Sie uns bitte Ihren Gesamtkatalog mit Preisliste zu."

- Die **bestimmte Anfrage** bezieht sich auf ein konkretes Produkt.

Beispiel: „Bieten Sie uns 10000 Blatt Schreibpapier, weiß, A4-Format, 80 g/m² mit Muster an."

Die Anfrage ist an **keine bestimmte Form** gebunden (= formfrei). Sie kann mündlich, telefonisch, schriftlich, per Fax, E-Mail usw. erfolgen.

Das Wesen des Angebotes

Ein **Angebot** ist **eine an eine bestimmte Person gerichtete „Willenserklärung",** durch die sich der Anbietende bereit erklärt, unter den angegebenen Bedingungen Waren und Materialien zu überlassen oder eine Dienstleistung zu bewirken.

Grundsätzlich ist für Angebote **keine bestimmte Form** vorgeschrieben; sie können mündlich, telefonisch, schriftlich, per Fax, E-Mail usw. abgegeben werden, aber auch stillschweigend, durch eine „schlüssige (konkludente) Handlung", aus der auf den Willen, ein Angebot abgeben zu wollen, geschlossen werden kann (Automatenverkauf, Kauf am Zeitungs-Kiosk).

Im **rechtlichen Sinn** ist das Angebot des Lieferers **ein „Antrag",** d. h. der erste Schritt zum Abschluss eines (Kauf-)Vertrages. Wenn der Kunde das Angebot rechtzeitig und unverändert annimmt, ist der Kaufvertrag abgeschlossen.

Anpreisungen von Waren beispielsweise in Katalogen, Werbeprospekten, Preislisten, Plakaten, Zeitungsanzeigen und Schaufensterauslagen sind keine Angebote im rechtlichen Sinne, da sie nicht an eine bestimmte Person, sondern an die Allgemeinheit gerichtet sind; sie gelten nur als Aufforderung zum Kauf.

Sie sollen also lediglich die Kunden anregen, ihrerseits einen Kaufantrag abzugeben, der jedoch noch der Annahme durch den Verkäufer bedarf.

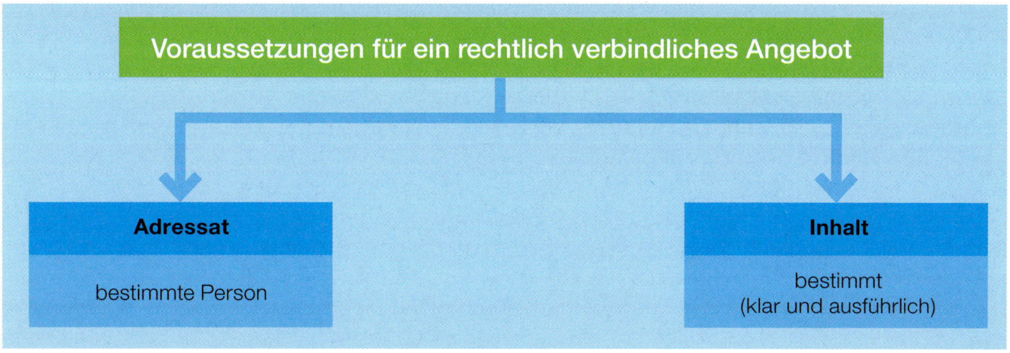

Ein Angebot kann erfolgen:

1. Wenn eine Anfrage des Kunden eingeht;
2. wenn man sich beim Kunden von Zeit zu Zeit in Erinnerung bringen will;
3. wenn man Kunden auf Sonderangebote aufmerksam machen will;
4. wenn besondere Anlässe vorliegen, wie z. B. Messeneuheiten, Wechsel der Jahreszeiten (Saisonwaren), Modewaren.

Der Anbieter ist an sein Angebot **rechtlich gebunden.** Für die **zeitliche Bindungsfrist** sind folgende Besonderheiten zu beachten:

- Bei einem **Angebot ohne Zusatz** gilt Folgendes: § 147 BGB
    1. Der einem **Anwesenden** gemachte Antrag kann **nur sofort** angenommen werden. Dies gilt auch von einem mittels Telefon oder einer sonstigen technischen Einrichtung von Person zu Person gemachten Antrag.
    2. Der einem **Abwesenden** gemachte Antrag kann nur bis zu dem Zeitpunkt angenommen werden, in welchem der Antragende den Eingang der Antwort unter regelmäßigen Umständen erwarten darf.

Diese Regelung wirft manche Schwierigkeiten auf. Bei Berechnung der Annahmefrist ist die regelmäßige Beförderungszeit des Antrags, eine angemessene Überlegungsfrist des Empfängers und die normale Zustellungsdauer der Antwort zu berücksichtigen.
Z. B. Brief (ca. 1 Woche), Fax (ca. 3 Tage), E-Mail (unverzüglich).

- Bei einem **befristeten Angebot** ist der Lieferer bis **zum Ablauf der genannten Frist gebunden** (z. B. „Die Preise gelten bis zum 31. August d. J. einschließlich"). § 148 BGB
- Bei einem **freibleibenden Angebot (mit sog. Freizeichnungsklausel)** ist der Lieferer nur **eingeschränkt oder gar nicht gebunden,** auch wenn ein Auftrag unverzüglich erteilt wird. § 145 BGB
  Solche Klauseln lauten z. B.: „Freibleibendes Angebot", „ohne Gewähr", „Lieferung solange der Vorrat reicht", „unverbindliches Angebot", „Preise freibleibend", „Preisänderungen vorbehalten", „gute Ernte vorausgesetzt" usw.

Die Bindung an das Angebot erlischt:

1. Wenn der Kunde das Angebot **ablehnt;** § 150
2. wenn die **Frist für die Annahme** des Angebotes **abgelaufen** ist. Die verspätete Annahme des Antrags gilt als ein neuer Antrag des Annehmenden; Abs. 1 BGB

§ 150 Abs. 2 BGB

3. wenn der Kunde das Angebot **nur teilweise oder mit Änderungen** annimmt. Dann gilt die Annahme als Ablehnung verbunden mit einem neuen Antrag;
4. wenn der Anbietende **rechtzeitig widerruft.** Der Widerruf muss spätestens gleichzeitig mit dem Angebot beim Kunden eintreffen. Es empfiehlt sich also, ein briefliches Angebot mittels E-Mail oder Fax zu widerrufen.

IUS

Der Inhalt des Angebotes

Da das Angebot die Grundlage für den zu schließenden Vertrag bildet, sollte es bereits **alle wesentlichen Punkte** des gewollten Vertrages enthalten.

Das Angebot sollte demnach **inhaltlich** so **bestimmt** (klar und ausführlich) sein, dass ein einfaches **„Ja"** des anderen Teils zum Zustandekommen des Vertrages genügt.

Da Form und rechtlicher Inhalt des Angebotes gesetzlich nicht vorgeschrieben sind, wird der Kaufmann die mündlich oder telefonisch gemachten Angebote in der Regel schriftlich bestätigen und alle Einzelheiten genau festlegen, um etwaige Missverständnisse und spätere Streitigkeiten auszuschließen.

Inhalt eines ausführlichen Angebotes
- Art, Beschaffenheit und Güte (Qualität) der Sachgüter
- Menge der Sachgüter
- Preis und Preisnachlässe
- Kosten der Versandverpackung
- Lieferungsbedingungen
- Zahlungsbedingungen
- Erfüllungsort und Gerichtsstand
- Allgemeine Geschäftsbedingungen

Fehlen vertragliche Vereinbarungen, treten die jeweiligen gesetzlichen Regelungen an ihre Stelle.

1. Art, Beschaffenheit und Güte (Qualität) der Sachgüter

Die **Art** der Sachgüter wird mit ihrer genauen Bezeichnung (Namen) festgelegt. Die **Beschaffenheit** der Sachgüter kann festgelegt werden durch:
- Muster (bei Papier, Stoffen, Lederwaren),
- Ausfallmuster (bei Kaffee, Tee),
- Proben (bei Chemikalien, Erzen, Lebensmitteln),
- Standards (Baumwolle, Getreide u. a.),
- Typen (Mehl),
- Warenzeichen (Originalprodukte),
- Abbildungen und genaue Beschreibung (Maschinen, Werkzeuge),
- Augenschein (Tiere, Kunstwerke).

Die **Güte (Qualität)** wird durch verschiedene Qualitätskennzeichen festgelegt, z. B. Auslese, I. Wahl, II. Wahl, Ausschuss, DIN-Normen, Handelsklassen (bei Geflügel, Eiern, Obst, Gemüse). Die Bezeichnung „faq" (fair average quality) bedeutet wörtlich „angemessene Durchschnittsqualität".

Als EU-Qualitätsnorm für Obst und Gemüse hat der Gesetzgeber zwecks besserer Marktübersicht und zum Schutz des Verbrauchers vor minderwertiger Ware folgende Güteklassen bindend festgelegt:
- Handelsklasse Extra
  höchste Qualität; frei von jeglichen Fehlern (ganz, glatt, fest, prall), gut geformt, einheitliche Farbbeschaffenheit, gleiche Größe.

- Handelsklasse I
  gute Qualität; leichte Form- und Entwicklungsfehler, leichte Farbfehler, sehr leichte Quetschungen, ausreichende Festigkeit.
- Handelsklasse II
  mittlere Qualität; gröbere Fehler, gröbere Farbabweichungen sind zulässig. In jedem Fall sind die Mindesteigenschaften einzuhalten.
  Gesetzliche Regelung: Ist nichts Besonderes vereinbart, so ist mittlere Art und Güte zu liefern. § 243 Abs. 1 BGB, § 360 HGB

2. Menge der Sachgüter

Die **Menge** der angebotenen Sachgüter ist unter Umständen ausschlaggebend für den Preis. Wird eine Mindestmenge unterschritten, wird oft ein Kleinmengenzuschlag erhoben. Bei größeren Mengen wird dagegen oft ein Preisnachlass (Rabatt) eingeräumt. Die Menge selbst muss genau durch **metrische (gesetzliche) Maßeinheiten** bestimmt sein, z. B. l, hl, m, m^2, m^3, g, kg; möglich sind auch **handelsübliche Bezeichnungen**, wie Ballen, Kiste, Pack, Palette, Sack, Stück, Waggon.

3. Preis und Preisnachlässe

Dem **Preis** für die angebotenen Sachgüter wird meist die größte Bedeutung beigemessen. Von besonderer Bedeutung sind die **Preisnachlässe** sowie die Übernahme der Kosten der Versandverpackung. Bei Angeboten von z. B. Maschinen sollte auch angegeben werden, ob die Aufstellung (Montage) im Preis eingeschlossen ist oder nicht.

- **Rabatt**
  - Mengenrabatt (für Abnahme einer größeren Warenmenge)
  - Treuerabatt (für langjährige Kunden, Stammkunden)
  - Wiederverkäuferrabatt (für Groß- und Einzelhändler als Preisempfehlung)
  - Sonderrabatt (bei Geschäftsjubiläum, Räumungsausverkäufen u. a.)
  - Personalrabatt (an Betriebsangehörige)
  - Naturalrabatt (Rabatt wird in Form von Waren gewährt)
  - **Bonus** (nachträglich gewährter Rabatt – Umsatzrückvergütung)
- **Skonto**
  - Preisnachlass für Bezahlung innerhalb einer bestimmten Frist; er soll den Kunden zu schnellerer Zahlung veranlassen.

4. Kosten der Versandverpackung

Die im Preis einkalkulierten Kosten der Verkaufs- und Umverpackung trägt der Verkäufer. Wird nichts anderes vereinbart, so hat **der Käufer** die **Kosten der Versandverpackung** (Tara), die dem Schutz der Ware bei Transport dient, zu tragen. Denn der Preis der Einheit bezieht sich auf das Reingewicht (Nettogewicht) der Ware. § 380 HGB

Vertraglich kann vereinbart sein:

- Preis einschließlich Verpackung
- Preis ausschließlich Verpackung
- Preis brutto für netto: Versandverpackungsgewicht (Tara) wird wie Warengewicht in Rechnung gestellt.

Zum Schutz der Umwelt sind Hersteller und Vertreiber grundsätzlich zur Rücknahme und Wiederverwendung/Wiederverwertung der Transport-, Verkaufs- und Umverpackung verpflichtet. §§ 3–6 VerpackV

5. Lieferungsbedingungen

– **Beförderungskosten**

Die Frage der Übernahme der Beförderungskosten wird meistens in den **Lieferungsbedingungen** gesondert geregelt.

An Beförderungskosten können u. a. anfallen:
- Rollgeld für Anfuhr (am Versandort),
- Ladegebühr,
- Fracht,
- Entladegebühr,
- Rollgeld für Zufuhr (am Bestimmungsort).

Wenn nichts anderes vereinbart ist, hat der Käufer die Beförderungskosten zu tragen. Denn **Warenschulden sind Holschulden,** da nach der gesetzlichen Regelung der
§ 448 BGB Geschäftsbetrieb des Lieferers sein Erfüllungsort ist. Der Käufer muss sich demnach die Waren beim Lieferer auf seine Kosten holen.

Je nach den getroffenen Vereinbarungen trägt der Käufer:

a) sämtliche Beförderungskosten,
b) nur einen Teil der Kosten oder
c) überhaupt keine.

Übernahme der Beförderungskosten

Verkäufer	Anfuhr	Versandstation		Empfangsstation	Zufuhr	**Käufer**

Abmachungen	Rollgeld	Ladegebühr	Fracht	Entladegebühr	Rollgeld	
„ab Werk", „ab Lager"	Käufer trägt alle Kosten					
„unfrei", „ab hier", „ab Versandstation"	Verkäufer	Käufer				
„frei Waggon", „frei Schiff"	Verkäufer		Käufer			
„frei", „frachtfrei", „frei Empfangsstation"	Verkäufer			Käufer		
„frei Haus", „frei Lager"	Verkäufer trägt alle Kosten					

Vertragliche Vereinbarungen zur Übernahme der Beförderungskosten haben keinen Einfluss auf den gesetzlichen Erfüllungsort.

Im internationalen Handel können speziell die **Incoterms** (International Commercial Terms = Internationale Handelsbestimmungen) für die Übernahme der Beförderungskosten Vertragsbestandteil werden.

– **Lieferzeit**

§ 271 BGB Wenn nichts über die **Lieferzeit** vereinbart ist, kann der Käufer **sofortige** Lieferung verlangen, der Lieferer kann seinerseits sofort liefern. Über den Zeitpunkt der Lieferung kann z. B. vereinbart werden:

„Lieferung sofort", „Ende September d. J.", „Lieferung binnen vier Wochen", „innerhalb 2 Mo-
§ 376 HGB naten", „Lieferung auf Abruf", „Lieferung bis zum 1. August d. J. mit dem Zusatz fix oder fest, genau, pünktlich"; im letzten Beispiel liegt ein so genanntes Fixgeschäft vor.

6. Zahlungsbedingungen

Die **Zahlungsbedingungen** verpflichten den Käufer, den Kaufpreis zu bezahlen und
§§ 270 ff. BGB das Geld auf seine Kosten und Gefahr dem Lieferer zu übermitteln, denn **Geldschulden sind Schickschulden**.

Wurden keine Abmachungen getroffen, muss der Käufer **sofort,** d.h. Zug um Zug, gegen Übergabe der Ware bezahlen. § 271 BGB

Abweichend von der gesetzlichen Regelung können jedoch andere Zahlungstermine vereinbart werden, z. B.:

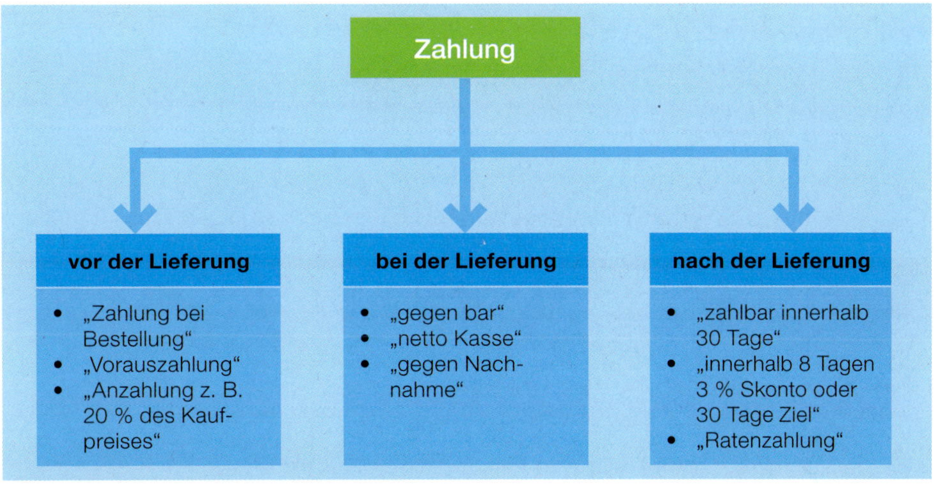

7. Erfüllungsort und Gerichtsstand

Der **Erfüllungsort** – im BGB auch Leistungsort genannt – ist der Ort, an dem der Schuldner seine Verpflichtungen zu erfüllen hat.

Gesetzlicher Erfüllungsort

Ist der Erfüllungsort weder vereinbart noch aus den Umständen zu entnehmen, gilt gesetzlich der Wohnsitz bzw. Firmensitz des jeweiligen Schuldners als Erfüllungsort. Da es aber bei jedem Kaufvertrag zwei Schuldner gibt (der Lieferer schuldet die Ware, der Käufer den Kaufpreis), gibt es auch zwei Erfüllungsorte, es sei denn, beide Parteien wohnen an demselben Ort. § 269 Abs. 1 BGB

Vertraglicher Erfüllungsort

Durch vertragliche Vereinbarung kann eine andere Regelung getroffen und z. B. der Wohnort bzw. der Firmensitz des Lieferers als Erfüllungsort bestimmt werden. Das geschieht in der Regel dadurch, dass der Lieferer meist in den Allgemeinen Geschäftsbedingungen oder in die Auftragsbestätigung eine entsprechende **Klausel** aufnimmt, z. B. **„Erfüllungsort für beide Teile ist Stuttgart".** Falls der Kunde mit dieser einseitigen Festlegung des Erfüllungsortes, die die rechtliche Stellung des Lieferers verbessert, nicht einverstanden ist, muss er sofort widersprechen. Stillschweigen würde als Zustimmung ausgelegt werden.

Die Klausel muss dem Kunden, spätestens beim Vertragsabschluss für dieses Geschäft, bekannt sein.

Durch diese Vereinbarung des Erfüllungsortes (vertraglicher Erfüllungsort) wird für den Käufer die **Geldschuld zur Bringschuld.** Der Käufer trägt nicht nur die Kosten und das Risiko der Geldübermittlung (Schickschuld), er **schuldet auch den pünktlichen Geldeingang beim Lieferer** (Bringschuld)**.**

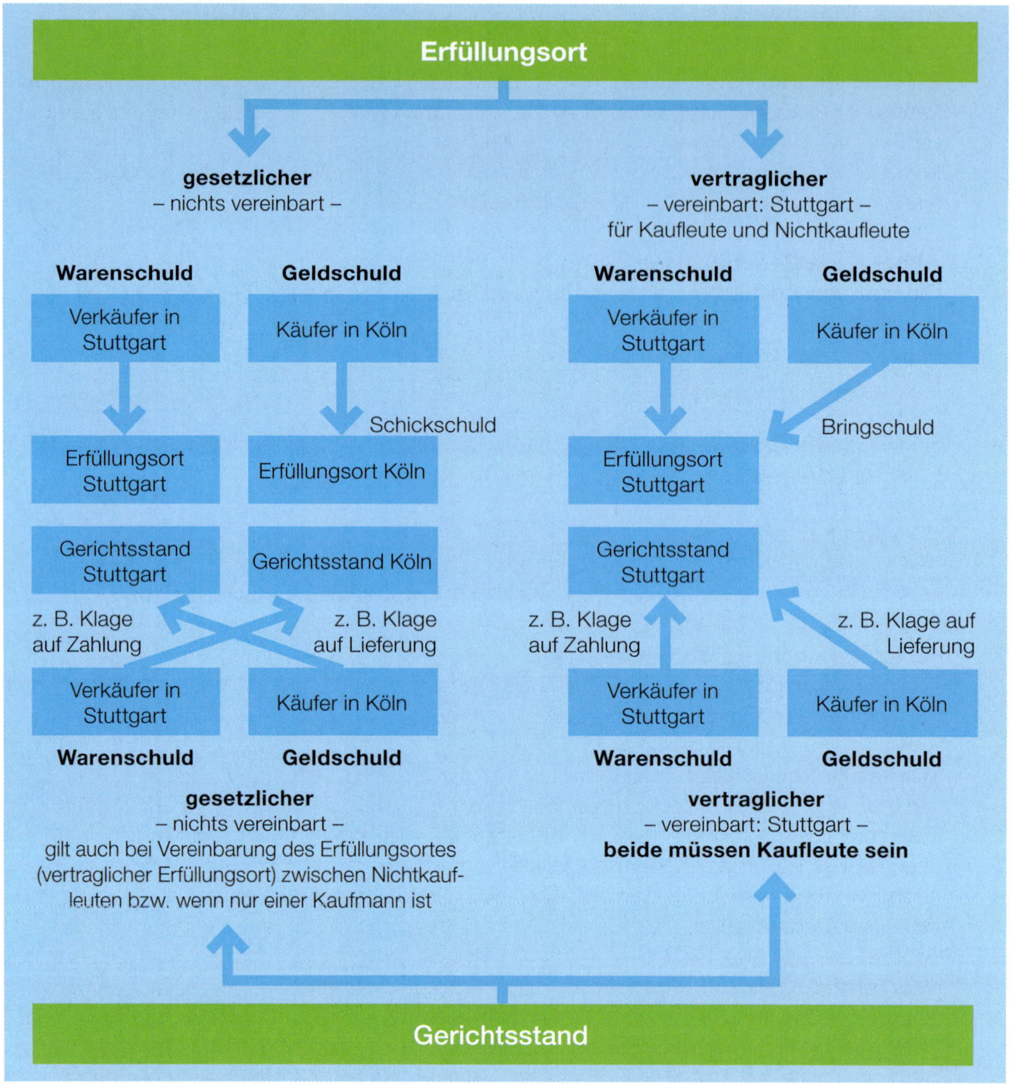

Gerichtsstand

Ergeben sich Streitigkeiten, z. B. weil der Verkäufer mangelhafte Ware lieferte, so können sich die Vertragspartner an das zuständige Gericht wenden.

Die **sachliche Zuständigkeit** ist vom Streitwert abhängig. Bis zu einem Streitwert von 5 000,00 EUR ist das Amtsgericht, darüber hinaus das Landgericht zuständig.

Die **örtliche Zuständigkeit (Gerichtsstand)** regelt den Ort des Gerichts, an dem die Klage von den jeweiligen Vertragspartnern einzureichen ist.

§ 12 ZPO Das Gesetz geht davon aus, dass das Gericht örtlich zuständig ist, an dem der **Beklagte seinen Wohnsitz** hat **(allgemeiner Gerichtsstand)**.

§ 29 ZPO Für **Kaufleute,** juristische Personen des öffentlichen Rechts oder öffentlich-rechtliche Sondervermögen gilt der Gerichtsstand des Erfüllungsortes **(besonderer Gerichtsstand)**. Zuständig ist das Gericht des Bezirks, in dem der Erfüllungsort liegt. Nach § 29 ZPO besteht also ein besonderer Gerichtsstand auch am Erfüllungsort und man kann auch den Erfüllungsort (der Ort, an dem die Leistung zu bewirken ist), vereinbaren. Damit

lässt sich aber nicht durch die Hintertür eine Gerichtsstandsvereinbarung für Nichtkaufleute treffen.
Durch eine vertragliche Vereinbarung über den **Erfüllungsort** und den **Gerichtsstand** kann der Verkäufer (Kaufmann) seine Stellung stärken, da z. B. alle Streitfälle beim für den Lieferer zuständigen Gericht verhandelt würden.
Im Interesse des Verbraucherschutzes ist eine solche Vereinbarung jedoch nur möglich, wenn beide Vertragspartner Kaufleute sind.

8. Allgemeine Geschäftsbedingungen

Die Vertragsbedingungen werden häufig in Form **Allgemeiner Geschäftsbedingungen (AGB)** für eine Vielzahl von Verträgen von einer Vertragspartei (Verwender = Verkäufer) vorformuliert und als **Vertragsbestandteil** zugrunde gelegt.
In den AGB sind u. a. oft der Eigentumsvorbehalt, die Verpackungs- und Versandkosten, die Zahlungsbedingungen, der Erfüllungsort, die Gewährleistungsansprüche bei Schlechtleistung sowie die Rechte bei sonstigen Pflichtverletzungen aus einem Kaufvertrag (Zahlungs-, Lieferverzug usw.) geregelt.

Wirksamkeitsvoraussetzungen

Vertragsbestandteil werden AGB grundsätzlich nicht allein dadurch, dass im Geschäftsverkehr derartige Bedingungen einfach aufgestellt werden. Folgende **Voraussetzungen** müssen gegeben sein: § 305 Abs. 2 BGB

- Es muss ein ausdrücklicher Hinweis auf diese Bedingungen erfolgen
- Möglichkeit, in zumutbarer Weise Kenntnis zu nehmen
- Einverständniserklärung des Vertragspartners

Somit haben nach Abschluss des Kaufvertrages vorgebrachte Verkaufsbedingungen, z. B. auf der Rückseite der Rechnung, rechtlich keine Bedeutung.
Die **AGB** bewirken, dass der Vertragsabschluss durch ein vorformuliertes Klauselwerk (das sog. „Kleingedruckte") vereinfacht, beschleunigt und standardisiert wird. Sie verändern in der Regel gegenüber dem Gesetz die Risikoverteilung und Haftung häufig zugunsten des Verwenders (Verkäufers) und erleichtern diesem die Vertragsabwicklung. Darin liegt zugleich die Gefahr, dass der Verwender, meist Kaufleute und/oder Unternehmer, die oft wirtschaftlich stärker und geschäftlich erfahrener sind, einseitige und/oder überraschende Regelungen gegenüber einem Verbraucher durchsetzen können, die sich von Wertungen des Gesetzes zu weit entfernen.
Grundsätzlich unwirksam sind überraschende und mehrdeutige Klauseln sowie Bestimmungen in den AGB, die den Vertragspartner des Verwenders entgegen den Geboten von Treu und Glauben unangemessen benachteiligen. §§ 305c, 307 BGB
Nach § 305 b BGB haben **individuelle Vertragsabreden** vor den AGB **Vorrang.**

Angebotsvergleich

Durch einen Vergleich verschiedener Angebote soll der Lieferer ausfindig gemacht werden, bei dem das benötigte Material zu den günstigsten Bedingungen beschafft werden kann. Anhand des Einstandspreises können verschiedene Angebote hinsichtlich Listenpreis, Versandkosten, Liefer- und Zahlungsbedingungen rechnerisch miteinander verglichen werden. Darüber hinaus ist eine Lieferantenauswahl in Bezug auf Qualität, Zuverlässigkeit, Serviceleistungen usw. beispielsweise mithilfe einer Entscheidungsbewertungstabelle möglich.

Aufgaben 1–5 Seite 42 f.

1.3.2 Lieferantenauswahl

Durch die **Lieferantenauswahl** wird festgelegt, bei welchen Lieferanten der Material- und Warenbedarf bezogen wird. Die Lieferantenauswahl erfolgt anhand von Entscheidungskriterien.

Für die **Auswahl** der geeigneten Lieferanten spielen folgende **Kriterien** eine besondere Rolle:

Quantitatives Kriterium

- Einstandspreis bestimmt durch:
  Listenpreis
  Lieferantenrabatt
  Lieferantenskonto/Zahlungsziel
  Bezugskosten (Verpackungskosten, Transportkosten)

Qualitative Kriterien

- Qualität und Umweltverträglichkeit der Produkte,
- Lieferzeit (Erfüllungsort),
- Zuverlässigkeit des Lieferanten (Termineinhaltung),
- Lieferbereitschaft (Kapazität),
- Sortimentumfang,
- Gewährleistungsbedingungen,
- Serviceleistungen (Beratung, Informationsaustausch, Kundendienst, Nachkaufsicherheit, Kulanz),
- persönlicher Eindruck und Kontakt (gute Referenzen),
- Dauer der Geschäftsbeziehungen.

Ein **Verfahren** der Lieferantenauswahl ist die **Entscheidungsbewertungstabelle (Scoring-Modell).** Bei diesem Verfahren werden die in Betracht kommenden Entscheidungskriterien nach ihrer Bedeutung mit unterschiedlichen Punkten gewichtet. Die einzelnen Lieferanten werden dann bewertet (1 – 6) und die Bewertungen mit den Gewichtungspunkten multipliziert. Die Addition der Punkte (gewichtete Bewertung) ergibt eine Rangfolge der Lieferanten.

Entscheidungsbewertungstabelle (Scoring-Modell)							
Kriterien	**Gewichtung**	**Lieferant A**		**Lieferant B**		**Lieferant C**	
		Bewertung (1 – 6)	**Punkte**	**Bewertung (1 – 6)**	**Punkte**	**Bewertung (1 – 6)**	**Punkte**
Einstandspreis	25	6	150	3	75	4	100
Qualität	25	3	75	1	25	5	125
Lieferzeit	20	5	100	2	40	6	120
Zuverlässigkeit	20	4	80	1	20	5	100
Service	5	3	15	2	10	6	30
Gewährleistungs-bedingungen	5	1	5	5	25	4	20
Summe	**100**		**425**		**195**		**495**

Aufgaben 6–8 Seite 43

Ergebnis: Der Lieferant C mit der höchsten Punktzahl ist der geeignetste.

Bei der Lieferantenauswahl ist auch das **Problem** einer zu starken Lieferantenbindung zu beachten, z. B. Abhängigkeit von nur einem oder wenigen Lieferanten.

1.3.3 Bestellung und Auftragsbestätigung

IUS

Mit der **Bestellung** – auch häufig Auftrag genannt – erklärt der Käufer seinen Willen, z. B. eine bestimmte Ware zu den angegebenen Bedingungen (laut Angebot) zu kaufen.

Die Bestellung ist die Willenserklärung des Käufers, bestimmte Waren, Materialien oder Dienstleistungen zu bestimmten Bedingungen zu kaufen.

Eine Bestellung **wird erteilt:**
- bei sofortigem Bedarf,
- wenn der Meldebestand angegriffen wird,
- bei günstigen Gelegenheiten.

Der Meldebestand (Bestellpunkt) ist der Lagerbestand, der unter normalen Umständen für die Zeit von dem Abgang der Bestellung bis zum Eingang der bestellten Ware bzw. Material ausreicht.

Wenn der Meldebestand „angegriffen" wird, muss sofort bestellt werden.

In der Bestellung sollen alle für den Kaufvertrag wesentlichen Punkte wiederholt werden, wie: Art, Beschaffenheit und Güte, Menge, Preis, Versandkosten, genaue Lieferungs- und Zahlungsbedingungen, Erfüllungsort und Gerichtsstand. Liegt der Bestellung ein ausführliches Angebot zugrunde, mit dessen Bedingungen der Käufer (einschl. der AGB) einverstanden ist, so genügt es, wenn er sich auf diese bezieht.

Für die Bestellung ist **keine bestimmte Form** vorgeschrieben, d. h., sie kann mündlich, telefonisch, schriftlich, per Fax, E-Mail usw. erteilt werden. Besonders bei größeren Bestellungen ist, um Irrtümer auszuschließen, die Schriftform üblich und als Beweismittel bei Rechtsstreitigkeiten von Bedeutung.

Wer eine Bestellung abgibt, ist an diese **gebunden.** Die Bindung wird jedoch erst wirksam, wenn sie dem Empfänger zugegangen ist (empfangsbedürftige Willenserklärung). Eine Bestellung kann **widerrufen** werden. Voraussetzung für die Wirksamkeit ist jedoch, dass der Widerruf spätestens gleichzeitig mit der Bestellung beim Verkäufer eintrifft.

Eine besondere **Bestellungsannahme (Auftragsbestätigung)** durch den Lieferer (Verkäufer) **ist nicht erforderlich,** wenn der Besteller (Käufer) das Angebot unverändert und rechtzeitig annimmt.

Üblich ist die Bestätigung der Bestellung:
1. Bei Bestellungen von neuen Kunden (um Dank auszudrücken),
2. bei großen Bestellungen (um vielleicht Irrtümer aufzuklären),
3. bei mündlichen oder telefonischen Bestellungen (zur Absicherung gegen Hörfehler),
4. wenn Bestellungen erst längere Zeit später ausgeführt werden sollen oder können.

Notwendig ist die Bestätigung der Bestellung, wenn das der Bestellung vorausgehende **Angebot freibleibend** war oder wenn der Kunde „wie gehabt" bestellt hat, **ohne** dass ihm vorher ein **Angebot** gemacht wurde. Erst durch die **Annahme des Lieferers (Auftragsbestätigung)** kommt hier der Kaufvertrag zustande. Das Gleiche gilt, wenn die Bestellung **zu spät** eintrifft oder **inhaltlich vom Angebot abweicht**.

§ 145 BGB

§ 150 Abs. 1 u. Abs. 2 BGB

Die Bestellungsannahme (Auftragsbestätigung) ist eine Willenserklärung des Verkäufers, mit der er sich bereit erklärt, die bestellten Waren, Materialien oder Dienstleistungen zu den angegebenen Bedingungen zu liefern.

Die Bestellungsannahme (Auftragsbestätigung) ist an keine Form gebunden, sie kann auch durch schlüssiges Handeln (sofortige Lieferung) erfolgen.

IUS

1.3.4 Abschluss von Kaufverträgen

Für den Abschluss eines Kaufvertrages gilt:

Ein Kaufvertrag kommt – als sogenanntes „zweiseitiges Rechtsgeschäft" – durch zwei übereinstimmende Willenserklärungen (Antrag und Annahme) der Vertragspartner zustande.

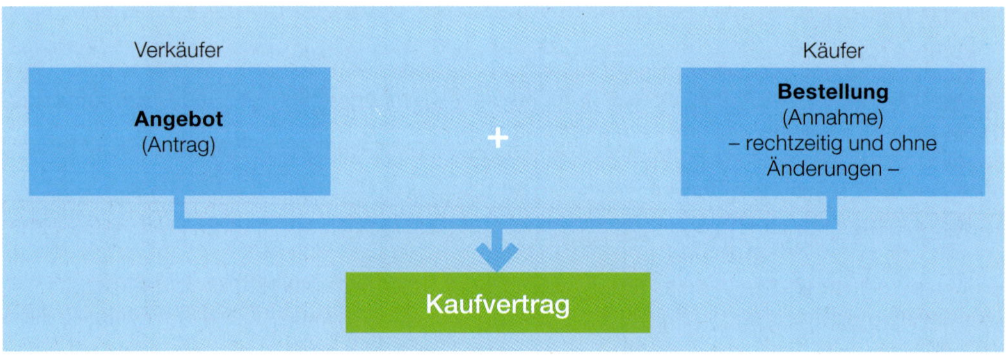

Der Antrag, d. h. der Anstoß zum Abschluss des Kaufvertrages, geht im Normalfall vom Verkäufer aus, indem er dem Käufer ein **Angebot** macht.

Dabei ergeben sich folgende Möglichkeiten:

1. Der Käufer nimmt das Angebot **rechtzeitig und unverändert** an. Der Kaufvertrag ist abgeschlossen, sobald der Verkäufer die Bestellung erhalten hat.
2. Der Käufer nimmt das Angebot **nur mit Einschränkungen (Abänderungen)** an. („Wenn Sie mir Skonto von 3 % gewähren, ..."). Diese Bestellung gilt als Ablehnung des Angebotes. Der Käufer stellt durch diese Abänderung einen neuen Antrag, den der Verkäufer annehmen oder ablehnen kann.
3. Der Käufer **bestellt zu spät.** Seine Bestellung gilt als neuer Antrag. Auch in diesem Fall kommt ein Kaufvertrag erst zustande, wenn der Verkäufer diesen Antrag bestätigt.
4. Hat der Verkäufer ein **„freibleibendes Angebot"** gemacht, d. h. die Bindung an das Angebot ausgeschlossen, so kommt der Kaufvertrag erst durch die Annahme der Bestellung seitens des Lieferers zustande.

Erfolgt eine Bestellung ohne Angebot (Antrag), so wird der Kaufvertrag durch die **Bestellungsannahme (Annahme) des Verkäufers** geschlossen. Wird unverzüglich geliefert, so ist dies als Bestellungsannahme zu werten. Eine ausdrückliche Auftragsbestätigung ist in diesem Fall nicht erforderlich.

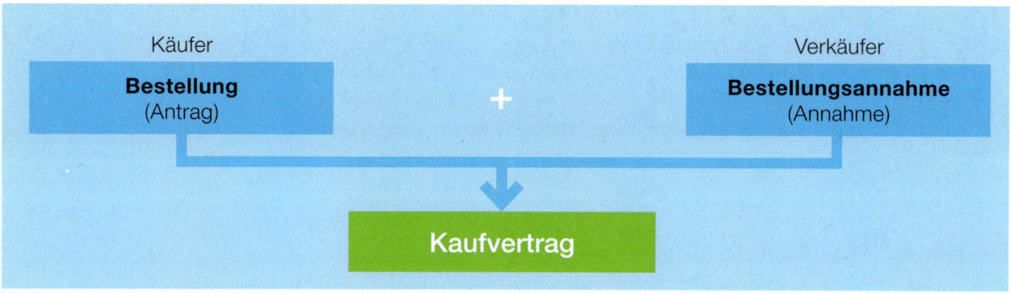

Auch die **Zusendung unbestellter Waren** (Sachen) ist nur als **Vertragsantrag** zu betrachten.

Der Vertrag kommt zustande, wenn der Empfänger den Kaufpreis bezahlt, die Ware in Gebrauch nimmt oder erklärt, dass er die Ware annehmen wird.

Der Privatmann hat keine Aufbewahrungs- und Rücksendepflicht für die unbestellt zugesandte Ware, Schweigen bedeutet Ablehnung. Bei einem Kaufmann ohne bisherige Geschäftsverbindung bedeutet Schweigen auch Ablehnung. Der Kaufmann hat aber eine Aufbewahrungspflicht. Ist der Empfänger der unbestellten Ware dagegen Kaufmann mit bestehender Geschäftsverbindung (übliche Lieferung), so gilt das Schweigen als Annahme.

§ 241a BGB
§ 362 HGB

Aufgabe 9
Seite 44

1.3.5 Inhalte und Pflichten des Kaufvertrages

IUS

Durch den **Abschluss** des Kaufvertrages **verpflichten** sich die Vertragspartner (Käufer und Verkäufer), ihre Leistungen entsprechend den getroffenen Vereinbarungen zu erbringen **(Verpflichtungsgeschäft).** Durch Einhaltung dieser Pflichten **erfüllen** die Vertragspartner den Kaufvertrag **(Erfüllungsgeschäft)**.

§ 433 i. V. m. § 362 u. § 929 BGB

Das Verpflichtungsgeschäft und das Erfüllungsgeschäft können zeitlich auseinander liegen. Oft fallen sie jedoch zeitlich zusammen (z. B. Kauf an einem Kiosk oder im Einzelhandelsgeschäft).
Die **Erfüllungsvereinbarungen** müssen eindeutig getroffen werden. Deshalb sollte der Kaufvertrag folgende Fragen klären:

1. **Wie** ist zu erfüllen?
2. **Wann** ist zu erfüllen?
3. **Wo** ist zu erfüllen?

Inhalte des Kaufvertrages
Der Kaufvertrag enthält im Normalfall Vereinbarungen über:

- Art, Beschaffenheit und Güte (Qualität) der Sachgüter
- Menge der Sachgüter
- Preis und Preisnachlässe
- Kosten der Versandverpackung
- Lieferungsbedingungen
- Zahlungsbedingungen
- Erfüllungsort und Gerichtsstand
- Allgemeine Geschäftsbedingungen

Fehlen solche Vereinbarungen, so treten an ihre Stelle die jeweiligen gesetzlichen Bestimmungen des BGB bzw. des HGB.

Erläuterungen zu den einzelnen Punkten siehe Inhalte des Angebotes.

Pflichten der Vertragspartner
Der **Verkäufer** ist verpflichtet:
- dem Käufer den Kaufgegenstand rechtzeitig und mangelfrei zu übergeben,
- dem Käufer das Eigentum daran zu übertragen,
- den Kaufpreis anzunehmen.

Der **Käufer** ist verpflichtet:
- den vereinbarten Kaufpreis rechtzeitig (fristgemäß) zu zahlen,
- den ordnungsgemäßen Kaufgegenstand abzunehmen.

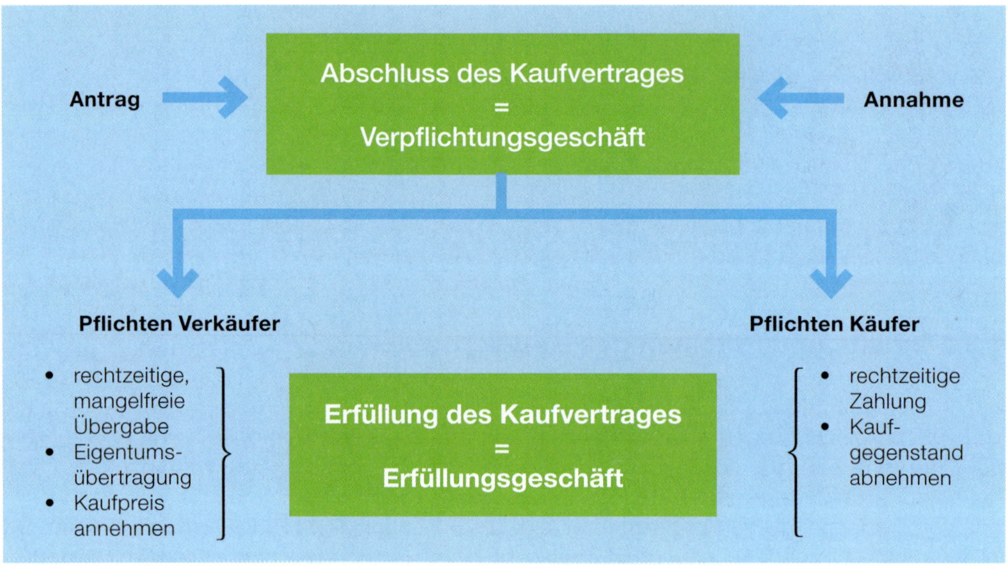

Aufgabe 10
Seite 44

1.3.6 Besonderheiten bei Verträgen über Fernkommunikationsmittel

E-Commerce
Die zunehmende Bedeutung des Abschlusses von Verträgen unter Inanspruchnahme von Online-Diensten (z. B. Internet, T-Online der Deutschen Telekom) macht insbesondere im Interesse des Verbraucherschutzes gesetzliche Regelungen erforderlich.

Von E-Commerce (Electronic Commerce = elektronischer Handel) wird gesprochen, wenn der Kauf von Waren oder Dienstleistungen und/oder deren Bezahlung über das Internet abgewickelt werden.[1]

Hinsichtlich der Geschäftspartner lässt sich **E-Commerce** wie folgt einteilen:
- Beziehungen zwischen Unternehmen: Business to Business
- Beziehungen zwischen Unternehmen und Endverbrauchern: Business to Consumer

Vielfach wird der Begriff E-Commerce auch mit „Online-Shopping" oder „Verkaufen über das Internet" gleichgesetzt.

[1] *Der Begriff „E-Commerce" wird nicht überall einheitlich verwendet.*

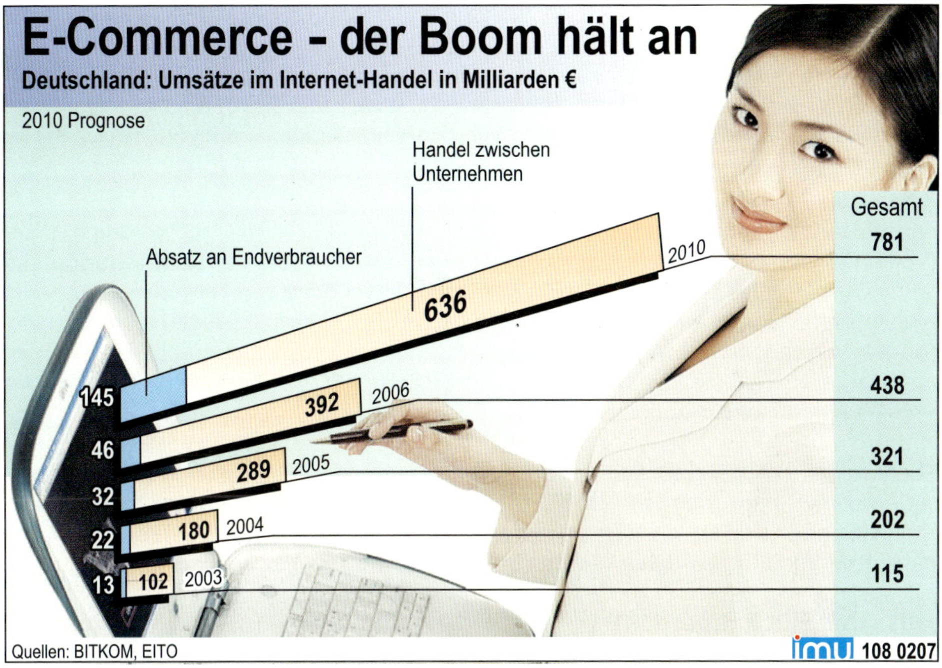

Super-Wachstum im Verbraucher-Segment
Das Wachstumstempo im deutschen Online-Handel bleibt rasant. 2006 kauften private Verbraucher (B2C) per Internet Waren und Dienste im Wert von 46 Mrd. Euro, was einem Plus von 44 Prozent gegenüber dem Vorjahr entspricht. Nicht ganz so hoch war mit 36 Prozent die Wachstumsrate im Online-Handel zwischen Unternehmen (B2B). Dieser Markt ist aber mit derzeit fast 400 Mrd. Euro ungleich größer. Aussichten bis 2010: B2C plus 215 Prozent, B2B plus 62 Prozent.
Grafik/Text: imu-Infografik

Callcenter

Zunehmend gehen die Unternehmen dazu über, sich ihren Kunden gegenüber „serviceorientiert" zu präsentieren und telefonische Servicezentralen (**Callcenter**) einzurichten. Ein Callcenter kann dabei alle Tätigkeiten von der Verkaufsanbahnung bis zur Verkaufsabwicklung übernehmen. So rufen z. B. die Mitarbeiter eines Callcenters, die im Direktverkauf tätig sind (Callcenteragents), ihre Kunden an und bieten ihnen ein Produkt oder eine Dienstleistung zum Kauf an. Häufig stellen Callcenter im Auftrag von Unternehmen auch Produkte am Telefon vor und versuchen, einen Termin für einen Außendienstmitarbeiter zu vereinbaren.

Telefonwerbung bei einem Verbraucher ist unzulässig, wenn diese ohne dessen Einwilligung erfolgt. Ein Werbeanruf ist nur zulässig, wenn der Angerufene vorher ausdrücklich erklärt hat, Werbeanrufe erhalten zu wollen. Ein Verstoß gegen das Verbot unlauterer Telefonwerbung stellt eine Ordnungswidrigkeit dar, die gegebenenfalls mit einem Bußgeld bis zu 50 000 EUR geahndet werden kann. Bei Werbeanrufen darf der Anrufer seine Rufnummer nicht unterdrücken, um seine Identität nicht preiszugeben. Ein solcher Anruf verstößt gegen das Telekommunikationsgesetz (TKG) und kann mit einer Geldbuße bis zu 10 000 EUR belegt werden.

§ 7 Abs. 2 Nr. 2, § 20 UWG

Fernabsatzverträge

§ 312b BGB

Ein Fernabsatzvertrag liegt vor, wenn **zwischen einem Unternehmer und einem Verbraucher** (Business to Consumer) ein Vertrag über die Lieferung von Waren oder die Erbringung von Dienstleistungen unter **ausschließlicher** Verwendung von Fernkommunikationsmitteln (Briefe, Kataloge, Telefonanrufe, E-Mails, Internet) abgeschlossen wird.

Ein Fernabsatzvertrag liegt demnach **nicht** nur dann vor, wenn ein Verbraucher mit einem Unternehmer über das Internet einen Vertrag schließt. Vielmehr fällt der gesamte **Versandhandel** darunter, wenn der Vertragsschluss unter ausschließlicher Verwendung von Fernkommunikationsmitteln erfolgt. Haben im Vorfeld des Vertragsschlusses Verkaufsverhandlungen stattgefunden, bei denen der Verbraucher die Ware besichtigen und den Verkäufer persönlich kennenlernen konnte, so liegt kein Fernabsatzvertrag vor, wenn die Bestellung kurze Zeit später z. B. per E-Mail erfolgt und die Auftragsbestätigung ebenfalls per E-Mail zugeht.

Da sich bei einem Fernabsatzvertrag – anders als bei einem Ladenkauf – Kunde und Unternehmer nicht persönlich begegnen und die Ware nicht vor oder beim Vertragsabschluss geprüft werden kann, ergeben sich für den Verbraucher nicht unerhebliche Risiken. Die Vorschriften über die Fernabsatzverträge dienen daher vornehmlich dem Schutz des Verbrauchers.

Widerrufs- und Rückgaberecht

§§ 312d, 355, 356 BGB

Ein Verbraucher hat das Recht, seine auf Abschluss eines Fernabsatzvertrages abgegebene Willenserklärung **innerhalb von 14 Tagen ohne Angabe von Gründen** zu widerrufen. Die Widerrufsfrist beginnt mit dem Zeitpunkt, zu dem der Verbraucher eine deutlich gestaltete Belehrung über sein Widerrufsrecht in Textform erhalten hat. Bei der Lieferung von Waren beginnt die Frist nicht vor dem Tag ihres Eingangs beim Empfänger. Anstelle der Widerrufsmöglichkeit kann auch ein Rückgaberecht vereinbart werden.

Widerruf eines Fernabsatzvertrages

Roland Beck sucht über das Internet nach Ersatzteilen für seine alte Vespa 200 E. Über eine Suchmaschine gelangt er auf die Seite des virtuellen Ersatzteilhändlers „Rollershop“. Per Mausklick bestellt er am 05. Mai d. J. die gesuchten Ersatzteile. Durch eine E-Mail wird der Auftrag bereits nach kurzer Zeit zusammen mit einer Widerrufsbelehrung bestätigt (Auftragswert 260,00 EUR). Am 08.05. findet er in der Zeitschrift „Schnapp“ eine Anzeige, in der die Ersatzteile zum halben Preis angeboten werden. Roland Beck kann seine Internetbestellung innerhalb von 14 Tagen ohne Angabe von Gründen widerrufen. Der Vertrag ist bis zum Ablauf dieser Frist **schwebend wirksam**.

Informationspflichten

§ 312c BGB

Der Unternehmer ist verpflichtet, den Verbraucher rechtzeitig vor Abschluss eines Fernabsatzvertrages zu informieren über:

1. **den geschäftlichen Zweck des Vertrages**
   (wesentliche Merkmale der Ware oder der Dienstleistung – z. B. Telefonanschluss Surf & Call mit entsprechenden Leistungen).
2. **Bestimmungen des Vertrages einschließlich der Allgemeinen Geschäftsbedingungen**
   (Anschrift des Unternehmers, Preis der Ware einschließlich Steuern und anderer Preisbestandteile, Lieferung und Zahlung, gegebenenfalls zusätzlich anfallende Liefer- und Versandkosten, Bedingungen der Ausübung und Rechtsfolgen des Widerrufs- oder Rückgaberechtes).

Falls der Unternehmer diesen Informationspflichten nicht nachkommt, muss er gegebenenfalls Schadensersatz leisten. Darüber hinaus verlängert sich bei Verletzung der Informationspflichten das Widerrufsrecht auf sechs Monate nach Vertragsschluss. § 355 Abs. 4 BGB

Zahlungsabwicklung im Versandhandel

Bei einem Ladenverkauf werden Lieferung und Zahlung im Normalfall Zug um Zug am Ort des Verkaufs (Laden) abgewickelt. Beim Versandhandel hingegen ist eine solche Abwicklung aus praktischen Gründen nicht möglich.

Vorauskasse

Damit das Risiko des Lieferers, für seine Leistung keine oder nur eine verspätete Zahlung zu erhalten, ausgeschlossen wird, wird häufig vereinbart, dass der Kunde die Ware per Vorauskasse bezahlen muss. Bei einer solchen Zahlungsvereinbarung setzt der Kunde darauf, dass der Verkäufer die Ware auch wirklich verschickt.

Zahlungsabwicklung bei eBay

Wer bei eBay einen Artikel ersteigert, ist meist gezwungen, die Ware per Vorauskasse zu bezahlen. Der Kunde sollte deshalb unbedingt auf den Leumund des Verkäufers achten und die Bewertungen genau lesen. Dennoch ist die Gefahr, „Abzockern" aufzusitzen, die eBay-Konten unter falschem Namen führen und abkassieren, ohne die Ware zu schicken, nicht ausgeschlossen.

Nachnahme

Auch bei der Vereinbarung **Lieferung gegen Nachnahme** ist das Risiko des Käufers, eine falsche oder eine mit Mängeln behaftete Ware gegen Bezahlung zu erhalten, nicht auszuschließen, da die Nachnahme-Sendung direkt bei Erhalt und nicht erst nach dem Öffnen bezahlt werden muss.

Lastschrift

Hat der Zahlungspflichtige seinen Lieferer ermächtigt (Einzugsermächtigung), die fällige Zahlung über seine Bank vom Konto des Zahlungspflichtigen abbuchen zu lassen, so handelt es sich um ein Lastschriftverfahren.

Die Bezahlung per Lastschrift ist für beide Seiten sehr bequem. Allerdings muss der Kunde dem Händler vertrauen. Zwar gilt eine Einzugsermächtigung stets nur für die aufgeführten Käufe und sie lässt sich auch wieder rückgängig machen. Doch kann der Händler jeden beliebigen Betrag abbuchen. Eine festgelegte Frist für den Widerruf einer Lastschrift gibt es nicht. Zwischen den Banken besteht jedoch ein Abkommen, das dafür eine Frist von sechs Wochen vorsieht. Wegen der Möglichkeit, Lastschriften wieder rückgängig zu machen, ist das Lastschriftverfahren auch weitgehend sicher.

Kreditkarte

Viele Online-Shops vereinbaren mit ihren Kunden **Zahlung mit Kreditkarte**. Bei diesem Verfahren gibt der Kunde Daten der Kreditkarte (z. B. Name, Kreditkartennummer, Kartenprüfnummer) über das Internet ein und gestattet damit dem Empfänger, den ausstehenden Betrag vom Kreditkartenkonto des Kunden einzuziehen. Da in diesem Falle die Bezahlung ausschließlich über das Internet abgewickelt wird, handelt es sich um eine Zahlungsart des **E-Payment**.

Unter E-Payment wird eine Bezahlung über das Internet verstanden, bei deren Abwicklung alle für die Geldübertragung notwendigen Informationen, z. B. Name und Kontoinformationen, über das Internet übertragen werden.

Damit die Informationen aus der Kreditkarte während des Online-Einkaufs nicht abgefangen werden, bieten die Kreditkartenunternehmen Schutzmechanismen an. Bei Nutzung dieser Verfahren gibt der Kunde zusätzlich noch ein Passwort oder einen Sicherheitscode ein. Auf diese Weise könnte ein Dieb selbst mit einer gestohlenen Kreditkarte nicht online einkaufen. Voraussetzung für die Nutzung dieser Verfahren ist aber, dass die Online-Händler ihre Online-Shops mit diesen **Sicherheitsmechanismen** schützen.

Der Einsatz von Kreditkarten beim Einkauf von Online-Händlern gilt als weitgehend sicher, wenn die Bezahlung über verschlüsselte Seiten erfolgt. Ein Risiko besteht aber, wenn Karte und/oder Nummer gestohlen werden.

So bezahlen Sie sicher

- **Über den Shop informieren**
  Im Internet sprechen sich unseriöse Praktiken schnell herum, also Bewertungen und Kommentare lesen.
- **Geschütze Umgebung nutzen**
  Achten Sie darauf, dass die Shopseite SSL-verschlüsselt ist. Das erkennen Sie an einem „https://“ in der Adresszeile des Browsers.
- **Das Impressum anschauen**
  Prüfen Sie, ob die Angaben vollständig sind. Außerdem muss sich der Verkäufer vor dem Kauf die AGB bestätigen lassen.
- **Online-Bezahldienste nutzen**
  Bei Firstgate oder Paypal kommt der Händler gar nicht in den Besitz Ihrer Daten.
- **Mit Kreditkarte sicher bezahlen**
  Shoppen Sie nur unter Angabe des Sicherheitscodes oder mit den Sicherheitsmechanismen der Kreditkartenunternehmen.
- **Nicht auf Phishing hereinfallen**
  Banken verlangen in Mails nie die Eingabe einer TAN. Inzwischen versenden Banken in E-Mails meist auch keine Links mehr.

Aufgaben 11–13 Seite 44

Zusammenfassende Übersicht zu Kapitel 1.3: Rechtliche Grundlagen der Beschaffung

Anfragen = Einholung von Angeboten

- Die Anfrage ist **rechtlich unverbindlich**.

Angebote im Rechtssinne – Person bestimmt
– Inhalt vollständig und bestimmt

- Das Angebot ist **grundsätzlich rechtlich bindend**. Die Bindung kann erlöschen oder durch eine Freizeichnungsklausel ausgeschlossen sein.

Inhalt eines ausführlichen Angebotes:
- Art, Beschaffenheit und Güte (Qualität) der Sachgüter
- Menge der Sachgüter
- Preis und Preisnachlässe
- Kosten der Versandverpackung
- Lieferungsbedingungen
- Zahlungsbedingungen
- Erfüllungsort und Gerichtsstand
- Allgemeine Geschäftsbedingungen

Beim **Angebotsvergleich** werden neben **quantitativen (rechnerischen) Entscheidungskriterien** auch **qualitative Kriterien** berücksichtigt.

Lieferantenauswahl

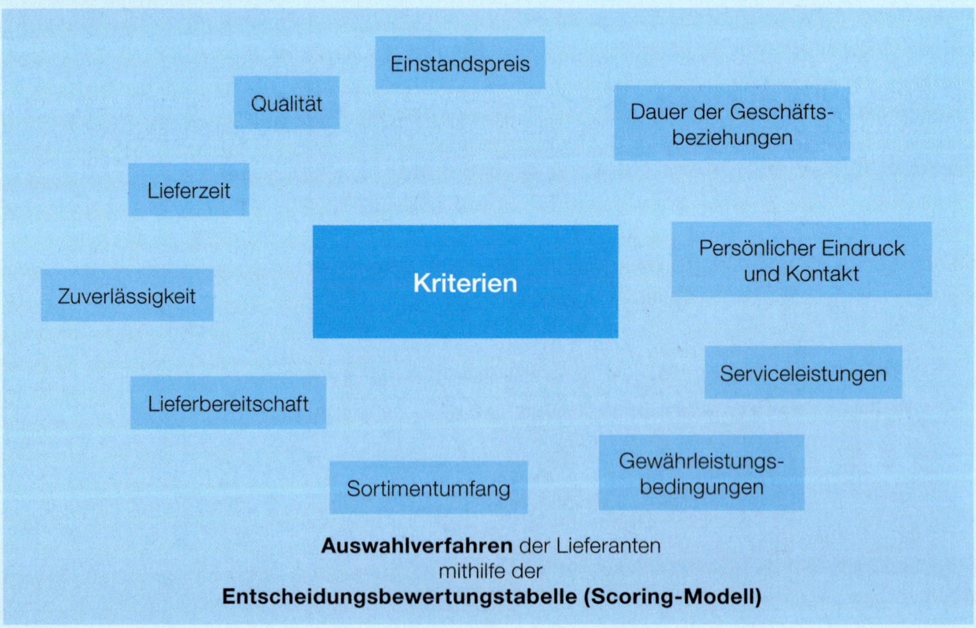

Auswahlverfahren der Lieferanten
mithilfe der
Entscheidungsbewertungstabelle (Scoring-Modell)

Abschluss des Kaufvertrages (Verpflichtungsgeschäft)
durch zwei übereinstimmende Willenserklärungen

Angebot des Verkäufers (Antrag) + Bestellung des Käufers (Annahme)

ODER

Bestellung des Käufers (Antrag) + Bestellungsannahme des Verkäufers (Annahme)

→ **Kaufvertrag**

Erfüllung des Kaufvertrages (Erfüllungsgeschäft)

Verkäufer
- rechtzeitige, mangelfreie Übergabe
- Eigentumsübertragung
- Kaufpreis annehmen

Käufer
- rechtzeitige Zahlung
- Kaufgegenstand abnehmen

Besonderheiten bei Verträgen über Fernkommunikationsmittel

Fernabsatzvertrag (§ 312b BGB). Vertrag eines Unternehmers mit einem Verbraucher, der unter ausschließlicher Verwendung von Fernkommunikationsmitteln geschlossen wurde.

↓

Widerrufsrecht des Verbrauchers (Frist: 14 Tage – § 312d BGB)

↓

Vertrag ist schwebend wirksam

↓

Informationspflichten des Unternehmers (§ 312c BGB)
(Einzelheiten des Vertrags, geschäftlicher Zweck)

Zahlungsabwicklung: Vorauskasse, Nachnahme, Lastschrift, Kreditkarte

Wiederholung des Grundwissens

1. Welche rechtliche Wirkung hat eine Anfrage?
2. Wie unterscheidet sich eine Anfrage von einem Angebot im rechtlichen Sinne?
3. Wann muss ein Antrag unter Anwesenden angenommen werden?
4. Wann sind Angebote verbindlich?
5. Wann ist der Lieferer nicht mehr an sein Angebot gebunden?
6. Wie lässt sich die Gebundenheit an ein Angebot ausschließen?
7. Welche Inhalte enthält ein aussagefähiges Angebot im Normalfall?
8. Welche gesetzlichen Regelungen gelten für
   a) die Übernahme der Versandverpackung,
   b) die Lieferzeit,
   c) die Zahlungsfrist,
   d) den Erfüllungsort?
9. Worin besteht der Unterschied zwischen Rabatt, Bonus und Skonto?
10. Was bedeutet: „Warenschulden sind Holschulden"?
11. Was unterscheidet die Vertragsklauseln „frei" und „unfrei"?
12. Was bedeutet „Lieferung ab Werk" für den Kunden?
13. Wie unterscheiden sich Hol-, Schick- und Bringschulden?
14. Welchen Zweck haben die „Allgemeinen Geschäftsbedingungen (AGB)" in Verträgen?
15. Nennen Sie Kriterien, die für die Auswahl der geeigneten Lieferanten eine besondere Rolle spielen.
16. Welche Vorteile für die Informationsgewinnung ergeben sich durch einen Besuch bei den möglichen Lieferanten?
17. Wie wird der Einstandspreis ermittelt?
18. Welchem Zweck dient die Entscheidungsbewertungstabelle (Scoring-Modell)?
19. Welche Gründe kann es geben, nicht beim preisgünstigsten Lieferanten zu bestellen?
20. Wann ist bei einer Bestellung eine Auftragsbestätigung üblich?
21. Beschreiben Sie, wie ein Kaufvertrag zustande kommt.
22. Was gilt, wenn eine Bestellung verspätet erfolgt oder inhaltlich vom Angebot abweicht?
23. Erklären Sie den Unterschied zwischen Verpflichtungs- und Erfüllungsgeschäft.
24. Welche Pflichten gehen die Vertragspartner durch den Abschluss eines Kaufvertrages ein?
25. Was ist unter E-Commerce zu verstehen?
26. Welche Tätigkeiten kann ein Callcenter übernehmen?
27. Erklären Sie, was unter einem Fernabsatzvertrag zu verstehen ist.
28. Welche Rechte stehen einem Verbraucher bei Abschluss eines Fernabsatzvertrages zu?
29. Vergleichen Sie die Zahlungsmöglichkeiten, die einem Käufer zustehen, der einen Vertrag mit einem Online-Händler geschlossen hat.

Aufgaben und Probleme

1. In einem Schaufenster ist ein Anzug mit 398,00 EUR ausgezeichnet. Ist der Verkäufer an den Preis gebunden, wenn es sich um einen Auszeichnungsfehler handelt und der Anzug 698,00 EUR kostet?

2. Ein Unternehmen prüft ein bis zum 31. Januar gültiges Angebot eines Lieferers erst am 04. Februar. Ist der Lieferer an sein Angebot gebunden?

3. In einem Katalog wird ein Hemd für 41,00 EUR angeboten. Ein Kunde bestellt das Hemd zu 35,00 EUR.
   a) Stellen Sie fest, ob ein Kaufvertrag zustande kommt.
   b) Welche rechtliche Wirkung ergibt sich, wenn das Hemd zu 35,00 EUR geliefert wird?

4. Warum verlegen Lieferanten im Allgemeinen den Erfüllungsort für beide Teile an den Ort des Verkäufers?

5. Welche rechtliche Bedeutung haben die AGB bei der Bestellung, wenn diese
   a) auf dem zugegangenen Angebot abgedruckt sind,
   b) im Angebot nicht enthalten, sondern auf der Rückseite der Rechnung vorgebracht werden?

6. Erläutern Sie die Vorgehensweise zur Lieferantenauswahl mithilfe der Entscheidungsbewertungstabelle.

7. Für die Einrichtung eines neuen Hochregallagers benötigt ein Möbelhausunternehmen neue Beförderungsroboter. Die Beschaffungspräferenzen wurden bestimmt und die Kriterien wie folgt gewichtet:
   Einstandspreis = 30
   Qualität = 25
   Lieferzeit = 10
   Zuverlässigkeit = 15
   Service = 15
   Gewährleistungsbedingungen = 5
   In einer Fachzeitschrift für Logistik wurden drei mögliche Lieferanten entdeckt und unter Beibehaltung der Reihenfolge der Kriterien (vgl. S. 30) bewertet.
   Lieferant A: 2 – 4 – 3 – 3 – 5 – 1
   Lieferant B: 4 – 3 – 2 – 5 – 4 – 2
   Lieferant C: 5 – 3 – 1 – 2 – 1 – 2
   Für welchen Lieferanten soll sich das Unternehmen entscheiden, wenn die festgelegten Kriterien berücksichtigt werden sollen?

8. Für die Einrichtung eines Ausbildungszentrums mit 200 Ausbildungsplätzen benötigt ein renommierter Autohersteller für jeden Ausbildungsplatz einen 21"-Flachbildschirm. Über drei mögliche Lieferanten konnten die folgenden Informationen in Erfahrung gebracht werden.

   Heinzco GbR
   - Einstandspreis 240,00 EUR/Stück
   - Reklamationen werden schnell und kulant bearbeitet
   - Lieferung innerhalb 14 Tagen ohne Verzögerung
   - Großzügiges Entgegenkommen bei kurzfristigen Zahlungsproblemen
   - Qualitätsnachweis vorhanden
   - Garantieleistung 3 Jahre

   Manu GmbH
   - Einstandspreis 4 000,00 EUR/20 Stück
   - Reklamationen werden kulant bearbeitet
   - Lieferung innerhalb von 10 Tagen (bekannte Lieferverzögerungen zwischen 2 und 10 Tagen)
   - Qualitätsnachweis vorhanden
   - Garantieleistung 2 Jahre

   Usus Prall KG
   - Einstandspreis 180,00 EUR/Stück
   - Lieferung 50 Stück wöchentlich nach Terminvereinbarung (bekannte Lieferverzögerungen bis zu zwei Wochen)
   - Kein Entgegenkommen bei kurzfristigen Zahlungsverzögerungen
   - Garantieleistung 5 Jahre
   - Kein Qualitätsnachweis vorhanden

Für welchen Lieferanten soll sich das Unternehmen entscheiden, wenn neben quantitativen Kriterien auch qualitative Kriterien bei der Auswahl herangezogen werden? Erstellen Sie dazu eine Entscheidungsbewertungstabelle (Scoring-Modell).

9. Eine Buchhandlung verschickt Fachbücher an vermutete Interessenten. Bestellungen lagen nicht vor. Erläutern Sie, welche rechtlichen Folgen sich an die unterschiedliche Rechtsstellung der Vertragspartner knüpfen lassen.

10. Die Firma KATA GmbH in Köln schuldet der Firma Justus Baum KG in Stuttgart aus einem Kaufvertrag 8 750,00 EUR. Trotz schriftlicher, wiederholter Mahnung kommt die Firma KATA GmbH den Zahlungsverpflichtungen nicht nach.
Bei welchem Gericht muss die Justus Baum KG Klage erheben, wenn keine vertragliche Vereinbarung getroffen wurde?

11. Matthias Weiss hat am 14. Februar d. J. bei einem Anbieter von Sportartikeln auf dessen Internetseite ein Snowboard zum Setpreis von 310 EUR bestellt. Noch am gleichen Tag erhält er per E-Mail die Auftragsbestätigung sowie eine Belehrung über seine Möglichkeiten zum Widerruf der Bestellung.
Nachdem Matthias Weiss zwischenzeitlich einen Skikurs besucht hat, will er das Snowboardfahren aufgeben.
   a) Kann Matthias Weiss seine Willenserklärung (Bestellung) auch nach Eingang der Auftragsbestätigung widerrufen?
   b) Wie ist der Fall zu entscheiden, wenn sich Matthias Weiss erst am Tag der Lieferung (10. März d. J.) zum Widerruf entschließt?

12. Kirsten Reith – 22 Jahre alt – bestellt bei Amazon die CD „The Rolling Stones Exile on Main St“ zum Preis von 18 EUR. Gleich nach Eingang der CD erstellt Kirsten Reith eine Raubkopie und schickt das Original ohne weitere Begründung wieder zurück. Von Amanzon verlangt sie Rücküberweisung des zwischenzeitlich abgebuchten Betrages. Muss Amazon die CD wieder zurücknehmen und den Kaufpreis erstatten?

13. Irmhilde Ruf hat am 14. April d. J. im Rahmen einer Internetauktion über eBay ein Navigationsgerät zum Preis von 148 EUR ersteigert. Im Elektrohandel wird das gleiche Gerät derzeit zu Preisen zwischen 450 EUR und 600 EUR angeboten. Noch am gleichen Tag überweist sie diesen Betrag zuzüglich Versandkosten an den Verkäufer. Das Gerät wird ihr nach ca. einer Woche von einem Paketdienst zugestellt.
Am 02. Mai. d. J. erhält sie ein Schreiben der Staatsanwaltschaft Lübeck mit folgendem Inhalt (Auszug):

> „Unsere Ermittlungen haben ergeben, dass Sie am 14. April d. J. ein Navigationsgerät der Marke Supernavi (Modell Navi 4001, Geräte-Nr. 123456) erhalten haben, das zusammen mit anderen Geräten anlässlich eines Einbruchs in eine Lagerhalle gestohlen wurde. Sie werden gebeten, das gestohlene Gerät an den rechtmäßigen Eigentümer ‚Elektromarkt Huser, Industriestraße 9, 23552 Lübeck‘ zu schicken.
> Bezüglich einer eventuellen Rückerstattung des Kaufpreises bitten wir Sie, sich gegebenenfalls direkt mit dem Verkäufer in Verbindung zu setzen.“

Irmhilde Ruf teilt daraufhin der Staatsanwaltschaft Lübeck in einem Schreiben mit, dass sie das Gerät bezahlt habe und nicht bereit ist, dieses an die angegebene Adresse zurückzuschicken. Dem an die Staatsanwaltschaft gerichteten Schreiben fügt sie „als Beweis“ eine Kopie des Überweisungsauftrags bei.
Beurteilen Sie die Rechtslage.

1.4 Störungen bei der Erfüllung von Verträgen

1.4.1 Erfüllungsstörungen im Überblick

Aus jedem Vertrag ergeben sich für die Vertragspartner Pflichten und Rechte.

Werden Pflichten aus einem Vertrag nicht oder nicht vertragsgemäß erfüllt, so handelt es sich um Störungen bei der Erfüllung eines Vertrages.

Bei der Erfüllung z. B. eines **Kaufvertrages** können folgende Störungen auftreten:

Vertragsstörungen	
	Karl Müller, Inhaber eines Geschäfts für Bürobedarf, hat folgende Problemfälle zu erledigen:
① Der Verkäufer liefert falsche oder fehlerhafte Ware oder Ware in zu geringer Menge **(Schlechtleistung)**.	① Bei einer Sendung von Faxgeräten wird festgestellt, dass die Großbuchstaben nicht funktionieren.
② Der Verkäufer liefert nicht oder verspätet **(nicht rechtzeitige Lieferung)**.	② Seit einer Woche ist eine Lieferung Heizöl fällig.
③ Der Käufer zahlt nicht oder verspätet (**nicht rechtzeitige Zahlung)**.	③ Ein Kunde hat eine fällige Rechnung nicht beglichen.
④ Der Käufer nimmt die gelieferte Ware nicht an **(Annahmeverzug)**.	④ Ein Kunde weigert sich, zwei bestellte Faxgeräte abzunehmen.

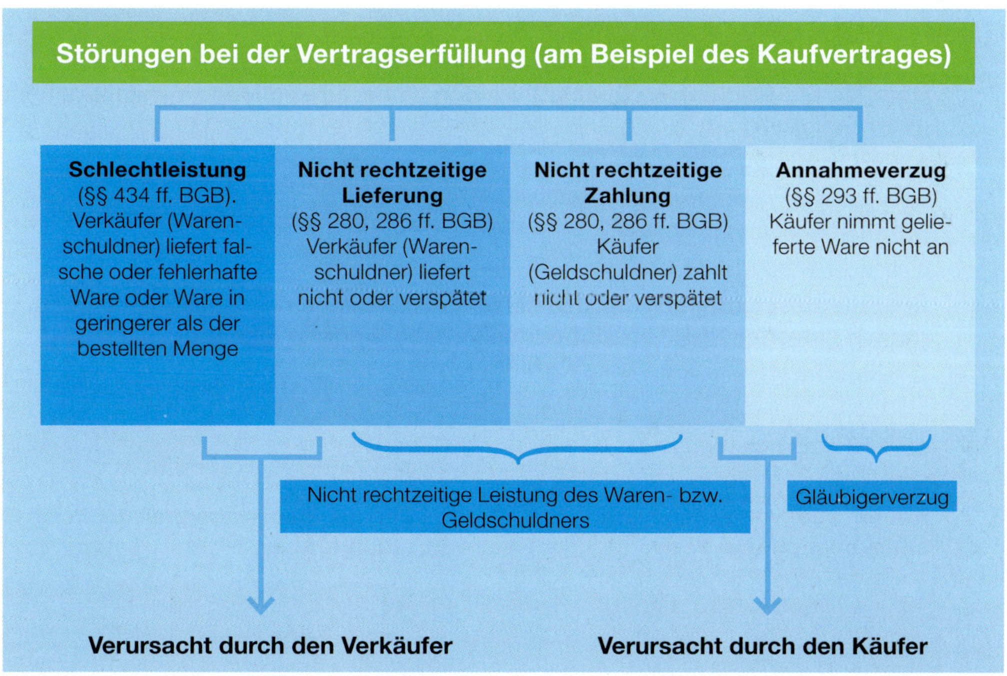

Wenn die Erfüllung eines Vertrages gestört ist, kann der andere Vertragspartner Rechte geltend machen. Diese Rechte sind abhängig von den vertraglichen Vereinbarungen oder – wenn diese fehlen – von den gesetzlichen Vorschriften.

Wiederholung des Grundwissens

1. Wann liegt eine Störung bei der Erfüllung eines Vertrages vor?
2. Nennen und beschreiben Sie vier Vertragsstörungen.

1.4.2 Schlechtleistung

Mängelarten

§ 433 Abs. 1 BGB

Der Verkäufer hat dem Käufer die Sache frei von Sach- und Rechtsmängeln zu verschaffen (Gewährleistungspflicht).

Wenn der Verkäufer mangelhaft liefert, verletzt er eine Vertragspflicht mit der Folge, dass der Käufer Rechte geltend machen kann.

§§ 434, 435 BGB

Ein Sachmangel liegt vor, wenn die Sache zum Zeitpunkt des Gefahrenübergangs (Übergabe) mit Fehlern behaftet ist.
Ein Rechtsmangel liegt vor, wenn Dritte an der gelieferten Sache Rechte gegen den Käufer geltend machen können.

Erfüllt der Verkäufer seine Vertragspflicht, nämlich mangelfrei – d. h. ohne Sach- oder Rechtsmängel – zu leisten, nicht, so liegt **Schlechtleistung** vor.

Sachmängel
In folgenden Fällen handelt es sich jeweils um einen Sachmangel:

1. Über die Eigenschaften (Qualität) wurden keine vertraglichen Vereinbarungen getroffen. Aber:

§ 434 Abs. 1 BGB

Die tatsächliche Beschaffenheit weicht von der **vereinbarten** Beschaffenheit ab.

Ein Füllfederhalter wurde mit einer Goldfeder bestellt; geliefert wurde mit einer Stahlfeder.

2. Über die Beschaffenheit wurden keine ausdrücklichen vertraglichen Vereinbarungen getroffen, wohl aber über den Verwendungszweck. Aber:

§ 434 Abs. 1 Satz 2 Nr. 1 BGB

Der Käufer kann die Ware nicht für den vorgesehenen und dem Verkäufer bekannten Zweck verwenden.

Ein Käufer verlangt in einem Schreibwarengeschäft eine Druckerpatrone für seinen HP-Drucker. Der Verkäufer verkauft eine Universalpatrone, die in das vorhandene Modell aber nicht passt.

3. Käufer und Verkäufer haben sich weder über die Beschaffenheit noch über einen bestimmten Verwendungszweck verständigt. Aber:

Die Ware weist nicht die **Beschaffenheit** auf, die der Käufer erwarten kann.

Ein gekaufter Regenschirm ist nicht ganz wasserdicht.

§ 434 Abs. 1 Satz 2 Nr. 2 BGB

Oder:

Die Sache entspricht nicht den Versprechungen in der Werbung.

In der Werbung wird der durchschnittliche Benzinverbrauch eines Autos mit 5,5 l/100 km angegeben. Tatsächlich verbraucht es aber 7,5 l/100 km.

§ 434 Abs. 1 Satz 3 BGB

Oder: Die Kennzeichnung auf der Verpackung oder auf der Ware selbst weicht von den tatsächlich vorhandenen Eigenschaften ab.

Das Rindfleisch in einem Supermarkt ist wie folgt gekennzeichnet: „Original Argentinisches Rindfleisch". Später stellt sich heraus, dass das Rindfleisch aus heimischer Zucht stammt.

4. Die Sache ist zwar fehlerfrei. Aber:

Der **Verkäufer** selbst oder sein Monteur haben die Montage fehlerhaft durchgeführt.

Ein Elektrofachgeschäft hat einen Geschirrspüler einschließlich Lieferung und Montage verkauft. Durch einen Fehler, der dem Monteur beim Anschluss unterlaufen ist, ging der Geschirrspüler kaputt.

§ 434 Abs. 2 Satz 1 BGB

Oder:

Eine fehlerhafte **Montageanleitung** führt dazu, dass eine verkaufte Sache nicht fehlerfrei montiert werden kann (sog. „IKEA-Klausel").

Ein Möbelhaus händigt zusammen mit der Lieferung einer Schrankwand eine fehlerhafte Montageanleitung aus. Dadurch konnte die Schrankwand nicht richtig aufgebaut werden.

§ 434 Abs. 2 Satz 2 BGB

5. Einem Sachmangel gleichgestellt sind auch folgende Mängel:

Mangel in der Art:
Der Verkäufer liefert eine **andere als die bestellte** Sache.

Ein Obstgroßhändler liefert Äpfel statt Birnen.

Mangel in der Menge:
Der Verkäufer liefert eine zu **geringe Menge**.

Der Verkäufer liefert statt der bestellten 5 000 Blatt Druckerpapier lediglich 1 000 Blatt.

§ 434 Abs. 3 BGB

Rechtsmängel

Ein **Rechtsmangel** liegt vor, wenn Dritte an der gelieferten Sache **Rechte** gegen den Käufer geltend machen können.

Abel kauft von Bertram ein Haus. Abel wusste nicht, dass das Haus an Mussler vermietet ist. Da Mussler nach dem Grundsatz „Kauf bricht nicht Miete" (§ 566 BGB) auch dem Erwerber Abel gegenüber zum Verbleib in dem Haus berechtigt ist, kann er Rechte gegen Abel geltend machen. Damit ist das Hausgrundstück mit einem Rechtsmangel behaftet (§ 435 BGB).

§ 435 BGB

Im Hinblick auf die **Erkennbarkeit** lassen sich folgende Mängel unterscheiden:

Offene Mängel:	Sie sind bei einer Prüfung der Kaufsache sofort erkennbar.	Beim Auspacken einer CD stellt sich heraus, dass diese starke Kratzer aufweist.
Versteckte Mängel:	Sie sind bei einer Prüfung nicht sofort erkennbar.	Obwohl das Haltbarkeitsdatum auf einer Dose noch nicht überschritten ist, ist das Fleisch verdorben.
Arglistig verschwiegene Mängel:	Der Verkäufer verschweigt dem Käufer absichtlich versteckte Mängel.	Der Verkäufer eines gebrauchten Autos verschweigt, dass es sich um einen Unfallwagen handelt.

Rechte des Käufers bei Schlechtleistung

Da der Verkäufer im Falle einer Schlechtleistung eine Vertragspflicht nicht erfüllt hat, stehen dem Käufer verschiedene Rechte zu. Um diese jedoch geltend machen zu können, muss **der Käufer im Normalfall** zunächst **beweisen**, dass es sich bei der gelieferten Ware um eine Schlechtleistung handelt. Dieser Nachweis kann in den meisten Fällen nur schwer erbracht werden. Deshalb gelten im Sinne des Verbraucherschutzes für einen **Verbrauchsgüterkauf** besondere Bestimmungen.

§§ 13, 14, 474 Abs. 1 BGB

Ein Verbrauchsgüterkauf liegt vor, wenn ein Verbraucher von einem Unternehmer eine bewegliche Sache kauft.

Mängelansprüche sind im Normalfall innerhalb von **zwei Jahren** geltend zu machen (**Rügefrist**). Zugunsten des Verbrauchers wird vermutet, dass ein Mangel, der **innerhalb von sechs Monaten** nach Übergabe der Kaufsache bemerkt wird, bereits zum Zeitpunkt der Übergabe vorhanden war (**Beweislastumkehr**). Kann der Verkäufer allerdings beweisen, dass die Sache zum Zeitpunkt des Gefahrenübergangs (i. d. R. Übergabe der Ware an den Käufer) einwandfrei war, so entstehen für den Käufer keine Ansprüche. Dieser Beweis dürfte jedoch in den meisten Fällen kaum zu erbringen sein. Während der restlichen 18 Monate der 2-jährigen gesetzlichen Gewährleistungsfrist ist hingegen der Verbraucher beweispflichtig.

Agnes Kern kauft beim Juwelier Knapp einen Reisewecker. Der Wecker funktionierte während der ersten vier Monate einwandfrei. Danach ging er zunehmend ungenauer.

Agnes Kern kann die Rechte aus einer Schlechtleistung geltend machen, falls Juwelier Knapp nicht beweisen kann, dass der Wecker zum Zeitpunkt des Gefahrenübergangs keine Mängel aufwies. Allein die Tatsache, dass der Wecker während der ersten vier Monate einwandfrei funktioniert hat, reicht als Beweis nicht aus. Möglicherweise ist aufgrund eines Materialfehlers (fehlerhafter Anker) der Fehler erst zu einem späteren Zeitpunkt erkennbar. Kann der Juwelier jedoch beweisen, dass der Fehler z. B. durch einen Stoß verursacht wurde, so stehen Agnes Kern keine Ansprüche aus einer Schlechtleistung zu.

Liefert der Verkäufer eine mit Mängeln behaftete Sache (Schlechtleistung), so kann der Käufer folgende Rechte geltend machen:

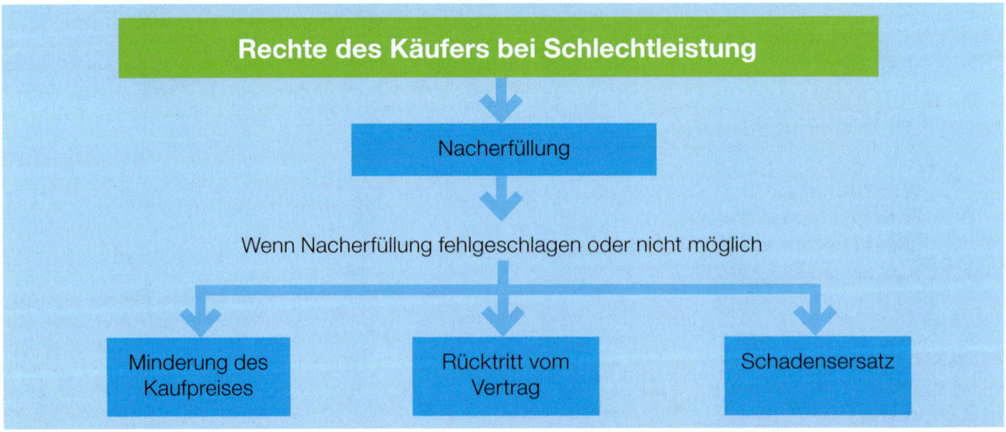

1. Nacherfüllung

Im Rahmen dieses Rechts hat der Käufer ein Wahlrecht zwischen ① **Beseitigung des Mangels (Nachbesserung)** und ② **Lieferung einer mangelfreien Sache (Ersatzlieferung).**	**Nachbesserung** An einem neu gekauften Rasenmäher ist der Querschnitt der Benzindüse zu gering. Dadurch läuft der Motor nicht einwandfrei. In der Werkstatt des Verkäufers wird die Düse durch eine größere ersetzt. **Ersatzlieferung** Der Käufer eines undichten Regenmantels gibt diesen wieder zurück und erhält dafür einen einwandfreien Regenmantel.	§§ 437 Nr. 1, 439 BGB
Eine Nachbesserung gilt als fehlgeschlagen, wenn auch der zweite Nachbesserungsversuch erfolglos war. Lässt sich ein **Sachmangel** nicht beheben (Unmöglichkeit), so entfällt naturgemäß der Anspruch auf Nacherfüllung.	**Fehlgeschlagene Nachbesserung** Eine Telefonanlage ist mit Mängeln behaftet. Nach dem zweiten erfolglosen Nachbesserungsversuch kann der Käufer eine neue Anlage verlangen.	§§ 440 Satz 2, 275 BGB
Der Verkäufer kann die Nacherfüllung verweigern, wenn diese bei ihm mit unverhältnismäßig hohen Kosten verbunden ist.		§ 439 Abs. 3 BGB
Ersatzlieferung kommt nur bei sog. **Gattungswaren** in Betracht. Bei einem Originalgemälde z. B. ist Ersatzlieferung naturgemäß nicht möglich.	**Nicht behebbarer Sachmangel** Ein Sammler hat einen 50 Jahre alten Vespa-Motorroller gekauft. Kurz nach dem Kauf stellt sich heraus, dass der Vergaser einen nicht zu reparierenden Schaden aufweist. Dadurch ist der Betrieb des Fahrzeugs nur eingeschränkt möglich. Da der Vergaser nicht erhältlich ist, lässt sich der Mangel nicht beheben.	
Die zum Zwecke der Nacherfüllung anfallenden Aufwendungen (Transportkosten, Materialkosten etc.) hat grundsätzlich der Verkäufer zu tragen. Das dem Käufer zustehende Recht auf Nacherfüllung ist **nicht davon abhängig,** dass der Verkäufer den Mangel auch zu vertreten hat. Auch dann, wenn der Verkäufer im Rahmen des Verkaufsvorgangs die Ware geprüft und keinen Mangel festgestellt hat, handelt es sich gegebenenfalls um eine Pflichtverletzung.	**Kostentragung bei Nacherfüllung** Ein Versandhaus hat einen fehlerhaften CD-Player geliefert. Die Kosten für die Rücksendung einschließlich Verpackung müssen vom Versandhaus getragen werden.	§ 439 Abs. 2 BGB

Bei der Nacherfüllung (Nachbesserung, Lieferung einer mangelfreien Sache) handelt es sich um ein vorrangiges Recht. Erst wenn im Rahmen der mit diesem Recht verbundenen gesetzlichen Regelungen keine Lösung gefunden wird, können die nachstehenden nachrangigen Rechte geltend gemacht werden.

2. Rücktritt vom Vertrag

§§ 437 Nr. 2, 323 BGB

Rücktritt bedeutet, dass Käufer und Verkäufer alles aus dem Vertragsverhältnis Empfangene (Kaufgegenstand und/oder Geld) wieder zurückgeben. Dieses Recht kann der Käufer aber nur dann geltend machen, wenn er dem Verkäufer **erfolglos** eine **angemessene Nachfrist zur Nacherfüllung** gesetzt hat. Hat der Verkäufer allerdings die Nachbesserung oder Ersatzlieferung verweigert oder ist die Nacherfüllung fehlgeschlagen, so kann der Käufer auch **ohne Nachfristsetzung** vom Vertrag zurücktreten.

§§ 323 Abs. 3, 440 BGB

Beispiel

Der Verkäufer des Rasenmähers (s. oben) sieht sich nicht in der Lage, den Fehler innerhalb einer angemessenen Nachfrist von z. B. zwei Wochen zu beheben. Der Käufer kann vom Vertrag zurücktreten. Macht er von diesem Recht Gebrauch, muss er den defekten Rasenmäher zurückgeben und erhält – falls bereits bezahlt – im Gegenzug das Geld zurück.

3. Minderung des Kaufpreises

§ 441 Abs. 1 BGB

Statt vom Vertrag zurückzutreten, kann der Käufer eine Minderung (Herabsetzung) des Kaufpreises verlangen. Das Recht auf Minderung ist – anders als das Recht zum Rücktritt – auch in Bagatellfällen (unerhebliche Mängel) nicht ausgeschlossen.

Beispiel

Ein gekauftes Diktiergerät weist leichte Kratzer auf. Nachdem die angemessene Nachfrist für die Nacherfüllung abgelaufen ist, verlangt der Käufer eine Preisminderung.

4. Schadensersatz

Ist dem Käufer aus einer Schlechtleistung ein Schaden entstanden, so kann er vom Verkäufer **Schadensersatz** verlangen, wenn folgende Voraussetzungen erfüllt sind:

① Der Schuldner (Lieferer) oder sein Erfüllungsgehilfe (z. B. angestellter Verkäufer) hat die Vertragspflicht „Lieferung einer einwandfreien Sache“ verletzt.

§ 280 Abs. 1 Satz 2 BGB

② Der Schuldner hat die Pflichtverletzung zu vertreten.

Der Verkäufer hat die Pflichtverletzung zu vertreten, wenn er vorsätzlich oder fahrlässig dem Käufer eine mangelhafte Sache ausgehändigt hat. **Fahrlässig handelt**, wer die im Verkehr erforderliche Sorgfalt außer Acht lässt. Zugunsten des Käufers **wird vermutet,** dass der Verkäufer die Pflichtverletzung aufgrund von **vorsätzlichem oder fahrlässigem Handeln zu vertreten hat**. Die für den Verkäufer nachteiligen Rechtsfolgen treten nicht ein, wenn er beweisen kann, dass er weder vorsätzlich noch fahrlässig gehandelt hat.

In Abhängigkeit davon, ob der Käufer auf **Erfüllung (Nacherfüllung) besteht** oder die **Erfüllung ablehnt,** lassen sich folgende Schadensersatzregelungen unterscheiden:

§ 280 Abs. 1 BGB

– **Schadensersatz neben der Leistung**

Bei Inanspruchnahme dieses Rechts behält der Käufer die Sache und erhält Ersatz des Minderwertes.

Schadensersatz neben der Leistung

Die Firma Radio Stephan e.K. hat zur Installation von Satellitenantennen ein spezielles Messgerät gekauft. Bei der ersten Inbetriebnahme stellt sich heraus, dass eine Platine defekt ist. Damit die Installateure dennoch ihrer Arbeit nachgehen können, mietet Herr Stephan ein solches Gerät für 250 EUR.

Herr Stephan kann von seinem Lieferer Nacherfüllung und Schadensersatz in Höhe von 250 EUR verlangen.

- **Schadensersatz statt der Leistung**
  Macht der Käufer diesen Schadensersatzanspruch geltend, so gibt er dem Verkäufer die mangelhafte Sache zurück und verlangt Ersatz des Schadens, der ihm infolge Nichterfüllung des Vertrages entstanden ist. Der Käufer erhält den gezahlten Kaufpreis zurück und kann als Nichterfüllungsschaden z. B. die Kosten der Ersatzbeschaffung und/oder den entgangenen Gewinn geltend machen. Dabei ist er vom Lieferer so zu stellen, als wäre der Vertrag ordnungsgemäß erfüllt worden (**positives Interesse**). § 281 Abs. 1 BGB
  Dieses Recht kann nur geltend gemacht werden, wenn der Lieferer eine **angemessene Nachfrist zur Nacherfüllung** verstreichen ließ und der **Mangel erheblich** ist. § 281 Abs. 1 Satz 3 BGB

Schadensersatz statt der Leistung

Taxiunternehmer Schießle kann wegen der defekten Elektronik einen eben gekauften Neuwagen nicht benutzen. Nachdem auch das Autohaus Leser den Fehler nicht beseitigen kann, kauft Schießle nach Ablauf einer angemessenen Frist zur Nacherfüllung bei einem anderen Autohaus ein entsprechendes Fahrzeug (Deckungskauf). Das Auto kostet allerdings 2 500 EUR mehr. Weiterhin entgeht Schießle wegen der defekten Elektronik ein Gewinn in Höhe von 2 000 EUR.

Schießle kann vom Autohaus Leser Schadensersatz in Höhe von 4 500 EUR bei Rückgabe des defekten Fahrzeugs verlangen.

5. **Ersatz vergeblicher Aufwendungen**
   Anstelle des Schadensersatzes kann der Käufer Ersatz der Aufwendungen verlangen, die er im Vertrauen auf den Erhalt einer einwandfreien Leistung gemacht hat. Der Käufer ist vom Lieferer so zu stellen, als wäre der Vertrag nie zustande gekommen (**negatives Interesse**). § 284 BGB

Ersatz vergeblicher Aufwendungen

Emma Horn hat bei einem Kunsthändler ein Originalgemälde gekauft. Zum Zeitpunkt des Kaufs befand sich das Bild noch in einer Ausstellung. Es wurde vereinbart, dass das Bild sofort nach Beendigung der Ausstellung (nach ca. drei Wochen) geliefert werden sollte. Da das Bild beim Ausräumen der Ausstellung beschädigt wurde, hat Emma Horn kein Interesse mehr daran. Sie kann daher die entstandenen Kosten für einen Gutachter (250 EUR), der bei Vertragsschluss die Echtheit des Bildes festgestellt hat, als Aufwendungsersatz verlangen.

Besonderheiten bei der Inanspruchnahme von Gewährleistungsansprüchen

1. **Mangelkenntnis des Käufers** § 442 BGB
   Der Käufer kann die ihm zustehenden Rechte aus der Schlechtleistung nicht geltend machen, wenn er zum Zeitpunkt des Vertragsschlusses den Mangel bereits kannte.

2. **Verjährung von Mängelansprüchen** §§ 438 Abs. 1 Nr. 3, 438 Abs. 3 BGB
   Die gesetzliche Verjährungsfrist für die Sachmängelhaftung bei beweglichen Sachen beträgt **zwei Jahre**. Nach erfolgloser Nachbesserung beginnt die zweijährige Gewährleistungsfrist wieder neu. Die Nacherfüllungshandlung ist im Regelfall als Anerkenntnis zu werten, was dann zum Neubeginn der Verjährung führt. Verschweigt der Verkäufer einen Mangel arglistig, so erhöht sich die Verjährungsfrist auf **3 Jahre**. § 212 Abs. 1 Nr. 1 BGB
   Die Verjährung beginnt mit der Ablieferung der Sache. Wurde jedoch ein Mangel arglistig verschwiegen, so beginnt die Verjährung erst am Schluss des Jahres, in dem der Käufer den Mangel entdeckt hat. § 438 Abs. 2 BGB
   Zum Schutz des Verbrauchers kann bei einem **Verbrauchsgüterkauf** die **gesetzliche Verjährungsfrist** trotz vertraglicher Vereinbarungen bei neuen Sachen **nie unter zwei Jahre** und bei gebrauchten Sachen nie unter ein Jahr verkürzt werden. § 475 Abs. 1 und 2 BGB

Prüf- und Rügefristen bei Schlechtleistung (Verjährungsfristen)			
Prüfpflicht	**Rügepflicht bei**		
Keine gesetzliche Regelung	**Offenen Mängeln**	**Versteckten Mängeln**	**Arglistig verschwiegenen Mängeln**
	Innerhalb von **zwei Jahren** (§ 438 Abs. 1 Nr. 3 BGB)		Innerhalb von **drei Jahren** (§ 438 Abs. 3 BGB)

3. Garantieerklärung

§ 443 Abs. 1 BGB

Gibt der Verkäufer dem Käufer gegenüber eine Garantieerklärung ab, so verpflichtet er sich zu Leistungen, die über die gesetzliche Gewährleistung hinausgehen. Garantiezusagen sind für Kunden häufig ein wichtiges Kriterium für ihre Kaufentscheidung. Zum Schutz des Verbrauchers sollen folgende gesetzlichen Bestimmungen zur Garantieerklärung Irreführungen eines Verbrauchers vermeiden:

§ 477 BGB

Die Garantieerklärung eines Unternehmers gegenüber einem Verbraucher muss einfach und verständlich abgefasst sein. Sie muss enthalten:

- den Hinweis auf die gesetzlichen Rechte des Verbrauchers und dass diese durch die Garantieerklärung nicht eingeschränkt werden,
- den Inhalt der Garantie sowie deren Geltungsdauer und -raum,
- Namen und Anschrift des Garantiegebers.

Zusammenfassende Übersicht zu Kapitel 1.4.2: Schlechtleistung

Aufgaben 1–5 Seite 55 f.

Schlechtleistung

Verkäufer erfüllt seine Pflicht, mangelfrei zu liefern, nicht

Sachmängel (§ 434 BGB)
Sache weist zum Zeitpunkt der Übergabe Fehler auf

Rechtsmängel (§ 435 BGB)
Dritter kann an der gelieferten Sache Rechte geltend machen

Sachmängel

- Tatsächliche Beschaffenheit weicht von vereinbarter ab (§ 434 Abs. 1 BGB)
- Sache eignet sich nicht für den Vertragszweck (§ 434 Abs. 1 S. 2 Nr. 1 BGB)
- Sache eignet sich nicht für gewöhnlichen Verwendungszweck (§ 434 Abs. 1 S. 2 Nr. 2 BGB)
- Sache entspricht nicht den Versprechungen der Werbung bzw. Kennzeichnung (§ 434 Abs. 1 S. 3 BGB)
- Fehlerhafte Montage (§ 434 Abs. 2 S. 1 BGB)
- Fehlerhafte Montageanleitung (IKEA-Klausel – § 434 Abs. 2 S. 2 BGB)
- Falschlieferung: andere als bestellte Menge wird geliefert (§ 434 Abs. 3 BGB)
- Zuweniglieferung: Lieferung einer zu geringen Menge (§ 434 Abs. 3 BBG)

Nach der Entdeckbarkeit

Offene Mängel: bei Prüfung sofort erkennbar

Versteckte Mängel: bei Prüfung nicht sofort erkennbar

Arglistig (absichtlich) verschwiegene Mängel: Verkäufer verschweigt absichtlich einen Mangel

Zusammenfassende Übersicht zu Kapitel 1.4.2: Schlechtleistung (Fortsetzung)

Rechte des Käufers bei Schlechtleistung

Beweislastumkehr bei Verbrauchsgüterkauf innerhalb der ersten sechs Monate (§ 476 BGB): Mangelvermutung zum Zeitpunkt des Gefahrenübergangs

1. Stufe (vorrangig)

ohne Fristsetzung

Nacherfüllung (§ 439 BGB)

- Mangelbeseitigung (Nachbesserung)
- Lieferung einer mangelfreien Sache (Ersatzlieferung), falls Gattungskauf

Schadensersatz **neben** der Leistung (§ 280 Abs. 1 BGB): Sache bleibt beim Käufer; Voraussetzung: Verkäufer hat Mangel zu vertreten und Schaden ist entstanden

2. Stufe (nachrangig)

nach erfolgloser Nachfristsetzung

Nachfristsetzung ist entbehrlich:

- Verkäufer verweigert die Nacherfüllung
- zwei fehlgeschlagene Nacherfüllungsversuche
- Nacherfüllung ist unzumutbar
- besondere Umstände
- Fixkauf, Zweckkauf

Rücktritt vom Vertrag (§§ 437, 323 Abs. 1 BGB)

Minderung des Kaufpreises (§ 441 BGB)

Wenn Verkäufer Mangel zu vertreten hat:

Schadensersatz **statt** der Leistung (§§ 280 Abs. 1 u. Abs. 3, 281 BGB): Sache wird zurückgegeben

oder

Ersatz vergeblicher Aufwendungen (§ 284 BGB): Käufer erhält die Sache nicht

Rücktritt und Schadensersatz sind auch zusammen möglich

Zusammenfassende Übersicht zu Kapitel 1.4.2: Schlechtleistung (Fortsetzung)

Prüf- und Rügefristen bei Schlechtleistung

Prüfpflicht	keine gesetzliche Regelung
Rügepflicht bei	
– **offenen Mängeln**	innerhalb von **zwei** Jahren (§ 438 Abs. 1 Nr. 3 BGB)
– **versteckten Mängeln**	innerhalb von **zwei** Jahren (§ 438 Abs. 1 Nr. 3 BGB)
– **arglistig verschwiegenen Mängeln**	innerhalb von **drei** Jahren (§ 438 Abs. 3 BGB)

Wiederholung des Grundwissens

1. Unterscheiden Sie Sach- und Rechtsmängel.
2. Beschreiben Sie fünf Arten von Sachmängeln.
3. Nennen Sie ein Beispiel für einen Rechtsmangel.
4. Unterscheiden Sie offene, versteckte und arglistig verschwiegene Mängel und nennen Sie jeweils ein Beispiel.
5. Welche besonderen Bestimmungen für den Beweis eines festgestellten Mangels gelten beim Verbrauchsgüterkauf?
6. Welche Rechte hat der Käufer bei einer Schlechtleistung?
7. Nach welcher Zeit verjähren Mängelansprüche?
8. Welche besonderen Bestimmungen hat der Verkäufer bei Abgabe einer Garantieerklärung zu beachten?

Aufgaben und Probleme

1. Kathrin Fischer hat von einem Landwirt telefonisch 50 kg Kartoffeln bestellt. Als sie die Lieferung nachprüft, stellt sich heraus, dass der Lieferer nur 40 kg statt der bestellten und berechneten 50 kg geliefert hat. Welche Rechte hat Kathrin Fischer?

2. Hubert Hassler kauft in einem Möbelgeschäft einen Schuhschrank zum Selbstaufbau. Da die Montageanleitung vom Schwedischen wörtlich ins Deutsche übersetzt wurde, ist kaum ein Satz verständlich. Gleichwohl gelingt es Hassler, das Gerät nach einigen Versuchen einwandfrei zusammenzubauen. Hassler ist der Meinung, der Schrank sei mit einer unbrauchbaren Montageanleitung trotzdem weniger wert. Falls er ihn einmal weiterverkaufen solle, könne er keinen angemessenen Preis erzielen, weil er keine brauchbare Montageanleitung mitliefern könne. Kann Hassler den Kaufvertrag rückgängig machen?

3. Der Werbeprospekt eines Schulbuchverlages enthält u. a. folgenden Satz:

   Das Buch „Wirtschaftslehre für Technische Gymnasien – Profil Technik und Management" entspricht dem neuen Lehrplan für Baden-Württemberg.
   Die Sekretärin eines Technischen Gymnasiums bestellt nach Absprache mit dem zuständigen Fachbereichsleiter 90 Exemplare zu je 29,80 EUR. Nach intensiver Beschäftigung

mit dem Buch stellen Lehrer und Schüler fest, dass wesentliche Inhalte des Lehrplanes von den Buchautoren nicht bearbeitet wurden. Der Fachlehrer ist deshalb gezwungen, die fehlenden Inhalte durch Kopien aus anderen Büchern und durch eigene zeitraubende Ausarbeitungen zu ergänzen. Da zwischenzeitlich von einem anderen Verlag ein Buch zum Preis von 32,00 EUR erschienen ist, das vollständig dem Lehrplan entspricht, will die Schule die vollständige Sendung gegen Rückerstattung des bereits überwiesenen Betrages zurückschicken. Zusätzlich verlangt sie eine Entschädigung für die Kopien in Höhe von 80 EUR sowie Erstattung des Mehrpreises. Beurteilen Sie die Rechtslage.

4. Privatmann Michael Fuchs kauft bei einem Gebrauchtwagenhändler einen zehn Jahre alten Kleinwagen (Laufleistung: 120 000 km). Im Kaufvertrag wurde jegliche Gewährleistung ausgeschlossen. Nach kurzer Zeit tritt ein Getriebeschaden auf, der auf Verschleiß beruht. Zum Zeitpunkt des Verkaufs bestand allerdings noch kein Erneuerungsbedarf. Michael Fuchs wendet sich erbost an den Gebrauchtwagenhändler, der unter Hinweis auf den vereinbarten Gewährleistungsausschluss jegliche Haftung ablehnt. Im Übrigen sei es ganz normal, dass bei einer so hohen Fahrleistung Verschleißerscheinungen aufträten. Kann Fuchs vom Vertrag zurücktreten und den Kaufpreis zurückverlangen?

5. Privatmann Josef Trensel kauft bei einem Elektrohandel eine Kaffeemaschine. Drei Monate nach Übergabe der Maschine fällt das Mahlwerk aus. Es kann nicht geklärt werden, ob dieser Defekt auf einen schon bei Übergabe vorliegenden Materialfehler der Kaffeemaschine oder auf eine unsachgemäße Benutzung durch Trensel zurückzuführen ist. Welche Rechte kann Trensel dem Händler gegenüber geltend machen?

1.4.3 Nicht rechtzeitige Lieferung – Lieferungsverzug

Voraussetzungen des Lieferungsverzugs

Erfüllt der Lieferer seine Lieferverpflichtung aus einem Kaufvertrag nicht zu dem vorgesehenen Zeitpunkt bzw. nicht innerhalb einer bestimmten Frist, so liegt eine nicht rechtzeitige Lieferung vor. Hat er die nicht rechtzeitige Lieferung zu vertreten, so handelt es sich um Lieferungsverzug (Schuldnerverzug des Lieferers).

Damit eine nicht rechtzeitige Lieferung gleichzeitig auch zu einem Lieferungsverzug führt, müssen drei Voraussetzungen erfüllt sein:

- **Fälligkeit:**
  § 271 BGB
  Ohne Vereinbarung eines Liefertermins kann der Käufer die Lieferung sofort verlangen.
- **Mahnung (Leistungsaufforderung):**
  Der Käufer ist verpflichtet, den Lieferer nach Eintritt der Fälligkeit zu mahnen, d. h. zur Leistung aufzufordern. Für eine Mahnung sind keine besonderen Formvorschriften zu beachten. Es ist auch nicht vorgeschrieben, dass das Wort „Mahnung" in der Erklärung des Käufers enthalten sein muss.
  § 286 Abs. 2 BGB
  Auf eine Mahnung kann verzichtet werden, wenn
  - für die Leistung eine Zeit nach dem Kalender bestimmt ist,
  - der Leistung ein Ereignis vorauszugehen hat und die Leistungszeit so bestimmt ist, dass sie sich von dem Ereignis an nach dem Kalender berechnen lässt (Liefertermin ist bestimmbar),

  - der Lieferer die Leistung endgültig verweigert oder
  - aus besonderen Gründen unter Abwägung der Interessen beider Vertragspartner der sofortige Verzug gerechtfertigt ist.
- **Vertretenmüssen:**
  Der Schuldner (Lieferer) hat grundsätzlich Vorsatz und Fahrlässigkeit zu vertreten. Er kommt grundsätzlich nur dann in Verzug, wenn die verspätete Leistung auf **Vorsatz oder Fahrlässigkeit** zurückzuführen ist. Der Lieferer trägt die Beweislast, wenn er die verspätete Lieferung nicht zu vertreten hat. Es wird also so lange von einem Verschulden des Lieferers ausgegangen, bis dieser das Gegenteil bewiesen hat (= **vermutetes Verschulden**). Handelt es sich bei der zu liefernden Sache jedoch nicht um eine **Stückschuld**, sondern um eine **Gattungsschuld**[1]), so hat der Lieferer aufgrund des Inhalts des Schuldverhältnisses automatisch das Beschaffungsrisiko übernommen. Damit liegt es an ihm, sich diese Ware anderweitig zu beschaffen und zu liefern. Bei Gattungswaren hat der Verkäufer demnach die Nichtleistung auch dann zu vertreten, wenn ihn keinerlei Verschulden trifft.

  §§ 286 Abs. 4, 276 Abs. 1 BGB

Lieferungsverzug nach Mahnung

Karl Müller e.K. hat am 1. Februar 10 000 l Heizöl zu 0,70 EUR je Liter bestellt. Am 28. Februar mahnt **Müller** den Heizöllieferanten **Neumann**, weil für eine Ausstellung die Beheizung von zwei Großräumen gesichert sein muss. Daraufhin teilt **Neumann** mit, dass er bedauere, zurzeit nicht liefern zu können, weil die Mineralölgesellschaft aufgrund bestehender Förderbegrenzungen selbst nicht liefern kann.

Heizöllieferant Neumann kommt durch die Mahnung am 28. Februar in Lieferungsverzug.

Lieferungsverzug ohne Mahnung

Fall 1:

Als Lieferungstermin für einen Sack Kartoffeln wurde „Lieferung am 15. Februar ...“ vereinbart. Der Lieferer gerät auch ohne Mahnung in Verzug, weil der Liefertermin kalendermäßig **bestimmt** ist.

§§ 286 Abs. 2 Nr. 1 BGB

Fall 2:

Als Lieferungstermin für ein Schülerlexikon wurde „2 Wochen nach Bestellung“ vereinbart.

Der Lieferer gerät ohne Mahnung in Verzug, weil der Liefertermin **bestimmbar** ist.

§§ 286 Abs. 2 Nr. 2 BGB

Lieferungsverzug aufgrund besonderer Umstände

Pizzeriabesitzer Alfonso bemerkt in seiner Pizzeria eines Morgens, dass der Pizzaofen defekt ist. Sofort ruft er Elektriker God an, der ihm zusagt, die Reparatur sofort auszuführen. Alfonso weist darauf hin, dass mit erheblichen Umsatzeinbußen zu rechnen ist, wenn er die Pizzeria nicht um 12:00 Uhr öffnen kann. God trifft jedoch erst um 15:00 Uhr ein, deshalb entgeht Alfonso ein Gewinn von 400 EUR.

Da God – trotz zugesagter unverzüglicher Reparatur – erst Stunden später erscheint, ist es gerechtfertigt, den Verzug auch ohne Mahnung eintreten zu lassen.

Hinweis:
Bei der Reparatur handelt es sich um einen Werkvertrag und nicht um einen Kaufvertrag.

[1] *Eine Gattungsschuld liegt vor, wenn der Schuldner nur „der Gattung nach“ bestimmte Sachen – also mehrfach vorhandene Sachen – schuldet (z. B. 2 Sack Kartoffeln, 10 Zentner Weizen, u. Ä.) Bei einer Stückschuld (Speziesschuld) wird eine nur einmal vorhandene Sache (z. B. Originalgemälde) geschuldet.*

Rechte des Käufers bei Lieferungsverzug

Die Rechte, die dem Käufer bei einem Lieferungsverzug des Verkäufers zustehen, sind davon abhängig, ob er dem Lieferer noch eine Nachfrist zur Erfüllung setzt oder ohne Nachfristsetzung auf Erfüllung des Vertrages besteht:

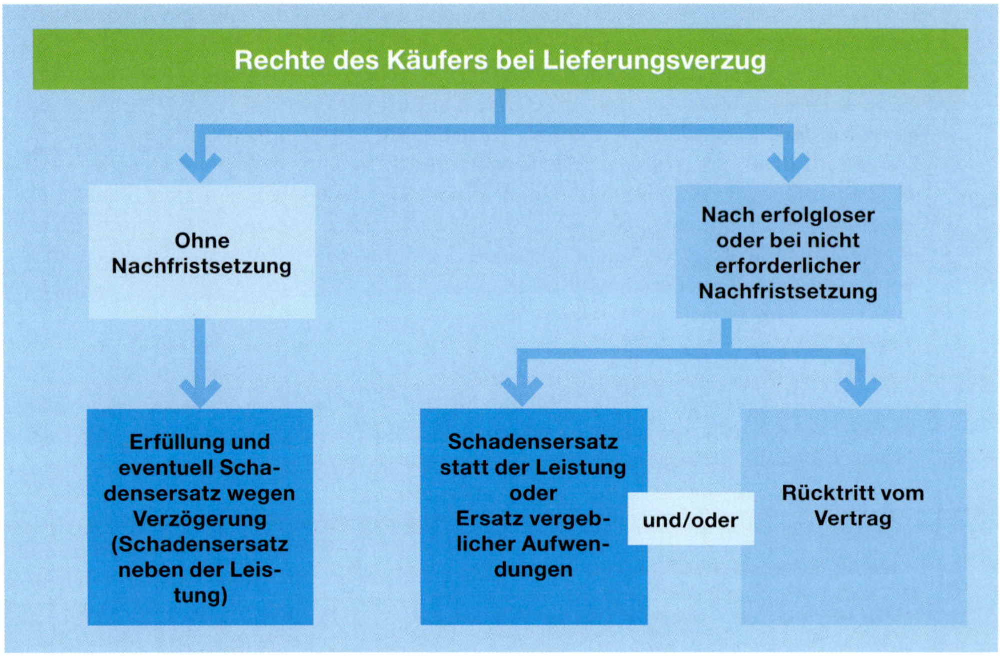

§§ 280, 286 BGB

Rechte des Käufers ohne Nachfristsetzung:

1. **Recht auf Erfüllung und zusätzlich eventuell Schadensersatz wegen Verzögerung (Verzögerungsschaden)**
   Entsteht dem Käufer aus dem Lieferungsverzug ein Schaden, so kann er – falls die entsprechenden Voraussetzungen (Fälligkeit, Mahnung, Vertretenmüssen) erfüllt sind – neben dem Erfüllungsanspruch einen **Schadensersatzanspruch** geltend machen. Dabei ist der Käufer vermögensmäßig so zu stellen, wie er bei ordnungsmäßiger Erfüllung des Vertrages gestanden hätte (positives Interesse).

Rechte des Käufers bei Lieferungsverzug ohne Nachfristsetzung

Matthias Burger hat am 20. Oktober beim Bastelshop Karle Spezialkleber im Wert von 32 EUR bestellt. Als der Kleber am 10. November immer noch nicht eingetroffen ist, mahnt Matthias Burger den Bastelshop. Am 12. Dezember trifft die Lieferung ein. Wegen der verspäteten Lieferung musste Matthias Burger seine Teilnahme an einem Weihnachtsmarkt absagen (entgangener Gewinn: 150 EUR).

Matthias Burger kann **neben der Erfüllung** vom Lieferer den entgangenen Gewinn in Höhe von 150 EUR verlangen (Verzögerungsschaden). Dadurch ist er so gestellt, wie er gestanden hätte, wenn der Vertrag ordnungsgemäß erfüllt worden wäre. Dann wäre er im Besitz des Klebers und hätte 150 EUR Gewinn erzielt (positives Interesse).

Rechte des Käufers nach erfolgloser oder bei nicht erforderlicher Nachfristsetzung

§§ 281, 323 BGB

Damit der Käufer **andere Rechte** als die nachträgliche Erfüllung des Vertrags und Ersatz des Verzögerungsschadens geltend machen kann, muss er dem Lieferer noch eine letzte Möglichkeit einräumen **(angemessene Nachfrist setzen)**, den Vertrag doch noch zu erfüllen. Eine Nachfrist ist angemessen, wenn der Lieferer die Möglichkeit erhält, eine begonnene Leistung zu vollenden. Unter bestimmten Voraussetzungen ist allerdings eine solche Nachfrist aufgrund gesetzlicher Bestimmungen nicht erforderlich.

1. Schadensersatz statt der Leistung (Nichterfüllungsschaden) § 281 Abs. 1 BGB

Macht der Käufer von diesem Recht Gebrauch, so verzichtet er auf Erfüllung und verlangt zusätzlich Ersatz des durch die Nichterfüllung entstandenen Schadens (Leistungsanspruch wird in einen Schadensersatzanspruch umgewandelt). Das Setzen einer **Nachfrist** als Voraussetzung für die Inanspruchnahme dieses Rechts **ist nicht erforderlich, wenn**

- der Lieferer die Leistung verweigert, § 281 Abs. 2 BGB
- besondere Umstände vorliegen, die unter Abwägung der beiderseitigen Interessen die sofortige Geltendmachung des Schadensersatzanspruchs rechtfertigen.

Anstelle des Schadensersatzes statt der Leistung kann der Käufer Ersatz der Aufwendungen verlangen, die er im Vertrauen auf den Erhalt der Leistung gemacht hat (**vergebliche Aufwendungen**).

2. Rücktritt vom Vertrag § 323 Abs. 1 BGB

Der Käufer hat neben dem Recht auf Schadensersatz auch das Recht auf **Rücktritt vom Vertrag.** Das Setzen einer **Nachfrist** als Voraussetzung für den Rücktritt **ist nicht erforderlich, wenn**

- der Lieferer die Leistung verweigert, § 323 Abs. 2 Nr. 1 bis 3 BGB
- die Leistung für einen bestimmten Termin oder eine bestimmte Frist vereinbart wurde,
- besondere Umstände vorliegen (siehe oben).

Schadensersatz nach abgelaufener Nachfrist

Matthias Burger (s. oben) hat am 10. November seinem Lieferer eine angemessene Nachfrist von 14 Tagen gesetzt. Als nach dieser Zeit die Lieferung noch nicht eingetroffen ist verzichtet er auf Erfüllung und kauft den Kleber von einem anderen Lieferer (Deckungskauf), der allerdings nur zu einem Preis von 40 EUR liefert. Matthias Burger kann die entstandenen Mehraufwendungen in Höhe von 8 EUR zuzüglich eventuell entstandener weiterer Bestellkosten von seinem Lieferer verlangen.

Ersatz vergeblicher Aufwendungen

Kurt Noel hat einem Radio- und Fernsehfachgeschäft den Auftrag erteilt, auf seinem Dach eine Satellitenanlage zu montieren. Für die Montage wurde lt. Vertrag der 24. März (Fixtermin) vorgesehen. Um den Monteuren entsprechende Anweisungen zu geben, hat er an diesem Tag Urlaub genommen. Kurt Noel kann Verdienstausfall geltend machen, wenn am 24. März nicht geliefert wird (§ 284 BGB).

Rücktritt bei fest vereinbartem Termin

Björn Bauer hat bei einem Sportgeschäft ein Snowboard bestellt (fest vereinbarter Liefertermin: 10. Dezember). Nachdem das Snowboard an diesem Tag nicht eingetroffen ist, tritt Björn Bauer vom Vertrag zurück. Zwischenzeitlich hat er herausgefunden, dass ein anderer Händler das Snowboard zu einem erheblich günstigeren Preis liefern kann. Der Rücktritt vom Vertrag ist ohne das Setzen einer Nachfrist möglich, weil für die Leistung ein fester Termin vereinbart wurde.

§§ 323 Abs. 2, 280 Abs. 3, 281 Abs. 2 BGB

Rechte des Käufers bei Vereinbarung eines Fixgeschäfts

Ein Fixgeschäft (absolutes Fixgeschäft[1]) liegt vor, wenn es nach den im Vertrag getroffenen Vereinbarungen nur zu einem bestimmten Zeitpunkt erbringbar ist und später nicht nachgeholt werden kann.

Der Abschluss eines Fixgeschäftes kann sich sowohl aus den vertraglichen Vereinbarungen wie auch aus den Umständen des Vertragsabschlusses – also auch ohne ausdrückliche Terminvereinbarung – ergeben. Überschreitet der Lieferer bei einem Fixgeschäft den Liefertermin, so hat der Käufer **ohne Nachfristsetzung** das Recht,

- sofort vom Vertrag zurückzutreten und/oder
- Schadensersatz statt der Leistung zu verlangen.

Fixgeschäfte
Vereinbarungen – über die Lieferung einer Hochzeitstorte oder eines Weihnachtsbaumes; – einer Taxifahrt für eine bestimmte Uhrzeit, um einen bestimmten Zug oder Flug zu erreichen.
Rechte bei Überschreiten eines Liefertermins bei einem Fixgeschäft
Richard und Elvi Sommer haben bei der Bäckerei Kammerer verschiedene Backartikel (Preis 120 EUR) für einen Sektempfang anlässlich ihrer Hochzeit für den 16. Juni d. J. 10:00 Uhr bestellt. Als um 10:15 Uhr die Backwaren nicht eingetroffen sind erklärt die Bäckerei Kammerer auf eine telefonische Rückfrage, dass der Auftrag „vergessen“ wurde. Daraufhin bestellt Richard Sommer die Backwaren bei der Bäckerei Berner, die umgehend zum Preis von 140 EUR liefert. Da es sich um ein Fixgeschäft handelt, können Richard und Elvi Sommer ohne Nachfristsetzung vom Vertrag zurücktreten und Schadensersatz statt der Leistung mindestens in Höhe von 20 EUR verlangen.

§ 376 HGB

Vgl. Seite 334

Ist der fix vereinbarte Liefertermin Gegenstand eines Kaufvertrages, den ein **Kaufmann** mit einem **Nichtkaufmann** geschlossen hat, so handelt es sich dabei um einen **Fixkauf** (= **Fixhandelskauf**). In diesem Fall kann der Käufer bei Nichteinhaltung des Liefertermins **in jedem Fall** – also auch ohne Nachfristsetzung – vom Vertrag zurücktreten und Schadensersatz wegen Nichterfüllung verlangen.

[1] *Ein relatives Fixgeschäft liegt vor, wenn ein bestimmter Liefertermin durch Klauseln wie „fix“ oder „spätestens“ vereinbart wird. Die Nichteinhaltung eines bei einem relativen Fixgeschäft vereinbarten Liefertermins hat für den Schuldner (Lieferer) weniger gravierende Folgen als bei einem absoluten Fixgeschäft.*

Aufgaben
1 u. 2
Seite 62

Zusammenfassende Übersicht zu Kapitel 1.4.3: Nicht rechtzeitige Lieferung – Lieferungsverzug

Voraussetzungen für den Eintritt eines Lieferungsverzugs

↓

Schuldverhältnis (gültiger Vertrag – z. B. Kaufvertrag)

Nichtleistung trotz Fälligkeit (§§ 271, 286 Abs. 1 BGB) + **Mahnung (§ 286 Abs. 1 BGB)** + **Vertretenmüssen (§§ 286 Abs. 4, 276 BGB)**

Nicht erforderlich (§ 286 Abs. 2 BGB), wenn:

- ❶ Zeit nach Kalender <u>bestimmt</u> (Bsp. Lieferung fest am …)
- ❷ Zeit <u>bestimmbar</u> (Bsp. Lieferung erfolgt 10 Kalendertage nach Auftragsbestätigung)
- ❸ Schuldner erklärt, dass er die Lieferung verweigert

Rechte des Käufers bei Lieferungsverzug

ohne Nachfristsetzung

↓

Lieferung verlangen (= Erfüllung des Vertrages § 433 Abs. 1 BGB)

und bei entstandenem Verzögerungsschaden:

Schadensersatz zusätzlich zur Leistung (Verzögerungsschaden – § 280 BGB)

Nach erfolgloser oder nicht erforderlicher Nachfristsetzung

- Schadensersatz statt der Leistung (§§ 280 Abs. 1, Abs. 3, 281 BGB)
- oder
- Ersatz vergeblicher Aufwendungen (§ 284 BGB)
- Rücktritt (§ 323 Abs. 1 BGB)

Rücktritt und Schadensersatz sind auch zusammen möglich

Wiederholung des Grundwissens

1. Wann liegt eine nicht rechtzeitige Lieferung, wann ein Lieferungsverzug vor?
2. Nennen Sie drei Voraussetzungen für den Eintritt des Lieferungsverzugs.
3. Welche Rechte stehen dem Käufer beim Lieferungsverzug des Verkäufers zu?

Aufgaben und Probleme

1. Unter welchen Voraussetzungen wird der Käufer im Falle eines Lieferungsverzugs die nachstehenden Rechte geltend machen?
   a) Auf Erfüllung des Vertrages bestehen,
   b) auf Erfüllung des Vertrages bestehen und Ersatz des Verzögerungsschadens verlangen,
   c) vom Vertrag zurücktreten,
   d) Rücktritt und Schadensersatz wegen Nichterfüllung verlangen?

2. Fritz Elsässer bestellte bei der Sport-Versand GmbH, Heilbronn, ein Rennrad für 1 400 EUR, Katalog-Nr. 7550, zur Lieferung fest für den 25. Juli (Beginn der Sommerferien). Elsässer hat geplant, zusammen mit Freunden seines Radsportclubs eine Portugal-Rundfahrt zu unternehmen. Bereits 2 Tage nach Bestellung hat die Sport-Versand GmbH per E-Mail den Auftrag bestätigt. Da das Rennrad bis zum 26. Juli nicht geliefert wurde, besorgt er sich ein vergleichbares Rad beim örtlichen Fahrradgeschäft Mertens für allerdings 1 600 EUR.
   Prüfen Sie,
   a) ob sich die Sport-Versand GmbH in Lieferungsverzug befindet und
   b) Elsässer vom Vertrag zurücktreten und den Mehrpreis geltend machen kann?

1.4.4 Nicht rechtzeitige Zahlung – Zahlungsverzug

Während der Lieferer Warenschuldner ist, schuldet der Käufer die Zahlung des vereinbarten Kaufpreises. Mit Abschluss des Vertrages hat er sich verpflichtet, den vereinbarten Kaufpreis zu den vereinbarten Zahlungsbedingungen zu entrichten, entweder sofort nach Lieferung, nach Ablauf einer bestimmten Frist (Zahlungsziel) oder in Raten zu bestimmten Terminen. Erfüllt er diese Verpflichtung nicht oder nicht rechtzeitig, gerät er unter bestimmten Voraussetzungen in **Zahlungsverzug** (Schuldnerverzug des Käufers). Für den Eintritt des Zahlungsverzugs gelten ähnliche Voraussetzungen wie für den Lieferungsverzug.

Voraussetzungen des Zahlungsverzugs

1. Fälligkeit:

In gleicher Weise wie beim Lieferungsverzug ist auch für den Eintritt des Zahlungsverzugs Voraussetzung, dass die Leistung **fällig** ist.

§ 286 Abs. 2 BGB

- Wurde für die Fälligkeit der Zahlung ein kalendermäßiger Zeitpunkt bestimmt, so kommt der Schuldner mit dem Eintritt der Fälligkeit **ohne Mahnung** in Verzug. Das Gleiche gilt, wenn ein solcher Zeitpunkt bestimmbar ist (Bsp. „Zahlung zwei Wochen nach Lieferung").

§ 283 Abs. 3 BGB

- Wurde für die Fälligkeit der Zahlung **kein** kalendermäßiger Zeitpunkt bestimmt, so ist die Zahlung sofort fällig. Der Schuldner (Käufer) kommt **ohne Mahnung spätestens 30 Tage nach Fälligkeit und Zugang der Rechnung** in Verzug.
  Ist der Käufer **Verbraucher (Verbrauchsgüterkauf)**, so gilt diese Vorschrift nur dann, wenn er in der Rechnung besonders auf diese Folgen hingewiesen wurde (**Verbraucherprivileg**).

2. **Mahnung:**
Falls der Kaufvertrag keine Vereinbarungen zum Zahlungstermin enthält, kann der Verkäufer die Zahlung sofort nach Lieferung verlangen. Deshalb kann er auch schon vor Ablauf der 30-Tagesfrist in Verzug geraten, wenn er vom Verkäufer vorher gemahnt wurde. Bei der 30-Tagesfrist handelt es sich um eine zusätzliche und keineswegs vorrangige Verzugsregelung.

3. **Vertretenmüssen:**
Kann der Käufer seine Geldschuld wegen **finanzieller Leistungsunfähigkeit** nicht erfüllen, so hat er dies auch dann zu vertreten, wenn ihn kein Verschulden trifft. Es gilt der Grundsatz „Geld hat man zu haben". Der Käufer gerät also in diesem Fall – ähnlich wie beim Lieferungsverzug bei Gattungsschulden – wegen der Übernahme eines Beschaffungsrisikos in Verzug.

§ 276 Abs. 1 BGB

Eintritt des Zahlungsverzugs

1. Als Zahlungstermin wurde vereinbart: „Zahlbar bis spätestens 17.09. d. J. „Der Schuldner kommt ohne Mahnung in Verzug, wenn er nicht bis spätestens am 17.09. d. J. der Bank den Überweisungsauftrag erteilt hat.

2. Frieda Aman kauft am 15.05. d. J. bei einem Gardinenstudio eine Gardinenleiste für ihr Wohnzimmer zum Preis von 380 EUR. Bei Lieferung erhält sie eine Rechnung mit dem „Verbraucherhinweis". Ein Zahlungsziel ist nicht vereinbart.

Verbraucherhinweis in einer Rechnung (Verbraucherprivileg):

„Um zu vermeiden, dass Sie in Zahlungsverzug geraten, bezahlen Sie diese Rechnung innerhalb von 30 Tagen nach Rechnungsdatum".

Eintritt des Zahlungsverzugs: 14.06. d. J. 24:00 Uhr (Mahnung ist nicht erforderlich).

Beginn des Zahlungsverzugs (erster Verzugstag): 15.06. d. J. 00:00 Uhr.

Fehlt in der Rechnung der Verbraucherhinweis, so kann Frau Aman nur durch eine Mahnung in Verzug geraten.

Zahlungsverzug bei Eintritt von Arbeitslosigkeit

Katja Ibert kann ihre Ratenzahlungen beim Versandhaus Kehrer in Höhe von 1 200 EUR (gesamte Restschuld) nicht mehr erfüllen, da sie zwischenzeitlich – ohne eigenes Verschulden – arbeitslos geworden ist.

Katja Ibert kommt in Verzug, wenngleich die Zahlungsschwierigkeiten im vorliegenden Fall auf die Geschäftsaufgabe ihres Arbeitgebers zurückzuführen sind. Bei Geldschulden hat der Schuldner die Nichtleistung fast immer zu vertreten. Nur in seltenen Ausnahmen (z. B. bei plötzlichem Auftreten einer schweren Krankheit) hat der Geldschuldner seine Leistungsunfähigkeit nicht zu vertreten.

Rechte des Gläubigers bei Zahlungsverzug

1. **ohne Nachfristsetzung**
Beim Zahlungsverzug stehen dem Gläubiger **wahlweise** Rechte zu, ähnlich wie sie dem Käufer im Falle des Lieferungsverzugs eingeräumt werden:

Recht auf Erfüllung (Zahlungsanspruch) und eventuell Schadensersatz wegen Verzögerung (Verzögerungsschaden)

§§ 280, 286 BGB

Dem Lieferer (Geldgläubiger) entsteht ein Verzögerungsschaden, wenn er erst verspätet über die Gegenleistung verfügen kann. Ist er z. B. wegen der noch nicht eingegangenen Zahlung gezwungen einen Kredit aufzunehmen, so errechnet sich der entstandene

Schaden aus den Kreditzinsen und den zusätzlichen Kosten (z. B. Mahngebühr). Aber selbst dann, wenn der Verkäufer keinen Kredit aufgenommen hat, können Verzugszinsen geltend gemacht werden.
Der Zinssatz für **Verzugszinsen** beträgt:
- 5 Prozentpunkte über dem **Basiszinssatz**[1] bei Rechtsgeschäften, an denen ein Verbraucher beteiligt ist (**Verbrauchsgüterkauf**).
- 8 Prozentpunkte über dem **Basiszinssatz** bei Rechtsgeschäften, an denen ein Verbraucher nicht beteiligt ist (**zweiseitiger Handelskauf**).

2. mit Nachfristsetzung

§ 323 Abs. 1 BGB

- **Rücktritt vom Vertrag:**
Der Verkäufer kann nach Ablauf einer angemessenen Nachfrist für die Zahlung die gelieferte Ware wieder zurückverlangen. Von diesem Recht wird er Gebrauch machen, wenn er die Ware zwischenzeitlich zu einem höheren Preis verkaufen kann.

§ 281 Abs. 1 BGB

- **Schadensersatz statt der Leistung (Nichterfüllungsschaden):**
Macht der Lieferer von diesem Recht Gebrauch, so verlangt er die gelieferte Ware wieder zurück und kann ggf. Rücknahmekosten, Verzugszinsen, Kosten für die Abnutzung und Ersatz des entgangenen Gewinns verlangen.

Inanspruchnahme verschiedener Rechte bei Zahlungsverzug

Reifenhändler Link liefert dem Kunden Kubin (Verbraucher) einen Satz Winterreifen zum vereinbarten Kaufpreis von 450 EUR. Auf der Rechnung war kein Verbraucherhinweis über den Eintritt des Zahlungsverzugs enthalten. Die Rechnung ging Kubin zusammen mit der Lieferung am 16.02. d. J. zu. Am 08.03. d. J. erhält Kubin eine Mahnung.

1. Rechte des Lieferers ohne Nachfristsetzung:

Kubin begleicht die Rechnung am 18.03. d. J. Der Lieferer hat einen Zahlungsanspruch (450 EUR) zuzüglich Verzögerungsschaden (Zinsen für 10 Tage – vom 08.03. bis 18.03.). Berechnung: Basiszinsfuß zuzüglich 5 Prozentpunkte, da es sich um einen Verbrauchsgüterkauf handelt. Kann ein höherer Schaden nachgewiesen werden (z. B. bei Aufnahme eines Überziehungskredits zu höheren Zinsen) kann dieser geltend gemacht werden.

2. Rechte des Lieferers mit Nachfristsetzung:

Nach Ablauf einer angemessenen Nachfrist kann Reifenhändler Link:

Vom Vertrag zurücktreten: Der Käufer müsste in diesem Falle die Reifen wieder zurückgeben und ggf. bei Abnutzung Wertersatz leisten (§ 346 BGB). Da der Verkäufer aber ein Verkaufsinteresse hat, wird von diesem Recht eher selten Gebrauch gemacht.

Schadensersatz statt der Leistung (Nichterfüllungsschaden) verlangen: Reifenhändler Link nimmt die Reifen wieder zurück und verlangt Rücknahmekosten, Verzugszinsen, Kosten für die Abnutzung und Ersatz des entgangenen Gewinns.

[1] *Der Basiszinssatz kann über die Homepage der Deutschen Bundesbank abgefragt werden. Er betrug gem. § 247 Abs. 1 BGB zum 01. Januar 2011 0,12 %.*

Zusammenfassende Übersicht zu Kapitel 1.4.4: Nicht rechtzeitige Zahlung – Zahlungsverzug

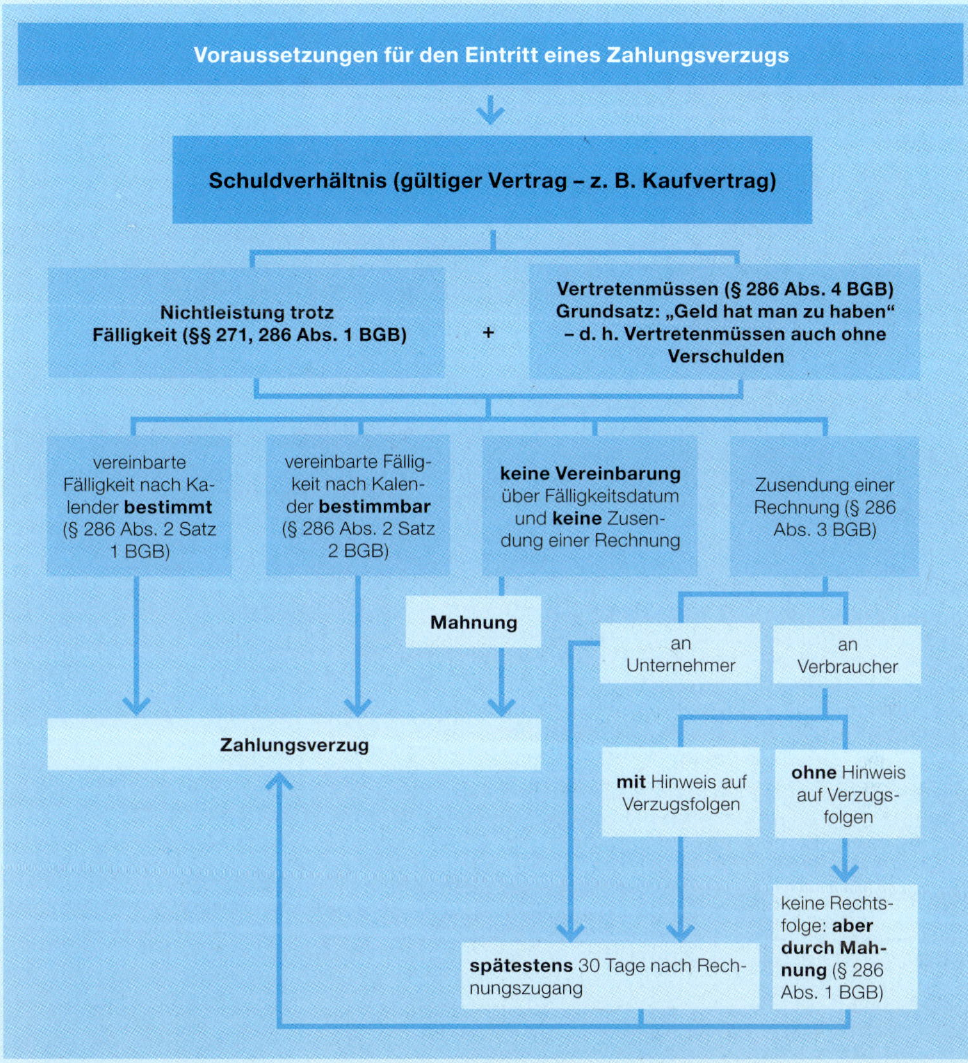

Aufgaben 1 u. 2 Seite 67

Zusammenfassende Übersicht zu Kapitel 1.4.4: Nicht rechtzeitige Zahlung – Zahlungsverzug (Fortsetzung)

Rechte des Lieferers bei Zahlungsverzug des Käufers

Ohne Nachfristsetzung	**Mit Nachfristsetzung (Nicht erforderlich: z. B. bei fest vereinbartem Zahlungstermin)**
Zahlungsanspruch (§ 433 Abs. 1 BGB) **+** **eventuell Schadensersatz wegen Verzögerung (Verzögerungsschaden – § 280 Abs. 1 BGB)**	**Schadensersatz statt der Leistung (Nichterfüllungsschaden – §§ 280 Abs. 1, Abs. 3, 281 BGB)** **und/oder** **Rücktritt vom Vertrag (§ 323 Abs. 1 BGB)** anstatt Schadensersatz: Ersatz vergeblicher Aufwendungen (§ 284 BGB) – eher selten

Höhe der Verzugszinsen

Verträge, an denen ein Verbraucher beteiligt ist		Verträge an denen ein Verbraucher *nicht* beteiligt ist (z. B. zweiseitiger Handelskauf)
Basiszinssatz (§ 247 BGB)	01. Januar 2011: 0,12 %	Basiszinssatz (§ 247 BGB)
+ 5 Prozentpunkte		+ 8 Prozentpunkte
(§ 288 Abs. 1 BGB)		(§ 288 Abs. 2 BGB)

bei Nachweis: Geltendmachung eines höheren Schadens möglich (§ 288 Abs. 4 BGB)

Wiederholung des Grundwissens

1. Wann kommt der Käufer in Zahlungsverzug?
2. Nennen Sie drei Voraussetzungen für den Eintritt des Zahlungsverzugs.
3. Welche Rechte stehen dem Verkäufer beim Zahlungsverzug des Käufers zu?
4. Erklären Sie den Begriff „Verbraucherprivileg".
5. In welcher Höhe kann der Verkäufer bei Zahlungsverzug eines Verbrauchers Verzugszinsen berechnen?

Aufgaben und Probleme

1. Das Autohaus Link hat seinem Kunden Klaus Munz am 05. Oktober d. J. einen PKW im Wert von insgesamt 28 300 EUR geliefert. Entsprechend der getroffenen vertraglichen Vereinbarungen über Lieferung und Zahlung ging Munz zusammen mit der Lieferung folgende Rechnung (Auszug) zu:

Warenwert	%	MwSt.-Betrag	Zahlungsbedingungen	Rechnungsbetrag
23 781,51 EUR	19	4 518,49 EUR	zahlbar sofort ohne Abzug	28 300,00 EUR
Hinweis: Um zu vermeiden, dass Sie in Zahlungsverzug geraten, bezahlen Sie diese Rechnung innerhalb von 30 Tagen nach Rechnungsdatum.				

Die Buchhalterin des Autohauses Link stellt fest, dass Munz am 30. November d. J. den ausstehenden Rechnungsbetrag noch nicht beglichen hat.

a) Prüfen Sie, ob sich Munz in Zahlungsverzug befindet.
b) Kann das Autohaus Link Verzugszinsen verlangen? Welcher Zinssatz kann dabei zugrunde gelegt werden?

2. Katja Bieber hat am 16. Juni d. J. einen „antiken“ Schrank an Hubert Burg verkauft. Es wurde vereinbart, dass Hubert Burg innerhalb von 8 Tagen den Kaufpreis in Höhe von 2 600 EUR auf das Girokonto von Katja Bieber überweist. Nachdem der ausstehende Betrag nicht eingegangen ist, erhält Hubert Burg von Katja Bieber am 26. Juni d. J. eine Mahnung mit der Bitte um umgehende Begleichung des ausstehenden Betrags.

a) Stellen Sie fest, ob sich Hubert Burg in Zahlungsverzug befindet.
b) Nachdem der Betrag bei Katja Bieber am 10. Juli d. J. immer noch nicht eingegangen ist, will sie vom Vertrag zurücktreten, da sie den Schreibtisch zwischenzeitlich zu einem wesentlich höheren Preis verkaufen könnte. Stellen Sie fest, ob – gegebenenfalls unter welchen Voraussetzungen – Frau Bieber vom Vertrag zurücktreten kann.

1.5 Verjährung

Wesen der Verjährung

Ansprüche auf Leistungen können nach Ablauf bestimmter Fristen nicht mehr geltend gemacht werden; sie unterliegen der **Verjährung.** Wenngleich der Anspruch auch weiterhin bestehen bleibt, so kann der Schuldner nach Eintritt der Verjährung die Leistung verweigern; ihm steht die **Einrede der Verjährung** zu. Ist jedoch ein bereits verjährter Anspruch erfüllt worden, kann die erbrachte Leistung nicht mehr zurückgefordert werden. § 194 BGB

Ist Verjährung eingetreten, dann hat ein Schuldner das Recht, die Leistung zu verweigern. § 214 BGB

Die Verjährung dient dem Rechtsfrieden und der Rechtssicherheit.

Verjährungsfristen

Wichtige gesetzliche Verjährungsfristen (Auszug)	
Fristen	**Gültigkeit (Beispiele)**
regelmäßige Verjährungsfrist: 3 Jahre (§ 195 BGB)	Ansprüche der Privatleute, Gewerbetreibenden, Darlehensgeber
verlängerte Verjährungsfristen: 10 Jahre (§ 196 BGB)	– Ansprüche auf Übertragung des Eigentums an einem Grundstück – Ansprüche auf Gegenleistung (Zahlung) bei einem Grundstück
30 Jahre (§ 197 BGB)	– Herausgabeansprüche aus Eigentum und anderen dinglichen Rechten – familien- und erbrechtliche Ansprüche – rechtskräftig festgestellte Ansprüche (Urteile) – Ansprüche aus vollstreckbaren Vergleichen oder vollstreckbaren Urkunden – vollstreckbare Ansprüche aus einem Insolvenz-verfahren
verkürzte Verjährungsfristen: 2 Jahre (§ 438 Abs. 1 Nr. 3 BGB)	Gewährleistungsansprüche auf Nacherfüllung, Schadenersatz oder Aufwendungsersatz aus **Kaufverträgen** **Ausnahme:** Regelmäßige Verjährungsfrist (3 Jahre), wenn der Verkäufer den Mangel arglistig verschwiegen hat (§ 438 Abs. 3 BGB)

Beginn der Verjährungsfrist

§ 199 Abs. 1 BGB Die **regelmäßige Verjährungsfrist** beginnt mit dem **Schluss des Jahres**, in dem der Anspruch **entstanden ist** und der Gläubiger davon Kenntnis hat.

§ 200 BGB Bei Ansprüchen, die **nicht der regelmäßigen Verjährungsfrist** unterliegen, beginnt die Verjährungsfrist **mit der Entstehung des Anspruchs**.

Hemmung der Verjährung

§§ 203 ff. BGB Ist die Verjährung gehemmt, so wird der Ablauf der Frist für eine bestimmte Zeit **angehalten**. Dadurch verlängert sich die Verjährungsfrist um die Zeitspanne der Hemmung.

Die Verjährung ist gehemmt bei:

§ 204 BGB **1. Rechtsverfolgung**
- Erhebung von Klage auf Leistung
- Zustellung des Mahnbescheids im Mahnverfahren
- Anmeldung von Ansprüchen im Insolvenzverfahren

Die Hemmung endet **sechs Monate** nach der rechtskräftigen Entscheidung bzw. anderweitigen Beendigung des eingeleiteten Verfahrens.

§ 203 BGB **2. Verhandlungen über den Anspruch**

Finden zwischen dem Schuldner und dem Gläubiger Verhandlungen über den Anspruch oder die den Anspruch begründenden Umstände statt, so ist die Verjährung gehemmt, bis einer der Beteiligten die Fortsetzung der Verhandlungen verweigert. Die Verjährung tritt frühestens **drei Monate** nach der Hemmung ein.

3. **Leistungsverweigerungsrecht des Schuldners (205 BGB)** § 205 BGB
Die Verjährung ist gehemmt, solange der Schuldner aufgrund einer Vereinbarung mit dem Gläubiger vorübergehend zur Verweigerung der Leistung berechtigt ist.

4. **Höhere Gewalt (§ 206 BGB)** § 206 BGB
Die Verjährung ist gehemmt, solange der Gläubiger innerhalb der **letzten sechs Monate der Verjährungsfrist** durch höhere Gewalt an der Rechtsverfolgung gehindert ist.

Hemmung der Verjährung

Automobilhändler Gerhardt erhebt am 31.12. d. J. beim zuständigen Amtsgericht Klage auf Zahlung des Kaufpreises durch seinen Kunden Schlick. Schlick verweigert die Zahlung, weil das gekaufte Auto seiner Meinung nach Mängel aufweist. Durch ein rechtskräftiges Urteil wird der Klage von Gerhardt entsprochen.

Mit der Einreichung der Klage will Gerhardt verhindern, dass sein Anspruch verjährt. Durch die Klageerhebung wird die Verjährung gehemmt. Sechs Monate nach der rechtskräftigen Entscheidung endet die Hemmung. Die Verjährungsfrist beträgt nunmehr jedoch 30 Jahre ab Rechtskraft des Urteils (§§ 197 Abs. 1 Nr. 3, 201 BGB).

Zwischen einem Maschinenhersteller und dessen Kunde finden Verhandlungen über einen Nachbesserungsanspruch an einer gelieferten Spezialmaschine statt. Der Maschinenhersteller behauptet, dass der aufgetretene Schaden auf einen Bedienungsfehler zurückzuführen ist, während der Kunde sich auf einen Sachmangel beruft.

Die Verjährung des Nachbesserungsanspruchs ist **gehemmt.**

Fahrradhändler Schulz erfährt, dass sein Kunde Kern unverschuldet in Zahlungsschwierigkeiten geraten ist. In einem Schreiben teilt er Kern mit, dass er sich mit der bereits fälligen Zahlung des vor 12 Monaten erworbenen Fahrrades noch zwei Monate Zeit lassen kann.

Aufgrund der getroffenen Vereinbarung ist Kern für zwei Monate zur Verweigerung der Zahlung berechtigt. Dadurch ist die Verjährung gehemmt.

Neubeginn der Verjährungsfrist
Die Verjährungsfrist beginnt erneut, wenn

1. **der Schuldner** seine Schuld anerkennt (Beispiele: Abschlagszahlung, Zinszahlung, Bitte um Stundung). § 212 BGB
2. **der Gläubiger** eine gerichtliche Vollstreckungshandlung beantragt (Beispiel: Antrag auf Zwangsvollstreckung nach erfolglosem gerichtlichen Mahnverfahren). Ein außergerichtliches Mahnschreiben des Gläubigers führt **nicht zu einem Neubeginn der Verjährungsfrist.**
Aufgaben 1 und 2 Seite 71
Im Falle eines Neubeginns der Verjährung beginnt diese mit dem auf das Ereignis (z. B. Schuldanerkenntnis, Abschlagszahlung, Vollstreckungshandlung) folgenden Tag. § 187 Abs. 1 BGB

Zusammenfassende Übersicht zu Kapitel 1.5: Verjährung

Verjährung (Recht des Schuldners, Leistung zu verweigern, wenn ein Anspruch verjährt ist)

Verjährungsfristen	Verjährungsbeginn
Regelmäßige Verjährungsfrist: **3 Jahre (§ 195 BGB)**	Schluss des Jahres, in dem der Anspruch entstanden ist (§ 199 Abs. 1 BGB)
Verlängerte Verjährungsfristen: **10 Jahre (§ 196 BGB)** **30 Jahre (§ 197 BGB)**	mit der Entstehung des Anspruchs (§ 200 BGB) bzw. mit der Rechtskraft einer Entscheidung (§ 201 BGB)
Verkürzte Verjährungsfristen: **2 Jahre (§ 438 Abs. 1 Nr. 3 BGB)**	mit der Ablieferung der Sache (§ 438 Abs. 2 BGB)

Hemmung und Neubeginn der Verjährungsfrist (Bsp. Regelmäßige Verjährungsfrist: 3 Jahre)

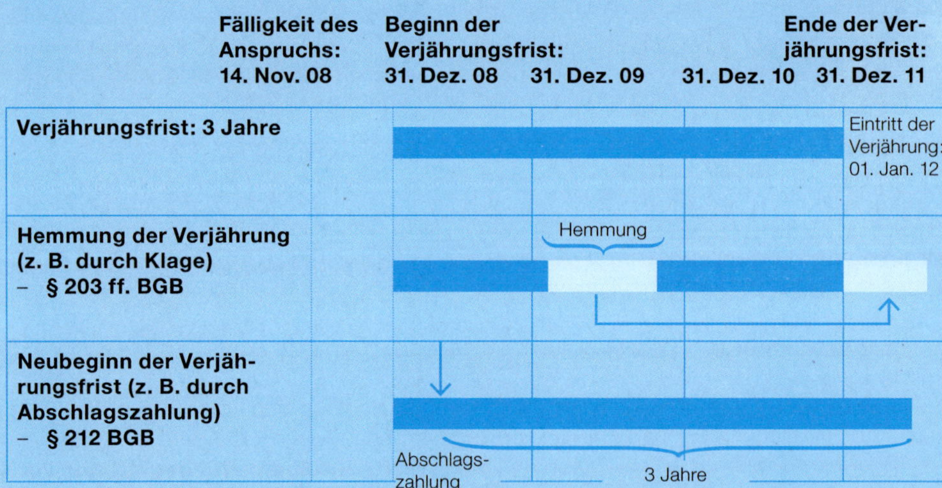

Wiederholung des Grundwissens

1. Welches Recht steht einem Schuldner nach Eintritt der Verjährung zu?
2. Nennen Sie die wichtigsten gesetzlichen Verjährungsfristen.
3. Wann beginnt die regelmäßige Verjährungsfrist?
4. Wann beginnt die Verjährungsfrist von Ansprüchen, die nicht der regelmäßigen Verjährungsfrist unterliegen?
5. Welche Gründe führen zu einer Hemmung der Verjährung und welche Auswirkungen hat das auf die Verjährungsfrist?
6. Wann beginnt die Verjährungsfrist erneut zu laufen?

Aufgaben und Probleme

1. Christel Talosi hat sich vor drei Jahren neue Küchenmöbel einbauen lassen. Endlich überweist sie den noch ausstehenden Restbetrag in Höhe von 1 500 EUR. Kurz danach meint sie, die Forderung sei doch verjährt und fordert den überwiesenen Betrag zurück. Schreinermeister Blank lehnt dies unter Hinweis auf § 214 BGB ab.
   Klären Sie die Rechtslage anhand des BGB.

2. Isabel Link hat am 16. Oktober 2010 beim Autohändler Kraus einen gebrauchten Pkw (80 000 km) gekauft, der sofort ausgeliefert wurde. Als Zahlungsziel wurde vereinbart: Zahlung innerhalb von 30 Tagen nach Lieferung netto Kasse.
   a) Stellen Sie fest, wann der Anspruch des Autohändlers Kraus auf Zahlung des Kaufpreises verjährt ist.
   b) Am 18. Dezember 2010 schickt Autohändler Kraus an Isabel Link ein selbst verfasstes Mahnschreiben, weil er bislang noch keine Zahlungsleistung erhalten hat. Daraufhin bittet Isabel Link am 10. Januar 2011 um Stundung des ausstehenden Rechnungsbetrages um ein halbes Jahr. Kraus lehnt die Stundungsbitte jedoch ab und verlangt sofortige Zahlung.
   Beurteilen Sie, welche Auswirkungen die beiden Vorgänge (Mahnung, Bitte um Stundung) auf die Verjährung haben.

Themenkreis 2
Lagerhaltung

Um welche Probleme geht es in diesem Kapitel?

Damit ein Unternehmen seine Produkte und Dienstleistungen effizient herstellen bzw. anbieten kann, muss das notwendige Material in der benötigten Menge mit den geforderten Eigenschaften (Qualität) zum gewünschten Termin und möglichst kostengünstig am richtigen Lager- und Einsatzort zur Verfügung stehen. Somit ist eine gut organisierte Lagerhaltung ein wesentlicher Erfolgsbestandteil für ein Unternehmen.

2.1 Grundlagen der Lagerhaltung

2.1.1 Funktionen und Ziele der Lagerhaltung

Die **Lagerhaltung** (Gütereinlagerung und -lagerung) ist Teil der innerbetrieblichen Logistik. Sie dient der Überbrückung von Versorgungsschwankungen vor, während und nach der Fertigung. Die Lagerhaltung muss systematisch geplant und organisiert werden. Heute wird versucht, durch logistische Maßnahmen auf die Lagerhaltung möglichst zu verzichten.

Nach der Material- bzw. Warenannahme und Prüfung erfolgt die **Einlagerung.** Unter Einlagerung wird die körperliche **Übernahme des Materials bzw. der Ware ins Lager** und die Erfassung in der Lagerbuchhaltung verstanden.

Durch die **Lagerung** (Lagerhaltung) der Materialien bzw. Waren werden grundsätzlich folgende **Funktionen (= Aufgaben)** erfüllt:

1. **Ausgleichs- und Pufferfunktion**
   Das Lager übernimmt den zeitlichen Ausgleich zwischen
   - Beschaffung/Einkauf und Materialbedarf in der Fertigung,
   - den verschiedenen Fertigungsgängen (Stockungen im Produktionsablauf),
   - Fertigung und Absatz (Absatzschwankungen).

2. **Umformungs- bzw. Produktionsfunktion**
   Dabei werden die gelagerten Materialien und Waren den produktionstechnischen oder vertriebsmäßigen Erfordernissen angepasst.
   Es werden wichtige vorbereitende Funktionen für den anschließenden Fertigungsprozess durchgeführt (Veredelungen, Reifeprozesse z. B. Holztrocknung).
   Durch die Lagerung erfolgt eine Verbesserung der Produkte (z. B. Kaffee, der geröstet wird, oder Cognac, der in Fässern gelagert reift).

3. **Spekulationsfunktion**
   Ware wird eingelagert, weil Preissteigerungen erwartet werden, z. B. Stahl, Kupfer. Die Vorteile von Großeinkäufen (Mengenrabatte), Sonderangeboten, also von Preisbewegungen, werden ausgenutzt.

4. **Sicherungs- und Versorgungsfunktion**
   Das Lager dient zur Überbrückung von Lieferengpässen bzw. saisonalen Schwankungen bei der Gütererzeugung (z. B. Ernten) und um jederzeit Kundenwünsche befriedigen zu können (z. B. Mode-, Saisonartikel).

2.1.2 Lagerarten

Lagerarten lassen sich nach **Standort der Lager, Eigentum, Bauart/Bauform, Lagerstufen (Produktionsstufen)** unterscheiden.

1. **Standort der Lager:** Innerhalb der Standortfrage wird entschieden, ob **zentral** oder **dezentral** gelagert werden soll. Dezentrale Lagerung bedeutet, dass die Lageraufgaben und Lagergüter auf mehrere Standorte aufgeteilt sind. Die Entscheidung, ein Zentrallager oder mehrere dezentrale Lager zu führen, ist meist nur bei größeren Unternehmen mit mehreren Produktions- und Verkaufsstätten notwendig.

Zentrales Lager

Vorteile	Nachteile
• einfache, übersichtliche Verwaltung • geringere Gesamtbestände und dadurch geringere Kapitalbindung • effizienter Personaleinsatz • günstige Raumausnutzung • günstige Auslastung der Transport- und Lagergeräte • bessere Kontrolle	• längere Transportwege • höhere Beförderungskosten

Dezentrales Lager

Vorteile	Nachteile
• kurze Transportwege • geringere Beförderungskosten • schnellere Material- und Warenausgabe	• ungünstige Raumausnutzung • höhere Personalkosten • geringere Übersicht • weniger Kontrolle

2. **Eigentum:** Die Frage des **Eigen-** oder **Fremdlagers** wird mit einer Kosten-Nutzen-Rechnung beantwortet. Wenn es für eine Unternehmung innerhalb eines absehbaren Zeitraums günstiger ist, ein eigenes Lager zu führen, so wird dies einem Fremdlager vorgezogen. Für das Fremdlager werden eventuell hohe Mietkosten fällig. Vorteilhaft ist eine Fremdlagerung dann, wenn die Güter eine spezielle Art der Lagerung erfordern (z. B. Kühlhauslagerung).

3. **Bauart/Bauform:**
   - **Offene Lager (Freilager):** Die Lagerung der Materialien und Waren erfolgt im Freien (z. B. Baustoffe, Fahrzeuge).
   - **Halboffene Lager:** Sie haben eine Überdachung, sind aber seitlich offen oder umgekehrt.
   - **Geschlossene Lager:** Materialien und Waren, die durch Feuchtigkeit, Sonnenlicht, Wärme, Kälte gefährdet sind und/oder einen hohen Wert haben, werden in geschlossenen Räumen gelagert (z. B. Lebensmittel).
   - **Regallager:** Lager, die mit Flachregalen, Palettenregalen, Schieberegalen oder ähnlichen Materialträgern ausgestattet sind.
   - **Hochregallager:** Moderne Form mit großer Lagerkapazität bei geringster Bodenfläche. Die Regalhöhe kann bis zu 50 Meter betragen. Meist werden diese Lager vollelektronisch mit einem Lagerverwaltungssystem bewirtschaftet.
   - **Blocklager:** Hier werden die Materialien und Waren blockweise ohne Nutzung von Regalen, durch stapelfähige Behälter oder Verpackungen, innerhalb von Gebäuden gelagert.
   - **Speziallager:** Das sind alle Lagerformen, bei welchen für Güter mit besonderen Lagererfordernissen die geeigneten Bedingungen geschaffen werden (z. B. Silo-, Gas-, Tank-, Trocken-, Kühl- und Tiefkühllager usw.).

4. **Lagerstufen (Produktionsstufen):** Lagerstufen sind in Fertigungsbetrieben mit mehr als einer Produktionsstufe üblich. Die Stufen reichen vom **Beschaffungs- bzw. Eingangslager,** über diverse **Zwischenlager,** bis zum **Erzeugnislager.**
   Beschaffungs- bzw. Eingangslager: Lager für eingehendes Material und Waren, die noch nicht ver- oder bearbeitet wurden.
   Zwischenlager: Gibt es nur bei mehrstufiger Fertigung, also nur wenn zur Fertigstellung der Leistung mehrere Arbeitsgänge notwendig sind, um noch nicht absatzreife Erzeugnisse zu lagern sowie Abfälle und Ausschüsse zu sammeln.
   Erzeugnislager: Auch Vertriebslager bzw. Absatzlager genannt. Hier werden alle fertigen Erzeugnisse zur Weitergabe an den Kunden gelagert.

Zusammenfassende Übersicht zu Kapitel 2.1: Grundlagen der Lagerhaltung

Funktionen (= Aufgaben) der Lagerhaltung

- Ausgleichs- und Pufferfunktion
- Umformungs- bzw. Produktionsfunktion
- Spekulationsfunktion
- Sicherungs- und Versorgungsfunktion

Zusammenfassende Übersicht zu Kapitel 2.1: Grundlagen der Lagerhaltung (Fortsetzung)

Lagerarten

- **Standort der Lager**
  - Zentrale Lager
  - Dezentrale Lager
- **Eigentum**
  - Eigenlager
  - Fremdlager
- **Bauart/Bauform**
  - Offene Lager (Freilager)
  - Halboffene Lager
  - Geschlossene Lager
  - Regallager
  - Hochregallager
  - Blocklager
  - Speziallager
- **Lagerstufen (Produktionsstufen)**
  - Beschaffungs- bzw. Eingangslager
  - Zwischenlager
  - Erzeugnislager

Wiederholung des Grundwissens

1. Nennen Sie die Funktionen (=Aufgaben) der Lagerhaltung.
2. Wodurch unterscheiden sich zentrale und dezentrale Lagerhaltung?
3. Nennen Sie die Vor- und Nachteile eines Zentrallagers.
4. Welche Kriterien sind bei der Wahl eines Eigenlagers bzw. eines Fremdlagers wichtig?
5. Welche Vorteile kann eine Fremdlagerung haben?
6. Welche Lagerarten nach der Bauart/Bauform kennen Sie?

2.2 Wirtschaftliche Aspekte und Optimierung des Lagerbestandes

IUS

Ein **Lagerbestand** als solcher ist die zu einem bestimmten Zeitpunkt im Lager befindliche Menge eines Gutes.

Folgende **Bestandsarten** sind für die unterschiedlichen Unternehmensstrategien und -planungen in Bezug auf die Lagerhaltung von Bedeutung:

1. **Höchstbestand:** Der Höchstbestand ist der Bestand, der maximal im Lager vorhanden sein darf. Eine Überschreitung hat eine sehr hohe Kostensteigerung (z. B. durch überhöhte Lagervorräte oder durch Anmieten eines Fremdlagers) und somit eine hohe Kapitalbindung zur Folge. Der Höchstbestand wird i. d. R. nach Eintreffen der bestellten Güter erreicht.

Höchstbestand
=
Mindestbestand + Gütereingang

2. **Mindestbestand** (eiserner Bestand oder Sicherheitsbestand): Der Mindestbestand ist der Lagerbestand, der nicht unterschritten werden darf. Er darf nur in „Notfällen", um die Produktion/Lieferung aufrechtzuerhalten, angegriffen werden. Die Höhe des Mindestbestandes ist abhängig vom Beschaffungsrisiko. Je nach Unternehmensphilosophie ist die Risikokalkulation eher knapp oder aber großzügig bemessen.

3. **Meldebestand:** Bei Erreichen des Meldebestandes muss eine „Meldung" an den Einkauf zwecks Nachbestellung erfolgen. Dieser Bestand reicht zur Überbrückung der Lieferfrist aus.

Meldebestand
=
Ø Tagesbedarf · Beschaffungszeit + Mindestbestand (eiserner Bestand)

Nachfolgende Grafik zeigt die Zusammenhänge der einzelnen Bestandsarten:

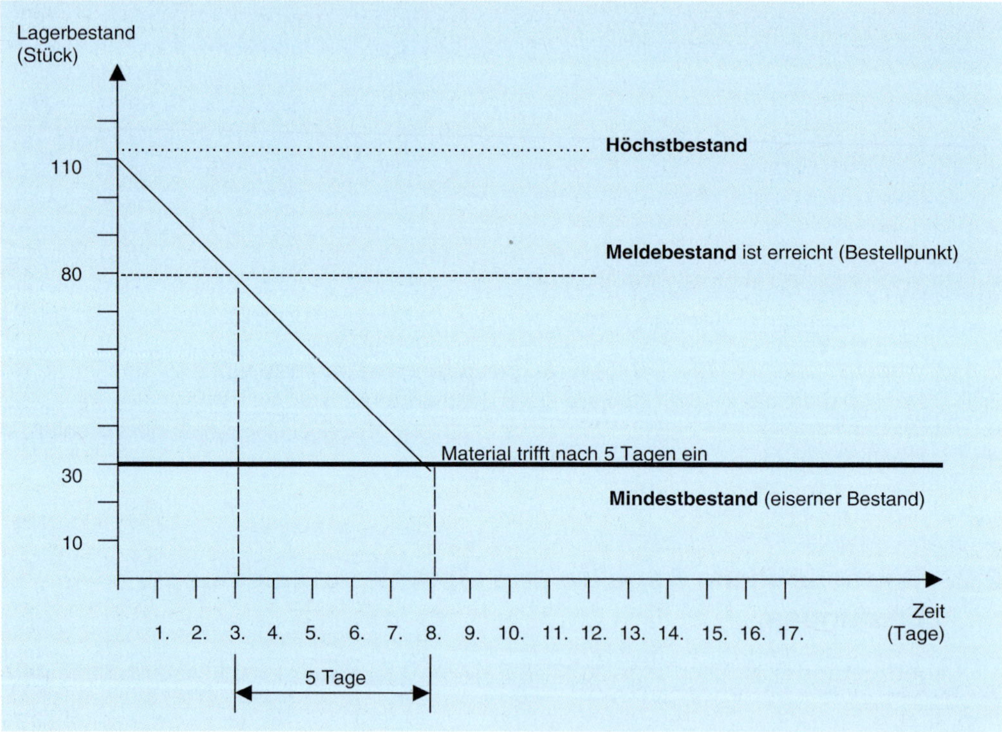

Ziel einer wirtschaftlichen Lagerhaltung ist es, die **Lagerkosten** so gering wie möglich zu halten.

Die **Lagerkosten** setzen sich zusammen aus:

- **Kosten für Lagerräume:** Energiekosten (Strom, Heizung), Versicherungsprämien, Instandhaltungskosten, Zinsen (Verzinsung des Kapitals für Lagergebäude und Lagereinrichtungen), Abschreibungen auf Lagergebäude und -einrichtungen, ggf. Mieten
- **Kosten für Personal und Verwaltung:** Löhne und Gehälter für Lagerpersonal, Sozialkosten, Büromaterial, Telefonkosten

- **Kosten für die Lagerbestände:** Kosten des Bestandsrisikos (Verderb, Schwund, Diebstahl, Veralterung, Preisschwankungen), Versicherungsprämien, Zinskosten für das in den Lagergütern gebundene Kapital (= entgangene Zinsen)

2.2.1 Lagerkennzahlen

Die Wirtschaftlichkeit der Lagerhaltung kann mithilfe von **Kennzahlen** beurteilt werden.

Zu den wichtigsten **Lagerkennzahlen** gehören:

Durchschnittlicher Lagerbestand

Der durchschnittliche Lagerbestand gibt an, wie groß die Vorräte durchschnittlich im Laufe eines Geschäftsjahres sind.

Er ist ein Indikator für die Höhe des im Lager gebundenen Kapitals und damit auch ein Indikator der durchschnittlichen Ausgaben einer Unternehmung für die Lagerhaltung.

$$\text{Durchschnittlicher Lagerbestand} = \frac{\text{Jahresanfangsbestand} + \text{Jahresendbestand}}{2}$$

Diese Berechnungsart ist zwar sehr einfach aber auch ungenau. Denn innerhalb eines Geschäftsjahres werden nur Anfangs- und Endbestand (AB + EB) berücksichtigt. Zugänge oder Entnahmen während des Geschäftsjahres finden keine Beachtung.

Genauer geht es nach folgender Formel:

$$\text{Durchschnittlicher Lagerbestand} = \frac{\text{Jahresanfangsbestand} + \text{12 Monatsendbestände}}{13}$$

Bei dieser Berechnung werden neben dem Anfangsbestand auch alle Monatsendbestände mit einbezogen. Aufgrund der vielen Daten, die hier verwendet werden, ist diese Berechnung die exaktere Methode, um den durchschnittlichen Lagerbestand zu berechnen.

Umschlagshäufigkeit

Die Umschlagshäufigkeit gibt an, wie oft die Menge oder der Wert des durchschnittlichen Lagerbestandes während eines Geschäftsjahres durch neue Bestände ersetzt wurde. Die Umschlagshäufigkeit ist umso höher, je geringer der durchschnittliche Lagerbestand ist. Die Kenntnis der Umschlagshäufigkeit ist sehr wichtig, da sie Auskunft über die Kapitalbindung im Lager gibt.

$$\text{Umschlagshäufigkeit} = \frac{\text{Jahresabsatz in Stück}}{\text{durchschnittlicher Lagerbestand in Stück}}$$

oder

$$\text{Umschlagshäufigkeit} = \frac{\text{Warenwert zu Einstandspreisen in Euro}}{\text{durchschnittlicher Lagerbestand in Euro}}$$

Die Ermittlung der Umschlagshäufigkeit dient der Kontrolle des Lagerbestandes, damit nicht zu hohe Bestände und Kosten entstehen. Materialien und Waren, die lange lagern, verursachen nicht nur Kosten, sie sind auch der Gefahr von Verderb, Schwund oder Diebstahl ausgesetzt.

Durchschnittliche Lagerdauer

Die durchschnittliche Lagerdauer gibt an, wie viele Tage sich das Material im Durchschnitt am Lager befindet, bevor es weiterverarbeitet wird. Je kürzer die durchschnittliche Lagerdauer, umso höher die Lagerumschlagshäufigkeit und desto weniger Kosten entstehen dem Unternehmen.

$$\text{Durchschnittliche Lagerdauer} = \frac{\text{360 Tage}}{\text{Umschlagshäufigkeit}}$$

Lagerzinssatz

Der Lagerzinssatz ist ein auf die durchschnittliche Lagerdauer angepasster Jahreszinssatz. Er ist umso geringer, je niedriger die durchschnittliche Lagerdauer ist.

$$\text{Lagerzinssatz} = \frac{\text{marktüblicher Jahreszinssatz} \cdot \text{durchschnittliche Lagerdauer in Tagen}}{\text{360 Tage}}$$

Lagerzinsen

Die Lagerzinsen geben die während des Zeitraums der durchschnittlichen Lagerdauer anfallenden Zinskosten an. Für den Unternehmer ist das Kapital im Lager gebunden und kann nicht anderweitig angelegt werden. Zur Berechnung der Lagerzinsen wird der Lagerzinssatz herangezogen. Die Lagerzinsen sind umso geringer, je niedriger der Lagerzinssatz und je geringer der Wert des durchschnittlichen Lagerbestandes ist.

$$\text{Lagerzinsen} = \frac{\text{Wert des durchschnittlichen Lagerbestandes} \cdot \text{Lagerzinssatz}}{100}$$

Eine Verringerung des durchschnittlichen Lagerbestandes hat bei konstantem Umsatz folgende Auswirkungen:

- die Umschlagshäufigkeit steigt,
- die durchschnittliche Lagerdauer sinkt,
- der Lagerzinssatz und die Lagerzinsen sinken,
- die Kapitalbindung sinkt,
- das Bestandsrisiko (Verderb, Schwund, Diebstahl, Veralterung, Preisverfall, Modeänderungen usw.) sinkt,
- die sonstigen Lagerkosten (z. B. Raum- und Personalkosten, Kosten der Materialpflege) sinken.

Somit hat die Verringerung der Lagerbestände einerseits größere Wirtschaftlichkeit zur Folge. Andererseits erhöht sich dadurch aber das Risiko eines Produktionsstillstandes bei Lieferproblemen.

Aufgaben 1–4 Seite 85

Ein optimaler Lagerbestand kann in einer Unternehmung nur erreicht werden, wenn sich die Unternehmensleitung mit den Lagerproblemen intensiv befasst und die Möglichkeiten, die angewandt werden können (z. B. Kauf auf Abruf, Just-in-time-Beschaffung), tatsächlich nutzt.

IUS

2.2.2 Optimale Bestellmenge

Der Materialwirtschaft kommt im Rahmen der Beschaffungsdisposition die Aufgabe zu, die Bestellmengen so festzulegen, dass die **Gesamtkosten** möglichst gering sind. Die Gesamtkosten setzen sich aus folgenden Einzelpositionen zusammen:

1. **Einstandspreis** (Anschaffungskosten) des zu beschaffenden Materials. Der Einstandspreis setzt sich aus dem Anschaffungspreis zuzüglich der Nebenkosten (Fracht, Rollgeld etc.) zusammen.
2. **Bestellkosten:** Kosten für die Abwicklung der Bestellung wie z. B. Angebotsvergleich, Bearbeitung der Bestellung, Kontrolle des Wareneingangs, Rechnungskontrolle etc. Die Bestellkosten fallen für jede einzelne Bestellung in gleicher Höhe an und sind unabhängig von der Bestellmenge (**= bestellfixe Kosten**). Bezogen auf ein einzelnes Stück ergeben sich jedoch umso geringere Bestellkosten, je größer die Bestellung ist.
3. **Lagerkosten:** Fortschreibung der Lagerbestände, Pflege der Materialien, Abschreibung des Lagers, Miete etc.). Die Höhe der Lagerkosten ist abhängig vom durchschnittlichen Lagerbestand. Große Bestellmengen führen zu einem höheren durchschnittlichen Lagerbestand und damit auch zu höheren Lagerkosten.

$$\textbf{Durchschnittlicher Lagerbestand} = \frac{\textbf{Anfangsbestand + Endbestand}}{\textbf{2}}$$

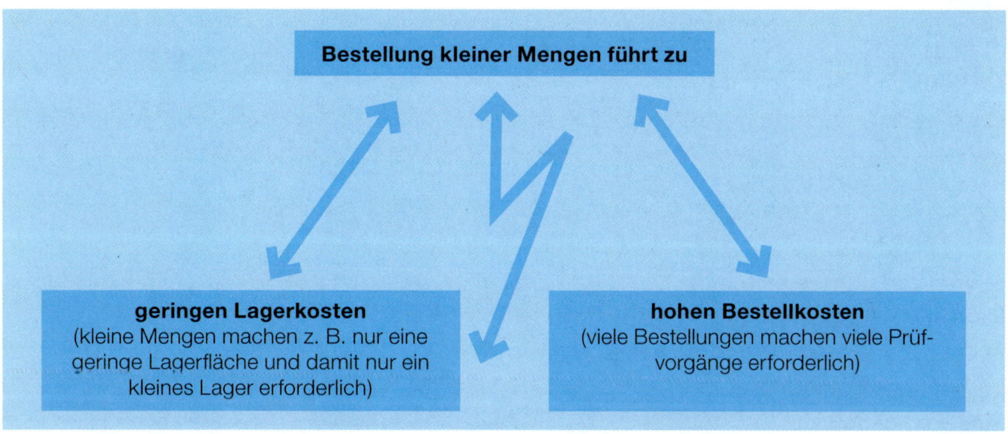

Die Bestellmenge ist optimal, wenn die Summe aus Lagerkosten und Bestellkosten am geringsten ist.

Unter der vereinfachenden Annahme, dass der Einstandspreis je Einheit des zu beschaffenden Materials unverändert ist (z. B. keine Mengenrabatte) haben lediglich die Lagerkosten und die Bestellkosten Einfluss auf die optimale Bestellmenge.

Optimale Bestellmenge eines Herstellers von Flachbildschirmen

Ermittlung der optimalen Bestellmenge für die Platine:

Jahresbedarf: 9 000 Stück
Einstandspreis je Platine: 200 EUR
Kosten je Bestellung (bestellfixe Kosten): 200 EUR
Lagerkosten: 5 % des durchschnittlichen Lagerbestandes

Bestellmenge	Bestellhäufigkeit	Bestellkosten	Lagerkosten	Kostensumme
9 000 Stück	1	200 EUR	45 000 EUR[1]	45 200 EUR
1 800 Stück	5	1 000 EUR	9 000 EUR	10 000 EUR
900 Stück	10	2 000 EUR	4 500 EUR	6 500 EUR
600 Stück	15	3 000 EUR	3 000 EUR	6 000 EUR
450 Stück	20	4 000 EUR	2 250 EUR	6 250 EUR
300 Stück	30	6 000 EUR	1 500 EUR	7 500 EUR

[1] Berechnung:
- Durchschnittlicher Lagerbestand = 0 EUR + $\frac{1\,800\,000\text{ EUR}}{2}$ = 900 000 EUR
- Lagerkosten = 5 % von 900 000 EUR = 45 000 EUR

Ergebnis: Bei einer Bestellmenge von 600 Stück (= 15 Bestellungen) ist die optimale Bestellmenge erreicht. Die Gesamtkosten erreichen bei dieser Bestellmenge ihr Minimum.

Grafische Darstellung

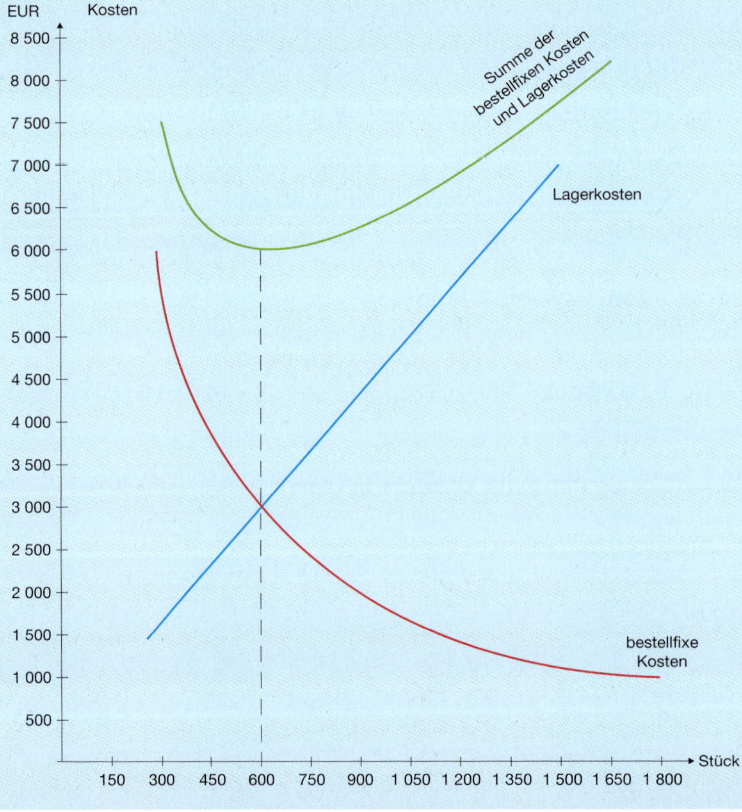

Die optimale Bestellmenge lässt sich auch mithilfe folgender Formel berechnen:

Formel zur Berechnung der optimalen Bestellmenge

$$\text{Optimale Bestellmenge} = \sqrt{\frac{200 \cdot \text{Jahresbedarf} \cdot \text{Bestellkosten}}{\text{Einstandspreis je Stück} \cdot \text{Lagerkostensatz}}}$$

Berechnung der optimalen Bestellmenge mithilfe der Formel

Mithilfe der Formel kann die optimale Bestellmenge des Bildschirmherstellers wie folgt berechnet werden:

$$\text{Optimale Bestellmenge} = \sqrt{\frac{200 \cdot 9\,000 \cdot 200}{200 \cdot 5}} = 600 \text{ Stück}$$

Wegen des hohen Aufwands für die Ermittlung der optimalen Bestellmenge wird dieses Verfahren nur für Materialien angewandt, deren Beschaffung mit hohen Bestell- und Lagerkosten verbunden ist (= A-Güter). Deshalb werden diese Materialien zuvor anhand einer **ABC-Analyse** ermittelt. *vgl. Seite 82*

Bestimmung der optimalen Bestellmenge

Vereinfachende Annahmen:
- **Einstandspreis bleibt konstant (unabhängig von Bestellmenge)**
- **Bestellkosten je Bestellung sind konstant (unabhängig von der Bestellmenge)**

Tabellarische Ermittlung	Grafische Ermittlung	Ermittlung mithilfe der Formel
Veränderung der Bestellmenge/Bestellhäufigkeit – Untersuchung, wie sich Gesamtkosten (Summe von Lagerkosten und Bestellkosten) verändern.	Schnittpunkt zwischen Bestellkosten- und Lagerkostenkurve = Minimum der Summe aus bestellfixen Kosten und Lagerkosten	Optimale Bestellmenge = $\sqrt{\frac{200 \cdot \text{Jahresbedarf} \cdot \text{Bestellkosten}}{\text{Einstandspreis je Stück} \cdot \text{Lagerkostensatz}}}$

Aufgaben 5–7 Seite 86

2.2.3 Just-in-time-Beschaffung (Fertigungssynchrone Beschaffung)

Bei der Just-in-time-Beschaffung erfolgt die Beschaffung so, dass die gelieferten Materialien sofort in den Fertigungsprozess einfließen. Bei dieser Art der Beschaffung wird kein oder aus Sicherheitsgründen nur ein niedriger Lagerbestand = eiserner Bestand (Mindestbestand) eingehalten.

Der Kaufvertrag wird nicht über die jeweiligen „Tagesmengen“, sondern über größere Abnahmemengen abgeschlossen, die dann vertragsgemäß in Einzellieferungen gesandt werden. Besonders Großbetriebe mit gleichbleibender Großserienproduktion, z. B. Automobilwerke, schließen solche Lieferverträge ab. Damit die Liefertermine pünktlich eingehalten werden, wird für den Fall von Lieferverzögerungen meist eine Vertragsstrafe (Konventionalstrafe) vereinbart.

Für den Lieferanten ergibt sich als Vorteil, bei gesicherter Abnahme größere Stückzahlen kostengünstig herstellen zu können.

Vorteile:
- keine bzw. niedrige Lagerbestände („Das Lager liegt auf der Straße")
- keine bzw. geringe Kapitalbindung (Lagerkosten und Lagerrisiken werden auf den Zulieferer abgewälzt)
- kurze Lieferzeiten
- langfristige Versorgungs- und Preissicherheit durch Rahmenverträge, oftmals mit Absicherung einer hohen Konventionalstrafe bei verspäteter oder fehlerhafter Lieferung
- starke, langfristige Anbindung des Lieferanten

Nachteile:
- hohes Ausfall- und Stillstandsrisiko durch verspätete oder fehlerhafte Lieferung
- Abhängigkeit von den Lieferanten

2.2.4 ABC-Analyse

In Industriebetrieben hat häufig eine geringe Anzahl von Materialarten einen relativ großen Anteil am Gesamtwert der insgesamt benötigten Materialien. Es ist deshalb zweckmäßig, kostenintensive Planungs- und Kontrollmaßnahmen auf Materialarten mit einem relativ hohen Anteil am Gesamtwert aller Beschaffungsgüter zu konzentrieren.

Die ABC-Analyse ist ein Verfahren, um den Anteil einzelner Materialarten am Gesamtwert der zu beschaffenden Materialien festzustellen.

Für alle Materialarten wird zunächst der Verbrauchswert ermittelt, indem die pro Jahr verbrauchte Menge mit dem Einstandspreis je Stück multipliziert wird. Die Verbrauchswerte werden ihrer Höhe nach sortiert und entsprechend ihrer Bedeutung in Gruppen zusammengefasst. Üblicherweise erfolgt eine Einteilung in drei Gruppen: **A-Güter, B-Güter und C-Güter**. Die Abgrenzung der einzelnen Gütergruppen erfolgt im Betrieb unter dem Gesichtspunkt der Zweckmäßigkeit. Häufig werden Materialarten mit insgesamt ca. 75 % des Gesamtverbrauchswertes den A-Gütern zugerechnet. Materialarten mit insgesamt ca. 20 % des Gesamtverbrauchswertes gehören zu den B-Gütern und Materialien mit insgesamt ca. 5 % des Gesamtverbrauchswertes zu den C-Gütern.

ABC-Analyse eines Industriebetriebes

Nach Jahresverbrauchswerten geordnete Materialien (Auswahl) eines Industriebetriebes:

Materialart	Verbrauchsmenge		Verbrauchswert		Summe Prozentwerte	Gruppe
	Stück	Prozent	€	Prozent		
M4	95000	11,2	760000	38,0	38,0	A
M10	74000	8,7	740000	37,0	75,0	A
M7	16000	1,9	128000	6,4	81,4	B
M5	200000	23,5	104000	5,2	86,6	B
M2	27200	3,2	68000	3,4	90,0	B
M1	70000	8,2	56000	2,8	92,8	B
M8	49600	5,9	49600	2,5	95,3	B
M9	160000	18,8	38400	1,9	97,2	C
M6	8000	0,9	32000	1,6	98,8	C
M3	150000	17,7	24000	1,2	100,0	C
Summe	849800	100,0	2000000			

Gruppe	%-Anteil Menge	%-Anteil Wert
A	19,9	75,0
B	42,7	20,3
C	37,4	4,7

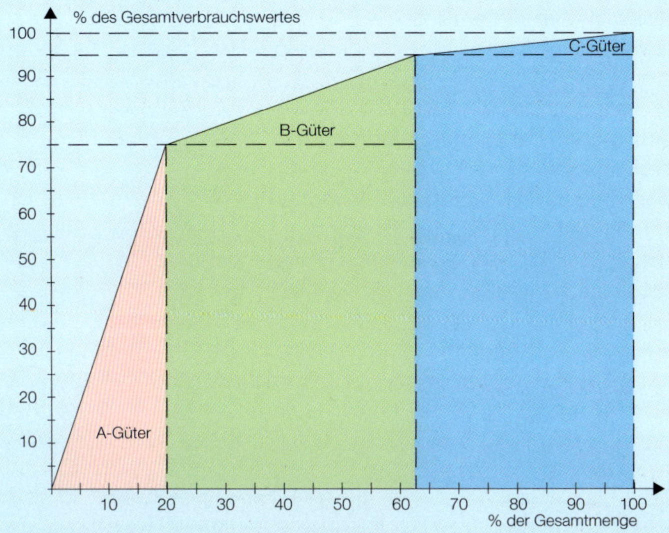

ABC-Analyse

Maßnahme: Gliederung der Materialarten nach ihrem Verbrauchswert und Einteilung in Gruppen

Zweck: Konzentration und Beschränkung von Kontroll- und Planungsmaßnahmen auf die besonders wichtigen Materialarten

Materialgruppen

A-Güter	B-Güter	C-Güter
Besonders teure und/oder häufig benötigte Materialien	Materialien mit mittlerem Preis und/oder mittlerer Bedarfshäufigkeit	Besonders billige und/oder selten benötigte Materialien

Folgerungen

Durch die Einteilung in Klassen wird die unterschiedliche Wichtigkeit der Güter symbolisiert. Güter der A-Klasse müssen besonders sorgfältig und vorrangig behandelt werden, da in ihnen die meisten Kapitalbindungskosten enthalten sind.

Folgende Maßnahmen bei den einzelnen Klassen sind denkbar:

Bei der A-Klasse:

- exakte Bestandsführung
- permanente Inventur
- sorgfältige (möglichst niedrige) Festlegung von Mindestbestand (eiserner Bestand), Meldebestand und optimaler Bestellmenge
- auftragsbezogene statt verbrauchsbezogene Bewirtschaftung
- exakte Disposition bzgl. Menge und Termin (ggf. „Just-in-time-Beschaffung“)
- genaue Überwachung der Verweildauer im Lager
- alternative Lieferanten qualifizieren

- Marktforschung, Markt- und Preisanalyse
- intensive Preisverhandlungen
- schneller Rechnungsdurchlauf, um vereinbarte Skontofristen zu sichern

Bei der B-Klasse:
- den Mittelweg zwischen der Klasse A und C einschlagen
- programmgesteuerte Disposition, statt auftrags- bzw. verbrauchsgesteuerte Disposition

Bei der C-Klasse:
- geringer Aufwand in der Bestandsführung
- Stichprobeninventur
- geringer Aufwand in der Bestandsüberwachung
- höherer Mindestbestand (eiserner Bestand) und Meldebestand
- vorratsbezogene statt bedarfsbezogene Bewirtschaftung
- einfache Bestellabwicklung

Aufgaben 8 u. 9 Seite 86

Die ABC-Analyse ist eine wertvolle Entscheidungshilfe für die Unternehmensleitung. Sie dient der besseren Unterteilung von Entscheidungen großer, mittlerer und geringerer Wichtigkeit. Durch den entsprechenden Umgang mit A-, B- und C-Gütern kann sie die Wirtschaftlichkeit des Unternehmens steigern.

Zusammenfassende Übersicht zu Kapitel 2.2: Wirtschaftliche Aspekte und Optimierung des Lagerbestandes

Lagerkennzahlen

$$\frac{\text{AB} + \text{EB}}{2} = \textbf{durchschnittlicher Lagerbestand}$$

$$\frac{\text{Jahresabsatz}}{\text{Ø Lagerbestand}} = \textbf{Umschlagshäufigkeit}$$

$$\frac{360}{\text{Umschlagshäufigkeit}} = \textbf{durchschnittliche Lagerdauer}$$

$$\frac{\text{Jahreszinssatz} \cdot \text{Ø Lagerdauer}}{360} = \textbf{Lagerzinssatz}$$

$$\frac{\text{Wert des Ø Lagerbestandes} \cdot \text{Lagerzinssatz}}{100} = \textbf{Lagerzinsen}$$

Zusammenfassende Übersicht zu Kapitel 2.2: Wirtschaftliche Aspekte und Optimierung des Lagerbestandes (Fortsetzung)

Optimale Bestellmenge

= Bestellmenge, bei der Beschaffungs- und Lagerhaltungskosten am geringsten sind.

Einlagerung/Lagerhaltung
+
optimaler Materialfluss
(unter Beachtung des Wirtschaftlichkeitsprinzips)
↓
Innerbetriebliche Logistik

$$\text{Optimale Bestellmenge} = \sqrt{\frac{200 \cdot \text{Jahresbedarf} \cdot \text{Bestellkosten}}{\text{Einstandspreis je Stück} \cdot \text{Lagerkostensatz}}}$$

ABC-Analyse

Ziel: Herauszufinden, welchen Gütern besondere Aufmerksamkeit geschenkt werden soll.

- **Klasse A:** wichtig, hochwertig
- **Klasse B:** mittelwichtig, mittelwertig
- **Klasse C:** weniger wichtig, niedrigwertig

Wiederholung des Grundwissens

1. Wie setzen sich die Lagerkosten zusammen? Nennen Sie Beispiele.
2. Die Wirtschaftlichkeit einer Lagerhaltung wird mithilfe von Kennzahlen beurteilt.
   a) Nennen Sie die wichtigsten Lagerkennzahlen.
   b) Wie werden sie ermittelt?
   c) Interpretieren Sie die Lagerkennzahlen kurz.
3. Wodurch kann die Umschlagshäufigkeit erhöht werden?
4. Was versteht man unter „optimaler Bestellmenge"?
5. Erläutern Sie die Just-in-time-Beschaffung.
6. Welche Vor- und Nachteile hat die Just-in-time-Beschaffung?
7. Wozu dient die ABC-Analyse?
8. Wie wird eine ABC-Analyse erstellt?

Aufgaben und Probleme

1. In einem Unternehmen werden bei einem durchschnittlichen Lagerbestand von 136 000,00 EUR im Kalenderjahr 1 140 000,00 EUR zu Einstandspreisen umgesetzt.
   a) Errechnen Sie die Umschlagshäufigkeit.
   b) Errechnen Sie die durchschnittliche Lagerdauer.

2. Bei dem Unternehmen „Hampe GmbH & Co. KG" beträgt der Anfangsbestand 350 000,00 EUR (Bilanzwert zum 01.01.) und der Endbestand 450 000,00 EUR (Bilanzwert zum 31.12.). Der Lagerabgang zu Einstandspreisen während des Jahres (Waren-

einsatz) hat 1 000 000,00 EUR betragen. Der marktübliche Jahreszinssatz beträgt 8 %. Ermitteln Sie:

a) den durchschnittlichen Lagerbestand,
b) die Umschlagshäufigkeit des Warenlagers,
c) die durchschnittliche Lagerdauer,
d) den Lagerzinssatz.

3. Wie wirkt sich eine Senkung des durchschnittlichen Lagerbestandes bei konstantem Umsatz auf die anderen Lagerkennzahlen aus?

4. Das Unternehmen Engel GmbH hat bei einem Artikel einen durchschnittlichen Tagesverbrauch von 20 Stück, die Wiederbeschaffungszeit beträgt 6 Tage und der eiserne Bestand (Mindestbestand) liegt bei 35 Stück.

a) Wie hoch ist der Meldebestand?
b) Was gibt der Meldebestand an?

5. Das Unternehmen Hampe GmbH & Co. KG stellt Sattelstützen für Fahrräder her. Für den Jahresbedarf benötigt das Unternehmen 20 000 Spezialschrauben. Der Einstandspreis liegt bei 1,50 EUR/Stück. Die Beschaffungskosten für eine Bestellung betragen 150,00 EUR. Der durchschnittliche Lagerhaltungskostensatz (inkl. Zinsen) liegt bei 9 %. Wie hoch ist die optimale Bestellmenge?

6. Ein Unternehmen benötigt für die Fertigung von Kaffeemaschinen jährlich 12 000 Stück eines bestimmten elektronischen Bauteils. In der Beschaffungsabteilung ist zu entscheiden, ob der Jahresbedarf auf einmal, monatlich, vierteljährlich, viermonatlich oder halbjährlich bestellt wird.
Weitere Daten:
Einstandspreis = 3,00 EUR/Teil
Lagerhaltungskostensatz (inkl. Zinsen) = Ø 10 %
Beschaffungskosten für eine Bestellung = 200,00 EUR

a) Ermitteln Sie tabellarisch alle Kosten der Beschaffung (unmittelbare Beschaffungskosten, jährliche Beschaffungskosten, jährliche Lagerhaltungskosten, Gesamtkosten) für die verschiedenen Bestellmengen.
b) Welches ist die optimale Bestellmenge?
c) Stellen Sie die unmittelbaren Beschaffungskosten, die jährlichen Beschaffungskosten, die jährlichen Lagerhaltungskosten und die Gesamtkosten der Beschaffung grafisch dar.

7. Welche Gesichtspunkte werden bei der Ermittlung der optimalen Bestellmenge nicht berücksichtigt?

8. Bei einem Industriebetrieb hat eine ABC-Analyse zu folgendem Ergebnis geführt.

	Jahresverbrauchswert in EUR	**Wertanteil**	**Mengenanteil**
Materialien mit hohem Wert	82 500,00	66,74 %	4,76 %
Materialien mit mittlerem Wert	24 820,00	20,08 %	23.81 %
Materialien mit niedrigem Wert	16 298,00	13,18 %	71,43 %

a) Erläutern Sie das Zustandekommen der Tabelle.
b) Ordnen Sie den Materialien die Klassen A, B und C zu.

9. Welche Konsequenzen ergeben sich aus der ABC-Analyse für die Unternehmensleitung?

Themenkreis 3
Fertigung

Um welche Probleme geht es in diesem Kapitel?

In der Industrie stehen verschiedene Fertigungsverfahren zu Verfügung. Um das richtige Verfahren zu wählen, muss man nach der Art und dem Umfang fragen und danach, ob die Güter in sich ständig wiederholenden Vorgängen gefertigt werden. Des Weiteren besteht die Frage, ob die Betriebsmittel zu fertigungstechnischen Einheiten zusammengefasst werden, in Form von Fertigung in den Werkstätten oder Fertigung nach dem Flussprinzip.

3.1 Fertigungsverfahren

3.1.1 Überblick

Die Fertigungsverfahren werden nach der **Menge gleichartiger Erzeugnisse (= Fertigungstypen)** und nach der **Fertigungsorganisation (= Organisationstypen)** unterschieden.

Überblick über die wichtigsten Fertigungsverfahren:

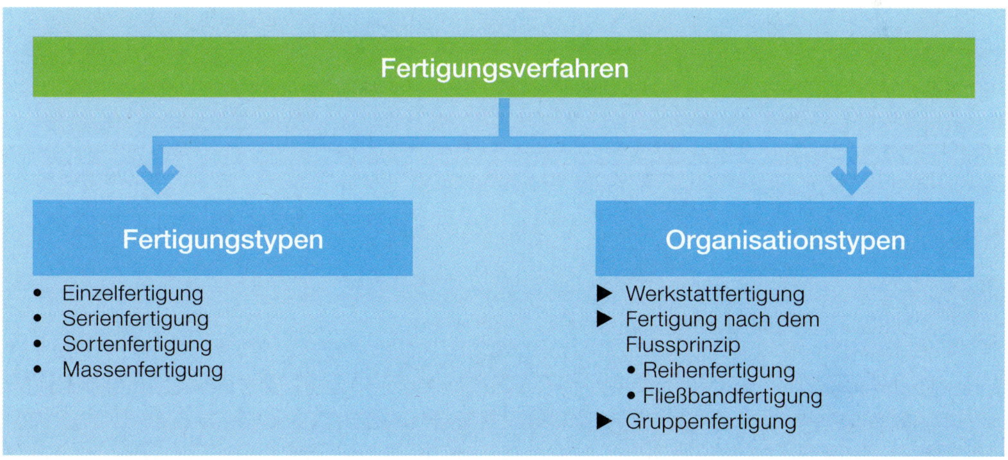

3.1.2 Fertigungsverfahren nach der Menge gleichartiger Erzeugnisse (Fertigungstypen)

Bezüglich der hergestellten Menge eines Produktes lassen sich die Fertigungstypen nach Einzelfertigung und Mehrfachfertigung unterscheiden. Unterformen der Mehrfachfertigung sind die Serien-, Sorten- und Massenfertigung.

Einzelfertigung

Bei der Einzelfertigung wird jedes Erzeugnis individuell bzw. nur einmal hergestellt.

Die Einzelfertigung erfolgt meistens aufgrund eines individuellen Kundenauftrages (Bestellung). Die Fertigungsplanung ist dadurch sehr aufwendig. Die Produktionskosten sind hoch, da nur geringe Rationalisierungsmöglichkeiten bestehen. Ein Problem stellt die Unsicherheit beim Auftragseingang und die langen Lieferzeiten dar.

Beispiel:

Spezialmaschinen, Stahlkonstruktionen, Spezialgeräte, Brückenbau, Schiffsbau, Sonderwerkzeuge usw.

Serienfertigung

Bei der Serienfertigung wird eine begrenzte Anzahl einheitlicher Erzeugnisse hergestellt.

Kennzeichen der Serienfertigung ist die Häufigkeit der sich wiederholenden Leistung.

Nach der Anzahl der gefertigten Einheiten wird zwischen Groß- und Kleinserienfertigung unterschieden.

Beispiel:

Kühlschränke, Waschmaschinen, Autotypen, Spielwaren usw.

Sortenfertigung

Bei der Sortenfertigung werden nacheinander verschiedene Varianten gleichartiger Erzeugnisse produziert.

In der Regel unterscheiden sich die Sorten in der Abmessung, Ausführung oder Qualität; der Fertigungsverlauf und die verwendeten Betriebsmittel sind gleich.

Beispiel:

Schrauben, Biere, Autos, Papiere usw.

Massenfertigung

Bei der Massenfertigung werden für einen unbestimmten Zeitraum gleichartige, standardisierte Erzeugnisse hergestellt.

Die Produktion erfolgt für den „anonymen Markt“, d. h. in der Regel Vorrats- oder Lagerfertigung. Die Fertigung ist weitgehend automatisiert.

Aufgabe 1
Seite 93

Beispiel:

Zement, Nägel, Flaschen, Glühlampen usw.

3.1.3 Fertigungsverfahren nach der Fertigungsorganisation (Organisationstypen)

Der Fertigungsablauf kann nach dem Einsatz der Betriebsmittel und ihrer Anordnung unterschiedlich organisiert sein. Dabei lassen sich als Grundformen die Werkstattfertigung, die Reihenfertigung, die Fließbandfertigung und die Gruppenfertigung unterscheiden.

Werkstattfertigung (Werkstättenfertigung)

Bei der Werkstattfertigung werden die Maschinen, maschinelle Anlagen und Arbeitsplätze mit gleicher oder ähnlicher Aufgabe und Arbeitsverrichtung räumlich in einer Werkstatt zusammengefasst.

Diese Organisationsform entspricht dem Verrichtungsprinzip. Der Fertigungsablauf wird vom Standort der Maschinen, maschinellen Anlagen und Arbeitsplätze bestimmt. Diese Fertigungsorganisation findet überwiegend bei Einzelfertigung und Kleinserienfertigung Anwendung. Die Werkstätten werden nach den in ihnen ausgeführten Verrichtungen unterschieden, z. B. Stanzerei, Fräserei, Dreherei, Bohrerei, Schleiferei oder Montage. In der Werkstattfertigung hat die manuelle Fertigung (Handarbeit) größere Bedeutung als bei den anderen Organisationsformen.

Vorteile:

- Hohe Flexibilität bezüglich Änderungen des Produktionsprogramms
- Gute Anpassungsfähigkeit an neue Fertigungsaufgaben
- Geringe Umstellungskosten
- Geringe Störanfälligkeit des Fertigungsablaufes
- Gute Auslastung der Betriebsmittel
- Abwechslungsreiche Tätigkeiten für die Arbeitskräfte
- Bei Qualitätsmängeln sind Nacharbeitungen problemlos möglich

Nachteile:

- Lange Transportwege und dadurch lange Durchlaufzeiten
- Hohe Transportkosten
- Erfordernis von Zwischenlager mit der Folge hoher Kapitalbindung und Lagerkosten
- Meist qualifizierte Arbeitskräfte (Facharbeiter) erforderlich
- Hohe Lohnkosten durch den Einsatz von Facharbeitern

Prinzip der Werkstattfertigung

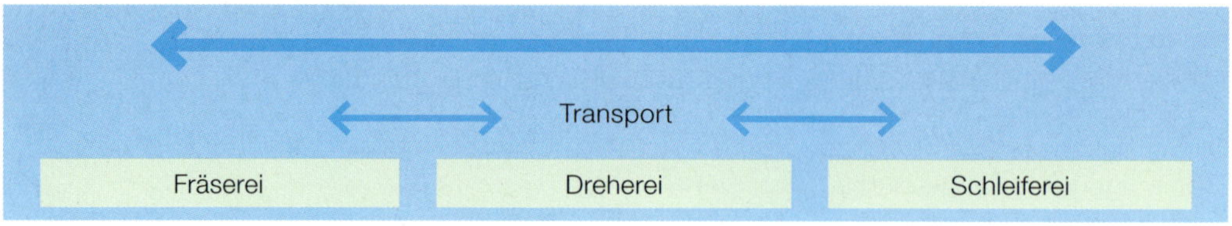

Fertigung nach dem Flussprinzip

- **Reihenfertigung (Straßen- oder Linienfertigung)**

Bei der Reihenfertigung (Straßen- oder Linienfertigung) sind die Maschinen und Arbeitsplätze nach dem Fertigungsablauf angeordnet, jedoch ohne zeitlichen Zwangsablauf (kein Fließband als Fördermittel).

Die Arbeitskräfte können ihr Arbeitstempo weitgehend selbst bestimmen und gleichzeitig verschiedene Produktionsvarianten fertigen. Der Arbeitsablauf ist so festgelegt, dass die zu bearbeitenden Materialien die einzelnen Maschinen und Arbeitsplätze in dauernder Folge durchlaufen. Zwischen den einzelnen Arbeitsplätzen und Produktionsstufen können sich in diesem Fall Materialpuffer ergeben.

Vorteile:
- Kurze Transportwege und somit kurze Durchlaufzeiten
- Minimierung der Transportkosten
- Keine oder wenige Zwischenlager erforderlich
- Leistungssteigerung durch Spezialisierung von angelernten Arbeitskräften
- Übersichtliche Fertigung
- Qualitätsprobleme werden schnell erkannt
- Arbeitskräftequalifikation geringer als bei Werkstattfertigung
- Geringe Lohnkosten durch den Einsatz angelernter Arbeitskräfte

Nachteile:
- Nur bedingt flexibel gegenüber Änderungen des Produktionsprogramms
- Geringe Anpassungsfähigkeit an wechselnde Fertigungsaufgaben
- Psychologische Probleme der Mitarbeiter durch Arbeitsmonotonie
- Hohe Umstellungskosten
- Erhebliche Störanfälligkeit (bei Ausfall einer Station Blockade der gesamten Fertigung)
- Hoher Instandhaltungs- und Wartungsaufwand

Prinzip der Reihenfertigung

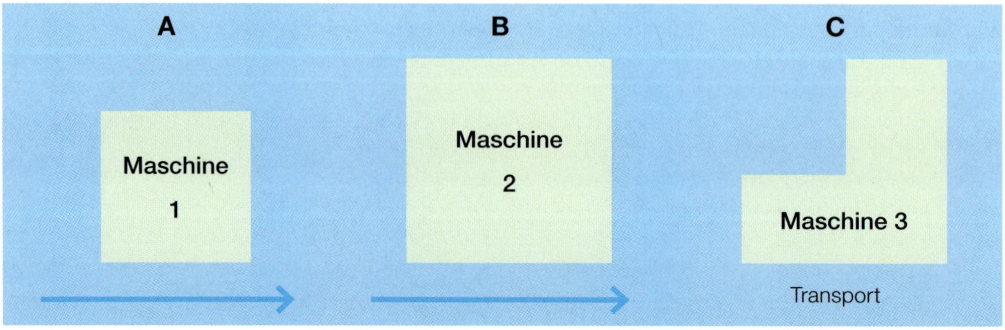

- **Fließbandfertigung (Fließfertigung)**

Bei der Fließbandfertigung sind die Maschinen und Arbeitsplätze räumlich entsprechend der Reihenfolge der auszuführenden Arbeiten angeordnet.

Hier werden die zu bearbeitenden Materialien mit Fördereinrichtungen entweder kontinuierlich oder mit einer bestimmten Taktzeit transportiert. Durch die Fördergeschwindigkeit des Fließbandes oder seine Taktzeit wird die Arbeitszeit für die Werkstücke bestimmt.

Vor- und Nachteile:
Die Vor- und Nachteile entsprechen denen bei der Reihenfertigung, jedoch kommt bei der Fließbandfertigung ein zusätzlicher Druck auf den Arbeitnehmer durch das vorgegebene Tempo hinzu.

Prinzip der Fließbandfertigung

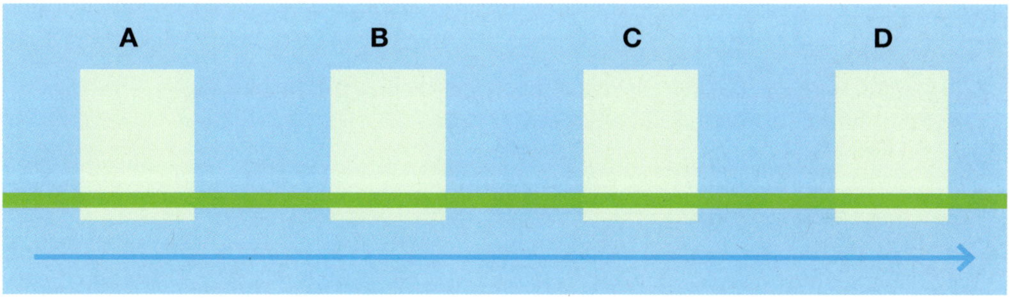

Gruppen- oder Gemischtfertigung

Die Gruppen- oder Gemischtfertigung stellt eine Kombination von Werkstattfertigung und Fertigung nach dem Flussprinzip dar.

Aufgaben 2 u. 3 Seite 93

Hier wird versucht, die Vorteile beider Organisationstypen zu nutzen. Die Maschinen und Arbeitsplätze, die für einen bestimmten Teilfertigungsablauf benötigt werden, sind zu einer Gruppe zusammengefasst und innerhalb dieser nach dem Flussprinzip angeordnet.

Zusammenfassende Übersicht zu Kapitel 3.1: Fertigungsverfahren

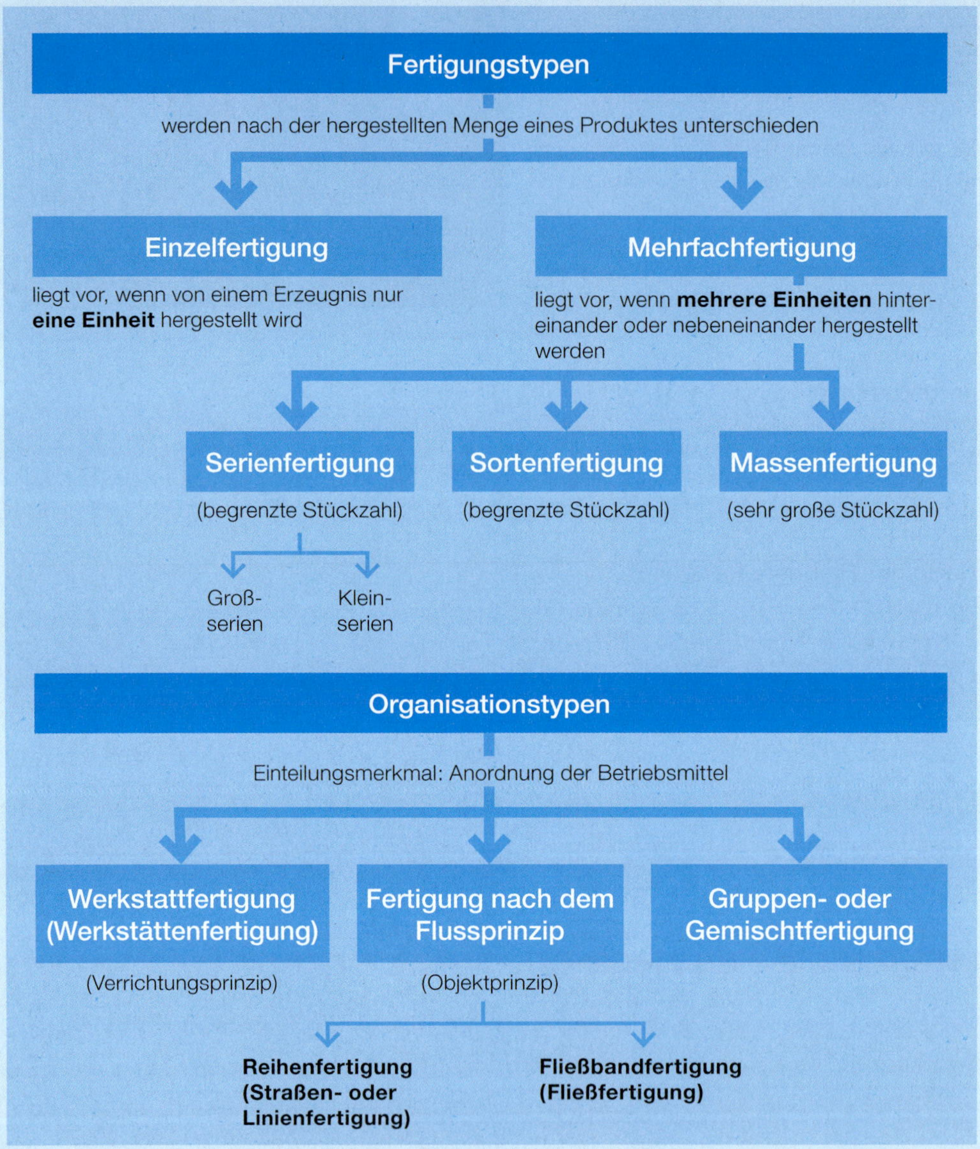

Wiederholung des Grundwissens

1. Was ist unter Einzelfertigung zu verstehen?
2. Wodurch unterscheiden sich Serien- und Sortenfertigung?
3. Nennen Sie die Definition der Massenfertigung.
4. Erläutern Sie den Organisationstyp der Werkstattfertigung.
5. Welche Vor- und Nachteile hat die Werkstattfertigung?
6. Erläutern Sie die Organisationstypen bei der Fertigung nach dem Flussprinzip.
7. Welche Vor- und Nachteile hat die Fertigung nach dem Flussprinzip?

8. Erläutern Sie die Gemeinsamkeiten und die Unterschiede zwischen der Reihenfertigung und der Fließbandfertigung.
9. Was ist unter Gruppenfertigung zu verstehen?

Aufgaben und Probleme

1. Ordnen Sie die folgenden Produkte einem der Fertigungstypen zu und begründen Sie Ihre Zuordnung.
   a) Nägel
   b) Kühlschränke
   c) Biere
   d) Spezialmaschinen
   e) Spielwaren

2. Welche der folgenden Aussagen treffen für die Werkstattfertigung, welche für die Fließbandfertigung zu? Begründen Sie Ihre Entscheidung.
   a) Lange Transportwege und dadurch lange Durchlaufzeiten
   b) Keine oder wenige Zwischenlager erforderlich
   c) Psychologische Probleme der Mitarbeiter durch Arbeitsmonotonie
   d) Geringe Störanfälligkeit des Fertigungsablaufes
   e) Gute Anpassungsfähigkeit an neue Fertigungsaufgaben

3. Die Montage von unterschiedlichen Druckmaschinen erfolgt in einer Produktionshalle mit folgendem schematischen Aufbau:

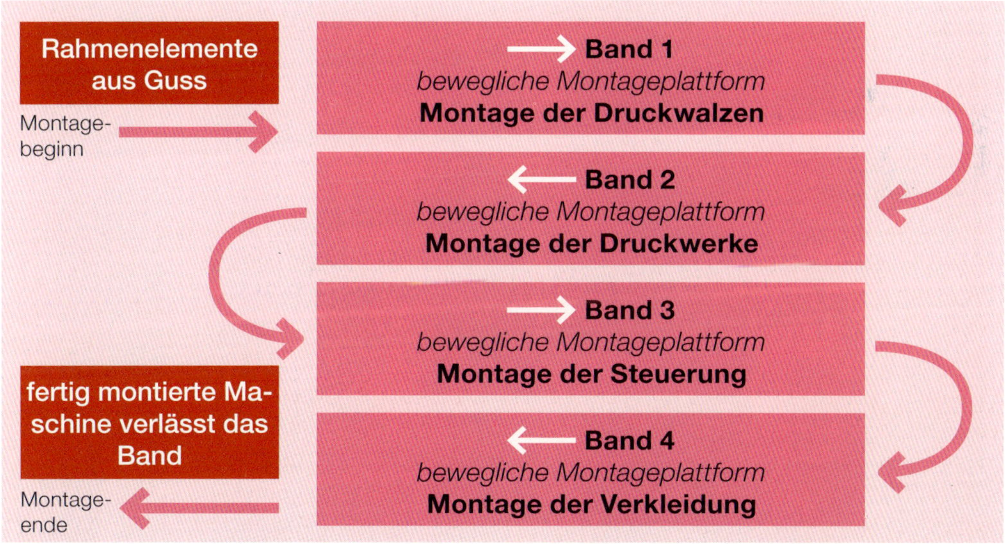

Die Montage erfolgt in Handarbeit unter Einsatz von Lastkränen für schwere Teile. Jede Maschine wird individuell nach den Wünschen der Kunden gefertigt.
Die beweglichen Montageplattformen transportieren die im Aufbau begriffene Druckmaschine von Montageplatz zu Montageplatz.

Welcher Fertigungstyp wird hier angewendet?
Welcher Organisationstyp ist hier eingerichtet?

3.2 Fertigungssteuerung

IUS

3.2.1 Integrierte Fertigungssysteme

Die Aufgabe der Fertigungssteuerung liegt darin, alle Maßnahmen zu treffen, die für die aktuelle Produktion notwendig sind.

Die Fertigungssteuerung basiert auf den Ergebnissen aus der Fertigungsplanung.

Unter **Fertigungssteuerung** versteht man das Veranlassen, Überwachen und Sichern der
- Menge
- Termine
- Qualitäten
- Kosten
- Arbeitsbedingungen

Die **Aufgaben** der Fertigungssteuerung:

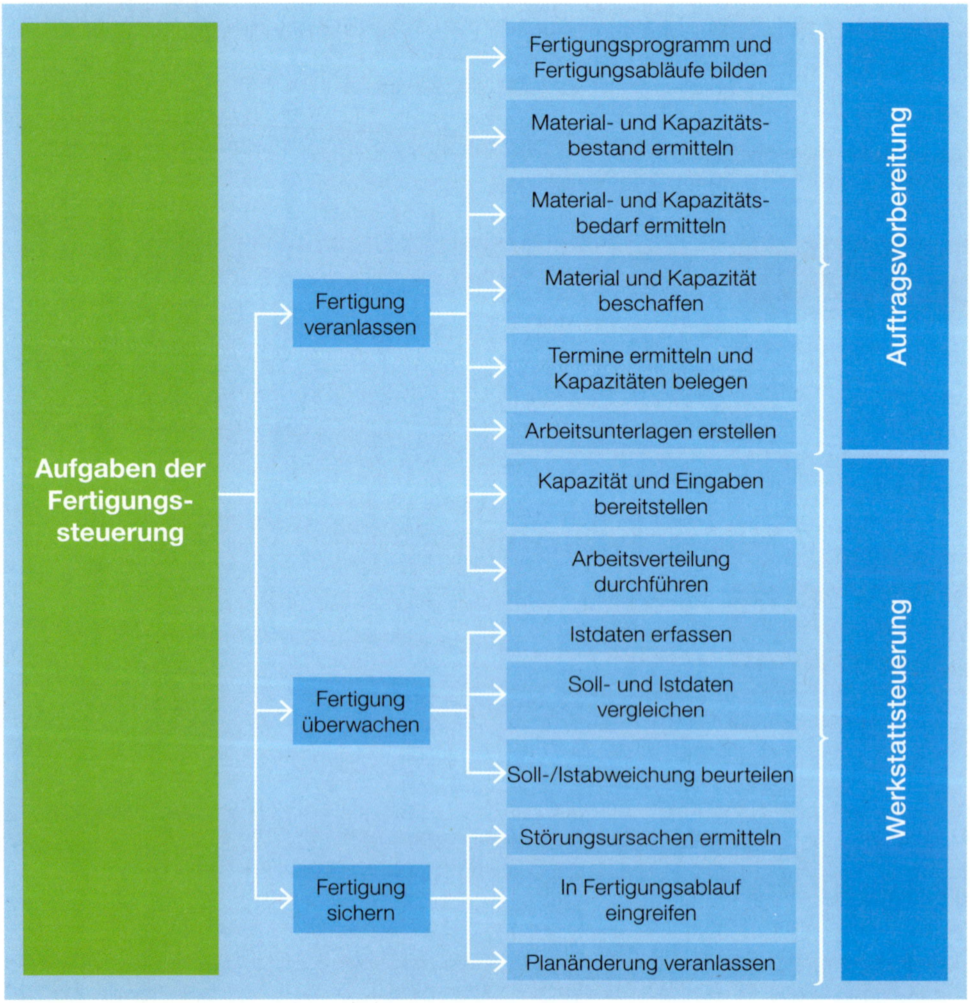

Damit die Fertigung reibungslos verläuft, sollten immer wieder in bestimmten Abständen Besprechungen stattfinden. Zu den Themen können gehören:

- Engpässe
- Störungen und Entstörungen
- Fehlteile
- Kapazitätsplanung
- Prioritätenregelung

Terminermittlung

Im Mittelpunkt der Fertigungssteuerung und der Veranlassung der Auftragsdurchführung steht die Terminermittlung. Hierbei geht es um die genaue Festlegung des Zeitpunktes (Kalenderwoche, Datum, Uhrzeit), zu dem der Auftrag bzw. die Arbeitsverrichtung begonnen werden bzw. beendet sein soll.

Die Ausgangssituation hierbei ist:

Die durchzuführende Aufgabe ist nach Art und Menge in Form von Aufträgen oder Programmen festgelegt und damit der Kapazitäts-, Material- und Informationsbedarf bekannt.

Des Weiteren muss der verfügbare Kapazitäts- und Materialbestand bekannt sein. Für die Kapazität wird unterstellt, dass ein längerfristiger Bedarf den Bestand nicht wesentlich über- oder unterschreitet (die Grobabstimmung erfolgt bereits bei der Programmbildung).

Es gibt drei Arten von Terminermittlung:

- Die **auftragsorientierte Terminermittlung**: Nur der einzelne Auftrag wird berücksichtigt; konkurrierende Aufträge werden außer Acht gelassen.
- Die **kapazitätsorientierte Terminermittlung**: Konkurrierende Aufträge werden berücksichtigt. Kapazitätsbestand und -bedarf werden miteinander abgeglichen und in die Terminermittlung einbezogen.
- Die **integrierte Terminermittlung**: Die Verfügbarkeit der Produktionsfaktoren (z. B. Material, Werkzeuge, Mess- und Prüfmittel) wird berücksichtigt; sie wird kapazitätsorientiert durchgeführt.

Zwischen Theorie und Praxis gibt es meistens Unterschiede. Oft müssen infolge betrieblicher Störungen wie Werkzeugbruch, Maschinenausfälle, Personalausfälle, Lieferschwierigkeiten und Lieferterminverschiebung durch den Kunden Änderungen vorgenommen werden. Demgegenüber steht die gleichmäßige Auslastung der Kapazitäten. Daher sollten Prioritätsregeln festgelegt werden.

Nachstehend einige Beispiele:

Belegungzeitregel (= kürzeste Operationszeitregel): Der Arbeitsgang mit der kürzesten Belegungsdauer bekommt die höchste Priorität.

Festzeitregel (Endterminregel): Der Auftrag mit der kürzesten Zeitdauer für die Bearbeitung aller noch durchzuführenden Arbeitsgänge bekommt die höchste Priorität.

Dynamische Wertregel: Der Auftrag mit der bisher größten Wertschöpfung bekommt die höchste Priorität.

Schlupfzeitregel (= Verzugszeitregel): Der Auftrag mit der kürzesten Schlupfzeit bekommt die höchste Priorität (Schlupfzeit = Zeitdauer bis zum Endtermin des Auftrags – Summe aller Belegzeiten).

Rüstzeitregel: Der Arbeitsgang mit der geringsten Rüstzeit bekommt die höchste Priorität.

Kundenregel: (A-, B-, oder C-Kunde) Welcher Kunde ist für das Unternehmen wichtig.

Fi Fo – Regel: First in – First out.

Verzugszeitregel: Der Auftrag mit dem größten Verzug bekommt die höchste Priorität.

Leistungsgradregel: Der Gewinn oder die Höhe der Entlohnung sind entscheidend.

Externe Prioritätsregeln: Verpflichtung zu Konventionalstrafen oder absatzpolitische Gründe.

In der Praxis werden mehrere Prioritätsregeln miteinander verknüpft (mehrdimensionale Regeln). Man unterscheidet additive, multiplikative und alternative Verknüpfung.

3.2.2 Manuelles Fertigungssystem

Kanban

Kanban ist ein visuelles Erkennungssystem (Zettel, Etiketten, mehrfarbige Behälter etc.) für die rasche und sichere Umsetzung der Fertigungsaufträge der Kunden.

Kanban ist japanisch und heißt „Etikett".

Merkmale:
- Verbrauchsgesteuerte Materialbeschaffung
- Materialfluss durch Hol-Prinzip
- Der durchschnittliche Bestand und die Durchlaufzeit der Teile in einem Pufferspeicher kann durch die Anzahl der sich im Umlauf befindlichen Zettel beeinflusst werden. Der Zettel ist der Auftrag, das Pufferlager wieder aufzufüllen.
- Geringere zentrale Arbeitsverteilung durch selbstregelnden Mechanismus

Ein konsequent umgesetztes Kanban-System reduziert die Durchlaufzeiten erheblich (hier: Toyota Werk in Tokio).

Prinzip des Kanban-Systems

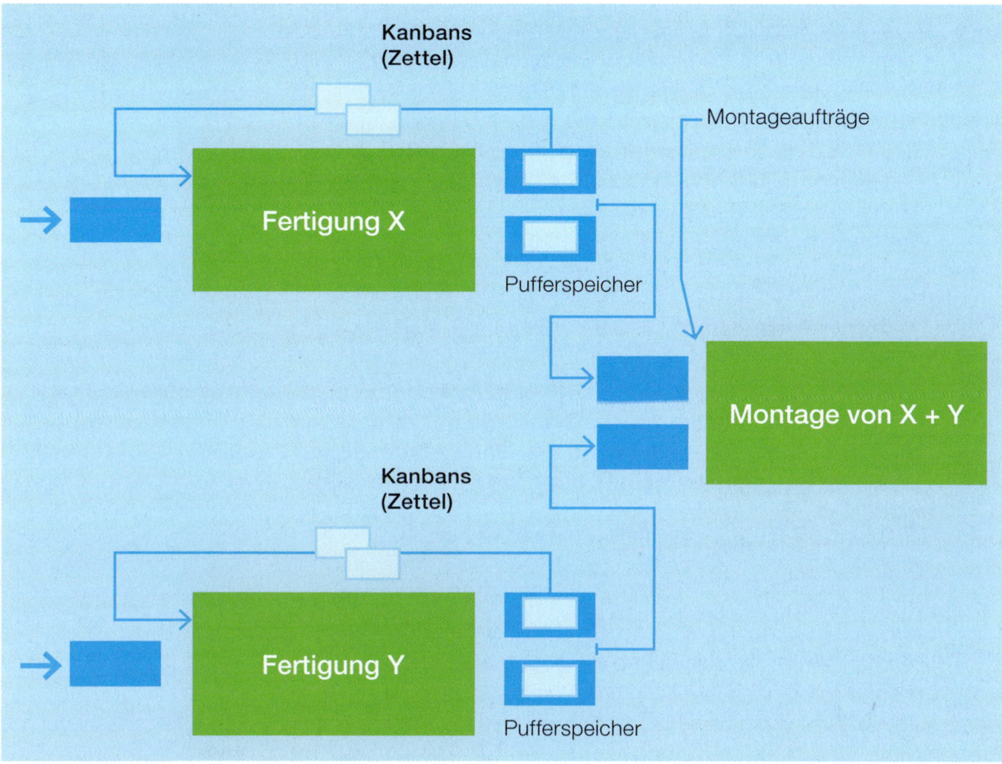

Folgen des Kanban-Prinzips:

- Reduzierung der Lagerbestände
- weniger Raumbedarf erforderlich
- Verringerung der Durchlaufzeiten

Zusammenfassende Übersicht zu Kapitel 3.2: Fertigungssteuerung

Aufgaben der Fertigungssteuerung

Fertigung

veranlassen – überwachen – sichern

der

Menge, Termine, Qualitäten, Kosten, Arbeitsbedingungen

Arten von Terminermittlung

- auftragsorientierte Terminermittlung
- kapazitätsorientierte Terminermittlung
- integrierte Terminermittlung

Wiederholung des Grundwissens

1. Was ist die Aufgabe der Fertigungssteuerung?
2. Nennen Sie die Teilbereiche der Fertigungssteuerung.
3. Um was geht es bei der Terminermittlung?
4. Welche Arten der Terminermittlung gibt es?
5. Nennen Sie die Prioritätsregel bei der Terminermittlung.
6. Was besagt das Kanban-Prinzip?
7. Nennen Sie die Merkmale des Kanban-Prinzips.
8. Welche Folgen hat das Kanban-Prinzip?

3.3 Rationalisierung

Unter Rationalisierung sind alle technischen und organisatorischen Maßnahmen in einem Betrieb zu verstehen, die auf ein besseres Verhältnis zwischen dem Produktionsergebnis und den dafür eingesetzten Produktionsfaktoren abzielen (= Realisierung des ökonomischen Prinzips).

Rationalisierung zielt hauptsächlich auf:
- Kostensenkung
- Ertragssteigerung
- Verbesserung der Qualität der Erzeugnisse bzw. Dienstleistungen
- Bestgestaltung der Arbeit und der Arbeitsbedingungen

Rationalisierungsmaßnahmen lassen sich mithilfe von betrieblichen Leistungskennzahlen, wie Produktivität, Wirtschaftlichkeit und Rentabilität beurteilen.

Produktivität

Die Produktivität ist die Kennzahl für das Verhältnis von Produktionsmenge (Output) zum mengenmäßigen Einsatz an Produktionsfaktoren (Input).

- Berechnung der **Produktivität (Grundformel):**

$$\text{Produktivität} = \frac{\text{Produktionsmenge (z. B. kg, t, m, Stück)}}{\text{Faktoreinsatzmenge (z. B. Arbeitszeit, Kapital)}} = \frac{\text{Output}}{\text{Input}}$$

Gemessen an dieser Kennzahl sind Rationalisierungsmaßnahmen erfolgreich, wenn die Produktivität steigt.

- Berechnung der **Arbeitsproduktivität:**

$$\text{Arbeitsproduktivität} = \frac{\text{Produktionsmenge}}{\text{Arbeitseinsatz}}$$

(z. B. Zahl der Beschäftigten, Arbeitsstunden)

Arbeitsproduktivität ist die meist angewandte Kennzahl zum Nachweis des Erfolges einer Rationalisierungsmaßnahme.

- Berechnung der Kapitalproduktivität:

$$\textbf{Kapitalproduktivität} = \frac{\textbf{Produktionsmenge}}{\textbf{Kapitaleinsatz}}$$

(z. B. investiertes Kapital, Maschinenstunden)

Beispiel:

Die Moritz KG Stuttgart fertigte im Februar unter Einsatz von 16 150 Arbeitsstunden und einem Kapital von 3 500 000 € insgesamt 122 656 Stück eines bestimmten Produkts. Das Unternehmen realisierte eine Rationalisierungs- und Erweiterungsinvestition von 510 000 €. Bei unveränderter Beschäftigungszahl wurden im März 134 555 Stück in 15 386 Arbeitsstunden gefertigt.

Februar: $\text{Arbeitsproduktivität} = \frac{\text{Produktionsmenge}}{\text{Geleistete Stunden}} = \frac{122\,656}{16\,150} = 7{,}59479876$

$\text{Kapitalproduktivität} = \frac{\text{Produktionsmenge}}{\text{Kapital}} = \frac{122\,656}{3\,500\,000} = 0{,}03504457$

März: $\text{Arbeitsproduktivität} = \frac{134\,555}{15\,386} = 8{,}74528792$

$\text{Kapitalproduktivität} = \frac{134\,555}{4\,010\,000} = 0{,}03355486$

Ergebnis: Die Investitionsmaßnahme hat damit zu einer deutlichen Erhöhung der Arbeitsproduktivität pro Stunde geführt, von 7,59 auf 8,75 Stück je Stunde. Dies entspricht einer Steigerung von 15,28 %. Die Kapitalproduktivität hat sich dagegen geringfügig verschlechtert.

Wirtschaftlichkeit

Die Wirtschaftlichkeit ist die Kennzahl für das Verhältnis von in Geldeinheiten bewertetem Produktionsergebnis (Leistung) zu in Geldeinheiten bewertetem Faktoreinsatz (Kosten).

Vereinfacht werden zur Berechnung oft Ertrag und Aufwand zueinander in Beziehung gesetzt.

$$\textbf{Wirtschaftlichkeit} = \frac{\textbf{Leistung in €}}{\textbf{Kosten in €}} \textbf{ oder } \frac{\textbf{Ertrag}}{\textbf{Aufwand}}$$

Wirtschaftlich sein heißt, nichts zu verschwenden und das „ökonomische Prinzip“ einzuhalten.

Die Größe des Wirtschaftlichkeitsmaßes (W) liegt zwischen 0 und 1, wobei folgendes gilt:

W → 0 viel Verschwendung, d. h. **geringe Wirtschaftlichkeit**
W → 1 wenig Verschwendung, d. h. **hohe Wirtschaftlichkeit**

Rentabilität

Mit Rentabilität wird allgemein das Verhältnis des Gewinns in einer Periode (z. B. Monat, Quartal, Jahr) zu durchschnittlich eingesetztem Kapital bezeichnet.

$$\text{Rentabilität} = \frac{\text{Gewinn} \cdot 100}{\text{Kapital}}$$

Ein Unternehmen strebt vor allem eine hohe **Eigenkapitalrentabilität** an.

$$\text{Eigenkapitalrentabilität} = \frac{\text{Gewinn} \cdot 100}{\text{Eigenkapital}}$$

Eine hohe Rentabilität ist nur dann gewährleistet, wenn eine wirtschaftlich sinnvolle Produktivität mit einer hohen Wirtschaftlichkeit (also wenig Verschwendung) kombiniert wird.

Rationalisierungseffekte können u. a. durch **Automation, Arbeitsteilung und Vereinheitlichung (Standardisierung)** erreicht werden.

Die **Automation** hat den Einsatz von Automaten (z. B. CNC-Maschinen) zur Durchführung von Arbeitsvorgängen zum Ziel, wodurch ganz oder teilweise menschliche Arbeitskraft eingespart wird.

Die **Arbeitsteilung** beinhaltet die Zerlegung eines zusammenhängenden Arbeitsvorganges in Einzeltätigkeiten. Durch die Ausrichtung einer Arbeitskraft oder Maschine auf nur einen Arbeitsvorgang wird ein hoher Spezialisierungsgrad und eine erhöhte Produktivität erreicht.

Die **Vereinheitlichung (Standardisierung)** von Produkten, Bauteilen oder Verfahren auf eine oder wenige Varianten ist eine der wichtigsten Aufgaben der Rationalisierung. Dies geschieht durch Normung, Typung, Baukastensystem und Spezialisierung. Die Vorteile sind:

- Vereinfachte Konstruktion von Erzeugnissen mit Normteilen
- Schnelle und problemlose Beschaffung
- Geringere Lagerhaltung durch Beschränkung auf wenige Teile und Erzeugnisse
- Verkürzung der Durchlaufzeiten
- Reduzierung der Fertigungskosten
- Qualitätssicherung bzw. -verbesserung
- Verbesserte Servicefreundlichkeit (Austauschbarkeit, Ersatzteilbeschaffung)

Eine zu starke Vereinheitlichung kann sich aber auch nachteilig auswirken:

- Beschränkung der Produktvielfalt am Markt
- Einengung kreativer Produktgestaltung
- Mangelnde Typenvielfalt kann Absatzchancen behindern

Der Kreislauf der betriebswirtschaftlichen Auswirkungen von Rationalisierungsmaßnahmen

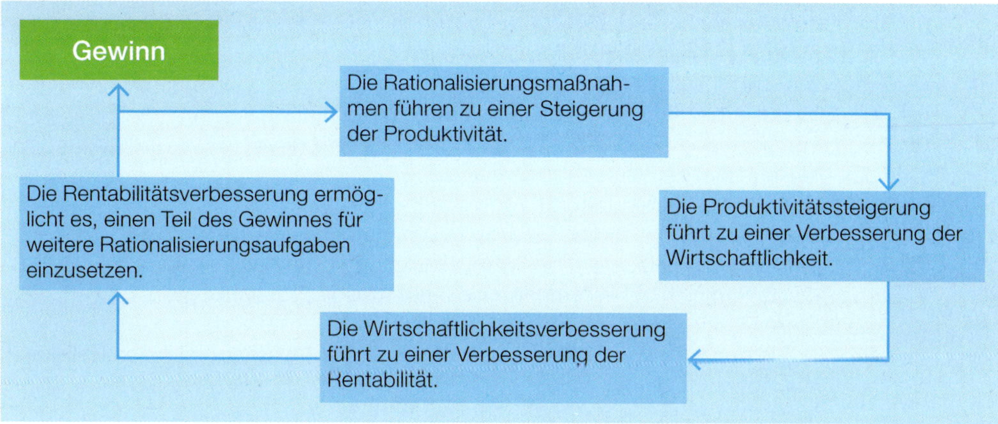

Fazit:
Für erfolgreiches Wirtschaften sind nicht die Produktivität und die Wirtschaftlichkeit einer Rationalisierungsmaßnahme entscheidend, sondern die Rentabilität.

Aufgaben 1–3 Seite 102

Zusammenfassende Übersicht zu Kapitel 3.3: Rationalisierung

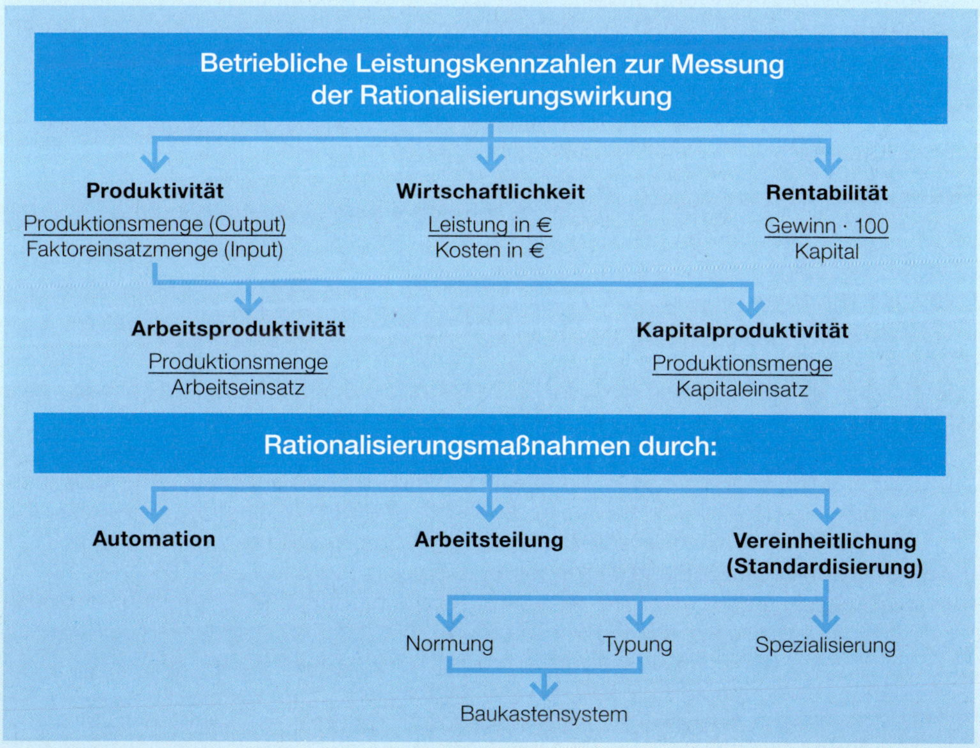

Wiederholung des Grundwissens

1. Was ist unter Rationalisierung zu verstehen?
2. Erklären Sie die Kennzahl Produktivität.
3. Wie sind Arbeits- und Kapitalproduktivität definiert?
4. Wie wirkt sich der Einsatz einer neuen Maschine mit höherer Produktionsgeschwindigkeit bei gleichem Arbeitskräfteeinsatz auf die Arbeitsproduktivität aus?
5. Wodurch unterscheiden sich Produktivität und Wirtschaftlichkeit?
6. Was gibt die Kennzahl der Wirtschaftlichkeit an?
7. Erklären Sie die Kennzahl Rentabilität.
8. Durch welche Maßnahmen können Rationalisierungseffekte erreicht werden?
9. Nennen Sie die Vor- und Nachteile der Vereinheitlichung (Standardisierung).
10. Warum beschränken sich einige Betriebe nicht auf wenige Erzeugnistypen, obwohl dies eine rationellere Fertigung ergäbe?
11. Beschreiben Sie den Kreislauf der betriebswirtschaftlichen Auswirkungen von Rationalisierungsmaßnahmen.

Aufgaben und Probleme

1. Ein Möbelhersteller stellt in 30 Stunden 400 Stühle her, die zu je 35 EUR verkauft werden. Der Stundenlohn beträgt 9,50 EUR. Nach einer Rationalisierungsmaßnahme werden in der gleichen Zeit 450 Stühle hergestellt, die zu je 30 EUR verkauft werden. Durch die Arbeitnehmer-Überlassung einer Zeitarbeitsfirma sinkt der durchschnittliche Stundenlohn auf 6,50 EUR.
   a) Berechnen Sie die Produktivität und die Wirtschaftlichkeit vor und nach der Rationalisierung.
   b) Berechnen Sie die prozentualen Veränderungen.
   c) Beurteilen Sie die Ergebnisse.

2. Ein Flachbildschirm-Hersteller hat folgende Größen ermittelt:

	vor der Rationalisierung	nach der Rationalisierung
Kapitaleinsatz (monatlich)	190 000 EUR	210 000 EUR
Arbeitsstunden	130	130
Hergestellte Flachbildschirme	860	1 120

Berechnen Sie die Arbeitsproduktivität und die Kapitalproduktivität vor und nach der Rationalisierung.

3. Adam Smith, englischer Volkswirtschaftler, trifft in seinem Hauptwerk „An inquiry into the nature and causes of the wealth of nations“ bereits 1776 u. a. folgende Aussage: „Nehmen wir an, ein Arbeiter hätte die Aufgabe, Stecknadeln herzustellen. Wenn er sämtliche Arbeitsvorgänge selber besorgen muss, so wird er vielleicht pro Tag zwei Stecknadeln produzieren. Werden künftig zehn Arbeiter mit der Erzeugung von Stecknadeln betraut und wird die Arbeit so zerlegt, dass jeder Arbeiter nur einen bestimmten Teilprozess übernimmt, so gelingt es, pro Tag 48 000 Stecknadeln (pro Arbeiter also 4 800) zu produzieren.
   Welches Rationalisierungsziel war bei dem von Adam Smith erläuterten Stecknadelbeispiel vorrangig?

Themenkreis 4
Buchführung

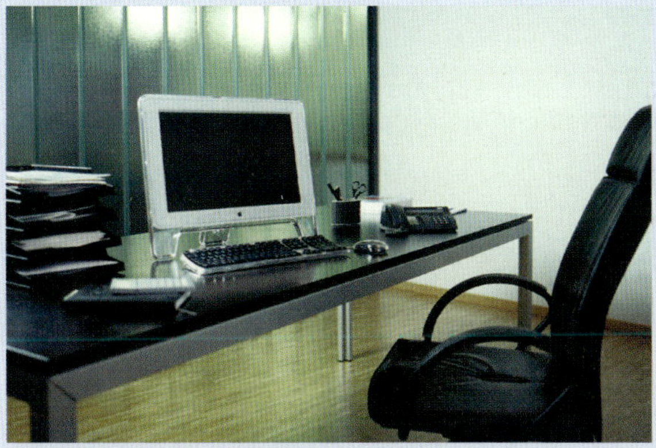

Unternehmen kaufen, verkaufen und produzieren Güter nicht als Selbstzweck, sondern um Gewinne zu erzielen. Nicht nur für die Unternehmensleitung, sondern vor allem auch für die Eigentümer und Finanzbehörden stellt sich die Frage, ob das Unternehmen im abgelaufenen Jahr erfolgreich gewirtschaftet hat. Zudem muss geklärt werden, wie es der Unternehmensführung bei der Vielzahl der täglich anfallenden Geschäftsvorgänge gelingt, dass sie nicht den Überblick über die wirtschaftliche Lage des Unternehmens verliert und jederzeit ihren Zahlungsverpflichtungen nachkommen kann.

Deshalb stellt eine systematische Erfassung aller Geschäftsvorgänge in der Buchführung eine wesentliche Grundlage für die Rechenschaftslegung des Unternehmens und Information der Geschäftsbuchführung dar.

Das System der Buchführung wird im folgenden Kapitel an dem Modellunternehmen „Jürgen Wagner e.Kfm."[1] dargestellt. Jürgen Wagner war bisher als kaufmännischer Angestellter bei einem Hersteller für Büromöbel tätig und hat sich selbstständig gemacht. Sein Unternehmen produziert Schreibtische sowie Tische für Drucker, Scanner und andere Büromöbel. Mit der Unternehmensgründung muss Jürgen Wagner auch eine Geschäftsbuchführung einrichten, die den gesetzlichen Vorschriften entspricht.

[1] *e.Kfm. (Abk.) = eingetragener Kaufmann*

4.1 Bereiche des Rechnungswesens

Das betriebliche Rechnungswesen gliedert sich in 4 Bereiche:

1. Geschäftsbuchführung
2. Kosten- und Leistungsrechnung
3. Statistik und
4. Planung

Aufgaben 1 u. 2 Seite 106

Geschäftsbuchführung[1]

ermittelt das Unternehmensergebnis
= Zeitraumrechnung

- Ermittlung des vorhandenen Vermögens, wie Anlagevermögen, Geldvermögen und der Schulden, sowie der eigenen Mittel, z. B. zum Zeitpunkt der Gründung des Unternehmens
- Veränderung des Vermögens und der Schulden während des Geschäftsjahres durch Vorgänge (Geschäftsvorfälle), z. B. Rückzahlung von Schulden
- Die „Aufzeichnungen“ münden am Ende des Geschäftsjahres in eine Aufstellung ein, welche die Veränderungen in ihren Auswirkungen auf das Vermögen, die Schulden und das Eigenkapital aufzeigt.

vgl. Kapitel 4.3 und 4.4

Aufstellung bei Gründung bzw. Jahresanfang

Vermögensteile	Eigene Mittel
	Fremde Mittel (Schulden)

↓

Veränderungen bis zum Ende des Geschäftsjahres

↓

Aufstellung am Ende des Geschäftsjahres

Vermögensteile	Eigene Mittel + Gewinn
+ ↓	↑ - Fremde Mittel (Schulden)

Eigene Mittel (= Eigenkapital) am Ende des Geschäftsjahres > eigene Mittel bei Gründung bzw. Anfang des Geschäftsjahres = Gewinn

- Erfassung des gesamten Wertezuflusses (Umsatzerlöse als „Ertrag“ aus der betrieblichen Tätigkeit) zuzüglich außerbetriebliche Wertezuflüsse (Zinsen aus Geldanlagen)

Kosten- und Leistungsrechnung

ermittelt das Betriebergebnis
= Zeitraum- und/oder Stückrechnung

Als „Zeitraumrechnung“ wird im Gegensatz zur Geschäftsführung ausschließlich das „Betriebsergebnis“ ermittelt, als Differenz zwischen dem Erlös (Leistungen) aus dem Verkauf der Erzeugnisse (Umsatzerlös) und dem hierfür veranlassten Aufwand (= Kosten), d. h. als Erfolg der eigentlichen betrieblichen Tätigkeit.
Außerbetriebliche Erträge und Aufwendungen bleiben außer Betracht.

Betriebliche Erfolgsquellen (Ergebnisquellen)

Betriebliche Aufwendungen (Kosten)	Umsatzerlöse (Leistungen)
Betriebsergebnis	

Erlös aus dem Verkauf (Umsatzerlös)
> betriebliche Aufwendungen (Kosten)
= **Betriebsergebnis** (Gewinn aus betrieblicher Tätigkeit)

In der „Stückrechnung“ (Kalkulation) werden die Selbstkosten für das einzelne Erzeugnis ermittelt und der Gewinn aufgeschlagen bzw. bei dem oft durch die Konkurrenz vorgegebenen Verkaufspreis werden die Preisobergrenzen für den Einkauf bestimmt, z. B. die aufwendbaren Bezugspreise für die Beschaffung der Rohstoffe.

[1] *Wird auch „Finanzbuchhaltung“ genannt, sie dokumentiert die ökonomischen „Außenbeziehungen“ des Unternehmens.*

- Ermittlung des Werteverzehrs (aus betrieblicher Tätigkeit, z.B. Aufwendungen für Rohstoffe zuzüglich des Werteverzehrs aus außerbetrieblichen Aktivitäten, z.B. Verluste aus dem Verkauf von Aktien)

Erfolgsquellen (Ergebnisquellen)[1]

Werteverzehr (Aufwand)	Wertezufluss (Ertrag)
Gewinn	

Ertrag > Aufwand
= Gewinn

Hier stellt sich der Gewinn als Ergebnis der Gegenüberstellung von Aufwendungen und Erträgen dar. Er stimmt mit dem Gewinn überein, der sich als Differenz ergibt zwischen dem Eigenkapital am Ende des Geschäftsjahres und der Höhe des Eigenkapitals zum Zeitpunkt der Gründung bzw. zum Anfang des Geschäftsjahres.

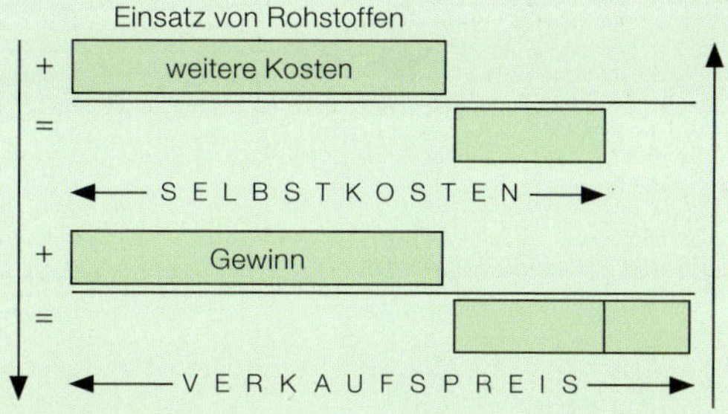

Vorwärtskalkulation (starke Marktstellung, Verkaufspreis bestimmbar) über Gewinnzuschlag

Rückwärtskalkulation; Gewinn als Differenz zwischen Verkaufspreis und Selbstkosten (Konkurrenzpreis ist der Ausgangspunkt)

vgl. Kapitel 4.6

Aufgabe 3 Seite 107

Statistik	Planung
= Vergleichsrechnung	**= Vorschaurechnung**
Die betriebliche Statistik sammelt betriebliches und außerbetriebliches Zahlenmaterial. In Tabellen oder Diagrammen werden diese Daten anschaulich dargestellt, z. B. Umsatzerlöse einzelner Erzeugnisse, Kostenentwicklungen in einzelnen Abteilungen des Betriebes, Entwicklungen des Erfolgs (Gewinn/Verlust) des Unternehmens u. a. Die Statistik dient häufig als Grundlage unternehmerischer Entscheidungen.	Einschätzung der zukünftigen Entwicklung. Zur Vorbereitung künftiger Entscheidungen werden Pläne (Planungsrechnungen) aufgestellt, z. B. – Absatzplan (Planung der Verkaufszahlen) – Beschaffungsplan (Rohstoffe) – Finanzplan (zu erwartende Einnahmen und Ausgaben in kommenden Perioden)

[1] *Siehe Gewinn- und Verlustrechnung (GuV) S. ff.*

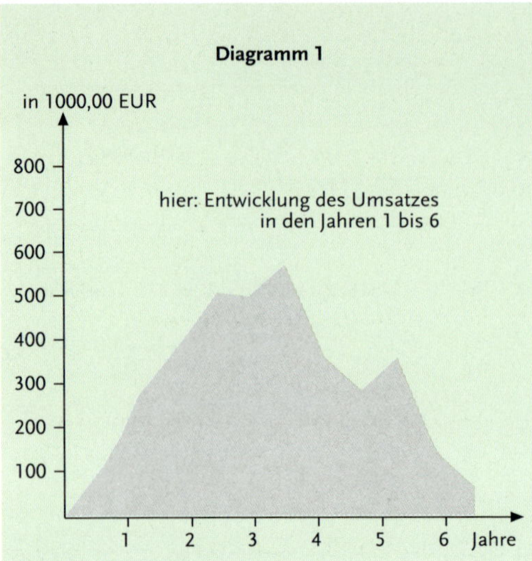

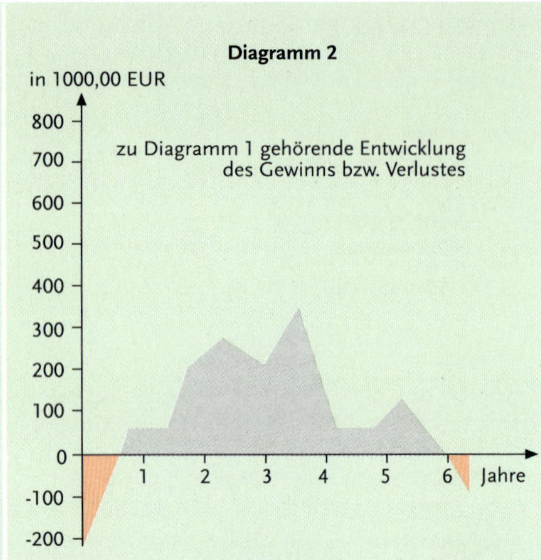

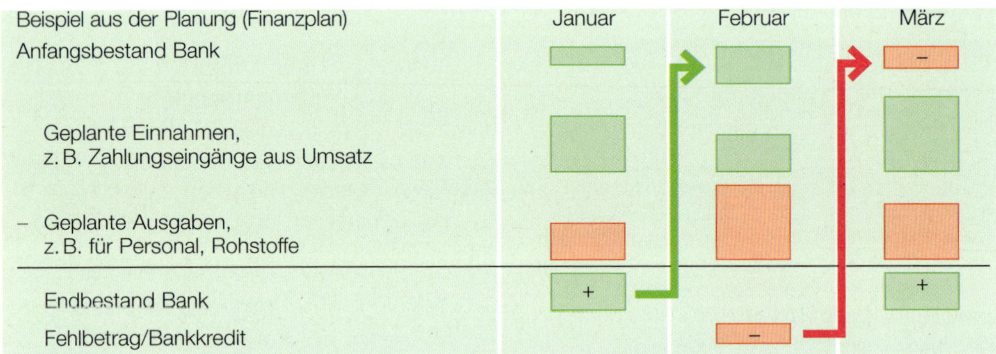

Zusammenfassende Übersicht zu Kapitel 4.1: Bereiche des Rechnungswesens

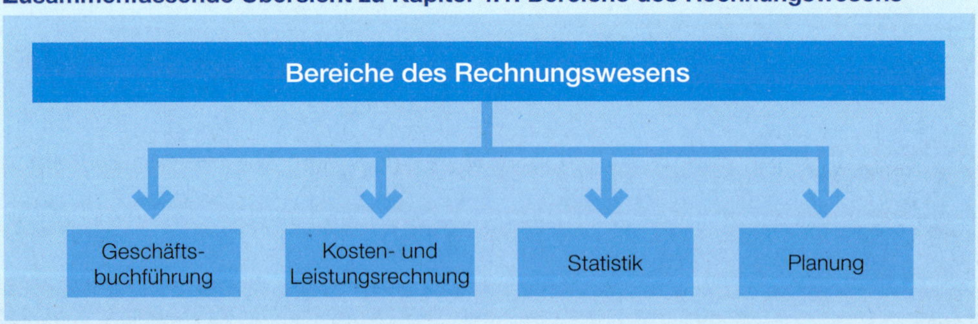

Wiederholung des Grundwissens

1. Wodurch ist die Geschäftsbuchhaltung gekennzeichnet?
2. Wo liegt der Schwerpunkt der Kosten- und Leistungsrechnung?

Aufgaben und Probleme

1. Wie unterscheiden sich die Geschäftsbuchführung und die Kosten- und Leistungsrechnung?

2. Beschaffen Sie sich einen Geschäftsbericht eines großen Unternehmens Ihrer Region und stellen Sie erste Überlegungen zur Entwicklung des Vermögens, des Eigenkapitals, der Schulden und des Gewinns an.

3. Ein Unternehmen möchte ein neues Produkt auf den Markt bringen. Wie kann die Unternehmensleitung Anhaltspunkte für den möglichen Verkaufspreis erhalten?

4.2 Aufgaben und Grundsätze ordnungsmäßiger Buchführung

4.2.1 Aufgaben der Buchführung

Ohne exakte Erfassung aller Geschäftsvorgänge in einem Betrieb lässt sich keine Aussage über die Vermögens- und Ertragslage sowie Liquiditätssituation eines Unternehmens treffen.

Die Geschäftsbuchführung hat deshalb folgende wichtige Aufgaben:

1. **Informationsfunktion**
   Sie liefert Informationen für die kurzfristige und langfristige Planung der Unternehmensleitung.
2. **Dokumentationsfunktion**
   Sie dient als Beweissicherung durch die lückenlose und belegmäßige Erfassung der Geschäftsvorgänge gegenüber den Finanzbehörden und anderen externen Adressaten.
3. **Rechenschaftslegung**
   Mit den Angaben der Buchführung weist das Unternehmen die Höhe und Veränderung von Vermögen, Schulden sowie der Ertragslage den Anteilseignern, Gläubigern und dem Staat (Finanzbehörden) nach.
4. **Kontrollfunktion**
   Die Buchführung dient der Überwachung der Aufwendungen und der Zahlungsvorgänge.
5. **Planungsfunktion**
   Informationen der Buchführung können statistisch aufbereitet und als Grundlage für in die Zukunft gerichtete unternehmerische Entscheidungen verwendet werden.

Aufgabe 1 Seite 108

4.2.2 Grundsätze ordnungsmäßiger Buchführung

In der laufenden Buchführung und bei der Aufstellung des Jahresabschlusses sind die Grundsätze ordnungsmäßiger Buchführung (GoB) zu beachten.

Die Buchführung eines Unternehmens ist **ordnungsgemäß**, wenn sie so beschaffen ist, dass sich sachverständige Dritte (z. B. Finanzverwaltung, Gläubiger) innerhalb einer angemessenen Zeit einen Überblick über die Geschäftsvorfälle und die Lage des Unternehmens verschaffen können.

§§ 238, 239, 243 ff. HGB, § 146 ff. AO

Als Beurteilungskriterien für die Frage nach der Ordnungsgemäßheit einer Buchführung gelten die **Grundsätze ordnungsmäßiger Buchführung (= GoB)**. Einige Grundsätze lassen sich aus den Vorschriften im HGB ableiten. Andere Grundsätze sind nicht gesetzlich geregelt, sondern haben sich aufgrund von Erfahrungen der kaufmännischen Praxis und der Entscheidungen der Gerichte entwickelt.

Aufgabe 2 Seite 108

vgl. Kapitel 4.3 u. 4.4

Ordnungsmäßigkeit der Buchführung (Vollständigkeit, Richtigkeit, Übersichtlichkeit, Klarheit)		
Formelle Ordnungsmäßigkeit	**Erforderliche Bücher**	**Materielle Ordnungsmäßigkeit**
Übersicht durch Kontenplan	Inventar- und Bilanzbuch	zeitgerechte und geordnete Buchungen
lebende Sprache	Grundbuch (chronologisch)	vollständige und richtige Eintragungen
Verwendung von Abkürzungen, Ziffern, Symbolen	Hauptbuch (systematisch)	jährliche Inventur
fortlaufende Nummerierung	Nebenbücher – Kassenbuch – Kontokorrentbuch (Debitoren/Kreditoren) ↓	Vollständigkeit und Richtigkeit des Inventars
keine leeren Zwischenräume		nachprüfbare Ablage der Belege oder Mikrospeicherung
geordnetes Belegwesen Aufbewahrungspflichten	Aufbewahren von Datenträgern möglich	richtige Bewertung

Zusammenfassende Übersicht zu Kapitel 4.2:
Aufgaben und Grundsätze ordnungsgemäßer Buchführung

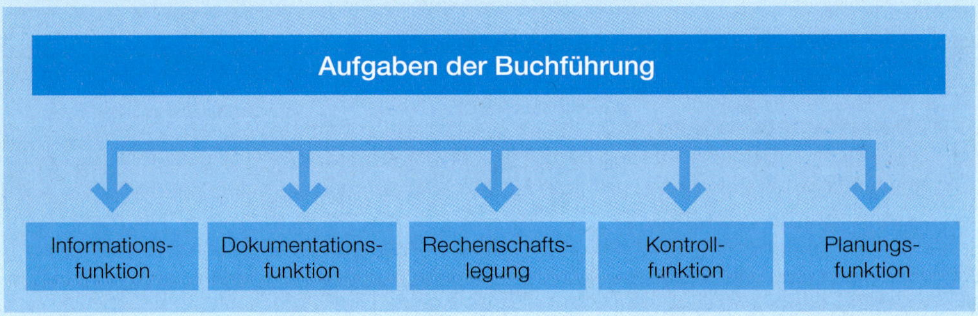

Wiederholung des Grundwissens

1. Warum benötigt jede Unternehmung eine Buchführung?
2. Welche wesentlichen Aufgaben erfüllt die Buchführung?

Aufgaben und Probleme

1. Warum kann auch im Privatbereich eine einfache Buchhaltung Sinn machen?

2. Warum gibt es gesetzliche Vorschriften zur formellen und materiellen Ordnungsmäßigkeit der Buchführung?

4.3 Inventar und Inventur

Nachdem J. Wagner alle in der Gründungsphase erforderlichen **Investitionen** (Beschaffung von notwendigen Sachgütern) getätigt hat, möchte er sich im eigenen Interesse einen Überblick verschaffen, in welchen einzelnen Vermögensgegenständen sein Gesamtkapital nun gebunden ist. Außerdem verlangt seine **Hausbank** den **Nachweis**, dass das bereitgestellte Fremdkapital auch wie geplant eingesetzt wurde.

4.3.1 Gesetzliche Regelung

Wagner liest, dass er nach Handelsrecht und nach Steuerrecht verpflichtet ist, § 240 Abs. 1 u. 2 HGB

- zu **Beginn** seines Handelsgewerbes und
- für den **Schluss** eines jeden Geschäftsjahres

eine **Inventur** (Bestandsaufnahme) durchzuführen. § 240 HGB § 141 AO

§ 238 HGB entnimmt er, dass er als **buchführungspflichtiger Kaufmann** die gesetzlichen Vorschriften über die „Handelsbücher" (vgl. Drittes Buch HGB) exakt einhalten muss.[1]

Als ordentlicher und gewissenhafter Kaufmann erfasst er zum 1. März .. mithilfe von Inventurlisten alle Vermögensgegenstände und Schulden seines Unternehmens.

Durch die Inventur sollen alle Vermögensgegenstände (z. B. Grundstücke, Maschinen, Rohstoffe) und alle Schulden (z. B. Darlehensschulden, Lieferantenschulden) der Art nach sowie **mengen-** und **wertmäßig** erfasst werden.

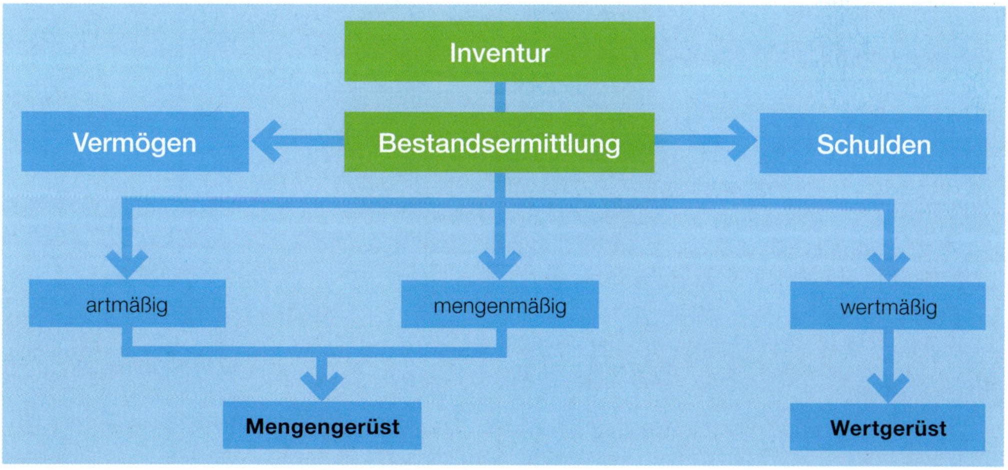

Aufgabe 1 Seite 116

Mengengerüst · Wertgerüst = Ausweis im Inventar (Vermögen und Schulden nach Art, Menge und Wert).

Sofern die vorgeschriebene Inventur nicht durchgeführt wird, ist die Buchführung als **nicht ordnungsmäßig** anzusehen. Nach der Art der Durchführung unterscheidet man die körperliche Inventur und die Buchinventur.

[1] *Ausnahmen, vgl. § 241a HGB; Einzelkaufleute, die in zwei aufeinanderfolgenden Geschäftsjahren 500 000,00 EUR Umsatz und 50 000,00 EUR Jahresüberschuss nicht überschreiten, brauchen die §§ 238 bis 241 HGB (Buchführungspflicht und Pflicht zur Inventar- und Jahresabschlusserstellung) nicht anzuwenden.*

4.3.2 Inventurverfahren nach der Art der Durchführung

Körperliche Inventur: Bei der körperlichen Bestandsaufnahme werden Gegenstände, z. B. Maschinen, Waren und Rohstoffe, durch **Zählen, Messen, Wiegen** und ausnahmsweise auch durch Schätzen aufgenommen. Anschließend ist jeder erfasste Gegenstand grundsätzlich **einzeln** zu bewerten.

Die Inventur dient der Ermittlung des „Mengengerüstes“. Im Schnittpunkt zwischen Inventur und Inventar erfolgt die Bewertung unter Beachtung der gesetzlichen Bewertungsvorschriften.

Bewerten ist ein Vorgang, bei dem den Größen des „Mengengerüstes“, z. B. m, kg, Größen des „Wertgerüstes“, z. B. Euro, zugeordnet werden.

§ 241 Abs. 2 HGB
R5.3 Abs. 5 EStR

Bei den beweglichen Gegenständen des **Anlagevermögens** (z. B. Maschinen, Kraftfahrzeuge) kann auf die jährliche körperliche Bestandsaufnahme verzichtet werden, wenn jeder Zugang und jeder Abgang dieser Gegenstände fortlaufend in ein **Bestandsverzeichnis (Anlagenverzeichnis)** eingetragen wird und aufgrund dieses Verzeichnisses die am Abschlussstichtag vorhandenen Gegenstände einwandfrei ermittelt werden können.

Dieses Verzeichnis kann auch als **Anlagenkartei** geführt werden.

Beispiel Anlagenkartei (Fahrzeugkarte)

Für den bei der Gründung neu angeschafften Lieferwagen hat Wagner folgende Anlagenkartei ausgefüllt:

0 1 2 3 4 5 6 7 8 9 0 1 2 3 4 5 6 7 8 9 0 1 2 3 4 5 6 7 8 9
A B C D E F G H I J K L M N O P Q R S Sch St T U V W X Y Z

Fahrzeug: Lieferwagen, Hochdach MB Sprinter	Poliz.-Kennz.: HN-AB 123	Erwerbspreis oder eig. Herstellkosten Einkaufspreis: 29 000,00	**FAHRZEUGKARTE** Laufd. Nr.: 01
Fabrikat, Type, Beschreibung: MB 312 TD, 75 Kw, 3,2 t Kastenwagen	Fabr.-Nr.: MB 72197 Baujahr: 2006	+ Nachrüstung 1 000,00	Konto-Nr. Buchhaltg.: 0840
Lieferant: Autohaus Mustermann Stuttgart 5	Lieferdatum: 2003-02-28		Kenn-Nr. im Betrieb: 08401
Nutz.-Dauer: 8 J. bisher: / restlich: Kfz.-St.: 320,00 Vers.(p.a.) 822,00	Buchmäß. Abschr. ~~linear~~ / degressiv: 20 % Kalkulator. Abschreib.: 12,5 %	Einstandspreis 30 000,00	Standort: Werk Kostenstelle: 0840100

Datum		Text	Abschreibung			Buchhaltungs-Zahlen			Vermögens-Bewertung oder kalkulatorische Zahlen		
Jahr	Tag/Monat		linear %	degr. %	nach km	**Zugänge** Ergänzungen	**Abgänge** Abschreibung	**Saldo** Buchwert	%	Abschreibung	Vermögenswert
2006	28.02.	AK 30 000,00 EUR		20							

Buchinventur

Der Wert der körperlich nicht erfassbaren Wirtschaftsgüter (wie z. B. Bankguthaben und Lieferantenschulden) wird durch die Buchinventur ermittelt. Dabei erfolgt die Bestandsaufnahme mithilfe von Belegen, Aufzeichnungen, Kontoauszügen bzw. Kontenabstimmung (Saldenbestätigung) mit Lieferanten und Kunden.

4.3.3 Inventurverfahren nach dem Zeitpunkt der Durchführung

Was den Zeitpunkt der körperlichen Bestandsaufnahme betrifft, bestehen für die Unternehmen folgende „Wahlrechte“:

Aufgaben 2 u. 3 Seite 116

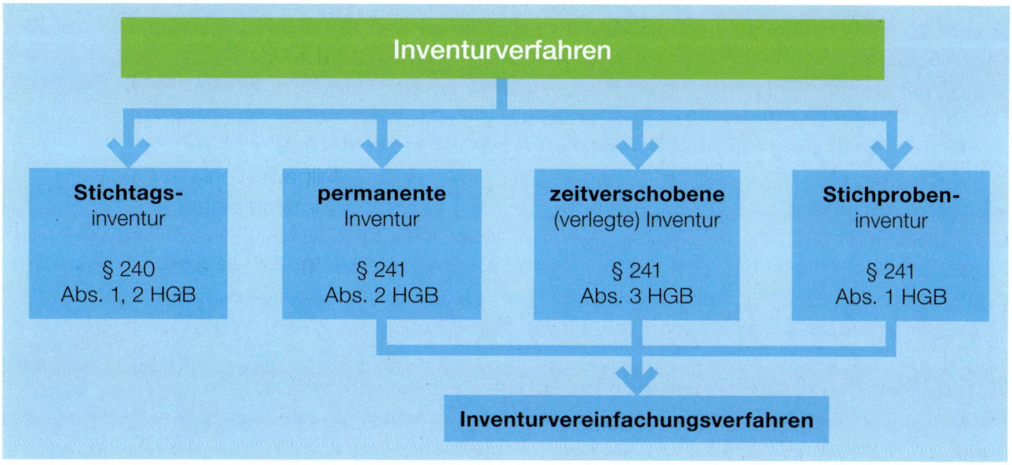

Stichtagsinventur (§ 240 Abs. 1, 2 HGB)

Die *körperliche Bestandsaufnahme* erfolgt auf einen bestimmten Tag (**Stichtag**). Der Stichtag kann der Tag der Geschäftsaufnahme (Inventur bei Gründung) oder bei der Inventur am Ende des Geschäftsjahres z. B. der 31. Dezember bzw. der 30. Juni sein.

§ 240 Abs. 1, 2 HGB

Erlaubt ist eine **zeitnahe Bestandsaufnahme**, die innerhalb einer Frist von **zehn Tagen vor oder nach dem Stichtag** durchgeführt wird. Alle Bestandsveränderungen zwischen der Bestandsaufnahme und dem Stichtag werden ordnungsgemäß berücksichtigt.

R5.3 Abs. 1 EStR

Nachteil: Für eine Bestandsaufnahme zum Jahresende bleibt wenig Zeit, sodass die betriebliche Tätigkeit gelähmt wird („wegen Inventur bis zum 8. Januar geschlossen").

Permanente Inventur

Die permanente Inventur vermeidet die Nachteile der Stichtagsinventur. Nach einem Inventurplan wird **das ganze Jahr über** in verschiedenen Abteilungen die *Inventur* so durchgeführt, dass der Betriebsablauf möglichst wenig gestört wird. Bei der permanenten Inventur erfolgt die Bestandsaufnahme des **Vorratsvermögens** (Waren, Rohstoffe ...) nach Art und Menge häufig anhand von Lagerbüchern und Lagerkarteien.

§ 241 Abs. 2 HGB

Es ist zu beachten:

- Alle Bestände, alle Zugänge und Abgänge müssen einzeln nach Tag und Menge in der Lagerkartei (in den Lagerbüchern) erfasst sein.
- Pro Geschäftsjahr muss *mindestens einmal durch eine körperliche Bestandsaufnahme*, durch einen „Soll-Ist-Vergleich", geprüft werden, ob die Buchbestände mit den tatsächlich vorhandenen Vorräten übereinstimmen. Bei *Inventurdifferenzen* ist stets der *Ist-Bestand ins Inventar zu übernehmen*!
- Im Protokoll werden die Ergebnisse der körperlichen Bestandsaufnahme und der Zeitpunkt der Aufnahme vermerkt und von den aufnehmenden Personen unterzeichnet.

R5.3 Abs. 2 EStR

Zeitverschobene Inventur

Bei dieser *zeitlich verlegten Inventur* wird der Bestand durch Stichtagsinventur oder permanente Inventur auf einen Zeitpunkt innerhalb der letzten **drei Monate** vor oder der **ersten zwei Monate** nach dem **Abschlussstichtag** festgestellt.

§ 241 Abs. 3 HGB

§ 241 Abs. 3 HGB, R5.3 Abs. 2 EStR

In einem besonderen Inventar wird der festgestellte Bestand nach Art und Menge auf den Tag der Bestandsaufnahme (Inventurstichtag) bewertet.

Der ermittelte **Gesamtwert des Bestandes** wird dann **wertmäßig** (nicht mengenmäßig) auf den Abschlussstichtag **fortgeschrieben** bzw. **zurückgeschrieben**.

Stichprobeninventur

§ 241 Abs. 1 HGB, § 241 Abs. 1 Satz 3 HGB

Der Vermögensbestand wird mithilfe „anerkannter mathematisch-statistischer Methoden"[1] *aufgrund von Stichproben* nach Art, Menge und Wert *ermittelt*. Nur ein Teil der Vorräte wird „stichprobenartig" körperlich erfasst. Der Aussagewert dieser Bestandsaufnahme darf nicht von derjenigen einer körperlichen Bestandsaufnahme abweichen.

Hinweise zur Durchführung der Inventur

Die Inventur muss sorgfältig geplant und vorbereitet werden, um alle Bestände vollständig und richtig zu erfassen; Doppelzählungen bzw. Nichterfassung sind zu vermeiden. Der Leiter der Inventurarbeiten erstellt einen Inventurplan und erteilt alle Inventuranweisungen.

Inventurplan

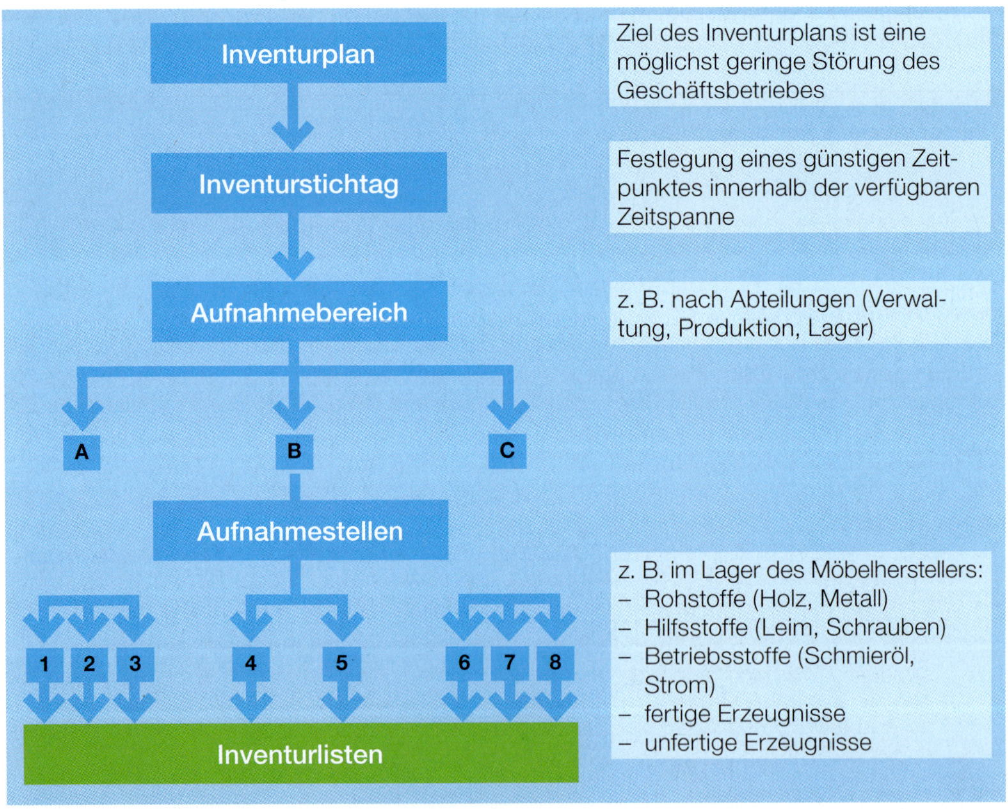

[1] *Im Allgemeinen Ansatz von Durchschnittswerten*

4.3.4 Inventar bei Geschäftsaufnahme

Bei der Neugründung hat der Kaufmann zum Zeitpunkt seiner Geschäftsaufnahme (1. März …) alle Vermögensgegenstände zu erfassen, die zu diesem **Stichtag** dazu bestimmt sind, dem Geschäftsbetrieb zu dienen.

Da das gesamte Betriebsvermögen neu beschafft wurde, ist die Bestandsaufnahme zum 1. März … noch gut überschaubar, sodass die durch Eröffnungsinventur körperlich erfassten Istbestände mit den Sollbeständen laut Rechnungen, Lieferscheinen, Lagerkartei und sonstigen Buchbelegen exakt übereinstimmen.

Jürgen Wagner hat die „Istwerte" zum 1. März … in seinem PC erfasst und mithilfe eines Buchführungsprogramms das folgende sachgerecht gegliederte Inventar erstellt.

Inventar zum 1. März …		
„Jürgen Wagner e. Kfm. – Das private Büro", Schmollerstr. 1, 74072 Heilbronn		
A. Vermögen	**EUR**	**EUR**
I. Anlagevermögen		
1. Bebaute Grundstücke, Schmollerstraße 1		300 000,00
2. Bauten auf eigenen Grundstücken		
– Fabrikgebäude	450 000,00	
– Verwaltungsgebäude	150 000,00	600 000,00
3. Technische Anlagen, Maschinen lt. Anlagenkartei		250 000,00
4. Fuhrpark lt. Fahrzeugkartei		220 000,00
5. Betriebs- und Geschäftsausstattung lt. Verzeichnis		60 000,00
II. Umlaufvermögen		
1. Rohstoffe und Fremdbauteile lt. Inventarliste 1		520 000,00
2. Hilfsstoffe lt. Inventarliste 2		130 000,00
3. Betriebsstoffe lt. Inventarliste 3		70 000,00
4. Bankguthaben		
– Kreissparkasse Heilbronn	200 000,00	
– Postbank Stuttgart	90 000,00	290 000,00
5. Kassenbestand lt. Kassenbericht		60 000,00
Summe des Vermögens (Rohvermögen)		**2 500 000,00**
B. Schulden		
Darlehensschulden		
– Kreissparkasse Heilbronn	500 000,00	
– Landeskreditbank Baden-Württemberg	1 000 000,00	1 500 000,00
Summe der Schulden		**1 500 000,00**

Aufgaben 4–6 Seite 116

Heilbronn, 15. März ...

Als Nebenrechnung[1]:

Aufgabe 7
Seite 117 ff.

C. Ermittlung des Reinvermögens (Eigenkapital)

Summe des Vermögens	2 500 000,00 EUR
– Summe der Schulden	1 500 000,00 EUR
= Reinvermögen (EK)	1 000 000,00 EUR

Erläuterungen zum obigen Inventar

Anlagevermögen:

Es sind die Vermögensgegenstände, die dazu bestimmt sind, **dauernd** (längere Zeit) dem Geschäftsbetrieb zu dienen, z. B. Gebäude, Maschinen. Das Anlagevermögen bildet die Grundlage jeder betrieblichen Tätigkeit. Es dient zur Erfüllung aller Aufgaben, wie Einkauf, Produktion, Absatz.

Umlaufvermögen:

Auf das geplante Industrieunternehmen bezogen, sind hervorzuheben:

- *Roh-, Hilfs- und Betriebsstoffe sowie bezogene Fertigteile (Fremdbauteile)* werden zusammengefasst als **Werkstoffe** bezeichnet.
- *Flüssige (liquide) Mittel* wie Bankguthaben, Kassenbestand. Sie stehen bereit für zusätzliche Investitionen, zum Ausgleich von Schulden und für die Zahlung betrieblicher Aufwendungen, wie Personalaufwendungen, Miete, Zinsen.

Weitere Positionen des Umlaufvermögens (zum Zeitpunkt der Gründung bzw. vor der Fertigung noch nicht in der obigen Aufstellung enthalten):

1. *Erzeugnisse:*
   Sie sind erstmals in der auf die Gründung folgenden Vermögensaufstellung zu erfassen. Bei den Erzeugnissen sind im Umlaufvermögen zu unterscheiden:
   - *Unfertige Erzeugnisse:*
     Jeder Grad der Be- und Verarbeitung kann vorliegen, wobei jede mögliche Zwischenstufe der Produktion noch kein absatzfähiges Erzeugnis ist. (Werkstoffaufwand, Einsatz an Arbeitsleistung und andere betriebliche Aufwendungen sind zum Teil darin enthalten.)
   - *Fertige Erzeugnisse:*
     Es sind die absatzfähigen Produkte, die im Fertigwarenlager bereitstehen.

2. *Forderungen aus Lieferungen und Leistungen (Kundenforderungen, auch kurz als „Forderungen“ bezeichnet):*
   Sie entstehen beim Verkauf mit Zahlungsziel („Zielverkauf“) der fertigen Erzeugnisse und bestehen bis zur Zahlung durch die Kunden.

[1] *Die Reinvermögensrechnung ist nicht Bestandteil des Inventars. Sie ist eine Nebenrechnung zur Bestimmung des Reinvermögens (Eigenkapitals). In Übungsaufgaben wird sie meist wie ein Bestandteil des Inventars behandelt.*

Gliederung der Vermögensgegenstände und des Fremdkapitals

Bei der obigen Aufstellung der Vermögensgegenstände sind bereits die *Gliederungsvorschriften* für die Bilanz beachtet worden. § 266 HGB

1. **Grundsatz der „Flüssigkeit"** bei den **Vermögensgegenständen**
   Nach diesem Grundsatz sind die einzelnen Positionen nach dem „Grad ihrer Geldnähe" angeordnet, d. h., mit den im Allgemeinen schwer verkäuflichen Grundstücken und Gebäuden wird begonnen und am Ende der Gliederung stehen die flüssigen Mittel (Bank, Kasse). Die Leitfrage für die Gliederung lautet: Ist der Vermögensgegenstand leichter oder schwerer „zu Geld zu machen"?

2. **Grundsatz der Fälligkeit** bei den **Schulden**
   Das Fremdkapital (= fremde Mittel, Schulden) kann aus Darlehensschulden und aus Liefererschulden (Verbindlichkeiten aus Lieferungen und Leistungen) bestehen. Die Schulden werden nach der Fälligkeit gegliedert, also in der Reihenfolge beginnend mit den langfristigen Schulden (Darlehen) und endend mit den kurzfristigen Verbindlichkeiten (z. B. Liefererschulden).

Beispiele für Inventurlisten

Inventur-Liste Nr. 03 / unfertige Erzeugnisse vom 15. Dezember .. Blatt-Nr. 12

Aufgenommen (Betrieb, Lager)			abgenommen und geprüft	Bewertung, Verrechnung		
Ort	Platz, Regal	durch wen		bewertet	gerechnet	geprüft
unf. Erz. Lager Nr. 1	Regal Nr. 7	Azubi H. Klein	Wr	Wr	Wr	Me

Menge	Gegenstände	Maße oder Größe	Lager-Nr.	Bewertung			
				Einzelwert		Gesamtwert	
				Material EUR	Lohn EUR	Material EUR	Lohn EUR
110	Metallgestelle PC-Tisch	120 x 80	1	20,00	8,00	2 200,00	880,00

Liste für Anlagegegenstände

Maschinen	Anzahl	Bezeichnung des Gegenstandes	Standort	Anlagenkartei Nr.	Zustand
Fräsen	2	Holz A 25	Halle 1	07001	neu

Roh-, Hilfs-, Betriebsstoffe oder Handelswaren

Menge	Warenart	Lagerort	Lieferer	Anschaffungs- oder Herstellungskosten		Inventurwert		Bemerkungen, Zustand
				je Einheit	gesamt	je Einheit	gesamt	
100	Roh.	L 2	K 17	12	1 200,00	10	1 000,00	Preis-verfall

Zusammenfassende Übersicht zu Kapitel 4.3: Inventar und Inventur

Buchführungspflichtige sind stets auch **inventurpflichtig**.

Die **Inventur** ist eine mengen- und wertmäßige **Bestandsaufnahme** aller Vermögensgegenstände und Schulden.

Inventur = Bestandserfassung (Tätigkeit)

Inventar = Bestandsverzeichnis (Ergebnis der Inventur)

Inventur und Inventar sind bei **Gründung** und am **Ende eines jeden Geschäftsjahres** vorgeschrieben. Dabei wird das Reinvermögen ermittelt:

Vermögen – Schulden = Reinvermögen (Eigenkapital)

Wiederholung des Grundwissens

1. Was versteht man unter einer Inventur?
2. Wie kann die Inventur durchgeführt werden?
3. Wie ist ein Inventar aufgebaut?
4. Nach welchen Kriterien sind die Vermögensgegenstände und das Fremdkapital im Inventar gegliedert?

Aufgaben und Probleme

1. Wie unterscheiden sich Inventur und Inventar?

2. a) Wie unterscheiden sich „Stichtagsinventur" und „permanente Inventur"?
   b) Welche Vorteile bieten die „vorverlegte" bzw. die „nachverlegte" Inventur?
   c) Nennen Sie die wesentlichen Inventurziele und erklären Sie die jeweilige Zielsetzung.

3. Prüfen Sie die folgenden Aussagen auf ihre Richtigkeit bzw. Vollständigkeit:
   a) Ein Kaufmann muss eine Inventur jeweils am Schluss eines Geschäftsjahres durchführen.
   b) Durch die Inventur sollen alle Vermögensgegenstände mengen- und wertmäßig erfasst werden.
   c) Der Inventurplan legt ausschließlich den jeweils günstigsten Zeitpunkt für die Inventuraufnahme fest.
   d) Bei den beweglichen Gegenständen des Anlagevermögens kann auf die körperliche Bestandsaufnahme verzichtet werden.

4. a) Nach welchen Kriterien wird ein Inventar gegliedert?
   b) Wie wird das Eigenkapital (Reinvermögen) ermittelt?

5. a) Ist es zutreffend, dass bei jeder Inventur „bewertet" werden muss?
   b) Erläutern Sie die Bewertung an einem Beispiel.

6. Stellen Sie aufgrund der folgenden Angaben das Inventar der Möbelwerkstätte Feix e. K., Öhringen, zum 31. Dezember d. J. auf. Berechnen Sie das Eigenkapital und achten Sie auf die richtige Reihenfolge der Posten (Beträge in EUR).

Darlehensschuld 300 000,00; Kundenforderungen 72 000,00 (davon Kunde A 40 000,00; Kunde B 18 000,00; Kunde C 14 000,00); Grund und Boden (Grundstücke) 130 000,00; Liefererschulden (Verbindlichkeiten) 120 000,00 (davon Lieferer D 62 000,00; Lieferer E 31 000,00; Lieferer F 27 000,00); Fuhrpark 67 000,00 (Lastwagen LB – SU 153 48 000,00, Personenwagen LB – HN 33 19 000,00); Kasse 16 000,00; Gebäude 250 000,00 (Hölderlinstraße 17 140 000,00, Keltenweg 9 110 000,00); Rohstoffe 56 000,00; Hilfsstoffe 20 000,00; Betriebsstoffe 10 000,00; unfertige Erzeugnisse 9 000,00; fertige Erzeugnisse 11 000,00; Bank 29 000,00 (Kreissparkasse 13 000,00; Volksbank 16 000,00); Betriebs- und Geschäftsausstattung (laut Anlagenverzeichnis) 38 000,00; Maschinen 200 000,00.

7. **Planspiel: Copy-Shop**

Ausgangssituation

Sie gründen zusammen mit drei bis vier Mitschülern einen Copy-Shop. Der Geschäftszweck des Kleinunternehmens besteht ausschließlich in der Bereitstellung von Kopiergeräten zur Vervielfältigung von Dokumenten und anderen Vorlagen. In Ihrem räumlichen Einzugsbereich konkurrieren Sie mit fünf weiteren Copy-Shops. Die Nachfrage nach Kopierleistungen beläuft sich auf insgesamt 315000 Kopien monatlich und verteilt sich auf die Anbieter nach dem von diesen jeweils angesetzten Kopierpreis je Stück. Der Kopierpreis darf höchstens 0,20 EUR/Kopie betragen, weil ein höherer Preis von den Nachfragern nicht akzeptiert wird.

Weitere Entscheidungsgrundlagen

Finanzielle Rahmenbedingungen
- Startkapital: 10000,00 EUR
- Das gesamte Startkapital wird bei Spielbeginn auf das Bankkonto eingezahlt.
- Bankguthaben werden nicht verzinst. Eine Überziehung des Bankkontos sowie sonstige Formen der Kreditaufnahme sind nicht möglich.

Anmietung von Geschäftsräumen
- Größe:
  entweder 30 qm für die Aufstellung von 3 Kopiergeräten für ein monatliches Kopieraufkommen bis zu 45000 Kopien oder
  40 qm für die Aufstellung von 5 Kopiergeräten für ein monatliches Kopieraufkommen bis zu 75000 Kopien oder
  50 qm für die Aufstellung von 7 Kopiergeräten für ein monatliches Kopieraufkommen bis zu 105 000 Kopien
- Preis: 20,00 EUR pro qm Ladenfläche monatlich (einschließlich Nebenkosten)
- Mietdauer: Mindestens 3 Monate

Leasing (Miete) von Kopiergeräten
- monatliche Leasingrate: 120,00 EUR pro Gerät (beinhaltet Wartung und Instandhaltung durch den Hersteller).

Einkauf von Papier
- Die Einkaufspreise sind abhängig von der bestellten Menge.

Bestellmenge	Preis
50000 Blatt	600,00 EUR (= 0,012 EUR/Blatt)
100000 Blatt	1000,00 EUR (= 0,01 EUR/Blatt)
250000 Blatt	2200,00 EUR (= 0,0088 EUR/Blatt)
500000 Blatt	4000,00 EUR (= 0,008 EUR/Blatt)

- Änderungen des Papierbestandes werden mit den jeweiligen Einkaufspreisen bewertet.

Beschaffung von Büromöbeln (Geschäftsausstattung)
- Anschaffungskosten: 2400,00 EUR
- Nutzungsdauer: 4 Jahre

- Zeitliche Erfassung der Wertminderung durch Abschreibung in gleichen Beträgen, verteilt auf die Jahre der Nutzung.
- Anteilige Verrechnung der Jahresabschreibung auf jede Spielperiode (= 1 Monat).

Einstellung von Personal

- Ein(e) Mitarbeiter(in) ist in der Lage, unabhängig von der Anzahl der Kopiergeräte die anfallenden Arbeiten zu bewältigen.
- Monatliche Personalkosten: 1 000,00 EUR

Allgemeine Angaben zum Planspiel

- Spieldauer: 6 Perioden; eine Periode entspricht einem Monat.
- Können vom Spielleiter zugeteilte Kopieraufträge von einem Unternehmen nicht ausgeführt werden, weil dessen Vorrat an Kopierpapier nicht ausreichend oder zu wenig Kopiergeräte vorhanden sind, so verfällt dieses Kopiervolumen.
- Zielsetzung: Gewinner ist das Spielteam, das sein Startkapital bis zum Spielende am stärksten vermehrt hat.

Arbeitsaufträge

- Wählen Sie zunächst einen Namen für Ihr Unternehmen und treffen Sie zu Beginn jeder Spielperiode in der Gruppe folgende Entscheidungen:

Entscheidungsblatt: Unternehmen Copy-Shop …

	Entscheidungsergebnisse zu Beginn von					
Entscheidungssachverhalte	**Periode 1**	**Periode 2**	**Periode 3**	**Periode 4**	**Periode 5**	**Periode 6**
Größe der Geschäftsräume in qm						
Anmietung von Kopiergeräten in Stück						
Einkauf von Papier in Blatt						
Festlegung des Kopierpreises in EUR pro Kopie						

- Fertigen Sie am Ende jeder Spielperiode eine Aufstellung des Vermögens an und ermitteln Sie den Erfolg ihres Unternehmens auf der Grundlage der vom Spielleiter mitgeteilten monatlichen Absatzzahlen (Kopiervolumen) nach folgender Tabelle:

Vermögensübersicht des Unternehmens Copy-Shop …						
	Vermögen in EUR jeweils am Ende von					
Vermögenspositionen	**Periode 1**	**Periode 2**	**Periode 3**	**Periode 4**	**Periode 5**	**Periode 6**
(1) Geschäftsausstattung Anfangsbestand – Abschreibung = Schlussbestand						
(2) Vorräte (Papierbestände) Anfangsbestand (St.) + Zugänge (St.) – Abgänge (St.) = Schlussbestand in Stück = Schlussbestand in EUR						

Vermögensübersicht des Unternehmens Copy-Shop ...						
	Vermögen in EUR jeweils am Ende von					
Vermögenspositionen	**Periode 1**	**Periode 2**	**Periode 3**	**Periode 4**	**Periode 5**	**Periode 6**
(3) Bankguthaben Anfangsbestand + Erlöse – Miete für Geschäftsräume – Leasingrate für Kopiergeräte – Einkauf von Papier – Personalkosten – Anschaffung der Geschäftsausstattung = Schlussbestand						
Summe des Vermögens						
Position (1) + Position (2) + Position (3)						
Erfolg des Unternehmens						
Zunahme des Eigenkapitals gegenüber der Vorperiode = Gewinn						
Abnahme des Eigenkapitals gegenüber der Vorperiode = Verlust						

Anmerkung: Das Vermögen zu Beginn von Periode 1 beläuft sich auf 10 000,00 EUR (Gründungskapital).

- Ermitteln Sie nach jeder Spielperiode den Erfolg Ihres Unternehmens im Rahmen einer Gewinn- und Verlustrechnung nach folgendem Muster:

Gewinn- und Verlustrechnung des Unternehmens Copy-Shop ...						
	Beträge in EUR am Ende von					
Erfolgspositionen	**Periode 1**	**Periode 2**	**Periode 3**	**Periode 4**	**Periode 5**	**Periode 6**
Erlöse – Miete für Geschäftsräume – Leasingrate für Kopiergeräte – Papierverbrauch – Personalaufwand – Abschreibung der Geschäftsausstattung						
= Gewinn (+)/Verlust (–)						

- Bereiten Sie die wichtigsten Daten der wirtschaftlichen Entwicklung Ihres Unternehmens anhand eines Tabellenkalulationsprogramms grafisch auf und erstellen Sie einen Kurzbericht des Geschäftsverlaufs Ihres Unternehmens. Tragen Sie Ihre Ergebnisse in einer Abschlusspräsentation vor. Erläutern Sie hierbei die für den Erfolg bzw. Misserfolg maßgeblichen Entscheidungen und schlagen Sie alternative Handlungsweisen vor.

4.4 Bilanz

IUS

4.4.1 Eröffnungsbilanz

Vom Inventar zur Bilanz

Gesetzliche Regelung

§ 242 Abs. 1 HGB

Nach Aufnahme aller Vermögensgegenstände und der Schulden (Inventur und Inventar) hat der Kaufmann „zu Beginn eines Handelsgewerbes und zum Schluss eines jeden Geschäftsjahres" eine Bilanz aufzustellen. Die Bilanz wird aus dem Inventar abgeleitet.

§ 247 Abs. 1 HGB
§ 266 Abs. 1 HGB

Zudem sind „in der Bilanz … das Anlage- und das Umlaufvermögen, das Eigenkapital, die Schulden … gesondert auszuweisen und hinreichend aufzugliedern". In § 246 Abs. 2 HGB wird von der „Aktivseite" und der „Passivseite" der Bilanz gesprochen. Das schreibt u. a. vor: „Die Bilanz ist in **Kontoform** aufzustellen." Das bedeutet jedoch nicht, dass die Bilanz selbst ein Konto ist. Sie hat lediglich – wie jedes Konto – zwei Seiten, wie die unten stehende Darstellung zeigt.

Nach § 245 HGB ist der Jahresabschluss, zu dem die Bilanz gehört (§ 343 Abs. 3), „vom Kaufmann unter Angabe des Datums zu unterzeichnen". Das Inventar hingegen muss nur datiert sein, braucht aber nicht unterzeichnet zu werden. Es gehört nicht zum Jahresabschluss.

Grundstruktur der Bilanz

Aus dem Inventar wird die Grundstruktur der Bilanz (Inventar in „anderer Form") entwickelt:

Vermögen = Aktiva (A)		**Bilanz**	**Eigen- und Fremdkapital = Passiva (P)**	
Anlagevermögen	...		Eigenkapital	...
Umlaufvermögen	...		Fremdkapital	...
Bilanzsumme	...		Bilanzsumme	...

Summe des Vermögens (Gesamtvermögen) ≙ Summe aus Eigen- und Fremdkapital (Gesamtkapital)

A ≙ P

„Bilanzgleichung"
(Summe der Aktiva = Summe der Passiva)

Der Zusammenhang zwischen Aktiva und Passiva

Die linke Seite der Bilanz wird Aktivseite (Aktiva = A), die rechte Passivseite (Passiva = P) genannt.

Die Bilanz gibt Auskunft:

- auf der Passivseite über Herkunft und Betrag der eingesetzten Mittel **(„Mittelherkunft") = Finanzierung (F),**
- auf der Aktivseite über die Verwendung der eingesetzten Mittel **(„Mittelverwendung") = Konstitution des Vermögens (K)**.

Die Überführung der eingesetzten Mittel in Vermögensgegenstände heißt **Investierung (I)**.

Schema für den Zusammenhang zwischen F, I und K

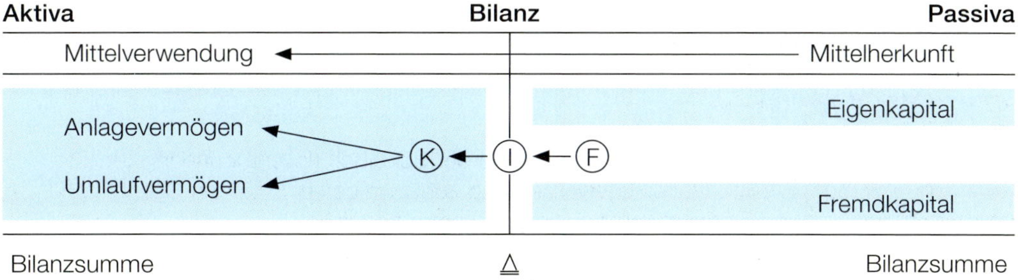

Die Summen auf den beiden Bilanzseiten (Aktiv- bzw. Passivseite) entsprechen einander, weil nicht mehr und auch nicht weniger investiert (= Vermögensteile eingesetzt) werden kann, als finanziert (= Eigen- und Fremdkapital beschafft) worden ist.

Die Bilanz als Kurzfassung des Inventars in Kontoform

Aus dem Inventar von J. Wagner zum 1. März … ergibt sich unter Beachtung der gesetzlichen Gliederungsvorschriften die folgende Eröffnungsbilanz (hier Gründungsbilanz): *siehe Kapitel 4.3.4*

„Jürgen Wagner e. Kfm. – Das private Büro"

§ 266 Abs. 1 HGB

Aktiva	Bilanz zum 1. März … in EUR (Eröffnungsbilanz)		Passiva
I. Anlagevermögen		**I. Eigenkapital**	1 000 000,00
1. Grundstücke und Bauten	900 000,00	**II. Fremdkapital**	
2. Technische Anlagen und Maschinen	250 000,00	1. Verbindlichkeiten bei Kreditinstituten	1 500 000,00
3. Fuhrpark	220 000,00		
4. Andere Anlagen, Betriebs- u. Geschäftsausstattung	60 000,00		
II. Umlaufvermögen			
1. Roh-, Hilfs- und Betriebsstoffe	720 000,00		
2. Guthaben bei Kreditinstituten	290 000,00		
3. Kassenbestand	60 000,00		
	2 500 000,00		2 500 000,00

Heilbronn, 15. März … *Jürgen Wagner*

Aufgabe 3 Seite 128

Hinweise zur Gliederung der Bilanz

Die **Eröffnungsbilanz** wurde in Anlehnung an das HGB *gegliedert. Diese Gliederung ist für große und mittelgroße Kapitalgesellschaften zwingend.* Bei kleinen Kapitalgesellschaften kann auf die mit arabischen Ziffern gekennzeichnete Untergliederung verzichtet werden. § 266 HGB, § 266 Abs. 1 HGB

Bei *Nichtkapitalgesellschaften* (z. B. Personenunternehmen, wie „Jürgen Wagner e. Kfm. – Das private Büro", bzw. Personengesellschaften, z. B. OHG) sind im Gesetz lediglich die *Hauptgliederungspunkte: Anlagevermögen und Umlaufvermögen* für die Aktiva sowie *Eigenkapital* und *Verbindlichkeiten* (Fremdkapital) für die Passiva vorgegeben. § 247 HGB

Vergleich von Inventar und Bilanz

Das Inventar ...	Die Bilanz ...
– stellt alle Vermögensgegenstände und Schuldposten **ausführlich wert- und mengenmäßig untereinander** („in Staffelform") dar.	– ist eine **kurz gefasste**, übersichtliche, wertmäßige Gegenüberstellung der Vermögens- und Schuldposten in **Kontoform**.
– stellt alle selbstständig bewertbaren Gegenstände eines Postens **sehr ausführlich** und dadurch **unübersichtlich** dar.	– fasst die einzelnen Posten des Inventars zu **gleichartigen Bilanzpositionen übersichtlich** zusammen.
– stellt das Ergebnis der Inventur als **Produkt aus „Mengengerüst" und „Wertgerüst"** grob gegliedert zu einem Zeitpunkt dar.	– weist das **Eigenkapital** als Differenz zwischen Vermögen und Schulden an einem **Stichtag** aus.
– dient **innerbetrieblichen Zwecken**; die Ergebnisse der Inventur (Kontrollfunktion) werden als „Ist-Werte" festgehalten und mit der laufenden Buchführung abgestimmt.	– ermöglicht innen- und außenstehenden Bilanzadressaten einen Einblick in die **Vermögens-, Finanz- und Ertragslage** des Unternehmens.
– unterliegt **nicht** gesetzlich vorgeschriebenen Gliederungsvorschriften.	– ist unter Einhaltung der gesetzlichen Gliederungsvorschriften zu erstellen.

↘ Aufgabe 1 Seite 128

Einzelunternehmen und Personengesellschaften weisen den Fuhrpark i. d. R. als gesonderte Bilanzposition aus.

Inventar und **Bilanz** werden bei folgenden **Anlässen** erstellt: bei Gründung und Übernahme eines Unternehmens, am Ende des Geschäftsjahres, bei Auflösung und Veräußerung des Unternehmens.

4.4.2 Schlussbilanz

Grundsatz des Bilanzzusammenhangs

§ 252 HGB

Im HGB sind Bewertungsgrundsätze aufgestellt worden, die für alle Kaufleute gelten. Der **Grundsatz der Bilanzidentität** (auch Grundsatz des Bilanzzusammenhangs oder der formellen Bilanzkontinuität genannt) schreibt vor, dass die Eröffnungsbilanz eines Geschäftsjahres mit der Schlussbilanz des vorangegangenen Geschäftsjahres übereinstimmen muss.

§ 252 Abs. 1 HGB

Beispiel:
Schlussbilanz zum 31. Dezember 2010 entspricht der Eröffnungsbilanz zum 1. Januar 2011.

§ 4 Abs. 1 EStG

Dieser Grundsatz wird bei der **steuerlichen Gewinnermittlung** gewahrt. Danach muss das Betriebsvermögen am Schluss des Wirtschaftsjahres mit dem Betriebsvermögen am Schluss des vorangegangenen Wirtschaftsjahres verglichen werden. Durch diese Art des Vermögensvergleichs sollen Gewinnmanipulationen verhindert werden.

Ergebnisermittlung mithilfe der Bilanz

Das Unternehmen von J. Wagner hat sich im **Gründungsjahr** bestens entwickelt. Wagner ist fest überzeugt, dass er sehr erfolgreich gewirtschaftet hat. Nach Ablauf des ersten Wirtschaftsjahres ist er brennend daran interessiert, endlich in Euro und Cent genau zu erfahren, wie hoch sein tatsächlich **erwirtschafteter Gewinn** ist. Nachdem er schon viele theoretische Ausführungen in den entsprechenden gesetzlichen Bestimmungen gelesen hat, will er nun unbedingt wissen:

- Wie hoch ist mein Gewinn im ersten Geschäftsjahr (1. März bis 31. Dezember ...)?
- Wie muss ich vorgehen, um den Gewinn richtig zu ermitteln?

Aus den Veränderungen von Vermögen, Schulden und Eigenkapital kann durch den Vergleich von zwei aufeinanderfolgenden Bilanzen das Ergebnis (Gewinn oder Verlust) des Geschäftsjahres bestimmt werden.

Beispiel:

Auswirkungen der Veränderung von Bilanzposten (Vermögen und Fremdkapital) auf das Reinvermögen (Eigenkapital) und auf das unternehmerische Ergebnis (Gewinn/Verlust), dargestellt an zwei Möglichkeiten der Veränderung.

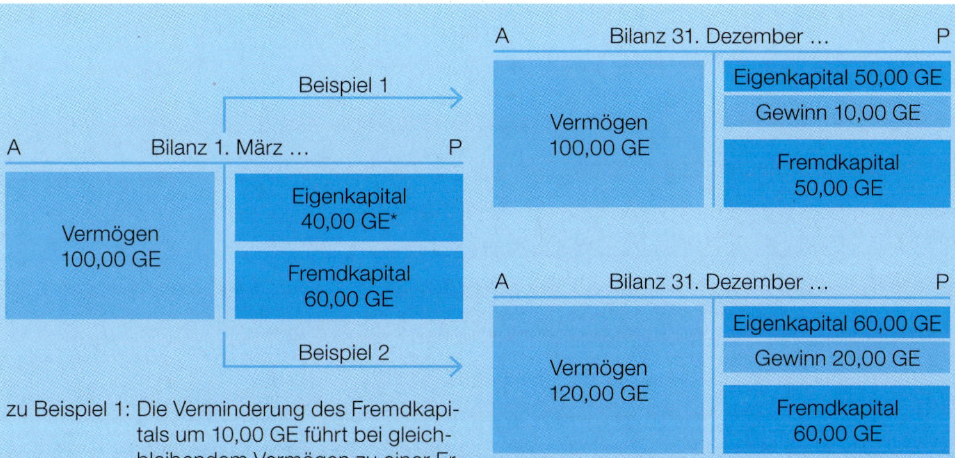

zu Beispiel 1: Die Verminderung des Fremdkapitals um 10,00 GE führt bei gleichbleibendem Vermögen zu einer Ergebnisverbesserung von 10,00 GE und erhöht somit das Eigenkapital von 40,00 auf 50,00 GE.

zu Beispiel 2: Die Vermehrung des Vermögens um 20,00 GE bei gleichbleibendem Fremdkapital verbessert das Ergebnis um 20,00 und erhöht das ursprüngliche Eigenkapital von 40,00 auf 60,00 GE.

* GE = Geldeinheiten

Fallbeispiel (Veränderung des Eigenkapitals, vorläufiges Ergebnis)

J. Wagner wählt aufgrund der bisher erworbenen Buchführungskenntnisse die folgende **Problemlösungsstrategie**, um den Gewinn durch „Betriebsvermögensvergleich" feststellen zu können.

Ausgehend von den vorhandenen Zahlen werden weitere Ermittlungen vorgenommen:

vgl. Seite 121

① Es liegt bereits die Eröffnungsbilanz (Gründungsbilanz) zum 1. März … vor.

vgl. Seite 113

② Die Ergebnisse, die mithilfe der permanenten Inventur gewonnen worden sind, werden in einem übersichtlich gegliederten Inventar dargestellt.

§ 266 HGB

③ Aus dem Inventar zum 31. Dezember … wird die sachgerecht gegliederte Schlussbilanz zum 31. Dezember … erstellt. Wenn bei der Erstellung der Schlussbilanz die vier folgenden Problembereiche ganz exakt abgearbeitet und die Bilanzgliederung nach HGB zu Hilfe genommen wird, kann nichts schiefgehen!

- Welche Vermögens- und Schuldposten sind *der Art nach* vorhanden?
- In welcher Menge sind Vermögens- und Schuldposten *als Ist-Bestand nachweisbar vorhanden*?
- Mit welchem Wert sind die vorhandenen Vermögensgegenstände und Schuldposten am *Bilanzstichtag* anzusetzen?
- Sind alle sachgerecht bewerteten Vermögensgegenstände und Schuldposten unter Beachtung der gesetzlichen Bestimmungen *richtig gegliedert* und *ausgewiesen*?

④ Es wird der Betriebsvermögensvergleich durchgeführt, auf der

- *Aktivseite durch Ermittlung des Nettovermögenszuwachses,*
- *Passivseite durch Ermittlung der Eigenkapitalveränderung.*

Dabei wird untersucht, welche Bilanzpositionen gegenüber der Gründungsbilanz hinzugekommen sind. Man überprüft, inwieweit sich das Ergebnis der betrieblichen Tätigkeit aus der Bilanz ablesen lässt (*Ergebnisermittlungsfunktion der Bilanz*).

Inventurergebnisse zum 31. Dezember … (Bestände in EUR):

Aufgaben 4–7 Seite 128 f.

Bebaute Grundstücke 300 000,00; Gebäude 620 000,00; Technische Anlagen und Maschinen 260 000,00: Fuhrpark 200 000,00; Betriebs- und Geschäftsausstattung 70 000,00; Rohstoffe und Fremdbauteile 530 000,00, davon (Gruppe 1) 300 000,00 und (Gruppe 2) 230 000,00; Hilfsstoffe 160 000,00; Betriebsstoffe 140 000,00; unfertige Erzeugnisse 15 000,00; fertige Erzeugnisse 35 000,00; Forderungen laut Kundenliste 220 000,00, davon gegen Kunde Beck 100 000,00, Kunde Körner 70 000,00, Kunde Lutz 50 000,00; Bankguthaben bei KSK Heilbronn 90 000,00, Postbank 80 000,00; Kasse 10 000,00; Darlehensschulden lt. Bankauszügen: KSK Heilbronn 500 000,00, Landeskreditbank B. W. 1 000 000,00; Verbindlichkeiten lt. Liste der Lieferer insgesamt 180 000,00, davon gegenüber Lieferer Schulz 120 000,00, Lieferer Gerber 60 000,00.

Lösung

vgl. Seite 121

① Eröffnungsbilanz (Gründungsbilanz) zum 1. März … heranziehen

② Inventar zum 31. Dezember …

vgl. Seite 125

③ Schlussbilanz zum 31. Dezember …

④

Inventar zum 31. Dezember d. J.
„Jürgen Wagner e. Kfm. – Das private Büro", Schmollerstraße 1, 74072 Heilbronn

A. Vermögen	**EUR**	**EUR**	**EUR**
I. Anlagevermögen			
1. Bebaute Grundstücke, Schmollerstraße 1		300 000,00	
2. Bauten auf eigenen Grundstücken			
– Fabrikgebäude	470 000,00		
– Verwaltungsgebäude	150 000,00	620 000,00	
3. Technische Anlagen, Maschinen lt. Anlagenkartei		260 000,00	
4. Fuhrpark lt. Fahrzeugkartei		200 000,00	
5. Betriebs- u. Geschäftsausstattung lt. Verzeichnis		70 000,00	1 450 000,00
II. Umlaufvermögen			
1. Rohstoffe und Fremdbauteile lt. Inventarliste 1			
– Gruppe 1	300 000,00		
– Gruppe 2	230 000,00	530 000,00	
2. Hilfsstoffe lt. Inventarliste 2		160 000,00	
3. Betriebsstoffe lt. Inventarliste 3		140 000,00	
4. Unfertige Erzeugnisse		15 000,00	
5. Fertige Erzeugnisse		35 000,00	
6. Forderungen a. L. u. L.			
– Kunde Beck	100 000,00		
– Kunde Körner	70 000,00		
– Kunde Lutz	50 000,00	220 000,00	
7. Bankguthaben			
– KSK Heilbronn	90 000,00		
– Postbank Stuttgart	80 000,00	170 000,00	
8. Kassenbestand lt. Kassenbericht		10 000,00	1 280 000,00
Summe des Vermögens			2 730 000,00

B. Schulden		
1. Darlehensschulden		
– Kreissparkasse Heilbronn	500 000,00	
– Landeskreditbank B. W.	1 000 000,00	1 500 000,00
2. Verbindlichkeiten a. L. u. L.		
– Lieferer Schulz	120 000,00	
– Lieferer Gerber	60 000,00	180 000,00
Summe der Schulden		1 680 000,00

Heilbronn, 10. Januar d. J.

C. Ermittlung des Reinvermögens (Eigenkapital)

Summe des Vermögens	2 730 000,00
Summe der Schulden	1 680 000,00
Reinvermögen (Eigenkapital	1 050 000,00

„Jürgen Wagner e. Kfm. – Das private Büro"

Aktiva **Bilanz zum 31. Dezember d. J. in EUR (Schlussbilanz)** **Passiva**

Aktiva		Passiva	
I. Anlagevermögen		**I. Eigenkapital**	1 050 000,00
1. Grundstücke und Bauten	920 000,00	**II. Verbindlichkeiten**	
2. Technische Anlagen und Maschinen	260 000,00	1. Verbindlichkeiten bei Kreditinstituten	1 500 000,00
3. Fuhrpark	200 000,00	2. Verbindlichkeiten a. L. u. L.	180 000,00
4. Andere Anlagen, Betriebs- u. Geschäftsausstattung	70 000,00		
II. Umlaufvermögen			
1. Roh-, Hilfs- u. Betriebsstoffe	830 000,00		
2. Unfertige Erzeugnisse	15 000,00		
3. Fertige Erzeugnisse	35 000,00		
4. Forderungen a. L. u. L.	220 000,00		
5. Bankguthaben	170 000,00		
6. Kassenbestand	10 000,00		
	2 730 000,00		2 730 000,00

Heilbronn, 10. Januar d. J. *Jürgen Wagner*

Ergebnisermittlungsfunktion der Bilanz

Das Ergebnis (Gewinn als Erhöhung des Eigenkapitals, Verlust als Minderung des Eigenkapitals) lässt sich aus dem Vergleich der Eröffnungsbilanz mit der Schlussbilanz des jeweiligen Wirtschaftsjahres feststellen.

Aufgabe 2 Seite 128

	Anfangsbestand am 1. März ...	Endbestand am 31. Dezember ...	Veränderungen	Ergebnis-auswirkung (+/–)
Vermögen	2 500 000,00	2 730 000,00	+ 230 000,00	+ 230 000,00
– Schulden	1 500 000,00	1 680 000,00	+ 180 000,00	– 180 000,00
= Eigenkapital	1 000 000,00	1 050 000,00		+ 50 000,00

Die Tabelle zeigt, dass der Gewinn von 50 000,00 EUR auf zweifache Weise ermittelt werden kann:

- auf der Aktivseite durch die Nettovermögenszunahme
- auf der Passivseite durch die Eigenkapitalzunahme.

Nettovermögenszunahme (Aktivseite)		Eigenkapitalzunahme (Passivseite)	
Vermögen am 31. Dezember .. Vermögen am 1. März ..	2 730 000,00 EUR 2 500 000,00 EUR	Eigenkapital am 31. Dezember ... Eigenkapital am 1. März ...	1 050 000,00 EUR 1 000 000,00 EUR
Vermögenszuwachs (brutto) (eigen- und fremdfinanziert)	230 000,00 EUR	= Gewinn (Zunahme des Eigenkapitals) ②	**50 000,00 EUR**
– fremdfinanzierter Vermögenszuwachs	180 000,00 EUR		
Nettovermögenszunahme (eigenfinanziert) ①	**50 000,00 EUR**		

Den Gewinn auf der Passivseite durch Eigenkapitalvergleich festgestellt worden.

Diese Form der Gewinnermittlung ist zwingend für alle Kaufleute! Berechnung:

– Betriebsvermögen[1] am Schluss des Wirtschaftsjahres (31. Dezember ..)	**1 050 000,00 EUR**
– Betriebsvermögen am Anfang des Wirtschaftsjahres (1. März ..) (bzw. am Ende des vorangegangenen Wirtschaftsjahres)	**1 000 000,00 EUR**
= Gewinn (Zunahme des Eigenkapitals)	**50 000,00 EUR**

Die **Ergebnisermittlungsfunktion der Bilanz** ist also dadurch gekennzeichnet, dass das Ergebnis (Gewinn/Verlust) sichtbar gemacht werden kann

- auf der Aktivseite durch die *Nettovermögensveränderung*,
- auf der Passivseite durch die *Eigenkapitalveränderung*.

[1] *Betriebsvermögen bedeutet hier Reinvermögen = Eigenkapital (EK).*

Durch eine entsprechende Darstellung mit Vorspalten kann die *„Ergebnisermittlungsfunktion"* der Bilanz weiter veranschaulicht werden:

Aktiva	**Bilanz zum 31. Dezember ... in EUR (Zusammenfassung aus Fallbeispiel)**			**Passiva**
Anlagevermögen	1 450 000,00	Eigenkapital		
Umlaufvermögen	1 280 000,00	Stand 1. März ..	1 000 000,00	
		Gewinn	50 000,00	1 050 000,00
		Fremdkapital		1 680 000,00
	2 730 000,00			2 730 000,00

Aktiva	**Gründungsbilanz zum 1. März ...**		**Passiva**
Anlagevermögen	1 430 000,00	Eigenkapital	1 000 000,00
Umlaufvermögen	1 070 000,00	Fremdkapital	1 500 000,00
	2 500 000,00		2 500 000,00

Zusammenfassende Übersicht zu Kapitel 4.4: Bilanz

Die Bilanz wird auf der **Grundlage des Inventars** erstellt; sie ist die **gesetzlich vorgeschriebene** kurz gefasste Werteübersicht des Inventarinhaltes.

In der Bilanz werden alle Vermögenswerte **(Aktiva)** den Kapitalposten **(Passiva)** in Kontoform gegenübergestellt.

Die Passivseite der Bilanz zeigt die **Mittelherkunft (Finanzierung)** der Unternehmung. Die Aktivseite die **Mittelverwendung (Investierung)** und die **Zusammensetzung der Vermögenswerte (Konstitution)**.

Nach der **Bilanzgleichung** ist die Summe des Vermögens (Aktivseite) zwangsläufig gleich der Summe des Kapitals (Passivseite).

Für **Kapitalgesellschaften** ist die **Bilanzgliederung gesetzlich vorgeschrieben**; Nichtkapitalgesellschaften orientieren sich daran.

Die **Ergebnisermittlungsfunktion** der Bilanz bedeutet, dass das Ergebnis (Gewinn/Verlust)
- auf der **Aktivseite** durch die **Nettovermögensveränderung**,
- auf der Passivseite durch die **Eigenkapitalveränderung**

sichtbar gemacht wird.

Endbestand Eigenkapital > Anfangsbestand Eigenkapital = **Gewinn**
Endbestand Eigenkapital < Anfangsbestand Eigenkapital = **Verlust**
Private Vorgänge sind zu beachten.

Wiederholung des Grundwissens

1. Wie kommt man vom Inventar zur Bilanz?
2. Wie ist eine Bilanz grundsätzlich aufgebaut?
3. Wie kann mithilfe der Bilanz das Ergebnis eines Unternehmens ermittelt werden?
4. Warum ist für Kapitalgesellschaften die Bilanzgliederung gesetzlich vorgeschrieben?

Aufgaben und Probleme

1. Wie unterscheiden sich Inventar und Bilanz?

2. Erläutern Sie folgende Aussage: „Das Ergebnis (Gewinn/Verlust) kann in der Bilanz auf zweifache Weise ermittelt werden."

3. Nach welchen Kriterien sind Aktiv- und Passivseite der Bilanz gegliedert?

4. a) Stellen Sie aufgrund des Inventars der Möbelwerkstätte Feix e. K. (siehe Aufg. 6, S. 116) zum 31. Dezember … die dazugehörige Bilanz auf.
   b) Stellen Sie aufgrund der folgenden Angaben das Inventar und die Bilanz der Möbelwerkstätte Feix e. K., Öhringen, zum 31. Dezember … des Folgejahres auf. Berechnen Sie das Eigenkapital (Reinvermögen). Weisen Sie die Ergebnisermittlungsfunktion der Bilanz nach.
   Fuhrpark 82 000,00 (Lastwagen S – KV 2715 50 000,00; Personenwagen LB – MN 1450 32 000,00); Werkstoffe laut Inventurliste 205 000,00; davon Rohstoffe 120 000,00; Hilfsstoffe 60 000,00; Betriebsstoffe 25 000,00; unfertige Erzeugnisse 20 000,00; fertige Erzeugnisse 30 000,00; Darlehensschuld 400 000,00; bebaute Grundstücke 120 000,00; Gebäude 300 000,00 (Hölderlinstr. 17: 220 000,00; Keltenweg 9: 80 000,00); Kundenforderungen 145 000,00 (A 50 000,00; B 20 000,00; C 75 000,00); Bank 62 000,00 (Kreissparkasse 40 000,00; Volksbank 22 000,00); Betriebs- und Geschäftsausstattung laut Anlagenverzeichnis 28 000,00; Liefererschulden 210 000,00 (Lieferer D 90 000,00; Lieferer E 50 000,00; Lieferer F 70 000,00); Kasse 26 000,00 Maschinen 200 000,00.

5. Berechnen Sie die fehlenden Größen (Beträge in EUR)

	Eigenkapital	Vermögen		Schulden (Fremdkapital)
		Anlagevermögen	Umlaufvermögen	
a)	?	600 000,00	400 000,00	380 000,00
b)	900 000,00	700 000,00	800 000,00	?
c)	160 000,00	?	210 000,00	240 000,00

6. Ein junger Kaufmann hat 2 500 000,00 EUR geerbt und will damit auf den 1. Januar … einen Betrieb mit lohnintensiver Fertigung gründen. Er hat bereits eine vorläufige Bilanz aufgestellt:

A	vorläufige Bilanz (EUR)		P
Bank	2 500 000,00	Eigenkapital	2 500 000,00

Laut Auskunft eines Unternehmensberaters benötigt er ein Startkapital von mindestens 4 000 000,00 EUR. Ein Verwandter ist bereit, den fehlenden Betrag vorzustrecken. Machen Sie sich Gedanken über eine sinnvolle und ausgewogene Verwendung der Mittel (Strukturierung des Vermögens). Wie könnten Inventar und Bilanz zum 1. Januar … aussehen, wenn eigene und fremde Mittel angelegt (investiert) worden sind?

7. Aus zwei aufeinanderfolgenden Bilanzen wurden nach Zusammenfassung der Einzelposten die folgenden Beträge (EUR) entnommen:

	Anfangsbestand (1. Januar …)	Endbestand (31. Dezember …)
Vermögen	6 700 000,00	6 200 000,00
Schulden	4 100 000,00	3 900 000,00

a) Ergänzen Sie die Tabelle und bestimmen Sie das Ergebnis des Geschäftsjahres.
b) Welche Beurteilungen lassen die Veränderungen von Vermögen und Schulden zu?

8. Was können Sie aus den Veränderungen des Eigenkapitals in den drei aufeinanderfolgenden Bilanzen eines Industriebetriebs entnehmen (zusammengefasste Zahlen, EUR)? Zeigen Sie die Ergebnisermittlungsfunktion der Bilanz. Machen Sie die (vorläufigen) Ergebnisse auch in einer Vorspalte bzw. einer Tabelle sichtbar.

A	Bilanz 1 (EUR)		P
Anlagevermögen	1 600 000,00	Eigenkapital	700 000,00
Umlaufvermögen	300 000,00	Fremdkapital	1 200 000,00
	1 900 000,00		1 900 000,00

A	Bilanz 2 (EUR)		P
Anlagevermögen	1 500 000,00	Eigenkapital	620 000,00
Umlaufvermögen	500 000,00	Fremdkapital	1 380 000,00
	2 000 000,00		2 000 000,00

A	Bilanz 3 (EUR)		P
Anlagevermögen	1 700 000,00	Eigenkapital	1 650 000,00
Umlaufvermögen	950 000,00	Fremdkapital	1 000 000,00
	2 650 000,00		2 650 000,00

4.5 Bestands- und Ergebniskonten

IUS

4.5.1 Bestandskonten

Folgende Bilanzen liegen vor (Beträge in EUR):

Aktiva	Bilanz zum 31. Dezember des Vorjahres		Passiva
Anlagevermögen		**Eigenkapital**	770 000,00
Grundstücke und Gebäude	600 000,00	**Fremdkapital**	
Maschinen	300 000,00	Darlehen	600 000,00
Fuhrpark	170 000,00	Verbindlichkeiten	300 000,00
Geschäftsausstattung	60 000,00		
Umlaufvermögen			
Roh-, Hilfs- und Betriebsstoffe	150 000,00		
Erzeugnisse	50 000,00		
Forderungen	90 000,00		
Bank, Kasse	250 000,00		
	1 670 000,00		1 670 000,00

Aktiva	Bilanz zum 31. Dezember dieses Jahres		Passiva
Anlagevermögen		**Eigenkapital**	900 000,00
Grundstücke und Gebäude	650 000,00	Fremdkapital	
Maschinen	280 000,00	Darlehen	500 000,00
Fuhrpark	150 000,00	Verbindlichkeiten	350 000,00
Geschäftsausstattung	80 000,00		
Umlaufvermögen			
Roh-, Hilfs- und Betriebsstoffe	130 000,00		
Erzeugnisse	70 000,00		
Forderungen	100 000,00		
Bank, Kasse	290 000,00		
	1 750 000,00		1 750 000,00

Zwei Meinungen stehen einander gegenüber:

- Die Aufstellung von Bilanzen zum jeweiligen Stichtag genügt. Begründung: Das Ergebnis dieses Jahres, ein Gewinn von 130 000,00 EUR, ist klar zu erkennen.
- Die Aufstellung von Bilanzen allein genügt nicht, § 238 Abs. 1 HGB ist nicht beachtet worden: Der „Überblick" fehlt, „sachverständige Dritte" können nicht in „angemessener Zeit" die Entwicklung und die Lage des Unternehmens beurteilen.

Die Bilanz weist Bestände aus – Vermögensbestände (Aktiva), Schulden (Passiva) und als Saldo (Unterschiedsbetrag zwischen Vermögen und Schulden) das Eigenkapital (als Passivposten).

§ 238 Abs. 1 HGB

Im Geschäftsjahr treten Geschäftsvorfälle auf, die zu Veränderungen dieser Bestände führen. Die einzelnen Veränderungen können jedoch nicht in der Bilanz (Bilanzveränderungen) vermerkt werden, denn die **Bilanz** zum jeweiligen Ende eines Geschäftsjahres ist eine „**Momentaufnahme**" mit jeweils festen, durch Inventur ermittelten Posten. Es müssen deshalb Wege gefunden werden, der im HGB vorgeschriebenen „Buchführungspflicht" nachzukommen, mit der Möglichkeit, einen „Überblick über die Geschäftsvorfälle und über die Lage des Unternehmens" zu vermitteln. „Die Geschäftsvorfälle müssen sich in ihrer Entstehung und Abwicklung verfolgen lassen."

Beispiele für Geschäftsvorfälle, die Bestände verändern (+ = Vermehrung, – = Verminderung)

Ein Kunde zahlt mit Bankscheck: Bank +, Forderungen –
Kauf von Rohstoffen auf Ziel: Rohstoffe +, Verbindlichkeiten +
Banküberweisung an einen Lieferer: Bank –, Verbindlichkeiten –

Bildung von Bestandskonten

Folgende Gesetzesvorschriften sind in die Buchführungspraxis umzusetzen: § 238 HGB

- Alle Bilanzposten sind einzeln als Konten = Verrechnungsstellen für die mengen- und zahlenmäßige Erfassung der Geschäftsvorfälle des Geschäftsjahres (Abrechnungsperiode) anzulegen. § 239 Abs. 2, § 239 Abs. 3 HGB
- Alle „Eintragungen in Büchern" sind … „vollständig … geordnet" vorzunehmen.
- Das HGB verbietet die Eintragung oder die Veränderung einer Aufzeichnung in der Weise, dass „der ursprüngliche Inhalt nicht mehr feststellbar ist." Demnach sind Streichungen, zeitliche Verschleierungen (falsche Buchungsdaten) u. Ä. untersagt.

Anschauliche Form durch Darstellung auf Konten in T-Form („T-Konten"):

Beispiel (Anfangs- und Endbestände aus der Bilanz zum 31.12. des Vorjahres, mit angenommenen Zu- und Abgängen; EUR) *vgl. Seite 130*

Soll (S)	Aktivkonto Forderungen		Haben (H)
AB (Anfangsbestand)	90 000,00	Abgänge	70 000,00
Zugänge	40 000,00		40 000,00
	20 000,00		20 000,00
	80 000,00		
		Saldo = Schlussbestand (SB)	**100 000,00**
	230 000,00		230 000,00

Soll (S)	Passivkonto Verbindlichkeiten		Haben (H)
Abgänge	70 000,00	**AB (Anfangsbestand)**	**300 000,00**
	75 000,00	Zugänge	110 000,00
			85 000,00
Saldo = Schlussbestand (SB)	**350 000,00**		
	495 000,00		495 000,00

Erläuterungen:

1. **Anfangsbestände (AB):** In Anlehnung an die Bilanz stehen die Anfangsbestände (= Schlussbestände aus der vorausgegangenen Bilanz),
   - der **Aktivkonten** „links", auf dem Konto im **Soll** (abgekürzt S),
   - der **Passivkonten** „rechts", auf dem Konto im **Haben** (abgekürzt H).
2. **Zugänge** auf den Konten = Vermehrung der Anfangsbestände sinngemäß auf der Seite der Anfangsbestände (AB).
3. **Abgänge** = Verminderungen der AB entsprechend auf der Gegenseite der Konten.
4. **Saldo** (Mehrzahl „Salden"): Unterschiedsbetrag zwischen den Summen, die sich auf der S-Seite und der H-Seite ergeben. Die Salden werden zum Kontenausgleich auf der „kleineren" Seite des Kontos eingesetzt. Sie entsprechen dem Schlussbestand (SB) laut Inventur, wenn nicht durch falsche bzw. noch fehlende Buchungen oder falsche Bewertung von Bilanzposten zwischen Inventurbeständen und Salden eine Differenz (Inventurdifferenz) besteht. **Vorrang hat der Inventurwert!**

IUS

Buchungssatz und Buchungsregeln

Geschäftsvorfälle – Bestandsveränderungen

Die Beträge der Geschäftsvorfälle sind als Zugänge bzw. Abgänge auf den Konten einzutragen. Nach jedem Geschäftsvorfall könnte „rein theoretisch" eine Folgebilanz erstellt werden, d. h., die Bilanzgleichung Aktivseite = Passivseite bleibt bestehen. Dies wird in den folgenden vier Fällen gezeigt (A = Aktivkonto, P = Passivkonto):

Beispiele	Veränderungen bei Aktivkonten (A) bzw. Passivkonten (P)	
① Barkauf von Büromöbeln, 600,00 EUR	A +	A –
② Aus Verbindlichkeit wird eine Darlehensschuld, 100 000,00 EUR	P –	P +
③ Kauf von Rohstoffen auf Ziel, 30 000,00 EUR	A +	P +
④ Rückzahlung einer Darlehensschuld über die Bank, 200 000,00 EUR	A –	P –

Buchungssatz

Die obigen Veränderungen auf Konten werden im Buchungssatz ausgedrückt. Zuerst wird die Sollbuchung, dann die Habenbuchung genannt. Also bezogen auf die obigen Beispiele (Beträge in EUR):

Einfacher Buchungssatz

① Geschäftsausstattung	600,00	an Kasse	600,00
② Verbindlichkeiten	100 000,00	an Darlehensschuld	100 000,00
③ Rohstoffe	30 000,00	an Verbindlichkeiten	30 000,00
④ Darlehensschuld	200 000,00	an Bank	200 000,00

↘ Aufgaben 1–3 Seite 138 f.

Die betroffenen Konten werden im Buchungssatz durch das Wort „an" verbunden. Es besteht auch die Möglichkeit, statt „an" einen Schrägstrich einzusetzen, z. B. Geschäftsausstattung/Kasse 600,00 und den betreffenden Betrag nur einmal zu nennen.

Zusammengesetzter Buchungssatz

Mehr als zwei Konten werden angesprochen, z. B. Kauf von Büromöbeln zum Preis von 600,00 EUR, davon 200,00 EUR bar, 400,00 EUR durch Scheck bezahlt.

Buchung: Geschäftsausstattung 600,00 EUR, an Kasse 200,00 EUR und Bank 400,00 EUR

vgl. Erläuterungen S. 131 und S. 133

Die folgenden Fragestellungen führen vom Geschäftsvorfall zum Buchungssatz:

1. Welche Konten sind beteiligt?
2. Handelt es sich um Aktiv- oder Passivkonten?
3. Liegen Zugänge bzw. Abgänge vor?
4. Auf welchem Konto erfolgt, unter Beachtung der Buchungsregeln, die Sollbuchung, auf welchem Konto die Habenbuchung?
5. Wie lautet der Buchungssatz?

Buchungsregeln für Aktiv- und Passivkonten

* Wichtig lernen!

	Aktivkonten	Passivkonten
Anfangsbestände	Soll	Haben
Zugänge	Soll	Haben
Abgänge	Haben	Soll
Saldo	Haben	Soll

Belegzwang

Es gilt: Keine Buchung ohne Beleg. Der Beleg ist der schriftliche Nachweis für eine Buchung.

Man unterscheidet
- interne Belege, z. B. Geldentnahme aus der Kasse für den Haushalt, Zahlung von Gehältern,
- externe Belege, z. B. Ein- und Verkäufe mit Rechnungen als Belege.

Beispiel für einen externen Beleg (vereinfacht)

Name **Datum**

Rechnung

Büromöbel „Adria" 600,00 EUR

Konto	Soll	Haben
Geschäftsausstattung	600,00	
Kasse		600,00

Zahlung sofort und bar.

Der Buchungsstempel zeigt den Buchungssatz für den Geschäftsvorfall.

Fallbeispiele mit Lösungen (Beträge in EUR)

Anfangsbestände: Fahrzeuge 100 000,00, Bank 200 000,00, Verbindlichkeiten 170 000,00, Darlehensschuld 400 000,00, Hilfsstoffe 15 000,00, Kasse 25 000,00.

Geschäftsvorfälle

① Kauf eines Fahrzeugs zum Preis von 40 000,00 gegen Bankscheck.

② Eine Liefererschuld von 80 000,00 wird in eine Darlehensschuld umgewandelt.

③ Kauf von Hilfsstoffen im Wert von 30 000,00 auf Ziel.

④ Eine Liefererschuld von 10 000,00 wird in bar beglichen.

Stellen Sie die Buchungssätze auf und tragen Sie die Buchungen auf T-Konten ein.

Lösungen

① Fuhrpark 40 000,00 an Bank 40 000,00

② Verbindlichkeiten 80 000,00 an Darlehensschuld 80 000,00

③ Hilfsstoffe 30 000,00 an Verbindlichkeiten 30 000,00

④ Verbindlichkeiten 10 000,00 an Kasse 10 000,00

S	Fuhrpark		H
AB	100 000,000		
①	40 000,000		

S	Bank		H
AB	200 000,000	①	40 000,000

S	Hilfsstoffe		H
AB	15 000,000		
③	30 000,000		

S	Kasse		H
AB	25 000,000	④	10 000,000

S	Verbindlichkeiten		H
②	80 000,000	AB	170 000,000
④	10 000,000	③	30 000,000

S	Darlehensschuld		H
		AB	400 000,000
		②	80 000,000

Abschluss der Bestandskonten

↘ Aufgabe 4 Seite 139

Am Ende des Geschäftsjahres stellt sich die Frage, ob die Schlussbilanz

- aus den Salden der Bestandskonten (Umbuchen der Salden auf die Schlussbilanz) entwickelt oder
- unabhängig von der Geschäftsbuchführung der Abrechnungsperiode (Jahr) nur durch Inventur festgestellt wird.

Die **Salden** der Bestandskonten sind lediglich **„rechnerische Schlussbestände“**. Sie bedürfen der Bestätigung durch die Inventur, sind in vielen Fällen mit den Schlussbeständen laut Inventur identisch und dann als Grundlage für die Bilanzerstellung geeignet.

§ 240 Abs. 1, 2 und § 242 Abs. 1 HGB

Abweichungen dieser Salden von den Inventurwerten (**Inventurdifferenzen**) sind möglich. Nach dem klaren Wortlaut des HGB genießt die Bestandsermittlung durch Inventur Vorrang.

Es ergeben sich zwei Möglichkeiten für die Erstellung der Schlussbilanz:

1. ***Zuerst Inventar und Schlussbilanz erstellen*. Vergleich der Bilanzposten mit den Kontensalden, Berichtigung von Inventurdifferenzen durch Korrektur der Kontensalden – soweit erforderlich. Diese Vorgehensweise entspricht der „Buchführungspraxis“. Hier ergibt sich die Bilanz zwingend (und unmittelbar) aus den „Ist-Werten“ der Inventur. Die Kontrollfunktion der Inventur kommt voll zum Tragen.**
2. **Übernahme der Kontensalden, *nach Abstimmung mit evtl. abweichenden Inventurwerten*, „buchhalterisch“ auf die Schlussbilanz, Buchungssätze hierbei:**
   - **Schlussbilanz an Aktivkonten,**
   - **Passivkonten an Schlussbilanz.**

Im Rahmen vereinfachter und **einführender** Darstellungen hat sich auch das zweite Verfahren, ungeachtet einer gewissen Praxisferne, als zweckmäßig und **anschaulich** erwiesen. Allerdings nur, soweit dabei besonders darauf geachtet wird, dass die **Kontrollfunktion** der Inventur **nicht verdeckt** wird!

Nach Beachtung möglicher Inventurdifferenzen führt es dann genau wie das erste Verfahren zum richtigen Ergebnis!

Fallbeispiel mit Lösung (Beträge in EUR)

In einem Unternehmen liegen folgende Informationen aus der Geschäftsbuchführung vor:

Aktiva	Schlussbilanz zum 31. Dezember des Vorjahres (01) = Eröffnungsbilanz zum 1. Januar dieses Jahres (02)		Passiva
Anlagevermögen		**Eigenkapital**	400 000,00
Grundstücke und Gebäude	300 000,00	**Fremdkapital**	
Fuhrpark, Geschäftsausstattung, Maschinen	350 000,00	Darlehensschuld	590 000,00
		Verbindlichkeiten	290 000,00
Umlaufvermögen			
Roh-, Hilfs- und Betriebsstoffe	250 000,00		
Forderungen	200 000,00		
Bank, Kasse	180 000,00		
	1 280 000,00		1 280 000,00

Geschäftsvorfälle in diesem Jahr (EUR):

① Verkauf eines Grundstücks gegen Banküberweisung 75 000,00

② Kauf von Büromöbeln auf Ziel 18 000,00

③ Tilgung einer Darlehensschuld durch Banküberweisung 40 000,00

④ Banküberweisung eines Kunden 50 000,00

⑤ Kauf von Werkstoffen auf Ziel 110 000,00

⑥ Zahlung von Liefererschulden durch Banküberweisung 90 000,00

Legen Sie T-Konten an, bilden Sie die Buchungssätze und buchen Sie die sechs Geschäftsvorfälle.

Bei der Inventur wurden durch die körperliche Bestandsaufnahme zum 31. Dezember ... folgende Inventurdifferenzen festgestellt:

⑦ Ein Laptop, der in der Eröffnungsbilanz zum 1. Januar noch erfasst war, ist im Geschäftsjahr gestohlen worden. Wert: 2 000,00 EUR.

⑧ Metallteile (Rohstoffe) sind wegen unsachgemäßer Lagerung total verrostet und deshalb absolut unbrauchbar (am 31. Dezember wertlos). Bilanzansatz in der Eröffnungsbilanz (1. Januar ...) 1 000,00 EUR.

Führen Sie die Korrekturbuchungen durch.

Die übrigen Kontensalden stimmen mit den Inventurwerten überein.

Erfassen Sie die *Inventurdifferenzen*. Erstellen Sie (nach der auf der Vorderseite dargestellten ersten *Möglichkeit*) *zuerst die Schlussbilanz* zum 31. Dezember. Ermitteln Sie danach die *„buchmäßigen Kontensalden"* und *korrigieren* Sie diese, soweit erforderlich.

Weisen Sie das Ergebnis als *„Eigenkapitalveränderung"* auf der Bilanz aus und kontrollieren Sie das Ergebnis durch einen *„Betriebsvermögensvergleich"*.

Lösung

Buchungssätze (EUR)

① Bank	75 000,00	an Grundstücke	75 000,00
② Geschäftsausstattung	18 000,00	an Verbindlichkeiten	18 000,00
③ Darlehensschuld	40 000,00	an Bank	40 000,00
④ Bank	50 000,00	an Forderungen	50 000,00
⑤ Roh-, Hilfs- und Betriebsstoffe	110 000,00	an Verbindlichkeiten	110 000,00
⑥ Verbindlichkeiten	90 000,00	an Bank	90 000,00

Erstellung der Schlussbilanz (lt. Inventur), Soll-Ist-Vergleich mit Korrekturbuchungen:

AB = Anfangsbestand, SB = Schlussbestand

Aktiva	Schlussbilanz zum 31. Dezember 02 (EUR)			Passiva
Anlagevermögen		**Eigenkapital 1. Jan.**	400 000,00	
Grundstücke und Gebäude	225 000,00	**Verlust 02**		
Masch., Fuhrpark		**Eigenkapital**	**3 000,00**	
Geschäftsausstattung	366 000,00	**31. Dezember 02**		
Umlaufvermögen		**Fremdkapital**		**397 000,00**
Roh-, Hilfs- und Betriebs-stoffe	359 000,00	Darlehensschuld		
		Verbindlichkeiten		550 000,00
Forderungen	150 000,00			328 000,00
Bank, Kasse	175 000,00			
	1 275 000,00			1 275 000,00

S	Grundstück u. Gebäude		H
AB	300 000,00	①	75 000,00
		SB	*225 000,00*

S	Eigenkapital		H
SB	***397 000,00***	AB	400 000,00
⑦ KB 1	**2 000,00**		
⑧ KB 2	**1 000,00**		

S	Masch./FP/GA		H
AB	350 000,00	***SB***	***366 000,00***
②	18 000,00	**⑦ KB 1**	**2 000,00**

S	Darlehensschuld		H
③	40 000,00	AB	590 000,00
SB	*550 000,00*		

S	RHB		H
AB	250 000,00	***SB***	***359 000,00***
⑤	110 000,00	**⑧ KB 2**	**1 000,00**

S	Verbindlichkeiten		H
⑥	90 000,00	AB	290 000,00
SB	*328 000,00*	②	18 000,00
		⑤	110 000,00

S	Forderungen		H
AB	200 000,00	④	50 000,00
		SB	*150 000,00*

S	Bank/Kasse		H
AB	180 000,00	③	40 000,00
①	75 000,00	⑥	90 000,00
④	50 000,00	*SB*	*175 000,00*

KB = Korrekturbuchungen

Buchungssätze für die Korrekturen zum 31. Dezember (Ausbuchen der Inventurdifferenzen):[1]

KB 1: ⑦ Eigenkapital[14]	2 000,00	an Geschäftsausstattung	2 000,00
KB 2: ⑧ Eigenkapital[14]	1 000,00	an Rohstoffe	1 000,00

[1] *Das Ausbuchen der beiden Inventurdifferenzen (2 000,00 + 1 000,00 EUR) bewirkt hier jeweils eine „Nettovermögensabnahme", d. h., der Unternehmer hat eine EK-Minderung von insgesamt 3 000,00 EUR (Verlust).*

Gewinnermittlung des Geschäftsjahres durch Betriebsvermögensvergleich:	
Eigenkapital am 31. Dezember	397 000,00 EUR
– Eigenkapital am 1. Januar	400 000,00 EUR
Eigenkapitalminderung (Verlust)	3 000,00 EUR

Hinweis: Sofern die Aufgabe mithilfe der auf S. 134 dargestellten zweiten Möglichkeit gelöst wird, erhalten wir ebenfalls das richtige Ergebnis. Entscheidend ist, dass auf jeden Fall die **Inventurdifferenzen ausgebucht werden**! In die Schlussbilanz dürfen nur die durch Inventur ermittelten **Istbestände** übernommen werden. In welcher Reihenfolge die Inventurdifferenzen ausgebucht werden, hat keine Auswirkung auf das Endergebnis. Der Praktiker wählt i. d. R. den Weg: Inventur, Inventar, Bilanzerstellung auf der Grundlage der Istwerte laut Inventur. Sofern der – unter Beachtung der Bewertungsvorschriften nach Handels- und Steuerrecht – ermittelte Bilanzansatz von dem in der laufenden Buchhaltung berechneten Bestand laut Saldo abweicht, müssen die Inventurdifferenzen ausgebucht werden.

Aufgabe 5 und 6 Seite 139 f.

Zusammenfassende Übersicht zu Kapitel 4.5.1: Bestandskonten

Zu jedem Bilanzposten gehört ein Konto.

Die Geschäftsvorfälle sind auf Konten abzubilden.

Die Buchungsregeln legen die Einträge auf den Bestandskonten fest. Sie sind aus den Eintragungen in der Bilanz abgeleitet.

Die Eintragungen auf Konten werden durch Buchungssätze beschrieben.

Zu jeder S-Buchung gehört eine gleich große H-Buchung.

Schema der Buchungen auf Bestandskonten:

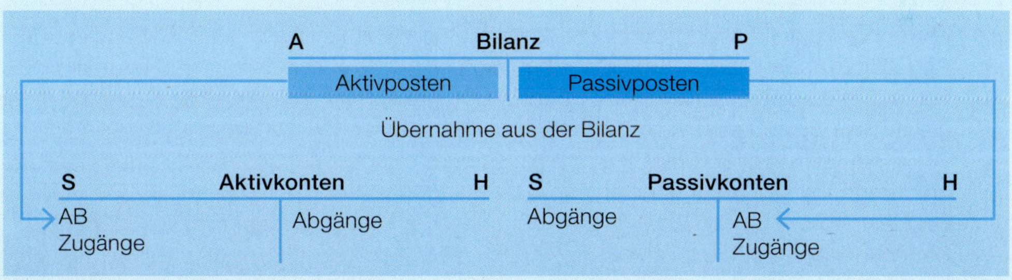

Vielfach entsprechen die Kontensalden den Inventurwerten:

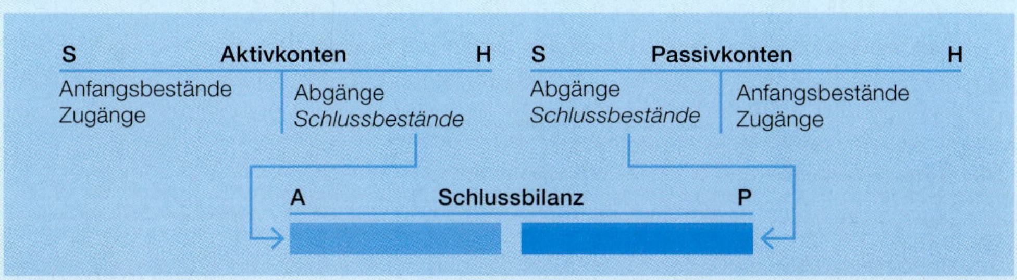

Bei Inventurdifferenzen sind die vorläufigen Kontensalden so zu berichtigen, dass sie mit den Inventurwerten übereinstimmen (Buchen von Inventurdifferenzen).

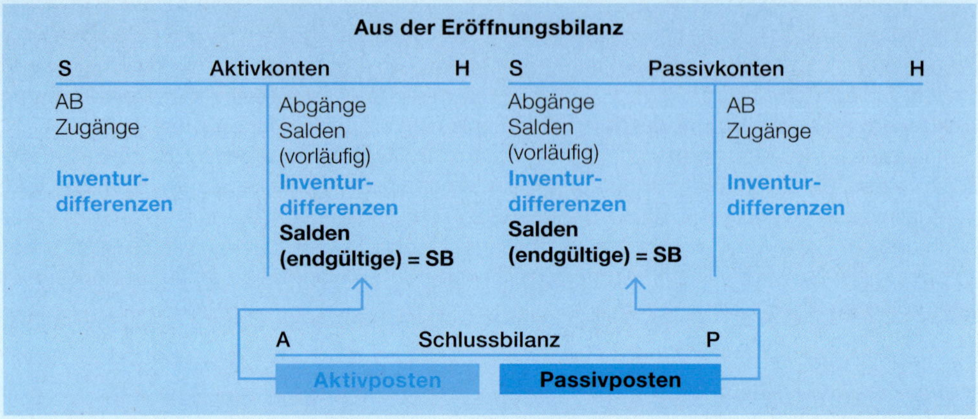

Geschäftsvorfälle, die ausschließlich die Bestände der Vermögenswerte (Aktiva) und/bzw. der Schulden verändern, wirken sich nicht auf das Ergebnis (Gewinn bzw. Verlust) aus.

Wiederholung des Grundwissens

1. Wie werden Bestandskonten gebildet?
2. Wie lauten die Buchungsregeln für Bestandskonten?
3. Wie werden Bestandskonten abgeschlossen?
4. Wie werden Inventurdifferenzen gebucht?

Aufgaben und Probleme

1. Stellen Sie zu den folgenden Geschäftsvorfällen die Buchungssätze auf (Beträge in EUR).
   a) Kauf von Betriebsstoffen auf Ziel, 24 000,00.
   b) Verkauf eines unbebauten Grundstücks zum Preis von 200 000,00. Der Käufer begleicht 150 000,00 durch die Bank und bleibt zunächst 50 000,00 schuldig.
   c) Ein Kunde schuldet 30 000,00, zahlt davon durch Bankscheck 20 000,00 und übergibt über den Rest der Summe einen Gebrauchtwagen.
   d) Ein Lieferer hat 60 000,00 zu fordern. Er ist mit der Umwandlung in ein verzinsliches Darlehen einverstanden.
   e) Ein Lagerhaus wird zum Preis von 300 000,00 erworben. 180 000,00 Zahlung durch die Bank. Über den Rest wird eine Hypothekenschuld eingetragen.

2. Welche Geschäftsvorfälle haben die folgenden Buchungen ausgelöst (Beträge in EUR)?
   a) Rohstoffe 12 000,00 an Bank 4 000,00, Verbindlichkeiten 8 000,00
   b) Bank 14 000,00 an Fuhrpark 14 000,00
   c) Bank 100 000,00 an Darlehensschuld 100 000,00
   d) Geschäftsausstattung 800,00 an Kasse 800,00
   e) Postbank 9 000,00, Kasse 2 000,00 an Forderungen 11 000,00

3. a) Begründen Sie, warum sich durch einen Zugang bei Aktivkonten und einen Abgang bei Passivkonten das Ergebnis verbessert.

b) Auf den beiden folgenden Konten wurde nach Geschäftsvorfällen falsch gebucht, durchgestrichen und berichtigt (EUR).

S	Maschinen	H
AB	~~100 000,000~~ 80 000,000	~~30 000,00~~ 20 000,00

S	Forderungen	H
	~~68 000,00~~ 65 000,00	~~32 000,00~~ 25 000,00

Beurteilen Sie diese Eintragungen. Wie hätten die richtigen Eintragungen lauten müssen? § 239 Abs. 2 und 3 HGB

c) Warum werden während des Geschäftsjahres „interne" Bilanzen erstellt, z. B. viertel-/halbjährlich?

4.

A	Bilanz zum 1. Januar ... (EUR)		P
Anlagevermögen		**Eigenkapital**	501 000,00
Grundstücke und Gebäude	450 000,00	**Fremdkapital**	
Technische Anlagen	320 000,00	Darlehensschuld	600 000,00
Fuhrpark	130 000,00	Verbindlichkeiten	280 000,00
Betriebs- und Geschäftsausstattung	75 000,00		
Umlaufvermögen			
Roh-, Hilfs- und Betriebsstoffe	110 000,00		
Unfertige und fertige Erzeugnisse	66 000,00		
Forderungen	140 000,00		
Bank, Kasse	90 000,00		
	1 381 000,00		1 381 000,00

Übernehmen Sie die Bestände auf T-Konten und buchen Sie die folgenden Geschäftsvorfälle (Buchungssätze und Eintragungen auf Konten; Beträge in EUR):

① Kauf eines Abstellplatzes gegen Bankscheck, 40 000,00
② Kunden zahlen durch Banküberweisungen, 80 000,00
③ Einkäufe von Roh-, Hilfs- und Betriebsstoffen auf Ziel, 71 000,00
④ Zahlung von Liefererschulden 100 000,00 über Konto Bank
⑤ Aufnahme von Bankdarlehen 150 000,00
⑥ Verkauf einer Maschine gegen bar 15 000,00
⑦ Kauf eines Lieferwagens zum Preis von 80 000,00, davon die Hälfte durch Bankscheck, der Rest auf Ziel.
⑧ Kauf von zehn Drehstühlen zu je 250,00 gegen Barzahlung.

Schließen Sie die Konten ab und legen Sie die Schlussbilanz an. Die Kontensalden entsprechen den Inventurwerten.

5. a) Warum können die Salden der Bestandskonten nicht ohne Weiteres als Schlussbestände auf die Bilanz übernommen werden?
b) Was ist zu unternehmen, wenn Inventurwerte und Kontensalden voneinander abweichen?
c) Warum ist die Anlage von Konten erforderlich, um der Vorschrift des § 238 Abs. 1 HGB nachzukommen?
d) Aus welcher gesetzlichen Vorschrift können Sie entnehmen, dass die Schlussbilanz aus Inventurwerten („Vorrang der Inventur") entwickelt wird und grundsätzlich nicht aus der Umbuchung von Kontensalden entsteht?

6.

Konto	Inventurwert	Kontensaldo	Feststellungen
Maschinen	120 000,00	105 000,00 (Haben)	Zielkauf von Schleifmaschine nicht gebucht.
Rohstoffe	60 000,00	63 000,00 (Haben)	Liefererrechnung zu hoch gebucht.
Bank	40 000,00	50 000,00 (Haben)	Barabhebung noch nicht erfasst.
Verbindlichkeiten	92 000,00	96 000,00 (Soll)	Zahlung an Lieferer nicht gebucht.

Welche Berichtigungsbuchungen sind erforderlich, um die Kontensalden richtigzustellen?

4.5.2 Ergebniskonten

Ein Jungunternehmer hat im abgelaufenen Geschäftsjahr nur einen geringen Gesamtgewinn erwirtschaftet.

Er untersucht nun die **„Ergebnisquellen"** seines Unternehmens, um herauszufinden, wie sich sein Gesamterfolg im Einzelnen zusammensetzt, damit er seine künftigen unternehmerischen Entscheidungen danach ausrichten kann.

1. Wie soll der Unternehmer vorgehen, um die **Erfolgskomponenten** seines Unternehmens nach **Arten** und **Quellen** zu ergründen?
2. Beraten Sie den Jungunternehmer.

Ergebnisermittlung mit Aufwendungen und Erträgen

Im vorausgegangenen Kapitel sind die Bestände und ihre Veränderungen auf Konten dargestellt und die Buchungsregeln für Geschäftsvorfälle auf Bestandskonten entwickelt worden. Dabei wurde das Ergebnis (Gewinn oder Verlust) mithilfe des Betriebsvermögensvergleichs ermittelt.

Im Abschnitt 4.4.2 wurde u. a. die Ergebnisermittlungsfunktion der Bilanz dargestellt. Gewinn ist z. B. dann entstanden, wenn das Eigenkapital am Ende des Geschäftsjahres größer ist als das Eigenkapital am Beginn dieses Geschäftsjahres und sofern dieser Reinvermögenszuwachs in der Unternehmung erwirtschaftet wurde.

§ 242 Abs. 3 HGB

Das HGB verlangt neben der Bilanz die Aufstellung einer Gewinn- und Verlustrechnung. Außerdem muss „eine Gegenüberstellung der Aufwendungen und Erträge des Geschäftsjahres (Gewinn- und Verlustrechnung)" erfolgen.

Abgesehen vom gesetzlichen Zwang, eine Gewinn- und Verlustrechnung (GuV-Rechnung) aufzustellen, muss die Unternehmung daran interessiert sein, die **Quellen des Ergebnisses** (Gewinn bzw. Verlust) möglichst genau und weitgehend aufgeschlüsselt zu kennen. Bei der Ergebnisermittlung in der Bilanz bleiben die einzelnen Ergebnisquellen verborgen.

Die Ermittlung des Unterschiedsbetrages zwischen den Aufwendungen und den Erträgen ist eine Möglichkeit, außerhalb der Bilanz das Ergebnis (Gewinn oder Verlust) festzustellen:

Aufwendungen < Erträge ⟶ Gewinn
Aufwendungen > Erträge ⟶ Verlust

Aufwendungen sind keine Verluste. Sie sind als Einsatz von **„Produktionsfaktoren“ (Input)** wie Werkstoffe, Arbeitsleistung, Betriebsmittel, z. B. Maschinen zu sehen und für die Erzielung von Erträgen und Gewinn notwendig.

Erträge (Output) zeigen den Erfolg der Unternehmung am Markt (**Absatz** von Erzeugnissen, Dienstleistungen). Sie führen dann zu einem Gewinn, wenn sie die Aufwendungen übersteigen.

Buchen von Aufwendungen und Erträgen

Die Inventurwerte der Eröffnungsbilanz (Aktiva und Passiva) sind als Anfangsbestände (AB) auf Bestandskonten übertragen worden („Eröffnungsbuchungen“). Geschäftsvorfälle treten nun auf, die nicht nur diese Bestandskonten betreffen, sondern

- als **Aufwendungen** eine *Verminderung des Eigenkapitals*,
- als **Erträge** eine *Vermehrung des Eigenkapitals*

bewirken. Entsprechend den Buchungsregeln für Aktiv- und Passivkonten (Ab- und Zugänge) sind die folgenden Geschäftsvorfälle gebucht worden (Beispiele, Beträge in EUR):

Geschäftsvorfall	Soll		Haben	
Der Betrieb zahlt durch Banküberweisung 600,00 Miete.	*Eigenkapital*	600,00	Bank	600,00
Der Betrieb erhält Provisionen in bar 1 000,00.	Kasse	1 000,00	*Eigenkapital*	1 000,00

Die Miete stellt einen Aufwand dar, weil das Unternehmen durch die Mietzahlung „ärmer“ wird. Sie bewirkt eine Minderung des Eigenkapitals (Passivkonto), die im Soll zu buchen ist. Durch die Provisionszahlung wird das Unternehmen „reicher“. Als Ertrag erhöht sie das Eigenkapital. Zugänge beim Passivkonto (Eigenkapital) werden auf der Habenseite gebucht.

Auswirkungen der Geschäftsvorfälle auf das Eigenkapital

Alle Aufwendungen und Erträge werden anstatt über das Konto „Eigenkapital“ zunächst über einzelne zweck- und ursachenbezogene Aufwands- und Ertragskonten („Unterkonten“ des Kontos „Eigenkapital“) gebucht.

Vorteil: Die entsprechend den *betrieblichen Sachverhalten aufgeteilten* und benannten *Aufwands- und Ertragskonten eröffnen den Blick auf die Ergebnisquellen.* Sie erst erlauben eine frühzeitige *Handlungs- und Entscheidungsorientierung.*

Ergebniskonten (Aufwands- und Ertragskonten)

Während des Abrechnungszeitraums, im Allgemeinen ein Jahr, sind nach Art und Anzahl verschiedene Aufwendungen und Erträge zu buchen. Es wird für jede Art von Aufwand und Ertrag ein eigenes Konto mit entsprechender Bezeichnung eingerichtet. Dabei werden gebucht:

- **Aufwendungen**: Zugänge im Soll ihres Kontos, z. B. Mietzahlungen im Soll des Kontos Mietaufwand. Abgänge, z. B. durch zu viel bezahlte Miete, im Haben dieses Kontos.
- **Erträge**: Zugänge im Haben ihres Kontos, z. B. eine erhaltene Provision im Haben des Kontos Provisionsertrag. Abgänge, z. B. durch zu viel erhaltene Provision, im Soll dieses Kontos.

Der Sammelbegriff für Aufwendungen und Erträge ist **Ergebniskonten** (auch „Erfolgskonten“).

Zusammenfassende Übersicht zu Kapitel 4.5.2: Ergebniskonten

- Die Buchungsregeln für Aufwendungen und Erträge leiten sich aus ihren Auswirkungen auf das Kapital ab.
- Zugänge sind Erträge.
- Abgänge sind Aufwendungen.
- Aufwendungen werden im Soll gebucht.
- Erträge werden im Haben gebucht.
- Für die verschiedenen Aufwendungen und Erträge werden besondere Ergebniskonten (Aufwands- und Ertragskonten) geführt. Je tiefer sie gegliedert sind, desto deutlicher sind die Ergebnisquellen zu erkennen.

Wiederholung des Grundwissens

1. Wie kann das Ergebnis durch Aufwendungen und Erträge ermittelt werden?
2. Warum ist es sinnvoll, die Ergebnisquellen möglichst detailliert darzustellen?
3. Wie werden Aufwendungen und Erträge gebucht?
4. Wie wirken sich Erfolgsvorgänge auf das Eigenkapital aus?

IUS

4.6 Gewinn- und Verlustkonto

Beim Abschluss des Geschäftsjahres sammelt man die Salden der Aufwands- und Ertragskonten auf einem Konto „*Gewinn und Verlust*" (Gewinn- und Verlustrechnung, abgekürzt GuV).

↘ Aufgabe 4 Seite 149

1. Buchungssätze: Bei Aufwandskonten „GuV an Aufwandskonto", bei Ertragskonten „Ertragskonto an GuV".
2. Der Saldo des Kontos GuV ist das *Ergebnis*.
   Ein Gewinn wird zum Ausgleich auf der Sollseite, ein Verlust auf der Habenseite des GuV-Kontos eingetragen. Im Sinne eines „buchhalterischen" Kontenabschlusses kann nach Korrektur von Inventurdifferenzen der Saldo des Kontos „GuV" auch auf das Konto „Eigenkapital" umgebucht werden (bei Gewinn: „GuV an Eigenkapital", bei Verlust: „Eigenkapital an GuV").

Sofern alle Geschäftsvorfälle aufgrund von Belegen lückenlos und sachlich richtig gebucht wurden, muss das Ergebnis laut GuV-Rechnung mit dem durch Betriebsvermögensvergleich (Vergleich des Anfangs- mit dem Endkapital in zwei aufeinanderfolgenden Bilanzen) ermittelten Ergebnis übereinstimmen.

Beispiel (Beträge in EUR)

A	**Eröffnungsbilanz 1. Januar**		P
Vermögenswerte	600000,00	Eigenkapital	200000,00
		Schulden	400000,00
	600000,00		600000,00

S	**Betriebssteuern**		H
Bank	4500,000	GuV	6000,00
Bank	1500,000		

S	**Zinserträge**		H
GuV	10000,000	Bank	8000,000
		Bank	2000,000

S	**Mietaufwand**		H
Bank	10000,000	GuV	14000,00
Bank	4000,000		

S	**Provisionsertrag**		H
GuV	18000,000	Bank	11000,000
		Bank	7000,000

Aufwendungen	**Gewinn- und Verlustrechnung (Geschäftsjahr)**		**Erträge**
Steuern	6000,00	Zinserträge	10000,00
Mietaufwand	14000,00	Provisionsertrag	18000,00
Saldo (Gewinn)	8000,00		
	28000,00		28000,00

A	**Eröffnungsbilanz 1. Januar**		P
Vermögenswerte	605000,00	Eigenkapital	208000,00 [1]
		Schulden	397000,00
	605000,00		605000,00

Buchungsregeln für Aufwands- und Ertragskonten

Aus den Texthinweisen und Kontenaufstellungen ergeben sich die Buchungsregeln für Aufwands- und Ertragskonten:

Art des Ergebniskontos	Zugänge	Abgänge	Abschluss des Kontos; Buchungssatz
Aufwandskonto	S	H	Saldo der H-Seite auf die S-Seite von GuV; GuV/Aufwandskonto
Ertragskonto	H	S	Saldo der S-Seite auf die H-Seite von GuV; Ertragskonto/GuV
GuV-Konto	Gewinn- bzw. Verlustsaldo – als Ausgleichsposten (G im Soll, V im Haben) auf GuV einsetzen oder – diesen Ausgleichsposten auf GuV einsetzen und auf Konto „Kapital“ umbuchen		

Aufgaben 2, 3 und 6 Seite 148 f.

Geschäftsgang: Kontenabschluss mit doppelter Ergebnisermittlung

Bei der buchungstechnischen Bearbeitung von Geschäftsgängen erfolgt die Darstellung von der Eröffnungsbilanz bis zur Schlussbilanz.

[1] *Das Ergebnis laut Inventur und Bilanz 208000,00 – 200000,00 = 8000,00 stimmt mit dem Ergebnis in der Gewinn- und Verlustrechnung (28000,00 – 20000,00 = 8000,00), überein.*

Fallbeispiel mit Lösungen (Beträge in EUR)

A	Eröffnungsbilanz zum 1. Januar ...		P
Anlagevermögen		**Eigenkapital**	120 000,00
Grundstücke und Gebäude	100 000,00	**Fremdkapital**	
Maschinen, Fuhrpark und Geschäftsausstattung	140 000,00	Darlehensschuld	206 000,00
		Verbindlichkeiten	60 000,00
Umlaufvermögen			
Roh-, Hilfs- und Betriebsstoffe	50 000,00		
Unfertige und fertige Erzeugnisse	30 000,00		
Forderungen	40 000,00		
Bank, Kasse	26 000,00		
	386 000,00		386 000,00

Arbeitsanweisung für die buchungstechnische Bearbeitung:

Eröffnen Sie die Bestandskonten und buchen Sie die folgenden Geschäftsvorfälle (Beträge in EUR):

- Bilden Sie die Buchungssätze (vorkontieren).
- Legen Sie die erforderlichen Konten an und buchen Sie die Geschäftsvorfälle.
- Schließen Sie die Aufwands- und Ertragskonten über GuV ab.
- Stellen Sie die Schlussbilanz zum 31. Dezember ... auf. Die Salden der Bestandskonten entsprechen hier den Inventurwerten.
- Ermitteln Sie auf der Schlussbilanz das Eigenkapital. Stellen Sie das Ergebnis durch einen Vergleich des Eigenkapitals zum 1. Januar ... mit dem Eigenkapital zum 31. Dezember ... (Betriebsvermögensvergleich) fest.
- Bestimmen Sie durch Saldieren auf Konto GuV das Ergebnis und tragen Sie den Saldo zum Ausgleich des Kontos ein.

Aufgaben 1 u. 5 Seite 148 u. 150

① Werkstoffeinkauf auf Ziel 15 000,00

② Barzahlung von Löhnen 1 200,00

③ Tilgung[1] der Darlehensschuld durch Banküberweisung 4 000,00

④ Bareinnahme von Miete 6 000,00

⑤ Kauf eines PC mit Bankscheck 2 500,00

⑥ Eingang von Provisionserträgen auf dem Bankkonto 9 000,00

⑦ Barzahlung von Zinsaufwendungen 1 800,00

⑧ Zahlung einer Betriebssteuer durch Banküberweisung 4 000,00

⑨ Verkauf eines Grundstücks gegen bar 15 000,00

⑩ Verschiedene Verwaltungsaufwendungen, Barzahlung 3 000,00

⑪ Eingang von Forderungen auf Bank 18 000,00

⑫ Zahlung von Verbindlichkeiten über Bank 10 000,00

[1] *Tilgung: ein Teil der Darlehensschuld wird zurückbezahlt.*

Lösungen

Buchungssätze: (vorkontieren)

① Roh-, Hilfs- und Betriebsstoffe	an Verbindlichkeiten	15 000,00
② Löhne	an Kasse	1 200,00
③ Darlehensschuld	an Bank	4 000,00
④ Kasse	an Mietertrag	6 000,00
⑤ Geschäftsausstattung	an Bank	2 500,00
⑥ Bank	an Provisionsertrag	9 000,00
⑦ Zinsaufwand	an Kasse	1 800,00
⑧ Steuern	an Bank	4 000,00
⑨ Kasse	an Grundstücke	15 000,00
⑩ Versch. Verwaltungsaufwendungen	an Kasse	3 000,00
⑪ Bank	an Forderungen	18 000,00
⑫ Verbindlichkeiten	an Bank	10 000,00

Bestandskonten

S Grundstücke und Gebäude H

S		H	
AB	100 000,00	⑨	15 000,00
		Saldo	85 000,00
	100 000,00		100000,00

S Maschinen, Fuhrpark, Geschäftsausstattung H

S		H	
AB	140 000,00	Saldo	142 500,00
⑤	2 500,00		
	142 500,00		142 500,00

S Roh-, Hilfs- und Betriebsstoffe H

S		H	
AB	50 000,00	Saldo	65 000,00
①	15 000,00		
	65 000,00		65 000,00

S Unfertige und fertige Erzeugnisse H

S		H	
AB	30 000,00	Saldo	30 000,00
	30 000,00		30 000,00

S Bank, Kasse H

S		H	
AB	26 000,00	②	1 200,00
④	6 000,00	③	4 000,00
⑥	9 000,00	⑤	2 500,00
⑨	15 000,00	⑦	1 800,00
⑪	18 000,00	⑧	4 000,00
		⑩	3 000,00
		⑫	10 000,00
		Saldo	47 500,00
	74 000,00		74 000,00

S Forderungen H

S		H	
AB	40 000,00	⑪	18 000,00
		Saldo	22 000,00
	40 000,00		40 000,00

S Eigenkapital H

S		H	
Saldo	125 000,00	AB	125 000,00
		GuV	5 000,00
	125 000,00		125 000,00

S Verbindlichkeiten H

S		H	
⑫	100 000,00	AB	60 000,00
Saldo	65 000,00	①	15 000,00
	75 000,00		75 000,00

S Darlehensschuld H

S		H	
③	4 000,00	AB	206 000,00
Saldo	202 000,00		
	206 000,00		206 000,00

Ergebniskonten

Aufwendungen

S	Löhne		H
②	1200,00	GuV	1200,00

S	Zinsaufwand		H
⑦	1800,00	GuV	1800,00

S	Steuern		H
⑧	4000,00	GuV	4000,00

S	Verschiedene Verwaltungsaufwendungen		H
⑩	3000,00	GuV	3000,00

Erträge

S	Mietertrag		H
GuV	6000,00	④	6000,00

S	Provisionsertrag		H
GuV	9000,00	⑥	9000,00

Abschluss der Ergebnis- und Bestandskonten

S (Aufwendungen)	GuV		(Erträge) H
Löhne	1200,00	Mietertrag	6000,00
Zinsaufwand	1800,00	Provisionsertrag	9000,00
Steuern	4000,00		
Verschiedene Verwaltungsaufwendungen	3000,00		
Saldo[1] (Gewinn)	5000,00		
	15000,00		15000,00

A	Bilanz zum 31. Dezember ..		P
Anlagevermögen		**Eigenkapital**[2]	125000,00
Grundstücke und Gebäude	85000,00	**Fremdkapital**	
Maschinen, Fuhrpark, Geschäftsausstattung	142500,00	Darlehensschuld	202000,00
Umlaufvermögen		Verbindlichkeiten	65000,00
Roh-, Hilfs- und Betriebsstoffe	65000,00		
Unfertige und fertige Erzeugnisse	30000,00		
Forderungen	22000,00		
Bank, Kasse	47500,00		
	392000,00		392000,00

[1] *Nur als Kontenausgleich oder als Kontenausgleich und Umbuchung auf Konto Eigenkapital (hier Umbuchung).*

[2] *Eigenkapital am 31. Dezember ...: Vermögen 392000,00 – Schulden 267000,00 = 125000,00 – Ergebnis: Eigenkapital am 31. Dezember ... 125000,00 (hier Inventurwert) – Eigenkapital am 1. Januar ... 120000,00 = 5000,00 (Gewinn)*

Doppelte Ergebnisermittlung
Gegenüberstellung: Betriebsvermögensvergleich und GuV-Rechnung

	Eröffnungsbilanz	Schlussbilanz	Wertveränderungen	GuV
Summen des Vermögens	386 000,00	392 000,00	+ 6 000,00	Aufwendungen 10 000,00
Summen der Schulden	266 000,00	267 000,00	+ 1 000,00	Erträge 15 000,00
Eigenkapital	120 000,00	125 000,00	+ 5 000,00	
Gewinn	**5 000,00**		**5 000,00**	+ 5 000,00

Anmerkungen:

1. Der vorausgegangene **Abschluss** stützt sich auf das HGB und orientiert sich an der Praxis.
   - Der Stand des Eigenkapitals wurde durch Inventur und **Bilanzvergleich** festgestellt.
   - Das Konto **GuV** beschränkt sich auf seine Hauptaufgabe als **Darstellung der Ergebnisquellen**. Der Saldo bestätigt das Ergebnis der Bilanz (Doppelte Ergebnisermittlung).

2. Möglich wäre auch ein Umbuchen des Saldos von Konto „GuV" auf „Konto Kapital" und die Übernahme aller Salden der Aktiv- und Passivkonten auf die Schlussbilanz durch die Buchungen.
   - Schlussbilanz an Aktivkonten und
   - Passivkonten an Schlussbilanz

Zusammenfassende Übersicht zu Kapitel 4.6: Gewinn- und Verlustkonto

Schematische Darstellung des Weges von den Ergebniskonten über GuV zu Eigenkapital und Schlussbilanz:

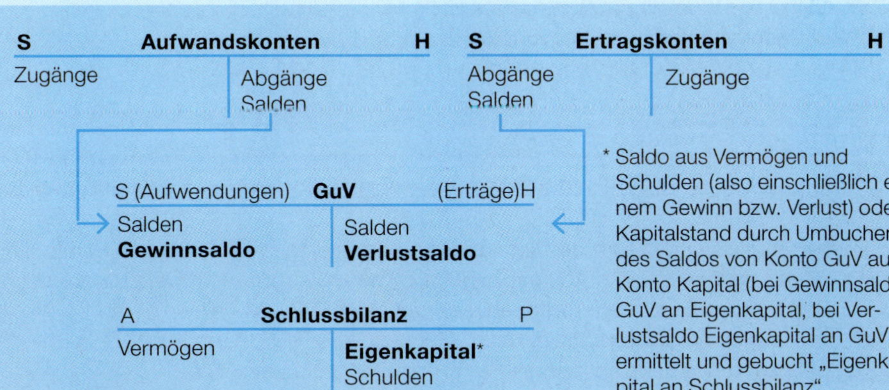

* Saldo aus Vermögen und Schulden (also einschließlich einem Gewinn bzw. Verlust) oder Kapitalstand durch Umbuchen des Saldos von Konto GuV auf Konto Kapital (bei Gewinnsaldo GuV an Eigenkapital, bei Verlustsaldo Eigenkapital an GuV) ermittelt und gebucht „Eigenkapital an Schlussbilanz"

Wiederholung des Grundwissens

1. Wie werden Aufwands- und Ertragskonten abgeschlossen?
2. Wie wird das Ergebnis im GuV-Konto ermittelt?
3. Wie wird das GuV-Konto abgeschlossen?
4. Welche Hauptaufgaben hat das GuV-Konto?

Aufgaben und Probleme

1.

A	Bilanz zum 1. Januar ... (EUR)		P
Grundstücke und Gebäude	250 000,00	Eigenkapital	210 000,00
Maschinen und Fuhrpark	30 000,00	Darlehensschuld	140 000,00
Geschäftsausstattung	18 000,00	Verbindlichkeiten	29 000,00
Roh-, Hilfs- und Betriebsstoffe	40 000,00		
Unfertige und fertige Erzeugnisse	20 000,00		
Forderungen	12 000,00		
Bank	7 000,00		
Kasse	2 000,00		
	379 000,00		379 000,00

Eröffnen Sie die Bestandskonten und buchen Sie die folgenden Geschäftsvorfälle (Beträge in EUR):

① Verkauf eines Fahrzeugs gegen Bankscheck 10 000,00.
② Gehaltszahlung über Bank 4 000,00.
③ Überweisung für eine Liefererschuld 8 000,00.
④ Barzahlung für Provisionsaufwand 1 500,00.
⑤ Barverkauf eines Lagerschuppens 19 000,00.
⑥ Mieteingang auf Bankkonto 26 000,00.
⑦ Barkauf von Roh-, Hilfs- und Betriebsstoffen 10 000,00, eines Computers 3 500,00.
⑧ Aufnahme eines zusätzlichen Darlehens 5 000,00. Einzahlung auf Bank.
⑨ Bankbelastung für Zinsen 9 600,00.
⑩ Barzahlung einer Fahrzeugreparatur 1 000,00.
⑪ Barzahlung für verschiedene Verwaltungskosten 500,00.
⑫ Ein Kunde zahlt auf Bankkonto ein, 3 800,00.

Stellen Sie das Ergebnis durch Bilanzvergleich und über die GuV-Rechnung fest. Die Salden der Bestandskonten entsprechen den durch Inventur ermittelten Werten.

2. Bilden Sie die Buchungssätze für folgende Geschäftsvorfälle (Beträge in EUR):

① Belastung des Bankkontos mit 12 000,00; davon 2 000,00 für Darlehenszinsen, der Rest Rückzahlungsrate Darlehen.
② Zahlung einer Liefererschuld, durch Bankscheck 6 000,00, in bar 3 000,00.
③ Belastung des Bankkontos mit Kontoführungsgebühren, 39,60.
④ Bareingang für Provisionen, 800,00.
⑤ Banküberweisungen für Büromaterial 225,00 und für Heizöl, 6 870,00.
⑥ Versehentlich wurden 200,00 Provision zu viel gezahlt (siehe ④). Ausgleich durch Übergabe eines Bankschecks.
⑦ Steuerzahlung an das städtische Steueramt über Konto Postbank 9 000,00 (Aufwandskonto „Steuern").
⑧ Eine Liefererverbindlichkeit wird in eine langfristige Verbindlichkeit (Darlehensschuld) umgewandelt, 35 000,00.

⑨ Kauf eines Lieferwagens zum Preis von 32000,00; 12000,00 werden sofort über Bankkonto überwiesen, der Rest wird gestundet.

⑩ Für Steuern (siehe ⑦) hätten nur 7000,00 bezahlt werden müssen. Die Stadtverwaltung erstattet die Überzahlung durch Banküberweisung.

3. Wie lauten die Geschäftsvorfälle aufgrund der folgenden Buchungssätze (Beträge in EUR)? Stellen Sie fest, wie sich die Buchungen ① bis ⑧ insgesamt auf das Ergebnis auswirken.

① Hypothekenschuld,	20000,00			
Zinsaufwand	1700,00	an	Bank	21700,00
② Bank	2600,00	an	Zinsertrag	600,00
			Provisionsertrag	470,00
			Mietertrag	1530,00
③ Postbank	17000,00			
Kasse	3000,00	an	Forderungen	20000,00
④ Bank	5000,00	an	Kasse	5000,00
⑤ Verbindlichkeiten	16000,00	an	Postbank	6000,00
			Fuhrpark	10000,00
⑥ Geschäftsausstattung	21000,00	an	Verbindlichkeiten	20000,00
			Kasse	1000,00
⑦ Löhne und Gehälter	11000,00	an	Kasse	2000,00
			Bank	9000,00
⑧ Bank	100000,00	an	Darlehen	100000,00

4. a) Vor 1985 konnte, außer bei Großunternehmen, darauf verzichtet werden, eine Gewinn- und Verlustrechnung aufzustellen.
   - Welche Gründe sprechen jedoch für § 242 Abs. 2 und 3 HGB?
   - Warum sind die Vorschriften der §§ 238 Abs. 1 und 239 Abs. 2 HGB ohne Gewinn- und Verlustrechnung nicht einzuhalten?

   b) Warum können Bilanzvergleiche nur unvollkommene Aussagen über die Ergebnisquellen geben?

   c) Begründen Sie, warum das Ergebnis nach dem Bilanzvergleich mit dem Ergebnis der Gewinn- und Verlustrechnung übereinstimmen muss.

   d)

A	**Schlussbilanz 31. Dezember ...**		P
Vermögen	700,00	Eigenkapital	420,00
		Fremdkapital	280,00
	700,00		700,00

S	**GuV-Rechnung Geschäftsjahr ...**		H
Aufwendungen	3000,00	Erträge	3120,00
Saldo = Gewinn	120,00		
	3120,00		3120,00

Warum kann bei der Bilanzaufstellung auf die Umbuchung des Saldos vom Konto „GuV“ auf das Konto „Eigenkapital“ verzichtet werden?
Wie hoch war der Stand des Eigenkapitals am 1. Januar ...?

5. Stand des Eigenkapitals laut Inventar und Bilanz (EUR) am 1. Januar ... 900 000,00, am 31. Dezember ... 1 050 000,00
Auszug aus der Gewinn- und Verlustrechnung für das Geschäftsjahr ...

S	GuV .. (EUR)		H
Aufwendungen	1 500 000,00	Erträge	1 648 000,00
Saldo	148 000,00		
	1 648 000,00		1 648 000,00

Es wird festgestellt (Beiträge in EUR):

	Stand laut Inventur	Stand laut Kontensaldo
Kasse	36 000,00	33 500,00
Bank	86 000,00	86 500,00

Gründe für Differenzen: Ein Bareingang von Miete und eine Zinsbelastung durch die Bank wurden versehentlich nicht gebucht.
Berichtigen Sie die Sammelbeträge auf GuV entsprechend und vergleichen Sie die Ergebnisse in der Bilanz und auf GuV.

6. Bilden Sie die Buchungssätze für folgende Geschäftsvorfälle (Beträge in EUR):
① Verkauf von Handelswaren auf Ziel 10 000,00
② Bareingang von Zinsen 11 000,00
③ Einkauf von Rohstoffen auf Ziel 24 000,00
④ Barzahlung für Werbemaßnahmen 7 000,00
⑤ Gehaltszahlung in bar 5 800,00
⑥ Ein Kunde zahlt durch Scheck 9 200,00
⑦ Barzahlung für Verwaltungskosten 4 400,00
⑧ Gutschrift für Provisionen auf Bankkonto 1 600,00
⑨ Teilrückzahlung des Darlehens über Bank 10 000,00
⑩ Bankscheck für Treibstoffe und Fahrzeugwartung 2 200,00
⑪ Mietzahlung über Bank 24 000,00
⑫ Rückzahlung von Verbindlichkeiten durch Banküberweisung 8 400,00

4.7 Grundlegende Geschäftsvorfälle der Finanzbuchhaltung

4.7.1 Umsatzsteuer/Vorsteuer

IUS

Susanne wird seit zwei Monaten beim Büromöbelhersteller Jürgen Wagner zur Industriekauffrau ausgebildet. Sie hat gerade am PC eine **Ausgangsrechnung** mit dem folgenden Inhalt erstellt (verkürzte Angaben):

Büroschrank „Life-Style"	10000,00 EUR
+ 19 % Umsatzsteuer	1900,00 EUR
Rechnungsbetrag	11900,00 EUR

Zahlbar ohne jeden Abzug innerhalb von 14 Tagen.

Susanne hat heute morgen in ihrer Tageszeitung gelesen: „Im Rahmen der EU-Steuerharmonisierung[1] kann auch in Deutschland eine Umsatzsteuererhöhung auf 20 % nicht mehr absolut ausgeschlossen werden!"

Sie überlegt, welche Auswirkungen dies für ihren Ausbildungsbetrieb hätte. Anhand der Ausgangsrechnung kommt sie zum Ergebnis: „Optimal! 100,00 EUR (1 % von 10000,00 EUR). Mehreinnahmen und somit 100,00 EUR Zusatzgewinn aus einer Lieferung!"

Prüfen und begründen Sie, ob Susannes Argumentation sachlich richtig ist.

Welche Auswirkungen hat die gesondert in Rechnung gestellte USt tatsächlich auf das Ergebnis des Unternehmens?

Aus methodischen Gründen wurden die bisherigen Geschäftsvorfälle ohne Umsatzsteuer (USt) gebucht. Im folgenden Kapitel werden das Umsatzsteuersystem und die buchtechnische Erfassung der Umsatzsteuer dargestellt.

System der Umsatzsteuer

Lieferungen und sonstige Leistungen, die ein Unternehmer im Inland gegen Entgelt im Rahmen seines Unternehmens ausführt, unterliegen der Umsatzsteuer. § 1 Abs. 1 Nr. 1 UStG

Danach muss jeder Unternehmer seine „Absatzleistung", nämlich

1. Lieferungen (Verkauf von Erzeugnissen und Handelswaren) und
2. sonstige Leistungen (z. B. erbrachte Serviceleistungen, Beratungen, sonstige typische Dienstleistungen)

der USt unterwerfen. Alle Ausgangsrechnungen (AR) sind mit dem allgemeinen Steuersatz von 19 % (Regelsteuersatz) oder mit 7 % USt (ermäßigter Steuersatz, z. B. für Lebensmittel und Bücher) zu belasten, soweit der Umsatz nicht ausdrücklich von der USt befreit ist. § 12 UStG § 4 UStG

[1] *In Deutschland beträgt der Regelsteuersatz (nicht ermäßigter USt-Satz) ab Januar 2007 19 %; vgl. § 12 Abs. 1 UStG. In den EU-Mitgliedstaaten schwankt dieser „Normalsteuersatz" zz. zwischen 15 und 25 %. Bei der USt-Harmonisierung wird innerhalb der EU ein einheitlicher Steuersatz angestrebt. (Durchschnitt zz. ca. 20 %).*

§ 14 UStG Der Unternehmer ist verpflichtet, Rechnungen auszustellen, in denen die Umsatzsteuer gesondert ausgewiesen wird.

„Kleinbetragsrechnungen", deren Gesamtbetrag 150,00 EUR[1] (einschließlich USt) nicht übersteigt, müssen u. a. nur den Steuersatz (ohne Steuerbetrag) enthalten. Kassenzettel, Fahrkarten, Provisionsabrechnungen gelten im Sinne des UStG ebenfalls als Rechnungen.

Die Umsatzsteuer, die beim Verkauf entsteht, indem sie dem Kunden in Rechnung (AR) gestellt wird, bezeichnet man als Umsatzsteuer-Traglast (Ausgangsumsatzsteuer). Sie ist eine Verbindlichkeit des Unternehmers (Verkäufers) gegenüber dem Finanzamt.

Die **Bemessungsgrundlage** für die USt ist das **Entgelt** (Nettowert). **Entgelt · Steuersatz = USt.**

Die Umsatzsteuer, die beim Einkauf entsteht, indem sie vom Lieferanten in Rechnung (ER) gestellt wird, nennt man Vorsteuer (Eingangsumsatzsteuer). Sie stellt eine Forderung des Unternehmers gegenüber dem Finanzamt dar.

§ 15 Abs. 1
§ 16 Abs. 2
UStG Die **Umsatzsteuer**, die der Unternehmer an das **Finanzamt zu zahlen hat**, ist die **Umsatzsteuer-Zahllast**, die sich durch Abzug der Vorsteuer von der Umsatzsteuer-Traglast ergibt.

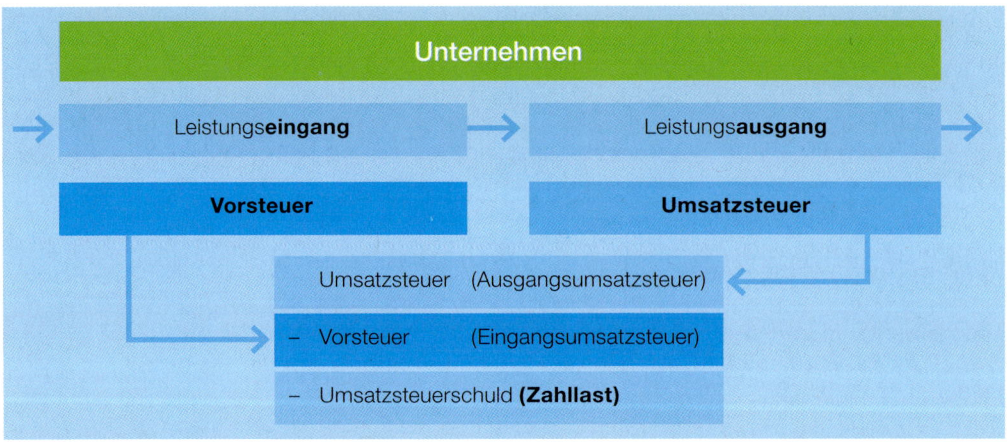

Der Unternehmer führt die Zahllast am Zehnten jedes Monats für den vorausgegangenen Monat an das Finanzamt ab, sofern monatlich abgerechnet wird (Monatszahler). In bestimmten Fällen überwiegt die Vorsteuer (z. B. es wurde mehr eingekauft als verkauft oder umsatzsteuerfreie Ausfuhren überwiegen, bei denen zuvor vom Unternehmer beim Einkauf der Güter dennoch die Vorsteuer abgezogen werden darf). Der Unternehmer hat dann einen **Erstattungsanspruch** gegen die Finanzverwaltung (Vorsteuer > Umsatzsteuer = **„Vorsteuerguthaben"**).

Das Umsatzsteuersystem, die **„Allphasen-Netto-Umsatzsteuer mit Vorsteuerabzug" (Mehrwertsteuer)**, soll anhand des folgenden Beispiels erläutert werden.

[1] *Der Grenzwert für Kleinbetragsrechnungen wurde zum 01.01.2007 von 100,00 EUR auf 150,00 EUR erhöht.*

Schema zum System der Umsatzsteuer (Mehrwertsteuer)

Stufen von Erzeugung und Vertrieb	Eingangsrechnung (ER) Ausgangsrechnung (AR) (angenommene Mehrwerte in EUR)	Identität von VoSt EUR	und USt EUR	Zahllast EUR
1. Betrieb der Rohstoffförderung: (Annahme: ohne fremde Lieferung und Leistung)	ER 0,00	0,00		**19,00** (19 % von 100,00, bzw. 19,00 – 0,00 = 19,00)
	0,00 + Mehrwert 100,00 = 100,00 + USt 19 % 19,00 AR 119,00		19,00	
2. Industriebetrieb	ER: 100,00 + 19,00 USt = 119,00	19,00		**38,00** (19 % von 200,00, bzw. 57,00 – 19,00 = 38,00)
	100,00 + Mehrwert 200,00 = 300,00 + USt 19 % 57,00 AR 357,00		57,00	
3. Großhandelsbetrieb	ER: 300,00 + 57,00 USt = 357,00	57,00		**22,80** (19 % von 120,00, bzw. 79,80 – 57,00 = 22,80)
	300,00 + Mehrwert 120,00 = 420,00 + USt 19 % 79,80 AR 499,80		79,80	
4. Einzelhandelsbetrieb	ER: 420,00 + 79,80 USt = 499,80	79,80		**34,20** (19 % von 180,00, bzw. 114,00 – 79,80 = 34,20)
	420,00 + Mehrwert 180,00 = 600,00 + USt 19 % 114,00 AR 714,00		96,00	
5. Endverbraucher (kein VoSt.-Abzug, da kein Unternehmer)	ER bzw. Kassenzettel 714,00			**114,00** (19 % von 600,00) **Summe der Zahllast** („Wertschöpfung"/ Mehrwert auf allen Stufen · Steuersatz)

Erläuterung:
In der 1. Stufe wird nur **Mehrwert** geschöpft, kein Vorlieferer, kein Vorsteuerabzug.

In der 2. bis 4. Stufe gilt: **Umsatzsteuer – Vorsteuer**. Der jeweilige *Mehrwert* (Wertschöpfung) wird besteuert.

Die **Umsatzsteuer** in der 5. Stufe entspricht der **Summe der Zahllast**. Im Endergebnis wird der gesamte Mehrwert (Wertschöpfung) besteuert, 19 % von 600,00 EUR = 114,00 EUR.

Die Ausgangsrechnungen der Vorstufe werden Eingangsrechnungen der Nachstufe, entsprechend wird die **Umsatzsteuer** der Vorstufe **Vorsteuer** der Nachstufe.

Unter Unternehmern sind **Vorsteuer** und **Umsatzsteuer** identisch (Identität von Vor- und Umsatzsteuer), d. h., des einen Umsatzsteuer ist des folgenden Vorsteuer; **Umsatzsteuer** und **Vorsteuer** gleichen sich aus, z. B. in der 3. Stufe 79,80 EUR **Umsatzsteuer** ist in der 4. Stufe 79,80 EUR **Vorsteuer**.

Der **Konsument** (Endverbraucher) zahlt in Wirklichkeit die Umsatzsteuer (enthalten im Kaufpreis): Er kann keine Vorsteuer absetzen. Er ist der eigentliche Träger der Umsatzsteuer, während für die Unternehmer die Umsatzsteuer nur ein Durchlaufposten ist. Der Konsument zahlt 19 % vom gesamten Mehrwert 600,00 EUR = 114,00 EUR.

Begriff „Mehrwert“: Der Mehrwert (Wertschöpfung) ist der Unterschiedsbetrag zwischen den Einkaufspreisen von Lieferungen und Leistungen und den Verkaufspreisen der Lieferungen und Leistungen.

Ergebnis
Die schematische Darstellung zeigt, dass die Umsatzsteuer für den **buchführungspflichtigen (bilanzierenden) Unternehmer** grundsätzlich ein **„durchlaufender Posten“** ist.

Sofern im Rahmen der EU-Steuerharmonisierung die USt z. B. um 1 % erhöht würde, so hat dies **keine Auswirkung** auf das Ergebnis des Unternehmens. Der **Endverbraucher** hätte eine solche USt-Erhöhung allein zu tragen.

Buchung der Umsatzsteuer

Rechnungstechnische Auswirkungen
Angelegt werden
1. ein **Konto „Vorsteuer“** (Umsatzsteuer, die vom Lieferer berechnet wird) = eine Forderung gegen die Finanzverwaltung (Aktivkonto) und
2. ein **Konto „Umsatzsteuer“** (Umsatzsteuer, die dem Kunden berechnet wird) = eine Verbindlichkeit gegenüber der Finanzverwaltung (Passivkonto).

Aufgaben 1–8 Seite 156 f.

Um die **Zahllast** festzustellen, wird die *Vorsteuer mit der Umsatzsteuer verrechnet*. Auch Leistungen sind grundsätzlich umsatzsteuerpflichtig. Rechnungen über fremde Leistungen enthalten Vorsteuer, Rechnungen über eigene Leistungen Umsatzsteuer.

§ 4

§ 4 Nr. 1 UStG

Bestimmte Umsätze sind steuerfrei, z. B. Kauf, Vermietung und Verpachtung von Grundstücken und Gebäuden, Kreditzinsen. Verzugszinsen aufgrund steuerpflichtiger Umsätze werden nicht besteuert. Steuerpflichtig sind Aufwendungen für die Miete von Maschinen, Fahrzeugen usw. (Anlagenleasing). Ausfuhrlieferungen sind steuerfrei.

Zahlung der Umsatzsteuer und Jahresabschluss (Unterstellung: Umsatzsteuer > Vorsteuer)
Die meisten Unternehmen zahlen monatlich Umsatzsteuer: Monatlich wird deshalb die Vorsteuer auf Konto Umsatzsteuer umgebucht.

- *Buchungssatz*: Umsatzsteuer an Vorsteuer.
  Der Saldo auf Konto Umsatzsteuer ist die „Zahllast“, sie wird an die Finanzverwaltung abgeführt.
- *Buchungssatz*: Umsatzsteuer an Bank.
  Am 31. Dezember ist die **Umsatzsteuer** bis Monat November mit dem Finanzamt abgerechnet (Zahlung am 10. Dezember für Monat November). Die Vorsteuer des Monats Dezember wird am 31. Dezember auf das Konto Umsatzsteuer umgebucht.
- *Buchungssatz* am 31.12.: Umsatzsteuer an Vorsteuer.
  Der Saldo auf Konto Umsatzsteuer **„Zahllast“** für Dezember ist beim Jahresabschluss eine Verbindlichkeit. Dieser Saldo wird als *Passivposten auf die Schlussbilanz* übernommen. Am 10. Januar des Folgejahres wird die Verbindlichkeit durch Zahlung an das Finanzamt ausgeglichen.
- *Buchungssatz am 10.01.*: Umsatzsteuer an Bank.

Fallbeispiel mit Lösungen

Buchen von Vorsteuer, Umsatzsteuer und **Zahllast** (vereinfachtes Modell); Beträge in EUR.

① und ② Buchen Sie die nachfolgenden gekürzten Eingangs- und Ausgangsrechnungen (ER und AR).

③ Schließen Sie Konto Vorsteuer auf Konto Umsatzsteuer ab.

④ Begleichen Sie die Zahllast (Banküberweisung).

⑤ Weisen Sie nach, dass die Zahllast eine Steuer vom „Mehrwert“ ist.

Rechnung des Lieferers (ER)

Rechnung	
Rohstoffe	10 000,00
+ Umsatzsteuer 19 %	1 900,00
Rechnungsbetrag	11 900,00

Mehrwert 5 000,00 EUR →

Rechnung an den Kunden (AR)

Rechnung	
Erzeugnisse	15 000,00
+ Umsatzsteuer 19 %	2 850,00
Rechnungsbetrag	17 850,00

Ergebniskonten

S	Verbindlichkeiten		H
		①	11 900,00

S	Rohstoffe		H
①	10 000,00		

S	Vorsteuer		H
①	1 900,00	③	1 900,00

S	Forderungen		H
②	17 850,00		

S	Umsatzerlöse		H
		②	15 000,00

S	Umsatzsteuer		H
③	1 900,00	②	2 850,00
④	950,00		

19 % des Mehrwerts = 800,00 EUR Mehrwertsteuer

S	Bank		H
		④	950,00

Buchungssätze und Erläuterungen:

①	Rohstoffe	10 000,00	an	Verbindlichkeiten	11 900,00
	Vorsteuer	1 900,00			
	Die Vorsteuer ist eine Forderung gegen die Finanzverwaltung.				
②	Forderungen	17 850,00	an	Umsatzerlöse	15 000,00
				Umsatzsteuer	2 850,00
	Die Umsatzsteuer ist eine Verbindlichkeit gegenüber der Finanzverwaltung.				
③	Umsatzsteuer	1 900,00	an	Vorsteuer	1 900,00
	Die Vorsteuer (eine Forderung) und die Umsatzsteuer (eine Verbindlichkeit) werden einander gegenübergestellt.				
④	Umsatzsteuer	950,00	an	Bank	950,00
	Umsatzsteuer minus Vorsteuer = Zahllast. Zahllast = Mehrwertsteuer wird bezahlt.				
⑤	Der Mehrwert von 5 000,00 wird mit 19 % = 950,00 besteuert.				

Zusammenfassende Übersicht zu Kapitel 4.7.1: Umsatzsteuer/Vorsteuer

Für die „Allphasen-Netto-Umsatzsteuer mit Vorsteuerabzug" (Mehrwertsteuer) gilt:
- Die Besteuerung der Umsätze erfolgt auf **allen Wirtschaftsstufen**.
- Die **Bemessungsgrundlage** der Umsatzsteuer ist das **Entgelt (Nettowert)**.
- Der **Unternehmer** ist zum **Vorsteuerabzug** berechtigt, daraus folgt:
  erhaltene USt auf Ausgangsrechnungen
  ./. bezahlte Vorsteuer auf Eingangsrechnungen
  = Zahllast (Mehrwert · Steuersatz)
- Auf jeder **Wirtschaftsstufe** wird nur die **„Wertschöpfung" (der „Mehrwert")** besteuert.
- Die Umsatzsteuer ist für den **Unternehmer** ein **durchlaufender Posten**.

Eine gleichwertige Gesamtleistung (Summe aller Wertschöpfungen) führt unabhängig von der Anzahl der Handelsstufen zu einer USt-Belastung in gleicher Höhe. Das heißt, die USt wirkt insofern nicht „konzentrationsfördernd", sondern „wettbewerbsneutral".

Eingangsrechnungen aufgrund fremder Lieferungen und Leistungen enthalten Umsatzsteuer. Diese Umsatzsteuer wird auf dem **Konto Vorsteuer** (Aktivkonto) gebucht. Sie ist eine Forderung an die Finanzverwaltung.

Ausgangsrechnungen aufgrund eigener Lieferungen und Leistungen enthalten Umsatzsteuer. Diese Umsatzsteuer wird auf dem **Konto Umsatzsteuer** (Passivkonto) gebucht. Sie ist eine Verbindlichkeit bei der Finanzverwaltung.

Vorsteuer und Umsatzsteuer werden verrechnet:

Umsatzsteuer > Vorsteuer:	Zahlung des Differenzbetrages = **Zahllast** an die Finanzverwaltung **(Umsatzsteuer an Bank)**.
Umsatzsteuer < Vorsteuer:	Erstattung des Differenzbetrages = des Vorsteuerüberschusses durch die Finanzverwaltung **(Bank an Vorsteuer)**.

Bei **steuerbefreiten Ausfuhrlieferungen** erfolgt ebenfalls die Entlastung von der Umsatzsteuer, d. h., der Unternehmer hat den **Vorsteuerabzug** (Exportförderung) bei seinen Einkäufen.

Das Umsatzsteuer-System erleichtert die **Steuerharmonisierung** innerhalb der EU.

Wiederholung des Grundwissens

1. Wann fällt Umsatzsteuer bzw. Vorsteuer an?
2. Wie wird die Zahllast ermittelt?
3. Wie funktioniert das System der Umsatzsteuer?
4. Welchen Charakter haben die Konten Umsatzsteuer bzw. Vorsteuer?
5. Wie wird die Umsatzsteuer gebucht?

Aufgaben und Probleme

1. Buchen Sie aufgrund der folgenden (vereinfachten und gekürzten) Rechnungen ① den Rohstoffkauf und ② den Verkauf von Erzeugnissen. Buchen Sie die Vorsteuer um. Die „Zahllast" wird durch Banküberweisung bezahlt.

Rechnung (ER):

20 Paletten mit Rohstoffen zu je 1 600,00 EUR =	32 000,00 EUR
+ Umsatzsteuer 19 %	6 080,00 EUR
Rechnungsbetrag	38 080,00 EUR

Rechnung (AR):

40 Plasma-Fernsehgeräte zu je 1 000,00 EUR =	40 000,00 EUR
+ Umsatzsteuer 19 %	7 600,00 EUR
Rechnungsbetrag	47 600,00 EUR

2. Nennen Sie die Buchungssätze zu den folgenden Geschäftsvorgängen.
   a) Rohstoffeinkauf auf Ziel 7 500,00 EUR zuzüglich 19 % Umsatzsteuer.
   b) Verkauf von Erzeugnissen auf Ziel 9 000,00 EUR zuzüglich 19 % Umsatzsteuer.
   c) Umbuchen des Vorsteuerbetrags.
   d) Bezahlen der Umsatzsteuer (Zahllast) durch Banküberweisung.
   e) Der Betrieb zahlt die Liefererrechnung (Eingangsrechnung) und der Kunde die Ausgangsrechnung jeweils durch Postüberweisung.

3. Wie lauten die Buchungssätze?
   f) Eingangsrechnung (ER) Nr. 126; Betriebsstoffe 8 000,00 EUR; zuzüglich 19 % Umsatzsteuer.
   g) Der Lieferer teilt Ihnen nachträglich mit, dass der Warenwert aus Versehen nur mit 8 000,00 EUR statt mit dem richtigen Betrag von 8 500,00 EUR angesetzt worden ist. Führen Sie eine entsprechende Korrekturbuchung durch.
   h) Nehmen Sie an, der Warenwert nach ER Nr. 126 werde nach einer Reklamation auf 7 000,00 EUR ermäßigt. Wie kann in diesem Falle ER Nr. 126 (siehe a) berichtigt werden?

4. Buchen Sie auf Konten.
   a) Einkauf von Hilfsstoffen auf Ziel 25 000,00 EUR + 19 % Umsatzsteuer.
   b) Verkauf von Erzeugnissen auf Ziel 16 000,00 EUR + 19 % Umsatzsteuer.
   c) Ermitteln Sie den Vorsteuerüberschuss. Buchen Sie den Betrag von Konto Umsatzsteuer auf Konto Vorsteuer um.
   d) Die Finanzverwaltung erstattet den „Vorsteuerüberhang" durch Banküberweisung.

5. Barkauf von Bürobedarf (Kleinbetragsrechnungen) über:
   a) 95,20 EUR einschließlich 19 % Umsatzsteuer.
   b) 51,36 EUR einschließlich 7 % Umsatzsteuer.

6. Schließen Sie die folgenden Konten auf den 31. Dezember … ab. Schlussbestand der Rohstoffe 80 000,00 EUR (Beträge auf Konten in EUR).

S	Rohstoffe		H
AB	100 000,000		
Zugänge …	230 000,000		

S	Umsatzerlöse		H
		Umsätze …	400 000,00

S	Aufwendungen für Rohstoffe	H

S	Vorsteuer		H
Zugänge	43 700,00	umgebucht auf USt (Jan. bis Nov.)	38 000,00

S	Umsatzsteuer		H
umgebucht VoSt + Zahllasten Jan. bis Nov. ..	60 800,00	Zugänge	76 000,00

7. Mietzahlungen durch Banküberweisung
   a) Monatsmiete für zwei Lagerhallen; zusammen 2 500,00 EUR.
   b) Monatsmiete für einen Großcomputer 3 500,00 EUR zuzüglich 19 % Umsatzsteuer = 665,00 EUR; Rechnungsbetrag 4 165,00 EUR.

8. Buchen Sie die folgenden Geschäftsvorfälle:
   a) Kassenzettel für den Einkauf verschiedener Büromaterialien EUR 270,00 EUR + 19 % Umsatzsteuer.
   b) ER 324 des Gipsergeschäfts Rohrer für Fassadenreparatur: 4 500,00 EUR + 19 % Umsatzsteuer.
   c) Aufgrund einer vorübergehenden Überlastung unseres Fuhrparks wird ein Kleintransporter gemietet. Rechnung der Autovermietung Behrend: 560,00 EUR + 19 % Umsatzsteuer.
   d) Für einen Gefälligkeitstransport mit unserem Lastkraftwagen erhalten wir 297,50 EUR (250,00 EUR + 19 % Umsatzsteuer). Barzahlung.
   e) Für den Verkauf von Altpapier und Verpackungsabfällen werden 166,60 EUR (140,00 EUR + 19 % Umsatzsteuer) bar erlöst.

4.7.2 Beschaffung und Verbrauch

Die Heinz GmbH stellt vor allem Krankenstühle her. Die Beschaffungsplanung in der Materialwirtschaft bezieht sich u. a. auf getrocknetes Holz, Lacke und Schmieröle sowie für fahrbare Krankenstühle auf Rollen für die Fertigmontage. Um das Sortiment zu ergänzen, werden über die eigene Produktion hinaus verschiedene Arten von Krücken bezogen und weiterverkauft. – Für die Zustellung der verschiedenen Sachgüter erhält die Heinz GmbH Frachtabrechnungen des Spediteurs.

- Welche Konten werden durch die Beschaffungsvorgänge angesprochen? Welche Informationen werden gewonnen?

IUS

Beschaffung in der Materialwirtschaft

Stoffe-Bestandskonten – Bestandskonto Waren (Handelswaren)
Der Einkauf im Industriebetrieb ist vor allem dadurch gekennzeichnet, dass Werkstoffe – das sind Rohstoffe, Fremdbauteile (bezogene Fertigteile), Hilfs- und Betriebsstoffe – bezogen werden.

Die Werkstoffe sind neben der menschlichen Arbeitsleistung und den Betriebsmitteln (technische Ausstattung) der dritte betriebswirtschaftliche Produktionsfaktor.

Neben den Werkstoffen für die Fertigung beziehen viele Industriebetriebe zur Ergänzung ihres Programms noch Fertigwaren, die sie unverändert als Handelswaren verkaufen.

Rohstoffe	wesentliche Bestandteile des Erzeugnisses	z. B. Holz, Blech, Kunststoffe
Bezogene Fertigteile (Fremdbauteile)	Gehen unverändert als Bestandteile in das Erzeugnis ein	z. B. Rollen für Krankenstühle
Hilfsstoffe	unwesentliche Bestandteile des Erzeugnisses	z. B. Lacke, Leime, Kleinteile
Betriebsstoffe	gehen nicht in das Erzeugnis ein, sind aber notwendig, um Erzeugnisse herzustellen	z. B. Strom, Schmieröle
Handelswaren	zur Ergänzung des Fertigungsprogramms bezogene Waren	z. B. Krücken, Sitzkissen

Der Industriekontenrahmen (IKR) enthält in der Kontenklasse 2 (Kontengruppe 20) die Werkstoffe, die in die Kontenarten (2000, 2010, 2020, 2030) unterteilt werden. Die Waren (Handelswaren) gehören in die Kontengruppe 22 Fertigerzeugnisse und Waren und hier in die Kontenart 2210 Waren (Handelswaren).

Die Aufteilung in die verschiedenen Stoffe-Bestandskonten und in Handelswaren gibt Informationen über den Anteil der bezogenen Fertigteile (Fremdbauteile) im Vergleich zum Umfang der bezogenen Rohstoffe bzw. über den Anteil der Handelswaren an dem Wert der für die Fertigung bezogenen Stoffe. Ein zunehmender Anteil von Fremdbauteilen für die Fertigung zeigt einen Trend zu verringerter Fertigungstiefe, d. h., spezialisierte Lieferanten stellen einbaufertige Teile zur Verfügung. Ein steigender Anteil an Handelswaren ist ein Anzeichen für Ergänzungen des Fertigungsprogramms, um den Kunden ein „abgerundetes“ Sortiment anbieten zu können.

Aufgabe 6 Seite 169

Sofortrabatte und Bezugskosten

***Sofortrabatte (Anschaffungspreisminderungen)*[1], die vom Lieferanten „sofort“ auf der Rechnung abgezogen werden, sind Preisnachlässe, die unmittelbar den Preis der Beschaffung mindern. Sie werden deshalb nicht gesondert erfasst.**

Beispiel

Mengen- und Wiederverkäuferrabatte, Sonderrabatte (z. B. wegen langjähriger Kundentreue).

***Bezugskosten* sind *Anschaffungsnebenkosten*; sie erhöhen den Kaufpreis für Werkstoffe und Handelswaren.**

Bei Abschlussarbeiten (z. B. dem Jahresabschluss) müssen deshalb die auf Schlussbestände entfallenden Anschaffungsnebenkosten auf dem entsprechenden Stoffe-Bestandskonto bzw. dem Konto Handelswaren erfasst (aktiviert) werden.

Diese Aktivierung der Anschaffungsnebenkosten ist gesetzlich vorgeschrieben. § 255 Abs. 1 HGB

Beispiel für Bezugskosten:

Rollgeld, Eingangsfrachten, Verpackungskosten, Transportversicherung für bezogene Werkstoffe.

[1] *Nicht zu verwechseln mit „nachträglich gewährten Rabatten“, z. B. Boni wegen Erreichen eines bestimmten Jahresumsatzes*

Kaufpreis für bezogene Werkstoffe bzw. Handelswaren (ohne Umsatzsteuer)
– Sofortrabatte (Anschaffungspreisminderungen)
+ Bezugskosten (Anschaffungsnebenkosten)
= Rechnungsbetrag (Anschaffungskosten)[1]

Buchhalterische Erfassung der Bezugskosten entweder

- unmittelbar auf den Hauptkonten (einzelne Stoffe-Bestandskonten 2000, 2010, 2020, 2030) bzw. dem Konto Handelswaren (2210) oder
- auf Unterkonten (Bezugskostenkonten) der jeweiligen Stoffe-Bestandskonten bzw. des Kontos Waren (Handelswaren)

Aufgaben 1–3 Seite 168

2000 Rohstoffe	**2030 Betriebsstoffe**
2001 Bezugskosten für Rohstoffe	2031 Bezugskosten für Betriebsstoffe
2010 Fremdbauteile	**2210 Handelswaren**
2011 Bezugskosten für Fremdbauteile	2211 Bezugskosten für Handelswaren
2020 Hilfsstoffe	
2021 Bezugskosten für Hilfsstoffe	

Die Salden aus den Unterkonten (Bezugskosten 2001–2211) werden am Ende einer Abrechnungsperiode, z. B. monatlich, auf die zugehörigen Hauptkonten (Stoffe-Bestandskonten bzw. Handelswaren) umgebucht, z. B. *Buchungssatz bei Rohstoffen: 2000 an 2001.*

Die gesonderte Erfassung der Bezugskosten auf den jeweiligen Unterkonten ermöglicht einen Überblick über die Höhe und die Entwicklung dieser Kosten.

Die Aussagefähigkeit der Buchführung wird erhöht. Mithilfe der Unterkonten kann z. B. entschieden werden, ob der Transport der bezogenen Stoffe durch fremde Unternehmen (Bahn, Spedition) oder durch eigene Fahrzeuge ausgeführt werden soll.

[1] *Beim zum Vorsteuerabzug berechtigten Unternehmen sind die Anschaffungskosten stets ein „Nettowert", d. h. ohne USt.*

Fallbeispiel mit Lösung

Folgende Daten aus einer Eingangsrechnung (ER) in einer Möbelfabrik liegen vor:

Möbelfabrik Lehner GmbH
73525 Schwäbisch Gmünd

Rechnung Nr. 409
Göppingen, ..-01-20

Wir lieferten Ihnen

lt. Ihrer Bestellung vom 04. Januar ..

Edelfurniere in Kirschbaum		2500,00 EUR
-Rabatt 20 %		500,00 EUR
		2000,00 EUR
Verpackungskosten	50,00 EUR	
Anteilige Frachtkosten	150,00 EUR	200,00 EUR[1]
		2200,00 EUR
+Umsatzsteuer 19 %		418,00 EUR
Rechnungsbetrag		2618,00 EUR

Zahlbar binnen 10 Tagen ohne Abzug!

① Buchen Sie die Eingangsrechnung bei der Möbelfabrik Lehner! Die Bezugskosten werden gesondert erfasst.

② Schließen Sie das Unterkonto ab.

Lösung

S	2000 Rohstoffe		H
①	2000,00		
②	200,00		

S	4400 Verbindlichkeiten		H
		①	2678,00

S	2001 Bezugskosten		H
①	200,00	②	200,00

S	2600 Vorsteuer		H
①	418,00		

Buchungssätze (Beträge in EUR)

①	2000 Rohstoffe	2000,00	an 4400 Verbindlichkeiten	2618,00
	2001 Bezugskosten	200,00		
	2600 Vorsteuer	418,00		
②	2000 Rohstoffe	200,00	an 2001 Bezugskosten	200,00

Verbrauch von Werkstoffen und Handelswaren[1]

Bei einem Hersteller von Fitnessgeräten wird der Verbrauch an Roh-, Hilfs- und Betriebsstoffen in der Fertigung laufend bei jeder Entnahme aus dem Lager mithilfe von „Materialentnahmescheinen" erfasst. Das verwendete EDV-Programm übernimmt die jeweils „aktuellen" Bestände auf die Konten für Werkstoffe und Handelswaren der Geschäftsbuchführung.

- Wird durch diese Bestandsermittlung die Bestandsaufnahme (Inventur) am Jahresende entbehrlich?
- Wie wird der Verbrauch an „Handelswaren" erfasst?

[1] *Wie der Wert der Werkstoffe und Handelswaren, unterliegen auch die Transport- und Verpackungskosten der Umsatzsteuer (§ 10 Abs. 1 UStG).*

Ermittlung des Verbrauchs – Inventur- und Fortschreibungsmethode

Werkstoffe
Mit der Abgabe der Rohstoffe, Fremdbauteile, Hilfs- und Betriebsstoffe vom Lager *in die Fertigung* bzw. mit dem *Verbrauch* („Verzehr") der Stoffe im Fertigungsprozess werden diese zu **Aufwendungen**.

Je nach der Art des einzelnen Werkstoffs werden diese auf verschiedenen *Stoffe-Aufwandskonten* der Kontenklasse 6 erfasst:

6000	Rohstoffaufwand
6010	Fremdbauteile-Aufwand
6020	Hilfsstoffaufwand
6030	Betriebsstoffaufwand

Der **Verbrauch der Werkstoffe** kann im Wesentlichen nach zwei verschiedenen Verfahren ermittelt werden.

- Ermittlung *am Ende der Abrechnungsperiode* durch Bestandsaufnahme **(= Inventurmethode)**.
- Ermittlung *unmittelbar beim Verbrauch* aufgrund von Materialentnahmescheinen **(= Fortschreibungsmethode)**.

Verbrauchsermittlung durch die Inventurmethode (Bestandsdifferenzrechnung)
Bei der **Inventurmethode** – auch *Bestandsdifferenzrechnung* genannt – wird der gesamte Verbrauch *indirekt (mittelbar) erfasst*, d. h. als Unterschied zwischen dem Anfangsbestand (einschließlich Zugängen) und dem Endbestand laut Inventur:

1. Januar …		Anfangsbestand an Werkstoffen
1. Januar bis 31. Dezember …		Zugänge in Abrechnungsperiode
	=	**Summe aus Anfangsbestand und Zugängen**
31. Dezember …	–	**Endbestand laut Inventur**
1. Januar bis 31. Dezember …	=	Verbrauch an Werkstoffen in der Abrechnungsperiode

Aufgaben 7–11 Seite 169 f.

Bei der Anwendung der Inventurmethode wird unterstellt, dass der als Bestandsdifferenz ermittelte Verbrauch ausschließlich produktionsabhängig und durch die Erstellung der betrieblichen Leistungen bedingt ist. Fehlbestände, z. B. durch Vernichtung, Schwund, Diebstahl, lassen sich mit diesem Verfahren nicht feststellen. Hierzu sind besondere Kontrollen notwendig.

Das Gesetz (HGB) schreibt die jährliche Bestandserfassung durch die Inventur vor.

Verbrauchsermittlung durch die Fortschreibungsmethode (Soll-Ist-Vergleich)
Die Anwendung dieser Methode setzt voraus, dass eine Lagerdatei geführt wird, in der die Lagerabgänge belegmäßig mithilfe von Materialentnahmescheinen (MES) erfasst werden. Der Materialentnahmeschein enthält u. a. die Auftragsnummer und die empfangende Fertigungsstelle, z. B. Lackiererei, an welche die Werkstoffe abgegeben werden.

IUS

MATERIALENTNAHMESCHEIN

1) Empfänger (Aussteller)	2) Vermerke
Leichtmetall-Teilfertigung	Rückstand aus Pos. 1 wird nachgeliefert. Me.

3) Auftragsnummer oder Kostenstelle	4) Aussteller		5) Lager		6) LG-Ort
1 3 0 8 0 1 3 2 4 9	Datum	..-07-13	Fab.-Tag	2836	
	Unterschrift	Kelle	Unterschrift	Meier	

7) Sachnummer	8) Benennung oder Teilzeichen	9) gewünschte Menge	10) Entn. Menge	11 ME
2 15 08 165 00 4	Gehäuse-Rohteil	300	200	1
2 19 01 034 01 2	Motorgehäuse-Rohteil	600	600	1
	zur Bearbeitung			
2 16 01 125 00 1	Büchse	1240	1240	1

Schlüssel für ME: 1 = Stück / 2 = kg / 3 = m / 4 = qm / 5 = cbm / 6 = Liter

Monatliche Verbrauchsermittlung durch Materialentnahmescheine (Fortschreibungsmethode)

1. März ... Anfangsbestand an Werkstoffen
5. März ... Zugänge lt. Lieferschein

5. März ... Bestand (Soll-Bestand)
9. März ... **Abgang lt. Materialentnahmeschein (MES)**

9. März ... Bestand (Soll-Bestand)
18. März ... **Abgang lt. Materialentnahmeschein (MES)**

18. März ... Bestand (Soll-Bestand)
25. März ... **Abgang lt. Materialentnahmeschein (MES)**

31. März ... Endbestand (Soll-Bestand)

→ **Verbrauch = Summe der Verbrauchswerte** in der Abrechnungsperiode

Der mithilfe der **Materialentnahmescheine (MES) ermittelte Verbrauch** und die durch Lieferscheine bzw. Eingangsrechnungen aufgezeichneten Zugänge ermöglichen es, nach jedem Vorgang den jeweiligen **buchmäßigen Bestand** (Soll-Bestand) festzustellen.

Durch Vergleich des Soll-Bestandes mit dem Inventurwert (Ist-Bestand) am Ende der Abrechnungsperiode, z. B. am Ende des Geschäftsjahres, können sich **Bestandsdifferenzen** ergeben **(= Soll-Ist-Abweichung)**.

Ist der *Ist-Bestand lt. Inventur niedriger* als der mit der Fortschreibungsmethode ermittelte Soll-Bestand, so kann diese nicht produktionsbedingte Bestandsdifferenz auf Schwund, Verderb, Diebstahl u. a. zurückzuführen sein. Umgekehrt: Sind die *Ist-Bestände höher* als die Soll-Bestände, so kann diese Differenz in einer fehlerhaften, in diesem Falle zu hoch ermittelten Verbrauchserfassung auf den Materialentnahmescheinen begründet sein.

Beispiel (Fortschreibungsmethode)

In einem Industriebetrieb wird bei der Ermittlung des Rohstoff-Verbrauchs die Fortschreibungsmethode angewandt.

Im gesamten Abrechnungszeitraum vom 1. Januar bis 31. Dezember .. ergibt sich folgende Soll-Ist-Abweichung aufgrund der nachfolgend zusammengefassten Beträge:

1. Januar ..	Anfangsbestand	300 kg zu je 150,00 EUR	=	45000,00 EUR
Zugänge (lt. ER) im Abrechnungszeitraum		1700 kg zu je 150,00 EUR	=	255000,00 EUR
31. Dezember ..	Soll-Bestand	2000 kg zu je 150,00 EUR	=	300000,00 EUR
Abgänge (lt. MES) im Abrechnungszeitraum		1900 kg zu je 150,00 EUR	=	285000,00 EUR
31. Dezember ..	*Soll-Bestand*	100 kg zu je 150,00 EUR	=	15000,00 EUR
31. Dezember ..	*Ist-Bestand lt. Inventur*	90 kg zu je 150,00 EUR	=	13500,00 EUR
Soll-Ist-Abweichung (Bestandsdifferenz)		**10 kg zu 150,00 EUR**	**=**	**1500,00 EUR**

Im vorliegenden Beispiel ist die **Bestandsdifferenz** von 10 kg (Wert 1 500,00 EUR) ein **Minderbestand**. Falls die Erfassung der Materialentnahme für die Fertigung fehlerfrei verlaufen ist, dann kann dieser Fehlbestand auf außergewöhnliche Umstände zurückzuführen sein, z. B. auf Verderb, Schwund, Diebstahl.

Vergleicht man die **Fortschreibungsmethode** (unmittelbare Verbrauchsermittlung) mit der **Inventurmethode** (indirekte Verbrauchsermittlung), so hat die Fortschreibungsmethode einen höheren Informationsgehalt: Der Sollbestand zeigt sich laufend, z. B. monatlich. Die Ursachen von Soll-Ist-Abweichungen lassen sich durch Inventur ermitteln.

Die einmalige Erfassung des gesamten Verbrauchs an Werkstoffen über das Inventurverfahren findet wegen seiner einfachen Handhabung hauptsächlich noch in Klein- und Mittelbetrieben Anwendung. Durch die zunehmende Verbreitung der EDV (Office-Programme) gewinnt die Fortschreibungsmethode auch bei mittelständischen Unternehmen an Bedeutung.

Sofern die Lagerbuchhaltung mit einem EDV-Programm erfolgt, wird jede Materialentnahme sofort ausgebucht. Somit kann jederzeit der **aktuelle buchmäßige Lagerbestand** (Sollbestand) *als Entscheidungsgrundlage für weitere Materialdispositionen* abgefragt werden.

Werden zur *Ergänzung des Produktionsprogramms* im Industrieunternehmen Handelswaren geführt, so wird der *Verbrauch der Handelswaren* (Handelswareneinsatz) – wie bei den Werkstoffen aufgezeigt – im Allgemeinen mit der **Inventurmethode** ermittelt.

Der Handelswareneinsatz lässt sich aber auch mit der **Fortschreibungsmethode** ermitteln. In diesem Falle wird *jede Entnahme* vom Lager für den Verkauf (Ware liegt jetzt in den Verkaufsräumen) unmittelbar *als Verbrauch erfasst*.

Beispiel

1. Januar …	Anfangsbestand an Handelswaren	50 000,00 EUR
1. Januar … bis 31. Dezember	Zugänge in der Abrechnungsperiode	160 000,00 EUR
31. Dezember …	Anfangsbestände und Zugänge	210 000,00 EUR
31. Dezember …	Inventurbestand	70 000,00 EUR
Verbrauch an Handelswaren (Handelswareneinsatz)		140 000,00 EUR

Buchen des Verbrauchs

Der **Verbrauch an Werkstoffen** (Roh-, Hilfs- und Betriebsstoffe, Fremdbauteile) sowie an **Handelswaren** wird gebucht, indem die ermittelten Verbrauchswerte von den Stoffe-Bestandskonten der Klasse 2 auf die Stoffe-Aufwandskonten der Klasse 6 und von dort aus auf die GuV übertragen werden.

vgl. Seite 162

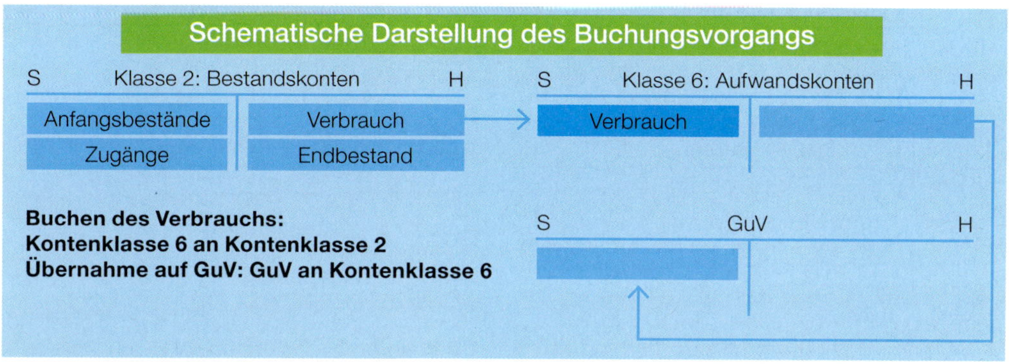

Fallbeispiel mit Lösung

Werkstoffe	Verbrauchs-ermittlung (Verfahren)	Anfangs-bestände + Zugänge	Material-entnahme lt. MES	Endbestand lt. Inventur
① Rohstoffe	Inventurmethode	980 000,00 EUR		195 800,00 EUR
② Hilfsstotte	Fortschreibungsmethode	38 500,00 EUR	14 000,00 EUR	21 500,00 EUR
③ Handelswaren	Inventurmethode	232 250,00 EUR		93 850,00 EUR

a) Berechnen Sie den Verbrauch ① – ③ der Roh- und Hilfsstoffe sowie der Handelswaren.

b) Buchen Sie den Verbrauch.

c) Welche Vorteile bietet die Fortschreibungsmethode? Gehen Sie auf die Situation ② ein.

Lösung

a) Berechnungen:

① Rohstoffverbrauch: 980 000,00 EUR – 195 800,00 EUR = 784 200,00 EUR

② Hilfsstoffverbrauch:

AB einschließlich Zugänge	38 500,00 EUR	
– Abgänge lt. MES	14 000,00 EUR	14 000,00 EUR
Soll-Bestand	24 500,00 EUR	
Ist-Bestand lt. Inventur	21 500,00 EUR	
Mehrverbrauch		3 000,00 EUR
Gesamtverbrauch		17 000,00 EUR

③ Handelswarenverbrauch (Handelswareneinsatz)
= AB einschließlich Zugänge 232 250,00 EUR – 93 850,00 EUR = 138 400,00 EUR

b) Berechnungen:

S	2000 Rohstoffe		H
AB und Zugänge	980 000,00	①	784 200,00

S	6000 Rohstoffaufwand		H
①	784 200,00		

S	2020 Hilfsstoffe		H
AB und Zugänge	38 500,00	②	14 000,00
		②a	3 000,00
		SB	21 500,00
	38 500,00		38 500,00

S	6020 Hilfsstoffaufwand		H
②	14 000,00		
②a	3 000,00		
	17 000,00		

S	2010 Handelswaren		H
AB und Zugänge	232 250,00	③	138 400,00

S	6080 Handelswarenaufwand		H
③	138 400,00		

Buchungssätze

①	6000	Rohstoffaufwand	784 200,00 EUR	an	2000	Rohstoffe	784 200,00 EUR
②	6020	Hilfsstoffaufwand	17 000,00 EUR	an	2020	Hilfsstoffe	17 000,00 EUR
②a	6026	Hilfsstoffaufwand	3 000,00 EUR	an	2020	Hilfsstoffe	3 000,00 EUR
③	6080	Handelswarenaufwand	138 400,00 EUR	an	2210	Handelswaren	138 400,00 EUR

c) Eine Aufteilung in einen **produktionsabhängigen** und **nicht produktionsabhängigen Stoffabgang** wird möglich. Bei ②a kann der Mehrverbrauch von 3 000,00 EUR auf Schwund und Verderb zurückzuführen sein. – Ein Minderverbrauch (Istbestand lt. Inventur ist höher als der ermittelte Sollbestand) würde darauf schließen lassen, dass die Verbrauchsermittlung durch Materialentnahmescheine fehlerhaft war.

Zusammenfassende Übersicht zu Kapitel 4.7.2: Beschaffung und Verbrauch

Die einzelnen **Werkstoffe** (Rohstoffe, Fremdbauteile, Hilfs- und Betriebsstoffe) sowie Handelswaren werden getrennt auf den einzelnen **Bestandskonten der Klasse 2** erfasst.

Sofortrabatte kürzen die Anschaffungskosten; sie werden vom Lieferanten „sofort" auf der Rechnung abgezogen und in der Buchführung nicht gesondert erfasst (anders bei nachträglich gewährten Rabatten, z. B. Boni).

Die bei der Beschaffung von Werkstoffen und Handelswaren anfallenden **Bezugskosten** sind **Anschaffungsnebenkosten**; sie müssen aktiviert werden.

Die **Bezugskosten** werden zunächst auf **Unterkonten** der Stoffe-Bestandskonten bzw. Handelswaren gebucht (Konten: 2001, 2011, 2021, 2031 bzw. 2211).

Die einzelnen **Bezugskosten-Konten** werden beim Abschluss von den einzelnen Unterkonten auf das jeweilige **Hauptkonto** übernommen.

Die Erfassung der Beschaffungsgüter, getrennt nach Roh-, Hilfs- und Betriebsstoffen bzw. Handelswaren sowie die Buchung der Bezugskosten auf Unterkonten erhöht den **Informationsgehalt der Buchführung**.

Der Verbrauch an Werkstoffen und Handelswaren wird auf den **Aufwandskonten der Klasse 6** im *Soll* und auf den **Bestandskonten der Klasse 2** im *Haben* gebucht (6 an 2).

Verfahren zur Ermittlung des Verbrauchs an Werkstoffen

- **Inventurmethode**: Verbrauch = AB + Zugänge – SB
- **Fortschreibungsmethode**: Summe der Verbrauchswerte lt. Materialentnahmeschein.

Bei der **Fortschreibungsmethode** lassen sich durch den anschließenden Soll-Ist-Vergleich neben dem Verbrauch für den Fertigungsprozess auch Bestandsabweichungen ermitteln, z. B. ein Mehrverbrauch durch Schwund, Verderb, Diebstahl.

Bei **Handelswaren** kann die Verbrauchsermittlung **(Handelswareneinsatz)** ebenfalls durch die Inventur- oder Fortschreibungsmethode erfolgen.

Wiederholung des Grundwissens

1. Wie unterscheiden sich Roh-, Hilfs-, Betriebsstoffe, Handelswaren und bezogene Fertigteile?
2. Wie werden in der Buchhaltung Sofortrabatte und Bezugskosten behandelt?
3. Welche Möglichkeiten gibt es, den Verbrauch von Werkstoffen und Handelswaren zu ermitteln?
4. Wie wird der Verbrauch an Werkstoffen gebucht?

Aufgaben und Probleme

Bilden Sie die Buchungssätze zu den Aufgaben 1 bis 5.

1. *Eingangsrechnung Nr. 130 bei der Heinz GmbH*

Lacke, Leim lt. Bestellung	1 000,00 EUR
+ 19 % Umsatzsteuer	190,00 EUR
Rechnungsbetrag	1 190,00 EUR

Zahlbar nach 30 Tagen ohne Abzug.

Barzahlung der Fracht auf diese Sendung an den Spediteur	100,00 EUR
+ 19 % Umsatzsteuer	19,00 EUR
insgesamt	119,00 EUR

a) Erfassen Sie die Eingangsrechnung.
b) Buchen Sie die Frachtabrechnung.

2. *Eingangsrechnung Nr. 135 bei der Heinz GmbH*

1 000 Rollen für Krankenstühle	4 000,00 EUR
Transportkosten	50,00 EUR
	4 050,00 EUR
+ 19 % Umsatzsteuer	769,50 EUR
Rechnungsbetrag	4 819,50 EUR

3. *Eingangsrechnung Nr. 136 bei der Heinz GmbH*

500 Achselkrücken	20 000,00 EUR
– 5 % Mengenrabatt	1 000,00 EUR
	19 000,00 EUR
Zufuhr	50,00 EUR
	19 050,00 EUR
+ 7 % Umsatzsteuer[1]	1 333,50 EUR
Rechnungsbetrag	20 383,50 EUR

Zahlungsziel 20 Tage ohne Abzug.

4. a) Wie lauten die Buchungssätze für die Umbuchungen der Bezugskosten bei den Eingangsrechnungen Nr. 130 (Fall 1), 135 (Fall 2) und 136 (Fall 3)?
   b) Warum sind diese Umbuchungen erforderlich?
   c) Weshalb gehört die vom Lieferer in Rechnung gestellte Umsatzsteuer nicht zu den Posten, die auf den Bestandskonten zu aktivieren sind?

5. *Eingangsrechnung Nr. 124 bei der Heinz GmbH*

Holz (Buche) lt. Bestellung	4 000,00 EUR
– 12,5 % Rabatt	500,00 EUR
	3 500,00 EUR
+ 19 % Umsatzsteuer	665,00 EUR
Rechnungsbetrag	4 165,00 EUR

Zahlbar binnen 10 Tage ohne Abzug!

[1] *Rollstühle für Körperbehinderte und Achselkrücken unterliegen dem ermäßigten Steuersatz von 7 %. Dabei wird die Nebenleistung (Zufuhr) und Hauptleistung (Lieferung) stets mit dem einheitlichen Steuersatz (hier 7 %) belastet.*

6. Wie beurteilen Sie die folgenden Entwicklungen?
- Bei einem Automobilhersteller ist der Anteil der „Fremdbauteile" im Vergleich zum Umfang der Rohstoffbeschaffung von 30 % in den letzten fünf Jahren auf über 50 % angestiegen.
- In einer Fabrik für Oberbekleidung ist der wertmäßige Anteil der Handelswaren auf 40 % der Gesamtbeschaffungskosten von Werkstoffen gestiegen.

7. In einem Industriebetrieb wird der Verbrauch an Werkstoffen mithilfe der Inventurmethode ermittelt:

Werkstoffe	Anfangsbestände und Zugänge	Inventurbestände
Rohstoffe	150 500,00 EUR	25 250,00 EUR
Hilfsstoffe	42 750,00 EUR	12 650,00 EUR
Betriebsstoffe	36 155,00 EUR	22 110,00 EUR

a) Ermitteln Sie den Verbrauch bei den einzelnen Werkstoffen in der Abrechnungsperiode.
b) Buchen Sie den Verbrauch. Schließen Sie die Stoffe-Bestandskonten und die Stoffe-Aufwandskonten auf die entsprechenden Abschlusskonten ab.

8. Ein Hersteller von Werkzeugen verwendet bei der Erfassung des Werkstoffverbrauchs verschiedene Verfahren (Beträge in EUR):

Werkstoffe und Handelswaren	Anfangsbestände und Zugänge	Materialentnahme lt. MES	Inventurbestände
Rohstoffe	350 545,00	245 300,00	105 245,00
Betriebsstoffe	187 350,00	100 250,00	85 050,00
Handelswaren	73 480,00	–	32 400,00

a) Buchen Sie den Verbrauch der Werkstoffe und den Einsatz der Handelswaren. Berücksichtigen Sie dabei auch die Differenz zwischen Soll- und Ist-Bestand bei den Betriebsstoffen.
b) Schließen Sie die Bestands- und Aufwandskonten ab.
c) Worauf könnte die Bestandsdifferenz bei den Betriebsstoffen zurückzuführen sein?

9. Ein Industriebetrieb erfasst den Verbrauch an Rohstoffen nach dem Fortschreibungsverfahren. Die Summe aus insgesamt 15 Materialentnahmen lt. MES ergab während des Geschäftsjahres einen Verbrauch von 285 500,00 EUR. Aufgrund der Jahresinventur wird ein Endbestand von 290 500,00 EUR ermittelt.
Stand der Bestandskonten vor der Inventur:

Konto	Anfangsbestand	Zugänge der Periode
Rohstoffe und Fremdbauteile	145 250,00 EUR	432 650,00 EUR
Bezugskosten	–	12 100,00 EUR

a) Ermitteln Sie den Rohstoffverbrauch. Berücksichtigen Sie dabei auch das Ergebnis der Inventur.
b) Buchen Sie den Verbrauch der Rohstoffe und schließen Sie die Konten über die Abschlusskonten ab.
c) Welche Ursache könnte die Bestandsabweichung haben?

10. Buchen Sie die folgenden Geschäftsvorfälle in einer Fabrik für Elektrowerkzeuge:
   a) Einkauf von Dynamoblechen 0,5 mm auf Ziel 12 500,00 EUR + 19 % Umsatzsteuer = 14 875,00 EUR.
   b) Verbrauch von bezogenen Spezialschaltern lt. MES 4 750,00 EUR.
   c) Einkauf von Lacken auf Ziel 1 200,00 EUR + 19 % Umsatzsteuer = 1 428,00 EUR.
   d) Verbrauch von Granulaten für die Herstellung von Kunststoffgehäusen lt. MES 4 250,00 EUR.

11. Ein Unternehmensberater empfiehlt einer kleinen chemischen Fabrik, die Reinigungsmittel und Farbstoffe herstellt, bei der Ermittlung des Verbrauchs der Rohstoffe künftig von der Inventurmethode abzugehen und den Verbrauch über Materialentnahmescheine zu erfassen. Die Zu- und Abgänge sowie die täglichen Soll-Bestände ließen sich über den Einsatz einer EDV-Anlage rationell feststellen.
   Der Unternehmensberater stützt sein Beratungsergebnis u. a. auf die während des vergangenen Jahres ermittelten Zahlen bei einem ausgewählten Rohstoff:

Anfangsbestand	Zugang während des Jahres	Inventurbestand
125 500,00 EUR	245 200,00 EUR	240 150,00 EUR

   Die während des letzten Jahres probeweise durchgeführte Erfassung des Verbrauchs durch Materialentnahmescheine ergab bei dem ausgewählten Rohstoff (vgl. oben) einen Verbrauch von 115 700,00 EUR.
   a) Ermitteln Sie den Verbrauch, der sich durch Anwendung der Inventurmethode ergibt.
   b) Welche Bestandsdifferenz ergibt sich unter Heranziehung der Ergebnisse des probeweise eingeführten Fortschreibungsverfahrens?
   c) Warum empfiehlt wohl der Unternehmensberater im vorliegenden Falle den Übergang zum Fortschreibungsverfahren?
   d) Stellen Sie die wesentlichen Vor- und Nachteile der Inventur- und Fortschreibungsmethode einander gegenüber.

4.7.3 Bestandsveränderungen

In der GuV-Rechnung der Kunststoffwerke K. Oettinger & Sohn OHG ist gekürzt und zusammengefasst folgendes Ergebnis aus der Gegenüberstellung von Umsatzerlösen (Erträgen) und Produktionsaufwendungen (entstandene Kosten) festgestellt worden (Beträge in EUR):

Anwendungen	**GuV-Rechnung des Jahres 20..**		**Erträge**
Produktionsaufwendungen	800 000,00	Umsatzerlöse	1 000 000,00
Ergebnis	200 000,00		
	1 000 000,00		1 000 000,00

Dieser gekürzte Teil der GuV-Rechnung enthält als Gegenposten zu den Umsatzerlösen alle Aufwendungen, die sich bei der Produktion von Erzeugnissen ergeben haben. Der Saldo stellt das Ergebnis als Differenz zwischen Umsatz und Aufwendungen der Produktion dar.

Der Unternehmer ist überzeugt, dieses „Ergebnis“ entspreche dem tatsächlich erzielten Gewinn des vergangenen Jahres aus betrieblicher Tätigkeit. Der Buchhalter legt jedoch weiteres Zahlenmaterial vor (EUR):

	Unfertige Erzeugnisse	Fertige Erzeugnisse
Anfangsbestände am 1. Januar ..	140000,00	60000,00
Schlussbestände am 31. Dezember ..	90000,00	80000,00

- Wie hoch ist der im Geschäftsjahr .. erwirtschaftete Gewinn aus der **betrieblichen Tätigkeit**?
- Wie beeinflussen die **Bestandsveränderungen** das Ergebnis?

Bei der Inventur sind außer den Beständen an Roh-, Hilfs- und Betriebsstoffen sowie Fremdbauteilen auch die **Bestände an unfertigen und fertigen Erzeugnissen** (UE und FE) aufzunehmen und mit einem bestimmten Wert anzusetzen. Gegenüber dem vorausgegangenen Abschluss ergeben sich **Bestandsveränderungen** (Bestandsmehrungen oder Bestandsminderungen).

Unfertige Erzeugnisse (UE) und fertige Erzeugnisse (FE)
Die UE und die FE gehören zum Umlaufvermögen des Industriebetriebs. Während des Geschäftsjahres verändert sich der Bestand an UE und FE durch **Produktion** (Zugänge) und **Verkauf am Absatzmarkt** (Abgänge) sowie durch **Weiterverarbeitung**, d. h., aus UE werden Endprodukte (FE). *Diese ständigen, einzelnen Bestandsveränderungen werden in der* **laufenden** *Geschäftsbuchführung, d. h. innerhalb der Rechnungsperiode,* **nicht gebucht**.

Der gesamte **Wert dieser Bestandsveränderungen** als Unterschied zwischen Anfangsbestand (01.01.) und Endbestand (31.12.) muss jedoch erfasst und bei der Ermittlung des tatsächlichen betrieblichen Ergebnisses **(Gesamtergebnis)** berücksichtigt werden. In den Bestandsveränderungen wird ein Teil der unternehmerischen Gesamtleistung, nämlich die **„Lagerleistung“**, sichtbar:

- **Erhöhung des Lagerbestandes** (Bestandsmehrung): Erhöhung des **Periodenergebnisses**,
- **Minderung des Lagerbestandes** (Bestandsminderung): Minderung des **Periodenergebnisses**.

Aufgaben 3–6 Seite 177

Bisher ist aus Vereinfachungsgründen unterstellt worden, dass alle innerhalb eines Geschäftsjahres (Rechnungsperiode) produzierten Güter (FE, UE) auch vollständig verkauft werden. In diesem betrieblichen Ausnahmefall gibt es **keine Bestandsveränderung**, *da die Menge der in der laufenden Rechnungsperiode hergestellten und verkauften Erzeugnisse gleich groß ist.* Das bedeutet, die Bestände (UE, FE) der Eröffnungsbilanz = den Beständen (UE, FE) der Schlussbilanz. Nur bei dieser, in der betrieblichen Praxis **unrealistischen Unterstellung** gilt für die entsprechende Rechnungsperiode:

Umsatzerlöse – entstandene Produktionsaufwendungen = Ergebnis der betrieblichen Tätigkeit
(Verkaufserlöse) **(Betriebsergebnis)**

„Kostenrechnerisch“ verkürzt ausgedrückt:
Leistungen – Kosten = Betriebsergebnis.

Die **Gewinn- und Verlustrechnung** ist in **„Staffelform“** aufzustellen. Das heißt, alle betrieblichen Erträge und Aufwendungen werden untereinander systematisch aufgelistet, um das Betriebsergebnis zu ermitteln. Bisher sind in der GuV alle Aufwendungen und Erträge in **„Kontoform“** einander gegenübergestellt worden, um die Erfolgsquellen auszuweisen. § 275 Abs. 1 HGB

Die **Ergebnisermittlung in „Staffelform“** – also untereinander – ermöglicht den Ausweis von *Zwischensummen*, die dem Unternehmer über die Zusammensetzung des Gesamtgewinns weitere Informationen liefern, als Grundlage für künftige unternehmerische Entscheidungen.

Diese Form der Darstellung – die außerhalb der laufenden Geschäftsbuchführung erfolgt – ist vor allem dann sinnvoll, wenn in der Rechnungsperiode Bestandsveränderungen eingetreten sind, was ja in der betrieblichen Praxis der Normalfall ist. Außerdem wird dadurch der *Einblick in die Ertragslage des Unternehmens wesentlich verbessert.*

§ 275 Abs. 2 HGB

Bei Anwendung des Gesamtkostenverfahrens sind auszuweisen:

1. Umsatzerlöse
2. Erhöhung oder Verminderung des Bestands an fertigen und unfertigen Erzeugnissen.

Das bedeutet: Nach diesem **„Gesamtkostenverfahren“** sind die Umsatzerlöse (Verkaufserlöse / „Wert der Leistung am Absatzmarkt“) um den Wert der Bestandsveränderungen an **FE** und **UE zu korrigieren**.

Beim **Gesamtkostenverfahren** werden **sämtliche Produktionsaufwendungen** unabhängig von der verkauften Menge und den dabei erzielten Umsatzerlösen ausgewiesen. Soweit Aufwendungen nicht den Umsatzerlösen zuzuordnen sind, müssen sie den **übrigen Leistungen** des Unternehmens, nämlich den fertigen oder unfertigen Erzeugnissen (die noch nicht Umsatzerlöse sind), zugeordnet werden, um die **Gesamtleistung** des Industriebetriebes richtig zu erfassen. Erst diese Gegenüberstellung in der **„Periodenrechnung“** (außerhalb der Buchführung) lässt Aussagen über die Leistungsfähigkeit eines Produktionsbetriebes im abgelaufenen Geschäftsjahr **(Zeitraumbetrachtung)** zu.

Bestandsveränderungen

Bestandsmehrung

Übersteigt der Wert der Produktion einer Periode den Wert des Absatzes dieser Periode, handelt es sich um eine **positive Bestandsveränderung (Bestandsmehrung)**, die die betriebliche Gesamtleistung erhöht.

Bei der **Bestandserhöhung** (Bestandsmehrung) ergibt sich folgende Rechnung:

	Umsatzerlöse (Verkaufserlöse)
+	**Erhöhung des Bestandes an UE und FE[1] („Lagerleistung“)[2]**
	Betriebliche Gesamtleistung
–	**Summe aller Produktionsaufwendungen des Geschäftsjahres**
=	**Betriebliches Ergebnis (Ergebnis der betrieblichen Tätigkeit)**

1 *Der Wert der UE und FE wird dabei nach der jeweiligen „Fertigungsreife“ der Produkte angesetzt. Durch Inventur wird die Veränderung des „Mengengerüstes“ ermittelt; die Bestimmung des „Wertgerüstes“ für die jeweilige Bestandsveränderung ist ein Bewertungsproblem. Wir dürfen noch nicht mit den zu erwartenden Verkaufspreisen rechnen, sondern es dürfen nur die bei der bisherigen Herstellung verursachten und nachweisbaren Kosten angesetzt werden.*

2 *Auch als „positive Lagerleistung“ bezeichnet, da die Bestandsmehrung einen positiven Beitrag, eine Erhöhung der Gesamtleistung bewirkt.*

Bestandsminderung
Wird in einer Periode mehr abgesetzt als hergestellt, tritt eine **Bestandsminderung** ein, die die **betriebliche Gesamtleistung** der Rechnungsperiode (des laufenden Geschäftsjahres) **mindert**, *weil ein Teil der abgesetzten Leistungen (Umsatzerlöse) aus der Produktion von Vorperioden stammt*, deren Aufwendungen gebündelt (in einer Summe) den Erlösen gegenübergestellt werden.

Bei der **Bestandsminderung** ergibt sich folgende Rechnung:

Umsatzerlöse (Verkaufserlöse)
– Minderung des Bestandes an UE und FE („Lagerbestandsabbau")[1]
Betriebliche Gesamtleistung
– Summe aller Produktionsaufwendungen des Geschäftsjahres
= Betriebliches Ergebnis (Ergebnis der betrieblichen Tätigkeit)

Rechnungstechnische Auswirkungen
Alle Bestandsveränderungen eines Geschäftsjahres werden in der Buchhaltung meist auf **einem Konto**, dem Konto **„Bestandsveränderungen UE/FE"** dargestellt. Auf der Sollseite dieses Kontos werden Bestandsminderungen an UE und FE erfasst, auf der Habenseite Bestandsmehrungen an UE und FE. Das Konto „Bestandsveränderungen" ist ein „Erfolgskonto" (Vorkonto der GuV). Nur der **Saldo** dieses Kontos wird in einem **Betrag** auf dem GuV-Konto gegengebucht. Damit werden die Umsatzerlöse (Verkaufserlöse der Periode) um den Saldo der Bestandsveränderungen indirekt (auf dem GuV-Konto) entsprechend korrigiert.

So wird sichergestellt, dass die in der Rechnungsperiode erwirtschaftete **Gesamtleistung** auch den genau dafür verursachten Aufwendungen gegenübergestellt wird, um das tatsächliche Betriebsergebnis auszuweisen.

Zur besseren Übersicht können auch getrennte Konten, also die Konten „Bestandsveränderungen an unfertigen Erzeugnissen" und „Bestandsveränderungen an fertigen Erzeugnissen" angelegt werden (Salden auf GuV).

Natürlich gibt es auch in jedem Industriebetrieb weitere „erfolgswirksame Geschäftsvorfälle", wie z. B. die Vereinnahmung von Zins- oder Provisionserträgen, die den Gewinn, das unternehmerische Gesamtergebnis, beeinflussen. Dieser Aspekt wird jedoch erst später weiter vertieft.

Bezogen auf die Zahlen im Eingangsbeispiel ergibt sich folgende Kontrollrechnung zur „kontenmäßigen Darstellung": *vgl. Seite 170 f.*

Beispiel

Bestandsminderungen bei unfertigen Erzeugnissen:

Anfangsbestand der unfertigen Erzeugnisse	140000,00 EUR
Schlussbestand der unfertigen Erzeugnisse	90000,00 EUR
Bestandsminderung (in der Rechnungsperiode)	50000,00 EUR

[1] *Der „Lagerbestandsabbau" (Bestandsminderung) wird z. T. auch als „negative Lagerleistung" bezeichnet, da eine Verwertung der in einer Vorperiode produzierten UE durch Weiterverarbeitung bzw. Verkauf der FE erfolgt.*

Bestandsmehrung bei fertigen Erzeugnissen:	
Anfangsbestand der fertigen Erzeugnisse	60 000,00 EUR
Schlussbestand der fertigen Erzeugnisse	80 000,00 EUR
Bestandsmehrung (in der Rechnungsperiode)	20 000,00 EUR
Verrechnung von Bestandsminderungen und -mehrungen (vgl. Saldo Bestandsveränderungen)	
Bestandsminderung	–50 000,00 EUR
Bestandsmehrung	+20 000,00 EUR
„per Saldo" eine Bestandsminderung, d. h. Korrektur der Umsatzerlöse im Soll der GuV	–30 000,00 EUR
Auswirkung auf das Periodenergebnis (vgl. Saldo Bestandsänderungen)	–30 000,00 EUR

Nach Berücksichtigung der Bestandsveränderungen ist eine **Ergebnisminderung** von 30 000,00 EUR eingetreten.

vgl. Seite 170

Im folgenden Fallbeispiel wird das Eingangsproblem, das sich bei der K. Oettinger & Sohn OHG ergibt, zur besseren Veranschaulichung auch auf T-Konten dargestellt.

Fallbeispiel mit Lösungen

(Zahlenangaben: Vgl. Eingangsproblem S. 170 und Beispiel S. 173, Beträge in EUR).

Die Kunststoffwerke K. Oettinger & Sohn OHG haben zum 1. Januar .. die Konten „unfertige Erzeugnisse" und „fertige Erzeugnisse" mit 140 000,00 und 60 000,00 eröffnet. Die Inventur zum 31. Dezember .. ergibt für die unfertigen Erzeugnisse 90 000,00 und für die fertigen Erzeugnisse 80 000,00. Während des Jahres .. sind auf den entsprechenden Konten insgesamt 800 000,00 Produktionsaufwendungen und auf dem Konto „Umsatzerlöse" 1 000 000,00 gebucht worden.

Eröffnen Sie die Konten und buchen Sie die Bestandsveränderungen. Schließen Sie die Konten ab und erläutern Sie die Auswirkungen auf das Ergebnis.

Lösungen (Beiträge in EUR)

S Unfertige Erzeugnisse (UE) H

S		H	
AB	140 000,00	①	**50 000,00**
		Saldo = SB	90 000,00

S Produktionsaufwendungen (Sammelkonto) H

S		H	
...	800 000,00	③	800 000,00

Aufgaben 1 u. 2 Seite 176

S Fertige Erzeugnisse (FE) H

S		H	
AB	60 000,00	Saldo = SB	80 000,00
②	**20 000,00**		

S Umsatzerlöse H

S		H	
⑤	1 000 000,00	...	1 000 000,00

S Bestandsveränderungen H

S		H	
①	50 000,00	②	**20 000,00**
		④ Saldo	30 000,00

A Schlussbilanz (Auszug) P

A		P	
UE	90 000,00		
FE	80 000,00		

S GuV (Auszug) H

S		H	
③	800 000,00	⑤	1 000 000,00
④	30 000,00		
Ergebnis	170 000,00		
	1 000 000,00		1 000 000,00

Buchungssätze

① Bestandsveränderungen	50 000,00	an	Unfertige Erzeugnisse	50 000,00
② Fertige Erzeugnisse	20 000,00	an	Bestandsveränderungen	20 000,00
③ GuV	800 000,00	an	Produktionsaufwendungen	800 000,00
④ GuV	30 000,00	an	Bestandsveränderungen	30 000,00
⑤ Umsatzerlöse	1 000 000,00	an	GuV	1 000 000,00

Erläuterungen: Die Inventurbestände der Erzeugnisse werden auf der Schlussbilanz (Aktivseite) eingetragen. Ihr **Inventurwert** hat die Bestandsveränderungen (siehe Buchungen ① und ②) **festgelegt**, sodass die Salden der UE und der FE mit den Inventurbeständen übereinstimmen.

Das noch zu berichtigende vorläufige Ergebnis von 200 000,00 (1 000 000,00 – 800 000,00) wird durch die Bestandsminderungen von 50 000,00 und die Bestandsmehrungen von 20 000,00, Saldo 30 000,00 (Überschuss der Bestandsminderungen), zum endgültigen Ergebnis von 170 000,00 berichtigt.

Zusammenfassende Übersicht zu Kapitel 4.7.3: Bestandsveränderungen

In Industriebetrieben stimmen **Produktionsmenge** und **Absatzmenge** der **UE/FE** in einer Rechnungsperiode im Normalfall nicht überein, deshalb müssen die **Bestandsmehrungen** und **Bestandsminderungen** als **Bestandsveränderungen** erfasst werden, um das tatsächlich erzielte Ergebnis der betrieblichen Tätigkeit **(„Betriebsergebnis")** richtig auszuweisen.

Bestandsveränderungen entstehen, wenn gilt:
- Produktionsmenge > Absatzmenge = **Bestandsmehrung (Ergebnismehrung)**
- Produktionsmenge < Absatzmenge = **Bestandsminderung (Ergebnisminderung)**

Bestandsmehrungen und Bestandsminderungen werden auf dem Konto **„Bestandsveränderungen UE/FE"** erfasst. Der **Saldo** dieses Kontos wird auf dem **GuV-Konto**
- als **„Korrekturposten** zu den **Umsatzerlösen**" gegengebucht.

Schematische Darstellung des **Zusammenhangs auf Konten**:
- **Buchung bei einer Bestandsmehrung:**

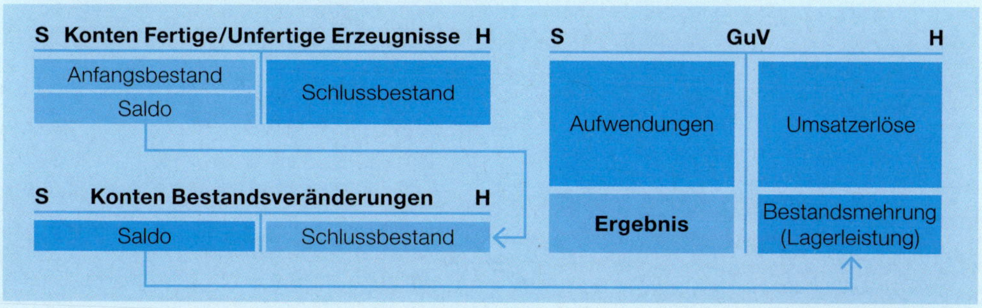

– **Buchung bei einer Bestandsminderung:**

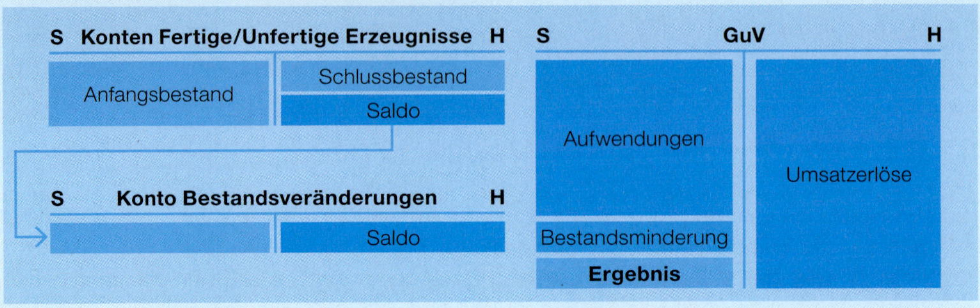

Wiederholung des Grundwissens

1. Wann treten Bestandsveränderungen auf?
2. Wie wirken sich Bestandsmehrungen und Bestandsminderungen auf das Periodenergebnis aus?
3. Wie werden Bestandsveränderungen gebucht?
4. Wie wird das Konto Bestandsveränderungen abgeschlossen?

Aufgaben und Probleme

1. In einer Maschinenfabrik sind aus der Eröffnungsbilanz zum 1. Januar ... die Bestände der unfertigen Erzeugnisse mit 152000,00 EUR und der fertigen Erzeugnisse mit 96000,00 EUR auf die Konten übernommen worden. Die Aufnahme der Bestände zum 31. Dezember .. ergibt für die unfertigen Erzeugnisse 120000,00 EUR, für die fertigen Erzeugnisse 213000,00 EUR. Im Jahr .. sind als Produktionsaufwendungen insgesamt 1345000,00 EUR und auf dem Konto Umsatzerlöse 1517000,00 EUR gebucht worden.
   a) Eröffnen Sie die erforderlichen Konten und buchen Sie die Bestandsveränderungen. Schließen Sie die Konten ab.
   b) Ermitteln Sie das Ergebnis auf Konten und durch Berechnung.

2. Die Bestände an unfertigen und fertigen Erzeugnissen haben sich in einem kleinen Industriebetrieb wie folgt entwickelt:

	Bestände an Erzeugnissen	
	im Abschlussjahr EUR	**im Folgejahr EUR**
Unfertige Erzeugnisse:		
Anfangsbestände	19500,00	4200,00
Schlussbestände	4200,00	71000,00
Fertige Erzeugnisse:		
Anfangsbestände	13000,00	56000,00
Schlussbestände	56000,00	11400,00

   a) Welche Schlüsse können aus den Bestandsveränderungen gezogen werden?
   b) In vielen Industriebetrieben wird ein Konto „Bestandsveränderungen an unfertigen Erzeugnissen“ und ein Konto „Bestandsveränderungen an fertigen Erzeugnissen“ geführt. Was spricht für die Kontenaufteilung?

c) In welchem Falle sind die entstandenen Aufwendungen für die Produktion und die Aufwendungen für die Herstellung der verkauften Erzeugnisse gleich groß?

3. Zahlenangaben der Buchhaltung eines Industriebetriebs (Beträge in EUR):
Produktionsaufwendungen 640000,00

	Unfertige Erzeugnisse	Fertige Erzeugnisse
Anfangsbestände	42000,00	19000,00
Schlussbestände	48000,00	8000,00
Umsatzerlöse (Umsätze)		920000,00

Ermitteln Sie das Betriebsergebnis.

4. Aus der Buchführung eines Industriebetriebs wird entnommen:

Jahr	Bestände an Erzeugnissen EUR		Produktionsaufwendungen EUR	Umsatzerlöse EUR
2006	Anfangsbestand (davon UE 16000,00; FE 14000,00)	30000,00	298000,00	420000,00
	Schlussbestand (davon UE 18000,00; FE 24000,00)	42000,00		
2007	Anfangsbestand (davon UE 18000,00; FE 24000,00)	42000,00	377000,00	460000,00
	Schlussbestand (davon UE 5000,00; FE 29000,00)	34000,00		

Bestimmen Sie die Ergebnisse beider Jahre (rechnerische Darstellung).

5.

A	Bilanz 1. Januar .. (Auszug) EUR	P
Unfertige Erzeugnisse	22000,00	
Fertige Erzeugnisse	85000,00	

A	Bilanz 31. Dezember .. (Auszug) EUR	P
Unfertige Erzeugnisse	40000,00	
Fertige Erzeugnisse	52000,00	

Wie wurde am 31. Dezember gebucht, um die Bestandsveränderungen zu berücksichtigen? Welche Auswirkungen auf das Ergebnis sind festzustellen?

6. Können Sie aufgrund der folgenden Inventurwerte eine Aussage zur Auftrags- und Absatzlage des Unternehmens machen?

Bestände am	Unfertige Erzeugnisse EUR	Fertige Erzeugnisse EUR
01. Januar ..	60000,00	90000,00
31. Dezember ..	40000,00	120000,00

4.7.4 Abschreibungen auf Anlagen

Die Eröffnungsbilanz, die GuV-Rechnung und die Schlussbilanz einer Unternehmung für das Geschäftsjahr liegen vor.

A	Eröffnungsbilanz zum 1. Januar ...		P
Anlagevermögen		**Eigenkapital**	500 000,00
Gebäude	200 000,00	**Fremdkapital**	
Maschinen	100 000,00	Darlehen	370 000,00
Fuhrpark	80 000,00	Verbindlichkeiten	160 000,00
Betriebsausstattung	50 000,00		
Umlaufvermögen			
Roh-, Hilfs- und Betriebsstoffe	300 000,00		
Unfertige und fertige Erzeugnisse	40 000,00		
Forderungen	170 000,00		
Bank, Kasse	90 000,00		
	1 030 000,00		1 030 000,00

S (Aufwendungen)	GuV ... (EUR)		(Erträge) H
Aufwendungen für Roh-, Hilfs- und Betriebsstoffe	900 000,00	Umsatzerlöse	1 681 000,00
Löhne und Gehälter	420 000,00	Mietertrag	24 000,00
Werbung und Reise	8 000,00	Bestandsveränderungen	20 000,00
Energieaufwand	15 000,00		
Verschiedene Verwaltungsaufwendungen	212 000,00		
Zinsaufwand	20 000,00		
Gewinn	**150 000,00**		
	1 725 000,00		1 725 000,00

A	Schlussbilanz zum 31. Dezember ...		P
Anlagevermögen		**Eigenkapital**	650 000,00
Gebäude	200 000,00	**Fremdkapital**	
Maschinen	100 000,00	Darlehen	220 000,00
Fuhrpark	80 000,00	Verbindlichkeiten	190 000,00
Betriebsausstattung	50 000,00		
Umlaufvermögen			
Roh-, Hilfs- und Betriebsstoffe	260 000,00		
Unfertige und fertige Erzeugnisse	60 000,00		
Forderungen	200 000,00		
Bank, Kasse	110 000,00		
	1 060 000,00		1 060 000,00

Einem Buchführungsfachmann erscheint die Höhe des Gewinns zweifelhaft. Er unterstreicht die Posten, die ihm besonders auffallen.

Analyse der beiden Bilanzen

Der Blick auf die beiden Bilanzen zeigt, dass trotz Nutzung über ein Geschäftsjahr hinweg das gesamte Anlagevermögen am 31. Dezember in gleicher Höhe wie am 1. Januar bilanziert worden ist.

Im Rechnungswesen des Unternehmens ist demnach die Nutzung und damit Abnutzung der Sachanlagen nicht zum Ausdruck gekommen. Man hat nicht abgeschrieben.

Berichtigung und Auswirkung der Abschreibung auf das Rechnungswesen

Die Abnutzung der Anlagen ist als

- Vermögensminderung (wie ein Abgang) bei den Posten des Anlagevermögens – Habenbuchung auf den betreffenden Aktivkonten – und
- als Aufwand – Sollbuchung auf Konto Abschreibungen –

zu erfassen. Abschreibungen mindern das Ergebnis.

Buchungssatz: Abschreibungen an Anlagenkonto

Höhe der Abschreibung

Sie bemisst sich weitgehend nach der mutmaßlichen (betriebsgewöhnlichen) Nutzungsdauer einer Anlage und wird in einem Prozentsatz der Anschaffungskosten bzw. des Bilanzwertes (Buchwert, Restwert) ausgedrückt.

Fallbeispiel mit Lösungen

Gehen Sie von den Zahlen in EUR aus der Einführung zu diesem Abschnitt (Seite 178) aus.

1. Berechnen und buchen Sie aufgrund der folgenden Angaben die Abschreibungsbeträge: Gebäude 2 % von 400000,00 (Anschaffungskosten), Maschinen 20 % von 100000,00 (Buchwert), Fuhrpark $16\frac{2}{3}$ % von 96000,00 (Anschaffungskosten), Betriebsausstattung 10 % von 50000,00 (Buchwert).
2. Zeigen Sie, welche Veränderungen auf der Bilanz zum 31. Dezember und in der GuV-Rechnung d. J. auftreten.
3. Nehmen Sie Stellung zur Auswirkung von Abschreibungen auf das Ergebnis.

Lösung Buchungssätze

Abschreibungen	8 000,00	an	Gebäude	8 000,00
Abschreibungen	20 000,00	an	Maschinen	20 000,00
Abschreibungen	16 000,00	an	Fuhrpark	16 000,00
Abschreibungen	5 000,00	an	Betriebsausstattung	5 000,00
Summe der Abschreibungen	49 000,00			

Veränderung auf Bilanz und GuV-Rechnung *vgl. S. 180*

A	Schlussbilanz zum 31. Dezember ...		P
Anlagevermögen		**Eigenkapital**	601 000,00
Gebäude	*192 000,00*	**Fremdkapital**	
Maschinen	*80 000,00*	Darlehen	220 000,00
Fuhrpark	*64 000,00*	Verbindlichkeiten	190 000,00
Betriebsausstattung	*45 000,00*		
Umlaufvermögen			
Roh-, Hilfs- und Betriebsstoffe	260 000,00		
Unfertige und fertige Erzeugnisse	60 000,00		
Forderungen	200 000,00		
Bank, Kasse	110 000,00		
	1 011 000,00		1 011 000,00

S (Aufwendungen)	GuV 20... (EUR)		(Erträge) H
Aufwendungen für Roh-, Hilfs- und Betriebsstoffe	900 000,00	Umsatzerlöse	1 681 000,00
Löhne und Gehälter	420 000,00	Mietertrag	24 000,00
Abschreibungen	49 000,00	Bestandsveränderungen	20 000,00
Werbung und Reise	8 000,00		
Energieaufwand	15 000,00		
Verschiedene Verwaltungsaufwendungen	212 000,00		
Zinsaufwand	20 000,00		
Gewinn	**101 000,00**		
	1 725 000,00		1 725 000,00

1. Das Ergebnis sinkt in der Bilanz (Bilanzvergleich, Eigenkapital 650 000,00 – 49 000,00 = 601 000,00) und in der GuV-Rechnung um 49 000,00 EUR. Der im Geschäftsjahr erwirtschaftete Gewinn beträgt somit nur 101 000,00 EUR (150 000,00 – 49 000,00).

Abschreibungen kürzen das Ergebnis.

Zusammenfassende Übersicht zu Kapitel 4.7.4: Abschreibungen

Die Vermögensgegenstände des Anlagevermögens verlieren durch **Abnutzung** an Wert.
Die jährliche **Wertminderung** wird als **Abschreibung** erfasst.
Die Abschreibung zeigt sich im Rechnungswesen
- als Wertminderung der Anlagen (Vermögensminderung) und gleichzeitig
- als Aufwand (gewinnmindernd).

Buchungssatz: Abschreibungen (auf Sachanlagen) an **Anlagenkonto** (z. B. Fuhrpark)
Anschaffungskosten – Summe der Abschreibungen = (Rest-)Buchwert

Wiederholung des Grundwissens

1. Warum müssen abnutzbare Vermögensgegenstände abgeschrieben werden?
2. Wie heißt grundsätzlich der Buchungssatz für die Erfassung der Abschreibungen?
3. Wovon ist die Höhe des Abschreibungsbetrages abhängig?
4. Welche Auswirkung haben Abschreibungen auf das Unternehmensergebnis?

Aufgaben und Probleme

1. In einem Industrieunternehmen liegen die GuV-Rechnung für das Geschäftsjahr und die Bilanz zum 31. Dezember (zum Teil zusammengefasst) in EUR vor:

S	GuV 20...		H
verschiedene Aufwendungen	1 885 000,00	Umsatzerlöse	2 000 000,00
Gewinn	220 000,00	Zinserträge	60 000,00
		Bestandsveränderungen	45 000,00
	2 105 000,00		379 000,00

A	Bilanz zum 31. Dezember 20...				P
Anlagevermögen			**Eigenkapital**		1 500 000,00
Grundstücke u.			**Fremdkapital**		
Gebäude	700 000,00		Darlehen	700 000,00	
Maschinen	300 000,00		Verbindlichkeiten	300 000,00	1 000 000,00
Fuhrpark	180 000,00				
Betriebs- und Geschäftsausstattung	120 000,00	1 300 000,00			
Umlaufvermögen		1 200 000,00			
		2 500 000,00			2 500 000,00

Das Anlagevermögen war am 1. Januar in gleicher Höhe (insgesamt 1 300 000,00 EUR) bilanziert worden. Wie sind die noch ausstehenden Abschreibungen gemäß folgenden Angaben zu buchen: Grundstücke und Gebäude 4 % von 800 000,00 (Gebäudeanschaffungskosten vor dem 01.01.2001)[1], Maschinen 20 % von 300 000,00, Fuhrpark 16 % von 180 000,00, Betriebs- und Geschäftsausstattung $\frac{1}{3}$ % der Anschaffungskosten (240 000,00 EUR)?

Wie verändern sich Bilanz und GuV-Rechnung, wie das Ergebnis?

2. a) Unternehmer A benötigt dringend einen Kredit. Die Bank verlangt die Vorlage seines Jahresabschlusses (Schlussbilanz und GuV-Rechnung). Er gibt Anweisung, die Abschreibungen zu unterlassen. Welche Absicht erkennen Sie? Beurteilen Sie die Anweisung.
   b) Unternehmer B hat, ohne Abschreibungen vorgenommen zu haben, einen Gewinn von 130 000,00 EUR ausgewiesen. Als Abschreibungen werden insgesamt 200 000,00 EUR errechnet. Wie hoch ist das „echte“ Ergebnis?
   c) Unternehmer C hat sein Anlagevermögen voll abgeschrieben und freut sich im Folgejahr über die Höhe seines Gewinns. Beurteilen Sie seine Auffassung.
   d) Warum gibt die Finanzverwaltung amtliche Abschreibungstabellen für die verschiedenen abnutzbaren Vermögensgegenstände heraus, in denen die betriebsgewöhnliche Nutzungsdauer und der Abschreibungssatz festgelegt sind?

3. a) Ein Jungunternehmer muss am Ende seines ersten Geschäftsjahres noch die folgenden Abschreibungen berechnen und buchen:
   Gebäude 4 %1 von 900 000,00 EUR für 7 Monate, Maschinen $1\frac{2}{3}$ % von 300 000,00 EUR, Fuhrpark 20 % von 200 000,00 EUR, Geschäftsausstattung 12,5 % von 120 000,00 EUR. (Bei den beweglichen, abnutzbaren Vermögensgegenständen des Anlagevermögens ist hier die volle Jahresabschreibung anzusetzen.)
   b) Bilden Sie die Buchungssätze für den Abschluss der aktiven Bestandskonten und des Kontos Abschreibungen.

[1] *Betriebsgebäude in massiver Bauweise, die nach dem 31.12.2000 angeschafft oder hergestellt wurden, dürfen nur noch mit 3 % linear abgeschrieben werden.*

IUS

4.8 Kontenrahmen, Kontenklassen

In einem Industrieunternehmen, das Einbauküchen herstellt, ist die Gewinnentwicklung seit über zwei Jahren rückläufig. Die Geschäftsleitung ordnet unter anderem an, in der Buchhaltung die Posten der Bilanz sowie die Aufwands- und Ertragspositionen der letzten Jahre miteinander zu vergleichen. Die erforderliche Durchsicht der Konten ergab, dass bedeutendere Aufwandsarten, wie Reparaturaufwendungen für die maschinellen Anlagen, auf dem Konto „Sonstige Aufwendungen" erfasst wurden. Bestimmte Aufwendungen sind im Zeitablauf auf unterschiedlichen Konten gebucht worden: Die Kraftfahrzeugsteuer wurde z. B. sowohl auf dem Konto „Fuhrparkkosten" als auch auf dem Konto „Steuern" festgehalten. Außerdem wird für die Geschäfts- und Betriebsausstattung sowie den Fuhrpark nur ein Konto geführt.

- Wie ist das bisherige „Vorgehen" im Hinblick auf den durchzuführenden Vergleich der verschiedenen Jahre (Zeitvergleich) zu beurteilen?

4.8.1 Kontenrahmen

Aufgaben des Kontenrahmens

Die **Grundsätze ordnungsmäßiger Buchführung** verlangen ein übersichtliches Kontensystem, das auch Außenstehenden und Sachverständigen erlaubt, in angemessener Zeit einen Überblick über die Geschäftsvorfälle sowie die Vermögens- und Ertragslage des Unternehmens zu gewinnen.

§§ 238, 239, 243 HGB

Kontenrahmen sind *Organisationsmittel*, in denen die Konten in einem Wirtschaftszweig bzw. innerhalb einer Branche (Geschäftszweig) *einheitlich benannt* und *systematisch gegliedert* werden.

Aufgabe 2 Seite 186

So gibt es nicht nur Kontenrahmen für die Industrie, den Groß- und Einzelhandel, sondern innerhalb dieser einzelnen Wirtschaftszweige wurden vielfach branchenspezifische Kontenrahmen entwickelt, z. B. für die chemische Industrie oder für den Großhandel im Bereich des Kraftfahrzeugbedarfs.

Kontenrahmen ermöglichen
- innerbetriebliche Vergleiche (Zeitvergleiche);
- zwischenbetriebliche Vergleiche (Betriebsvergleiche), z. B. Vergleiche der Zahlen einer Textilfabrik mit den Durchschnittszahlen aller Betriebe der Textilindustrie;
- Überprüfungen der Buchhaltung, z. B. durch Betriebsprüfer des Finanzamtes, Gläubiger und nicht geschäftsführende („außenstehende") Gesellschafter;
- die exakte Erfassung der einzelnen Aufwendungen und Erträge, um Unterlagen für eine genaue Kostenrechnung (Kalkulation) zu erhalten.

Der Industriekontenrahmen (IKR) und sein Aufbau

Aufgaben 4 u. 5 Seite 186

Der Industriekontenrahmen (IKR) ist 1971 vom „Betriebswirtschaftlichen Ausschuss des Bundesverbandes der Deutschen Industrie" empfohlen worden. Nach Inkrafttreten des Bilanzrichtliniengesetzes zum 1. Januar 1986 wurde der Kontenrahmen den Anforderungen des neuen Gesetzes angepasst. Der IKR ist nach dem **Abschluss- oder Bilanzgliederungsprinzip** aufgebaut, d. h., er orientiert sich inhaltlich an der Reihenfolge der einzelnen Positionen in der Bilanz und in der Gewinn- und Verlustrechnung. Dabei finden die handelsrechtlichen Gliederungsvorschriften Anwendung. §§ 266, 275 HGB

In formaler Hinsicht baut der Industriekontenrahmen (IKR) – wie alle Kontenrahmen – auf dem **dekadischen** System (Zehnersystem) auf.

Von den 10 Kontenklassen (0–9) ist die Klasse 9 für die Kosten- und Leistungsrechnung freigehalten.

Kontenklasse	Inhalt der Kontenklasse	Zuordnung im Jahresabschluss (Abschlussgliederungsprinzip)	
0 1 2	Immaterielle Vermögensgegenstände und Sachanlagen Finanzanlagen Umlaufvermögen und aktive Rechnungsabgrenzung	Aktivkonten	**Bilanz**
3 4	Eigenkapital und Rückstellungen Verbindlichkeiten und passive Rechnungsabgrenzung	Passivkonten	
5	Erträge	Ertragskonten	**Gewinn- und Verlustrechnung**
6 7	Betriebliche Aufwendungen Weitere Aufwendungen	Aufwandskonten	
8	Ergebnisrechnungen	**Eröffnung- und Abschlusskonten**	
9	frei für Kosten- und Leistungsrechnung des einzelnen Betriebes		

§ 266 HGB

§ 275 HGB

Die 10 **Kontenklassen** (0–9) sind in 10 **Kontengruppen**, jede Kontengruppe ist in 10 **Kontenarten** und jede Kontenart in 10 **Kontenunterarten** aufgegliedert.

Beispiel	Kontenklasse	0	Immaterielle Vermögensgegenstände und Sachanlagen
	Kontengruppe	05	Grundstücke, grundstücksgleiche Rechte und Bauten
	Kontenart	051	Bebaute Grundstücke
	Kontenunterart	0530	Betriebsgebäude
	Kontenunterart	0540	Verwaltungsgebäude

Aufgaben 6–8 Seite 186

Bei einer vierstelligen Kontenunterart (z. B. 0540 Verwaltungsgebäude) entspricht die 1. Ziffer (Ordnungszahl 1) der *Kontenklasse,* die 2. Ziffer der *Kontengruppe* (Ordnungszahl 2), die 3. Ziffer (Ordnungszahl 3) der *Kontenart* und die letzte Ziffer (Ordnungszahl 4) der *Kontenunterart*.

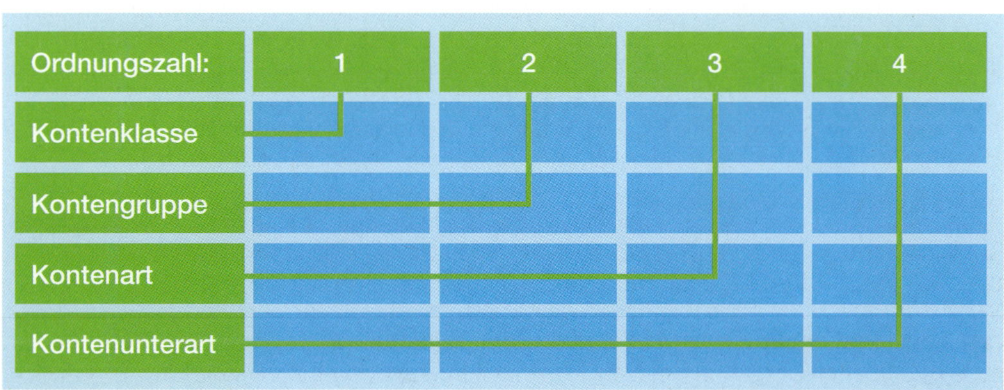

IUS

4.8.2 Der Kontenplan

Kontenrahmen und Kontenplan

Kontenrahmen können immer nur allgemein gehalten sein, da sie z. B. für einen gemeinsamen Wirtschaftszweig empfohlen werden. Vielfach benötigen Unternehmen nicht alle im Kontenrahmen aufgeführten Konten.

Auf der anderen Seite gibt es Unternehmen, für deren Bedürfnisse die Tiefengliederung des Kontenrahmens nicht ausreicht.

Beispiele

- Ein Unternehmen, das in gemieteten Räumen produziert, benötigt kein Konto „Betriebsgebäude".
- Ein größeres Unternehmen kommt mit der Kontengruppe „280 Bank" des IKR nicht aus; eine weitere Untergliederung in die Kontenarten „2800 Kreissparkasse", „2801 Volksbank", „2802 Deutsche Bank" usw. wird erforderlich, wenn Konten bei diesen Geldinstituten unterhalten werden.

Aufgabe 1
Seite 186

Das auf der Grundlage des jeweils geltenden Kontenrahmens erstellte Kontensystem, das die Belange des einzelnen Unternehmens berücksichtigt, wird als Kontenplan bezeichnet.

Der Kontenplan stellt demnach die *konkrete, betriebsindividuelle Kontenorganisation* dar.

Bedeutung des Kontenplans für die Buchungsarbeit

Aufgabe 3
Seite 186

Die Nummerierung der Konten ist Voraussetzung für den Einsatz von modernen Buchungsautomaten und elektronischen Datenverarbeitungsanlagen (EDV). Die EDV verlangt für die Verarbeitung des Buchungsmaterials eine gleiche Anzahl von Stellen (Ordnungszahlen) bei den Kontennummern. Deshalb werden Kontennummern im Kontenplan im Allgemeinen vierstellig angegeben.

Der Einsatz des Kontenplans erlaubt darüber hinaus die Angabe des *Buchungssatzes mit Kontennummern*. Dabei kann das Wörtchen „an" durch einen Schrägstrich („/") ersetzt werden (vgl. nachstehendes Beispiel).

Beispiel

Geschäftsvorfall:

	Reparaturrechnung für Kopiergerät	100,00 EUR
+	Umsatzsteuer 19 %	19,00 EUR
	Rechnungsbetrag	119,00 EUR

Buchungssatz:

In *Worten:*

6130 Fremdinstandhaltung	100,00 EUR	an	4400	Verbindlichkeiten	119,00 EUR
2600 Vorsteuer	19,00 EUR				

In *Kontennummern*:

6130	100,00 EUR	an	4400	119,00 EUR
2600	19,00 EUR			

Dieser verkürzte Buchungssatz wird auf dem Beleg notiert, wobei in der Regel ein Buchungsstempel zur **Vorkontierung** verwendet wird.

Rein OHG, Büromaschinen, 73547 Lorch

Firma
Anton Schmelzle
Anbauküchen
Heubacher Straße 10
73525 Schwäbisch Gmünd

Nr. 8374 Tag 30. September ..
Bei Zahlung bitte Rechn.-Nr. angeben

Rechnung W

Rep.-Nr. 1542	**Reparaturkosten** sind sehr lohnaktiv. Ich bitte daher um Ihr Verständnis für die Bedingungen: **Zahlbar sofort rein netto!**
Fabrikat: Kopiergerät **Modell:** SG 45 **Masch.-Nr.:** 0107801	**Zubehör:**

Reparaturarbeiten bitte kein Skontoabzug

Wir berechnen Ihnen lt. Duplikat der Arbeitskarte und aufgrund umseitiger Reparaturbedingungen	100,00 EUR
Umsatzsteuer 19 %	19,00 EUR
Gesamtbetrag	119,00 EUR

Beleg.-Nr	ER 80/324	
Konto	Soll	Haben
6 130	100,00	
2 600	19,00	
4 400		119,00
Gebucht	J 10	Mü

Die Abkürzung „ER“ bedeutet Eingangsrechnung; „J 10“ bezeichnet die Journalseite 10; „Mü“ ist das Kurzzeichen des Sachbearbeiters Müller in der Buchhaltung.

Zusammenfassende Übersicht zu Kapitel 4.8: Kontenrahmen, Kontenklassen

Kontenrahmen sind **Organisationsmittel** zur einheitlichen Bezeichnung und Gliederung von Konten innerhalb eines Wirtschafts- bzw. Geschäftszweiges.

Der **Kontenplan** ist die Kontenorganisation des einzelnen Unternehmens; er wird auf der Grundlage des jeweils geltenden Kontenrahmens erstellt.

Formal sind alle Kontenrahmen nach dem **dekadischen System** (Zehnersystem) gegliedert.

Der Industriekontenrahmen (IKR) ist nach dem **Abschluss-** oder **Bilanzgliederungsprinzip** aufgebaut.

Wiederholung des Grundwissens

1. Welche Aufgaben hat ein Kontenrahmen?
2. Wie ist der Industriekontenrahmen aufgebaut?
3. Wie unterscheidet sich der Kontenrahmen vom Kontenplan?
4. Welche Bedeutung hat der Kontenplan für die Buchungsarbeit?

Aufgaben und Probleme

1. Welcher Zusammenhang besteht zwischen Kontenrahmen und Kontenplan?

2. Warum gilt das formale dekadische System des Kontenrahmens als besonders flexibel?

3. Inwiefern können durch den Einsatz von Kontenplänen in der Buchführungsorganisation Rationalisierungserfolge erreicht werden?

4. a) Was verstehen Sie unter dem Abschlussgliederungsprinzip des IKR?
   b) Prüfen Sie anhand des IKR, inwieweit dieses Prinzip durchgehend eingehalten bzw. durchbrochen wurde. Ziehen Sie die Gliederungsvorschriften des Handelsgesetzbuches mit heran.

5. Es gibt Bestrebungen, die Kontensysteme international zu vereinheitlichen. Welche Vorteile könnten sich dabei ergeben?

6. Kontieren Sie die folgenden Geschäftsvorfälle nach dem IKR. Geben Sie den Buchungssatz verkürzt an.
   ① Verkauf von Erzeugnissen an einen Kunden auf Ziel.
   ② Zahlung dieses Kunden (vgl. ①) in bar.
   ③ Zahlung der fälligen Umsatzsteuer an das Finanzamt durch Banküberweisung.
   ④ Buchung der Abschreibungen auf Maschinen am Ende des Jahres.

7. Ein Buchungsstempel enthält die folgende Vorkontierung:

Konto	Soll	Haben
2000	1 200,00	
2600	228,00	
4400		1 428,00

   a) Wie lautet der Buchungssatz in Worten?
   b) Auf welchem Beleg ist diese Vorkontierung notiert?
   c) Welcher Geschäftsvorfall liegt zugrunde?

8. Stellen Sie zu den folgenden Geschäftsvorfällen die Buchungssätze auf (Beträge in EUR). Geben Sie nur Kontennummern und Beträge an.
   a) Kauf von Maschinen auf Ziel 40 000,00 + 19 % USt
   b) Verkauf von Erzeugnissen gegen Barzahlung 2 500,00 + 19 % USt
   c) Bankgutschrift für eingegangene Miete 3 800,00
   d) Eine Rechnung für Gebäudereparaturen geht ein: 9 600,00 + 19 % USt
   e) Abschreibungen auf Fuhrpark, 20 % von 58 000,00
   f) Anfangsbestand fertiger Erzeugnisse 40 000,00, Schlussbestand 52 000,00
   g) Verbrauch an Rohstoffen 390 000,00

h) Ein Kunde überweist auf das Postbankkonto 14 280,00
i) Bankdarlehen: Zinszahlung 2 800,00, Tilgung 20 000,00 durch Banklastschrift
j) Ermäßigung einer Lieferrechnung für Betriebsstoffe um 3 000,00 + 19 % USt
k) Umbuchen der Vorsteuer auf Umsatzsteuer 28 500,00
l) Zahlung von Umsatzsteuer (Zahllast) durch Banküberweisung 19 000,00

4.9 Jahresabschluss

4.9.1 Grundlagen nach Handelsrecht

§ 242 HGB

Jeder Kaufmann ist verpflichtet, für den Schluss eines jeden Geschäftsjahres einen Jahresabschluss aufzustellen. Der Jahresabschluss von Kaufleuten, die ihr Unternehmen in der Rechtsform der Einzelunternehmung bzw. Personengesellschaft (OHG, KG) betreiben, setzt sich aus der *Bilanz und Gewinn- und Verlustrechnung* (einfacher Jahresabschluss) zusammen.

Aufgabe 1 Seite 192

Bei **Kapitalgesellschaften** besteht der Jahresabschluss aus der *Bilanz*, der *Gewinn- und Verlustrechnung* und aus einem *Anhang*, die zusammen **eine Einheit**[1] bilden. Mittelgroße und große Kapitalgesellschaften müssen ihren Jahresabschluss um einen *Lagebericht* ergänzen.

§ 264 Abs. 1 HGB

In den Anhang sind u. a. Angaben über die Aufgliederung und Erläuterungen von Posten der Bilanz und Gewinn- und Verlustrechnung aufzunehmen. Der Lagebericht stellt den Geschäftsverlauf, die Lage und die Zukunftsaussichten des Unternehmens dar („Diagnose- und Prognosefunktion").

§§ 284–293 HGB

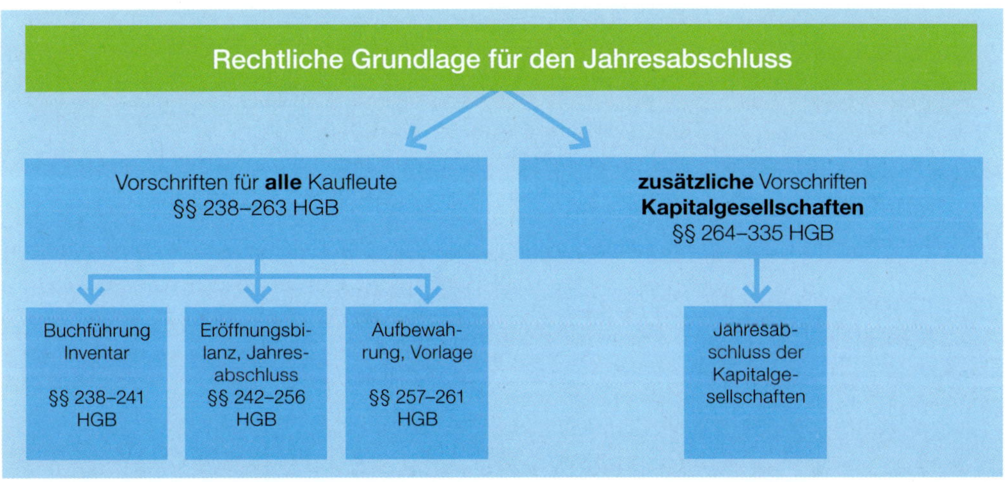

Aufgabe 2 Seite 192

Der Jahresabschluss enthält vor allem *vergangenheitsorientierte Daten* und Informationen, mit deren Hilfe eine **Beurteilung der wirtschaftlichen Lage** im abgelaufenen Geschäftsjahr ermöglicht werden soll.

[1] *Erweiterter Jahresabschluss; der Lagebericht ist nicht Bestandteil des Jahresabschlusses.*

Der Jahresabschluss bildet die **Grundlage** für die
1. Gewinnermittlung und -verteilung
2. Besteuerung des Unternehmens
3. Rechenschaftslegung und Information über die wirtschaftliche Lage des Unternehmens im Hinblick auf
   - die Höhe des Vermögens,
   - die Ertragskraft,
   - die Finanzstruktur.

Die **Unternehmensleitung** muss sicherstellen, dass
- sämtliche Schulden durch Vermögen gedeckt sind,
- die Liquidität stets gewährleistet ist;
- aufgrund einer guten wirtschaftlichen Entwicklung auch in Zukunft Gewinne erwirtschaftet werden, die situationsgerecht und zielgerichtet verwendet werden können.

4.9.2 Bestandteile des Jahresabschlusses

Überblick

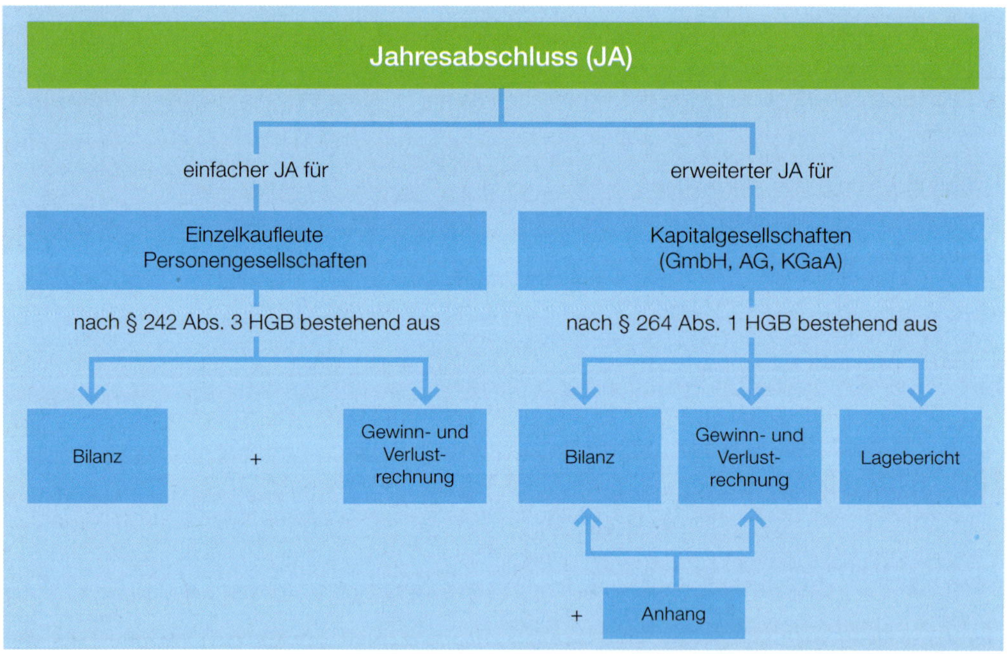

Merkmale:	Merkmale:
– keine detaillierten Angaben zur Gliederung und zum Aufbau der Bilanz – nur Vorgabe von Abschnitten in der Bilanz – Aufstellungsfrist: § 243 HGB	– genaue Vorgaben zur Bilanz-, Gewinn- und – Verlustrechnungsgliederung – klare Anforderungen an Anhang und Lagebericht – Aufstellungsfristen: § 264 HGB

§ 267 HGB

§§ 266, 275, 276 HGB

Sind die Größenmerkmale für eine große Kapitalgesellschaft erfüllt, so ist bei der Erstellung der Bilanz und der Gewinn- und Verlustrechnung ein differenziertes **Gliederungsschema** einzuhalten.

Schlussbilanz

IUS

Aufbau und Gliederung der Bilanz

- **Aufbau des Bilanzschemas in Kontoform**

Große Kapitalgesellschaften haben ihre Bilanz ausführlich zu gliedern und in **Kontoform** darzustellen. § 266 HGB

Einzelunternehmen und Personengesellschaften brauchen nur eine verkürzte Bilanz aufzustellen.

- **Gliederung der Bilanz**

Grundlage für die Erstellung der Bilanz nach HGB ist die interne Bilanz der Kapitalgesellschaft. Da der **Industriekontenrahmen (IKR)** in seiner Gliederung der Bilanz angeglichen ist (Bilanzgliederungsprinzip), wird die „Überführung" der internen Bilanz in die nach HGB vorgeschriebene Form erleichtert. Deshalb verwenden auch die „Kleinen Unternehmen" aus Vereinfachungsgründen das Gliederungschema der großen Kapitalgesellschaft.

Aufgabe 3
Seite 192

Die meisten großen Kapitalgesellschaften **veröffentlichen** in den Zeitungen Bilanz und GuV in einer **zusammengefassten Kurzform**. In der Zeitung und in den meisten Geschäftsberichten werden Aktiva und Passiva i. d. R. untereinander dargestellt, während die „Originalbilanz" in Kontoform vorliegt.

Das für die Veröffentlichung verlangte Bilanzschema ermöglicht den Bilanzadressaten einen Einblick in die Vermögens- und Kapitalstruktur und somit eine Beurteilung der Vermögens- und Finanzlage des Unternehmens.

Gewinn- und Verlustrechnung

Der formale Aufbau einer Gewinn- und Verlustrechnung kann grundsätzlich in *Kontoform* oder in *Staffelform* erfolgen. Für die Kapitalgesellschaften (AG, GmbH) hat der Gesetzgeber zwingend die **Staffelform** *für die Veröffentlichung* vorgeschrieben, sodass die **Kontoform** nur noch für Einzelunternehmen und Personengesellschaften zugelassen ist. § 275 Abs. 1 HGB

In den vorangegangenen Kapiteln wurde die GuV-Rechnung ausschließlich in Kontoform dargestellt.

Bei großen Kapitalgesellschaften wird mit dem Bruttoprinzip gearbeitet. Durch das Saldierverbot von Aufwendungen und Erträgen sowie durch die Bildung von Zwischensummen, die durch die Aufstellung der GuV in Staffelform ermöglicht wird, werden Bilanzadressaten **Ertragslage** und **Ergebnisquellen** des Unternehmens *offengelegt*.

Anhang

Der Anhang ist wie die Bilanz und die Gewinn- und Verlustrechnung *gleichwertiger* Bestandteil des Jahresabschlusses und unterliegt damit ebenso der Prüfungs- und Offenlegungspflicht für Kapitalgesellschaften. § 264 Abs. 1 HGB

Aufgabe 4
Seite 192

Der Anhang hat **zwei Ziele**. Er soll *sicherstellen*, dass

- durch den Jahresabschluss (in seiner Gesamtheit) ein den tatsächlichen Verhältnissen entsprechendes Bild der Vermögens-, Finanz- und Ertragslage vermittelt wird, und
- die offenzulegenden Jahresabschlüsse miteinander vergleichbar sind.

Aufgaben des Jahresabschlusses

Unabhängig von der Rechtsform der Unternehmung soll der Jahresabschluss im Wesentlichen die folgenden Aufgaben erfüllen:

Aufgaben des Jahresabschlusses

Information	Dokumentation	Gewinnermittlung	Verteilung des Gewinns
• Selbstinformation • Information Dritter §§ 166, 238, 242, 264, 325 HGB	• Erfassung aller Vermögens- und Kapitalbestände am Bilanzstichtag • Aufbewahrung §§ 238–243 HGB §§ 257, 258–261 HGB	• handelsrechtliche und steuerrechtliche Feststellung des Ergebnisses für das abgelaufene Wirtschaftsjahr • Grundlage für die Besteuerung §§ 246, 264 ff. HGB §§ 4–7 HGB	• Ausschüttung (bzw. Verteilung) des Gewinns an den/die Gesellschafter

vgl. Kapitel 4.2.2

In der laufenden Buchführung und bei der Aufstellung des Jahresabschlusses sind die Grundsätze ordnungsmäßiger Buchführung (GoB) zu beachten.

Doppelte Ergebnisermittlung

Aufgabe 5
Seite 192

vgl. Beispiel Seite 126

Kaufleute, die grundsätzlich buchführungspflichtig sind, ermitteln im Rahmen der **doppelten Buchführung** ihr Ergebnis (Gewinn/Verlust) sowohl in der Bilanz als auch in der GuV-Rechnung.

1. Eigenkapitalvergleich durch Ermittlung „Nettovermögensänderung" (Betriebsvermögensvergleich)
2. Gegenüberstellung aller Aufwendungen und Erträge in der GuV-Rechnung. Der Saldo liefert das Ergebnis.

Da alle Ergebniskonten Unterkonten des Eigenkapitals sind, muss in beiden Fällen das Ergebnis gleich sein (Kontrollfunktion).

Hinweis auf verschiedene Fallbeispiele hierzu mit Lösungen:
- Geschäftsgang mit Kontenabschluss und doppelter Ergebnisermittlung,
- Geschäftsgang mit Inventurdifferenzen und Eigenkapitalvergleich.

vgl. Seite 143 f. und Seite 133 f.

Zusammenfassende Übersicht zu Kapitel 4.9: Jahresabschluss

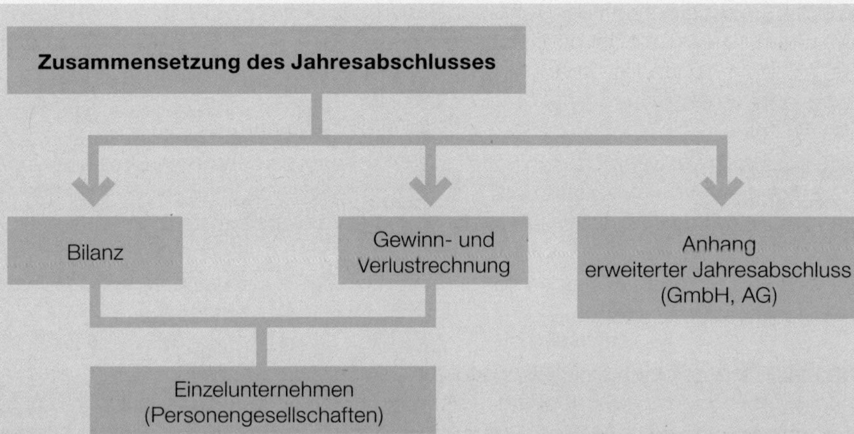

Der Jahresabschluss bildet die Grundlage für
- die Rechenschaftslegung und Information über die wirtschaftliche Lage des Unternehmens
- den Einblick in die Vermögens-, Finanz- und Ertragslage des Unternehmens
- die Gewinnermittlung und -verteilung
- die Besteuerung des Unternehmens.

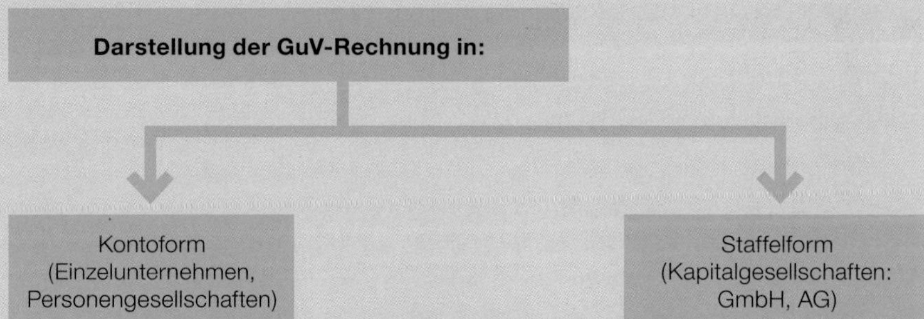

Buchführungspflicht nach HGB bedeutet:
- doppelte Buchführung unter Beachtung der GoB
- doppelte Ergebnisermittlung (mit der Möglichkeit zur Aufdeckung von „Inventurdifferenzen") durch „Eigenkapitalvergleich" und in der GuV-Rechnung.
- Ergebnisse müssen übereinstimmen, da Ergebniskonten Unterkonten des Kontos „Eigenkapital" sind.

Wiederholung des Grundwissens

1. Aus welchen Bestandteilen besteht der Jahresabschluss?
2. Welche Bedeutung hat der Jahresabschluss?
3. Wie sind die Bilanz und die Gewinn- und Verlustrechnung gegliedert?
4. Warum gibt es gesetzliche Vorschriften zum Aufbau und zur Gliederung von Bilanz und Gewinn- und Verlustrechnung?
5. Welche Ziele werden mit den Angaben im Anhang verfolgt?
6. Welche Aufgaben hat der Jahresabschluss?

Aufgaben und Probleme

1. a) Wie setzt sich der Jahresabschluss einer Personenunternehmung (Einzelunternehmung, Personengesellschaft) zusammen?
   b) Welche Bestandteile hat der Jahresabschluss einer Kapitalgesellschaft?

2. Welche wesentlichen Aufgaben hat der Jahresabschluss und in welchen Gesetzen sind die rechtlichen Grundlagen für den Jahresabschluss geregelt?

3. a) Nennen Sie die Posten einer grob gegliederten Bilanz nach HGB.
   b) Wie unterscheidet sich die Kontoform von der Staffelform der Gewinn- und Verlustrechnung?
   c) Durch welche Vorschriften wird dem externen Bilanzadressaten bei der Kapitalgesellschaft ein sicherer Einblick in die Ertragslage des Unternehmens gewährt?

4. Warum ist der Anhang – wie die Bilanz – gleichwertiger Bestandteil des Jahresabschlusses?

5. Zusammenfassende Abschlussübungen.

A	Bilanz zum 1. Januar .. (EUR)		P
Anlagevermögen		**Eigenkapital**	915 000,00
Grundstücke und Gebäude	420 000,00	**Fremdkapital**	
Technische Anlagen	600 000,00	Darlehensschuld	850 000,00
Fuhrpark	90 000,00	Verbindlichkeiten LL	226 100,00
Betriebs- und Geschäftsausstattung	70 000,00	Sonstige Verbindlichkeiten (Umsatzsteuer)	29 212,50
Umlaufvermögen			
Roh-, Hilfs- und Betriebsstoffe	290 000,00		
Unfertige Erzeugnisse	40 000,00		
Fertige Erzeugnisse	65 000,00		
Forderungen LL	261 800,00		
Bank, Postbank, Kasse	183 512,50		
	2 020 312,50		2 020 312,50

Geschäftsvorfälle im Jahr .. (EUR, zusammengefasste Zahlen):

① Zahlung der Umsatzsteuer vom Dezember des vergangenen Jahres.
② Verkauf von Erzeugnissen auf Ziel 2 060 000,00 + 19 % USt = 2 451 400,00
③ Kundenzahlungen 2 391 900,00.
④ Zielkäufe
   a) Maschinen 30 000,00 + 19 % USt
   b) Teile der Ausstattung, 20 000,00 + 19 % USt
   c) Roh-, Hilfs- und Betriebsstoffe 1 200 000,00 + 19 % USt

⑤ Zahlung von Verbindlichkeiten 1 309 000,00.
⑥ Verschiedene Verwaltungsaufwendungen 200 000,00, davon 140 000,00 mit 19 % USt belastet.
⑦ Personalaufwendungen 450 000,00.
⑧ Zinsaufwendungen 43 000,00, Darlehenstilgung 150 000,00.
⑨ Mietertrag 16 000,00.
⑩ Privater Bereich
  a) Entnahme von Geld 90 000,00.
  b) Einlage eines bisher privat genutzten Fahrzeugs 32 000,00.
⑪ Umbuchen der Vorsteuer von Januar bis Dezember ..
⑫. Zahlung der Umsatzsteuer (Zahllast) vom 10. Februar .. bis zum 10. Dezember .. 82 640,00.

Abschlussangaben

⑬ Umbuchen der privaten Vorgänge
⑭ Abschreibungen
  a) Gebäude 2,5 % von 300 000,00.
  b) Technische Anlagen 10 % von 1 000 000,00.
  c) Fuhrpark 20 % vom Buchwert.
  d) Betriebs- und Geschäftsausstattung 12,5 % vom Buchwert
⑮ Inventurbestände
  a) Roh-, Hilfs- und Betriebsstoffe 220 000,00.
  b) Unfertige Erzeugnisse 25 000,00.
  c) Fertige Erzeugnisse 70 000,00.

Bei den übrigen Bestandskonten ergeben sich zwischen Kontensalden und Inventurwerten keine Unterschiede.

Arbeitsanweisungen

- Legen Sie die Bestandskonten an und tragen Sie die Anfangsbestände ein.
- Buchen Sie die Geschäftsvorfälle. Erforderliche Konten sind anzulegen.
- Führen Sie die Abschlussbuchungen aufgrund der Abschlussangaben durch.
- Tragen Sie die Salden der Bestandskonten ein (Schlussbilanz) und übernehmen Sie die Salden der Aufwands- und Ertragskonten auf Konto GuV.
- Stellen Sie auf GuV und in der Schlussbilanz zum 31. Dezember das Ergebnis fest.

Themenkreis 5
Kostenrechnung

Um welche Probleme geht es in diesem Kapitel?

Jedes Unternehmen, das seine Leistungen auf dem Markt absetzen will, muss hierfür Preise nennen. Damit ein Unternehmen überleben kann, müssen langfristig die Kosten der Leistungserstellung gedeckt werden. Darüber hinaus muss ein angemessener Gewinn erzielt werden, damit der oder die Eigentümer des Unternehmens bereit sind, ihrem Unternehmen die Produktionsfaktoren Kapital und gegebenenfalls Arbeit zur Verfügung zu stellen.

Der Kostenrechnung kommt damit die Aufgabe zu, zunächst alle Kosten und Leistungen zu erfassen. Auf dieser Grundlage lässt sich ein Angebotspreis kalkulieren und das Ergebnis der Leistungserstellung (Betriebsergebnis) ermitteln.

Die Kostenrechnung erfasst und bewertet den Einsatz der betrieblichen Produktionsfaktoren, der durch die Erstellung der Leistung bedingt ist.
Die Leistungsrechnung ermittelt das Ergebnis der Leistungserstellung.
Leistungen ergeben sich aus Verkaufserlösen und Bestandsveränderungen.

Kosten- und Leistungsrechnung in Industriebetrieben

Beschaffungsmärkte
↓
Bedarfsermittlung:
Welche Mengen müssen zu welchen Preisen beschafft werden?

- Roh-, Hilfs- und Betriebsstoffe
- Arbeitskräfte
- Maschinen, Werkzeuge
- Gebäude, Lizenzen
- ...

Fertigungsprozess
↓
Verbrauchsermittlung:
(je Rechnungsperiode, je Einheit)

Welche Mengen wurden zu welchen Werten verbraucht?
↓
Selbstkosten
↑
Kostenrechnung

Absatzmärkte
↓
Preisermittlung:
Stückkosten
+ Gewinn
= Verkaufspreis pro Stück

Umsatzerlöse
(Verkaufte Menge · Stückpreis)
+/– Bestandsveränderungen
↓
Leistungen
↑
Leistungsrechnung

5.1 Grundbegriffe der Kostenrechnung: Ausgaben, Aufwand, Kosten

Die Ermittlung wettbewerbsfähiger Preise setzt eine genaue **Erfassung des leistungsbedingten Verbrauchs an betrieblichen Produktionsfaktoren** voraus. Hierzu ist eine Abgrenzung der Kosten von den Ausgaben sowie vom Aufwand erforderlich.

Ausgaben kennzeichnen Abflüsse von flüssigen Mitteln[1] in einem Unternehmen.

Ausgaben
Zum Kauf von Kopierpapier werden der Geschäftskasse 40 EUR entnommen (Kassenbestand nimmt ab).
Rohstoffe in Höhe von 20000 EUR werden auf Ziel eingekauft (Verbindlichkeiten nehmen zu).

Aufwendungen erfassen jeden in Geld bewertbaren Verbrauch an Gütern und Dienstleistungen, die das Ergebnis (Gewinn oder Verlust) eines Unternehmens beeinflussen.

Kosten sind der bewertete Verbrauch an Gütern und Dienstleistungen, der bei der Leistungserstellung entstanden ist. Kosten sind betriebsbedingter Aufwand.

Der **Aufwand** eines Unternehmens umfasst demnach den **gesamten Verbrauch an Gütern** ohne Rücksicht darauf, ob ein Zusammenhang zur betrieblichen Leistungserstellung besteht. Die **Kosten** eines Unternehmens hingegen umfassen lediglich den **in Zusammenhang mit der Leistungserstellung** angefallenen **Verbrauch an Gütern**. Die Unterscheidung in Aufwand und Kosten ist notwendig, weil für die Kalkulation des Verkaufspreises nur der Güterverbrauch berücksichtigt werden darf, der unmittelbar mit der Leistungserstellung zusammenhängt.

Kosten sind demnach durch drei Merkmale gekennzeichnet:

1. Es muss ein **Verbrauch** von Gütern (Sachgüter oder Dienstleistungen) stattfinden.
2. Der Verbrauch muss im Zusammenhang mit der betrieblichen **Leistungserstellung** stehen.
3. Der Verbrauch muss in Geld bewertbar sein.

} betrieblich bedingter Werteverbrauch (= Kosten)

[1] *Unter flüssigen Mitteln sind nicht allein Kassenbestände oder Guthaben auf einem Bankkonto zu verstehen. Vielmehr errechnen sich die Ausgaben einer Periode (z. B. Monat) wie folgt: Ausgaben = Auszahlungen + Forderungsabgänge + Schuldenzugänge*

Zusammenhang von Ausgaben – Aufwand – Kosten anhand von Beispielen	
Ausgaben gleich Kosten gleich Aufwand. Ausgaben werden unmittelbar durch die Leistungserstellung bedingt und sind ergebniswirksam.	Überweisung der Miete für das Bürogebäude, Lohn- und Gehaltszahlungen.
Aufwand nicht Kosten, nicht Ausgaben. Außerordentliche, aber nicht leistungsbedingte Verminderungen des betrieblichen Reinvermögens.	Ein nicht versicherter Gebäudeteil brennt ab.
Ausgaben weder Kosten noch Aufwendungen. Ausgabe hat keinerlei Bezug zur Leistungserstellung.	Rückzahlung eines Kredits, Ausschüttung von Dividende an die Aktionäre.
Ausgaben nicht Kosten, aber Aufwand. Ausgabe steht in keinem Zusammenhang zur betrieblichen Leistungserstellung.	Spende an „Brot für die Welt".
Kosten gleich Aufwand, aber nicht Ausgaben. Früher beschaffte Anlage oder eingekaufte Leistungen werden jetzt in der Produktion eingesetzt.	Abschreibung von bereits in den Vorjahren beschafften Anlagen, Verbrauch vorhandener Roh- Hilfs- und Betriebsstoffe.

Aufgaben 1 und 2 Seite 196 f.

Zusammenfassende Übersicht zu Kapitel 5.1:
Grundbegriffe der Kostenrechnung: Ausgaben, Aufwand, Kosten

Wiederholung des Grundwissens

1. Was ist unter Ausgaben zu verstehen?
2. Welche drei Merkmale kennzeichnen den Begriff Kosten?
3. Grenzen Sie die Begriffe Kosten und Aufwendungen ab.

Aufgaben und Probleme

1. Egon Idler ist alleiniger Inhaber der Möbelfabrik „Möbeldesign Egon Idler e.K.". Im laufenden Monat sind u. a. folgende Vorgänge angefallen:
   ① Privatentnahme Egon Idler in bar 12000 EUR
   ② Einkauf von Pressspanplatten (Rohstoffe) auf Ziel 15000 EUR
   ③ Gehaltszahlung an verschiedene Angestellte 40000 EUR
   ④ Verbrauch von Rohstoffen, die im vergangenen Monat beschafft und bezahlt wurden, 15000 EUR
   ⑤ Verrechnung des Wertes der Arbeitsleistung, die Egon Idler seinem Unternehmen zur Verfügung stellt 6000 EUR

- Tragen Sie die Beträge der Vorgänge 1. bis 5. in die jeweils zutreffende Spalte der Tabelle ein (vgl. untenstehendes Muster).

Vorgang	Geschäftsbuchführung		Kostenrechnung
	Ausgaben	Aufwand	Kosten
1.			
2.	Muster		
...	......	.....	.....

2. Die Großschreinerei Pfaff OHG fertigt Türrahmen aller Art, Fensterrahmen mit und ohne Kippflügel sowie Kleinmöbel für den Versandhandel. In der Betriebsbuchhaltung wurden in der letzten Zeit folgende Geschäftsvorgänge festgehalten:
   - Überweisung von Gewerbesteuer,
   - Verbrauch von Spanplatten,
   - Barzahlung an Gebäudereiniger,
   - Überweisung von Hundesteuer für den Hund eines Gesellschafters,
   - Überweisung des Lohnes eines Möbelschreiners,
   - sehr hoher Hochwasserschaden im Rohstofflager (nicht versichert),
   - Einbau von Möbelschlössern aus dem Lagerbestand,
   - Kauf einer Hobelbank auf Ziel.

Bei welchen Geschäftsvorgängen sind Kosten und/oder Aufwendungen entstanden? Begründen Sie Ihre Entscheidung.

5.2 Kostenartenrechnung

5.2.1 Kalkulatorische Kosten

Notwendigkeit der Erfassung kalkulatorischer Kosten

Bei der Ermittlung von Kosten greift die Kostenrechnung auf die in der Finanzbuchhaltung bereits erfassten Werte zu. In der Finanzbuchhaltung wird aber lediglich zwischen Aufwendungen und Erträgen unterschieden, nicht aber zwischen Kosten und Leistungen.

Größtenteils stimmen die Aufwendungen in der Finanzbuchhaltung mit den Kosten überein (z. B. Löhne). Ein anderer Teil der Kosten wird aber in der Finanzbuchhaltung überhaupt nicht oder in anderer Höhe als Aufwand berücksichtigt. In der Kostenrechnung ist jedoch eine Erfassung als **kalkulatorische Kosten** erforderlich, weil deren Entstehung durch den Güterverbrauch im Interesse der betrieblichen Leistungserstellung begründet ist.

Kosten, denen in der Finanzbuchhaltung gar kein Aufwand oder ein Aufwand in anderer Höhe gegenübersteht, werden als kalkulatorische Kosten bezeichnet.

Zu diesen kalkulatorischen Kosten zählen:

- **Kalkulatorischer Unternehmerlohn**
- **Kalkulatorische Abschreibungen**
- **Kalkulatorische Zinsen**
- **Kalkulatorische Wagnisse**

Kalkulatorischer Unternehmerlohn

Einzelunternehmer oder mitarbeitende Gesellschafter einer Personengesellschaft erhalten von ihrem Unternehmen für ihren Arbeitseinsatz keine unmittelbare **Gegenleistung** in Form von **Lohn und Gehalt.** Vielmehr erfolgt die entsprechende Vergütung über den Gewinn. Damit Einzelunternehmer und Gesellschafter einer Personengesellschaft aber ihren Lebensunterhalt bestreiten können, sind sie berechtigt, während eines Jahres **Privatentnahmen** zu machen.

Aus kostenrechnerischer Sicht stellt dieser Personenkreis dem Unternehmen u. a. den **Produktionsfaktor Arbeit** zum Zwecke der betrieblichen Leistungserstellung zur Verfügung. Deshalb handelt es sich hierbei um **Kosten**.

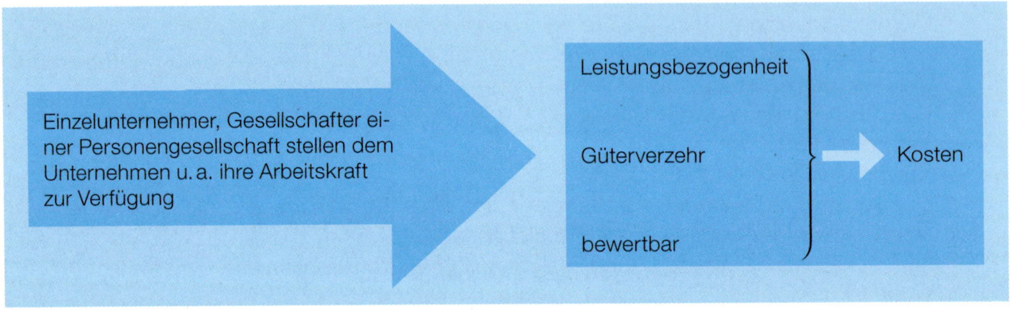

Da Unternehmen unabhängig von ihrer Rechtsform kalkulieren, muss bei Einzelunternehmen und Personengesellschaften ein entsprechender **kalkulatorischer Unternehmerlohn** in der Kostenrechnung berücksichtigt werden. Es handelt sich dabei um „Verzichtskosten" (Opportunitätskosten), die dem Unternehmen dadurch entstehen, dass ein Einzelunternehmer oder ein Gesellschafter im eigenen Unternehmen seine Arbeitskraft einsetzt, anstatt bei einem anderen Unternehmen gegen Entgelt tätig zu sein. Der **kalkulatorische Unternehmerlohn** stellt in vollem Umfang **Zusatzkosten** dar, weil in der Gewinn- und Verlustrechnung für diesen Posten überhaupt kein Aufwand ausgewiesen wird. Die Höhe des anzusetzenden kalkulatorischen Unternehmerlohns richtet sich nach dem Gehalt, das ein **vergleichbares Unternehmen** einem leitenden Angestellten zahlt. Vergleichsgrundlage sind z. B. der Umsatz, die Zahl der Mitarbeiter und die Bilanzsumme.

Aufgabe 1
Seite 205

Kalkulatorische Abschreibungen

Der Abschreibungsaufwand, der in der Gewinn- und Verlustrechnung eines Unternehmens enthalten ist (**= bilanzielle oder buchhalterische Abschreibung**) enthält den Aufwand für den im laufenden Geschäftsjahr eingetretenen Werteverbrauch für das abnutzbare Anlagevermögen (z. B. Maschinen). Der Abschreibungsbetrag wurde dabei durch Schätzung der **voraussichtlichen betriebsgewöhnlichen Nutzungsdauer** bzw. auf der Grundlage der von der Finanzverwaltung herausgegebenen **AfA[1]-Tabellen** (Abschreibungstabellen) ermittelt. Gesetzliche Grundlage für die Vornahme der bilanziellen Abschreibungen sind das **Handelsgesetzbuch (HGB)** und das **Einkommensteuergesetz (EStG)**. Diese Gesetze schreiben vor, dass die **Anschaffungskosten** die Grundlage für die Berechnung des Abschreibungsbetrages bilden.

§ 6 (1), Satz 1 EStG
Wirtschaftsgüter des Anlagevermögens, die der Abnutzung unterliegen, sind mit den Anschaffungs- oder Herstellungskosten, vermindert um die Absetzung für Abnutzung ... anzusetzen.

[1] *AfA bedeutet Absetzung für Abnutzung. Das Steuerrecht verwendet nicht den Ausdruck Abschreibung, sondern Absetzung für Abnutzung.*

Für die Berechnung der Höhe der bilanziellen Abschreibung ist demnach nicht der durch den Produktionsprozess bedingte (=tatsächliche) Werteverbrauch entscheidend. Daher können zwischen der bilanziellen und der kostenrechnerischen (kalkulatorischen) Abschreibung erhebliche Unterschiede bestehen.

Ziel der kalkulatorischen Abschreibung ist es, zu ermitteln, ob und in welcher Höhe die als Abschreibung zu berücksichtigenden Wertminderungen in ursächlichem Zusammenhang zur betrieblichen Leistungserstellung stehen.

Der als kalkulatorische Abschreibung anzusetzende Betrag geht als Kosten in die Kalkulation ein. Er ist demnach so zu berechnen, dass sichergestellt ist, dass auch **bei steigenden Wiederbeschaffungskosten** die Ersatzbeschaffung z. B. einer Maschine am Ende der Nutzungsdauer sichergestellt ist (**= Substanzerhaltung, reale Kapitalerhaltung**). Sinnvolle Bemessungsgrundlage für die Kostenrechnung sind somit die **Wiederbeschaffungskosten**, die gleichmäßig – also **linear** – auf die tatsächliche Nutzungsdauer zu verteilen sind. Werden statt der Wiederbeschaffungskosten lediglich die Anschaffungskosten als Grundlage für die Berechnung der kalkulatorischen Abschreibung gewählt, so ermöglicht der Abschreibungsrückfluss auch nur eine Ersatzbeschaffung in Höhe der ursprünglichen (historischen) Anschaffungskosten (**= nominale Kapitalerhaltung**).

Berechnung der kalkulatorischen Abschreibung bei steigenden Wiederbeschaffungskosten

Die Anschaffungskosten einer Maschine (Nutzungsdauer 5 Jahre) zu Beginn des Jahres 01 betragen 100000 EUR. Es wird mit einer Preissteigerung in Höhe von 2 % jeweils gegenüber dem Vorjahr gerechnet.

Ende Jahr	aktualisierte Wiederbeschaffungskosten	gesamte bisherige Wertminderung
1	102000,00	20400,00
2	104040,00	41616,00
3	106120,80	63672,48
4	108243,22	86594,58
5	110418,08	110408,08

$$\text{Kalkulatorische Abschreibung} = \frac{\text{Wiederbeschaffungskosten}}{\text{Nutzungsdauer}} = \frac{110408{,}08 \text{ EUR}}{5 \text{ Jahre}} = 22081{,}62 \text{ EUR/Jahr}$$

Ergebnis: Zur Sicherung des realen Kapitals muss jährlich ein Betrag von 22081,62 EUR kalkulatorisch abgeschrieben werden.

Aufgabe 2 Seite 205

$$\textbf{Kalkulatorische Abschreibung} = \frac{\textbf{Wiederbeschaffungskosten}}{\textbf{Nutzungsdauer}}$$

Kalkulatorische Zinsen

Die Finanzbuchhaltung erfasst die Zinsen, die für die Aufnahme von Fremdkapital **tatsächlich gezahlt bzw. berechnet** wurden. Grundlage dieser Erfassung sind Zinsabrechnungen der Kreditgeber (z. B. Banken).

In der **Kostenrechnung** wird als **kalkulatorischer Zins** der Werteverbrauch erfasst, der durch die Bereitstellung des zu verzinsenden **betriebsnotwendigen Kapitals** entsteht. Das betriebsnotwendige Kapital ist im betriebsnotwendigen Vermögen gebunden. Daher wird zunächst das **betriebsnotwendige Vermögen** ermittelt. Sofern dem Unternehmen Fremdkapital zinslos überlassen wurde (z. B. zinsloser Liefererkredit, Anzahlungen von Kunden), muss dieser Betrag von dem vorab ermittelten betriebsnotwendigen Vermögen abgezogen werden, um das zu verzinsende betriebsnotwendige Kapital zu erhalten.

Zinslos überlassenes Fremdkapital

Ein Lieferantenkredit ist zinslos, wenn der Lieferer keine Möglichkeit eines Skontoabzugs einräumt. Die Zahlungsbedingung lautet z. B. in einem solchen Fall: „Zahlbar innerhalb von 30 Tagen netto Kasse".

Leisten Kunden Anzahlungen für einen Auftrag vor der endgültigen Fertigstellung, so erhält das Unternehmen in Höhe der erhaltenen Anzahlungen zinsloses Fremdkapital.

Grundlage für die Berechnung der kalkulatorischen Zinsen ist das betriebsnotwendige Kapital.

Ermittlung des zu verzinsenden betriebsnotwendigen Kapitals und der kalkulatorischen Zinsen

	Betriebsnotwendiges Anlagevermögen
+	**betriebsnotwendiges Umlaufvermögen**
=	**betriebsnotwendiges Vermögen**
–	**Abzugskapital (zinslos überlassenes Fremdkapital)**
=	**zu verzinsendes betriebsnotwendiges Kapital**

kalkulatorische Zinsen = Betriebsnotwendiges Kapital * landesüblicher Zinssatz

Aufgabe 3 Seite 206

Durch diese Berechnungsweise ist gewährleistet, dass in der Kostenrechnung auch Zinsen für das Eigenkapital, das der Unternehmer dem Unternehmen zur Verfügung stellt, berücksichtigt werden, obwohl dafür keine Zinszahlungen anfallen. Es handelt sich dabei um „Verzichtskosten" (Opportunitätskosten), die dem Unternehmer in Form entgangener Zinsen entstehen, weil er sein Kapital dem eigenen Unternehmen zur Verfügung stellt, anstatt es anderweitig zinsbringend (z. B. in Aktien) anzulegen.

Kalkulatorische Wagnisse

Mit der Aufnahme einer unternehmerischen Tätigkeit sind das **allgemeine Unternehmerrisiko (Allgemeines Unternehmerwagnis)** und **betriebliche Einzelrisiken** verbunden.

Unter dem Begriff allgemeines Unternehmerrisiko werden alle nicht erfassbaren und somit auch nicht kalkulierbaren Risiken zusammengefasst (z. B. konjunkturelle, strukturelle und politische Risiken).

Diese allgemeinen Risiken sind mit dem im Unternehmen erzielten Gewinn abzugelten. Im Gegensatz zu den Einzelwagnissen ist das allgemeine Unternehmerwagnis auch nicht versicherbar.

Als **Einzelwagnisse** eines Unternehmens kommen in Betracht:

Einzelwagnisse	
Anlagewagnis	– Durch fehlerhafte Bedienung wird eine Maschine zerstört. – Ein betrieblicher Pkw kommt durch einen Unfall zu Schaden.
Vorrätewagnis (Beständewagnis)	– Ein Rohstofflager wird durch Hochwasser vernichtet. – Diebstahl von Waren.
Vertriebswagnis	– Ein Kunde wird zahlungsunfähig. – Fertigerzeugnisse lassen sich nicht verkaufen.
Gewährleistungswagnis	– Fehlerhafte Produkte müssen zurückgenommen werden. – Nachbesserung bei Schlechtleistung.

Sind die Einzelwagnisse über den Abschluss von Versicherungsverträgen gedeckt, so gehen die Versicherungsprämien als **aufwandsgleiche Kosten** in die Kostenrechnung ein. Andernfalls werden kalkulatorische Wagniskosten als „Selbstversicherung" in der Kostenrechnung angesetzt. Um die Kostenrechnung von Zufallsschwankungen freizuhalten, die sich aus dem unregelmäßigen Eintreten der Schadensfälle ergeben, werden die kalkulatorischen Wagniskosten häufig vereinfacht aus Durchschnittswerten von Schadensfällen vergangener Rechnungsperioden berechnet.

Aufgabe 4 Seite 206

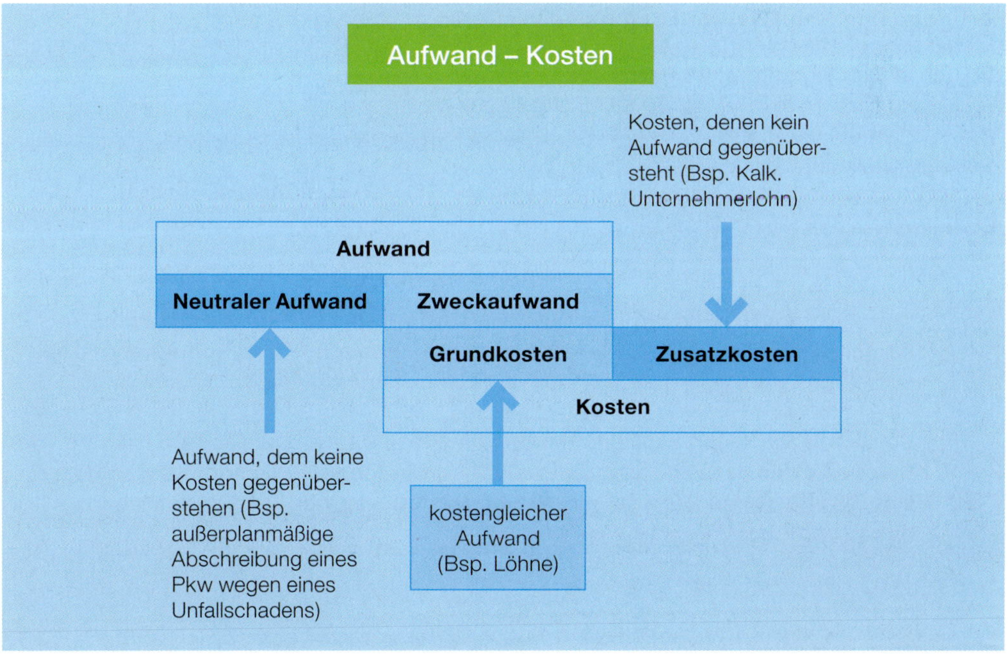

Aufgaben 5 u. 6 Seite 206

5.2.2 Einteilung der Kosten

Die Kosten eines Unternehmens lassen sich einteilen
- **nach der Art der verbrauchten Güter und Dienstleistungen,**
- **nach der Art der Zurechenbarkeit zu den Produkten,**
- **nach dem Verhalten bei Beschäftigungsänderungen.**

Kosten nach der Art der verbrauchten Güter

– für Arbeitsleistungen	Löhne, Gehälter, Sozialaufwendungen
– für Materialverbrauch	Roh-, Hilfs-, Betriebsstoffe
– für Abnutzung von Anlagegütern	Abschreibungen auf Maschinen
– für Kapitalbeschaffung	Zinsen, Provisionen
– für Fremdleistungen	Strom- und Wasserkosten, Telefon- und Portokosten
– für staatliche Aufgaben	Steuern, Gebühren, Beiträge
– für Unternehmerleistung	Kalkulatorischer Unternehmerlohn

Kosten nach der Art der Verrechnung auf die Erzeugnisse (Kostenträger)

Einige Kostenarten sind dem herzustellenden Erzeugnis, **dem Kostenträger**, direkt zurechenbar. Sie können, teilweise bereits konstruktionsbedingt, genau vorausberechnet werden. Diese Kosten werden daher als **Einzelkosten** bezeichnet.

Sondereinzelkosten lassen sich meist nur einem Gesamtauftrag oder einer Produktgruppe zuordnen. Abhängig davon, wo die Sondereinzelkosten anfallen, sind **Sondereinzelkosten der Fertigung und Sondereinzelkosten des Vertriebs** zu unterscheiden.

Kosten bei der Montage eines Fahrrades

Einzelkosten:
Rahmen im Rohzustand, Felgen und Reifen, Lampe und Dynamo, Montagelohn
Sondereinzelkosten der Fertigung:
Modellierungskosten für Spezialmodelle, Spezialwerkzeuge, Stücklizenzen, Speziallackierung

Sondereinzelkosten des Vertriebs:
Vertreterprovision, Spezialverpackung

Einzelkosten sind Kostenarten, die sich aufgrund von Belegen (Stücklohnberechnung, Stücklisten, Materialentnahmescheine, Fremdrechnungen) dem einzelnen Erzeugnis oder Auftrag direkt zurechnen lassen.

Sondereinzelkosten werden ebenso wie alle anderen Einzelkosten mithilfe von Belegen erfasst. Sie können aber nicht immer jedem einzelnen Kostenträger, sondern häufig nur dem jeweiligen Gesamtauftrag oder der gesamten Produktgruppe zugerechnet werden.

Andere Kostenarten sind nur für die Gesamtproduktion in einer Rechnungsperiode zu erfassen. Sie werden als **Gemeinkosten** bezeichnet.

vgl. Kapitel 5.3

Gemeinkosten:

Lack, Schmierfett, Schweißdraht, Lohn des Hausmeisters, Abnutzung der Werkzeuge

Gemeinkosten sind Kostenarten, die sich nicht unmittelbar auf einen Kostenträger verrechnen lassen.

Aufgaben 7 u. 8 Seite 207

Kosten nach der Abhängigkeit vom Beschäftigungsgrad

Fixe Kosten sind unabhängig von der Höhe der Ausbringung. Sie fallen innerhalb eines Zeitraums immer in gleicher Höhe an – unabhängig, ob z. B. die Maschinen mit nur 10 % oder mit 70 % ausgelastet sind.

Fixe Kosten:

Miete für Lagerhalle und Garagen, Zins für einen Kredit, Abschreibungen auf das Verwaltungsgebäude

Fixe Kosten bleiben bei einer Änderung der Produktionsmenge unverändert.

Variable Kosten ändern sich mit der Ausbringungsmenge. Die Gesamtkosten können dabei proportional, über- oder unterproportional wachsen oder abnehmen.

vgl. Kapitel 5.6.2

Variable Kosten:

Materialverbrauch, Löhne für die Montage am Fließband, Stromkosten für Maschinen

Variable Kosten verändern sich, wenn sich die Produktionsmenge ändert.

Zusammenfassende Übersicht zu Kapitel 5.2: Kostenartenrechnung

Aufgabe der Kostenartenrechnung: Erfassung der Kosten

Kalkulatorische Kosten

	Kalkulatorischer Unternehmerlohn	Kalkulatorische Abschreibung	Kalkulatorische Zinsen	Kalkulatorische Wagnisse
Zielsetzung	Erfassung des Wertes der Arbeitsleistung eines Einzelunternehmers oder von Gesellschaftern von Personengesellschaften	Substanzerhaltung (Reale Kapitalerhaltung) ↓ Erfassung des Werteverzehrs, der in ursächlichem Zusammenhang mit der Leistungserstellung eines Industriebetriebes steht	Erfassung des Diensteverzehrs für das in einem Unternehmen eingesetzte Kapital	Erfassung der nicht versicherten Einzelwagnisse eines Unternehmens
Berechnung	Geschäftsführergehalt eines Geschäftsführers eines vergleichbaren Unternehmens	Wiederbeschaffungskosten	Betriebsnotwendiges Kapital	Durchschnittswerte der in der Vergangenheit eingetretenen Schadensfälle

Einteilung der Kosten

Nach der Art der verbrauchten Güter	**Nach der Art der Verrechnung auf die Erzeugnisse (Kostenträger)**		**Nach der Abhängigkeit vom Beschäftigungsgrad**	
Kosten für – **Material** – **Arbeitsleistungen** – **Abnutzung von Anlagegütern** – **Kapitalbeschaffung** – **Fremdleistungen** – **staatliche Abgaben** – **Unternehmerleistung**	**Einzelkosten** ↓ Lassen sich den Kostenträgern direkt zurechnen (Bsp. Materialverbrauch) **Sondereinzelkosten:** – **der Fertigung** – **des Vertriebs**	**Gemeinkosten** ↓ Lassen sich den Kostenträgern nicht direkt zurechnen (Bsp. Abschreibungen)	**Fixe Kosten** ↓ Fallen unabhängig von der produzierten Menge an	**Variable Kosten** ↓ Verändern sich, wenn sich die produzierte Menge ändert

Wiederholung des Grundwissens

1. Warum müssen in der Kostenartenrechnung kalkulatorische Kosten erfasst werden?
2. Was sind kalkulatorische Kosten?
3. Nennen sie vier Arten kalkulatorischer Kosten.
4. Begründen Sie den Kostencharakter des kalkulatorischen Unternehmerlohnes.
5. Warum ist der Ansatz von kalkulatorischem Unternehmerlohn bei Kapitalgesellschaften nicht erforderlich?
6. Erklären Sie den Begriff „Zusatzkosten" am Beispiel des kalkulatorischen Unternehmerlohnes.
7. Unterscheiden Sie bilanzmäßige und kalkulatorische Abschreibung.
8. Erklären Sie die Begriffe „nominale" und „reale" Kapitalerhaltung.
9. Wie wird die kalkulatorische Abschreibung berechnet?
10. Wie lautet die Formel zur Berechnung des betriebsnotwendigen Kapitals?
11. Unterscheiden Sie die Begriffe „Allgemeines Unternehmerwagnis" und „Einzelwagnisse".
12. Erklären Sie die Begriffe „Neutraler Aufwand, Zweckaufwand, Grundkosten, Zusatzkosten".
13. Nach welchen Gesichtspunkten lassen sich die Kosten einteilen?
14. Wodurch unterscheiden sich Einzel- und Gemeinkosten?
15. Unterscheiden Sie fixe und variable Kosten jeweils anhand eines Beispiels.

Aufgaben und Probleme

1. Bei der Hubert Vogel Werkzeugbau OHG ist nach dem Gesellschaftsvertrag ausschließlich Gesellschafter Vogel geschäftsführungs- und vertretungsbefugt. Zur Berechnung des in der Kostenrechnung und Kalkulation anzusetzenden kalkulatorischen Unternehmerlohnes liegen folgende Informationen vor:

	Singener Werkzeugmaschinenfabrik AG	**Vogel Werkzeugbau OHG**
Monatsgehalt zuzüglich Sozialleistungen eines Geschäftsführers bzw. Vorstandes eines vergleichbaren Unternehmens	18 000,00 EUR	
Umsatz	500 Mio. EUR	400 Mio. EUR

   a) Welcher kalkulatorische Unternehmerlohn (genauer Betrag) lässt sich auf der Grundlage obiger Informationen für OHG-Gesellschafter Vogel berechnen?
   b) Warum muss für die Vorstandsmitglieder der Singener Werkzeugmaschinenfabrik AG kein kalkulatorischer Unternehmerlohn ermittelt werden?

2. Die Biberacher Maschinenfabrik beschafft im Januar des laufenden Jahres eine vollautomatische Fräsmaschine, deren Anschaffungskosten 810 000 EUR betragen (Nutzungsdauer lt. amtlicher Abschreibungstabelle 6 Jahre). Es wird erwartet, dass die Wiederbeschaffungskosten am Ende der Nutzungsdauer von 7 Jahren auf 1 036 000 EUR ansteigen werden.
   a) Berechnen Sie die bilanzmäßigen und die kalkulatorischen Abschreibungen für das erste Nutzungsjahr, wenn jeweils linear abgeschrieben wird.
   b) Wie hoch sind im vorliegenden Falle die Grundkosten, der Zweckaufwand sowie die Zusatzkosten?
   c) Unter welcher Voraussetzung ist bei der kalkulatorischen Abschreibung auf die Wiederbeschaffungskosten die reale Kapitalerhaltung gesichert?

3. Errechnen Sie aus folgenden Angaben (soweit nicht anderes angegeben, der Schlussbilanz zum 31.12. d. J. entnommen) die kalkulatorischen Zinsen einer Kolbenfabrik. Der kalkulatorische Zinssatz beträgt 10 %.
   - Grundstücke und Gebäude: 320000 EUR; davon: spekulativ zum Weiterverkauf erworbenes Baugelände: 45000 EUR; an Betriebsfremde vermietete Garagen: 25000 EUR.
   - Maschinen: 150000 EUR; kalkulatorischer Restwert: 160000 EUR; davon: stillgelegte Maschinen 30000 EUR.
   - durchschnittlich gebundene Roh- , Hilfs- und Betriebsstoffe: 85000 EUR.
   - Forderungen: 20000 EUR (Jahresdurchschnittswert).
   - Flüssige Mittel (Kasse, Bankguthaben): 20000 EUR (Jahresdurchschnittswert).
   - Eigenkapital: 485000 EUR.
   - Darlehensverbindlichkeiten: 90000 EUR.
   - Anzahlungen von Kunden: 4000 EUR.
   - Zinsloses Darlehen: 1000 EUR.

4. In der Chemie-Werke AG wurden in der laufenden Abrechnungsperiode für 105000 EUR Rohstoffe verbraucht. In den letzten fünf Jahren wurden für den Rohstoffverbrauch folgende Werte ermittelt: 50000 EUR, 70000 EUR, 85000 EUR, 110000 EUR und 115000 EUR.
   Im gleichen Zeitraum betrugen die Wertminderungen durch Verderb, Schwund u. a. durchschnittlich 1720 EUR. Die in der Abrechnungsperiode tatsächlich eingetretenen Wagnisverluste betragen 4500 EUR.
   a) Ermitteln Sie den Wagniszuschlag für das Beständewagnis aus dem Rohstofflager.
   b) In welcher Höhe sind kalkulatorische Wagnisse in der Kostenrechnung zu berücksichtigen?
   c) Ermitteln Sie, in welcher Höhe gegebenenfalls jeweils Grundkosten, Zweckaufwand bzw. Grundkosten oder Zusatzkosten entstanden sind.

5. Stellen Sie für nachstehende Geschäftsfälle fest, in welcher Höhe neutrale Aufwendungen, Zweckaufwendungen und Grundkosten vorliegen.
   - Stromverbrauch für die Produktion 6000 EUR
   - Abschreibungen: auf Konto Abschreibungen als Aufwand gebucht: 13000 EUR im Zusammenhang mit der Produktion tatsächlich angefallen: 8000 EUR
   - Zinsen: an Bank gezahlte Zinsen für Fremdkapital 2000 EUR, im Zusammenhang mit der betrieblichen Tätigkeit angefallene Zinsen für das gesamte Kapital 5000 EUR
   - eingetretener Wagnisverlust 20000 EUR, in Zusammenhang mit der betrieblichen Tätigkeit zu berücksichtigende Wagnisse 22000 EUR
   - Wert der Arbeitsleistung eines Einzelunternehmers 24000 EUR

6. Bei einem Farbenhersteller liegen zum Ende des laufenden Geschäftsjahres folgende Informationen vor:

❶	bilanzielle Abschreibungen:	739000 EUR
	kalkulatorische Abschreibungen:	675000 EUR
❷	Diebstahl aus dem Warenlager: (nicht versichert)	33820 EUR
❸	Kalk. Unternehmerlohn:	98700 EUR

a) Ordnen Sie in einem Schema nach folgendem Muster die oben aufgeführten Sachverhalte entsprechend ein:

	Neutrale Aufwendungen	**Zweckaufwand**	**Grundkosten**	**Zusatzkosten**
❶				
❷				
❸				

Muster

b) Unterscheiden Sie bilanzielle und kalkulatorische Abschreibungen im Hinblick auf
   - die Bezugsgröße der jeweiligen Abschreibung
   - den Zweck der Abschreibung
   - die Nutzungsdauer und
   - die Beachtung gesetzlicher Vorschriften.

c) Erläutern Sie, weshalb eine Abgrenzung zwischen Aufwendungen und Erträgen bzw. Kosten und Leistungen für das Unternehmen von Bedeutung ist.

7. In der Kostenrechnung eines Industriebetriebs werden u. a. folgende Kostenarten erfasst:
   - Rohstoffverbrauch
   - Hilfsstoffverbrauch
   - Betriebsstoffverbrauch
   - Fertigungslöhne
   - Gehälter
   - kalkulatorische Abschreibung
   - Vertreterprovision
   - Kosten für Werbung
   - Lizenzgebühren (Stücklizenzen)
   - Verpackungskosten (Spezialbehälter)
   - Instandhaltungskosten

   Ordnen Sie diese Kostenarten in das nachfolgende Schema ein (auf einem gesonderten Blatt).

Kostenarten	Kosten nach der Zurechenbarkeit auf die Kostenträger		
	Einzelkosten	Sondereinzelkosten	Gemeinkosten
Rohstoffverbrauch	? . .	? . .	? . .

8. In der Kostenrechnung wurden in der Metallwarenfabrik Klein e. K. für das zurückliegende Quartal folgende Werte ermittelt:

Fertigungslöhne	280 200 EUR
Arbeitgeberanteil zur Sozialversicherung	55 480 EUR
Gehälter	70 230 EUR
Arbeitgeberanteil zur Sozialversicherung	21 280 EUR
Hilfslöhne	83 450 EUR
Arbeitgeberanteil zur Sozialversicherung	23 230 EUR
Büromaterialverbrauch	34 870 EUR
kalkulatorische Abschreibungen	57 600 EUR
kalkulatorischer Unternehmerlohn	60 000 EUR
Ausgangsfrachten	55 800 EUR
Rohstoffkosten	380 000 EUR
Hilfs- und Betriebsstoffkosten	40 980 EUR
Provisionen für Handelsvertreter	27 500 EUR

Einer Branchenstatistik ist zu entnehmen, dass in dieser Branche der Anteil der Einzelkosten an den Gesamtkosten durchschnittlich 64 % beträgt.

a) Wie hoch ist der Anteil der Einzelkosten an den Gesamtkosten (in %) bei der Metallwarenfabrik Klein e.K. ?
b) Vergleichen Sie die in a) errechnete Lösung mit dem Branchenwert und beurteilen Sie das Ergebnis.

5.3 Kostenstellenrechnung

5.3.1 Aufgabe der Kostenstellenrechnung

Je vielfältiger das Fertigungsprogramm eines Betriebes ist, desto schwieriger ist es, die Gemeinkosten den Produkten (Kostenträger) verursachungsgerecht zuzurechnen.

In einem arbeitsteiligen Fertigungsprozess durchlaufen die Produkte eine Vielzahl von Abteilungen, Werkstätten und Arbeitsplätzen.

Alle Gemeinkosten in einem einzigen prozentualen Zuschlag auf der Basis der Einzelkosten den Kostenträgern anzulasten, kann zu ungenauen Selbstkosten und damit zu falschen Preisen führen. Nur in seltenen Fällen verändern sich die Gemeinkosten im gleichen Verhältnis wie die Einzelkosten.

Der Herstellungsweg eines Meißels

Holen des Stahls vom Lager, Ablängen des Rohlings und Schmieden von Form und Schneide, Härten und Vergüten der Schneide, Schleifen, …

Jeder Arbeitsgang erfolgt von anderen Personen, in anderen Werkstätten, mit unterschiedlichen Maschinen und Werkzeugen bei unterschiedlichem Lohnanteil.

In einem Industriebetrieb ist die Erfassung der **Einzelkosten** für die verschiedenen Produkte (Kostenträger) zumeist problemlos. Die Verrechnung der Einzelkosten auf die Kostenträger erfolgt im Normalfall auf der Grundlage von Stücklisten und Arbeitsplänen. Schwieriger ist es, für die Kostenträger den Anteil an **Gemeinkosten** zu ermitteln, den sie bei der Leistungserstellung mit verursacht haben.

Deshalb wird der Betrieb in eine Vielzahl von **Kostenstellen** aufgegliedert, in denen die Gemeinkosten erfasst werden können. Auf diesem Wege lassen sich die Gemeinkosten in einem weiteren Schritt verursachungsgerechter auf die Kostenträger verrechnen.

Die Kostenstellenrechnung hat die Aufgabe, die Gemeinkosten an den Verursachungsorten (Kostenstellen) zu erfassen, um sie genauer den Erzeugnissen zurechnen zu können.

5.3.2 Bildung von Kostenstellen

In den Industriebetrieben werden die Kostenstellen hauptsächlich nach **Funktionsbereichen** gebildet, wobei aber auch zusätzlich noch weitere Gesichtspunkte (z. B. Raumorientierung) berücksichtigt werden können. Am Ende einer Rechnungsperiode (Monat, Quartal, Geschäftsjahr) werden für jeden Kostenbereich die Gemeinkosten festgestellt, die dort bei der Aufgabenerfüllung entstanden sind.

Kostenverursachung in den Kostenbereichen				
	Material	**Fertigung**	**Verwaltung**	**Vertrieb**
Gemeinkosten verursacht durch	Beschaffung Materialprüfung Lagerung …	Konstruktion Teilefertigung Montage Endmontage …	Personaleinstellung/ Personalverwaltung Lohnabrechnung/ Lohnbuchhaltung Kalkulation Organisation …	Verkauf Versand Kundenbera- tung Werbung Reklamations- Bearbeitung …

Die Kostenerfassung in den einzelnen Kostenstellen ist umso aussagekräftiger, je überschaubarer die Kostenstellen sind. Insofern wäre die Ermittlung der Gemeinkosten für jeden einzelnen Arbeitsplatz als Kostenstelle die geeignetste Lösung (Platzkostenrechnung). Einer Kostenstellenbildung nach Arbeitsplätzen widersprechen jedoch Wirtschaftlichkeitsüberlegungen. Je mehr Kostenstellen gebildet werden, desto umfangreicher sind auch die damit verbundenen Verrechungs- und Kontrollarbeiten. Wie stark der Betrieb tatsächlich in einzelne Kostenstellen gegliedert wird, hängt u.a. von der Betriebsgröße und dem Fertigungsprogramm ab. Die Kostenstellengliederung eines Betriebes wird in einem **Kostenstellenplan** ausgewiesen.

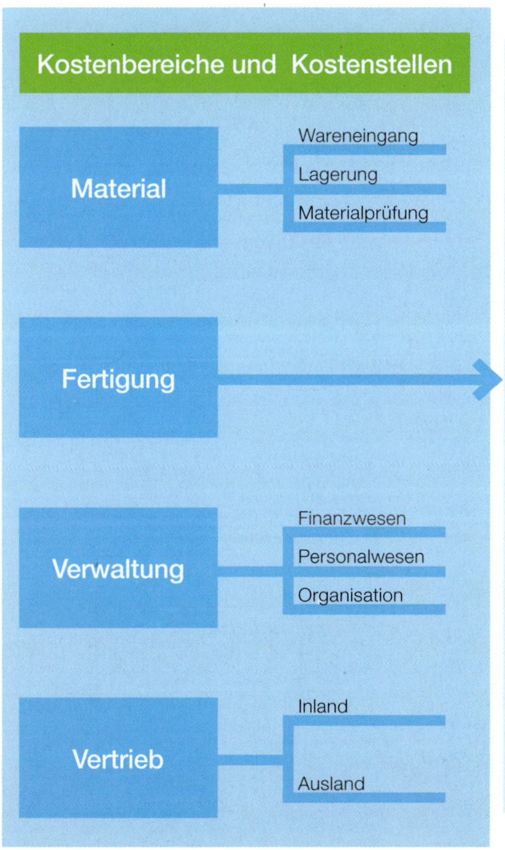

Auszug aus dem Kostenstellenplan

1–2 Fertigungsbereich/Fertigungsstellen

100 2 Allgemein

113 2 Härterei und Richterei (HAE), Geb. 2/35

120 2 Einspindel-Automaten (AUD), Geb. 2/35

121 2 Mehrspindel-Automaten (AUD), Geb 2/35

122

123 2 Futter- und Halbautomaten (AUD), Geb 2/35

124 2 Revolverdreherei und Dreherei (AUD), Geb 2/35

125 2 Fräserei (AUD), Geb 2/35

126 2 Schleiferei (AUD), Geb 2/35

127 2 Bohrerei (AUD), Geb 2/35

129 2 Kleinteilefertigung (AUD), Geb 2/35

153 2 Zahnradfertigung: Antriebswelle, Hauptwelle, Vorgelegeräder einschl. AVS (ZFG), Geb 2/35

154 2 Getriebe-Zahnräder-Vorbearbeitung (ZFG), Geb 2/35

155 2 Zahnradfertigung: Vorlegewellen, Schiebemuffen (ZFG), Geb 2/35

157 2 Zahnradfertigung: Schraubenrad III. Gang ZB-Antriebswelle, Schraubenrad III. Gang mit Gleichlaufkegel, Zahnflanken schleifen, Radsatz zusammenstellen (ZFG), Geb 2/35

Aufgabe 1
Seite 223

5.3.3 Einstufiger Betriebsabrechnungsbogen

Die Erfassung der Gemeinkosten eines Betriebes erfolgt über den **Betriebsabrechnungsbogen (BAB)**. Er spiegelt die Gliederung in Kostenstellen wider, die je nach Bedarf und Zweckmäßigkeit gebildet wurden.

Mithilfe des Betriebsabrechnungsbogens (BAB) wird die Aufteilung der Gemeinkosten auf die Kostenstellen vorgenommen.

Die erfassten Gemeinkosten werden auf die Kostenstellen des **Betriebsabrechnungsbogens** verteilt. Lassen sich Kostenarten für eine Kostenstelle genau erfassen, dann handelt es sich dabei um **Kostenstelleneinzelkosten**. Ist eine solch genaue Erfassung nicht möglich, werden für die Verteilung der Gemeinkosten Schlüsselzahlen zu Hilfe genommen, die dem Verursachungsprinzip möglichst nahekommen. Diese Kostenarten werden als **Kostenstellengemeinkosten** bezeichnet.

Stelleneinzelkosten	
Kostenart	**Erfasst durch**
Strom, Gas, Wasser	Strom-, Gas-, Wasserzähler
Fuhrparkkosten	Kilometerzähler
Hilfslöhne	Nach Lohnlisten
Abschreibung auf Maschinen	Anlagenkartei (Standort der Maschine)

Stellengemeinkosten	
Kostenart	**Erfasst durch**
Heizkosten	m^3 der beheizten Räume
Beleuchtungskosten	Anzahl der Lampen
Reinigungskosten	m^2 der Räume
Abschreibung auf Verwaltungsgebäude	nach Beschäftigtenzahl

Kostenstelleneinzelkosten lassen sich direkt auf die Kostenstellen verteilen. Kostenstellengemeinkosten werden mithilfe von Verteilungsschlüsseln verrechnet.

Schematischer Aufbau eines Betriebsabrechnungsbogens

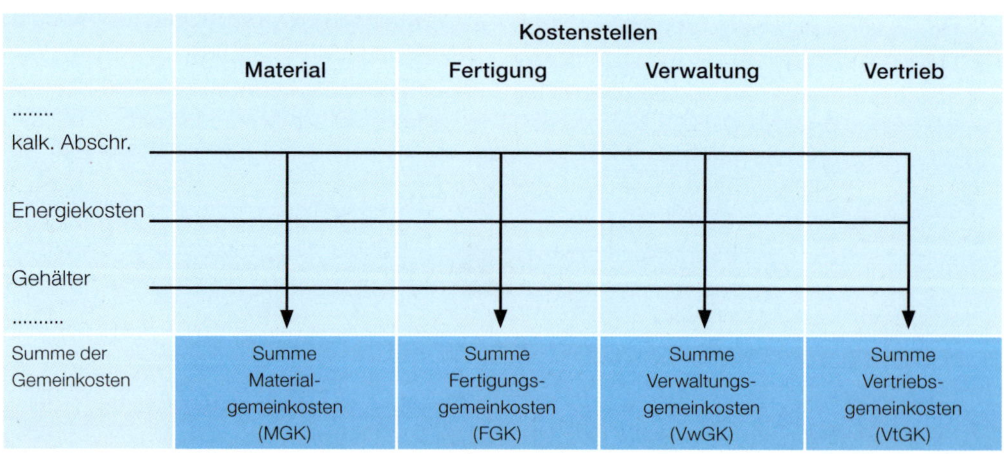

Vorgehensweise zur Erstellung eines BAB

1. Schritt
Die Kosten aus der Kostenartenrechnung werden in **Einzel- und Gemeinkosten** aufgeteilt. Die **Gemeinkostenarten** werden in den Betriebsabrechnungsbogen übernommen.

2. Schritt
Die **Gemeinkosten** werden möglichst verursachungsgerecht auf die Kostenstellen verteilt. Stelleneinzelkosten lassen sich direkt verteilen, Stellengemeinkosten werden über Verteilungsschlüssel verrechnet.

3. Schritt
Ermittlung der Summe der Gemeinkosten insgesamt und der Summen in den einzelnen Kostenstellen: Materialgemeinkosten (MGK), Fertigungsgemeinkosten (FGK), Verwaltungsgemeinkosten (VwGK) und Vertriebsgemeinkosten (VtGK).

Hinweis: Ist der Fertigungsbereich in mehrere Fertigungsstellen aufgeteilt (= erweiterter BAB*), dann muss für jede einzelne Fertigungsstelle die Summe der angefallenen Gemeinkosten ermittelt werden. Bei nachstehendem Betriebsabrechnungsbogen der Karosseriebau-GmbH handelt es sich um einen erweiterten Betriebsabrechnungsbogen mit zwei Fertigungsstellen.*

Betriebsabrechnungsbogen der Karosseriebau-GmbH							
Gemeinkostenarten	**Kosten (EUR)**	**Verteilungsschlüssel**	**Kostenstellen**				
			Material (EUR)	**Fertigung (EUR)**		**Verwaltung (EUR)**	**Vertrieb (EUR)**
				Karosserie	Lackiererei		
Hilfsstoffe	72 500	Materialentnahmescheine	500	34 400	35 300	2 000	300
Energiekosten	319 000	Stromzähler	400	190 000	127 000	800	800
Hilfslöhne	92 000	Lohnlisten	1 000	50 000	40 000	200	800
Gehälter	250 000	Gehaltlisten	10 000	20 000	30 000	120 000	70 000
kalkulatorische Abschreibung	456 000	Anlagenkartei	20 000	250 000	136 000	30 000	20 000
sonstige Gemeinkosten	180 000	Verschiedene Schlüssel	24 500	38 000	43 000	35 500	39 000
Summe der Gemeinkosten	**1 369 500**		**56 400**	**582 400**	**411 300**	**188 500**	**130 900**
			Materialgemeinkosten (MGK)	**Fertigungsgemeinkosten (FGK)**		**Verwaltungsgemeinkosten (VwGK)**	**Vertriebsgemeinkosten (VtGK)**

Aufgaben 2–5 Seite 223 ff.

5.3.4 Mehrstufiger Betriebsabrechnungsbogen

Haupt- und Hilfskostenstellen

Beim einstufigen BAB wurden die Gemeinkosten auf die vier **Hauptkostenstellen** Material, Fertigung, Verwaltung und Vertrieb verteilt. Diese vier Hauptkostenstellen erbringen ihre Leistungen unmittelbar für Erzeugnisse, die für den Absatzmarkt bestimmt sind. Daneben kann es in einem

Betrieb aber auch Kostenstellen geben, deren Leistungen nicht unmittelbar für die Erzeugnisse des Absatzmarktes (Kostenträger) bestimmt sind, sondern für andere Kostenstellen. Dabei handelt es sich um **Hilfskostenstellen** (Vorkostenstellen).

Hilfskostenstellen geben – im Unterschied zu Hauptkostenstellen – ihre Leistungen nicht direkt an die Kostenträger, sondern an andere Kostenstellen (Hauptkostenstellen, Hilfskostenstellen) ab.

Werden auch Leistungsströme zwischen den Kostenstellen eines Unternehmens erfasst, liegt ein mehrstufiger BAB vor.

Bei den Hilfskostenstellen lassen sich **allgemeine Hilfskostenstellen** und **besondere Hilfskostenstellen** unterscheiden.

Allgemeine Hilfskostenstellen in einer Metallwarenfabrik

— Betriebsfeuerwehr
— Betriebsarzt
— Betriebskantine
— zentrale Stromversorgung
— zentrale Wasserversorgung
— betriebliches Heizkraftwerk

Leistungen dieser Kostenstellen werden im Normalfall **von allen anderen** Kostenstellen der Metallwarenfabrik in Anspruch genommen.

Allgemeine Hilfskostenstellen (z. B. Stromversorgung, Kantine) dienen dem Gesamtbetrieb. Sie geben ihre Leistungen als innerbetriebliche Leistungen an alle oder fast alle übrigen Haupt- und Hilfskostenstellen ab.

Besondere Hilfskostenstellen einer Metallwarenfabrik

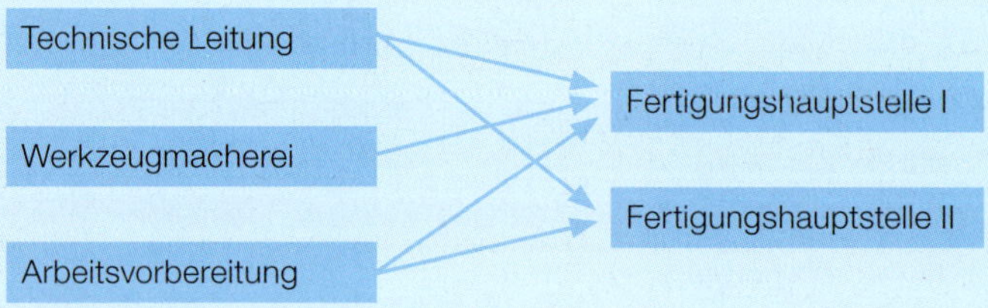

Leistungen der Fertigungshilfskostenstellen werden von den beiden **Fertigungshauptstellen** in Anspruch genommen.

Besondere Hilfskostenstellen (z. B. Konstruktionsbüro, Arbeitsvorbereitung) geben ihre Leistungen nur an bestimmte Hauptkostenstellen weiter, denen sie zugeordnet sind.

Umlage der Hilfskostenstellen

Die in den Hilfskostenstellen anfallenden Gemeinkosten müssen entsprechend der tatsächlichen Inanspruchnahme durch die anderen Kostenstellen intern verteilt werden (**innerbetriebliche Leistungsverrechnung**). Dazu werden die während einer Abrechnungsperiode anfallenden Gemeinkosten entsprechend den Verteilungsschlüsseln zunächst auf die Haupt- und Hilfskostenstellen verrechnet. Dann werden die Kosten der Hilfskostenstellen nach folgender Reihenfolge auf die Hauptkostenstellen verteilt:

Umlage 1
1. Schritt: Umlage der **allgemeinen Hilfskostenstellen** auf die übrigen Kostenstellen.

Umlage 2
2. Schritt: Umlage der **speziellen Hilfskostenstellen** auf die entsprechenden Hauptkostenstellen.

Liegen mehrere allgemeine oder spezielle Hilfskostenstellen vor, so können neben einseitigen auch wechselseitige innerbetriebliche Leistungsbeziehungen bestehen. Bei einseitigen Leistungsbeziehungen können die Kostenstellen so angeordnet werden, dass jeweils vorgelagerte Kostenstellen nur an nachgelagerte Kostenstellen Leistungen abgeben.

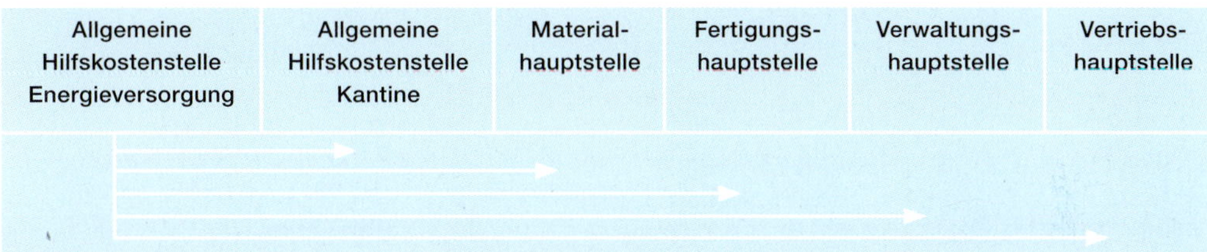

Zwischen der Allgemeinen Kostenstelle Energieversorgung und der Allgemeinen Kostenstelle Kantine werden einseitige Leistungsbeziehungen (Kostenstelle Energieversorgung beliefert Kostenstelle Kantine) angenommen.

Wechselseitige Leistungsbeziehungen liegen dann vor, wenn mindestens zwei Kostenstellen sich gegenseitig beliefern (z. B. betriebliche Energieversorgung liefert Energie an die Kantine und die Mitarbeiter der Energieabteilung nehmen ihre Mahlzeiten in der Betriebskantine ein).

Das hier beschriebene Verfahren zur innerbetrieblichen Leistungsverrechnung wird als **Treppenverfahren (Stufenleiterverfahren)** bezeichnet. Dabei werden die Gemeinkosten der Hilfskostenstellen stufenweise auf die empfangenden Kostenstellen verteilt. Es wird dazu unterstellt, dass der betriebliche Leistungsaustausch nur in einer Richtung erfolgt, obwohl möglicherweise ein gegenseitiger Leistungsaustausch zwischen den einzelnen Kostenstellen vorliegt. Solche wechselseitigen innerbetrieblichen Leistungsbeziehungen werden aber beim Treppenverfahren nicht berücksichtigt. Um die damit verbundene Ungenauigkeit so gering wie möglich zu halten, muss versucht werden, die Umlage der Hilfskostenstellen in einer Reihenfolge vorzunehmen, bei der der Umfang der nicht erfassten gegenläufigen Leistungsströme der nachgeordneten Stellen an vorgelagerte Stellen so gering wie möglich ist. Dies ist dann der Fall, wenn die Hilfskostenstellen, die am meisten Leistungen an andere Hilfskostenstellen abgeben, im BAB am weitesten links stehen. Eine exakte Lösung des innerbetrieblichen Leistungsaustauschs ist jedoch nur mithilfe eines linearen Gleichungssystems möglich.

BAB mit innerbetrieblicher Leistungsverrechnung eines Industriebetriebes

Der mehrstufige erweiterte BAB (zusammengefasst) eines Industriebetriebes weist folgende Daten auf:

		Kostenstellen						
Kostenarten	Kosten	Allg. Hilfskostenstelle (Tsd. EUR)	Material (Tsd. EUR)	Fertigung I (Tsd. EUR)	Fertigung II (Tsd. EUR)	Fertigungshilfskostenstelle (Tsd. EUR)	Verwaltung (Tsd. EUR)	Vertrieb (Tsd. EUR)
Summe Gemeinkosten	840	**80**	120	240	270	50	50	30
zuschl. Grundlagen			MEK 880	FEK I 320	FEK II 200		HK der Produktion	

Die Kosten der allgemeinen Kostenstelle sind nach m² Grundfläche auf die anderen Kostenstellen zu verteilen. Das Lager umfasst 1 400 m², die Fertigungsstelle I 3000 m², die Fertigungsstelle II 2 400 m², die Fertigungshilfskostenstelle 400 m², die Verwaltung 600 m², der Vertrieb 200 m².

Die Kosten der Fertigungshilfskostenstelle werden nach der Zahl der Mitarbeiter auf Fertigungshauptstellen umgelegt. In der Fertigungsstelle I sind 17, in der Fertigungsstelle II sind 10 Arbeitnehmer beschäftigt.

Daraus ergibt sich folgender BAB:

		Kostenstellen						
Kostenarten	Kosten	Allg. Hilfskostenstelle (Tsd. EUR)	Material (Tsd. EUR)	Fertigung I (Tsd. EUR)	Fertigung II (Tsd. EUR)	Fertigungshilfskostenstelle (Tsd. EUR)	Verwaltung (Tsd. EUR)	Vertrieb (Tsd. EUR)
Summe Gemeinkosten	840	**80**	120	240	270	50	50	30
Umlage der Allgemeinen Hilfskostenstelle		→	14	30	24	4	6	2
Zwischensumme			134	270	294	**54**	56	32
Umlage der Fertigungshilfskostenstelle				34	20 ←			
Zwischensumme			134	304	314		56	32
Zuschl. Grundlagen			880	320	200		2 152	
Zuschl. Sätze			15,2 %	95 %	157 %		2,6 %	1,5 %

Arten von Kostenstellen

Hauptkostenstellen (Endkostenstellen)				Hilfskostenstellen (Vorkostenstellen)	
Material	Fertigung	Verwaltung	Vertrieb	geben Leistungen an andere **Kostenstellen** ab	
				Allgemeine Hilfskostenstellen dienen dem Gesamtbetrieb (Leistungsabgabe an alle oder fast alle übrigen Haupt- und Hilfskostenstellen)	**Besondere Hilfskostenstellen** geben Leistungen an bestimmte Hauptkostenstellen ab

Ein mehrstufiger BAB ist erforderlich, wenn allgemeine oder besondere Hilfskostenstellen eingerichtet sind.

Schritte der innerbetrieblichen Leistungsverrechnung

1. Schritt:
Umlage der Allgemeinen Hilfskostenstelle(n)

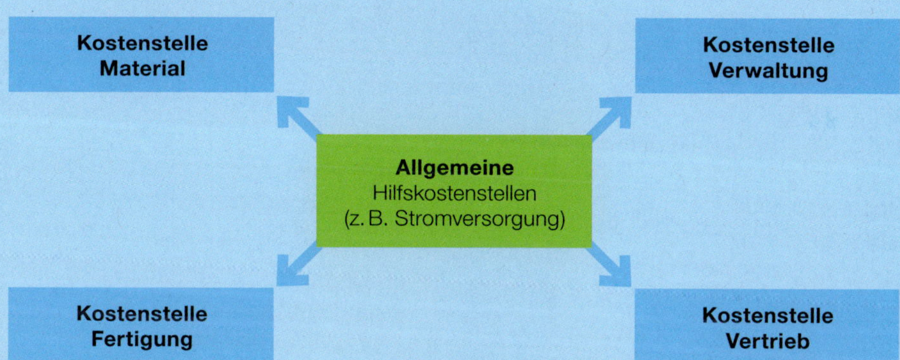

2. Schritt:
Umlage der Fertigungshilfsstellen auf die Fertigungshauptstellen

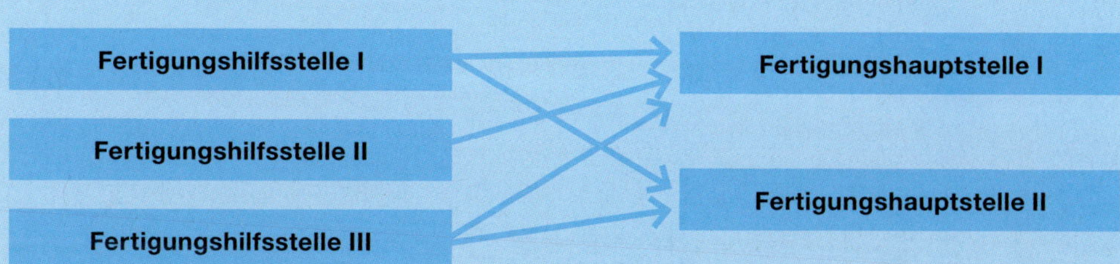

5.3.5 Ermittlung der Zuschlagssätze

Während die Einzelkosten den einzelnen Kostenträgern direkt zugerechnet werden können, erfolgt die Zurechnung der Gemeinkosten über den Umweg des BAB. Hierzu werden für die Gemeinkosten der einzelnen Kostenstellen Zuschlagssätze berechnet. Diese aus den Zahlen des BAB ermittelten Zuschlagssätze werden als **Istzuschläge** bezeichnet, da sie auf der Grundlage der in der vergangenen Abrechnungsperiode **tatsächlich angefallenen** Kosten (Ist-Kosten) ermittelt wurden.

	Zuschlagssätze	Erläuterungen zur Berechnung
❶	**Materialgemeinkosten-zuschlagssatz (MKGZ)** $MGKZ = \frac{\text{Materialgemeinkosten} \cdot 100}{\text{Materialeinzelkosten}}$	Für die **Materialgemeinkosten** wird angenommen, dass sie in ihrer Höhe proportional abhängig sind vom Wert des verbrauchten Fertigungsmaterials (Materialeinzelkosten). Deshalb bilden die **Materialeinzelkosten** die Zuschlagsgrundlage zur Berechnung des Zuschlagssatzes für die Materialgemeinkosten.
❷	**Fertigungsgemeinkosten-zuschlagssatz (FGKZ)** $FGKZ = \frac{\text{Fertigungsgemeinkosten} \cdot 100}{\text{Fertigungseinzelkosten}}$	Für die **Fertigungsgemeinkosten** wird eine proportionale Abhängigkeit zu den Fertigungslöhnen (Fertigungseinzelkosten) unterstellt. Die **Fertigungseinzelkosten** bilden deshalb die Zuschlagsgrundlage zur Berechnung des Zuschlagssatzes für die Fertigungsgemeinkosten.

Als Zuschlagsgrundlage für die Verwaltungs- und Vertriebsgemeinkosten werden die **Herstellkosten** verwendet. Um diese Bezugsgröße zu ermitteln, muss zunächst eine Gesamtkalkulation der bei der Herstellung in der Abrechnungsperiode angefallenen Kosten vorgenommen werden.

Berechnung der Herstellkosten

Materialeinzelkosten	Materialkosten
+ Materialgemeinkosten	
+ Fertigungseinzelkosten	Fertigungskosten
+ Fertigungsgemeinkosten	
+ Sondereinzelkosten der Fertigung [1]	
= Herstellkosten	

❸	**Verwaltungsgemeinkosten-zuschlagssatz (VwGKZ)** $VwGKZ = \frac{\text{Verwaltungsgemeinkosten} \cdot 100}{\text{Herstellkosten}}$	Verwaltungsgemeinkosten (z. B. Gehälter für die Geschäftsleitung und das Büropersonal) stehen in direktem Zusammenhang mit **allen** betrieblichen Funktionsbereichen. Die Zuschlagsgrundlage zur Berechnung des Zuschlagssatzes für die Verwaltungsgemeinkosten bilden deshalb alle Kosten, die im Rahmen der Herstellung der Erzeugnisse **(= Herstellkosten)** während einer bestimmten Abrechnungsperiode – z. B. Monat, Quartal, Jahr – entstanden sind.

[1] *Beispiele für Sondereinzelkosten der Fertigung: Konstruktionskosten, Speziallackierung eines Pkw*

Entspricht die während eines Geschäftsjahres produzierte Menge an Erzeugnissen der abgesetzten Menge (= keine Bestandsveränderungen), so wird der Vertriebsgemeinkostenzuschlagssatz von der gleichen Grundlage berechnet wie der Zuschlagssatz für die Verwaltungsgemeinkosten.

❹ **Vertriebsgemeinkosten-Zuschlagssatz (VtGKZ)**

$$VtGKZ = \frac{\text{Vertriebsgemeinkosten} \cdot 100}{\text{Herstellkosten}}$$

Für die Berechnung des Zuschlagssatzes der Vertriebsgemeinkosten gilt der gleiche Zusammenhang wie für die Verwaltungsgemeinkosten. Deshalb werden auch in diesem Fall die **Herstellkosten** als Zuschlagsgrundlage verwendet.

Häufig kommt es jedoch vor, dass fertige und/oder unfertige Erzeugnisse auf Lager produziert werden. Der Verkauf erfolgt dann in einer späteren Periode. Da aber die Vertriebsgemeinkosten und möglicherweise auch ein Teil der Verwaltungsgemeinkosten nicht durch die **Produktion**, sondern durch den **Absatz** verursacht werden, muss zwischen folgenden beiden Arten von Herstellkosten unterschieden werden:

Herstellkosten

für die in dieser Abrechnungsperiode **hergestellten** Erzeugnisse	für die in dieser Abrechnungsperiode **verkauften** Erzeugnisse
↓	↓
Herstellkosten der Produktion bzw. Herstellkosten der Abrechnungsperiode	Herstellkosten des Umsatzes

Im Normalfall werden **die Herstellkosten der Produktion** als verursachungsgerechte **Zuschlagsgrundlage für die Verwaltungsgemeinkosten** und die **Herstellkosten des Umsatzes** als verursachungsgerechte **Zuschlagsgrundlage für die Vertriebsgemeinkosten** verwendet. Es kommt aber auch vor, dass aus Vereinfachungsgründen für beide Zuschlagssätze die Herstellkosten des Umsatzes als gemeinsame Bezugsgröße dienen.

Ermittlung der Zuschlagsgrundlage bei Bestandsmehrungen (Endbestand > Anfangsbestand)

Werden in einer Periode mehr Erzeugnisse produziert als abgesetzt, so führt das zu einer **Erhöhung des Lagerbestandes (= Bestandsmehrung)**. Die in dieser Periode entstandenen Herstellkosten (= Herstellkosten der Produktion) umfassen also sowohl die Kosten für die verkauften als auch die Kosten der auf Lager produzierten Erzeugnisse. Um aber die Kosten zu ermitteln, die lediglich für die **verkauften Erzeugnisse** entstanden sind (**= Herstellkosten des Umsatzes)**, müssen daher die Kosten der auf Lager produzierten Erzeugnisse von den Herstellkosten der Produktion abgezogen werden.

Bei Bestandsmehrung gilt: Herstellkosten des Umsatzes = Herstellkosten der Produktion – Bestandsmehrung

Ermittlung der Zuschlagsgrundlage bei Bestandsminderung (Endbestand < Anfangsbestand)

Werden in einer Periode mehr Erzeugnisse verkauft als produziert, so führt dies zu einer **Minderung des Lagerbestands (Bestandsminderung)**. Die in dieser Periode entstandenen Herstellkosten (= **Herstellkosten der Produktion**) umfassen aber nur die Kosten für diejenigen verkauften Erzeugnisse, die auch in dieser Periode hergestellt wurden. Zur Ermittlung der Kosten, die für die **verkauften Erzeugnisse** entstanden sind (= **Herstellkosten des Umsatzes**), müssen die Kosten für die Lagerbestandsminderungen zu den Herstellkosten der Produktion hinzugezählt werden.

Bei Bestandsminderung gilt: Herstellkosten des Umsatzes = Herstellkosten der Produktion + Bestandsminderung

Gesamtkalkulation bei Bestandsmehrungen und Bestandsminderungen

Fertigungsmaterial
\+ Materialgemeinkosten
\+ Fertigungslöhne
\+ Fertigungsgemeinkosten
\+ Sondereinzelkosten der Fertigung

bei Bestandsmehrungen ← = Herstellkosten der Produktion → *bei Bestandsminderungen*

bei Bestandsmehrungen:
– *Mehrbestand* an **unfertigen Erzeugnissen**
– *Mehrbestand* an **fertigen Erzeugnissen**
= **Herstellkosten des Umsatzes**

bei Bestandsminderungen:
\+ *Minderbestand* der **unfertigen Erzeugnisse**
\+ *Minderbestand* der **fertigen Erzeugnisse**
= **Herstellkosten des Umsatzes**

Berechnung der Gemeinkostenzuschläge mit Hilfe des BAB

	Kostenstellen			
	Material	**Fertigung**	**Verwaltung**	**Vertrieb**
....				
kalk. Abschr.				
Energiekosten				
Gehälter				
....				
Summe der Gemeinkosten	Summe Material-gemeinkosten (MGK)	Summe Fertigungs-gemeinkosten (FGK)	Summe Verwaltungs-gemeinkosten (VwGK)	Summe Vertriebs-gemeinkosten (VtGK)
Zuschlags-grundlagen (= 100 %)	Materialeinzelkosten: Kosten für Fertigungsmaterial (FM)	Fertigungseinzelkosten: Fertigungslöhne (FL)	Herstellkosten der Produktion (HEKO d. Prod.)	Herstellkosten des Umsatzes (HEKO des Ums.)
Zuschlags-sätze	$\frac{\text{MGK} \cdot 100}{\text{FM}}$	$\frac{\text{FGK} \cdot 100}{\text{FM}}$	$\frac{\text{VwGK} \cdot 100}{\text{HEKO d. Prod.}}$	$\frac{\text{VtGK} \cdot 100}{\text{HEKO d. Ums.}}$

Für die Karosseriebau GmbH (vgl. BAB auf Seite 207) lassen sich auf der Grundlage folgender zusätzlicher Informationen die Gemeinkostenzuschlagssätze in einer Gesamtkalkulation berechnen.

Fertigungsmaterial	564 000 EUR	Minderbestand an unfertigen Erzeugnissen	45 700 EUR
Fertigungslöhne Karosseriebau	232 960 EUR	Mehrbestand an fertigen Erzeugnissen	25 500 EUR
Fertigungslöhne Lackierung	131 616 EUR		

Gesamtkalkulation der Karosseriebau GmbH			
Fertigungsmaterial		564 000 EUR	
+ Materialgemeinkosten	10 %	56 400 EUR	
= Materialkosten			**620 400 EUR**
Fertigungslöhne Karosseriebau		232 960 EUR	
+ Fertigungsgemeinkosten Karosseriebau	250 %	582 400 EUR	
= Fertigungskosten Karosseriebau			815 360 EUR
Fertigungslöhne Lackiererei		131 616 EUR	
+ Fertigungsgemeinkosten Lackiererei	312,5 %	411 300 EUR	
= Fertigungskosten Lackiererei			542 916 EUR
= Fertigungskosten			**1 358 276 EUR**
= Herstellkosten der Produktion			**1 978 676 EUR**
+ Bestandsminderung der unfertigen Erzeugnisse			45 700 EUR
– Bestandsmehrung der fertigen Erzeugnisse			25 500 EUR
= Herstellkosten des Umsatzes			**1 998 876 EUR**
+ Verwaltungsgemeinkosten	9,43 %		188 500 EUR
+ Vertriebsgemeinkosten	6,55 %		130 900 EUR
= Selbstkosten des Umsatzes			**2 318 276 EUR**

Aufgaben 6 u. 7 Seite 225 ff.

5.3.6 Kostenabweichungen

Um den Angebotspreis für einen Auftrag bzw. für ein bestimmtes Erzeugnis kalkulieren zu können, muss ein Unternehmen über Informationen verfügen, welche Kosten dafür **voraussichtlich** anfallen werden. Für die Kalkulation des Angebotspreises gilt folgender Zusammenhang:

Kalkulierter Angebotspreis = Selbstkosten + Gewinnzuschlag

Die voraussichtlich anfallenden **Einzelkosten** (Material, Fertigungslöhne etc.) lassen sich aus den im Betrieb vorhandenen Unterlagen (z.B. Stücklisten, Arbeitspläne) einfacher ermitteln als die voraussichtlich anfallenden **Gemeinkosten**. Da die Gemeinkosten z.B. aufgrund unterschiedlicher Auslastung eines Betriebes starken Schwankungen unterliegen, reicht es häufig nicht aus, für die Kalkulation des Angebotspreises die zuletzt ermittelten Gemeinkostenzuschlagssätze zu verwenden. Zur Ermittlung der Selbstkosten und des Angebotspreises ist das Unternehmen vielmehr darauf angewiesen, auf der Grundlage von Erfahrungen aus der Vergangenheit eine **Vorkalkulation** mit **Normalzuschlagssätzen (Sollzuschlagssätze)** zu erstellen. Die mit Normalzuschlagssätzen kalkulierten Kosten weichen in der Regel von den erst nachträglich – auf der Grundlage der angefallenen **tatsächlichen Kosten (Istkosten)** – feststellbaren Zuschlagssätzen **(Istzuschlagssätze)** ab.

Grundlage für die Ermittlung der Normal-Gemeinkostenzuschlagssätze sind in der Regel die Durchschnittswerte der Istgemeinkosten mehrerer zurückliegender Abrechnungsperioden.

Für die **Einzelkosten** wird unterstellt, **dass die Istkosten den Normalkosten entsprechen,** da der Rohstoffverbrauch und die Fertigungslöhne sowohl mengen- als auch wertmäßig für einen überschaubaren Zeitraum im Normalfall exakt vorkalkuliert werden können.

Betriebsabrechnungsbogen (BAB) mit Normalkosten

Dem Betriebsabrechnungsbogen (BAB) eines Presswerks sind folgende Informationen zu entnehmen:

Gemeinkostenarten	**Kostenstellen**				
	Gesamtkosten (Tsd. EUR)	**Material (Tsd. EUR)**	**Fertigung (Tsd. EUR)**	**Verwaltung (Tsd. EUR)**	**Vertrieb (Tsd. EUR)**
Summe der Gemeinkosten	3 800	160 MGK	2880 FGK	240 VwGK	360 VtGK
Zuschlagsgrundlagen		4000 FM	3600 FL	Herstellkosten der Produktion	
Normalzuschlagssätze		9 %	75 %	2 %	3,1 %

Die Bestände an fertigen und unfertigen Erzeugnissen haben sich im laufenden Geschäftsjahr nicht verändert.

Mithilfe eines Tabellenkalkulationsprogramms erstellt das Unternehmen eine Vor- und Nachkalkulation, aus der die Kostenabweichungen (Soll-Istabweichungen) ersichtlich sind:

Microsoft Excel - Normalkosten - Abweichungen

	A	B	C	D	E	F
1		Nachkalkulation		Vorkalkulation		
2		Istkosten	Istzuschlagssätze	Normalkosten	Normalzuschlagssätze	Kostenabweichung
3	Fertigungsmaterial	4.000.000,00 €		4.000.000,00 €		0,00 €
4	+ Materialgemeinkosten	160.000,00 €	4,00%	360.000,00 €	9,00%	200.000,00 €
5	+ Fertigungslöhne	3.600.000,00 €		3.600.000,00 €		0,00 €
6	+ Fertigungsgemeinkosten	2.880.000,00 €	80,00%	2.700.000,00 €	75,00%	-180.000,00 €
7	= **Herstellkosten der Produktion**	10.640.000,00 €		10.660.000,00 €		20.000,00 €
8	+ Verwertungsgemeinkosten	240.000,00 €	2,26%	213.200,00 €	2,00%	-26.800,00 €
9	+ Vertriebsgemeinkosten	360.000,00 €	3,38%	330.460,00 €	3,10%	-29.540,00 €
10	= **Selbstkosten**	11.240.000,00 €		11.203.660,00 €		**-36.340,00 €**

Die tatsächlich angefallenen Selbstkosten (Istkosten) sind um 36 340,00 EUR höher als die kalkulierten Normalkosten. Die festgestellte **Unterdeckung** muss im Rahmen einer Ursachenforschung analysiert werden.

Eine Unterdeckung liegt vor, wenn die im Voraus kalkulierten Kosten (Normalkosten) niedriger sind als die tatsächlich angefallenen Kosten. Sind die Normalkosten höher als die Istkosten, so liegt eine Überdeckung vor.

Ursachen von Kostenabweichungen
Eine Abweichung von Ist- und Normalgemeinkosten kann folgende Ursachen haben:

❶ Veränderungen beim Verbrauch von Gütern und Diensten.
Zu einer Kostenabweichung kommt es, wenn eine Kostenstelle gegenüber der Ausgangssituation, zu der ein Gemeinkostenzuschlag errechnet wurde, wirtschaftlicher oder unwirtschaftlicher arbeitet. Geht eine Kostenstelle z. B. mit dem Energieverbrauch sparsamer um, so kommt es zu einer **Überdeckung,** weil die am Ende der Abrechnungsperiode angefallenen Istkosten geringer sind als die verrechneten Normalkosten.

❷ Preisänderungen für die in der Produktion eingesetzten Güter und Dienste.
Verändern sich die Beschaffungspreise (z. B. steigende Energiekosten) gegenüber der Ausgangssituation, so führt das ebenfalls zu Kostenabweichungen.

❸ Beschäftigungsschwankungen
Erhöht sich die produzierte Menge an Erzeugnissen (steigende Beschäftigung), so führt das zu einer entsprechenden Erhöhung der variablen Kosten. Für die **Einzelkosten** (z. B. Materialkosten, Fertigungslöhne) wird unterstellt, dass sich diese im gleichen Verhältnis verändern wie die Beschäftigung. Da sich aber die **Gemeinkosten** – anders als die Einzelkosten – sowohl aus fixen wie auch aus variablen Bestandteilen zusammensetzen, führt eine Änderung der Beschäftigung lediglich zu einer Änderung der darin enthaltenen variablen Kosten. Eine Aufteilung der Gemeinkosten in deren fixe und variable Bestandteile ist aber häufig nicht oder nur mit großem Aufwand möglich. Deshalb wird bei der Verrechnung der Gemeinkosten angenommen, dass sich die Gemeinkosten in gleicher Weise verändern wie die Einzelkosten (Proportionalisierung der in den Gemeinkosten enthaltenen fixen Kosten). Deshalb führen Beschäftigungsschwankungen auch immer zu Kostenabweichungen.

↘ Aufgaben 8 u. 9 Seite 227

Zusammenfassende Übersicht zu Kapitel 5.3: Kostenstellenrechnung

Aufgaben der Kostenstellenrechnung

Bereitstellung von Informationen für die Kostenträgerrechnung

Verteilung der Gemeinkosten auf die Kostenstellen

- Kostenstellen-einzelkosten: Kostenarten lassen sich für eine Kostenstelle genau erfassen (z.B. durch Stromzähler)
- Kostenstellen-gemeinkosten: Kostenarten lassen sich nur über Schlüssel den Kostenstellen zuordnen (Bsp. Heizkosten nach m³ der Räume)

Kontrolle der Gemeinkosten durch Schaffung von Verantwortungsbereichen

↓

Bildung von Kostenstellen hauptsächlich nach Funktionsbereichen:

Material | Fertigung | Verwaltung | Vertrieb

Organisatorisches Hilfsinstrument: Betriebsabrechnungsbogen (BAB)

↓

1. Verteilung der Gemeinkosten auf die Kostenstellen
2. Ermittlung der Zuschlagssätze für die Gemeinkosten (Material-, Fertigungs-, Verwaltungs- und Vertriebsgemeinkostenzuschlagssätze)

Kostenabweichungen im BAB

- Überdeckung: Normalgemeinkosten > Istgemeinkosten
- Unterdeckung: Normalgemeinkosten < Istgemeinkosten

Wiederholung des Grundwissens

1. Aus welchem Grund werden Kostenstellen gebildet?
2. Welche Aufgabe hat die Kostenstellenrechnung?
3. Nennen Sie die vier Kostenstellen, die bei einem Industriebetrieb normalerweise gebildet werden.
4. Beschreiben Sie den Inhalt eines Kostenstellenplanes.
5. Welche Aufgabe hat ein Betriebsabrechnungsbogen?
6. Wie ist ein Betriebsabrechnungsbogen aufgebaut?

7. Was ist ein erweiterter Betriebsabrechnungsbogen?
8. Beschreiben Sie in drei Schritten, wie ein Betriebsabrechnungsbogen erstellt wird.
9. Worin unterscheiden sich einstufiger und mehrstufiger Betriebsabrechnungsbogen?
10. Erklären Sie, was unter Haupt- und Hilfskostenstellen zu verstehen ist.
11. Wodurch unterscheiden sich allgemeine Hilfskostenstellen und besondere Hilfskostenstellen?
12. Beschreiben Sie das Treppenverfahren.
13. Was sind sekundäre Gemeinkosten?
14. Wie werden die vier Zuschlagssätze für die Gemeinkosten ermittelt?
15. Erklären Sie, wie in einem Industriebetrieb ein Mehrbestand bzw. ein Minderbestand zustande kommt.
16. Unterscheiden Sie die Begriffe „Herstellkosten der Produktion" und „Herstellkosten des Umsatzes".
17. Wann liegt eine Kostenabweichung vor?
18. Unterscheiden Sie „Istzuschlagssätze" und „Normalzuschlagssätze".
19. Nennen Sie drei Ursachen von Kostenabweichungen.
20. Wie errechnet sich der kalkulierte Angebotspreis?
21. Wodurch entscheiden sich Normalzuschlagsätze und Istzusschlagsätze?
22. Welche Informationen können einem Betriebsabrechnungsbogen mit Normalkosten entnommen werden?
23. Nennen Sie drei Ursachen für Kostenabweichungen.

Aufgaben und Probleme

1. Die Niederlassung eines japanischen Automobilwerks unterhält im Landkreis Esslingen mehrere Verkaufsstellen, zwei Reparaturwerkstätten für Pkw und Transporter und ein zentrales Ersatzteillager in Esslingen, wo sich auch der Sitz der Verwaltung befindet.
   a) Machen Sie Vorschläge für eine sinnvolle Gliederung in Kostenbereiche und Kostenstellen.
   b) Warum ist es wichtig, die Kosten beider Reparaturwerkstätten nicht in einer Kostenstelle zusammenzufassen?
   c) Aus welchem Grund werden die Ergebnisse der Kostenstellen meistens einige Jahre aufbewahrt?

2. Der Betriebsergebnisrechnung der Maschinenfabrik Kaier OHG sind für die vergangene Rechnungsperiode folgende Kosten zu entnehmen:

Rohstoffverbrauch	320 900 EUR
Gemeinkostenmaterial	170 000 EUR
Strom, Wasser, Gas	28 200 EUR
Fertigungslöhne	200 000 EUR
Hilfslöhne	44 000 EUR
Gehälter	73 080 EUR
Sozialkosten	63 416 EUR
Reparaturen	22 000 EUR
Betriebliche Steuern	16 000 EUR
kalkulatorischer Unternehmerlohn	40 800 EUR
kalkulatorische Abschreibungen	27 600 EUR
Sonstige Kosten	56 800 EUR

   a) Erstellen Sie einen Betriebsabrechnungsbogen unter Berücksichtigung folgender Verteilungsschlüssel:

Kostenarten	Material	Fertigung	Verwaltung	Vertrieb
Gemeinkostenmaterial	1	7	–	–
Strom, Wasser, Gas	3	13	5	3
Hilfslöhne	2	8	–	1
Gehälter	1	5	7	1
Sozialkosten	im Verhältnis der angefallenen Löhne u. Gehälter			
Reparaturen	3	6	1	1
Steuern	2	4	1	1
Kalkulatorischer Unternehmerlohn	2	5	3	2
Kalkulatorische Abschreibungen	2	7	4	2
Sonstige Kosten	3	8	3	2

b) Errechnen Sie die Gemeinkostenzuschlagssätze.

3. Die Möbelfabrik Möschle GmbH hat ihren Fertigungsbereich in die Hauptkostenstellen Serienfertigung (Fertigung I) und Einzelfertigung (Fertigung II) aufgeteilt, um eine verursachungsgerechte Gemeinkostenverteilung zu erreichen.
   a) Verteilen Sie unter Berücksichtigung der nachfolgenden Tabelle die Gemeinkosten für das vergangene Jahr auf die Hauptkostenstellen.

Kostenarten	Tsd. EUR	Material	Fertigung I	Fertigung II	Verwaltung	Vertrieb
Rohstoffverbrauch	800	800 000 EUR				
Gemeinkostenmaterial	120	20	50	40	5	5
Energie (Verbrauch in KW/h)	32	2 000 kW/h	60 000 kW/h	10 000 kW/h	4 000 kW/h	4 000 kW/h
Fertigungslöhne	600		150 000 EUR	450 000 EUR		
Sonst. Personalkosten	280	25 000 EUR	110 000 EUR	32 000 EUR	68 000 EUR	45 000 EUR
Mieten (Flächen in m²)	15	400 m²	1 200 m²	600 m²	200 m²	100 m²
Kalk. Abschreibungen	240	15 000 EUR	172 000 EUR	18 000 EUR	17 000 EUR	18 000 EUR
Zinsen (in vollem Umfange Kosten)	640	80 000 EUR	360 000 EUR	96 000 EUR	48 000 EUR	56 000 EUR

   b) Ermitteln Sie die Gemeinkostenzuschlagssätze.

4. Die Kartonagenfabrik Ewald Kleinschmidt e. K. erstellt ihren Betriebsabrechnungsbogen mithilfe des Tabellenkalkulationsprogramms Microsoft Excel. Nachstehender Bildschirmauszug enthält die für die Abrechnung wesentlichen Informationen:

Microsoft Excel - Betriebsabrechnung

	A	B	C	D	E	F	G	H	I	J
1										
2										
3	Gemeinkostenarten	Kosten	Verteilungsschlüssel				Kostenstellen			
4							Material	Fertigung	Verwaltung	Vertrieb
5		EUR	M	F	Vw	Vt	EUR	EUR	EUR	EUR
6	Gemeinkostenmaterial	70.000,00	2	8		1				
7	Energiekosten	35.300,00	2	6	4	3				
8	Hilfslöhne	42.800,00	1	7	5	2				
9	Gehälter	74.680,00		5	6	1				
10	Sozialkosten	10.680,00	1	12	11	3				
11	Instandhaltungen	32.200,00	1	5	2	2				
12	Steuern	10.300,00	1	4	2	1				
13	Werbung	12.800,00	1		3	5				
14	Kalk. Abschreibungen	24.000,00	1	9	2	1				
15	Zinsen (Kosten)	14.000,00	1	7	2	1				
16	sonstige Kosten	38.950,00	2	10	5	3				
17	**Summe Gemeinkosten**									
18										
19	**Zuschlagsgrundlagen**						240.000,00	180.000,00		
20										
21	**Zuschlagssätze**						-	-	-	-
22										

a) Vervollständigen Sie mithilfe eines Tabellenkalkulationsprogramms den vorstehenden BAB.
Hinweis: Die Sozialkosten werden in voller Höhe als Gemeinkosten verrechnet. Die fehlenden Größen sind mithilfe der in das Tabellenkalkulationsprogramm einzugebenden Formeln zu berechnen.

b) Aufgrund neuer Tarifabschlüsse erhöhen sich die Personalkosten (Fertigungslöhne, Gehälter, Hilfslöhne, Sozialkosten) um 4,5 %. Ermitteln Sie über das Tabellenkalkulationsprogramm Excel die Auswirkungen auf die Gemeinkosten-Zuschlagssätze.

5. Bei der Werkzeugfabrik Helmut Braun GmbH ergaben sich im vergangenen Monat auf den Hauptkostenstellen folgende Gemeinkosten:

Material	38 000 EUR
Fertigung I	113 400 EUR
Fertigung II	325 000 EUR
Verwaltung	142 230 EUR
Vertrieb	56 892 EUR

Im gleichen Zeitraum wurden für Fertigungslöhne im Fertigungsbereich I 210 000 EUR, im Fertigungsbereich II 260 000 EUR bezahlt; der Rohstoffverbrauch belief sich auf 950 000 EUR.
Ermitteln Sie die Gemeinkostenzuschlagssätze.

6. Bei der Anlagenbau Witwer GmbH stehen für die Betriebsabrechnung des zurückliegenden Monats folgende Angaben zur Verfügung:

Kostenstellen	Kosten	Anzahl der Beschäftigten
Allgemeine Hilfskostenstellen:		
Energieversorgung	360 000 EUR	2
Kantine	120 000 EUR	5

Kostenstellen	Kosten	Anzahl der Beschäftigten
Spezielle Hilfskostenstelle:		3
Arbeitsvorbereitung	240 000 EUR	
Hauptkostenstellen:		
Material	1 200 000 EUR	3
Fertigung I	800 000 EUR	6
Fertigung II	3 600 000 EUR	27
Fertigung III	1 750 000 EUR	15
Verwaltung	450 000 EUR	4
Vertrieb	320 000 EUR	2

Zuschlagsgrundlagen	
Für die Materialgemeinkosten:	
Rohstoffverbrauch	12,5 Mio. EUR
Für die Fertigungsgemeinkosten:	
Fertigungslöhne I	2,8 Mio. EUR
Fertigungslöhne II	10,6 Mio. EUR
Fertigungslöhne III	7,5 Mio. EUR
Für die Verwaltungsgemeinkosten:	Herstellkosten der Produktion
Für die Vertriebsgemeinkosten:	Herstellkosten des Umsatzes

Im zurückliegenden Monat sind folgende Bestandsveränderungen zu verzeichnen:

	Anfangsbestand	Schlussbestand
Unfertige Erzeugnisse	600 000 EUR	380 000 EUR
Fertige Erzeugnisse	750 000 EUR	400 000 EUR

Die Kosten der Energieversorgung werden nach Verbrauch im Verhältnis 2 : 1 : 10 : 8 : 5 : 1 : 1 : 2 auf alle anderen Kostenstellen verteilt.

Die Kosten für die Kantine werden nach Anzahl der Beschäftigten auf die Hauptkostenstellen und die spezielle Hilfskostenstelle verteilt.

Die Kosten der Arbeitsvorbereitung werden nach der Anzahl der Beschäftigten in den Fertigungshauptkostenstellen umgelegt.

Erstellen Sie einen BAB und ermitteln Sie die Gemeinkostenzuschlagssätze (eine Nachkommastelle).

7. Die Carla Krenz e. K. stellt für die Automobilindustrie verschiedene Kunststoffteile her. Für die Betriebsabrechnung stehen folgende Zahlen zur Verfügung:

Fertigungsmaterial	732 800 EUR
Hilfs- und Betriebsstoffe	16 000 EUR
Fertigungslöhne	325 638 EUR
Gehälter	300 000 EUR
Kalk. Abschreibungen	126 000 EUR
Kalk. Unternehmerlohn	120 000 EUR
Sonstige Gemeinkosten	354 000 EUR

a) Verteilen Sie die Summe der Gemeinkosten auf die 7 Kostenstellen (Kantine, Material, Fertigung I und II, Technisches Büro, Verwaltung und Vertrieb) des Betriebsabrechnungsbogens nach folgendem Schlüssel: 2 : 3 : 12 : 8 : 4 : 6 : 5.

b) Die Kostenstelle Kantine ist auf die übrigen Kostenstellen nach der Zahl der beschäftigten Personen aufzuteilen:

Material	Fertigung I	Fertigung II	Technisches Büro	Verwaltung	Vertrieb
5	15	6	4	12	8

c) Die Kostenstelle Technisches Büro ist auf die übergeordneten Hauptkostenstellen zu gleichen Teilen umzulegen.

d) Erstellen Sie eine Gesamtkalkulation und ermitteln Sie die Zuschlagssätze für die Gemeinkosten.
Fertigungslöhne (Fertigung I): 240 000 EUR
Fertigungslöhne (Fertigung II): 85 638 EUR

Unfertige Erzeugnisse (EUR)		Fertige Erzeugnisse (EUR)	
Anfangsbestand 5 000	Schlussbestand 7 218	Anfangsbestand 52 000	Schlussbestand 64 000

8. Ermitteln Sie die Kostenüber- bzw. Kostenunterdeckung in einem Industriebetrieb unter Berücksichtigung folgender Angaben:
Fertigungsmaterial: 360 000 EUR
Fertigungslöhne: 450 000 EUR

Stellengemeinkosten	Zuschlagsgrundlage	Normal-Zuschläge	Ist-Zuschläge
Materialgemeinkosten	MEK	4,5 %	6 %
Fertigungsgemeinkosten	FEK	101 %	100 %
Verwaltungsgemeinkosten	HK d. Prod.	14 %	12 %
Vertriebsgemeinkosten	HK d. Prod.	7 %	7 %

9. Der BAB eines Industriebetriebs weist am Ende der Rechnungsperiode folgende Summen auf:

Kostenarten	Kostenstellen EUR			
	Material	Fertigung	Verwaltung	Vertrieb
Summe Einzelkosten	144 000	310 000		
Summe Gemeinkosten	20 000	68 000	46 000	56 000

Das Unternehmen kalkulierte mit folgenden Normalzuschlägen:
Materialgemeinkosten 14 %, Fertigungsgemeinkosten 26 %, Verwaltungsgemeinkosten 7 %, Vertriebsgemeinkosten 10 %.

a) Ermitteln Sie mithilfe eines Tabellenkalkulationsprogramms die Kostenüber- bzw. Kostenunterdeckung je Hauptkostenstelle.

b) Nennen Sie für jede der festgestellten Abweichungen mögliche Gründe.

5.4 Kostenträgerrechnung als Kostenträgerstückrechnung

5.4.1 Aufgaben der Kostenträgerrechnung

Die **Kostenträgerrechnung** soll die Frage beantworten: Wofür sind die Kosten im Betrieb entstanden? Welches Produkt hat sie verursacht?

Sie hat die Aufgabe, die Kosten der Leistungserstellung den verschiedenen Erzeugnissen möglichst verursachungsgemäß zuzurechnen. Die Kostenträgerrechnung wird im Folgenden ausschließlich als Stückrechnung verstanden.[1]

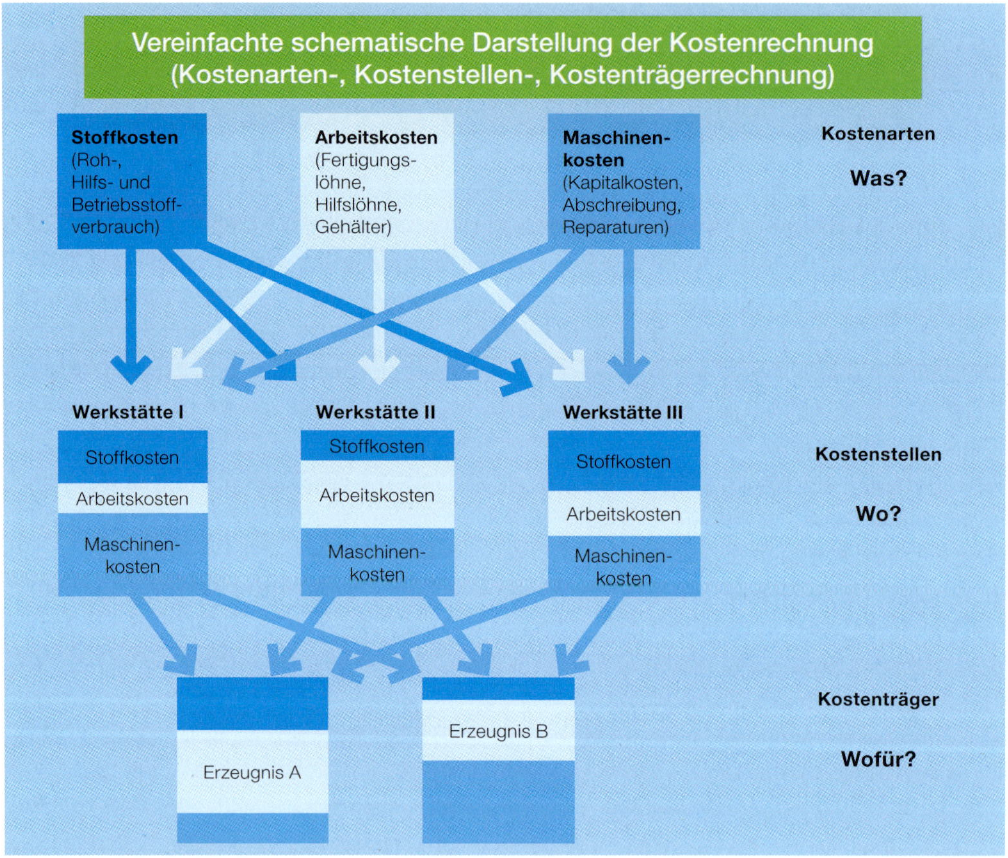

5.4.2 Kalkulationsverfahren

Divisionskalkulation

Produziert ein Unternehmen **völlig gleichartige Erzeugnisse** (Einproduktunternehmung), so lassen sich die Selbstkosten je Erzeugnis mithilfe der **Divisionskalkulation** ermitteln. Die Stückkosten lassen sich errechnen, indem die Gesamtkosten einer Rechnungsperiode durch die Menge der produzierten (= abgesetzten) Erzeugnisse dividiert werden.[2]

[1] *In der betriebswirtschaftlichen Fachliteratur wird die Kostenträgerrechnung unterschieden in Kostenträgerstückrechnung und Kostenträgerzeitrechnung.*

[2] *Weichen produzierte und abgesetzte Menge voneinander ab (Bestandsveränderungen), so sind entsprechende Korrekturen erforderlich.*

$$\textbf{Selbstkosten pro Stück} = \frac{\textbf{Gesamtkosten}}{\textbf{Produktionsmenge}}$$

Einem Hersteller von Zement entstanden während eines Monats Kosten in Höhe von 7600000 EUR. Insgesamt wurden in diesem Zeitraum 3800000 Sack Zement hergestellt. Mithilfe der Divisionskalkulation lassen sich folgende Selbstkosten/Stück errechnen:

$$\text{Selbstkosten/Stück} = \frac{7\,600\,000 \text{ EUR}}{3\,800\,000 \text{ Sack}} = 2 \text{ EUR/Sack}$$

Zuschlagskalkulation

Die Zuschlagskalkulation findet Anwendung in Betrieben, die verschiedene Produkte herstellen, z. B. Küchengeräte aller Art, verschiedene Werkzeuge, unterschiedliche Typen von Motoren. Während die **Einzelkosten** (Fertigungsmaterial, Fertigungslöhne, Sondereinzelkosten) jedem Kostenträger direkt zugerechnet werden können, müssen die **Gemeinkosten** mithilfe von Zuschlagssätzen möglichst verursachungsgerecht auf die Kostenträger verteilt werden.

In der Zuschlagskalkulation werden die Einzelkosten (Fertigungsmaterial, Fertigungslöhne, Sondereinzelkosten) direkt auf die Erzeugnisse (Kostenträger) verrechnet. Die Verrechnung der Gemeinkosten erfolgt mithilfe von Normalzuschlagssätzen.

Voraussetzung für die Anwendung der Zuschlagskalkulation ist eine Kostenstellenrechnung (BAB). Die Anzahl der Kostenstellen und die dort gewählten Zuschlagsgrundlagen bestimmen den Umfang und den Inhalt des Kalkulationsschemas.

Die **Vorwärtskalkulation (Verkaufskalkulation)** hat die Aufgabe, die Selbstkosten und den Verkaufspreis zu ermitteln. In Anlehnung an die Kostenstellenrechnung werden folgende **Zuschlagsgrundlagen** verwendet:

- für die Materialgemeinkosten: die Materialeinzelkosten (= Fertigungsmaterial)
- für die Fertigungsgemeinkosten: die Fertigungseinzelkosten (= Fertigungslöhne)
- für die Verwaltungsgemeinkosten: die Herstellkosten
- für die Vertriebsgemeinkosten: die Herstellkosten

Der **Verkaufspreis (Listenverkaufspreis)** errechnet sich wie folgt:

Ein Motorenhersteller hat ermittelt, dass für die Produktion eines Elektromotors 400,00 EUR für Fertigungsmaterial und 200,00 EUR für Fertigungslöhne entstehen. Das Unternehmen rechnet mit 6 % Materialgemeinkosten, 120 % Fertigungsgemeinkosten, 12,5 % Verwaltungsgemeinkosten und 8 1/3 % Vertriebsgemeinkosten.

Unter Berücksichtigung von 3 % Kundenskonto, 20 % Kundenrabatt, 16 2/3 % Gewinn und 19 % Umsatzsteuer errechnet sich folgender Listenpreis (Listenverkaufspreis brutto):

1	Materialeinzelkosten		400,00 €		
2	+ Materialgemeinkosten	**6,0 %**	24,00 €		vom Hundert
3	**= Materialkosten**		**424,00 €**	**424,00 €**	(1 + 2)
4	Fertigungseinzelkosten		200,00 €		
5	+ Fertigungsgemeinkosten	**120,0 %**	240,00 €		vom Hundert
6	**= Fertigungskosten**		**440,00 €**	**440,00 €**	(4 + 5)
7	**Herstellkosten**			864,00 €	(3 + 6)
8	+ Verwaltungsgemeinkosten	**12,5 %**		108,00 €	vom Hundert
9	+ Vertriebsgemeinkosten	**8,3333 %**		72,00 €	vom Hundert
10	**= Selbstkosten**			1 044,00 €	(7 + 8 + 9)
11	+ Gewinn	**16,6666 %**		174,00 €	vom Hundert
12	**= Barverkaufspreis**			**1 218,00 €**	(10 + 11)
13	+ Kundenskonto	**3,0 %**		37,67 €	im Hundert
14	**= Zielverkaufspreis**			**1 255,67 €**	(12 + 13)
15	+ Kundenrabatt	**20,0 %**		313,92 €	im Hundert
16	**= Listenverkaufspreis netto**			**1 569,59 €**	(14 + 15)
17	+ Umsatzsteuer	**19,0 %**		298,22 €	vom Hundert
18	**= Listenverkaufspreis brutto**			**1 867,81 €**	(16 + 17)

Als Besonderheit der **Verkaufskalkulation** ist zu beachten, dass der Kunde seinen Rabatt vom Listenverkaufspreis (ohne Umsatzsteuer) berechnet; vom dann verbleibenden Zielverkaufspreis kann er – sofern entsprechende Zahlungsbedingungen vereinbart wurden – bei Rechnungsbegleichung innerhalb der Skontofrist zusätzlich Kundenskonto abziehen. Der Zielverkaufspreis ist in der Regel auch Berechnungsgrundlage für die Vertreterprovision. Daher sind Kundenrabatt, Kundenskonto und Vertreterprovision bei der Vorwärtskalkulation **im Hundert** zu verrechnen.

Aufgaben 1–5 Seite 234 f.

Der Listenverkaufspreis wird von Industriebetrieben in aller Regel netto – also ohne Umsatzsteuer – angegeben, weil deren Kunden im Normalfall auch Unternehmen sind, die zum Vorsteuerabzug berechtigt sind und die Umsatzsteuer für sie daher keine Kosten darstellt. Lediglich gegenüber Endverbrauchern wird der Listenverkaufspreis brutto angegeben.

Maschinenstundensatzrechnung

Gründe

Viele industrielle Fertigungsprozesse vollziehen sich heute mit einem hohen Einsatz an Maschinen, Automaten oder Robotern. Der Anteil an menschlicher Facharbeit nimmt ab. In den Fertigungsgemeinkosten sind daher große Kostenanteile enthalten, die ausschließlich mit dem Maschineneinsatz zusammenhängen und weniger durch die menschliche Arbeitskraft bedingt sind.

Eine Abhängigkeit der Fertigungsgemeinkosten von den Fertigungslöhnen wie bei manueller Fertigung ist daher nicht mehr gegeben. Die **Maschinenstundensatzrechnung** will diese Mängel beheben.

Verhältnis von Einzel- und Gemeinkosten bei unterschiedlicher Fertigung

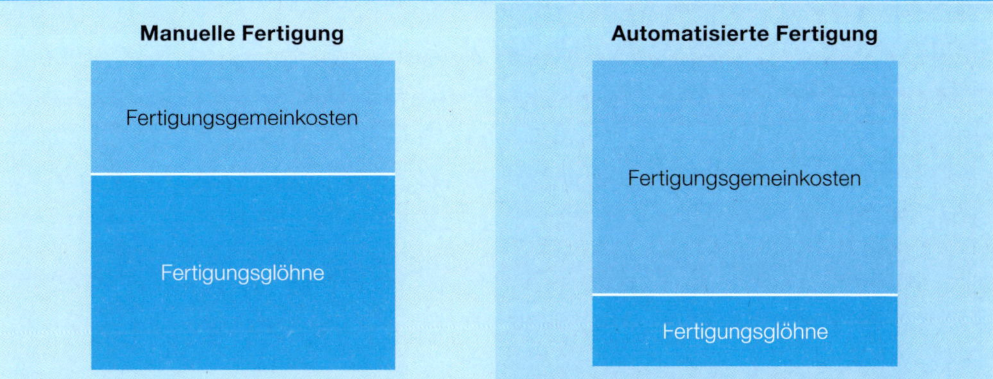

Hohe Fertigungslöhne, **niedrige** Fertigungsgemeinkosten

Niedrige Fertigungslöhne, **hohe** Fertigungsgemeinkosten

Eine automatisierte Fertigung macht den Einsatz teurer Anlagen erforderlich. Die dadurch entstehenden vergleichsweise hohen Anschaffungskosten wiederum führen zu hohen kalkulatorischen Abschreibungen und Zinsen (= Fertigungsgemeinkosten), die auch dann anfallen, wenn keine oder nur sehr niedrige Fertigungslöhne entstehen. Gleichzeitig bedingt ein verstärkter Maschineneinsatz die Entstehung von Instandhaltungskosten. Die **Fertigungslöhne** sind daher bei stark automatisierter Fertigung als Zuschlagsgrundlage für die Fertigungsgemeinkosten **nicht geeignet**. Bei Beibehaltung der Fertigungslöhne als Zuschlagsgrundlage würden sich sehr hohe Zuschlagssätze für die Fertigungsgemeinkosten ergeben. Schon eine geringe Veränderung der Fertigungslöhne würde zu einer großen Veränderung bei den kalkulierten Fertigungsgemeinkosten führen, ohne dass dafür eine wirtschaftliche Begründung vorliegt. Außerdem führt die Verwendung eines einheitlichen Zuschlagssatzes für die Fertigungsgemeinkosten zu Kalkulationsfehlern, wenn einzelne Produkte die Maschinen unterschiedlich stark beanspruchen.

Unter den gegebenen Voraussetzungen empfiehlt es sich, aus den gesamten Fertigungsgemeinkosten **diejenigen Kosten herauszurechnen, die unmittelbar dem Maschineneinsatz zugerechnet werden** können. Die Maschinen werden in diesem Fall als selbstständige Kostenstellen behandelt, die dann verbleibenden **Restgemeinkosten** werden auf die Fertigungslöhne bezogen.

Die Maschinenstundensatzrechnung ist von Vorteil, wenn Maschinen einzelner Kostenstellen durch die Produktion verschiedener Erzeugnisse unterschiedlich beansprucht werden.

Vorgehensweise

Die in einer Fertigungskostenstelle entstehenden Gemeinkosten werden aufgeteilt in

- maschinenabhängige Gemeinkosten und
- Restgemeinkosten.

Dazu ist es erforderlich, die entsprechende Kostenstelle im BAB in zwei Spalten aufzuteilen. Die **maschinenabhängigen Fertigungsgemeinkosten** werden auf die **Maschinenlaufzeiten (Maschinenstunden)** der entsprechenden Abrechnungsperiode (z. B. Monat, Quartal) bezogen.

$$\textbf{Maschinenstundensatz} = \frac{\textbf{Maschinenabhängige Fertigungsgemeinkosten einer Periode}}{\textbf{Maschinenlaufzeit in Stunden (Maschinenstunden) einer Periode}}$$

Für die **Rest-Fertigungsgemeinkosten** hingegen werden weiterhin die Fertigungslöhne als Zuschlagsgrundlage verwendet.

Berechnung eines Maschinenstundensatzes in der Kostenstelle Formerei

Kostenarten	Gesamte Gemeinkosten	Maschinenkosten	Restgemeinkosten
Hilfsstoffe	11970 EUR		11970 EUR
Betriebsstoffe	21043 EUR		21043 EUR
Energiekosten	3810 EUR	2720 EUR	1090 EUR
Hilfslöhne/Gehälter	10791 EUR		10791 EUR
Instandhaltungskosten	26104 EUR	15040 EUR	11064 EUR
Raumkosten	21250 EUR	11200 EUR	10050 EUR
Abschreibungen	32910 EUR	22000 EUR	10910 EUR
Kalkulatorische Zinsen	6510 EUR	2480 EUR	4030 EUR
Sonstige Kosten	5612 EUR	4160 EUR	1452 EUR
Summe	**140000 EUR**	**57600 EUR**	**82400 EUR**
Bezugsgrundlagen:			
Laufstunden		3200 Stunden	
Fertigungslöhne			65920 EUR

Maschinenstundensatz: $\frac{57600 \text{ EUR}}{3200 \text{ Stunden}}$ **= 18 EUR/Stunde**

Restgemeinkostenzuschlagssatz: $\frac{82400 \text{ EUR} \cdot 100\ \%}{65920 \text{ EUR}}$ **= 125 %**

Bei der Kalkulation von Angebotspreisen werden die maschinenabhängigen Kosten eines Fertigungsbereichs in Maschinenstundensätzen verrechnet. Die Restgemeinkosten werden in Prozent auf die Fertigungslöhne zugeschlagen.

Berechnung der Fertigungskosten

Maschinenabhängige Fertigungskosten
+ Fertigungslöhne
+ Rest-Fertigungsgemeinkosten (lohnabhängige Fertigungsgemeinkosten)
= Fertigungskosten

Berechnung der Fertigungskosten unter Berücksichtigung von Maschinenstundensätzen in einer Formerei

Für einen Kundenauftrag wurde ermittelt, dass in der Kostenstelle Formerei (siehe Beispiel) voraussichtlich folgende Fertigungskosten anfallen:

Aufgaben 6 u. 7 Seite 235 f.

Fertigungslöhne	500 EUR
50 Maschinenstunden	

Daraus lassen sich für die Kostenstelle Formerei die Fertigungskosten wie folgt errechnen:

Maschinenabhängige Fertigungskosten (50 Maschinenstunden à 18 EUR/Std.)	900 EUR
Fertigungslöhne	500 EUR
+ Rest-Fertigungsgemeinkosten (125 % von 500 EUR)	625 EUR
= **Fertigungskosten der Kostenstelle Formerei**	**2025 EUR**

Zusammenfassende Übersicht zu Kapitel 5.4: Kostenträgerrechnung als Kostenträgerstückrechnung

Aufgaben der Kostenträgerstückrechnung

↓

Möglichst verursachungsgerechte Zurechnung der Kosten der Leistungserstellung auf die verschiedenen Erzeugnisse

↓

Kalkulationsverfahren

Divisionskalkulation

Anwendung bei Produktion völlig gleichartiger Erzeugnisse

$$\text{Stückkosten} = \frac{\text{Gesamtkosten}}{\text{hergestellte Stückzahl}}$$

Zuschlagkalkulation

Anwendung bei Produktion völlig verschiedener Erzeugnisse (heterogenes Produktionsprogramm)

Verrechnung von Einzel- und Gemeinkosten auf jeden Kostenträger (Erzeugnis)
Annahme: Abhängigkeit der Gemeinkosten von den Einzelkosten bzw. von den Herstellkosten

Maschinenstundensatzrechnung

Anwendung wenn Fertigungsgemeinkosten hauptsächlich durch Maschineneinsatz veranlasst

Trennung der Fertigungskosten in

- Maschinenabhängige Fertigungsgemeinkosten
- Restgemeinkosten

$$\text{Maschinenstd.satz} = \frac{\text{Maschinenabhäng. FGK}}{\text{Maschinenlaufzeit}}$$

$$\text{Zuschlag f. Rest-FGK} = \frac{\text{RestFGK} \cdot 100}{\text{Fert. Löhne}}$$

Wiederholung des Grundwissens

1. Welche Aufgabe hat die Kostenträgerrechnung?
2. Beschreiben Sie den Zusammenhang von Kostenarten-, Kostenstellen- und Kostenträgerrechnung.
3. Wie werden in der Divisionskalkulation die Selbstkosten pro Stück berechnet?
4. Wie lautet das Kalkulationsschema zur Berechnung des Listenverkaufspreises brutto nach der Zuschlagskalkulation?
5. Wann ist die Anwendung einer Maschinenstundensatzrechnung sinnvoll?
6. Wie wird der Maschinenstundensatz berechnet?
7. Was sind Rest-Fertigungsgemeinkosten?

Aufgaben und Probleme

1. Der Betriebsabrechnungsbogen eines Betriebes der elektrotechnischen Industrie weist für den vergangenen Monat folgende Zahlenwerte auf:

Kostenstellen	Material	Fertigung I	Fertigung II	Verwaltung	Vertrieb
Summe der Gemeinkosten	300000 EUR	80000 EUR	120000 EUR	40000 EUR	60000 EUR
Einzelkosten (Zuschlagsgrundlagen)	900000 EUR Fertigungsmaterial	400000 EUR Fertigungslöhne I	240000 EUR Fertigungslöhne II		

Die Bestände an Erzeugnissen haben sich gegenüber der Vorperiode nicht verändert.

a) Errechnen Sie die Gemeinkostenzuschlagssätze.

b) Das Unternehmen soll ein Angebot für einen Spezialauftrag unterbreiten. Es wurde ermittelt, dass für diesen Auftrag voraussichtlich folgende Einzelkosten anfallen: Fertigungsmaterial 60000 EUR, Fertigungslöhne I 20000 EUR, Fertigungslöhne II 30000 EUR.
Errechnen Sie in Form einer Zuschlagskalkulation den Barverkaufspreis, wenn das Unternehmen mit einem Gewinnzuschlag von 15 % arbeitet und der Kalkulation die in a) errechneten Zuschlagssätze zugrunde legt.

2. Zur Herstellung von Müllzerkleinerungsanlagen sind drei Fertigungsstellen zu durchlaufen. Für die Kalkulation einer nach den Wünschen eines Kunden gefertigten Anlage werden jeweils die Gemeinkostenzuschläge der letzten Abrechnungsperiode zugrunde gelegt:

Materialgemeinkostenzuschlag:	8 %
Fertigungsgemeinkostenzuschlag I:	60 %
Fertigungsgemeinkostenzuschlag II:	90 %
Fertigungsgemeinkostenzuschlag III:	130 %
Verwaltungs- und Vertriebsgemeinkostenzuschlag:	18 %

Das Unternehmen hat auf der Grundlage der Planungsunterlagen ermittelt, dass für die Produktion einer Abfüllanlage (Sonderfertigung) folgende Einzelkosten entstehen:

Fertigungsmaterial	108000,00 EUR
Fertigungslöhne I	24000,00 EUR
Fertigungslöhne II	18250,00 EUR
Fertigungslöhne III	14600,00 EUR
Kosten für ein Modell	4000,00 EUR
Kosten für Spezialverpackung, Spediteur und Transportversicherung	5750,00 EUR

Ermitteln Sie den Listenverkaufspreis, wenn das Unternehmen 5 % Rabatt, 3 % Skonto und 8⅓ % Gewinn einkalkuliert.

3. In einem Metall verarbeitenden Betrieb, der Dreh- und Fräsaufträge für Maschinenbauunternehmen übernimmt, wurden im letzten Monat folgende Kosten ermittelt: Fertigungsmaterial 210000 EUR, Fertigungslöhne 120000 EUR und Gemeinkosten 432000 EUR.

a) Mit welchen Selbstkosten wurde ein Fräsauftrag kalkuliert, bei dem aufgrund von Fertigungsunterlagen Fertigungslöhne in Höhe von 65 Stunden zu 30 EUR und ein Fertigungsmaterial im Wert von 6000 EUR vorgesehen wurden?
Hinweis: Die Gemeinkosten werden ohne weitere Aufgliederung pauschal den Fertigungslöhnen zugeschlagen.
b) Zur gleichen Zeit wurde der Betriebsabrechnungsbogen eingeführt, wobei der Fertigungsbereich unterteilt wurde in F I für die Dreherei und F II für die Fräserei. Die Abteilung Kostenrechnung hat die Kosten des Vormonats neu aufgeteilt:

Kostenbereiche	Material	Fertigung I	Fertigung II	Verwaltung und Vertrieb
Gemeinkosten	70000 EUR	80000 EUR	120000 EUR	162000 EUR
Fertigungsmaterial	210000 EUR			
Fertigungslöhne		70000 EUR	50000 EUR	

- Ermitteln Sie die Zuschlagssätze nach dem Betriebsabrechnungsbogen.
- Kalkulieren Sie den Auftrag unter a) mit den neuen Daten.
- Wie beurteilen Sie die Entscheidung, den Betriebsabrechnungsbogen einzuführen und den Fertigungsbereich zu unterteilen?

4. Ein Hersteller von Fertighäusern legt der Kalkulation des Fertighauses vom „Typ Schwarzwald Exklusiv“ folgende Kalkulationswerte zugrunde:
Fertigungsmaterial 89000 EUR
Fertigungslöhne 166000 EUR
Gemeinkostenzuschläge:
Material 18,5 %, Fertigung 104,0 %, Verwaltung 6,0 % Vertrieb 8⅓ %, Gewinn 15 %, Kundenskonto 2 %.
a) Errechnen Sie den Zielverkaufspreis.
b) Ein Konkurrenzunternehmen bietet ein Haus mit vergleichbarer Ausstattung zu 620 000 EUR an. Wie viel Gewinn in EUR und in Prozent (auf 2 Stellen genau) verbleibt, wenn der Verkaufspreis der Konkurrenz um 10 000 EUR unterboten werden soll?

5. Ein Industriebetrieb kalkulierte einen Auftrag unter Berücksichtigung folgender Angaben: Fertigungsmaterial 1 280 EUR, Fertigungslöhne 2 800 EUR, Materialgemeinkosten 12,5 %, Fertigungsgemeinkosten 160 %, Verwaltungs- und Vertriebsgemeinkosten 25 %, Gewinn 20 %, Kundenskonto 2 %.
a) Ermitteln Sie den Angebotspreis aufgrund der Vorkalkulation.
b) Vergleichen Sie den Gewinn in Vor- und Nachkalkulation in EUR und in Prozent, wenn der Kunde für den Auftrag 13 600 EUR bezahlt. Als tatsächliche Kosten sind angefallen: Materialgemeinkosten 120 EUR, Fertigungsgemeinkosten 3 176 EUR, Verwaltungs- und Vertriebsgemeinkosten 1 594 EUR. Bei den Einzelkosten ergaben sich keine Abweichungen.

6. Eine Haushaltsgerätefabrik arbeitet in der Kostenrechnung mit Maschinenstundensätzen. In der Fertigungsstelle I fallen pro Jahr insgesamt 480 000 EUR Fertigungsgemeinkosten an. Davon können 60 % direkt auf die drei Maschinensätze verteilt werden:

	Maschine 1	Maschine 2	Maschine 3
Verteilungsschlüssel	2	3	1
Laufzeit in Stunden	1250	2000	800

a) Berechnen Sie die drei Maschinenstundensätze.
b) Wie viel % beträgt der Zuschlagssatz für die Restfertigungsgemeinkosten, wenn 250 000 EUR Fertigungslöhne angefallen sind?

7. Die Lörracher Stahlbau OHG kalkuliert ein zerlegbares Gerüst aufgrund folgender Angaben:

Fertigungsmaterial	5 500 EUR
Fertigungslöhne I (Abteilung „Einzelteile“)	3 200 EUR
Fertigungslöhne II (Abteilung „Endmontage“)	1 800 EUR
Sondereinzelkosten des Vertriebs	530 EUR

Ein Teil der Gemeinkosten wird durch Maschinenstundensätze verrechnet:

Bearbeitung auf Maschine A 20 Stunden; Maschinenstundensatz 18,50 EUR
Bearbeitung auf Maschine B 35 Stunden; Maschinenstundensatz 24,00 EUR

Die Zuschläge für die restlichen Gemeinkosten betragen:

Materialgemeinkosten	20 %
Fertigungsgemeinkosten I	80 %
Fertigungsgemeinkosten II	60 %
Verwaltungs- und Vertriebsgemeinkosten	25 %

In die Kalkulation werden noch folgende Positionen eingerechnet:

Gewinn	8 %
Skonto	2 %

Zu welchem Preis (ohne Umsatzsteuer; auf volle 100 EUR aufgerundet) bietet die Lörracher Stahlbau OHG das Gerüst an?

5.5 Teilkostenrechnung

5.5.1 Unterscheidung Vollkostenrechnung – Teilkostenrechnung

vgl. Kapitel 5.4.2

Im Wettbewerb kann es für ein Unternehmen manchmal erforderlich sein, die Preise seiner Erzeugnisse so herabzusetzen, dass teilweise auf Gewinn, in besonderen Fällen sogar auf die Erstattung der vollen Kosten verzichtet werden muss. Gründe hierfür können sein, dass absatzschwache Zeiten überbrückt werden sollen, ohne Personal entlassen zu müssen. Es kann auch im Interesse des Unternehmens liegen, gegenüber den Kunden die Lieferbereitschaft für das gesamte Produktionsprogramm aufrechtzuerhalten, selbst wenn bei einigen Produkten Gewinn nicht mehr zu erzielen ist.

vgl. Kapitel 5.6.2

Die **Vollkostenrechnung** unterscheidet zwar zwischen Einzel- und Gemeinkosten, nicht aber zwischen **fixen und variablen Kosten**. Dies kann dazu führen, dass Entscheidungen, die ausschließlich auf der Grundlage der Vollkostenrechnung getroffen werden, für das Unternehmen zu nachteiligen Folgen führen (z. B. schlechteres Betriebsergebnis).

Die Vollkostenrechnung kann folgende Fragen nicht beantworten:

1 **Zu welchem Preis kann ein Auftrag gerade noch angenommen werden (Preisuntergrenze)? Diese Information ist aber insbesondere bei intensivem Preiswettbewerb für die Außendienstmitarbeiter (Vertreter, Reisende) eines Unternehmens von entscheidender Bedeutung.**
2 **Soll ein Zusatzauftrag auch dann angenommen werden, wenn der Kunde nur kauft, wenn er einen geringeren Preis als den bisher üblichen Preis zahlen muss?**
3 **Bei welchen Produkten wirkt sich eine Produktförderung (z. B. durch Werbung) besonders positiv auf das Betriebsergebnis aus?**

Auswirkungen verschiedener Verkaufspreise auf die Ertragslage eines Unternehmens bei Informationen über die Höhe der fixen und der variablen Kosten

Prod. Menge (x)	Kosten in Tsd. EUR			Erlöse (E), Gewinn/Verlust in Tsd. EUR bei einem Preis von							
				P = 9 000 EUR		P = 10 000 EUR		P = 11 000 EUR		P = 13 000 EUR	
	Fixe Kosten	Variable Kosten	Gesamtkosten	Erlöse	Gewinn/ Verlust	Erlöse	Gewinn/ Verlust	Erlöse	Gewinn/ Verlust	Erlöse	Gewinn/ Verlust
0	150	–	150	–	– 150	–	– 150	–	– 150	–	– 150
10	150	100	250	90	– 160	100	– 150	110	– 140	130	– 120
20	150	200	350	180	– 170	200	– 150	220	– 130	260	– 90
30	150	300	450	270	– 180	300	– 150	330	– 120	390	– 60
40	150	400	550	360	– 190	400	– 150	440	– 110	520	– 30
50	150	500	650	450	– 200	500	– 150	550	– 100	650	0
60	150	600	750	540	– 210	600	– 150	660	– 90	780	+ 30

Die Tabelle zeigt, dass bei einer vorübergehenden Stilllegung auf jeden Fall ein Verlust in Höhe der fixen Kosten entsteht. Aus der Tabelle wird auch ersichtlich, dass bei einem Preis von 9 000 EUR dieser Verlust mit zunehmender Ausbringung noch größer wird.

Bei einem Preis von 10 000 EUR deckt der erzielte Erlös die variablen Kosten. Der Verlust fällt – unabhängig von der Produktionsmenge – in Höhe der fixen Kosten an, ist also genau so groß wie bei einer Betriebsstilllegung. Damit ist bei einem Stückpreis von 10 000 EUR die **kurzfristige Preisuntergrenze** erreicht. **Langfristig** muss ein Unternehmen alle Kosten – also fixe und variable Kosten – decken. Die **langfristige Preisuntergrenze** ist erreicht, wenn der Preis die **gesamten Stückkosten** deckt.

Bei Preisen von über 10 000 EUR/Stück lässt sich dieser Verlust mit zunehmender Ausbringung vermindern bzw. der Gewinn erhöhen.

Die kurzfristige Preisuntergrenze für ein Produkt ist dann erreicht, wenn durch den Verkaufspreis gerade noch die variablen Stückkosten gedeckt werden.

Damit die kurzfristige Preisuntergrenze ermittelt werden kann, muss aber bekannt sein, welche variablen Kosten pro Stück für ein Erzeugnis anfallen. Deshalb ist eine Aufteilung der Kosten in deren fixe und variable Bestandteile erforderlich.

Die Teilkostenrechnung ist ein Kostenrechnungssystem, das fixe und variable Kosten unterscheidet. Den Kostenträgern werden zunächst lediglich die variablen Kosten zugerechnet.

5.5.2 Deckungsbeitragsrechnung als Teilkostenrechnung

Deckungsbeitrag

Die Deckungsbeitragsrechnung ist eine **Form der Teilkostenrechnung.** In diesem Kostenrechnungssystem werden nur die variablen Kosten auf die Kostenträger verrechnet, da sich nur diese Kosten durch die Produktion ändern. Da die **fixen Kosten** als **Kosten der Betriebsbereitschaft** unabhängig von der Produktion in gleichbleibender Höhe anfallen, gehen diese direkt in die Betriebsergebnisrechnung ein.

Lassen sich auf dem Markt für die Erzeugnisse Preise erzielen, die höher als die variablen Stückkosten sind, dann können mit diesem Mehrerlös die fixen Kosten entweder ganz oder teilweise gedeckt werden. Diese Mehrerlöse werden daher als **Deckungsbeitrag** bezeichnet.

Der Deckungsbeitrag ist der über die variablen Kosten hinausgehende Erlös, der zur Deckung der fixen Kosten verwendet werden kann.

Deckungsbeitrag je Stück (db): **Nettoverkaufspreis je Stück (p)**
– variable Kosten je Stück (k_v)
= Deckungsbeitrag je Stück (db)

Hinweis: Bei Handelswaren (= Waren, die das Unternehmen nicht selbst produziert) entspricht der Einstandspreis den variablen Kosten je Stück.

Deckungsbeiträge eines Obst- und Gemüsehändlers

Obst- und Gemüsehändler Wohlfarth verkauft auf dem Freiburger Wochenmarkt Obst und Gemüse. An die Stadt Freiburg zahlt er eine „Standmiete" von monatlich 300 EUR. Die Ein- und Verkaufspreise sowie die Deckungsbeiträge einiger seiner Artikel sind nachstehender Tabelle zu entnehmen:

	Einkaufspreis	Verkaufspreis	Stückdeckungsbeitrag (db)
Karotten	0,40 EUR/kg	0,70 EUR/kg	**0,30 EUR/kg**
Äpfel	0,80 EUR/ kg	1,20 EUR/kg	**0,40 EUR/kg**
Salat	0,30 EUR/Einheit	0,90 EUR/Einheit	**0,60 EUR/kg**

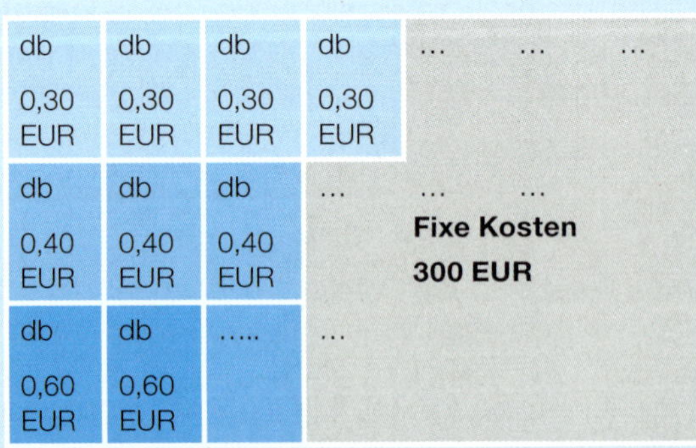

Ergebnis: Die Deckungsbeiträge aller Produkte sind positiv. Damit leistet jede verkaufte Einheit einen Beitrag zur Deckung der fixen Kosten. Sobald die Summe der Stückdeckungsbeiträge größer ist als die fixen Kosten, arbeitet das Unternehmen mit Gewinn.

Hinweis: Aus Vereinfachungsgründen wurden weitere fixen Kosten wie z. B. der kalkulatorische Unternehmerlohn nicht berücksichtigt.

Entscheidung über einen Zusatzauftrag

Ein Möbelproduzent stellt in einer Werksfiliale Schreibtische her, die zum Nettoverkaufspreis von 450 EUR an den Fachhandel abgegeben werden. Die Monatskapazität für dieses Produkt beträgt 5000 Stück. Die Kapazität des Unternehmens ist derzeit zu 80 % ausgelastet. Die Fixkosten betragen 380000 EUR, die variablen Stückkosten 300 EUR.

In dieser Situation ist über die Anfrage eines Fachhändlers zu entscheiden, der vorübergehend monatlich 800 Schreibtische zu 350 EUR abnehmen würde.

Betriebsergebnis bei Ablehnung des Auftrags

Erlös (4 000 Stck. à 450 EUR/Stck.)	1 800 000 EUR
– variable Kosten (4 000 Stck. à 300 EUR/Stck.)	1 200 000 EUR
= Deckungsbeitrag	**600 000 EUR**
– fixe Kosten	380 000 EUR
= Betriebsgewinn	**220 000 EUR**

Betriebsergebnis bei Annahme des Auftrags

Zusätzliche Erlöse (800 Stck. à 350 EUR)	280 000 EUR
– variable Kosten (800 Stck. à 300 EUR)	240 000 EUR
Deckungsbeitrag Zusatzauftrag	**40 000 EUR**
+ Betriebsgewinn ohne Zusatzauftrag	220 000 EUR
= Betriebsgewinn mit Zusatzauftrag	**260 000 EUR**

Ergebnis: Die **Preisuntergrenze** liegt in vorliegendem Fall bei 300 EUR (variable Stückkosten). Da der Abnehmer aber bereit ist, pro Schreibtisch einen Betrag in Höhe von 350 EUR zu zahlen, wird ein Deckungsbeitrag (**= Stückdeckungsbeitrag)** von 50 EUR (350 EUR – 300 EUR) erzielt. Demnach verbessert sich das Betriebsergebnis um den aus dem Zusatzauftrag insgesamt erzielten Deckungsbeitrag in Höhe von 40000 EUR (800 Stck. à 50 EUR/Stck.).

Bei nicht ausgelasteter Kapazität empfiehlt sich die Annahme eines Zusatzauftrags, wenn die variablen Stückkosten geringer sind als der Stückpreis. In diesem Fall wird ein positiver Deckungsbeitrag erzielt, der unter den gegebenen Bedingungen zu einer Verbesserung des Betriebsergebnisses führt.

Gesamtdeckungsbeitrag = Deckungsbeitrag je Stück (db) · Produktionsmenge (x)
Betriebsgewinn/-verlust = Gesamtdeckungsbeitrag – fixe Kosten

Produktförderung

Produktförderung bei einem Farbenhersteller

Ein Hersteller von Farben stellt u. a. drei verschiedene Typen von Dispersionsfarbe her. Nachstehende Übersicht enthält Informationen zu Kosten und Absatz für den zurückliegenden Monat:

	Verkaufspreis je 30 l Eimer EUR	Variable Kosten pro 30 l Eimer (k_v) EUR	Fixe Kosten der Farbenproduktion EUR	Absatz 30 l Eimer
Disp. D 01	45,00	27,50	4 100	150
Disp. D 02	65,00	40,00		100
Disp. D 03	77,50	58,00		50

Da das Unternehmen über freie Kapazitäten verfügt, könnten Produktion und Absatz einer der drei Farbtypen um monatlich 100 Eimer gesteigert werden. Die Geschäftsleitung hat zu entscheiden, welche der drei Farben mit den vorhandenen freien Kapazitäten zu produzieren ist.

	Disp. D 01 EUR	Disp. D 02 EUR	Disp. D 03 EUR
Stückdeckungsbeitrag ($db = p - k_v$)	db = 45,00 – 27,50 = **17,50**	db = 65,00 – 40,00 = **25,00**	db = 77,50 – 58,00 = **19,50**
Rangfolge der Absatzförderung	3	1	2

Die Farbe Disp. D 02 erbringt den höchsten Deckungsbeitrag pro Stück (db). Die freien Kapazitäten sollten deshalb zur vermehrten Produktion dieses Produkts verwendet werden. Das Betriebsergebnis verbessert sich um 100 · 25 EUR = 2 500 EUR.

Stehen dem Unternehmen freie Kapazitäten zur Verfügung, so ist die Entscheidung, ob und gegebenenfalls welches Produkt z. B. durch zusätzliche Werbung gefördert werden soll, von der Rangfolge der einzelnen Stückdeckungsbeiträge abhängig. Das Produkt mit dem höchsten Deckungsbeitrag je Stück (db) ist besonders zu fördern.

Bei freien Kapazitäten ist das Produkt mit dem höchsten Stückdeckungsbeitrag am förderungswürdigsten.

Aufgaben 1–3 Seite 241 f.

Zusammenfassende Übersicht zu Kapitel 5.5: Teilkostenrechnung

Vollkostenrechnung	**Teilkostenrechnung**
Keine Aufteilung der Gesamtkosten in fixe und variable Bestandteile	Aufteilung der Gesamtkosten in fixe und variable Bestandteile
Verrechnung der gesamten Kosten auf die Kostenträger	Verrechnung der variablen Kosten auf die Kostenträger (Verursacherprinzip)
Auftrag wird angenommen, wenn die gesamten Kosten gedeckt sind	Auftrag wird angenommen, wenn variable Kosten gedeckt sind (Deckungsbeitrag > 0)
Gefahr von Fehlentscheidungen	Gefahr von Fehlentscheidungen geringer

Deckungsbeitragsrechnung ist Entscheidungsgrundlage für:

↓

- **Bestimmung der kurzfristigen Preisuntergrenze**
- **Entscheidung über Annahme eines Zusatzauftrags**
- **Produktförderung bzw. ggf. für Produkteliminierung (= Entfernen eines Produkts aus dem Produktions- oder Verkaufsprogramm)**

Wiederholung des Grundwissens

1. Nennen Sie drei Problemkreise, die sich auf der Grundlage einer Vollkostenrechnung nicht klären lassen.
2. Worin unterscheiden sich kurzfristige und langfristige Preisuntergrenze?
3. Was ist eine Teilkostenrechnung?

4. Erklären Sie die Begriffe „Deckungsbeitrag je Stück“ und „Gesamtdeckungsbeitrag“.
5. Wie lässt sich der Betriebsgewinn/-verlust auf der Grundlage der Deckungsbeitragsrechnung ermitteln?
6. Unter welchen Voraussetzungen kann ein Zusatzauftrag bei vorhandenen freien Kapazitäten angenommen werden?
7. Wovon ist die Produktförderung einzelner Produkte eines Unternehmens abhängig?

Aufgaben und Probleme

1. Ein Hersteller von hochwertigen Stereoanlagen kann aus Wettbewerbsgründen seine Geräte nur zu folgenden Bedingungen an den Handel verkaufen:
   Verkaufspreis (netto) 810 EUR
   Kundenrabatt 10 %
   Kundenskonto 2 %

   a) Entscheiden Sie, ob unter den gegebenen Bedingungen die Geräte weiterproduziert werden sollen, wenn die variablen Stückkosten 650 EUR betragen?
   b) Welcher Rabatt (in EUR und in %) kann höchstens gewährt werden, wenn davon auszugehen ist, dass der Verkaufspreis mindestens die variablen Kosten decken muss?

2. Eine Textilfabrik produziert u. a. fünf Kleidermodelle, für die die folgenden Daten vorliegen:

Nr.	Modell	Geplante Absatzmenge pro Monat	Stückpreis (EUR)	Variable Stückkosten (EUR)
1	A	420	40	18
2	B	900	20	10
3	C	200	38	28
4	D	600	28	15
5	E	350	30	18

Die monatlichen Fixkosten betragen 20000 EUR.

   a) Ermitteln Sie den Deckungsbeitrag und das Betriebsergebnis (Gewinn/Verlust), wenn alle Aufträge ausgeführt werden können.
   b) Die Geschäftsleitung überlegt, das Produktionsprogramm auf drei Modelle zu begrenzen.
      – Welche beiden Modelle sollten für diesen Fall aus dem Produktionsprogramm gestrichen werden?
      – Ermitteln Sie den sich nach dieser Entscheidung ergebenden Deckungsbeitrag sowie das Betriebsergebnis.

3. Die Göppinger Mineralquellen AG kalkulierte bisher nur nach dem System der Vollkostenrechnung. Konkurrenzdruck und Konjunkturschwankungen zwingen die Geschäftsleitung zur Einführung der Deckungsbeitragsrechnung.

a) Eine Kundenbefragung ergab, dass neben dem Eigenprodukt Mineralwasser auch 30 000 Kästen Fruchtsaft pro Jahr abgesetzt werden können.
Ermitteln Sie das voraussichtliche Betriebsergebnis (Betriebsgewinn bzw. -verlust) mittels Deckungsbeitragsrechnung, wenn folgende Daten erwartet werden:

	Mineralwasser	Fruchtsaft
Absatzmenge in Kasten	240 000	30 000
Verkaufspreis je Kasten in EUR	4,00	14,00
Variable Kosten je Kasten in EUR	2,05	---
Bezugspreis je Kasten in EUR	---	7,00
Fixkosten des Betriebes: 370 000 EUR		

b) Preiserhöhungen verteuern den Bezugspreis bei Fruchtsaft je Kasten um 1,50 EUR. Gleichzeitig wäre ein Großabnehmer bereit, pro Jahr 40 000 Kästen Fruchtsaft zu einem Preis von 9,00 EUR je Kasten zusätzlich abzunehmen.
Soll die Mineralquellen AG diese Lieferverpflichtung eingehen? Begründen Sie rechnerisch Ihre Entscheidung.

5.6 Kosten und Beschäftigung

5.6.1 Beschäftigungsgrad und Kapazität

Das Leistungsvermögen eines Betriebes, die **Kapazität**, ergibt sich aus der normalen Nutzung der Produktionsanlagen bei normaler Leistung aller Beschäftigten.

Unter Kapazität ist die Produktionsmenge zu verstehen, die ein Betrieb innerhalb einer bestimmten Zeit (Monat, Quartal, Jahr) erbringen kann.

Schwankende Absatzmöglichkeiten bedingen entweder eine Erhöhung oder eine Reduzierung der Produktionsmengen. Die unterschiedliche Auslastung der betrieblichen Kapazität wird im **Beschäftigungsgrad** ausgedrückt.

Als Beschäftigungsgrad (Kapazitätsausnutzungsgrad) wird der Grad der Ausnutzung der Kapazität bezeichnet:

$$\textbf{Beschäftigungsgrad} = \frac{\textbf{Genutzte Kapazität} \cdot \textbf{100}}{\textbf{Maximalkapazität}}$$

Eine Veränderung der Produktionsmenge bei gleichbleibender Kapazität führt zu einer **Änderung des Beschäftigungsgrades**.

5.6.2 Fixe und variable Kosten

Schwankungen des Beschäftigungsgrades haben unterschiedliche Auswirkungen auf die Kostensituation des Betriebes.

Fixe Kosten

Fixe Kosten (Kf) sind unabhängig von der Produktionsmenge (x). Sie entstehen, egal ob der Betrieb einen Beschäftigungsgrad von 80 % hat, oder ob er stillsteht. Zu diesen Kosten zählen Mieten, Zinsen, Versicherungsprämien und im Normalfall Abschreibungen.

Je höher der Beschäftigungsgrad jedoch ist, desto geringer ist der Anteil der fixen Kosten, die auf jedes einzelne Erzeugnis entfallen (**= Gesetz der Massenproduktion, Fixkostendegression**).

x	K_f (EUR)	k_f (EUR)
0	1 200	–
100	1 200	12,00
200	1 200	6,00
300	1 200	4,00
400	1 200	3,00
500	1 200	2,40

Kosten und Beschäftigungsgrad

Verlauf der fixen Gesamtkosten

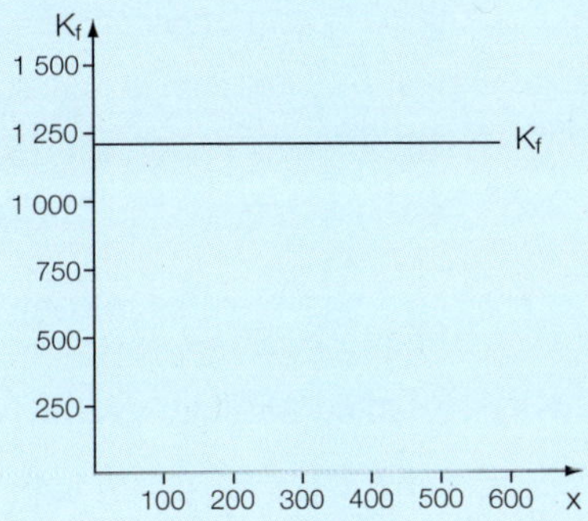

Verlauf des Fixkostenanteils je Stück

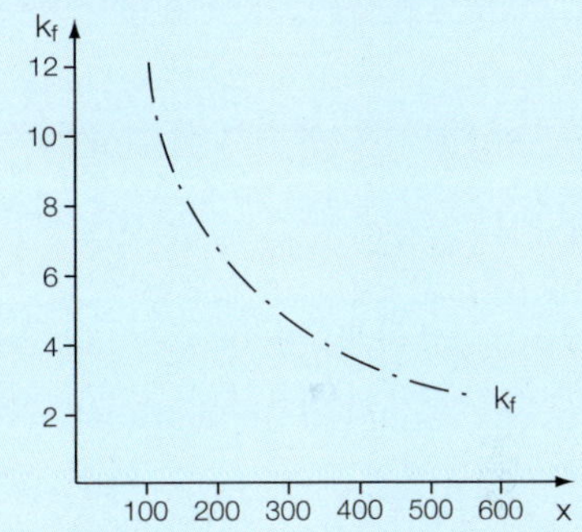

Variable Kosten

Ein anderer Teil der Gesamtkosten verändert sich dagegen mit den Beschäftigungsschwankungen. Diese **variablen Kosten** (Kv) können sich dabei unterschiedlich entwickeln. Sie können **proportional, unter- oder überproportional** zunehmen oder abnehmen.

Fixe Kosten sind beschäftigungsunabhängige Kosten. Variable Kosten ändern sich mit dem Beschäftigungsgrad.

Proportionale Kosten verändern sich bei schwankendem Beschäftigungsgrad in gleichen Raten. Der Kostenzuwachs oder die Kostenabnahme ist stets gleich. Dies ist z. B. der Fall beim Verbrauch an Fertigungsmaterial und bei Fertigungslöhnen.

x	K_v (EUR)	k_v (EUR)
0	–	–
100	800	8,00
200	1 600	8,00
300	2 400	8,00
400	3 200	8,00
500	4 000	8,00

Kostenkurven bei proportionalem Kostenverlauf

Verlauf der variablen Gesamtkosten (K_v)	Verlauf der variablen Stückkosten (k_v)
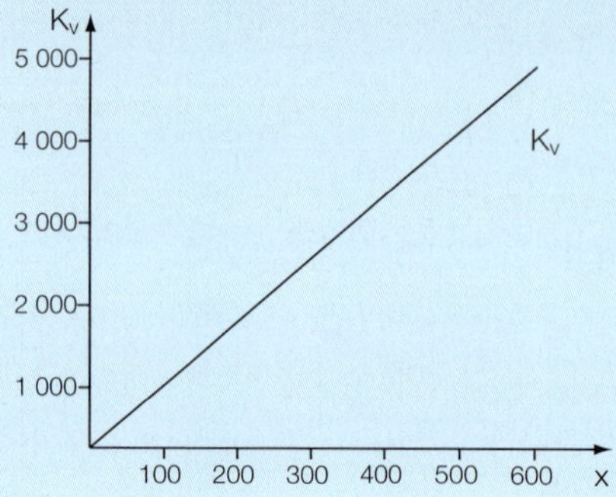	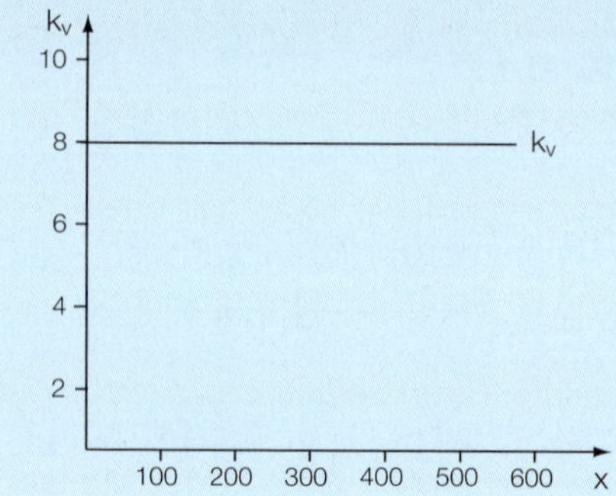

Unterproportionale (degressive) Kosten steigen oder fallen schwächer als sich der Beschäftigungsgrad ändert. Dies trifft zu, wenn z. B. die Materialkosten durch die Inanspruchnahme von Mengenrabatten sinken.

x	K_v (EUR)	k_v (EUR)
100	1 000	10,00
200	1 400	7,00
300	1 700	5,66
400	1 900	4,75
500	2 000	4,00

Kostenkurven bei unterproportionalem Kostenverlauf

Verlauf der variablen Gesamtkosten (K_v)	Verlauf der variablen Stückkosten (k_v)
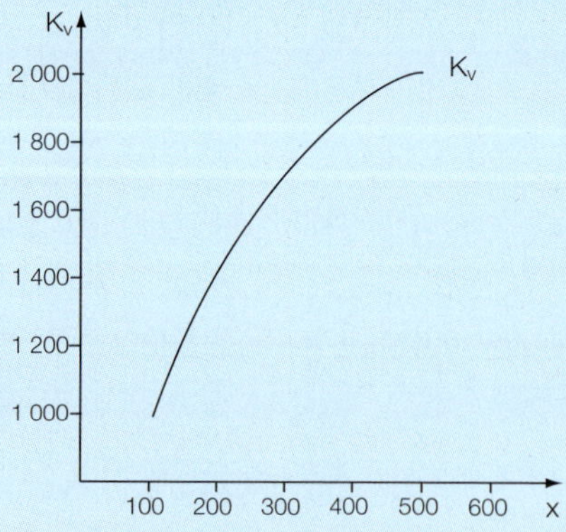	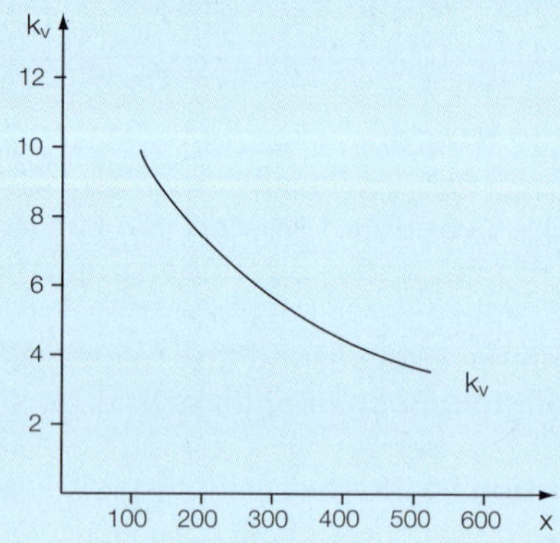

Überproportionale (progressive) Kosten steigen oder fallen stärker, als sich der Beschäftigungsgrad ändert. Die Zahlung von Überstundenzuschlägen oder das Fahren eines Fahrzeuges mit Höchstgeschwindigkeit haben einen überproportionalen Kostenanstieg zur Folge.

x	K_v (EUR)	k_v (EUR)
100	320	3,20
200	750	3,75
300	1 200	4,00
400	2 000	5,00
500	3 000	6,00

Kostenkurven bei überproportionalem Kostenverlauf

Verlauf der variablen Gesamtkosten (K_v)	**Verlauf der variablen Stückkosten (k_v)**
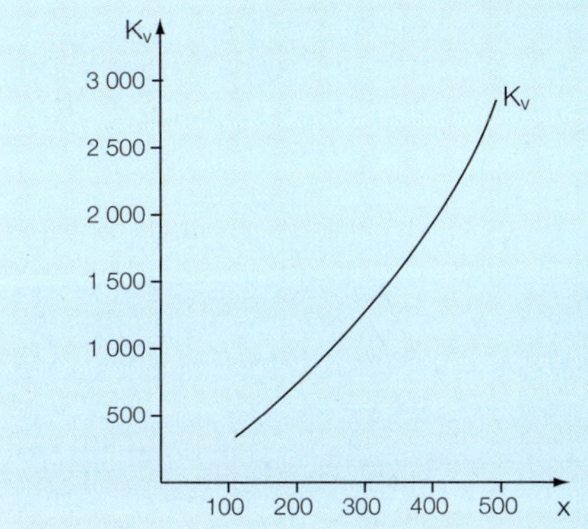	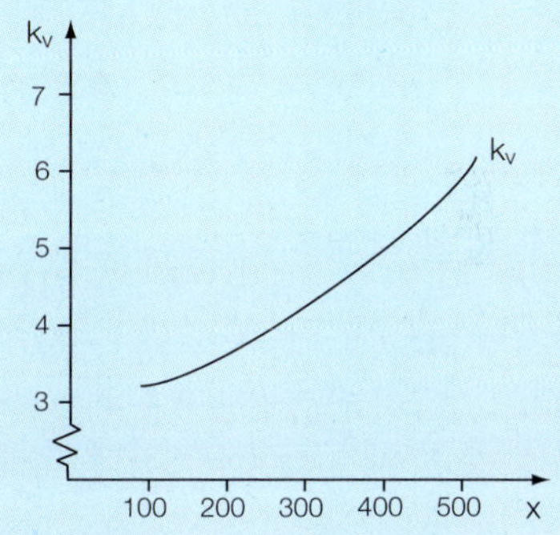

Die **Gesamtkosten** eines Betriebes ergeben sich aus der Addition der fixen Kosten und der variablen Kosten. Der Verlauf der Gesamtkostenkurve zeigt, wie hoch die Gesamtkosten bei einer bestimmten Ausbringungsmenge sind, z. B. bei einem bestimmten Beschäftigungsgrad.

Aufgaben 1–4 Seite 248 f.

Gesamtkostenkurve bei proportionalen variablen Kosten

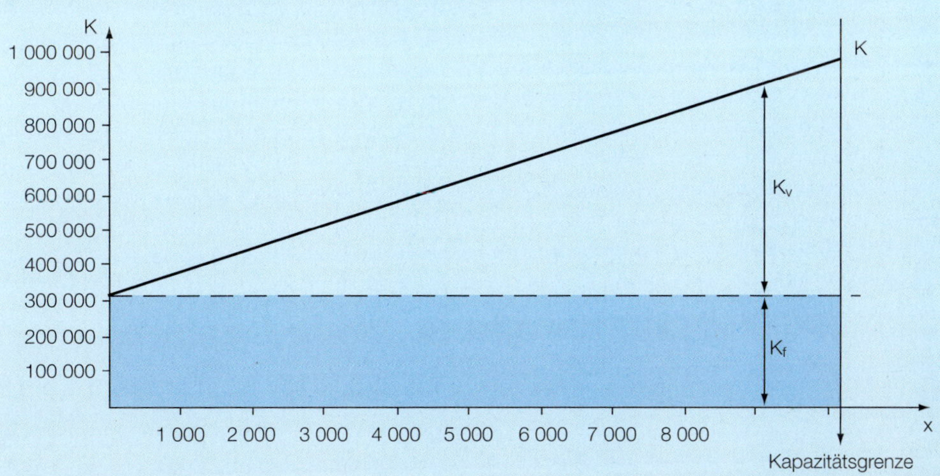

5.6.3 Gewinnschwelle – Gewinnmaximum

Das Unternehmensziel, Gewinne zu erzielen, ist nur dann zu verwirklichen, wenn die erzielten Gesamterlöse (Menge · Preis) die bei der Produktion entstandenen Gesamtkosten (fixe und variable Kosten) decken. Bei einem gegebenen Marktpreis ist dieses Ziel erst ab einer bestimmten Ausbringungsmenge zu erreichen, da nicht nur die variablen Stückkosten, sondern auch die anteiligen Fixkosten „verdient" werden müssen. Die Menge, ab der ein Gewinn zu erzielen ist, wird als **Gewinnschwelle** (**Break-even-point**) bezeichnet.

Gewinnschwelle eines Unternehmens, das Pkw-Ersatzteile produziert

Bei der Produktion eines Pkw-Ersatzteils entstehen fixe Kosten von 1 200 EUR und variable Stückkosten von 8,00 EUR; der Verkaufspreis beträgt 12,00 EUR.

Prod. Menge X	Fixe Gesamtkosten (K_f) (EUR)	Variable Gesamtkosten (K_v) (EUR)	Gesamtkosten (K) (EUR)	Erlöse (E) (EUR)	Verlust G/V = E – K (EUR)	Gewinn G/V = E – K (EUR)
0	1 200	–	1 200	–	1 200	–
100	1 200	800	2 000	1 200	800	–
200	1 200	1 600	2 800	2 400	400	–
300	1 200	2 400	3 600	3 600	–	–
400	1 200	3 200	4 400	4 800		400
500	1 200	4 000	5 200	6 000		800

Die Gewinnschwelle liegt bei einer Produktionsmenge von 300 Stück. Das **Gewinnmaximum** wird an der Kapazitätsgrenze (500 Stück) erreicht.

Rechnerische Ermittlung der Gewinnschwelle:

Bedingung für Gewinnschwelle:

$$\text{Kosten} = \text{Erlöse}$$
$$K_f + K_v = E$$
$$K_f + k_v \cdot x = p \cdot x$$
$$1200 + 8 \cdot x = 12 \cdot x$$
$$x = 300 \text{ (Gewinnschwelle)}$$

Grafische Ermittlung der Gewinnschwelle

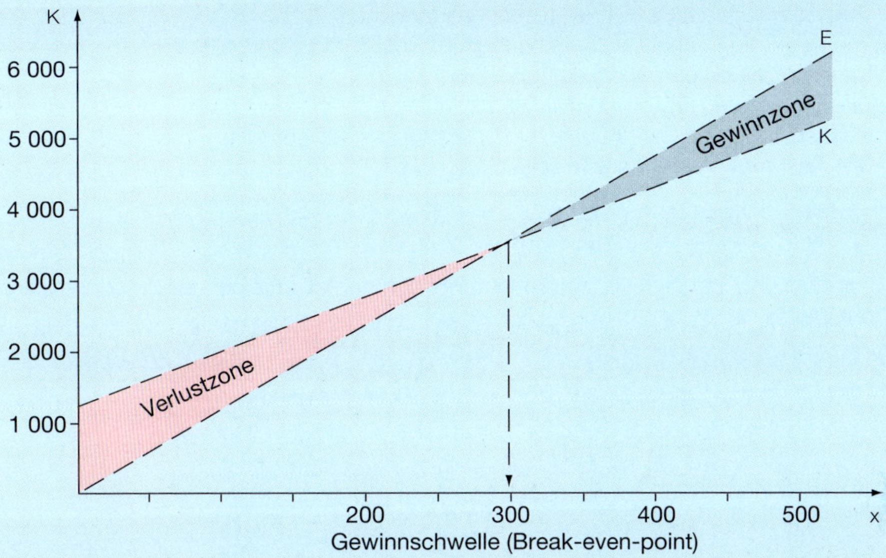

Aufgaben 5 u. 6 Seite 249

Zusammenfassende Übersicht zu Kapitel 5.6: Kosten und Beschäftigung

Kapazität: in einer bestimmten Zeit (z. B. Jahr) mögliche Produktionsmenge

$$\textbf{Beschäftigungsgrad} = \frac{\text{Genutzte Kapazität} \cdot 100}{\text{Maximalkapazität}}$$

Schwankungen des Beschäftigungsgrades

Fixe Kosten
= beschäftigungsunabhängige Kosten
fallen – unabhängig vom Beschäftigungsgrad – immer in gleicher Höhe an (z. B. Miete, kalkulatorischer Unternehmerlohn)

Variable Kosten
= beschäftigungsabhängige Kosten
verändern sich, wenn sich der Beschäftigungsgrad ändert (Bsp. Materialkosten, Strom für die Fertigung)

- Proportional
- Unterproportional
- Überproportional

Gewinnschwelle (break-even-point): Erlöse = Kosten

$$P \cdot x = K_f + k_v \cdot x$$

Wiederholung des Grundwissens

1. Was ist unter dem Begriff „Kapazität“ zu verstehen?
2. Wie lautet die Formel zur Berechnung des Beschäftigungsgrades?
3. Nennen Sie Beispiele für fixe und variable Kosten.
4. Was besagt das Gesetz der Massenproduktion?
5. Nennen Sie Beispiele für über- und unterproportionale Kosten.
6. Wie lässt sich die Gewinnschwelle berechnen?

Aufgaben und Probleme

1. Für einen Industriebetrieb (Einproduktunternehmen) wird folgende Kostenentwicklung ermittelt:

Produktionsmenge in Stück	Gesamtkosten (K) in EUR
0	800000
100	1200000
200	1700000
300	2300000
400	2800000
500	3200000
600	3500000

a) Erstellen Sie eine Tabelle zum Verlauf der variablen Gesamt- und Stückkosten.
b) Erklären Sie jeweils den Verlauf.

2. Nachstehende Tabelle enthält vier unterschiedliche Kostenverläufe (Kosten in Tsd. EUR):

X[1]	Kosten 1 (K1)	Kosten 2 (K2)	Kosten 3 (K3)	Kosten 4 (K4)
0	300	–	–	–
100	300	200	200	200
200	300	400	380	300
300	300	600	520	500
400	400	800	640	750
500	400	1 000	740	1050
600	400	1 200	820	1450

a) Begründen Sie die vier Kostenverläufe.
b) Beschreiben Sie jeweils den Verlauf der Stückkosten.
c) Nennen Sie jeweils zwei Beispiele für den aufgeführten Kostenverlauf.

3. Ein Hersteller von Schreibtischen verfügt über eine Monatskapazität von 8000 Stück. In den ersten drei Quartalen ist die Kapazität zu 50 %, 60 % und zu 75 % ausgenutzt. Bei Vollbeschäftigung (100 % Auslastung) betragen die variablen Gesamtkosten 5,6 Mio. EUR, die Fixkosten pro Schreibtisch betragen bei einer Kapazitätsauslastung von 50 % 400,00 EUR.

a) Ermitteln Sie tabellarisch die Gesamtkosten und die Stückkosten je Schreibtisch für alle drei Beschäftigungsgrade.
b) Stellen Sie die Ergebnisse von a) grafisch dar.

[1] *Produktionsmenge*

4. Die monatlichen Fixkosten eines Herstellers von Telefonanlagen belaufen sich auf 3 801 000 EUR. Die variablen Kosten betragen 60,00 EUR je Anlage.

a) Berechnen Sie die Gesamtkosten, die für die Herstellung von 60 000 Telefonanlagen je Monat entstehen. Wie hoch sind in diesem Falle die Kosten je Anlage?
b) Auf welche Menge muss die Produktion gesteigert werden, wenn die Stückkosten 120,00 EUR nicht übersteigen sollen?

5. Die Kunststoff GmbH entwickelte ein Spritzgussverfahren zur Herstellung von Gehäusen für Rallye-Scheinwerfer. Die Monatsleistung eines Spritzgussautomaten beträgt maximal 5 000 Stück. Die Gehäuse lassen sich zu einem Stückpreis von 3 EUR absetzen.
Bei linearem Kostenverlauf betragen die Gesamtkosten bei einer Produktion von
– 2 000 Stück 8 800 EUR
– 4 000 Stück 11 200 EUR

a) Berechnen Sie die fixen Gesamtkosten und die variablen Stückkosten.
b) Worin unterscheiden sich fixe und variable Kosten? Belegen Sie Ihre Antwort jeweils mit einem Beispiel.
c) Stellen Sie die Erlöskurve und die Kostenkurve grafisch dar (500 Stück = 1 cm; 2 000 EUR = 1 cm).
d) Berechnen Sie, bei welcher Ausbringungsmenge die Gewinnschwelle liegt.
e) Errechnen Sie den maximalen Gesamtgewinn.
f) Erklären Sie, warum sich mit zunehmender Kapazitätsauslastung die Stückkosten verringern.

6. In einem Buchverlag wird geprüft, ob ein regional bedeutsames Heimatbuch verlegt werden soll. Der Buchhandel ist bereit, dieses Buch für 20,00 EUR zu übernehmen und auf eigenes Risiko zu vertreiben.
Die Kalkulation geht von fixen Kosten für Satz, Fotoarbeiten und Layout in Höhe von 30 000 EUR aus. Für Papier, Druck und Einband werden 5,00 EUR je Exemplar veranschlagt. Lösen Sie die folgende Aufgabe in Tabellenform und grafisch mithilfe eines Tabellenkalkulationsprogramms.

a) Ab welcher Menge lohnt es sich für den Verlag, den Druckauftrag zu übernehmen?
b) Prüfen Sie, ob es sich lohnt, einen bestellten Nachdruck über 500 Exemplare auszuführen, wenn dafür 16,00 EUR je Exemplar gezahlt werden. Dabei entstehen zusätzlich fixe Kosten von 4 000 EUR. Durch Papierverteuerung sind die variablen Stückkosten auf 6,00 EUR angestiegen.

Themenkreis 6
Investition

Um welche Probleme geht es in diesem Kapitel?

Nicht nur bei der Gründung eines Unternehmens, sondern auch während des laufenden Geschäftsbetriebs sind Entscheidungen über die Verwendung der finanziellen Mittel des Unternehmens zu treffen. Diese Investitionsentscheidungen beeinflussen maßgeblich den Unternehmenserfolg. Um Fehlinvestitionen zu vermeiden, muss das Management sehr sorgfältig den Investitionszweck und die Vorteilhaftigkeit jeder Investition anhand von mathematischen Verfahren prüfen. Im Mittelpunkt steht die Frage, ob sich eine Investition „lohnt". Neben der Rentabilität (Verzinsung des eingesetzten Kapitals) spielen die Sicherheit der Investition und die Auswirkung auf den Bestand an flüssigen Mitteln (Liquidität) eine wichtige Rolle.

6.1 Grundlagen der Investition

6.1.1 Investitionsbegriff und Investitionsarten

Investitionsbegriff

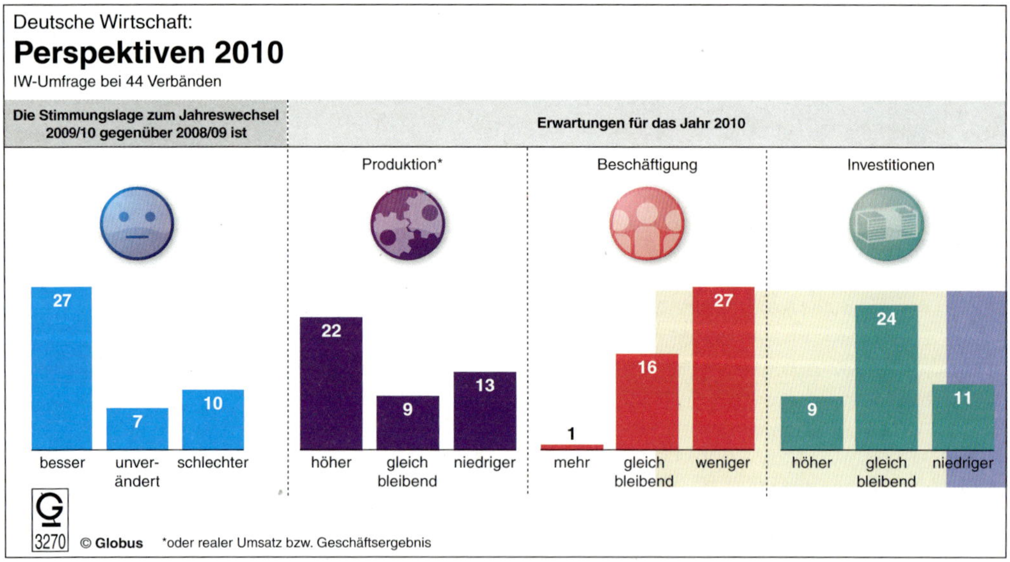

Aufgabe 2
Seite 254

Investitionen sind der Motor einer Wirtschaft und Grundlage für Produktivitäts- und Wohlstandssteigerungen einer Volkswirtschaft.

Unter „Investition" versteht man die Verwendung finanzieller Mittel zur Beschaffung von Vermögensgegenständen.

Investitionsarten

Nach dem Zweck der Investition werden Finanz- und Realinvestitionen unterschieden.

Bei **Finanzinvestitionen** werden Mittel für den Erwerb von Aktien, Schuldverschreibungen oder Beteiligungen verwendet. Um **Real- oder Sachinvestitionen** handelt es sich, wenn mit den finanziellen Mitteln Sachgüter, wie z. B. Fahrzeuge, Maschinen oder Gebäude angeschafft werden.

Nach dem **Investitionsvolumen**, das ein Betrieb während eines Jahres tätigt, unterscheidet man folgende Formen der Investition:

Bruttoinvestition = Summer aller Investitionen

Ersatzinvestition (Reininvestition)
= Ersatzbeschaffung verbtrauchter Güter

Erweiterungsinvestition (Nettoinvestition)
= dient der Kapazitätsausweitung des Betriebs

Rationalisierungsinvestition
= Investition zur Kostensenkung
sowie zur Erhöhung der Produktivität
und Wirtschaftlichkeit

Ersatz-, Erweiterungs- und Rationalisierungsinvestitionen gehen häufig ineinander über. Wird beispielsweise eine manuell bedienbare Maschine durch eine CNC-Maschine ersetzt (Ersatzinvestition), dann wird dadurch die Produktionskapazität erweitert (Erweiterungsinvestition) und die Stückkosten der Herstellung werden vermindert (Rationalisierungsinvestition).

Aufgabe 1
Seite 254

6.1.2 Investitionsplanung

Gründe

Die Investitionsplanung ist Bestandteil der Unternehmensgesamtplanung. Sie hat vorrangig die Aufgabe, aus einer Vielzahl von Investitionsalternativen diejenige auszuwählen, die im Hinblick auf das Unternehmensziel am vorteilhaftesten ist.

Wesentliche Bestandteile der Investitionsplanung sind:

- die **Optimierung** der Investitionsentscheidung und
- die **Realisierung** sowie **Kontrolle** des Investitionsprojekts.

Als Entscheidungshilfe greift die Investitionsplanung auf Verfahren der Investitionsrechnung zurück.

vgl. Kapitel 6.2 und 6.3

Ziele

Bei **Ersatzinvestitionen** gibt die Investitionsplanung eine Antwort auf die Frage, ob es von Vorteil ist, ein gebrauchtes durch ein neues Investitionsgut zu ersetzen und wann der richtige Zeitpunkt für einen möglichen Ersatz gekommen ist.

Bei der **Erweiterungsinvestition** geht es primär darum, ob ein Ausbau der Kapazitäten vor dem Hintergrund der konjunkturellen Lage und der wirtschaftlichen Situation des Unternehmens sinnvoll ist und welchem von mehreren Investitionsgütern der Vorrang einzuräumen ist.

Aufgabe 3
Seite 254

Das grundsätzliche Ziel der Investitionsplanung besteht in der Vermeidung von Fehlinvestitionen, die eintreten, wenn sich herausstellt, dass sich das Unternehmen bei Nichtdurchführung der Investition besser gestellt hätte. Schließlich erfordern Investitionsentscheidungen einen hohen und langfristigen Kapitaleinsatz, der erhebliche Auswirkungen auf den Erfolg des gesamten Unternehmens hat.

Orientierung der Investitionsentscheidungen

Vorrangig ist die Orientierung am **Gewinnziel**: Die Rentabilität (Verzinsung des eingesetzten Kapitals) steht im Vordergrund. Weiter ist die Sicherheit der Investition zu beachten. Maßstab dafür ist ein möglichst rascher Kapitalrückfluss (Amortisation) bzw. die Erhaltung der Liquidität.

Soweit diese Zielgrößen quantifizierbar sind, bieten sich die Verfahren der Investitionsrechnung als Entscheidungshilfe an.

Neben quantitativen Zielen spielen qualitative Faktoren in der Investitionsplanung und -entscheidung eine bedeutende Rolle. So kann es durch Investitionen z. B. zu einer Veränderung der Produktqualität kommen, gute Lieferantenbeziehungen können gefährdet werden, Probleme der Umweltbelastung, auch Fragen der Entsorgung, können auftreten.

Ziele wie Wahrung der Unabhängigkeit, vor allem aber auch soziale Gesichtspunkte (Erhaltung der Arbeitsplätze, Zufriedenheit der Mitarbeiter) konkurrieren oft in hohem Maße mit den ökonomischen Zielgrößen „Rentabilität“, „Kostenminimierung“ und „Gewinn“. Nicht selten geben qualitative Zielkriterien durch ihre hohe Gewichtung den Ausschlag bei der Entscheidungsfindung. Trotzdem sind die Ergebnisse der Investitionsrechnung unentbehrlich, da die Verwirklichung aller Zielgrößen letztlich den Gewinn voraussetzt und nur mithilfe der Investitionsrechnung die wichtigen quantifizierbaren Zielgrößen als Entscheidungshilfe bereitgestellt werden.

Zukunftsbezug

Da Investitionsentscheidungen zukunftsbezogen sind, sind die zugrunde gelegten Daten unsicher. Dies wirkt sich besonders bei der Planung von Investitionen mit langer Nutzungsdauer aus. Bedingt durch unvollkommene Zukunftsinformationen kann man nur vom Eintreten der „geplanten“ Erwartungen künftiger Ereignisse und Entwicklungen ausgehen. Es stehen jedoch Verfahren zur Verfügung, die innerhalb bestimmter Grenzen Prognosen über den Eintritt von Handlungsfolgen ermöglichen. Auf die einzelnen Verfahren, z. B. Ansatz von Vorsichtszu- und -abschlägen sowie Wahrscheinlichkeiten, kann im Rahmen dieses Kapitels nicht eingegangen werden.

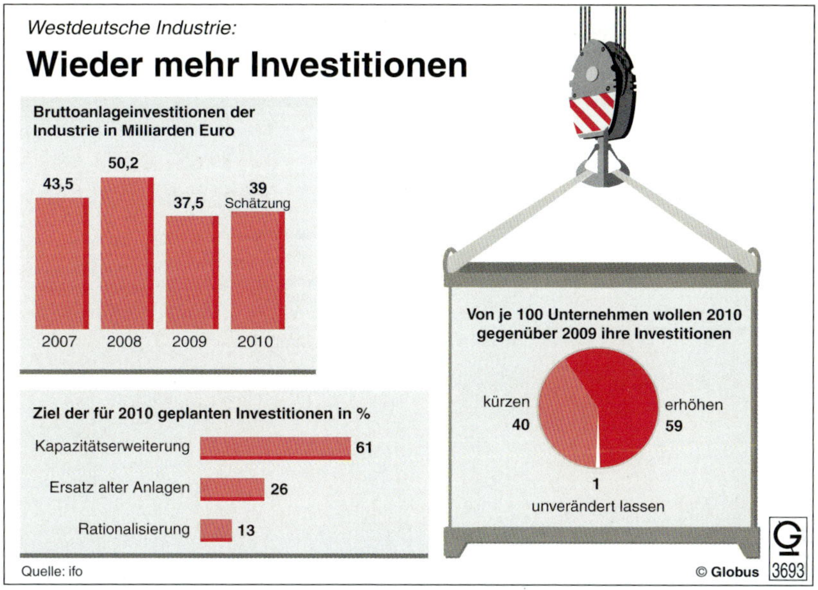
Westdeutsche Industrie:
Wieder mehr Investitionen
Bruttoanlageinvestitionen der Industrie in Milliarden Euro
43,5
50,2
37,5
39 Schätzung
2007
2008
2009
2010
Ziel der für 2010 geplanten Investitionen in %
Kapazitätserweiterung 61
Ersatz alter Anlagen 26
Rationalisierung 13
Von je 100 Unternehmen wollen 2010 gegenüber 2009 ihre Investitionen
kürzen 40
erhöhen 59
1 unverändert lassen
Quelle: ifo
© Globus
3693

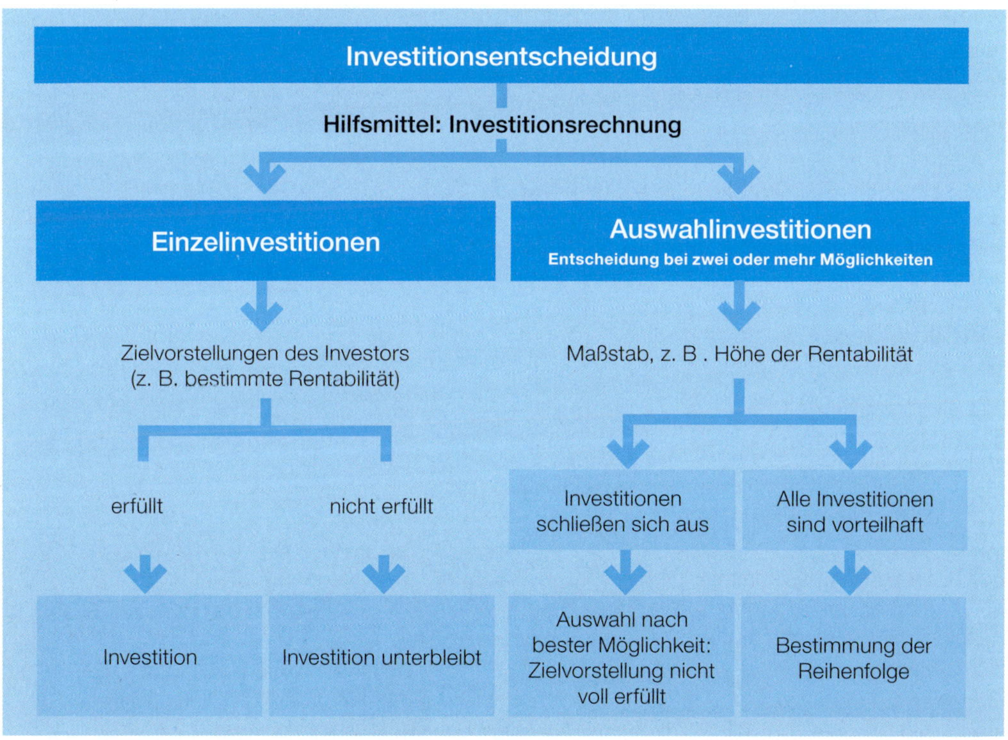
Investitionsentscheidung
Hilfsmittel: Investitionsrechnung
Einzelinvestitionen
Auswahlinvestitionen
Entscheidung bei zwei oder mehr Möglichkeiten
Zielvorstellungen des Investors (z. B. bestimmte Rentabilität)
Maßstab, z. B . Höhe der Rentabilität
erfüllt
nicht erfüllt
Investitionen schließen sich aus
Alle Investitionen sind vorteilhaft
Investition
Investition unterbleibt
Auswahl nach bester Möglichkeit: Zielvorstellung nicht voll erfüllt
Bestimmung der Reihenfolge

Zusammenfassende Übersicht zu Kapitel 6.1: Grundlagen

Investition
= Verwendung finanzieller Mittel

- Finanzinvestitionen
- Realinvestitionen
  - Ersatzinvestitionen
  - Erweiterungsinvestitionen

- Investitionsplanung
  - Aufgabe: Auswahl der vorteilhaftesten Investitionsalternative
  - Ziel: Vermeidung von Fehlinvestitionen

Wiederholung des Grundwissens

1. Was versteht man unter einer Investition?
2. Welche Investitionsarten werden unterschieden?
3. Welche Aufgabe hat die Investitionsplanung?
4. Wodurch sind Investitionsentscheidungen gekennzeichnet?

Aufgaben und Probleme

1. Grenzen Sie die Begriffe „Brutto-“, „Ersatz-“, „Erweiterungs-“ und „Rationalisierungsinvestition“ voneinander ab.

2. In welchem Verhältnis stehen Investitionen und Arbeitsplätze? (Grafik rechts)

3. Warum hat eine solide Investitionsplanung für den wirtschaftlichen Erfolg eines Unternehmens einen sehr hohen Stellenwert?

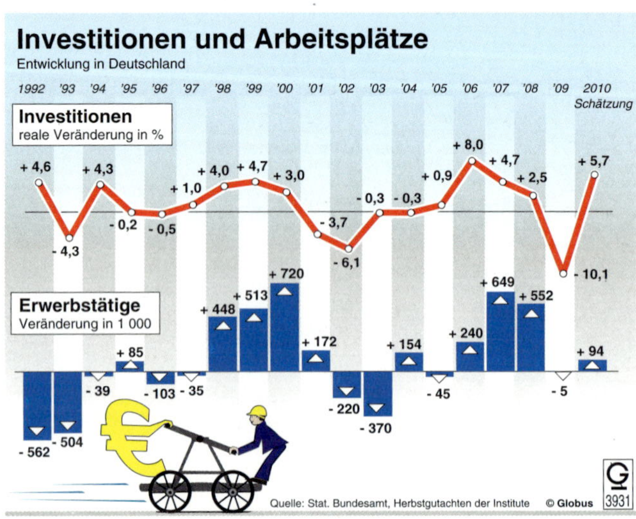

6.2 Statische Investitionsrechenmethoden als Entscheidungshilfe

Aufgabe 1 Seite 264

Der Jungunternehmer Christian Eberle benötigt für sein Büro noch einen Kopierer. Nachdem er sich eingehend informiert hat, kommen für ihn zwei Geräte in die engere Wahl – der einfache Kleinkopierer Modell „Basic" und der anspruchsvolle Geschäftskopierer Modell „Professional".

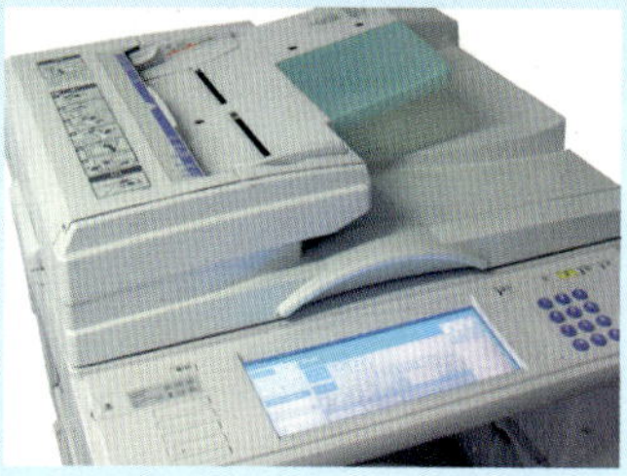

Die Kosten für die Kopiergeräte stellen sich wie folgt dar:

	Kosten je Kopie	**Fixkosten pro Jahr**
Modell „Basic"	0,04 EUR	600,00 EUR
Modell „Professional"	0,02 EUR	800,00 EUR

Christian Eberle rechnet zunächst mit einem jährlichen Kopiervolumen von 8.000 Stück.

- Für welches Kopiergerät sollte sich der Jungunternehmer entscheiden?
- Wie würde seine Entscheidung aussehen, wenn er mit einer dynamischen Geschäftsentwicklung und einem jährlich ansteigenden Kopiervolumen von 30 % kalkulieren würde?

Die statische Investitionsrechnung bezieht den **Zeitfaktor nicht mit ein** und berücksichtigt im Allgemeinen nur eine Periode. Grundlage sind Kosten und Erlöse. Trendverschiebungen (Auslastung, Kosten, Erlöse) und zeitlich unterschiedliche Entstehung der Vergleichszahlen mit möglichem Zinsgewinn bzw. Zinsverlust bleiben außer Betracht.

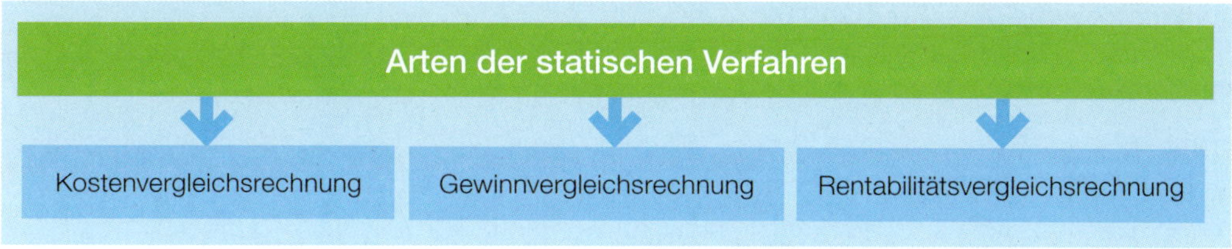

6.2.1 Kostenvergleichsrechnung

Wesen

Die Kosten von Investitionsgütern werden bei Entscheidungen über Neuinvestitionen (Erweiterungsinvestition) bzw. über Ersatzinvestitionen miteinander verglichen. Das kostengünstigste Investitionsgut wird vorgezogen. Die von den Investitionsgütern verursachten Erlöse bleiben außer Ansatz, da von gleich großen Erträgen der verglichenen Investitionsgüter ausgegangen wird.

Der Vergleich kann sich erstrecken auf

- die Kosten alternativer Investitionsgüter, jeweils *bei einer bestimmten Auslastung (Alternativinvestition)*,
- die Kosten eines gebrauchten „alten" Investitionsgutes zu den Kosten eines „neuen" Ersatzinvestitionsgutes, jeweils *bei einer bestimmten Auslastung (Rationalisierungsinvestition)*.

Relevante Kosten

In den Kostenvergleich werden im Allgemeinen einbezogen:

Kosten (K)	fix	variabel
Kapitalkosten (= Kapitaldienst; **KD**):		
Kalkulatorische Abschreibungen	x	
Kalkulatorische Zinsen	x	
Betriebskosten (B):		
Gehälter	x	
Löhne		x
Materialverbrauch		x
Instandhaltungskosten	x	
Raumkosten	x	
Energieverbrauch		x
Werkzeugverbrauch[1]		x
Summe K_f	x	
Summe K_v		x

Kalkulatorische Abschreibungen:

Aus Gründen der gleichmäßigen Belastung der Abrechnungs- bzw. Vergleichsperiode ist zu empfehlen, von der linearen Abschreibung auszugehen.

$$\text{Abschreibungen (Ab)}^3 = \frac{\text{Anschaffungskosten}^2}{\text{Nutzungsdauer (Jahre)}} = \frac{AK}{ND}$$

Kalkulatorische Zinsen:

Zu verzinsen ist der Durchschnittswert des Investitionsgutes. Das sind die Anschaffungskosten geteilt durch 2. Darauf wird ein Kalkulationszinssatz (p) angewandt, der sich an die Höhe des durchschnittlichen Bankzinssatzes anlehnen kann.

$$\text{Kalkulatorische Zinsen} = \frac{\text{Anschaffungskosten}}{2} \cdot \frac{\text{Zinssatz}}{100} = \frac{AK}{2} \cdot \frac{p}{100}$$

Die Gesamtkosten (K) der Abrechnungsperiode setzen sich aus Kapitalkosten (K) und Betriebskosten (B) zusammen.

$$K = \frac{AK}{ND} + \frac{AK}{2} \cdot \frac{p}{100} + B$$

1 *Z. B. Formen für den Guss von Metall- oder Plastikteilen*

2 *Bei konsequent kostenrechnerischem Ansatz werden nicht die Anschaffungskosten, sondern die Wiederbeschaffungskosten zugrunde gelegt. In der Investitionsrechnung wird – im Gegensatz zur Kostenrechnung – üblicherweise von den Anschaffungskosten ausgegangen, da sich die geschätzten Wiederbeschaffungskosten bei jeder Investitionsalternative in gleicher Weise verändern.*

3 *Das Ergebnis wird genauer, wenn von den Anschaffungskosten (bzw. Wiederbeschaffungskosten) der Restwert abgezogen wird. Unter dem Restwert versteht man den erwarteten Liquidationserlös am Ende der Nutzungsdauer. Da der Liquidationserlös am Ende der Nutzungsdauer nicht verloren geht, ergibt sich der Wertverlust aus der Nutzung aus Anschaffungskosten (bzw. WK) abzüglich Restwert.*

Anwendung im Entscheidungsbereich

Kostengünstigste Alternativinvestition (Erweiterungsinvestitionen – Kritische Auslastungsmenge)

Mithilfe der Kostenvergleichsrechnung werden mehrere Investitionsalternativen hinsichtlich der Gesamt- oder Stückkosten verglichen. Bei gleicher Ausbringungsmenge bilden die Gesamtkosten, bei unterschiedlicher Ausbringungsmenge die Stückkosten die Vergleichsgrundlage. Bestandteile der Gesamtkosten sind die variablen und die fixen Kosten, wobei sich die fixen Kosten aus den kalkulatorischen Abschreibungen, den kalkulatorischen Zinsen und sonstigen fixen Kosten zusammensetzen.

Beispiel (Beträge in EUR)

	Investitionsgut I	**Investitionsgut II**
Anschaffungskosten	**240000,00**	**280000,00**
Nutzungsdauer/Jahre	**8**	**8**
Auslastung/Jahr	**80000 Stück**	**80000 Stück**
Zusammengefasste variable Betriebskosten	**58000,00**	**46000,00**
Kalkulatorischer Zinssatz	**10 %**	**10 %**
Kapitalkosten:		
– Kalkulatorische Abschreibung/Jahr (240000 : 8)	30000,00	35000,00
– Kalkulatorische Zinsen (10 % auf halbe Anschaffungskosten 120000,00 bzw. 140000,00)	12000,00	14000,00
– Fixe Betriebskosten (zusammengefasst)	8000,00	5000,00
Fixe Kosten (K_f)	50000,00	54000,00
Variable Betriebskosten (zusammengefasst)	58000,00	46000,00
Gesamtkosten (K)	108000,00	100000,00
Stückkosten (k)	$\frac{108000,00}{80000}$ = **1,35 EUR**	$\frac{100000,00}{80000}$ = **1,25 EUR**

Bei dem hier dargestellten Kostenvergleich wird die Auslastung der Kapazitäten (80000 Stück) unterstellt. Von Bedeutung ist die Frage, von welcher Auslastung (Ausbringung) an das Investitionsgut II gegenüber dem Investitionsgut I günstiger arbeitet. Diese kritische Auslastungsmenge („Übergangsmenge") wird erreicht, wenn bei den beiden Investitionsgütern die Gesamt- bzw. Stückkosten gleich hoch sind. Die **kritische Auslastungsmenge** soll anhand des obigen Beispiels bestimmt werden.

Aufgaben 2–5 Seite 264 f.

Allgemein gilt für die Kosten der Investition:

$$K = K_f + k_v \cdot x$$

Bestimmt man die Funktionsgleichungen für die beiden Investitionsgüter und setzt diese gleich, so ergibt sich die folgende kritische Auslastung (x):

Investitionsalternative I: $K\,I = 50\,000{,}00 + 0{,}725\,x^{*}$
Investitionsalternative II: $K\,II = 54\,000{,}00 + 0{,}575\,x^{**}$

* 58000 : 80000 = 0,725
** 46000 : 80000 = 0,575

$$\begin{aligned} K\,I &= K\,II \\ 50\,000 + 0{,}725\,x &= 54\,000 + 0{,}575\,x \\ 0{,}725\,x - 0{,}575\,x &= 54\,000 - 50\,000 \\ 0{,}15\,x &= 4\,000 \\ x &= 26\,667 \text{ Übergangsmenge von I zu II} \end{aligned}$$

Anwendung im Entscheidungsbereich Ersatzinvestition
Es geht um die Entscheidung, ob und wann ein gebrauchtes Investitionsgut mit Restnutzungsdauer durch ein neues Investitionsgut ersetzt werden soll. Im Allgemeinen werden dabei nur folgende Kosten verglichen:

altes Investitionsgut	neues Investitionsgut (Ersatzinvestition)
Betriebskosten (B) ⟷	Kapiteldienst **und** Betriebskosten (KD + B)

Begründung: Dieser Kostenvergleich ist zukunftsorientiert, d. h., die Kosten nach dem Zeitpunkt für eine mögliche Ersatzinvestition werden herangezogen. Der Restwert des alten Investitionsgutes, der aus Schätzungen der Vergangenheit stammt, wird nicht beachtet.

Ein höherer Genauigkeitsgrad wird erreicht, wenn man die Minderung des **Restwerterlöses** der alten Anlage im Verlauf der Vergleichsperiode (= Restnutzungsdauer) schätzt, in die Vergleichsrechnung einbezieht und die **kalkulatorischen Zinsen** auf das durchschnittlich gebundene Kapital berücksichtigt.

Zu beachten sind zwei Resterlöswerte: zum Zeitpunkt der möglichen Investitionsentscheidung und zum Zeitpunkt des Ablaufs der Nutzungsdauer. Ihr Unterschiedsbetrag, geteilt durch die Restnutzungsdauer (Jahre) ist beim Kostenvergleich je Periode (Jahr) als *durchschnittliche Minderung des Liquidationserlöses* heranzuziehen.

$$\text{Durchschnittliche Minderung des Liquidationserlöses je Periode (Jahr)} = \frac{\text{Liquidationserlös am Anfang der Vergleichsperiode } (L_{AV}) - \text{Liquidationserlös am Ende der Vergleichsperiode } (L_{EV})}{\text{Restnutzungsdauer (= Vergleichsperiode)}}$$

Kalkulatorisch zu verzinsen ist die Summe aus den Restwerterlösen (Liquidationserlösen) zum Zeitpunkt der geplanten Ersatzbeschaffung und am Zeitpunkt des Ablaufs der Nutzungsdauer, geteilt durch 2 (Durchschnittswertrechnung).

$$\text{Kalk. Zinsen} = \frac{\text{Liquidationserlös am Anfang } (L_{AV})}{2} \cdot \frac{\text{Zinsatz}}{100}$$

Beurteilung des Kostenvergleichsverfahrens

Das Kostenvergleichsverfahren ist ein einfaches, in der Praxis leicht anwendbares Verfahren.

Nachteilig ist, dass die Anwendung nur für eine Abrechnungsperiode möglich ist. Veränderungen der Kostenstrukturen werden nicht berücksichtigt.

Keine Beachtung finden die Erlöse aus der Investition und damit die Rentabilität. Höhere Kosten eines Investitionsgutes könnten durch höhere Erlöse überkompensiert werden.

Bei Ersatzinvestitionen wird im Allgemeinen von gleichbleibenden Erlösen ausgegangen. Dadurch kann das Verfahren für diese Entscheidung angewendet werden.

Die Auflösung der Kosten in ihre fixen und variablen Bestandteile ist auch hier schwierig, die Verfahren sind umstritten.

Fallbeispiel

Stellen Sie Kostenvergleichsrechnungen für 1. und 2. (Gesamt- und Stückkosten) aufgrund der folgenden Angaben auf.

1. Alternativinvestition

A oder B anschaffen?	**Investitionsgüter (Alternativinvestition)**	
	A	**B**
Anschaffungskosten (EUR)	600000,00	400000,00
Nutzungsdauer (Jahre)	6	8
Zinssatz (%)	12	12
Auslastung (Stück/Jahr)	50000	50000
Summe der variablen Kosten (EUR)	120000,00	200000,00
Summe der fixen Kosten – noch ohne kalkulatorische Abschreibungen und Zinsen – (EUR)	90000,00	60000,00

Bestimmen Sie die kritische Auslastungsmenge. Wie müssten Sie vorgehen, wenn die Investitionsgüter künftig mit 60000 Stück/Jahr ausgelastet wären? Ggf. muss auch die Finanzierung des „Mehr“ an Anschaffungskosten beachtet werden.

Lösung

Alternativinvestition A oder B anschaffen?	**Investitionsgüter**	
	A (EUR)	**B (EUR)**
Abschreibungen*	100000,00	50000,00
Zinsen**	36000,00	24000,00
Sonstige fixe Kosten	90000,00	60000,00
Fixe Gesamtkosten (K_f)	226000,00	134000,00
Summe der variablen Kosten (K_v) bei 50.000 Auslastung	120000,00	200000,00

Gesamtkosten (K)	346 000,00	334 000,00
Stückkosten ($k_f + k_v = k$) Entscheidung für B bei 50.000 Auslastung	$\frac{226\,000}{50\,000} + 2{,}40 = 6{,}92$	$\frac{134\,000}{50\,000} + 4 = \mathbf{6{,}68}$
Entscheidung für A bei 60.000 Auslastung	$\frac{226\,000}{60\,000} + 2{,}40 = \mathbf{6{,}17}$	$\frac{134\,000}{60\,000} + 4 = 6{,}23$
Kritische Auslastung (Stück)[1]	$\frac{K_f A - K_f B}{k_v B - k_v A} = \frac{226\,000 - 134\,000}{4 - 2{,}4} = 55\,000{,}00$	
* Abschreibungen	$Ab = \frac{600\,000}{6} = 100\,000$	$Ab = \frac{400\,000}{8} = 50\,000$
** Zinsen	$Z = \frac{600\,000}{2} \cdot \frac{12}{100} = 36\,000$	$Z = \frac{400\,000}{2} \cdot \frac{12}{100} = 24\,000$

2. Ersatzinvestition (Rationalisierungsinvestition)

C durch D ersetzen?	**Investitionsgüter**	
	C (gebraucht)	**D (Ersatz)**
Anschaffungskosten (EUR)	360 000,00	500 000,00
Nutzungsdauer (Jahre)	10	10
Auslastung (Stück/Jahr)	12 000	12 000
Zinssatz (%)	9	9
Restliche Nutzungsdauer (Jahre)	3	–
Resterlöswerte (EUR):		
Ende 7. Jahr	80 000,00	–
Ende 10. Jahr	0,00	–
Fixe Kosten – noch ohne Abschreibungen, Zinsen und Beachtung der Resterlöswerte – (EUR)	60 000,00	120 000,00
Variable Kosten (EUR)	419 000,00	275 000,00

Lösung

Ersatzinvestition (Rationalisierungsinvestition) C durch D ersetzen?	**Investitionsgüter**	
	C (EUR) (gebraucht)	**D (EUR) (Ersatz)**
Abschreibungen	–	50 000,00
Minderung des Liquidationswertes (1)*	26 667,00	–
Zinsen (2)**	3 600,00	22 500,00
Sonstige fixe Kosten	60 000,00	120 000,00
Summe der fixen Kosten (K_f)	90 267,00	192 500,00
Summe der variablen Kosten (K_v) bei 12.000 Stück	419 000,00	275 000,00
Gesamtkosten (K)	509 267,00	**467 500,00**
Stückkosten ($k = k_f + k_v$)	$\frac{90\,267}{12\,000} + 34{,}92 = \mathbf{42{,}44}$	$\frac{192\,500}{12\,000} + 22{,}92 = \mathbf{38{,}96}$

[1] *Oder Gleichsetzung : 226 000 + 2,4 x = 134 000 + 4 x; x = 57 500.*

Rechenweg * (1)	$\frac{80000}{3} = 26\,667{,}00$	—
Rechenweg ** (2)	$\frac{80000}{2} \cdot \frac{9}{100} = 3600{,}00$	$\frac{500000}{2} \cdot \frac{9}{100} = 22500{,}00$

Der Ersatz des alten Investitionsgutes ist zu empfehlen.

6.2.2 Gewinnvergleichsrechnung

Anwendung

Fallen bei den zu vergleichenden Investitionsprojekten unterschiedliche Erlöse an, so ist die Kostenvergleichsrechnung unbrauchbar. In diesem Fall greift man auf die Gewinnvergleichsrechnung zurück, die eine Erweiterung der Kostenvergleichsrechnung darstellt. Für mehrere Projekte werden die jeweiligen Gewinne für eine repräsentative Periode ermittelt und verglichen.

Aufgabe 6
Seite 265

G = E – K **G = Gewinn**
E = zurechenbare Erlöse
K = zurechenbare Kosten

Entscheidungskriterium

Eine Einzelinvestition ist dann vorteilhaft, wenn
- der Gewinn positiv oder
- ein angestrebter Mindestgewinn

erzielt wird.

Bei mehreren zur Wahl stehenden Investitionsobjekten entscheidet man sich für das Investitionsgut, mit dem der höchste Gewinn erreicht wird.

Fallbeispiel

Ausgehend von den Angaben des Fallbeispiels auf Seite 259 soll auch die Erlösseite berücksichtigt werden. Die Investitionsgüter A und B unterscheiden sich in ihrer qualitativen Leistungsfähigkeit derart, dass sich die auf Maschine A produzierten Erzeugnisse für 8,50 EUR/St. verkaufen lassen, während für die auf Maschine B produzierten Erzeugnisse nur 7,50 EUR/St. erzielen lassen.
Welches Investitionsgut sollte unter diesen Bedingungen angeschafft werden?

A oder B anschaffen?	**Investitionsgüter (Alternativinvestition)**	
	A	**B**
Anschaffungskosten (EUR)	600000,00	400000,00
Nutzungsdauer (Jahre)	6	8
Zinssatz (%)	12	12
Auslastung (Stück/Jahr)	50000	50000
Summe der variablen Kosten (EUR)	120000,00	200000,00
Summe der fixen Kosten – noch ohne kalkulatorische Abschreibungen und Zinsen – (EUR)	90000,00	60000,00

Aufgabe 7
Seite 265

Lösung		
Alternativinvestition A oder B anschaffen?	**Investitionsgüter**	
	A (EUR)	**B (EUR)**
Gesamtkosten (K)	346 000,00	334 000,00
Erlöse	425 000,00 (50 000 St. · 8,50 EUR/St.)	375 000,00 (50 000 St. · 7,50 EUR/St.)
Gewinn (E – K)	79 000,00	41 000,00
Ergebnis: Entscheidung für Investitionsgut A, weil mit A ein höherer Gewinn erzielt wird.		

vgl. Seite 260

Beurteilung

vgl. Seite 259

Die Gewinnvergleichsrechnung bezieht die Erlöse in die Betrachtung mit ein und ist damit realitätsnäher als die Kostenvergleichsrechnung. Ansonsten gelten die Einschränkungen des Kostenvergleichsverfahrens.

Nicht nur die Zurechnung der Kosten, sondern auch der Erlöse, ist in der Praxis mit erheblichen Problemen verbunden. Wie bei allen statischen Verfahren wird der zeitliche Anfall der Zahlungsströme nicht berücksichtigt.

6.2.3 Rentabilitätsvergleichsrechnung

Anwendung

Aufgabe 7 Seite 265

Wenn der Kapitaleinsatz für alternative Investitionsobjekte stark voneinander abweicht, reicht ein Vergleich der absoluten Gewinnhöhe nicht als Kriterium für eine Investitionsentscheidung aus. An dieser Stelle setzt die Rentabilitätsvergleichsrechnung an, die die Verzinsung des durchschnittlich eingesetzten Kapitals der Investitionsprojekte vergleicht.

$$\text{Rentabilität} = \frac{\text{korrigierter Gewinn } G_k}{\text{durchschnittlich gebundenes Kapital}} \times 100$$

Gewinn G
+ kalkulatorische Zinsen[1]
= korrigierter Gewinn G_k

$$\text{durchschnittliche Kapitalbindung} = \frac{\text{Anschaffungskosten}}{2}$$

Entscheidungskriterium

Eine Einzelinvestition ist dann vorteilhaft, wenn die Rentabilität des Investitionsprojekts größer als die vom Investor gewünschte Mindestverzinsung ist.

Bei mehreren zur Wahl stehenden Investitionsprojekten entscheidet man sich für das Investitionsgut mit der höchsten Rentabilität.

Fallbeispiel		
Ausgehend von den Angaben des Fallbeispiels auf Seite 259 und Seite 261 sollen folgende Informationen berücksichtigt werden:		
Alternativinvestition A oder B anschaffen?	**Investitionsgüter**	
	A (EUR)	**B (EUR)**
Anschaffungskosten (EUR)	600 000,00	400 000,00

[1] *Die kalkulatorischen Zinsen werden nicht als Kostenbestandteil betrachtet und deshalb nicht hinzugerechnet, weil die ermittelte Rentabilität für die Verzinsung des insgesamt eingesetzten Kapitals steht.*

Zinssatz	12 %	12 %
Gewinn (E – K)	79 000,00	41 000,00
Welches Investitionsgut sollte auf der Grundlage der Rentabilitätsvergleichsrechnung angeschafft werden?		
Lösung		
Alternativinvestition A oder B anschaffen?	**Investitionsgüter**	
	A (EUR)	**B (EUR)**
Gewinn + kalkulatorische Zinsen	79 000,00 + 36 000,00	41 000,00 + 24 000,00
korrigierter Gewinn	115 000,00	65 000,00
durchschnittliche Kapitalbindung	$\frac{600\,000{,}00}{2} = 300\,000{,}00$	$\frac{400\,000{,}00}{2} = 200\,000{,}00$
Rentabilität	$\frac{115\,000{,}00}{300\,000{,}00} \cdot 100 = \mathbf{38{,}33\ \%}$	$\frac{65\,000{,}00}{200\,000{,}00} \cdot 100 = \mathbf{32{,}5\ \%}$
Ergebnis: Entscheidung für Investitionsgut A, weil A eine höhere Verzinsung aufweist.		

Beurteilung

Die Rentabilitätsvergleichsrechnung führt bei Investitionsgütern mit unterschiedlich hohem Kapitaleinsatz zu besseren Ergebnissen als die Gewinnvergleichsrechnung. Durch den Vergleich mit einer festverzinslichen Geldanlage können zudem Rückschlüsse getroffen werden, ob die Investition überhaupt die gewünschte Mindestverzinsung erbringt. Ansonsten gelten die Einschränkungen der Kosten- und Gewinnvergleichsrechnung.

Zusammenfassende Übersicht zu Kapitel 6.2: Statische Investitionsrechenmethoden

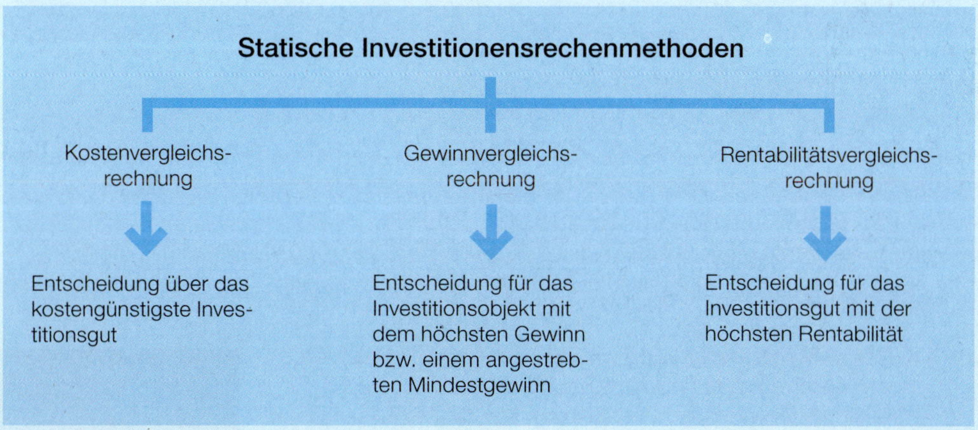

Wiederholung des Grundwissens

1. Wodurch sind statische Investitionsrechenmethoden gekennzeichnet?
2. Wie unterscheiden sich die Kosten-, Gewinn- und Rentabilitätsvergleichsrechnung?
3. Wie wird die kritische Auslastungsmenge bei der Kostenvergleichsrechnung ermittelt?
4. Welche wesentlichen Einschränkungen gelten für alle statischen Investitionsrechenverfahren?

Aufgaben und Probleme

1. Lösen Sie die Aufgaben zum Eingangssachverhalt auf Seite 255.

2. Alternative Investition – Ersatzinvestition – kritische Auslastungsmenge
   a) Welche Entscheidung treffen Sie aufgrund des Kostenvergleichs?

	Investitionsgüter	
	A	B
Anschaffungskosten (EUR)	290 000,00	330 000,00
Nutzungsdauer (Jahre)	10	8
Zinssatz (%)	11	11
Auslastung (Stück/Jahr)	6 500	6 500
Summe der variablen Betriebskosten (EUR)	98 000,00	112 000,00
Summe der fixen Kosten – noch ohne Kapitaldienst – (EUR)	60 000,00	80 000,00

   b) Zu welchem Ergebnis gelangen Sie, wenn das Investitionsgut A nur mit 4 000 Stück/Jahr ausgelastet ist?

3. Begründen Sie aufgrund der folgenden Zahlenaufstellung, ob Sie das alte Investitionsgut weiternutzen oder sich für ein Ersatzgut entscheiden.

	Investitionsgüter	
	alt	Ersatz
Anschaffungskosten (EUR)	400 000,00	345 000,00
Nutzungsdauer (Jahre)	8	8
Auslastung (Stück/Jahr)	42 000	26 000
Zinsfuß (%)	10	10
Restliche Nutzungsdauer (Jahre)	4	
Resterlöswert:		
Ende 6. Jahr	100 000,00	
Ende 8. Jahr	0,00	
Fixe Kosten – noch ohne Beachtung von Abschreibungen, Zinsen und Resterlösen – (EUR)	96 000,00	84 000,00
Variable Kosten (EUR)	300 000,00	380 000,00

4. Auf einer Maschinengruppe werden Autogetriebe bearbeitet. Kostenaufstellungen haben monatliche Fixkosten von 78 000,00 EUR und variable Stückkosten von 420,00 EUR ergeben. Eine Handhabungsmaschine (Industrieroboter) führt sämtliche Arbeitsgänge durch und senkt bei monatlichen Fixkosten von 150 000,00 EUR die variablen Stückkosten auf 240,00 EUR. Lösen Sie die folgenden Aufgaben rechnerisch:
   a) Bei welcher Stückzahl (kritische Menge) verursachen beide Anlagen dieselben Kosten?
   b) Wie wirken sich bearbeitete Mengen von 300 bzw. 600 Stück auf die Stückkosten beider Anlagen aus?
   c) Welche allgemeinen Erkenntnisse können Sie aus den Ergebnissen von 4a) und b) gewinnen?

5. Die Bearbeitung von Gelenkwellen soll in das Produktionsprogramm aufgenommen werden. Drei Anlagen stehen wahlweise zur Verfügung:

	Anlagen		
	A	**B**	**C**
Anschaffungskosten (EUR)	110000,00	120000,00	140000,00
Nutzungsdauer (Jahre)	6	6	6
Kapazität (Stück)	16000	16000	20000
Zinsfuß (%)	11,00	11,00	11,00
K_f sonstige (EUR)	66000,00	70000,00	80000,00
K_v (Kapazität ausgenutzt, EUR)	148000,00	136000,00	120000,00

a) Welche Anlage ist anzuschaffen, wenn von 15000 Stück/Periode auszugehen ist?
b) Berechnen Sie die kritischen Mengen.
c) Welche Anlage wird gewählt, wenn auf Dauer nur ein Absatz von 5000 bzw. 6000 Stück bzw. 6500 Stück zu erwarten ist? Begründen Sie die richtige Auswahl anhand der unter b) berechneten kritischen Mengen.

6. In einem Industriebetrieb soll eine verbesserte Laser-Blechschneidemaschine die bisherige Maschine ersetzen. Die zurechtgeschnittenen Blechteile werden nach weiterer Be- und Verarbeitung in das Fertigprodukt eingebaut. Zwei Blechschneidemaschinen sind angeboten. Als Kostenvorteil für die Maschine CO 17 haben sich je Periode (Jahr) 92600,00 EUR ergeben. Untersuchen Sie die Aussage: „In diesem Falle haben wir uns voll am Kostenvorteil orientiert, um die Erträge brauchen wir uns nicht zu kümmern."

7. Ein Speditionsunternehmen plant die Anschaffung eines neuen Lkw. Nach einer Vorabprüfung verbleiben zwei Modelle in der engeren Wahl. Für sie gelten folgende Daten:

	Lkw Typ MB 480	**Lkw Typ D 55**
Anschaffungskosten (EUR)	150000,00	200000,00
Nutzungsdauer (Jahre)	10	10
Zinssatz (%)	9	9
Jährliche Kilometerleistung	100000	100000
Variable Kosten je km in EUR	0,80	0,70
Sonstige fixe Kosten pro Jahr (EUR)	20000,00	30000,00
Erlöse für Transportleistungen je km in EUR	1,50	1,60

a) Welche Entscheidung treffen Sie auf der Grundlage der Gewinnvergleichsrechnung?
b) Warum ist im vorliegenden Fall die Rentabilitätsvergleichsrechnung sinnvoller?
c) Zu welchem Ergebnis kommen Sie bei Anwendung der Rentabilitätsvergleichsrechnung?

6.3 Dynamische Investitionsrechenmethoden als Entscheidungshilfe

Ein Finanzberater empfiehlt einem Kunden eine langfristige Kapitalanlage, die folgenden Einzahlungs- und Rückzahlungsplan vorsieht:

Jahre	Einzahlungen des Kunden in EUR	Rückzahlungen an den Kunden in EUR
1	10000,00	-----
2	10000,00	-----
3	-----	-----
4	-----	-----
5	-----	-----
6	-----	5000,00
7	-----	5000,00
8	-----	5000,00
9	-----	5000,00
10	-----	5000,00
Summe	20000,00	25000,00

Der Anlageberater weist auf die 25 %-ige Wertsteigerung hin.

Wo liegt die Problematik dieser Finanzinvestition?

6.3.1 Wesen der dynamischen Verfahren

Im Gegensatz zu den statischen Verfahren, die im Wesentlichen von den *Kosten und Erträgen bzw. dem Gewinn* („kalkulatorische Größen") einer Periode ausgehen, berücksichtigen die dynamischen Verfahren ausschließlich die *Ausgaben und Einnahmen („Zahlungsströme")* aller Nutzungsperioden des Investitionsgutes. Dabei werden die „kapitalbindenden Ausgaben" für die Investition bzw. die laufenden Ausgaben, z. B. Pachtzahlungen, den „kapitalfreisetzenden Einnahmen" gegenübergestellt.

Der unterschiedliche zeitliche Anfall der Ausgaben und Einnahmen während der Nutzungsdauer wird durch die Beachtung von *Zins und Zinseszinsen* berücksichtigt.

6.3.2 Finanzmathematische Grundlagen

Auf- und Abzinsung

Durch Auf- und Abzinsung auf einen Bezugszeitpunkt werden die zu unterschiedlichen Zeitpunkten anfallenden Einnahmen und Ausgaben vergleichbar gemacht. Wird für diesen *Zeitwert* (= Wert der Zahlung im Zeitpunkt ihres Entstehens) als Bezugszeitpunkt der Beginn des Planungszeitraums gewählt, so wird dieser *Gegenwartswert (Barwert)* der Zahlungen durch *Abzinsung (Diskontierung)* ermittelt. Wird der Bezugszeitpunkt auf das Ende des Planungszeitraums verlagert, so erhält man durch *Aufzinsung* den zu ermittelnden *Endwert*.

Kalkulationszinssatz

Die Anwendung finanzmathematischer Methoden bedingt die Festlegung eines Zinssatzes, des Kalkulationszinssatzes. Als **Orientierungsmöglichkeiten** für seine Höhe bieten sich an:

- der Zinssatz am Kapitalmarkt zuzüglich eines Risikozuschlags (Grundlage dieses Zinssatzes kann z. B. die effektive Verzinsung festverzinslicher Wertpapiere bzw. die Verzinsung langfristigen Fremdkapitals sein),
- die Verzinsung des Eigen- bzw. Gesamtkapitals der Unternehmung.

Außerdem können Wunschvorstellungen des Investors die Höhe des Kalkulationszinssatzes bestimmen bzw. beeinflussen.

Zinseszinsrechnung als Grundlage der dynamischen Verfahren

Wesen der Rechnung (am Beispiel der Aufzinsung)

Die Zinsen auf längerfristig angelegtes Kapital werden dem Kapitalgeber jeweils am Jahresende gutgeschrieben. Wenn er diese Zinsen nicht abhebt bzw. nicht anderweitig darüber verfügt, so werden sie zusammen mit dem ursprünglich angelegten Kapital im folgenden Jahr und in den späteren Jahren verzinst. Der Anleger erhält somit auch *Zinsen von seinen Zinsen*, also **„Zinseszinsen"**. Das ursprüngliche Kapital plus den Zinsen wird jeweils zu Beginn des kommenden Jahres als neues Kapital angelegt. Somit wächst das Kapital um die Zinsen und die Zinsen aus den Zinsen an.

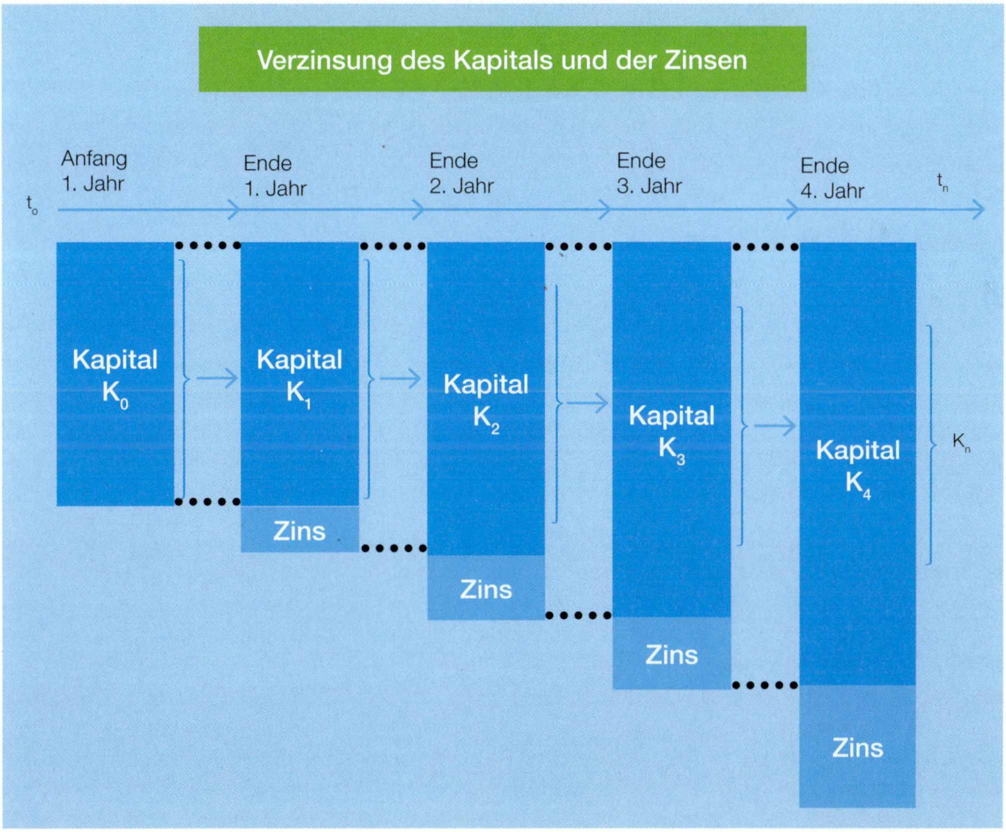

Finanzmathematische Basisformeln

Ermittlung des Endwertes durch Aufzinsung

Fallbeispiel		
20 000,00 EUR (K_0) werden heute (t_0) bei einer Bank angelegt. Wie hoch ist in zwei Jahren (t_2) das Endkapital bei 10 % Zinsen?		
Lösungen		
t_0	Anfang 1. Jahr	K_0 20 000,00 EUR
	+ 10 % Zinsen, Ende 1. Jahr	2 000,00 EUR
t_1	Ende 1. Jahr	K_1 22 000,00 EUR
	+ 10 % Zinsen, Ende 2. Jahr	2 200,00 EUR
t_2	Ende des 2. Jahres	K_2 24 200,00 EUR

Symbole:

K_0 = Kapital im Zeitpunkt t_0
n = Anzahl der Jahre
K_n = Kapital mit Zinseszinsen nach n Jahren (im Zeitpunkt t_n)
p = Zinssatz
$i = \frac{p}{100}$
$q = 1 + i$

Entwicklung der Formel zur Ermittlung des Endwertes aus den Zahlen des Beispiels:

$$K_0 = 20000, \quad i = \frac{10}{100} = 0{,}1, \quad n = 2$$

Daraus ergibt sich

Ende 1. Jahr: $K_1 = 20000 + 20000 \cdot 0{,}1 = 20000 \cdot (1 + 0{,}1)$

Ende 2. Jahr: $K_2 = 20000 \cdot (1 + 0{,}1) + 20000 \cdot 0{,}1 \cdot (1 + 0{,}1)$
$= 20000 \cdot (1 + 0{,}1) \cdot (1 + 0{,}1)$
$= (1 + 0{,}1)^2 \cdot 20000$
$= 1{,}210 \cdot 20000 = 24\,200{,}00$ EUR

Endwert (K_n) ist der Wert, der sich durch Aufzinsung ergibt:
$$K_n = K_0 \cdot (1 + i)^n$$

Aufgaben 2 u. 6 Seite 275

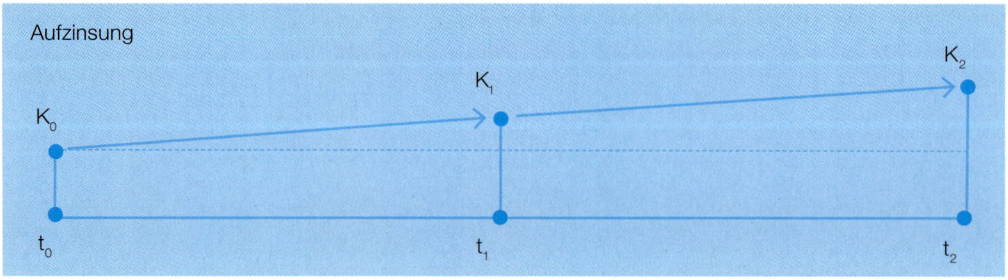

Ermittlung des Barwertes (Gegenwartswertes; K_0) durch Abzinsung (Diskontierung)

Fallbeispiel

Welchen Betrag (K_0) musste ein Investor ursprünglich anlegen, wenn er nach zwei Jahren (t_2) bei einem Zinssatz von 10 % 24 200,00 EUR (K_2) erhält?

Lösung

$$K_0 = \frac{24\,200}{1{,}210} = 20\,000{,}00 \text{ EUR}$$

Herleitung der Formel zur Ermittlung des Barwertes:

$K_2 = (1 + i)^2 \cdot K_0$ $\qquad$ $K_0 = \frac{K_2}{(1 + i)^2}$

Barwert (K_0) ist der Wert, der sich durch Abzinsung ergibt:

$$K_0 = \frac{K_n}{(1 + i)^n}$$

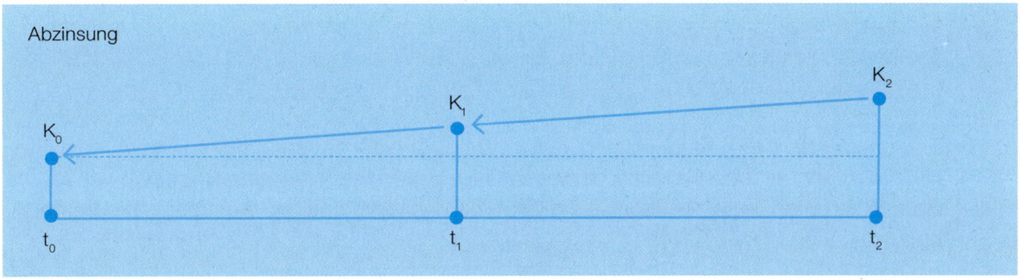

6.3.3 Kapitalwertmethode als dynamische Investitionsrechnung

Die dynamische Investitionsrechnung vergleicht alle Einnahmen und Ausgaben einer Investition über die gesamte Nutzungsdauer. Einer Investition oder mehreren Investitionsalternativen werden Ausgaben- und Einnahmenreihen zugeordnet. Mithilfe eines vorzugebenden Kalkulationszinsfußes werden die zu unterschiedlichen Zeitpunkten anfallenden Zahlungen einer Investition vergleichbar gemacht.

Aufgaben 3–5 Seite 275

Die **Kapitalwertmethode** ermittelt die langfristige Rendite einer Investition. Im Rahmen einer Investition entstehen während ihrer Nutzung Einnahmen und Ausgaben. Zu den Ausgaben zählen die **Anschaffungskosten (I_0)** und die **sonstigen Ausgaben**. Zu den **Einnahmen** zählt auch ein etwaiger Liquidationserlös als Verkaufserlös der gebrauchten Anlage(n). Die Summe der Barwerte sämtlicher Einnahmen verringert um die Summe der Barwerte sämtlicher Auszahlungen (einschließlich der Anschaffungszahlung) ergibt den Kapitalwert (C_0).

Wenn die Summe aller erwarteten Kapitalrückflüsse einer Investition, abgezinst auf den Zeitpunkt der Anschaffung, mindestens den Wert der Investitionsausgabe hat, bedeutet das, dass das eingesetzte Kapital sich genauso hoch verzinst hat wie bei einer langfristigen Geldanlage, nämlich zum kalkulatorischen Zinssatz. **Eine Investition ist vorteilhaft, wenn ihr Kapitalwert größer oder gleich Null ist**, also nicht negativ ist. Von mehreren Investitionsalternativen ist diejenige die vorteilhafteste, welche den größten Kapitalwert (C_0) hat.

Aufgaben 8–9 Seite 276

Kapitalwert (C_0) = Die Differenz aller abgezinsten Ein- und Auszahlungen.

Investitionsentscheidungen

Die Kapitalwertmethode findet Anwendung bei

1. Einzelinvestitionen
   Maßstab:
   Summe der Barwerte ≥ Anschaffungskosten der Investition

2. Alternativinvestitionen (Auswahlentscheidungen beim Vergleich von Investitionen),
   - wenn die Anschaffungskosten der Investitionen gleich groß sind,
   - wenn die Anschaffungskosten unterschiedlich groß sind.
   In diesem häufigeren zweiten Falle ist in Höhe der Anschaffungskostenabweichung eine „Differenzinvestition" mit „fiktiven" Einnahmen und Ausgaben zu unterstellen, deren Überschüsse genau die Zinsen laut Kalkulationszinssatz ergeben. Es wird also unterstellt, dass die Differenzinvestition den Kapitalwert 0 hat. Somit kann wieder von gleich hohen Einnahmen und Ausgaben ausgegangen werden.

   Wenn auf die Annahme (Fiktion) einer Differenzinvestition verzichtet werden soll, so muss überlegt werden, ob der „freie Betrag" (Unterschied in den Anschaffungskosten alternativer Investitionsgüter) nicht für eine (kleinere) Zusatzinvestition mit relativ hohem Kapitalwert eingesetzt werden kann. Dieser zusätzliche Kapitalwert beeinflusst die Entscheidungen ebenfalls.

3. Entscheidungen für betriebliche Investitionen oder externe Anlagen, entsprechend dem jeweils zu erzielenden Kalkulationszinssatz. Es gelten die folgenden Regeln:
   - Abgezinste Einnahme > Ausgabe. Folge: Ein positiver Kapitalwert entsteht. Die betriebliche Investition war vorteilhaft.
   - Abgezinste Einnahme < Ausgabe. Folge: Ein negativer Kapitalwert entsteht. Er zeigt an, dass eine außerbetriebliche Investition günstiger ist.

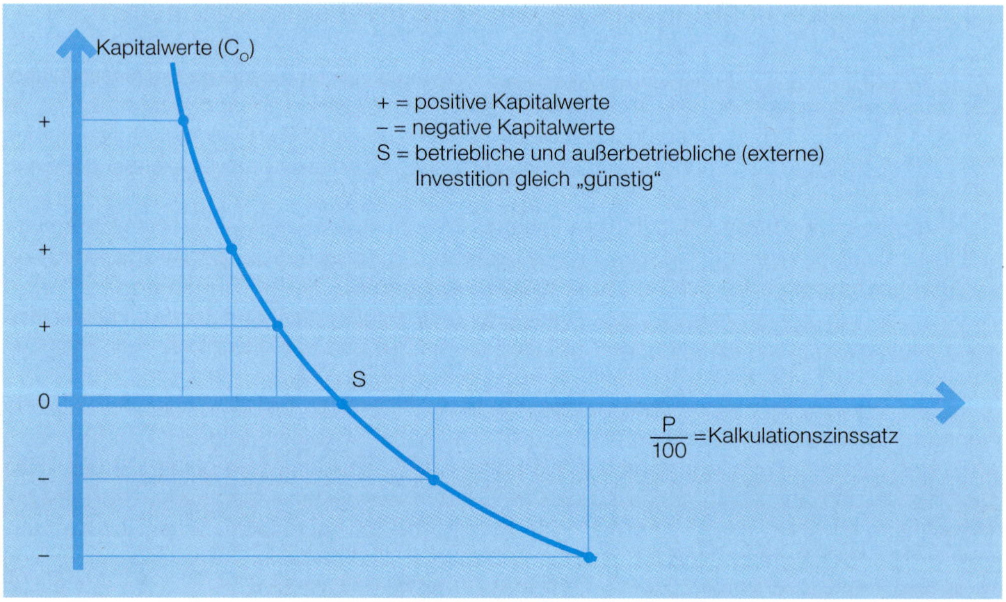

Finanzmathematische Basisformeln für die Kapitalwertmethode

Der gesuchte Kapitalwert ergibt sich aus den auf den Anschaffungszeitpunkt abgezinsten Einnahmeüberschüssen (Rückflüssen) *zuzüglich* eines eventuellen abgezinsten Liquidationserlöses und *abzüglich* der Ausgabe für die Investition zum Anschaffungszeitpunkt (siehe nachfolgende Darstellung):

Barwert der Einnahmen	$\frac{e_1 + e_2 + \dots e_t}{(1+i)^t}$
+ Barwert des Liquidationserlöses (Restwert)	$\frac{L_t}{(1+i)^t}$
– Barwert der Anschaffungskosten (im Zeitpunkt der Anschaffung)	I_0
– Barwert der sonstigen Ausgaben	$\frac{a_1 + a_2 + \dots a_t}{(1+i)^t}$
= Kapitalwert	C_0

Symbole:

$e_1, e_2 \dots e_n$ = laufende Einnahmen
$a_1, a_2 \dots a_n$ = laufende Ausgaben
C_0 = Kapitalwert
t = Perioden von 0 bis n
I_0 = Investitionsausgabe zum Zeitpunkt t_0
L_n = Liquidationserlös des Investitionsgutes am Ende der Nutzungsdauer
i = Kalkulationszinssatz; $i = \frac{p}{100}$
q = $(1 + i)$

$$\frac{1}{(1+i)^t} = \frac{1}{q^t} = \text{Abzinsungsfaktor}$$

Fallbeispiel 1: Konstante jährliche Überschüsse

Die Anschaffungskosten eines Investitionsgutes betragen 650 000,00 EUR, Nutzungsdauer 8 Jahre, jährliche Einnahme 150 000,00 EUR; jährliche Ausgaben 30 000 EUR, Kalkulationszinssatz 10 %.

Wie hoch ist der Kapitalwert (C_0) bei einem Liquidationserlös von a) 0 EUR bzw. von b) 50 000,00 EUR?

Wie entscheiden Sie sich jeweils?

Lösung

a) Liquidationserlös 0,00 EUR:

$C_0 = -650000 + 120000 \cdot$ (Abzinsungsfaktoren für 1. bis 8. Jahr)

$C_0 = -650000 + 120000 \cdot (0{,}90909 + 0{,}82644 + 0{,}75131 + 0{,}68301 + 0{,}62092 + 0{,}56447 + 0{,}51316 + 0{,}466511)$

$C_0 = -650000 + 120000 \cdot 5{,}33491 = -9.810{,}80$

b) Liquidationserlös (L) 50 000,00 EUR:

$C_0 = -650000 + 120000 \cdot 5{,}33491 + 50000 \cdot 0{,}46651 = +13514{,}70$ EUR

Entscheidung: Ein positiver Kapitalwert ergibt sich hier nur dann, wenn ein Liquidationserlös erwartet werden darf. Deshalb ist die Höhe des Liquidationserlöses die Voraussetzung für eine vorteilhafte Investition.

Fallbeispiel 2: Schwankende jährliche Überschüsse

In einem Unternehmen soll entschieden werden, welches der alternativen Investitionsgüter I bzw. II vorteilhafter ist.

	Investitionsgut I		**Investitionsgut II**	
Anschaffungskosten (EUR)	150 000,00		150 000,00	
Nutzungsdauer (Jahre)	6		8	
Kalkulationszinssatz (%)	9		9	
Erwarteter Liquidationserlös (EUR)	–		10 000,00	
Jahre	**Einnahmen (EUR)**	**Sonstige Ausgaben (EUR)**	**Einnahmen (EUR)**	**Sonstige Ausgaben (EUR)**
1	90 000,00	42 000,00	52 000,00	25 000,00
2	70 000,00	30 000,00	81 000,00	43 000,00
3	88 000,00	36 000,00	47 000,00	22 000,00
4	100 000,00	34 000,00	46 000,00	26 000,00
5	101 000,00	44 000,00	76 000,00	35 000,00
6	67 000,00	35 000,00	53 000,00	30 000,00
7			42 000,00	24 000,00
8			61 000,00	29 000,00

Aufgabe 1 Seite 274

1. Stellen Sie eine Tabelle auf und berechnen Sie die Barwerte und die Kapitalwerte.
2. Wie beurteilen Sie die Aussagekraft der Ergebnisse?

Lösungen

1. **Jahre**	**Abzinsungsfaktoren**	**Überschüsse I (EUR) (= Einnahmen – Sonst. Ausgaben)**	**Barwerte I (EUR) (= Abzinsungsfaktor · Überschüsse)**	**Überschüsse II (EUR) (= Einnahmen – Sonst. Ausgaben)**	**Barwerte II (EUR) (= Abzinsungsfaktor · Überschüsse)**
1	0,917431	48 000,00	44 036,69	27 000,00	24 770,64
2	0,841680	40 000,00	33 672,20	38 000,00	31 983,84
3	0,772183	52 000,00	40 153,52	25 000,00	19 304,58
4	0,708425	66 000,00	46 756,05	20 000,00	14 168,50
5	0,649931	57 000,00	37 046,07	41 000,00	26 647,17
6	0,596267	32 000,00	19 080,54	23 000,00	13 714,14
7	0,547034	–	–	18 000,00	9 846,61
8	0,501866	–	–	32 000,00	16 059,72
Liquidationserlös	0,501866			10 000,00	5 018,66
Barwerte			220 745,07		161 513,86
Anschaffungskosten			150 000,00		150 000,00
Kapitalwerte			70 745,07		11 513,86

2. Der Kapitalwert von I ist um 59 231,21 EUR höher als derjenige von II. Das Investitionsgut I ist demnach vorteilhafter.

Allgemeine Aussagekraft der Barwerte:

Barwerte > Anschaffungskosten:	Positiver Kapitalwert. Die Investition ist vorteilhaft. Das eingesetzte Kapital erwirtschaftet über die kalkulatorischen Zinsen hinaus einen Überschuss.
Barwerte = Anschaffungskosten:	Kapitalwert 0. Das eingesetzte Kapital hat sich genau in Höhe des eingerechneten Kalkulationszinsfußes verzinst.

6.3.4 Interne Zinsfußmethode

Anwendung

Die Verzinsung des durchschnittlich gebundenen Kapitals einer Investition wird als interne Verzinsung bezeichnet, der entsprechende Zinssatz als interner Zinsfuß r.

Die interne Zinsfußmethode basiert auf der Kapitalwertmethode. Der interne Zinsfuß r wird ermittelt, indem man den Kapitalwert C_0 gleich Null setzt.

$$-I_0 + \sum_{t=1}^{n} (e_t - a_t) \cdot (1+r)^{-t} + L_n \cdot (1+r)^{-n} = 0$$

Zur Erläuterung der Symbole siehe Seite 271.

Der interne Zinsfuß lässt sich durch Umformung und Anwendung eines mathematischen Näherungsverfahrens (z. B. lineare Interpolation) berechnen.

Aufgabe 7 Seite 275

Grafisch kann der interne Zinsfuß wie folgt ermittelt werden:

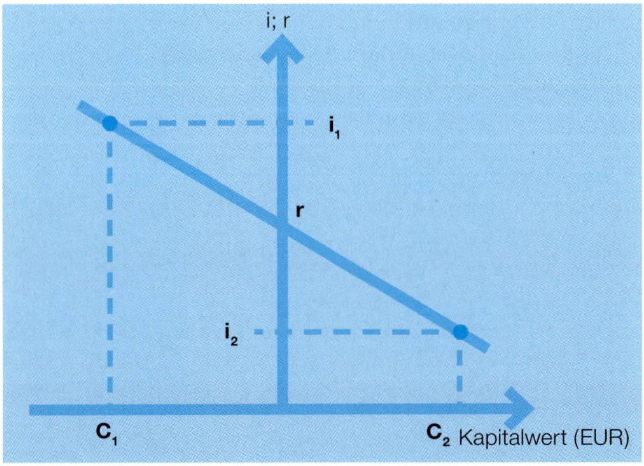

Wählt man einen Versuchszinssatz, der zu einem negativen und einen, der zu einem positiven Kapitalwert führt und verbindet man beide Punkte, so stellt der Schnittpunkt mit der Ordinate eine Näherungslösung für den internen Zinsfuß r dar.

Entscheidungskriterien

Grundsätzlich gilt, falls

- Interner Zinsfuß > Kalkulationszinsfuß → Investition vorteilhaft
- Interner Zinsfuß < Kalkulationszinsfuß → Investition nicht vorteilhaft

Bei mehreren zur Wahl stehenden Investitionsalternativen sollte sich der Investor für das Investitionsobjekt entscheiden, das den höchsten internen Zinsfuß aufweist, sofern er höher als der Kalkulationszinsfuß ist.

Zusammenfassende Übersicht Kapitel 7.3: Dynamische Investitionsrechenmethoden als Entscheidungshilfe

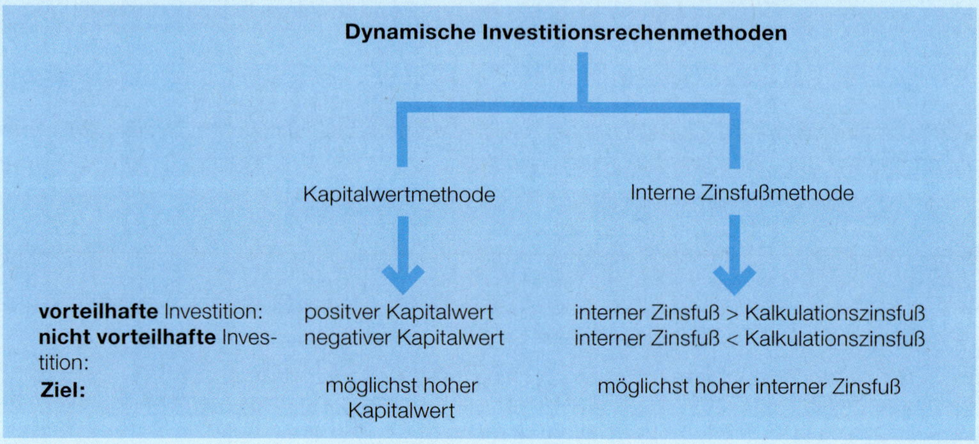

Wiederholung des Grundwissens

1. Wodurch sind dynamische Investitionsrechenmethoden gekennzeichnet?
2. Wie wird der Kapitalwert einer Investition ermittelt?
3. Welches Kriterium entscheidet über die Vorteilhaftigkeit einer Investition bei der Kapitalwertmethode?
4. Was versteht man unter dem internen Zinsfuß?
5. Wann ist eine Investition vorteilhaft, wenn man die Interne Zinsfußmethode zugrunde legt?

Aufgaben und Probleme

1. Zwei gleich teure Investitionsobjekte stehen zur Wahl. Entscheiden Sie aufgrund der folgenden Angaben.

	Investitionsobjekt A	Investitionsobjekt B
Anschaffungskosten (EUR)	360000,00	360000,00
Nutzungsdauer (Jahre)	10	8
Kalkulationszinsfuß (%)	11,5	11,5
Erwarteter Liquidationserlös (EUR)	25000,00	15000,00

	Investitionsobjekt A		Investitionsobjekt B	
Jahre	**Einnahmen (EUR)**	**Ausgaben (EUR)**	**Einnahmen (EUR)**	**Ausgaben (EUR)**
1	105000,00	60000,00	175000,00	113000,00
2	120000,00	48000,00	162000,00	121000,00
3	180000,00	82000,00	202000,00	150000,00
4	90000,00	30000,00	124000,00	64000,00
5	125000,00	53000,00	157000,00	77000,00
6	102000,00	45000,00	198000,00	95000,00
7	137000,00	61000,00	176000,00	129000,00
8	116000,00	49000,00	216000,00	184000,00
9	98000,00	37000,00		
10	119000,00	59000,00		

2. Vorausberechnungen lassen erwarten, dass eine betriebliche Investition (interne Anlage) von 1200000,00 EUR („Auszahlung") nach Ablauf von acht Jahren einen Betrag von 2100000 EUR („Einzahlung") erbringt. Bei einer außerbetrieblichen (externen) Anlage kann von einer Verzinsung von 10 % ausgegangen werden. Vergleichen Sie die beiden Anlagemöglichkeiten miteinander.

3. Von welchen Faktoren ist die Höhe des Kapitalwertes abhängig?

4. Nennen Sie die Vor- und Nachteile der Kapitalwertrechnung.

5. Was können Sie einem positiven und einem negativen Kapitalwert sowie dem Kapitalwert 0 entnehmen?

6. Ein Industriebetrieb will ein Reservegrundstück erwerben. Es kostet heute: 250000,00 EUR. Unter Beachtung möglicher Preissteigerungen ist nach vier Jahren mit einem Erlös von 330000,00 EUR, nach sechs Jahren von 450000,00 EUR zu rechnen. Überprüfen Sie die Investition bei einem Kalkulationszinssatz von 8 % für die Spanne von vier Jahren und von 10 % für die Spanne von sechs Jahren.

7. Bestimmen Sie näherungsweise mit der Internen Zinsfußmethode, welche der folgenden zur Wahl stehenden Anlagen günstiger ist.

	Anlage 1	Anlage 2
Anschaffungskosten (EUR)	240000,00	270000,00
Nutzungsdauer (Jahre)	5	7
Kalkulationszinsfuß (%)	10	10
Erwarteter Liquidationserlös (EUR)	16000,00	–
Überschüsse in den Nutzungsjahren (EUR)	40000,00	35000,00
	60000,00	80000,00
	72000,00	45000,00
	75000,00	28000,00
	56000,00	66000,00
		50000,00
		60000,00

8. Welche der folgenden Behauptungen sind richtig, teilweise richtig bzw. falsch? Begründen Sie Ihre Aussage.
   Unter dem Kapitalwert einer Investition versteht man
   a) die Summe aller auf t_0 mit dem Kalkulationszinssatz abgezinsten Einnahmen,
   b) die Differenz zwischen den barwertigen Einnahmen und den barwertigen Ausgaben,
   c) die Summe aller auf t_0 mit dem Kalkulationszinssatz i abgezinsten Zahlungen.

9. Nehmen Sie zu den folgenden Aussagen Stellung: Der Kapitalwert einer vorteilhaften Investition, die jährliche Einnahmenüberschüsse (Rückflüsse) aufweist, wird unter sonst gleichen Bedingungen
   a) mit steigendem Kalkulationszinssatz i fallen,
   b) mit steigendem Liquidationserlös (L, Restwert) abnehmen,
   c) mit steigender Nutzungsdauer (n) im Allgemeinen zunehmen.

Themenkreis 7
Finanzierung

Um welche Probleme geht es in diesem Kapitel?

Ein Unternehmen kann nur dann investieren, wenn es die notwendigen Finanzmittel hat bzw. beschaffen kann. Um nicht in Zahlungsschwierigkeiten zu kommen, muss sowohl kurz- als auch langfristig der Kapitalbedarf ermittelt und gedeckt werden. Darüber hinaus stellt sich für die Unternehmensleitung die Frage, ob sie für die Finanzierung eigene oder fremde Mittel einsetzen soll. Zudem ist bei der Beschaffung von Fremdkapital zu prüfen, ob geeignete und ausreichende Sicherheiten für die Kreditaufnahme vorhanden sind.

7.1 Grundlagen der Finanzierung

Lufthansa bestellt 41 neue Flugzeuge

Der Aufsichtsrat der Deutschen Lufthansa AG hat in seiner heutigen Sitzung der Bestellung von 41 Flugzeugen zugestimmt. Davon sind 30 Flugzeuge der A320-Familie für Lufthansa zum Einsatz im Europaverkehr bestimmt. Für SWISS sind neun Langstreckenflugzeuge des Typs Airbus A330-300 und zwei Kontinentalflugzeuge Airbus A320 vorgesehen ...
Die bestellten Flugzeuge weisen eine hohe Treibstoffeffizienz, niedrige Emissionen und geringe Lärmwerte auf. Sie tragen weiterhin dazu bei, dass Lufthansa und SWISS umwelt- und klimaschonend wachsen können. Für die Modernisierung und das geplante Kapazitätswachstum der heute circa 500 Flugzeuge umfassenden Konzern-Flotte sind somit rund 170 Flugzeuge mit einem Listenwert von mehr als 14 Milliarden Euro bestellt.
Deutsche Lufthansa AG
Konzernkommunikation

Quelle: http://www.lufthansa-financials.de/servlet/PB/menu/1023392_11/index.html
Deutsche Lufthansa AG, 19.09.2007 (gekürzt)

Welche Möglichkeiten hat die Lufthansa AG, sich die 14 Mrd. EUR für die bestellten 170 Flugzeuge zu beschaffen?

7.1.1 Finanzierungsziele

Mit jeder Investition stellt sich automatisch die Frage der Finanzierung. Investition und Finanzierung sind deshalb zwei Seiten derselben Medaille.

Unter Finanzierung versteht man die Beschaffung finanzieller Mittel.

Aufgabe 1
Seite 283

Dabei stehen folgende Ziele im Vordergrund:

Oberziel:
Rentabilität (= Verzinsung des eingesetzten Kapitals)

z. B. Eigenkapitalrentabilität = $\frac{\text{Gewinn x 100}}{\text{Eigenkapital}}$

Unterziele:

1. Liquidität: – Aufrechterhaltung der Zahlungsbereitschaft.
   Das finanzielle Gleichgewicht ist dann erreicht, wenn das Unternehmen jederzeit seine Zahlungsverpflichtungen erfüllen kann.

Aufgabe 2
Seite 284

2. Sicherheit: Finanzwirtschaftliche Risiken (z. B. Zinsänderungsrisiko, Risiko der Geldentwertung, Risiken der vorzeitigen Rückzahlung) sollen möglichst gering gehalten werden.

3. Unabhängigkeit: Geldgeber sollen einen möglichst geringen Einfluss auf das Unternehmen haben.

   Abhängigkeiten können entstehen durch
   - Informationspflichten (z. B. über die Vermögens- und Ertragslage bei Kreditvergabe von Banken)
   - Kontrollen (z. B. Verpflichtung zur regelmäßigen Vorlage von Jahresabschlüssen)
   - Mitspracherechte (z. B. über die Verwendung der Finanzmittel)

7.1.2 Finanzierungsanlässe

Finanzierungsfragen treten vor allem bei folgenden Anlässen auf:

1. Unternehmensgründung (Beschaffung von Eigen- und Fremdkapital unter Beachtung der Mindestanforderungen an die Höhe des Eigenkapitals bei unterschiedlichen Rechtsformen)
2. Unternehmensaufbau (z. B. Finanzierung von Roh-, Hilfs- und Betriebsstoffen bei der Produktionsaufnahme)
3. Wachstumsvorhaben (z. B. Finanzierung von Erweiterungsinvestitionen zur Produktionsausweitung oder Erschließung neuer Märkte)
4. Unternehmensnachfolge (z. B. Aufbringen von Finanzmitteln beim Ausscheiden von Gesellschaftern)
5. Unternehmenserwerb (z. B. Finanzierung der Übernahme von Konkurrenzunternehmen)
6. Sanierung und Restrukturierung des Unternehmens (z. B. Beschaffung von Finanzmitteln zur Zahlung von Abfindungen oder Verpflichtungen aus einem Sozialplan, Modernisierung der technischen Anlagen)

7.1.3 Finanzplanung

Unternehmerischer Gesamt- und Finanzplan

Die betrieblichen Funktionsbereiche Beschaffung, Produktion, Absatz und Finanzen sind eng miteinander verbunden. So wirken sich Beschaffungs-, Produktions- und Absatzentscheidungen auf die Finanzplanung aus. Bezogene Roh-, Hilfs- und Betriebsstoffe sowie Fertigerzeugnisse müssen, ebenso wie Löhne, Gehälter und Maschinen, zunächst finanziert werden, ehe über den Verkauf der Erzeugnisse wieder liquide Mittel in den Betrieb zurückfließen.

Wegen der vielfältigen Abhängigkeiten (Interdependenzen) wird der Unternehmensgesamtplan zunächst in die Teilpläne des Produktions-, Absatz- und Investitionsbereichs zerlegt, auf denen dann die Finanzplanung basiert.

Unternehmerischer Gesamtplan
Oberziel: Gewinnmaximierung

Teilplan Produktion	Teilplan Absatz	Teilplan Investition	Teilplan ...

↓

Finanzplanung

Ziele:
— Minimierung der Kapitalkosten
— Sicherung der Zahlungsbereitschaft

Bei allen Entscheidungen der Finanzplanung ist der **Grundsatz der Fristenkongruenz** zu beachten, der besagt, dass die Fristen von Kapitalbindung und Kapitalüberlassung übereinstimmen müssen, d. h. langfristige, im Betrieb gebundene Vermögensgegenstände müssen auch langfristig finanziert werden.

Aufgabe 3 Seite 284

Finanzplan

Voneinander unterschieden werden bei der **Finanzplanung** die **langfristige Planung** (Planungszeitraum mehr als fünf Jahre), die **mittelfristige Planung** (Planungshorizont zwischen drei und fünf Jahren) und die **kurzfristige Planung**. Aufgabe der kurzfristigen Planung ist es, die ständige Liquidität zu gewährleisten.

Im Finanzplan wird der Finanzbedarf eines Unternehmens für einen bestimmten Zeitraum (Planungsperiode) durch die Gegenüberstellung aller zu erwartenden Einnahmen und Ausgaben ermittelt.

Spezielle Software ermöglicht auch kleinen und mittelständischen Betrieben eine integrierte Erfolgs- und Finanzplanung, und zwar durch

- Darstellung aller Ein- und Auszahlungen, getrennt nach laufenden Tätigkeiten und Maßnahmen im Investitions- und Kapitalbeschaffungsbereich in der Liquiditätsrechnung,
- Aufzeigen der ergebniswirksamen Vorgänge in der Gewinn- und Verlustrechnung und
- Gegenüberstellung von Mittelherkunft und -verwendung in der Bilanz.

Liquiditätsplan

Entscheidend für den Bestand eines jeden Unternehmens ist seine **Zahlungsfähigkeit**, die auch als **Liquidität** bezeichnet wird.

Ein Unternehmen kann dann als „liquide“ bezeichnet werden, wenn es zu jedem Zeitpunkt ausreichend Einnahmen erwirtschaftet, um seine Verbindlichkeiten zu decken.

Dies kann sowohl durch Liquiditätsreserven aus Vormonaten als auch durch einen entsprechenden Kreditrahmen gewährleistet sein.

Die **Liquiditätsplanung** ist ein zentrales betriebliches Kontroll- und Steuerungsinstrument und somit eine fortwährende Aufgabe des Unternehmers. Eine **Liquiditätskrise** tritt erfahrungsgemäß nicht in der Zeit nach Unternehmensgründung auf, sondern oft erst später, meist im dritten Jahr: Gründe dafür sind Tilgungslasten und Steuernachzahlungen, die gleichzeitig mit Steuervorauszahlungen geleistet werden müssen.

Der Zeitraum, der vergeht, bis ein Unternehmen Gewinn erwirtschaftet, ist entscheidend für die Aufrechterhaltung der Liquidität.

Folgende Grundregeln können die **Liquiditätsplanung** erleichtern:

- Die allgemeine Liquiditätsreserve sollte 1/12 der jährlichen Kosten betragen.
- Für fixe Kosten sollte diese Reserve den 3-Monats-Bedarf abdecken.
- Wichtig ist die Liquiditätsreserve für den Lebensunterhalt des Existenzgründers: Sie sollte die Privataufwendungen einschließlich langfristiger laufender Verpflichtungen für ca. sechs Monate sichern.

Beispiel eines Liquiditätsplanes			
	Monat 1 Soll in EUR Ist in EUR	Monat 2 Soll in EUR Ist in EUR	Monat 3 Soll in EUR Ist in EUR
Bestand an flüssigen Mitteln (Zu Beginn des Monats vorhanden)			
Kasse	1000,00	1000,00	200,00
+ Bank, Postscheck	0	1000,00	800,00
+ freie Kredite	5000,00		
= Summe flüssige Mittel	6000,00	2000,00	1000,00
Zahlungseingänge/Einnahmen (Einnahmen während des Monats)			
aus Forderungen	25500,00	20000,00	40000,00
+ Barverkäufe	1700,00	1000,00	2000,00
+ Kundenanzahlungen	4000,00	2000,00	5000,00
+ sonstige Einnahmen	1000,00	1000,00	500,00
(+ Überschuss Vormonat)		2383,00	
= Summe flüssige Mittel	32200,00	26383,00	47500,00
Zahlungsverpflichtungen/Ausgaben (Ausgaben während des Monats)			
Lohn, Gehalt, soziale Aufwendungen	6000,00	9000,00	6000,00
+ Zahlungen an Lieferanten	11900,00	10000,00	12000,00
+ Bareinkäufe	6000,00	3000,00	2000,00
+ Anzahlung an Lieferanten	3000,00	6000,00	4000,00

Beispiel eines Liquiditätsplanes						
	Monat 1		Monat 2		Monat 3	
	Soll in EUR	Ist in EUR	Soll in EUR	Ist in EUR	Soll in EUR	Ist in EUR
+ Einlösung Scheck	1 000,00		500,00		2 000,00	
+ Tilgung von Krediten	1 700,00		0		0	
+ Zinsen	1 000,00		0		0	
+ Miete, Nebenkosten	750,00		750,00		750,00	
+ Versicherungen	250,00		900,00		400,00	
+ Leasing	417,00		250,00		250,00	
+ Steuern	300,00		500,00		50,00	
+ sonstige Ausgaben	200,00		100,00		100,00	
+ Privatentnahmen	3 300,00		3 300,00		5 000,00	
(+ Fehlbetrag Vormonat)					5 917,00	
= Summe Ausgaben	35 817,00		34 300,00		38 467,00	
Ergebnis (Überschuss/ Fehlbetrag am Ende des Monats)						
Flüssige Mittel	6 000,00		2 000,00		1 000,00	
+ Einnahmen	32 000,00		26 383,00		47 500,00	
– Ausgaben	35 817,00		34 300,00		38 467,00	
Monatsende:						
= Überschuss (+)/Überdeckung	2 383,00				10 033,00	
= Fehlbetrag (–)/Unterdeckung			– 5 917,00			

Quelle: „Selbstständig im Handwerk"; Handwerkskammer Heilbronn 2000, S. 76

Kapitalbedarfsplan

Insbesondere bei der Gründung, aber auch während des laufenden Geschäftsbetriebs stellt sich für den Unternehmer die Frage, in welchem Umfang finanzielle Mittel zur Durchführung von Investitionen und zur Aufrechterhaltung der Zahlungsbereitschaft notwendig sind.

Für diesen Zweck wird ein Kapitalbedarfsplan erstellt, der als Teilplan des Finanzplans langfristige Planungsinformationen über die Deckung des Kapitalbedarfs für die laufende und zukünftige Perioden enthält.

Aufgabe 4
Seite 284

Beispiel für einen Kapitalbedarfsplan eines Existenzgründers:

Kapitalbedarf zur Finanzierung der Gründung und der betrieblichen Anlaufphase	
Ermitteln Sie die jährlichen Kosten	**EUR**
Gründungskosten	
Beratungen	
Anmeldungen/Genehmigungen	
Eintrag ins Handelsregister	

Notar	
Sonstige	
Gesamt	
Kosten für Anlaufphase (Ausgaben bis zum ersten Geldeingang aus Umsatz)	
Personalkosten, inkl. eigenes Geschäftsführergehalt bei Kapitalgesellschaften (inkl. Lohnnebenkosten)	
Beratung	
Leasing	
Miete/Pacht	
Werbung	
Vertrieb	
Betriebliche Steuern	
Ermitteln Sie die jährlichen Kosten	**EUR**
Versicherungen	
Reserve für Startphase, Folgeinvestitionen und Unvorhergesehenes	
Sonstige	
Gesamt	
Unternehmerlohn (Bei Einzelunternehmen und Personalgesellschaften)	
Gesamt	
Anlagevermögen	
Patent, Lizenz-, Franchisegebühren u. Ä.	
Grundstücke/Immobilien einschl. Nebenkosten	
Produktionsanlagen, Maschinen, Werkzeuge	
Betriebs-, Geschäftsausstattung	
Fahrzeuge	
Gesamt	
Umlaufvermögen	
Material- u. Warenlager	
Kapitaldienst	
Zinsen für Existenzgründungsdarlehen/Bankkredite	
Tilgung	
Gesamt	
= Kapitalbedarf gesamt	

Quelle: www.bmwi.de/Dateien/BMWi/RDF/foerderdatenbank/wirtschaftliche-foerderung,property=pdf,bereich=bmwi,sprache=de, rwb=frne.pdf, Bundesministerium für Wirtschaft und Technologie, 23.11.2007

Der ermittelte Kapitalbedarf sollte „Liquiditätsreserven" beinhalten, um nicht gleich durch unvorhergesehene, außerplanmäßige Ausgaben in Finanznot zu geraten.

Zusammenfassende Übersicht zu Kapitel 7.1: Grundlagen der Finanzierung

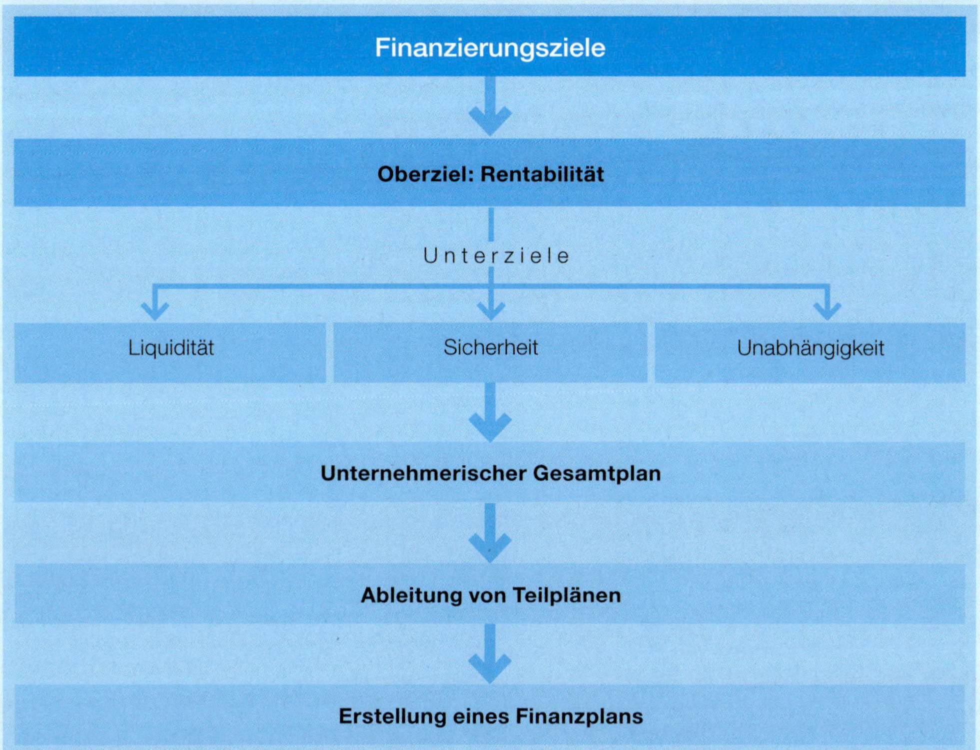

Finanzplan = Ermittlung des Finanzbedarfs für einen bestimmten Zeitraum durch Gegenüberstellung aller zu erwartenden Einnahmen und Ausgaben

Wiederholung des Grundwissens

1. Welche wichtigen Finanzierungsziele verfolgt ein Unternehmen?
2. Wann treten Finanzierungsfragen auf?
3. Wie wird aus dem unternehmerischen Gesamtplan der Finanzplan entwickelt?
4. Was versteht man unter einem Finanzplan?
5. Wie ist ein Kapitalbedarfsplan grundsätzlich aufgebaut?

Aufgaben und Probleme

1. Welches Verhältnis besteht zwischen Finanzierung und Investition?

2. Die Bilanz der Stahlbau GmbH Stuttgart weist folgende Angaben (in 1 000 EUR) auf:

Aktiva	Stahlbau GmbH		Passiva
Anlagevermögen	2500	Eigenkapital	2000
Umlaufvermögen		Fremdkapital	
Vorräte	1500	langfr. Verbindlichk. gegenüber Kreditinstituten	500
Forderungen aus Lieferungen und Leistungen	950	Verbindlichkeiten aus Lieferungen und Leistungen	1200
Flüssige Mittel	50		
		sonst. kurzfr. Verbindl.	1300
	5000		5000

a) Welche finanzwirtschaftliche Zielsetzung ist bei der Stahlbau GmbH gefährdet?
b) Unterbreiten Sie Vorschläge, wie dieses Ziel besser erreicht werden kann.

3. Welche negativen Konsequenzen können für ein Unternehmen eintreten, wenn bei Investitions- und Finanzentscheidungen der Grundsatz der Fristenkongruenz nicht beachtet wird?

4. Ein Existenzgründer benötigt für die Gründungs- und Anlaufphase folgende Finanzmittel:

Umbaumaßnahmen 10000,00 EUR; Maschinen und Geräte 30000,00 EUR; Geschäfts- und Ladeneinrichtung 10000,00 EUR; Fahrzeuge 23000,00 EUR; voraussichtlicher Waren-/ Materialeinsatz pro Jahr 62000,00 EUR; Personalkosten 72000,00 EUR; Sach- und Gründungskosten 35000,00 EUR; Zinsen 4200,00 EUR; Privatentnahmen 40000,00 EUR; geplanter Umsatz 300000,00 EUR; voraussichtliche Barverkäufe 20000,00 EUR;

Weitere Angaben:

Durchschnittlicher Materialumschlag pro Jahr	3x
Durchschnittliche Dauer (Tage) Produktion/Verkauf	20 Tage
Durchschnittliches Zahlungsziel der Kunden	32 Tage

Erstellen Sie aufgrund der Angaben einen Kapitalbedarfsplan für den Existenzgründer.

7.2 Finanzierungsarten

Saskia Meyer, 21 Jahre, befindet sich im zweiten Ausbildungsjahr als Industriekauffrau bei einem mittelständischen Unternehmen und wohnt noch bei ihren Eltern. Ihre monatlichen Nettobezüge belaufen sich auf 800,00 EUR. Sie verfügt zudem über Ersparnisse in Höhe von 2 500,00 EUR. Mit der Anschaffung eines neuen Autos (Kaufpreis 15 000,00 EUR) will sie sich einen seit langem gehegten Wunsch erfüllen.

1. In welchem Umfang werden eigene und fremde Mittel eingesetzt?
2. Wie beurteilen Sie Saskias Chancen, bei ihrer Hausbank einen Kredit über die benötigten Finanzmittel zu bekommen?
3. Schätzen Sie die monatliche Belastung (Kreditrate), mit der Saskia bei einer Kreditlaufzeit von 4 Jahren rechnen muss.

7.2.1 Außen- und Innenfinanzierung

Je nachdem, wie der Kapitalbedarf gedeckt wird, d. h. aus welchen **Quellen** die Mittel stammen, wird zwischen *Außen- und Innenfinanzierung* unterschieden.

Außenfinanzierung
Das Kapital wird dem Unternehmen *von außen* zugeführt. Es stammt also nicht aus dem betrieblichen Umsatzprozess. Es kann als Eigenkapital in Form von Einlagen **(= Eigen- oder Beteiligungsfinanzierung)** durch die Eigentümer (Unternehmer, Gesellschafter, Aktionäre) eingebracht werden oder in Form von Krediten als kurz-, mittel- oder langfristiges Fremdkapital **(= Fremdfinanzierung)** bereitgestellt werden.

vgl. Kapitel 7.2.2

Innenfinanzierung
Kommen die Beträge *aus dem Unternehmen* selbst, so liegt Innenfinanzierung vor. Sie kann erfolgen durch Zurückbehaltung erwirtschafteter Gewinne (offene oder verdeckte **Selbstfinanzierung**) sowie durch Vermögensumschichtung **(Umfinanzierung)**. Während bei der offenen Selbstfinanzierung der Gewinn offen gelegt wird, d.h. in der Gewinn- und Verlustrechnung und in der Bilanz ausgewiesen wird, ist bei der verdeckten Selbstfinanzierung der tatsächlich erzielte Gewinn nicht sichtbar.

Aufgaben 2 u. 4 Seite 288

Möglichkeiten der offenen Selbstfinanzierung:
- **Einzelunternehmung**: Nicht entnommener Gewinn verbleibt auf dem Eigenkapitalkonto des Unternehmers.
- **Offene Handelsgesellschaft**: Nicht entnommene Gewinnanteile der Gesellschafter erhöhen deren Kapitalkonten.
- **Kommanditgesellschaft**: Für die Komplementäre gilt das gleiche wie für die OHG-Gesellschafter. Beim Kommanditisten werden die Gewinnanteile nur so lange gutgeschrieben, als die Pflichteinlage noch nicht geleistet wurde.

Aufgabe 5 Seite 288

AG und GmbH: Einstellung von Teilen des Jahresüberschusses in die Rücklagen.

Möglichkeiten der verdeckten (stillen) Selbstfinanzierung:
- Unterbewertung von Aktiva (z. B. Ansatz eines Grundstücks mit den Anschaffungskosten als Wertobergrenze, obwohl der aktuelle Wert des Grundstücks viel höher liegt)
- Überbewertung von Passiva (z. B. zu hoher Ansatz von Rückstellungen)

Aufgabe 3 Seite 288

Möglichkeiten der Umfinanzierung:
- Änderung der Vermögensstruktur (z. B. Veräußerung von nicht betriebsnotwendigen Vermögensteilen)
- Änderung der Kapitalstruktur (z. B. Umwandlung von kurzfristigem in langfristiges Fremdkapital)

7.2.2 Eigen- und Fremdfinanzierung

Sowohl bei der Eigen- als auch bei der Fremdfinanzierung handelt es sich um Formen der Außenfinanzierung, weil das Kapital dem Unternehmen von außen zugeführt wird.

Eigenfinanzierung

Man spricht von Eigenfinanzierung (bei Gesellschaften auch von Beteiligungsfinanzierung), wenn die Mittel durch die Eigentümer in Form von Einlagen zufließen.

Aufgabe 1 Seite 287

Eigenfinanzierung geschieht nicht nur anlässlich der Gründung eines Unternehmens, sondern kommt auch noch in späteren Jahren vor. Das vom Eigentümer bzw. den Miteigentümern der Unternehmung zur Verfügung gestellte Geld bzw. Sachmittel werden der Unternehmung von außen aus dem Privatvermögen zugeführt.

Möglichkeiten der Eigenfinanzierung	
Einzelunternehmung	Erhöhung des Eigenkapitals durch Privateinlagen des Unternehmers in Form von Geld oder von Sach- und Rechtswerten.
Offene Handelsgesellschaft und Kommanditgesellschaft	Privateinlagen der Gesellschafter oder Aufnahme von neuen Gesellschaftern.
Aktiengesellschaft	vor allem durch eine Erhöhung des Grundkapitals durch Ausgabe neuer (junger) Aktien (Kapitalerhöhung gegen Einlagen).
GmbH	vor allem durch Erhöhung des Stammkapitals

Fremdfinanzierung

Sie erfolgt durch die Bereitstellung von Krediten. Wichtige Voraussetzung ist die Kreditwürdigkeit des Unternehmens, die von der Ertrags- und Vermögenslage sowie von den Sicherheiten, die das Unternehmen zur Verfügung stellen kann, abhängt.

Vor- und Nachteile der Eigen- bzw. Fremdfinanzierung aus der Sicht des Kapitalnehmers

Eigenfinanzierung	Fremdfinanzierung
Keine Zins- und Tilgungszahlungen; bei AG: „Bedienung“ mit Dividenden, wenn ein Bilanzgewinn ausgewiesen wird.	Zins- und Tilgungszahlungen mit unterschiedlichen Modalitäten, unabhängig von der Gewinnsituation.
bei AG: vermehrter Mittelzufluss durch Aufgeld (Agio)	ggf. geringerer Mittelzufluss durch Disagio (Damnum)
Kapital steht unbefristet zur Verfügung, z. B. bei AG und GmbH, bei anderen Gesellschaften nach vertraglicher Vereinbarung kündbar	befristete Kapitalüberlassung mit unterschiedlichen Laufzeiten
keine Beschränkungen im Einsatz des Kapitals	Beschränkungen im Einsatz, z. B. nur für bestimmte Investitionen bei begrenzter Kreditdauer
Erhöhung der Kreditwürdigkeit, weil ein hoher EK-Anteil die Krisenfestigkeit des Unternehmens erhöht.	Offenlegung persönlicher und wirtschaftlicher Verhältnisse- ggf. Leistung von Kreditsicherheiten
Gewinnausschüttungen sind steuerlich nicht abzugsfähig.	Zinsen sind steuerlich abzugsfähig.
Geschäftsführungsbefugnis bzw. Kontrollrechte müssen eingeräumt werden (in unterschiedlichem Maße je nach Rechtsform der Unternehmung).	Herrschaftsverhältnisse bleiben unberührt, da Gläubiger im Allgemeinen kein Mitspracherecht haben (Ausnahme: Großkreditgeber).

Zusammenfassende Übersicht zu Kapitel 7.2: Finanzierungsarten

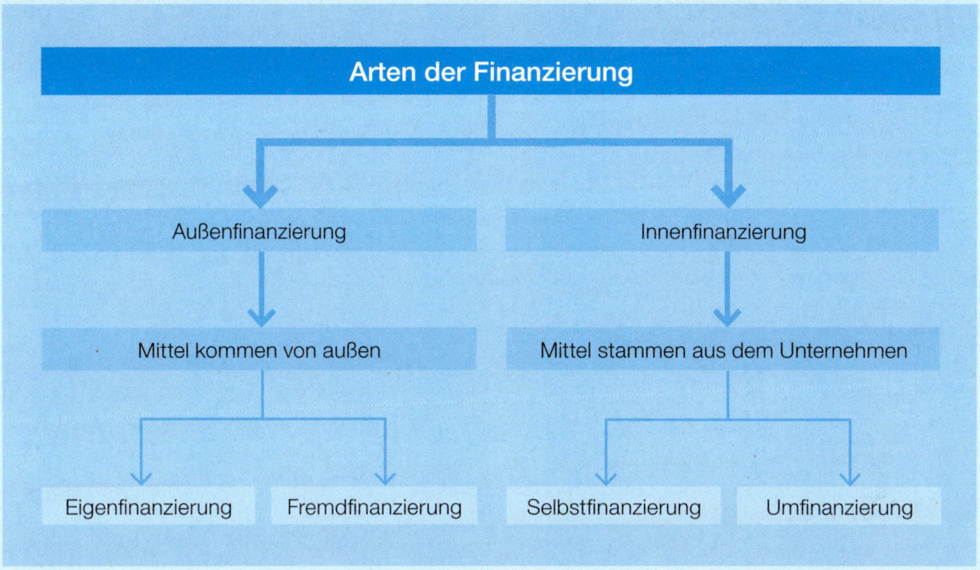

Wiederholung des Grundwissens

1. Wie unterscheiden sich Innen- und Außenfinanzierung?
2. Welche Möglichkeiten der offenen Selbstfinanzierung gibt es?
3. Wie entstehen stille Reserven?
4. Was versteht man unter Umfinanzierung?
5. Welche Möglichkeiten der Eigenfinanzierung gibt es?

Aufgaben und Probleme

1. Sortimentsgroßhändler Max Bauer führt sein Geschäft als Zustellgroßhandlung. Veranlasst durch die zunehmende Zahl kleiner Einzelhandelsbetriebe, Gaststätten und Fremdenpensionen im unmittelbaren Einzugsbereich seines Unternehmens und die positive Umsatzentwicklung beschließt er, seine Lagerkapazitäten auszubauen.
   Max Bauer stehen zur Finanzierung des Projekts im Gesamtbetrag von 850 000,00 EUR Mittel aus Ersparnissen und einer Erbschaft von 360 000,00 EUR zur Verfügung. Aus dem im vergangenen Jahr erwirtschafteten Gewinn kann er 140 000,00 EUR verwenden. Für die Finanzierung des Restbetrages von 350 000,00 EUR bieten sich zwei Möglichkeiten:
   - Beschaffung des Geldes bei einem Verwandten, der als Teilhaber in das Unternehmen eintreten würde oder
   - Aufnahme des Betrages bei der Hausbank.

   Welche Finanzierungsarten lassen sich in dem Text erkennen?

2. Ordnen Sie folgende Finanzierungsarten der Außen- bzw. Innenfinanzierung zu. Inwieweit wird Eigen- bzw. Fremdkapital zugeführt?
   a) Kreditfinanzierung
   b) Umfinanzierung
   c) Offene Selbstfinanzierung
   d) Kapitaleinlage eines Unternehmers
   e) Nichtausschüttung von Gewinnen

3. Ein Pkw wurde für 36000,00 EUR netto angeschafft. Nach 4 Nutzungsjahren wird das Fahrzeug für 20000,00 EUR verkauft. Sein Restbuchwert beträgt zu diesem Zeitpunkt noch 7200,00 EUR.
   Wie hoch war die verdeckte Selbstfinanzierung?

4. Welche Aussagen sind richtig bzw. falsch? Begründen Sie Ihre Aussage.
   a) Offene Selbstfinanzierung und Eigenfinanzierung führen zu einer Erhöhung des Eigenkapitals.
   b) Bei der Eigenfinanzierung stammen die Mittel von außen, bei der Selbstfinanzierung von innen.
   c) Der Komplementär trägt zur offenen Selbstfinanzierung bei, der Kommanditist leistet hierzu keinen Beitrag.
   d) Entnahmen der Gesellschafter der OHG bzw. der Komplementäre der KG schmälern, Einlagen erhöhen die Eigenfinanzierung.
   e) Der Beitrag zur Selbstfinanzierung eines Komplementärs errechnet sich wie folgt: Selbstfinanzierung = Gewinnanteil – Privatentnahmen + Einlagen.

5. In der Merkle OHG weisen die Kapitalkonten der Gesellschafter Jan und Robert Merkle folgende Bewegungen auf: Jan Merkle: Einlage 25000,00 EUR, Gewinnanteil 48000,00 EUR, Privatentnahmen 30000,00 EUR. Robert Merkle: Gewinnanteil 60000,00 EUR, Privatentnahmen 40000,00 EUR. Wie viel Mittel wurden im Geschäftsjahr aus Eigenfinanzierung bzw. offener Selbstfinanzierung der OHG zugeführt?

7.3 Kreditfinanzierung

Sparda-Bank Baden-Württemberg eG

Sparda-Bank

Darlehensvertrag	Zur bankinternen Bearbeitung Vorgangsnr.: 000012345-01

Darlehensnehmer (Name, Anschrift, Geburtstdatum)

Markus Müller — geb. am 08.05.62
Hauptstr. 12
70195 Stuttgart

Bank
Sparda-Bank Baden-Württemberg eG, Am Hauptbahnhof 3, 70173 Stuttgart

Darlehensnehmer und Bank schließen folgenden Vertrag

1. Verwendungszweck: Kauf einer Immobilie
in Höhe von 214 273,64 EUR
2. Höhe des Darlehens:

lfd Nr.	Kredit-Nr.	Kreditart[1]	WHR	Höhe des Darlehensbetrags	Verzinsung		Auszahlung/ Disagio[2]		Bearbeitungsentgelt[3]	
					% p.a. var.[4]	fest bis	Kurs %	Betrag	%	Betrag
1	005012345	AD	EUR	140 000,00	4,350	30.03.2017	100,00	0,00	0,00	0,00
2	015012345	AD	EUR	10 000,00	4,350	30.03.2017	100,00	0,00	0,00	0,00

lfd Nr.	Kredit-Nr.	in Höhe von % jährlich vom ursprünglichen Darlehensbetrag zuzüglich der durch Tilgung ersparten Zinsen	Demnach betragen die (Anzahl) Leistungsraten aus Zins und Tilgung zz.	WHR	Betrag	jeweils fällig am Letzten eines jeden	erstmals fällig am
1	005012345	2,00	320	EUR	740,83	Monats	28.02.2007
2	015012345	1,00	464	EUR	44,58	Monats	28.02.2007

Analysieren Sie den in Auszügen abdedruckten Kreditvertrag:

1. Wie lange laufen die Darlehen?
2. Wie hoch ist der Darlehensbetrag insgesamt?
3. Für welchen Zweck wurde das Darlehen aufgenommen?
4. Wie ist die Rückzahlung geregelt?
5. Wie entwickelt sich die monatliche Zins- und Tilgungsbelastung für den Kreditnehmer?

7.3.1 Kreditvertrag

Den Banken wird von den Sparern Geld anvertraut. Die Kreditinstitute überlassen dieses Geld Unternehmen, aber auch Privatpersonen **aufgrund eines Kreditgesuchs** des Kreditnehmers. Rechtsgrundlage des Kreditgeschäfts ist der *Kreditvertrag*.

Aufgabe 5 Seite 299 f.

Der Kreditvertrag kommt zustande durch
- **Kreditbewilligung aufgrund eines Kreditgesuchs,**
- **Einverständniserklärung des Schuldners.**

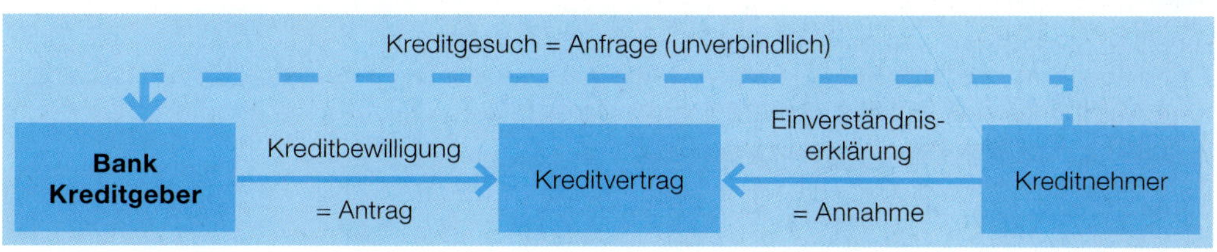

Der Kreditvertrag wird schriftlich geschlossen und enthält in der Regel Vereinbarungen über
- Kredithöhe oder Kreditgrenze,
- Verwendungszweck,
- Zinssatz, eventuell Provisionssatz, Zinstermine,
- Rückzahlung bzw. Kündigung des Kredits,
- Kreditsicherung, falls erforderlich.

Bei der Kreditvergabe der Banken handelt es sich im Wesentlichen um fremde Mittel. Die Banken müssen deshalb sehr sorgfältig die Kreditfähigkeit und Kreditwürdigkeit des Kreditnehmers prüfen.

Kreditfähigkeit
Fragestellung: Kann der Kreditnehmer überhaupt rechtswirksam den Kreditvertrag abschließen? Minderjährige benötigen beispielsweise für den Abschluss eines Kreditvertrages die Zustimmung des gesetzlichen Vertreters (z. B. der Eltern).

Aufgabe 4 Seite 298

Kreditwürdigkeit
- Persönliche Kreditwürdigkeit

Sie stellt auf die Zuverlässigkeit sowie auf die berufliche und fachliche Qualifikation des Kreditnehmers ab, die für eine vertragliche Erfüllung der Kreditverpflichtungen spricht.

- Materielle Kreditwürdigkeit

Sie orientiert sich an den Einkommens- und Vermögensverhältnissen des Kreditnehmers.

SCHUFA
Vor der Kreditvergabe lassen die Banken ihre Kunden die sogenannte „SCHUFA-Klausel" unterschreiben. Damit erhält das Kreditinstitut die Erlaubnis, Daten über die Beantragung, die Aufnahme und die vertragsgemäße sowie nicht vertragsgemäße Abwicklung der Geschäftsbeziehung an die SCHUFA weiterzugeben.

Die SCHUFA (Schutzgemeinschaft für allgemeine Kreditsicherung) ist ein Gemeinschaftsunternehmen der Kreditinstitute (Anteil: ca. 87 %) und des Handels sowie anderer Unternehmen (Anteil: ca. 13 %) zum Schutz vor Kreditausfällen.

Der SCHUFA werden folgende Daten von Kunden gemeldet:

- Positivmerkmale (Eröffnung eines Girokontos, Kredit- und Leasingverträge, Ausgabe von Kreditkarten, Kundenkonten des Handels, Telefonverträge u. a.)
- Negativmerkmale (Kreditkündigung, Lohnabtretung, Mahnbescheid, Vollstreckungsbescheid u. a.)

Daten über Giro- und Kreditkartenkonten werden nach Auflösung der Konten gelöscht, erledigte Kreditverpflichtungen 3 Jahre nach Zahlungsausgleich. Jeder hat das Recht auf Auskunft über die bei der SCHUFA über ihn gespeicherten Daten.

7.3.2 Darlehensarten nach der Rückzahlung

Fälligkeitsdarlehen
Die gesamte Darlehenssumme wird an dem *vorher vereinbarten* Fälligkeitstag zurückgezahlt. Während der Laufzeit des Darlehens ist nur der Zins zu entrichten.

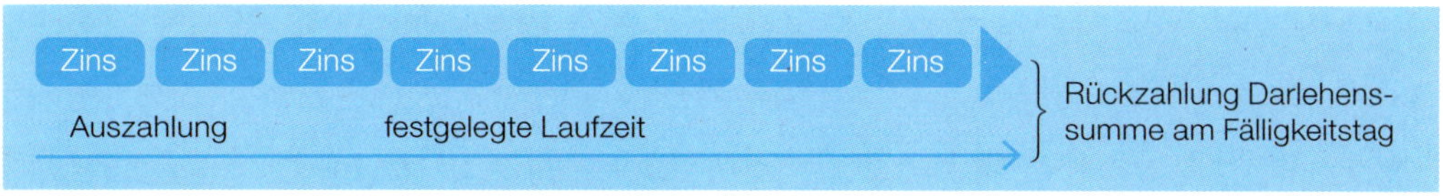

Kündigungsdarlehen
Die Darlehenssumme wird als ganzes nach Ablauf einer *vereinbarten Kündigungsfrist* zurückgezahlt. Die Laufzeit des Darlehens ist somit nicht von vornherein festgelegt.

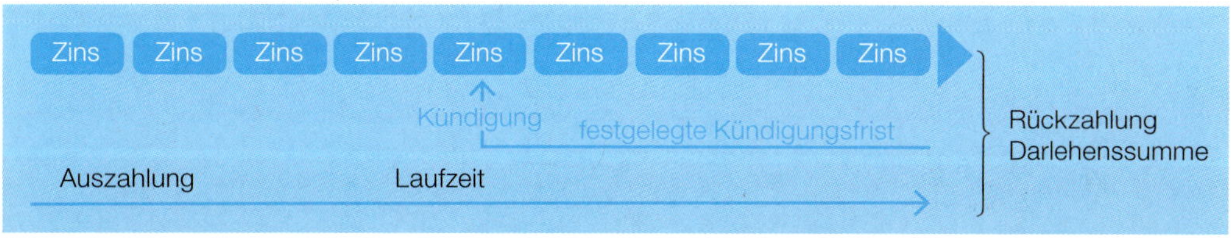

Ratentilgungsdarlehen
Das Darlehen wird in festgelegten *gleichen Raten* getilgt, sodass die Schuld immer kleiner wird. Dementsprechend verringern sich die ebenfalls regelmäßig zu entrichtenden Zinsen.

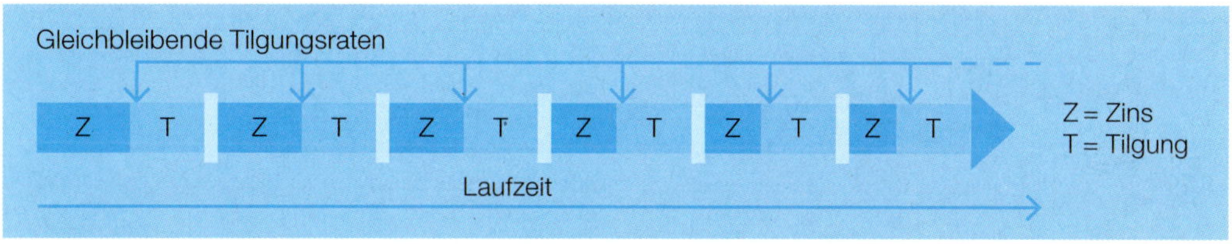

Annuitätendarlehen
Es werden *gleichbleibende Zahlungen* vereinbart, die sowohl Zins als auch Tilgungen enthalten. Da der Zinsanteil durch die Verringerung der Schuld immer kleiner wird, wächst der Tilgungsanteil.

Aufgabe 1 Seite 297

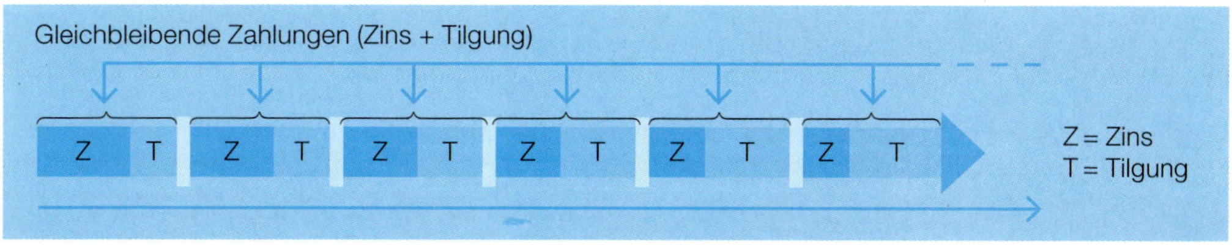

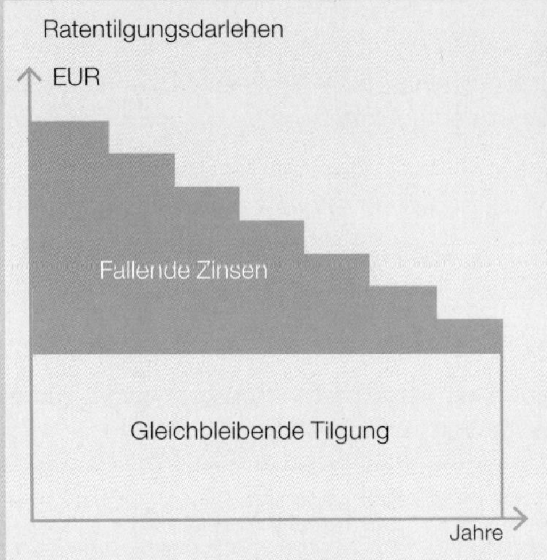

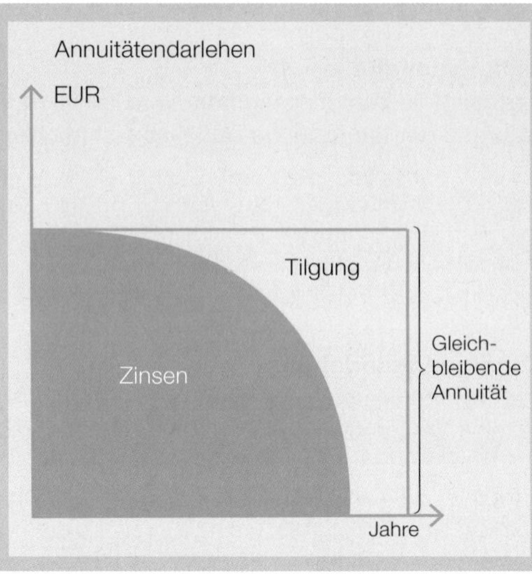

Bei allen Darlehensformen kann über zurückgezahlte Beiträge nicht mehr verfügt werden.

Fallbeispiel

Zur Erweiterung des Fuhrparks beantragt ein Unternehmen einen Kredit mit einer Laufzeit von 5 Jahren. Die Hausbank bietet alternativ die folgenden Rückzahlungsbedingungen an für ein Bankdarlehen von 100 000,00 EUR Nennbetrag, 8 % Nominalzinssatz, Laufzeit 5 Jahre:

- Fälligkeitsdarlehen,
- Ratentilgungsdarlehen,
- Annuitätsdarlehen.

Die Bank verlangt dingliche Sicherheiten.

Ermitteln Sie tabellarisch für die einzelnen Rückzahlungsformen die Zinsen und Tilgung bzw. Annuitäten.

Lösung

Tabelle: **Arten der Rückzahlung**

Jahr	Fälligkeitsdarlehen		Ratentilgungsdarlehen		Annuitätendarlehen		
	Zinsen (EUR)	Tilgung (EUR)	Zinsen (EUR)	Tilgung (EUR)	Annuität[1] (EUR)	Zinsen (EUR)	Tilgungsanteil (EUR)
1	8000,00	-	8000,00	20000,00	25046,00	8000,00	17046,00
2	8000,00	-	6400,00	20000,00	25046,00	6636,00	18409,00
3	8000,00	-	4800,00	20000,00	25046,00	5164,00	19882,00
4	8000,00	-	3200,00	20000,00	25046,00	3573,00	21473,00
5	8000,00	100000,00	1600,00	20000,00	25046,00	1857,00	23190,00
	40000,00	100000,00	24000,00	100000,00	125230,00	25230,00	100000,00

[1] *Berechnung der Annuität: siehe Folgeseite.*

Annuität = D · Annuitätenfaktor

Symbole:
D = Darlehen

$$\text{Annuitätenfaktor} = \frac{i\,(1 + i)^n}{(1 + i)^n - 1}$$

$i = \left(\frac{p}{100}\right)$ p = Zinssatz

n = Laufzeit in Jahren

$$\text{dies ergibt (siehe Beispiel)} = \frac{0{,}08\,(1 + 0{,}08)^5}{(1 + 0{,}08)^5 - 1} = 0{,}250456$$

Annuität = 100 000,00 EUR · 0,250456 = 25 046,00 EUR

Anmerkung: Der Annuitätenfaktor kann auch einer finanzmathematischen Tabelle entnommen werden.

Der Vergleich in der Tabelle zeigt, dass es beim Fälligkeitsdarlehen zu einer gleichmäßigen jährlichen Zinsbelastung kommt; am Ende der Laufzeit ergibt sich eine hohe Ausgabenquote und damit Liquiditätsbelastung. Das Annuitätendarlehen führt zu einer konstanten jährlichen Ausgabenquote und belastet den Finanzplan gleichmäßig. Beim Ratentilgungsdarlehen kommt es bei konstanten jährlichen Tilgungsraten von 20 000,00 EUR zu der geringsten Zinsbelastung.

7.3.3 Kontokorrentkredit und Lieferantenkredit

Der Kontokorrentkredit (§ 493 BGB, § 355 HGB) wird dadurch eingeräumt, dass die Bank ihren Kunden gestattet, bis zu einem vereinbarten Höchstbetrag (Kreditlimit) ihr Kontokorrentkonto (Girokonto) zu belasten, obwohl es kein Guthaben aufweist.

Der Kunde kann also vertragsgemäß bis zu einem bestimmten Betrag „ins Soll" kommen.

Der Kontokorrentkredit wird in der Regel auf Initiative des Kreditinstituts ohne formellen Kreditantrag des Kunden gewährt. Er ist der am weitesten verbreitete Kredit und sollte wegen der hohen Zinsen nicht für langfristige Anschaffungen, sondern nur zur Deckung des Spitzenbedarfs verwendet werden.

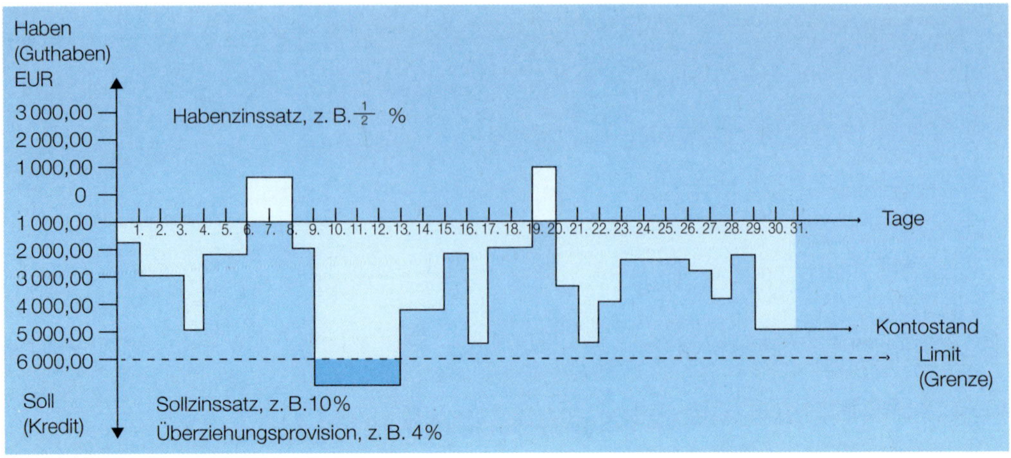

Merkmale des Kontokorrentkredits	
1. Laufzeit	unbestimmt
2. Kredithöhe	ca. 2–3 Nettomonatseinkommen
3. Tilgung	flexibel; keine regelmäßige Tilgung
4. Kosten	sehr teuer (ca. 10–12 %); Überziehungsprovision bei Überschreiten des Kreditlimits
5. Verwendungszweck	freie Verfügbarkeit
6. Besicherung	keine Sicherheiten; nur persönliche Kreditwürdigkeit

Lieferantenkredit

Lieferanten gewähren den Kunden in ihren Zahlungsbedingungen meist ein Zahlungsziel, z. B. 30 Tage, bei Zahlung innerhalb eines gewissen Zeitraums, z. B. 10 Tage, einen Abzug von Skonto. Bei Ausnutzung des Zahlungsziels und Verzicht auf den Skonto ist der Lieferantenkredit im Allgemeinen ein sehr teurer Kredit.

siehe Seite 296

Statt das Zahlungsziel auszunutzen, ist es unter Rentabilitätsgesichtspunkten meist günstiger, einen Kontokorrentkredit zu beanspruchen und die Lieferantenrechnung binnen der Skontofrist zu bezahlen.

Beispiel

Die Zahlungsbedingungen lauten: „2% Skonto innerhalb von 10 Tagen, 30 Tage netto".

Den mit dem Kontokorrentkredit vergleichbaren Jahreszinssatz (effektiver Zinssatz) erhält man, wenn der Skontosatz als Jahreszinssatz ausgedrückt wird. Dabei ist der Skonto der Zinssatz (2 %), der für die Zeitspanne ab Ende der Skontofrist (10 Tage) bis zum Ablauf (Ende) des Zahlungsziels (30 Tage) anfällt. Es ergibt sich eine Zeitspanne von 20 Tagen. Nach der unten stehenden Faustformel (vereinfachte Rechnung) gelangt man zum gleichen Ergebnis, wenn vom Zahlungsziel die Skontofrist abgezogen wird. Die sich ergebenden 20 Tage werden Skontobezugsspanne genannt.

$$\text{Jahreszinssatz (effektiver Zinssatz)} = \frac{\text{Skontosatz} \cdot 365}{\underbrace{\text{Zahlungsziel} - \text{Skontofrist}}_{\text{Skontobezugsspanne}}}$$

Entsprechend dem Zahlenbeispiel ergibt sich

$$\text{Jahreszinssatz (effektiver Zinssatz)} = \frac{2 \cdot 365}{30 - 10} = \frac{730}{20} = 36{,}5\ \%$$

Das Beispiel zeigt, dass es rentabler ist, einen Kontokorrentkredit zu beanspruchen, denn nur bei äußerst niedrigem Skontosatz und extrem langer Skontobezugsspanne ist der Jahreszinssatz des Lieferantenkredits niedriger als der Zinssatz für die Inanspruchnahme eines Kontokorrentkredits.

Fallbeispiel

Die Hausbank hat dem Unternehmer Axel Stangl ein Kreditlimit von 80 000,00 EUR eingeräumt. Bedingungen für die Inanspruchnahme des Kredits: Sollzinssatz 14 %, zusätzlicher Zins bei Überziehung des Limits 4 %.

In der Branche räumen die Lieferanten folgende Zahlungsbedingungen ein: „Bei Zahlung binnen 15 Tagen 2 % Skonto, 40 Tage netto."

Wegen der „Hochzinssätze" des Kontokorrentkredites hat das Unternehmen bisher auf die Ausnutzung des Skontoabzuges verzichtet und den Kreditspielraum bei den Lieferantenrechnungen ausgeschöpft, obwohl das Kreditlimit durch finanziellen Spitzenbedarf nur an den „großen Steuerterminen" teilweise beansprucht wurde.

Prüfen Sie unter Rentabilitätsgesichtspunkten, ob sich im vorliegenden Falle die Zahlung der Lieferantenrechnungen unter Ausnutzung des Skontoabzuges durch Beanspruchung des Kreditspielraumes lohnt!

Aufgaben 2 u. 3 Seite 297

Lösungen

1. Näherungslösung durch Faustformel

Kosten des Lieferantenkredits

$$\text{Effektiver Zinssatz } (p_{\text{eff.}}) = \frac{\text{Skontosatz} \cdot 365}{\text{Skontobezugsspanne}} = \frac{2 \cdot 365}{40 - 15} = 29{,}2\ \%$$

Ergebnis: Der Lieferantenkredit ist 15,2 Prozentpunkte teurer als der Bankkredit. Sogar eine Inanspruchnahme des Überziehungskredites (14 % + 4 % = 18 %) würde sich lohnen.

2. *Kostenvergleich: Bankkredit – Lieferantenkredit*

a) Rechnungsbetrag 1 000,00 EUR

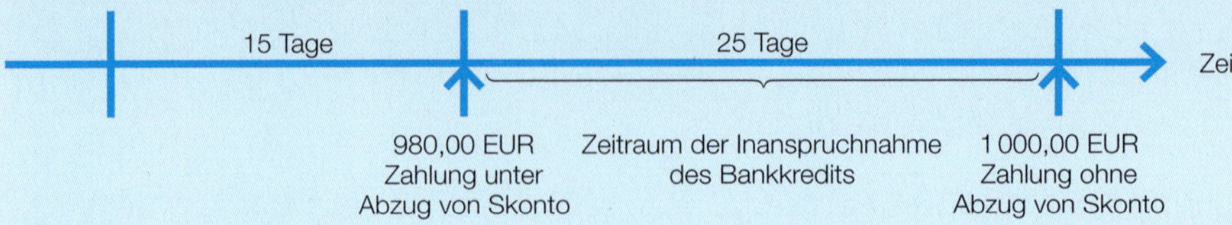

Kosten bei Zahlung mit Abzug von Skonto:

Rechnungsbetrag	1 000,00 EUR
– 2 % Skonto	– 20,00 EUR
	980,00 EUR
+ Kreditzinsen für 25 Tage	+ 9,40 EUR
$Z = \frac{980 \cdot 14 \cdot 25}{100 \cdot 365}$	
Gesamtkosten	989,40 EUR

Ergebnis: Die Zahlung unter Abzug von Skonto ist im vorliegenden Fall um 10,60 EUR günstiger, als den Lieferantenkredit in Anspruch zu nehmen (Voraussetzung: kein Überziehungskredit).

b) Allgemein

Kosten des Lieferantenkredits

$$\text{Effektiver Zinssatz } (p_{eff.}) = \frac{Z \cdot 100 \cdot 365}{K \cdot t} = \frac{2 \cdot 100 \cdot 365}{98 \cdot 25} = 29{,}80\%$$

Kosten des Bankkredits: 14%

Ergebnis: Die Inanspruchnahme des Bankkredits ist für Axel Stangl um 15,8%-Punkte günstiger, als das vom Lieferanten eingeräumte Zahlungsziel auszuschöpfen (Voraussetzung: kein Überziehungskredit).

Zusammenfassende Übersicht zu Kapitel 7.3: Kreditfinanzierung

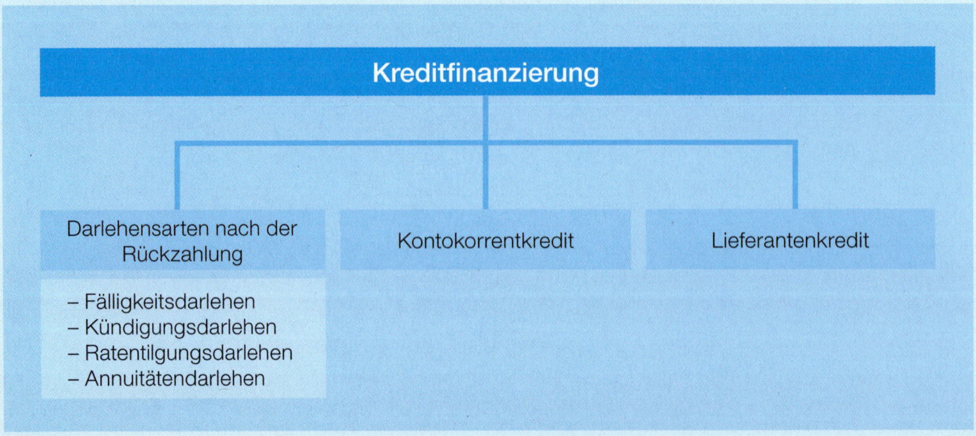

Wiederholung des Grundwissens

1. Wie kommt ein Kreditvertrag zustande?
2. Wie unterscheidet sich das Ratentilgungsdarlehen vom Annuitätendarlehen?
3. Welche Merkmale kennzeichnen einen Kontokorrentkredit?
4. Warum ist der Lieferantenkredit i. d. R. ein sehr teurer Kredit?

Aufgaben und Probleme

1. Die Hausbank bietet der Scholz GmbH ein Darlehen zum Nennbetrag von 80 000,00 EUR zu den folgenden Bedingungen an:
   Zinssatz 6 %, Laufzeit 8 Jahre.
   Ermitteln Sie für die ersten 4 Jahre die Zinsen, Tilgung bzw. Annuität (beim Annuitätendarlehen) für das
   - Fälligkeitsdarlehen,
   - Ratentilgungsdarlehen,
   - Annuitätendarlehen (Annuitätenfaktor: 0,161036).

2. Für einen Kontokorrentkredit gelten die folgenden Bedingungen: Sollzinssatz 14,25 %, Überziehungsprovision (Zinssatz) 4 %.
   Prüfen Sie, inwieweit sich die Inanspruchnahme des Kontokorrentkredites zur Zahlung während der Skontofrist lohnt, wenn folgende Zahlungsbedingungen gelten:
   a) „Bei Zahlung binnen 10 Tagen 3 % Skonto, 30 Tage netto."
   b) „Zahlung binnen 8 Tagen 1,5 % Skonto, 90 Tage Ziel."

3. Belegen Sie die folgenden Aussagen durch eine Berechnung bzw. ein Zahlenbeispiel:
   a) „Je kürzer bei einem Skontosatz die Skontobezugsspanne (Zahlungsziel – Skontofrist), desto teurer ist der Lieferantenkredit (Jahreszinssatz)!"
   b) „Obwohl der Lieferantenkredit eigentlich nur ein kurzfristiger Kredit ist, nehmen ihn viele Unternehmen als revolvierenden Umsatzkredit permanent in Anspruch, sodass sie – genauso wie beim Kontokorrentkredit – über einen eisernen Finanzierungsbestand verfügen."
   (Quelle: Braunschweig, Karl Ernst, Grundlagen der Unternehmungsfinanzierung, Wiesbaden, Gabler verlag 1997, S. 61.)

4. **Fallstudie: Kreditwürdigkeitsprüfung**
Zur Prüfung der Kreditwürdigkeit von Privatkunden wurde folgendes Formular entwickelt.

Kreditwürdigkeitsprüfung von Privatkunden (Scoringbogen)

Name des Kunden:

	Bonitätsmerkmale		**Score**		**Bonitätsmerkmale**		**Score**
1.	Kapitaldienstfähigkeit verfügbares Einkommen nach Abzug aller Ausgaben deckt Rate zu			5.	Branche des Arbeitgebers		
						Punkte	
					Handwerk	?	☐
		Punkte			Handel	?	
	100 %	?			Industrie	?	
	200 %	?	☐		Dienstleistung	?	
	300 %	?			Öffentlicher Dienst	?	
	400 % und mehr?	?					
2.	Alter			6.	Beschäftigt seit		
		Punkte				Punkte	
	unter 21 Jahre	?			weniger als 6 Monaten	?	
	21–25 Jahre	?			6 Monate bis 3 Jahren	?	
	26–45 Jahre	?	☐		länger als 3 Jahren	?	☐
	46–65 Jahre	?					
	66–70 Jahre	?					
3.	Familienstand			7.	Schufa		
		Punkte				Punkte	
	verheiratet ohne Kind	?			erledigte Kredite	?	
	verheiratet mit Kind	?			laufende Kredite	?	
	ledig/verwitwet ohne Kind	?					
	ledig/verwitwet mit Kind	?					
	geschieden ohne Kind	?	☐				☐
	geschieden mit Kind	?					
	getrennt lebend ohne Kind	?					
	getrennt lebend mit Kind	?					
4.	Ausgeübte Tätigkeiten			8.	Kontoführung		
		Punkte				Punkte	
	gehobene Funktion	?			keine Zahlungsstörungen	?	
	Facharbeiter/Angest.	?			Giroverbindung > 3 Jahre	?	
	Hilfsarbeiter/Sonst.	?	☐		Geldanlage > 3 000,00 EUR	?	
	Beamte*/Pensionäre*	?			keine Überschreitung des Dispos	?	☐
	Rentner*						
*	= erhalten keine Punkte für Merkmale 5 und 6				Verfügungssperre	?	
Endsumme							☐

Bonitätsurteil	
Unter 50 Punkte → hohes Risiko	70 – 79 Punkte → vertretbar
50 – 59 Punkte → erhöhtes Risiko	80 –100 Punkte → bedenkenfrei
60 – 69 Punkte → kein gravierendes Risiko	

a) Versehen Sie die Bonitätsmerkmale mit Punkten und vervollständigen Sie den obigen Scoringbogen. Begründen Sie jeweils Ihre Entscheidung.
b) Unter welchen Voraussetzungen erhält ein Kunde überhaupt keinen Kredit, d. h., der Bonitätsbogen muss gar nicht erst ausgefüllt werden?

5. **Rollenspiel: Kreditverhandlungen**

Situation:

Markus Kunze möchte seine Freundin Jennifer mit einer neuen Wohnzimmereinrichtung überraschen. Die modernen Möbel hatten sich beide bereits im Möbelhaus angeschaut. Jennifer war damals so begeistert von der Einrichtung, dass ihr Markus gerne diesen Wunsch erfüllt hätte. Doch fehlten ihm die finanziellen Mittel in Höhe von 10 000,00 EUR, um Jennifers Wunsch Wirklichkeit werden zu lassen.

Arbeitsaufträge:

- Eine Hälfte der Klasse übernimmt die Rolle der Bankkundin/des Bankkunden, die andere vertritt die Belange des Kreditinstituts (Universalbank AG) als Kundenberater(-in). Lesen Sie jeweils in Kleingruppen aufmerksam die für Sie vorgesehene Rollenkarte und sammeln Sie in der Gruppe Argumente, damit Sie in dem sich anschließenden Rollenspiel die Interessen und Zielsetzungen der von Ihnen vertretenen Partei überzeugend darstellen und durchsetzen können. Bestimmen Sie zugleich in der Gruppe einen Schüler/eine Schülerin, der/die sich an der Durchführung des Rollenspiels beteiligt.
- Anschließend simulieren jeweils abwechselnd ein(e) Kundenberater(-in) und ein Kreditkunde das Beratungsgespräch. Die nicht unmittelbar beteiligten Schüler/-innen der Klasse beobachten aufmerksam den Verlauf des Rollenspiels und notieren sich wichtige Argumente der Rollenspieler. Außerdem achten sie auch auf das Verhalten der Akteure, vor allem auf ihr Durchsetzungsvermögen und ihre Glaubwürdigkeit.
- Nach mehrfacher Durchführung des Rollenspiels in unterschiedlicher Besetzung findet ein Erfahrungsaustausch zwischen den Rollenspielern und der Gruppe der Beobachter statt, um Stärken der Beteiligten hervorzuheben und vorhandene Schwächen behutsam aufzudecken und abzubauen.

Rollenkarte: Bankkunde Markus Kunze

Sie sind kaufmännischer Angestellter, ledig, und verfügen über ein monatliches Nettoeinkommen von 1 300,00 EUR. Ihr Ziel ist es, in einem Beratungstermin mit ihrer Hausbank möglichst günstige Konditionen für einen Ratenkredit über 10 000,00 EUR auszuhandeln. Sie können keine Kreditsicherheiten bieten und möchten auch nur äußerst ungern ihre Freundin bitten, eine Bürgschaft für sie zu übernehmen.

Rollenkarte: Kundenberater(in) der Universalbank AG

Sie sind ein versierter Berater/eine versierte Beraterin im Privatkundengeschäft der Universalbank AG und kompetent in allen Fragen des Kreditgeschäftes. Sie können Kredite bis zu 25 000,00 EUR selbst genehmigen, wobei Sie selbstverständlich alle gesetzlichen und bankinternen Bestimmungen einhalten müssen. Ratenkredite ohne Sicherheiten können nur

an bonitätsmäßig einwandfreie Kunden vergeben werden. Gegebenenfalls muss eine weitere Person als Kreditnehmer verpflichtet oder eine Bürgschaft hereingeholt werden. Ihr beruflicher Erfolg wird u. a. auch daran gemessen, wie viele Neukunden Sie gewonnen und welches Kreditvolumen Sie verkauft haben. Die Standardkonditionen der Universalbank AG für Ratenkredite liegen bei einem Zinssatz von 8 %. Sie selbst haben einen Entscheidungsspielraum bis zu 0,75 % bei der Konditionengestaltung, d. h., Sie können guten Kunden oder interessierten Neukunden den Kredit um bis zu 0,75 % günstiger anbieten. Dieser Preisnachlass geht allerdings zulasten des Ertrags der Bank und sollte daher möglichst vermieden werden. Ihr Ziel ist es, zügig zum Abschluss eines Kreditvertrages mit dem Kunden zu kommen.

7.4 Leasing

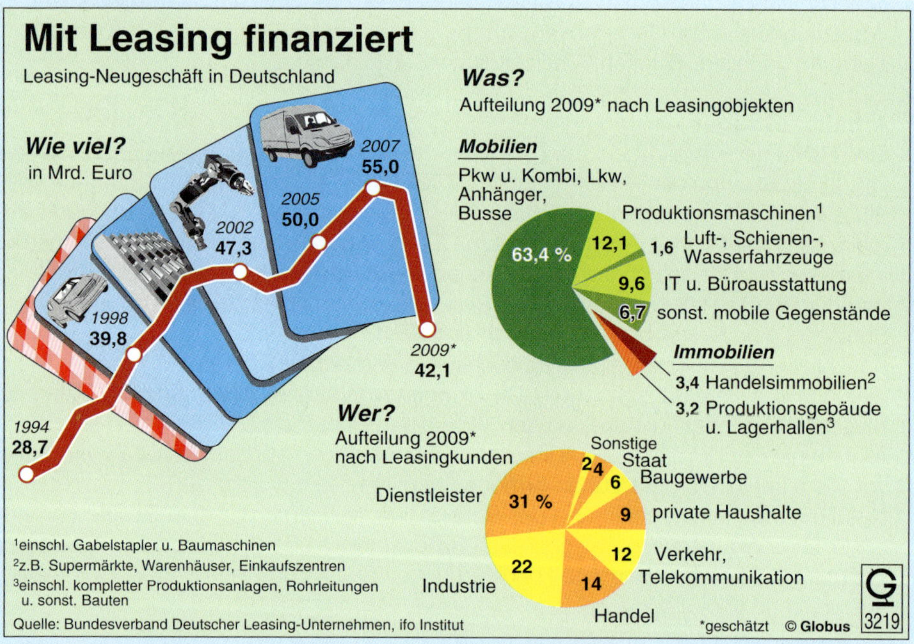

1. Warum werden in Deutschland vor allem Fahrzeuge geleast?
2. Warum hat bei Privatpersonen das Leasing nur einen geringen Stellenwert?

7.4.1 Merkmale des Leasings

Durch Leasing werden vom Vermieter vertraglich Nutzungsrechte an beweglichen Gegenständen, z. B. Maschinen, oder an unbeweglichen Gütern, z. B. Gebäuden, für eine bestimmte Zeit auf den Mieter oder Pächter übertragen, der diese im Betrieb einsetzt. Der Vermieter wird **Leasinggeber**, der Mieter **Leasingnehmer** genannt.

Im Gegensatz zur eigentlichen Fremdfinanzierung werden demnach beim Leasing dem Unternehmen keine Geldbeträge (**Geldkredit**), sondern Investitionsgüter überlassen (**Sachkredit**), wobei die Anschaffungskosten erst im Laufe der Nutzungsdauer durch Mietzahlungen aufgebracht werden. Es handelt sich deshalb beim Leasing um eine **Sonderform der Fremdfinanzierung**.

Nach dem **Mietgegenstand** – **Leasinggegenstand** genannt – werden Mobilienleasing (Leasinggegenstände sind bewegliche Güter) und **Immobilienleasing** (Leasing von unbeweglichen Leasinggegenständen) unterschieden.

Abwicklung eines Mobilienleasing-Geschäfts (indirektes Leasing)

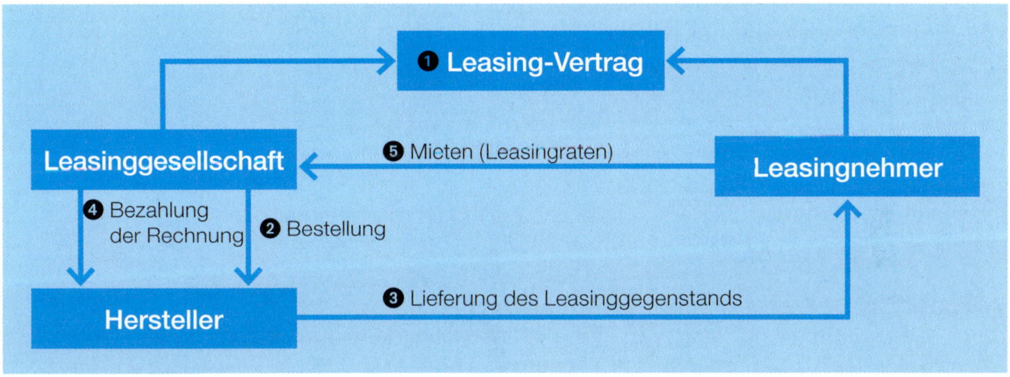

Nach dem **Leasinggeber** sind als Leasingarten das **Herstellerleasing** oder **direkte Leasing** und das **indirekte** oder **eigentliche Leasing** zu unterscheiden. Im ersten Fall ist der Hersteller selbst Leasinggeber. Häufiger ist das **indirekte Leasing**, bei dem eine Leasinggesellschaft zwischengeschaltet ist (siehe Abbildung: Abwicklung eines Mobilienleasing-Geschäfts).

Die Leasinggesellschaften *refinanzieren* sich im Wesentlichen bei Kreditinstituten, mit denen sie häufig durch Beteiligungen verbunden sind.

7.4.2 Möglichkeiten der Vertragsgestaltung

Nach der *Vertragsgestaltung* lassen sich verschiedene **Arten** des Leasings unterscheiden.

Operate- und Finanzierungs-Leasing
Nach der *Kündbarkeit bzw. dem Verpflichtungscharakter* des Vertrags werden das **Operate-Leasing** und das **Finanzierungs-Leasing** (Finance-Leasing) unterschieden.

Operate-Leasing
Beim **Operate-Leasing** liegen Mietverträge im Sinne des **BGB** (§ 535) vor. Den Vertragspartnern wird ein **Kündigungsrecht** eingeräumt. Es muss sich deshalb um Gegenstände handeln, die sich nach Auflösung des Vertrags erneut vermieten lassen. Geeignet sind Standardgüter, z. B. Kraftfahrzeuge, Kopiergeräte, Universalmaschinen.

Beim Operate-Leasing trägt der *Leasinggeber das volle Investitionsrisiko*, z. B. der technischen und wirtschaftlichen Entwertung, des zufälligen Untergangs des Leasinggegenstands. Dagegen ist das Risiko des Leasingnehmers beschränkt. Stellt sich z. B. heraus, dass das Investitionsgut für den Betriebszweck ungeeignet ist, so kann der Leasingnehmer das Vertragsverhältnis zum nächstfälligen Kündigungstermin auflösen. Zusätzliche Dienstleistungen können vereinbart werden, die von der Wartung des Fahrzeugparks bis zur vollen Kostenübernahme, z. B. Kraftfahrzeugsteuer, Versicherungen usw., reichen (*Full-Service-Vertrag*).

Finanzierungs-Leasing

Finanzierungs-Leasing-Verträge (Finance-Leasing) sind für *eine bestimmte Zeitspanne* – **Grundmietzeit** genannt – **unkündbar**. Im Gegensatz zum Operate-Leasing trägt beim Finanzierungs-Leasing der **Leasingnehmer** neben den Wartungs-, Reparatur- und Versicherungskosten während der Grundmietzeit das **volle Investitionsrisiko**, insbesondere auch die Gefahr der Überalterung durch den technischen Fortschritt.

Voll- und Teilamortisationsverträge

Im Hinblick auf die **Verwertungsmöglichkeit** des Leasinggegenstands gibt es verschiedene vertragliche Gestaltungsmöglichkeiten:

Vollamortisationsverträge (Full-pay-out-Verträge)

Die Leasingraten, die während der Grundmietzeit gezahlt werden, decken das gesamte eingesetzte Kapital des Leasinggebers: die Verzinsung für die ausstehenden Beträge, dessen Wagnis prämie und Verwaltungskosten sowie den Gewinn.

Vollamortisationsverträge mit Kaufoptionsrecht

Durch diese vertragliche Regelung ausgestattet, kann der Leasingnehmer nach Ablauf der Grundmietzeit den Leasinggegenstand erwerben. Bei Vertragsabschluss wird der Optionspreis im Voraus für das Wirtschaftsgut festgelegt.

Vollamortisationsverträge mit Mietoptionsrecht

Durch ein Mietoptionsrecht kann der Leasingnehmer nach Ablauf der Grundmietzeit eine Vertragsverlängerung (zum ermäßigten Mietpreis) verlangen.

Teilamortisationsverträge (Non-full-pay-out-Verträge)

Das eingesetzte Kapital des Leasinggebers wird durch die Leasingraten während der Grundmietzeit nicht voll gedeckt. Der Leasinggeber muss deshalb wegen des erheblichen Risikos den während der Grundmietzeit nicht gedeckten Betrag vertraglich absichern. Hierzu kommen folgende Vertragsgestaltungen infrage:

Teilamortisationsverträge mit Andienungsrecht des Leasingnehmers

Nach Ablauf der Grundmietzeit kann der Leasinggeber dem Leasingnehmer eine Vertragsveränderung vorschlagen. Wird diese nicht angenommen, kann der Leasingnehmer zum Kauf gezwungen werden. Der Kaufpreis wird bereits im Voraus bei Abschluss des Leasingvertrags festgelegt.

Teilamortisationsverträge mit Erlösbeteiligung des Leasingnehmers

Dem Leasingnehmer wird vertraglich bestätigt, nach Ablauf der Grundmietzeit bei Veräußerung des Leasinggegenstands am Erlös beteiligt zu sein, der über den Restwert hinausgeht.

7.4.3 Vergleich mit Kreditfinanzierung

Bei einer Investition gibt es für die Unternehmensleitung zwei Entscheidungsalternativen: die Wirtschaftsgüter zu kaufen oder im Rahmen eines Leasingvertrags zu nutzen. Wegen der mit dem Leasing verbundenen Kosten wird ein Unternehmer, der über ausreichend *eigene Mittel* verfügt, den Kauf der Miete vorziehen, es sei denn, das Unternehmen kann die Mittel außerhalb der eigenen Unternehmung höher verzinslich anlegen. Damit stellt sich die *Entscheidungsalternative* meist nur zwischen dem Kreditkauf und dem Leasing.

Beim **Kreditkauf** setzt sich der *Aufwand* für das Anlagegut aus den Abschreibungsbeträgen und den Zinsen zusammen; *ausgabewirksam* sind neben den Zinsen auch die Tilgungsbeiträge.

Die *Leasingraten* (Mieten) beim **Leasing** sind dagegen in voller Höhe *ausgabewirksame Aufwendungen*.

Der *Mietsatz* (Leasingsatz) ist von der Vertragsdauer (Grundmietzeit) abhängig. Die Sätze betragen im Allgemeinen

- bei 3-jähriger Vertragsdauer monatlich etwa 3,1 bis 3,7 %,
- bei 4-jähriger Vertragsdauer monatlich etwa 2,5 bis 3 %,
- bei 5-jähriger Vertragsdauer monatlich etwa 2 bis 2,5 % vom Kaufwert.

Vielfach wird auch eine einmalige Abschlussgebühr bzw. Anzahlung von 0 bis 20 % der Kaufsumme erhoben.

Die Leasingraten können während der Laufzeit **linear**, **degressiv** oder **progressiv** gestaltet werden. Die Vereinbarung von gleichbleibenden Raten (linearer Verlauf) ist üblich.

Stellt man die zu zahlenden Leasingraten in einer **Vergleichsrechnung** den im gleichen Zeitraum anfallenden Aufwendungen bzw. Ausgaben beim Kreditkauf gegenüber, so kann die ermittelte *Mehr- bzw. Minderbelastung* einer Finanzierungsart dem Unternehmer eine wertvolle Entscheidungshilfe geben.

vgl. Fallbeispiel Seite 304

Eine Sonderform des Leasings ist das **sale-and-lease-back**, bei dem ein bereits im Eigentum des künftigen Leasingnehmers stehendes Investitionsgut an die Leasinggesellschaft veräußert und anschließend über einen Leasingvertrag weiter genutzt wird.

Fallbeispiel

Aufgabe 2
Seite 306 f.

Ein mittelständisches Unternehmen benötigt eine Maschine zum Anschaffungspreis von 100 000,00 EUR. Die Maschine hat eine betriebsgewöhnliche Nutzungsdauer von 8 Jahren und soll linear abgeschrieben werden. Es eröffnen sich die folgenden Finanzierungsmöglichkeiten:

- **Angebot der Hausbank:** Darlehen in Höhe von 100 000,00 EUR, Zinssatz 8 %, Ratentilgung pro Jahr 20 %, Auszahlung des Darlehens zu 100 %.
- **Angebot einer Leasinggesellschaft** (Finance-Leasing): Miete monatlich während der 4-jährigen Grundmietzeit 3 % des Kaufwerts. Bei Vertragsverlängerung (Verlängerungsoption) ermäßigt sich die jährliche Miete auf 12,5 % des Kaufwerts.

Zinszahlung, Tilgung und Zahlung der Leasingraten erfolgen jeweils am Jahresende.

1. Welche finanzielle Gesamtbelastung ergibt sich beim Kreditkauf und beim Leasing, wenn das Unternehmen die Maschinen 8 Jahre benötigt?
2. Wie hoch ist der gesamte Aufwand bei beiden Finanzierungsmöglichkeiten bzw. wie verteilt sich dieser während der Nutzungsdauer?

Lösung

Vergleichsrechnung: Kreditkauf – Leasing

Jahr	Kreditkauf					Leasing	Unterschied Leasing – Kreditkauf	
	Tilgung 20 % EUR	Zinsen 8 % EUR	Ausgabe (Geld-abfluss) EUR	Abschrei-bungen 12,5 % linear EUR	Aufwand EUR	Raten-zahlung p. a. 36 % bzw. 12,5 % EUR	Ausgabe (Geld-abfluss) EUR	Aufwand EUR
1	20 000,00	8 000,00	28 000,00	12 500,00	20 500,00	36 000,00	+ 8 000,00	+ 15 500,00
2	20 000,00	6 400,00	26 400,00	12 500,00	18 900,00	36 000,00	+ 9 600,00	+ 17 100,00
3	20 000,00	4 800,00	24 800,00	12 500,00	17 300,00	36 000,00	+ 11 200,00	+ 18 700,00
4	20 000,00	3 200,00	23 200,00	12 500,00	15 700,00	36 000,00	+ 12 800,00	+ 20 300,00
5	20 000,00	1 600,00	21 600,00	12 500,00	14 100,00	12 500,00	– 9 100,00	– 1 600,00
6	–	–	–	12 500,00	12 500,00	12 500,00	+ 12 500,00	+– 0
7	–	–	–	12 500,00	12 500,00	12 500,00	+ 12 500,00	+– 0
8	–	–	–	12 500,00	12 500,00	12 500,00	+ 12 500,00	+– 0
Summe	100 000,00	24 000,00	124 000,00	100 000,00	124 000,00	194 000,00	+ 70 000,00	+ 70 000,00

+ = mehr Aufwand bzw. Auszahlung beim Leasing
– = weniger Aufwand bzw. Auszahlung beim Leasing

1. Die finanzielle Gesamtbelastung beträgt beim Leasingvertrag 194 000,00 EUR und beim Kreditkauf 124 000,00 EUR. Mit Ausnahme des 5. Jahres ist der Geldabfluss beim Leasing stets höher als bei der Kreditfinanzierung.
2. Auch der Aufwand ist beim Leasing um 70 000,00 EUR höher als beim Kreditkauf. Die Aufwandsbelastung verläuft beim Kreditkauf während der Nutzungsdauer degressiv. Beim Leasing ist der Aufwand während der Grundmietzeit konstant. Zum Zeitpunkt der Anschlussmiete sinkt er auf 12 500,00 EUR und bleibt dann während der Restnutzungszeit ebenfalls unverändert.

Aufgabe 3
Seite 307 f.

Um endgültig festzustellen, ob der Abschluss eines Leasingvertrags oder ein Kreditkauf letztlich vorteilhafter ist, darf man sich nicht allein auf eine Ausgabenrechnung und einen Aufwandsvergleich beschränken (vgl. Tabelle). So werden u. a. die Leasingraten bzw. die Zinsen und Abschreibungen beim Kreditkauf in einer weiterführenden Vergleichsrechnung in ihren steuerlichen Auswirkungen (Steuerminderung) berücksichtigt.

Zudem spielt bei Investitionsentscheidungen unter finanzwirtschaftlichen Gesichtspunkten auch der Zeitpunkt des Geldabflusses eine wichtige Rolle. Zahlungen in den ersten Jahren haben einen größeren Stellenwert als Zahlungen, die weiter in der Zukunft liegen. Letztere müssten aus Gründen der Vergleichbarkeit noch abgezinst werden.

7.4.4 Vor- und Nachteile

Unternehmen, die in großem Umfang Investitionsgüter leasen, gelten im Allgemeinen als wachstums-, wettbewerbs- und zukunftsorientiert. Vor allem für Existenzgründer stellt Leasing – wegen der häufig knappen Kapitalausstattung – eine wichtige Finanzierungsalternative dar.

Wenn auch das Leasing *grundsätzlich teurer* ist als die Finanzierung eines Investitionsguts über einen Bankkredit, so sind mit dieser Finanzierungsart doch Vorteile verbunden, die zu der ständig zunehmenden Beliebtheit des Leasings in der deutschen Wirtschaft geführt haben.

Als wesentliche **Vorteile** gelten:

- Leasingvertrag und Investitionsgut allein reichen zur Kreditsicherung aus. 100 % des Anschaffungswerts der Anlagen können finanziert werden. Beim Bankkredit müssen vielfach zusätzliche Sicherheiten gestellt werden und nur ein bestimmter Beleihungswert wird finanziert.
- Leasingraten sind als Aufwand steuerlich abzugsfähig.
- Eine vorübergehende Kapazitätsausweitung, z. B. bei günstiger saisonaler oder konjunktureller Gelegenheit und bei bestehendem Engpass an Zahlungsmitteln, kann gewagt werden, ohne dass es langfristiger Bindungen (Verpflichtungen) bedarf.

Aufgabe 1
Seite 306

- Leasing befreit Unternehmen von dem stoßartig auftretenden Bedarf an flüssigen Mitteln beim Kauf von Anlagegütern.
- Sonderformen des Leasings mit der vertraglichen Vereinbarung einer jederzeitigen Umtauschmöglichkeit des Leasinggegenstands ermöglichen eine flexible Anpassung an die betrieblichen Bedürfnisse.
- Beim Operate-Leasing, z. B. bei der Miete des Fuhrparks, verfügt der Leasingnehmer bei entsprechender Vertragsgestaltung (Full-Service-Vertrag) über stets betriebsbereite Fahrzeuge in der erforderlichen Anzahl.
- Leasing erlaubt die Konzentration der Investitionstätigkeit auf das Kerngeschäft und damit eine schlankere und flexiblere Produktion.
- Leasingraten stellen während der Vertragsdauer eine feste Aufwandsgröße dar und bieten damit dem Unternehmer eine sichere Kalkulationsgrundlage.

Als **Nachteile** werden neben den hohen Kosten häufig genannt:

- Die Leasingraten sind in voller Höhe ausgabewirksame Kosten, welche die Liquidität des Unternehmens belasten. Beim kreditfinanzierten Kauf fallen Ausgaben in Form von Zinsen und Tilgungen an. Bei Zahlungsschwierigkeiten des Leasingnehmers kann der Leasinggeber den Vertrag fristlos kündigen und dem Betrieb das Investitionsgut wegnehmen.
- Die Unkündbarkeit des Leasingvertrags während der Grundmietzeit beeinträchtigt die betriebliche Anpassungsfähigkeit. Im Gegensatz zum Leasingnehmer kann der Käufer das Investitionsgut z. B. jederzeit aus dem Betrieb nehmen und abschreiben, wenn es veraltet ist (Sonderabschreibung) bzw. verkaufen.

Zusammenfassende Übersicht zu Kapitel 7.4: Leasing

Leasing

Merkmale

- Überlassung von Sachgütern zur Nutzung gegen Entgelt
- Sachkredit

Arten

- nach dem Leasinggegenstand
  - Mobilienleasing
  - Immobilienleasing
- nach dem Leasinggeber
  - direktes Leasing
  - indirektes Leasing
- nach der Kündbarkeit
  - Operate-Leasing
  - Finanzierungs-Leasing

Vor- und Nachteile

+ keine zusätzlichen Sicherheiten
+ Leasingraten steuerlich abzugsfähig
+ schlankere Produktion

– häufig teurer als Kreditkauf
– mangelnde Flexibilität während der Grundmietzeit

Wiederholung des Grundwissens

1. Was versteht man unter Leasing?
2. Wie unterscheiden sich Operate- und Finanzierungs-Leasing?
3. Welche Positionen werden beim Kreditkauf und Leasing auf der Ausgaben- und Aufwandsseite verglichen?
4. Welche wesentlichen Argumente sprechen für das Leasing?

Aufgaben und Probleme

1. Wie beurteilen Sie die folgenden, von großen Leasinggesellschaften in einem Prospekt hervorgehobenen Vorteile des Leasings:
   a) „Leasing heißt für den Unternehmer: Investieren ohne Kapitaleinsatz."
   b) „Leasing bringt Steuererleichterungen: Leasingraten sind Betriebsausgaben, die sofort und in voller Höhe steuerlich abzugsfähig sind."
   c) „Leasing erhält den Kreditspielraum, da die Sicherungsgegenstände im Eigentum des Kreditnehmers unbelastet bleiben. Das Bilanzbild wird durch Leasing nicht verschlechtert."

2. Ein Unternehmer steht vor der Alternative, ein Investitionsgut im Anschaffungswert von 500 000,00 EUR zu leasen bzw. nach Kreditaufnahme (Vollfinanzierung) zu kaufen. Er überprüft die folgenden Angebote:

Angebot der Südwestbank AG: Darlehen von 500 000,00 EUR, Zinsfuß 9 %, Tilgung in 10 gleichen Jahresraten, beginnend am Ende des ersten Jahres der Laufzeit.
Angebot der Finance-Leasing GmbH: Monatliche Miete während der Grundmietzeit von vier Jahren 15 000,00 EUR, nach Verlängerungsoption 4 500,00 EUR.

a) Führen Sie einen Kostenvergleich für die Grundmietzeit durch. Nutzungsdauer der beweglichen abnutzbaren Anlage 10 Jahre, lineare Abschreibung.
b) Führen Sie einen Kostenvergleich für die gesamte Nutzungsdauer durch.
Stellen Sie für die Berechnungen nach a) und b) eine Tabelle nach folgendem Muster auf:

Kreditkauf						Leasing	Unterschied	
							Leasing – Kreditkauf	
Jahr	Tilgung	Zinsen	Ausgabe	Abschreibungen	Aufwand	Zahlungen (in Grundmietzeit; nach Verlängerung)	Ausgabe	Aufwand

c) Beurteilen Sie den Vergleich.

3. **Fallstudie: Kreditkauf oder Leasing bei der Chemnitzer Werkzeugmaschinen GmbH**

Situation:

Die Hersteller von Werkzeugmaschinen peilen nach der Rezessionsphase 2008/2009 eine Steigerung ihres Produktionswerts an, weil Abnehmer wie die Automobil- und Elektroindustrie ihre Investitionsbudgets kräftig aufgestockt haben.
Die Auftragssituation hat sich auch bei der Werkzeugmaschinen GmbH Chemnitz erheblich verbessert. Dies betrifft vor allem die neue Generation numerisch gesteuerter Bearbeitungszentren in Horizontalbauweise für mittlere bis sehr große Werkstücke. Die Chemnitzer Werkzeugmaschinen GmbH befindet sich im Konzernverbund mit dem westdeutschen Werkzeugmaschinenhersteller Ferdinand Holzwarth AG. Die Konzernbilanz der Ferdinand Holzwarth AG, in der die Chemnitzer Werkzeugmaschinen GmbH unter den Finanzanlagen erscheint, wies im Jahr 2009 eine Eigenkapitalquote von 21 % auf.

Angaben aus dem Anhang:

Von den gesamten Verbindlichkeiten in Höhe von 317,3 Mio. EUR haben 223,1 Mio. EUR (= 70 %) eine Restlaufzeit von bis zu einem Jahr. Aus Leasingverträgen werden Verpflichtungen in den Jahren 2007 bis 2010 in Höhe von 15,8 Mio. EUR fällig. Die Darlehensverbindlichkeiten gegenüber Kreditinstituten sind durch Grundschulden abgesichert. Die Vorräte sind an Kreditinstitute sicherungsübereignet. Die Forderungen aus Lieferungen und Leistungen sind an Kreditinstitute abgetreten. Durch die in der Rezession eingetretenen Verluste bzw. durch den jetzt hohen Auftragszugang und Investitionsbedarf wird lt. Finanzplanung in den kommenden drei Jahren mit einer angespannten Liquiditätslage gerechnet.
In einer der fünf Hallen des Werkes Chemnitz, die bereits erweitert worden ist, wird eine zusätzliche Fertigungsanlage im Investitionswert von 1 020 000,00 EUR beschafft.
25 neue Mitarbeiter werden eingestellt. Die Lagerbestände müssen erweitert werden.

Zur Finanzierung stehen zur Wahl:

- **Aufnahme eines Bankkredits:** Zinssatz 8 %, Tilgung in 6 gleichen Jahresraten. Zinszahlung und Tilgung erfolgen jeweils am Ende des Jahres. Die Anlage soll handelsrechtlich gemäß der tatsächlichen Abnutzung in den ersten drei Jahren mit 20 % geometrisch-degressiv, in den drei Folgejahren linear abgeschrieben werden (Nutzungsdauer 6 Jahre).
- **Leasen der Anlage:** Abschlussgebühr 10 % vom Anschaffungswert von 1 020 000,00 EUR. Der Vertrag ist drei Jahre unkündbar. In den ersten drei Jahren beträgt die Monatsmiete 3 % vom Kaufpreis. Bei Vertragsverlängerung wird eine Jahresmiete von 17 % des Anschaffungswerts berechnet. Zahlung der Abschlussgebühr und der Leasingrate erfolgt am Jahresende.

Arbeitsaufträge:

a) Vergleichen Sie die Finanzierungsalternativen im Hinblick auf die Liquiditäts-, Aufwands- und Steuerbelastung. Legen Sie der Berechnung einen Steuersatz von 30 % für die vom Gewinn zu zahlenden Steuern zugrunde. Verwenden Sie dazu eine Tabelle nach dem folgenden Muster:

Jahr	Kreditkauf						Leasing		
	Tilgung	Zinsen	Ausgabe	Abschreibungen	Aufwand	Steuerminderung	Ausgabe	Aufwand	Steuerminderung

b) Die endgültige Entscheidung zwischen den Finanzierungsalternativen soll nach der Bewertung weiterer Entscheidungskriterien getroffen werden. Erstellen Sie hierzu eine Entscheidungsbewertungstabelle nach dem folgenden Muster:

Entscheidungskriterium	Gewichtung	Leasing		Kreditkauf	
		Punkte	gewichtete Punkte	Punkte	gewichtete Punkte
Liquiditätsbelastung					
Aufwandsbelastung					
Freihaltung des künftigen Kreditspielraums					
Investitionsrisiko					
Summe					

c) Entscheiden Sie über Kreditkauf oder Leasing. Gewichten Sie die Kriterien (Summe der Gewichte muss 10 betragen). Bewerten Sie die gewichteten Kriterien mit Punkten.
Hinweis: 3 Punkte = Kriterium sehr gut erfüllt
2 Punkte = Kriterium gut erfüllt
1 Punkt = Kriterium ausreichend erfüllt
0 Punkte = Kriterium nicht erfüllt

1.5 Kreditsicherheiten

Claudia Mahler arbeitet als kaufmännische Angestellte und verdient monatlich 1 500,00 EUR netto. Ihr Freund, Francesco Brunetti, steht kurz vor dem Abschluss eines Kaufvertrages über eine kleine Eigentumswohnung. Damit die Finanzierung steht, bittet er seine Freundin, eine selbstschuldnerische Bürgschaft in Höhe von 30 000,00 EUR zu übernehmen und stellt ihr in Aussicht, dass sie bereits in einem Monat bei ihm einziehen könne. Claudia, die sehr verliebt in Francesco ist, unterzeichnet die Bürgschaftsurkunde (siehe Folgeseite) und zieht auch nach dem Kauf in die Wohnung ein.

Francesco kommt leider bereits nach einem Jahr in Zahlungsschwierigkeiten und die Bank fordert Claudia auf, die Zins- und Tilgungsleistung für das Darlehen in Höhe von monatlich 200,00 EUR zu übernehmen. Nachdem Francesco sie auch noch verlassen hat, möchte Claudia nicht auch noch für dessen Schulden aufkommen, zumal ihr Freund seit kurzem ein teures Auto fährt.

1. Schätzen Sie, wie lange es dauert, bis Claudia die Schulden von Francesco abgetragen hat.
2. Kann Claudia die Zahlung verweigern?

1.5.1 Bürgschaft

Wesen der Bürgschaft

Durch den Bürgschaftsvertrag verpflichtet sich der Bürge gegenüber dem Gläubiger (z. B. Bank) für die Rückzahlung der Verbindlichkeiten des Schuldners einzustehen.

§§ 765 ff. BGB
§§ 349–350 HGB

Für die Bürgschaft von Privatpersonen ist Schriftform vorgesehen. Die Bürgschaft setzt das Bestehen einer Hauptschuld voraus (Akzessorietät).

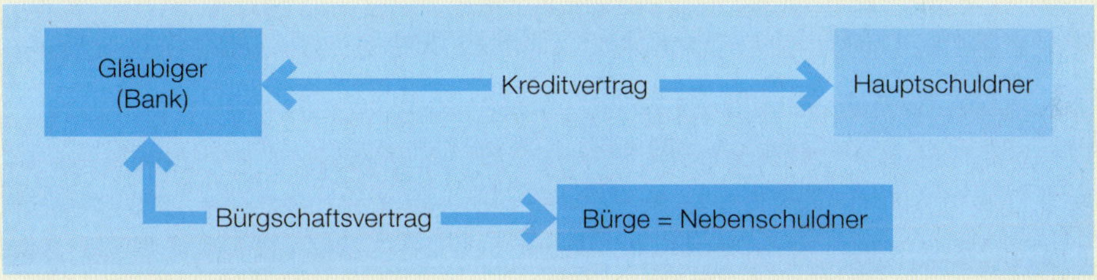

Eine **gewöhnliche Bürgschaft** liegt vor, wenn im Bürgschaftsvertrag keine besonderen Vereinbarungen getroffen wurden und der Bürge das „Recht auf Einrede der Vorausklage" hat, d. h., er muss erst dann leisten, wenn Zwangsvollstreckungsmaßnahmen des Gläubigers beim Hauptschuldner erfolglos geblieben sind. Da diese Maßnahmen für den Gläubiger zeitraubend und kostspielig sind, verlangen Banken stets eine selbstschuldnerische Höchstbetragsbürgschaft. § 771 BGB

Bürgschaftsurkunde

Die

Stuttgarter Hypothekenbank AG
Bahnhofstr. 20
70036 Stuttgart — nachstehend Gläubigerin genannt –

hat *Herrn Francesco Brunetti, Lessingstr. 58, 70806 Kornwestheim* – nachstehend Schuldner genannt –
als Gesamtschuldner folgendes Darlehen gewährt:

Darlehens-Nr.	Darlehensbetrag in EUR	Zinssatz in % jährlich	Monatsrate in EUR
13875827	*30.000,00*	*4,0*	*150,00*

Für dieses Darlehen übernimmt *Claudia Mahler, Lemberger Weg 12, 74354 Besigheim* – nachstehend Bürge genannt – für die Darlehensforderung zuzüglich Zinsen, Kosten und Nebenleistungen die

selbstschuldnerische Bürgschaft.

Bürgschafts-Nummer									
3	*8*	*4*	*2*	*7*	*3*	*6*	*1*	*1*	*9*

Die Ansprüche der Gläubigerin gegen den Schuldner sollen weder ganz noch teilweise auf den Bürgen übergehen, bevor die Gläubigerin nicht vollständig befriedigt ist. Bis dahin gelten etwaige Zahlungen des Bürgen als Sicherheitsleistungen. Die Gläubigerin ist jedoch berechtigt, sich jederzeit aus den vom Bürgen bezahlten Beträgen zu befriedigen.

Die Gläubigerin ist verpflichtet, den Bürgen auf dessen Wunsch vom jeweiligen Stand der Hauptschuld zu unterrichten.

Die Gläubigerin darf alle vom Schuldner oder für dessen Rechnung geleistete Zahlungen sowie dessen etwaige Gegenforderungen zunächst auf ihre Ansprüche verrechnen, welche durch diese Bürgschaft nicht gedeckt sind.

Erfüllungsort und Gerichtsstand ist Stuttgart.

Stuttgart, 08.06.20..

Claudia Mahler
Unterschrift

Widerrufsbelehrung
Sie können die Bürgschaftserklärung innerhalb von zwei Wochen ohne Angabe von Gründen in Textform (z.B. Brief, Fax, E-Mail) widerrufen. Die Frist beginnt einen Tag, nachdem Sie ein Exemplar dieser Belehrung in Textform und eine Abschrift der Bürgschaftsurkunde erhalten haben. Zur Wahrung der Widerrufsfrist genügt die rechtzeitige Absendung des Widerrufs. Der Widerruf ist zu richten an:

Stuttgarter Hypothekenbank AG, Bahnhofstr. 20, 70036 Stuttgart

Erhalt der Widerrufsbelehrung und der Bürgschaftsurkunde
Ein Exemplar der Widerrufsbelehrung und der Bürgschaftsurkunde habe ich erhalten.

Stuttgart, 08.06.20..

Claudia Mahler
Unterschrift

Merkmale der selbstschuldnerischen Höchstbetragsbürgschaft

1. Der Bürge hat kein Recht auf Einrede der Vorausklage. § 773 BGB
2. Der Gläubiger kann sich bei Zahlungsschwierigkeiten des Hauptschuldners sofort direkt an den Bürgen wenden.
3. Das Risiko des Bürgen ist auf den im Bürgschaftsvertrag genannten Höchstbetrag begrenzt.

Wird im Interesse des Bürgen ein Höchstbetrag festgelegt, bis zu dem er haftet, so wird dieser Betrag in der Regel etwas höher als der Kredit angesetzt, damit neben der Hauptsumme auch die Zinsen und Auslagen durch die Bürgschaft gedeckt sind. Zahlt der Bürge an den Gläubiger, erlischt die Bürgschaftsverpflichtung. Die Forderung gegen den Hauptschuldner geht auf den Bürgen über. Durch den Tod des Bürgen erlischt die Bürgschaft jedoch nicht (Nachlassverbindlichkeit).

Aufgaben 1 u. 2 Seite 316

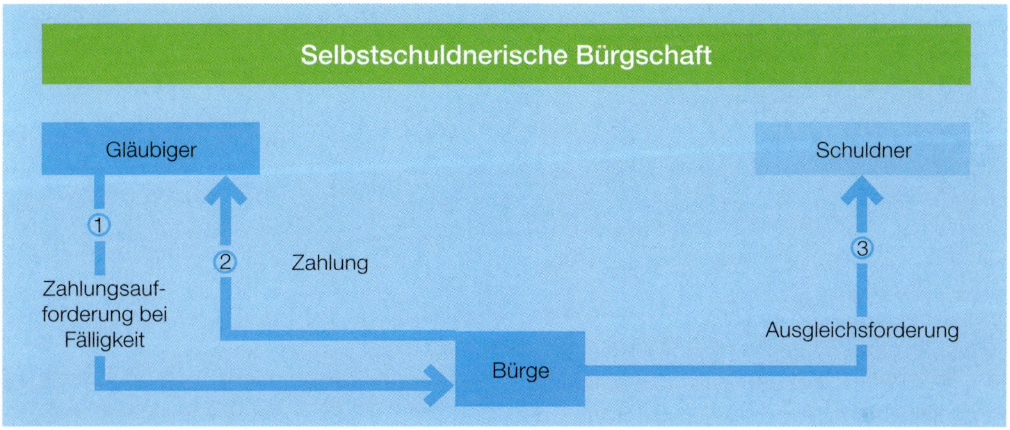

Aufgabe 4 Seite 316

Die Banken prüfen die Bonität des Bürgen genauso sorgfältig wie die des Hauptschuldners. Bürgschaften von Personen ohne ausreichendes Einkommen oder Vermögen sind wirtschaftlich wertlos und werden nicht akzeptiert.

Aufgabe 3 Seite 316

Vor dem Abschluss eines Bürgschaftsvertrages haben Banken, vor allem gegenüber in geschäftlichen Dingen unerfahrenen Personen, umfassende Aufklärungspflichten über die Risiken einer Bürgschaft. Ansonsten liegt unter Umständen ein Verstoß gegen den Grundsatz von Treu und Glauben vor – mit der Folge, dass der Bürgschaftsvertrag nichtig ist. Auch wenn die Verpflichtungen aus einer Bürgschaft die finanzielle Leistungsfähigkeit des Bürgen dauerhaft weit übersteigen, kann die Bürgschaft sittenwidrig und der Bürgschaftsvertrag somit nichtig sein.

Der Bürge hat bei einem Bankkredit das Recht, seine Bürgschaftserklärung innerhalb von zwei Wochen schriftlich zu widerrufen. Über das Widerrufsrecht muss er vom Gläubiger belehrt werden.

vgl. Urkunde Seite 310

7.5.2 Sicherungsübereignung

In einem gesonderten Vertrag wird das Eigentum an einer beweglichen Sache durch Einigung auf den Gläubiger übertragen; die Übergabe wird durch die Vereinbarung ersetzt, dass der Schuldner im Rahmen eines Leih- oder Verwahrungsverhältnisses unmittelbarer Besitzer der Sache bleibt (**Besitzkonstitut**).

vgl. Vertrag Seite 313

Aufgaben 5–7 Seite 316 ff.

Durch die Überlassung des Besitzes kann der Schuldner weiterhin die verpfändeten Sachen benutzen. Der Gläubiger erwirbt zwar Dritten gegenüber volles Eigentum, dem Schuldner gegenüber ist seine Verfügungsgewalt über die Sache auf das Verwertungsrecht bei Pfandreife beschränkt. Tatsächlich soll ihm ja auch nicht das endgültige Eigentum wie beim Kauf oder bei einer Schenkung übertragen, sondern lediglich ein „besitzloses“ Pfandrecht eingeräumt werden.

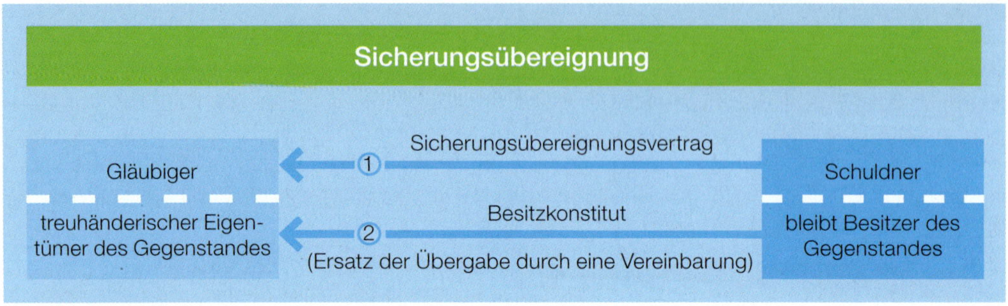

Da die Sicherungsübereignung nach außen nicht erkennbar ist, riskiert der Gläubiger, dass die Sache bereits anderweitig übereignet wurde oder dass der Gegenstand an einen gutgläubigen Dritten veräußert wird. Die Sache kann beschädigt oder zerstört werden. Wegen dieser Gefahren und wegen des ungewissen Verwertungserlöses wird nur ein bestimmter Prozentsatz des Wertes der übertragenen Gegenstände beliehen. Mit der Tilgung der Schuld geht das Eigentum automatisch wieder auf den Schuldner über.

In der Praxis werden im Privatbereich vor allem Kraftfahrzeuge sicherungsübereignet. Die Bank verlangt hier die Übergabe des Kraftfahrzeugbriefes. Damit ist es dem Kreditnehmer nicht mehr möglich, das Fahrzeug an einen gutgläubigen Dritten zu veräußern. Zudem muss der Schuldner in der Regel eine Vollkaskoversicherung abschließen, damit bei Zerstörung des Sicherungsgutes (z. B. Unfall) die Versicherungsleistungen zur Deckung der Schulden herangezogen werden können.

Arten der Sicherungsübereignung	
Sicherungsübereignung von einzelnen Sachen	Sicherungsübereignung von mehreren Sachen
↓	↓
genaue Bezeichnung des Sicherungsgutes	Bestimmung der Sicherungsgüter durch • Markierungsvertrag (z. B. Festlegung des Orts von Maschinen auf einem Lageplan) • Raumsicherungsvertrag (z. B Sicherungsübereignung aller Waren in einem Lagerraum)

Kreissparkasse

Diktatzeichen: Mü/he
Datum: ..-03-20

Sicherungsübereignungsvertrag

zwischen
der Kreissparkasse Heilbronn – Sparkasse –

und Herrn
Michael Pflüger
Frankfurter Straße 106
74074 Heilbronn – Sicherungsgeber –

Zur Sicherung **aller gegenwärtigen und künftigen Ansprüche** der Sparkasse gegen den Sicherungsgeber sowie gegen

siehe Sicherungsgeber

– Kreditnehmer –

aus Kredit- und Darlehensgewährung und aus der sonstigen Geschäftsverbindung, insbesondere aus laufender Rechnung, Darlehen, Wechseln (auch soweit sie von Dritten hereingegeben worden sind), Abtretungen oder gesetzlichem Forderungsübergang und auch für den Fall eines Wechsels des Inhabers oder einer Änderung der Rechtsform der Firma des Kreditnehmers sowie des Sicherungsgebers, überträgt der Sicherungsgeber der Sparkasse das Eigentum an folgendem Kraftfahrzeug:

Hersteller Mercedes-Benz
Typ SLK 230 Kompressor

Fahrgestell-Nr. WDB1240231A358372
Amtl. Kennzeichen HN - AH 48

Kfz.-Brief-Nr. 91174052
Baujahr 2006

Werden übereignete Teile des Kraftfahrzeugs (selbständige Sachen, Bestandteile oder Zubehör) ausgetauscht, so einigen sich, soweit dies zum Eigentumsübergang auf die Sparkasse erforderlich ist, der Sicherungsgeber und die Sparkasse schon jetzt, dass das Eigentum an den neu eingefügten Sachen mit der Einfügung auf die Sparkasse übergeht. Mit dem Zeitpunkt der Einfügung wird die Sparkasse das Eigentum an den ausgetauschten Sachen auf den Sicherungsgeber zurückübertragen. Die Übergabe des Kraftfahrzeugs oder der neu eingeführten Sachen wird durch die Vereinbarung ersetzt, dass der Sicherungsgeber das vorbezeichnete Kraftfahrzeug oder die Sachen weiterhin leihweise zur Benützung erhält. Die Sparkasse kann das Leihverhältnis widerrufen und das Fahrzeug in Besitz nehmen, soweit sie dies für erforderlich hält. Der Sicherungsgeber übernimmt jedoch gleichzeitig die volle Haftung für den übereigneten Gegenstand und gilt im Sinne der gesetzlichen Vorschriften als Halter des Kraftfahrzeugs. Der Sicherungsgeber ist verpflichtet, sämtliche vorkommenden Schäden sofort auf seine Kosten ausbessern zu lassen. Er versichert, dass das übereignete Kraftfahrzeug ausreichend versichert ist. Wird anstelle der übereigneten Sachen eine Entschädigung (Versicherungssumme) gezahlt, so steht diese der Sparkasse zu. Alle gegenwärtigen und künftigen Ansprüche des Sicherungsgebers an die Versicherung und gegebenenfalls an einen Schädiger und dessen Versicherung werden hiermit an die Sparkasse abgetreten.

Der Sicherungsgeber versichert ausdrücklich, dass das Kraftfahrzeug sein freies und unbelastetes Eigentum ist. Der Kraftfahrzeugbrief ist der Sparkasse übergeben.

Sobald die Sparkasse wegen aller ihrer Ansprüche gegen den Sicherungsgeber und Kreditnehmer befriedigt ist, ist sie verpflichtet, ihre Rechte an dem Sicherungsgut auf den Sicherungsgeber zurückzuübertragen. Falls ein Bürge oder ein sonstiger Dritter die Sparkasse befriedigt hat, ist sie berechtigt, die Rechte an dem Sicherungsgut auf diesen Bürgen oder Dritten zu übertragen.

Sollten Vereinbarungen dieses Vertrages ganz oder teilweise rechtsunwirksam sein oder nicht durchgeführt werden, so bleiben doch die übrigen Vereinbarungen wirksam.

Es wird ausdrücklich darauf hingewiesen, dass ergänzend die Allgemeinen Geschäftsbedingungen der Sparkasse Vertragsbestandteil sind. Sie liegen in den Kundenräumen der Sparkasse zur Einsicht auf.

Kreissparkasse Heilbronn

Unterschrift des Sicherungsgebers

7.5.3 Grundschuld

Wesen der Grundpfandkredite

Aufgabe 5 Seite 316 f.

Durch Einigung und Eintragung im Grundbuch wird zugunsten des Gläubigers ein **Pfandrecht** an einer **unbeweglichen Sache**, d. h. einem Grundstück, bestellt. Die Eintragung ersetzt die Übergabe, die ja bei einem Grundstück nicht möglich ist. Grundpfandrechte sind die idealen Sicherungsmittel für langfristige Kredite, da sie den Gläubiger von Veränderungen in den geschäftlichen und persönlichen Verhältnissen des Schuldners weitgehend unabhängig machen und nennenswerte Wertminderungen nicht zu erwarten sind. Für kurzfristige Kredite wäre im Übrigen die Bestellung eines Grundpfandrechts auch zu umständlich und kostspielig.

Als Sicherungsmittel können Hypotheken oder Grundschulden im Grundbuch als Belastungen in Abteilung III eingetragen werden.

Die Grundschulden können mit erstem, zweitem, drittem **Rang** usw. eingetragen sein. Bei einer Zwangsvollstreckung muss zuerst die Forderung mit erstem Rang voll befriedigt werden, dann die mit zweitem Rang usw. Ist der Wert des Grundstücks geringer als die eingetragenen Belastungen, so können die mit letztem Rang eingetragenen Grundpfandrechte nur teilweise oder gar nicht befriedigt werden (§ 879 BGB).

Erster Rang	Zweiter Rang	Dritter Rang	Vierter Rang
40 000,00 EUR	50 000,00 EUR	20 000,00 EUR	10 000,00 EUR

gedeckt durch Wert des Grundstücks mit 100 000,00 EUR

ungedeckt 20 000,00 EUR

Kreditinstitute legen Wert auf den ersten Rang und beleihen in der Regel nicht mehr als 60–80 % des Grundstückswerts.

Die Grundschuld (§§ 1191 ff. BGB)

Ein Grundstück wird in der Weise belastet, dass an den Berechtigten eine bestimmte Summe aus dem Grundstück zu zahlen ist. Die Eintragung einer Grundschuld setzt **keine persönliche Forderung** voraus. Deshalb bleibt die Grundschuld in unveränderter Höhe bestehen, auch wenn der Kredit teilweise zurückbezahlt wurde.

Die Grundschuld ist also eine **dingliche Schuld**, die von der Person des Schuldners losgelöst ist (**abstrakte** Grundstücksbelastung). Nur das Grundstück haftet.

Die Grundschuld wird in der Regel mit *Zwangsvollstreckungsklausel* eingetragen, sodass im Falle des Verzuges ein schneller Zugriff des Kreditgebers möglich ist. Auf das langwierige Einklagen eines vollstreckbaren Titels gegen den Eigentümer kann dann verzichtet werden.

Bei **Rückzahlung der Schuld** kann der Eigentümer die Grundschuld mit Einwilligung des Gläubigers (Löschungsbewilligung) löschen lassen oder sie stehen lassen, um einen späteren Kreditbedarf rasch befriedigen zu können.

Die Grundschuld hat in der Praxis die Hypothek als Sicherungsinstrument nahezu verdrängt. Dies liegt daran, dass sich die Grundschuld sowohl zur Sicherung von Krediten mit schwankender Forderungshöhe als auch für langfristige Tilgungsdarlehen hervorragend eignet.

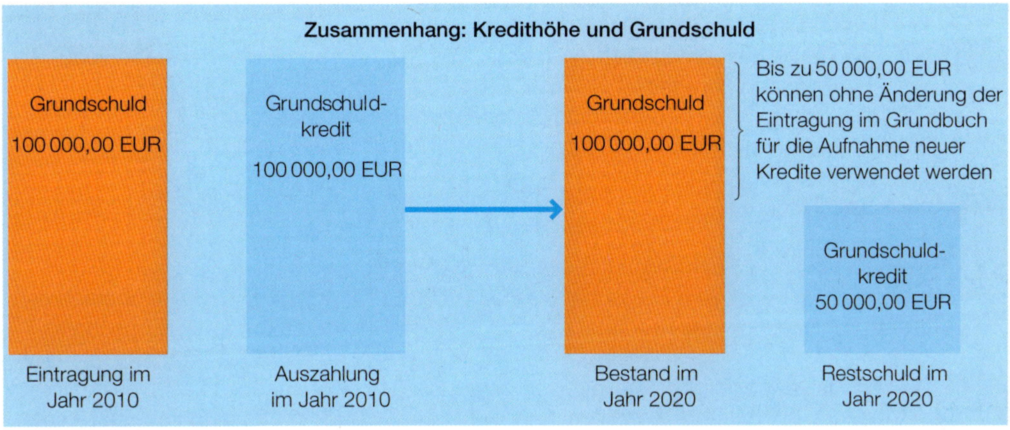

Zusammenfassende Übersicht zu Kapitel 7.5: Kreditsicherheiten

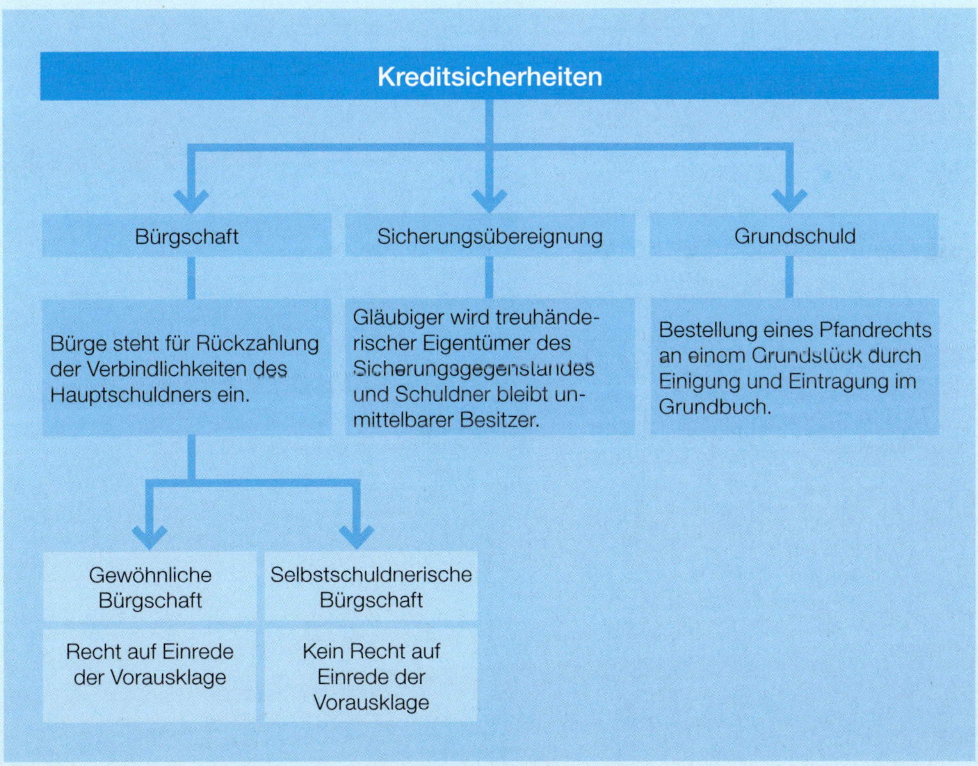

Wiederholung des Grundwissens

1. Was versteht man unter einer Bürgschaft?
2. Welche Arten der Bürgschaft können unterschieden werden?
3. Wie erfolgt die Sicherungsübereignung?
4. Wie sind die Rechtsverhältnisse zwischen Gläubiger und Schuldner bei einer Sicherungsübereignung geregelt?
5. Warum eignet sich die Grundschuld besonders gut als Kreditsicherheit?
6. Welche Bedeutung hat der Rang einer Eintragung der Grundschuld?

Aufgaben und Probleme

1. Angenommen, die Bank verlangt zur Sicherung eines Kontokorrentkredits einen Bürgen. Karl Winter ist bereit, eine Bürgschaft im Höchstbetrag von 10 000,00 EUR zu übernehmen.
   a) In welcher Situation des Kreditnehmers müsste die Bank wohl auf einer Bürgschaft bestehen?
   b) Warum wird der Höchstbetrag der Bürgschaft häufig höher angesetzt als die Kreditlinie?
   c) In welcher Höhe besteht die Bürgschaft, wenn der Schuldner den eingeräumten Kontokorrentkredit
      - nicht beansprucht;
      - die Beanspruchung einschließlich der Zinsen 12 500,00 EUR beträgt?

      Begründen Sie Ihre Antwort.
   d) Warum akzeptieren die Banken nur die selbstschuldnerische Bürgschaft?

2. Die Bürgschaft ist – in rechtlicher Hinsicht –
   a) ein einseitiges Rechtsgeschäft,
   b) ein zweiseitiges Rechtsgeschäft,
   c) ein einseitig verpflichtendes Rechtsgeschäft,
   d) ein zweiseitig verpflichtendes Rechtsgeschäft.

   Welche Aussage bzw. Aussagen halten Sie für richtig?

3. Wie beurteilen Sie den Satz: „Jede Sicherheit ist letztlich nur so viel wert wie der Schuldner selbst"?

4. Warum verlangen Banken vielfach beim Abschluss von Kreditverträgen mit neu gegründeten Gesellschaften mit beschränkter Haftung (GmbH), dass die Gesellschafter eine selbstschuldnerische Bürgschaft für die GmbH übernehmen?

5. Das Hotel-Restaurant „Fernblick", Inhaber Arno Trinkhaus, finanzierte die Gründung und den laufenden Kapitalbedarf zu einem erheblichen Teil mit Realkrediten.

   A) *Kreditsicherungen*

      1. Grundpfandkredite

         Grundschuld zulasten des Hotelgrundstücks 400 000,00 EUR, zugunsten der Sparkasse (1. Rangstelle) einschließlich Zwangsvollstreckungsklausel. Zweck: Sicherung eines langfristigen Darlehens (Investitionskredit).

         Grundschuld zulasten des Hotelgrundstücks 60 000,00 EUR; zugunsten des Bankhauses Scheu KG (2. Rangstelle). Zweck: Sicherung eines mittelfristigen Darlehens.

         Beleihungswert des Hotelgrundstücks: Die Sparkasse ging bei der Ermittlung des bei einer evtl. Zwangsversteigerung erzielbaren Verkaufspreises des Grundstücks vom *Sachwert* aus (Bodenwert + Herstellungskosten des Gebäudes) 1 000 000,00 EUR.

Von diesem Beleihungswert wurde aus Sicherheitsgründen ein Abschlag von 60 % vorgenommen (Sicherheitsabschlag).
Für die ersten fünf Jahre der Kreditlaufzeit wurde eine erstrangige Grundschuld mit einem Zinssatz von 5 % und eine zweitrangige mit einem Zinssatz von 5,5 % vereinbart.

2. Sicherungsübereignungskredit
Übereignung des Hotelmobiliars, Neuwert 150 000,00 EUR, zu berücksichtigende Abschreibung 30 000,00 EUR. Das Sicherungsgut wird mit 50 % des Zeitwertes beliehen. Zweck: Sicherung eines Kontokorrentkredits (Kreditlinie 50 000,00 EUR).

B) *Verwertung der Sicherungsgegenstände*
1. Die Zwangsversteigerung des Hotelgrundstücks erbrachte einen Versteigerungserlös (netto) von 410 000,00 EUR.
2. Ein Teil des Hotelmobiliars im Wert von 50 000,00 EUR, das vor drei Jahren – vor der Einräumung des Kontokorrentkredits – beschafft wurde, ist noch nicht bezahlt. Die Verwertung des Mobiliars erbrachte im Ganzen 25 000,00 EUR. Der aus dem Kontokorrentkredit zugunsten der Scheu KG errechnete Endsaldo ist 40 000,00 EUR.

Fragen zur Bearbeitung:

a) Wie erfolgt die
– Bestellung der Grundpfandrechte am Hotelgrundstück und die
– Sicherungsübereignung des Mobiliars (vgl. A. 1.–2.)?
b) Welchen Vorteil verspricht sich die Sparkasse vom Eintrag einer Zwangsvollstreckungsklausel?
c) Berechnen Sie den Wert des Sicherungsübereignungskredits!
d) Wie erklären Sie den von der Sparkasse verhältnismäßig niedrig angesetzten Beleihungswert für den Grundschuldkredit?
e) Wie ist die unterschiedliche Zinssatzfestlegung für die erstrangige bzw. zweitrangige Grundschuld zu erklären?
f) Wie wird der Erlös aus der Zwangsversteigerung des Hotelgrundstücks unter die Gläubiger verteilt (vgl. B. 1.)? Welche Rechtsfolgen ergeben sich für die beiden Kreditgeber?
g) Welche Auswirkung hat für das Bankhaus Scheu KG der noch bestehende Eigentumsvorbehalt (50 000,00 EUR) für die Verwertung der Sicherungsübereignung? Wie beurteilen Sie die Eignung des Mobiliars des Hotels für den Sicherungsübereignungskredit? (Beachten Sie das Ergebnis der Verwertung!)

6. Frauke Huber möchte sich im Frühjahr ein Cabrio für 20 000,00 EUR kaufen. 5 000,00 EUR hat sie selbst gespart, den Rest müsste sie finanzieren.
Alternative 1: Ratenkredit der Bank des Autohauses zu 0,9 % jährlich
Alternative 2: Ratenkredit ihrer Hausbank zu 7,5 % jährlich

a) Warum könnte sich Frauke trotz des wesentlich günstigeren Finanzierungsangebotes des Autohauses für den Kredit ihrer Hausbank entscheiden?
b) Welche Kriterien wird die Hausbank ihrer Kreditvergabe zugrunde legen?
c) Wie besichert die Hausbank den Kredit?

7. **Finanzierungsentscheidung bei der Schmuckgroßhandlung Joos GmbH**
Situation
Die Schmuckgroßhandlung Joos GmbH, Aachen, erhält am 20. August.. von dem Schmuckwarenhersteller Alfred Pfleiderer, Pforzheim, ein besonders günstiges Angebot über Modeschmuck. Das Angebot gilt jedoch nur, wenn es innerhalb von zwei Tagen angenommen wird. Außerdem verlangt der Hersteller die Überweisung des Gesamt-

betrages von 30 000,00 EUR (ohne jeden weiteren Abzug) spätestens 10 Tage nach Lieferung am 10. September.., Liefertermin 31. August...

vgl. Finanzplan Seite 280

Die Joos GmbH möchte das Angebot annehmen. Nach Rücksprache mit den Reisenden des Unternehmens bestehen für das Weihnachtsgeschäft noch sehr gute Absatzchancen. Nach dem Finanzplan („Geldmittelvorschaurechnung") beträgt das Bankguthaben am 1. September.. 3 000,00 EUR.

Zur Deckung des kurzfristig eingetretenen Kapitalbedarfs kommen folgende Finanzierungsmöglichkeiten infrage:

- **Kontokorrentkredit**
  Kreditspielraum (Kreditlinie) bis 15 000,00 EUR, Sollzinssatz 12,5 %, bei Überschreiten des Kreditrahmens (bis maximal 20 000,00 EUR) fallen zusätzlich 4 % Überziehungszinsen an, Habenzinssatz 0,5 %.

- **Bürgschaftskredit**
  Gegen eine selbstschuldnerische Bürgschaft eines vermögenden Gesellschafters wäre die Hausbank bereit, der Joos GmbH ein Darlehen bis 30 000,00 EUR einzuräumen, Laufzeit 6 Monate, Tilgung am Ende der Laufzeit, Zinssatz 8,5 %.

- **Sicherungsübereignungskredit**
  Die Joos GmbH könnte mit ihrer Hausbank auch einen Raumsicherungsvertrag abschließen, in dem sie alle an einem genau bestimmten Lagerort vorhandenen Waren (Schmuck) an die Bank sicherungsübereignet. Im Gegenzug gewährt die Bank der Joos GmbH einen Kredit über 15 000,00 EUR, Laufzeit 1 Jahr, Zinssatz 7,5 %.

Der Finanzplan (vereinfachte Darstellung) zeigt für die kommenden fünf Monate (September bis Januar) die folgende Entwicklung der Einnahmen und Ausgaben bzw. des Bankguthabens und des Bankkredits (eingeräumter Kontokorrentkredit). Die Ausgaben für den Kauf von Schmuckwaren des Herstellers A. Pfleiderer in Höhe von 30 000,00 EUR sind in dem Finanzplan noch nicht berücksichtigt.

Auszug Finanzplan (Beträge in EUR)	**September**	**Oktober**	**November**	**Dezember**	**Januar**
Anfangsbestand Bank:	+ 3 000,00	– 4 500,00	– 5 700,00	+ 6 340,00	+ 33 140,00
Einnahmen					
Zahlungseingänge aus Umsatz bzw. Kundenforderungen	60 000,00	65 000,00	70 000,00	85 000,00	95 000,00
Sonstige Einnahmen, z.B. Zinsen	8 000,00	8 000,00	7 000,00	6 000,00	6 500,00
Summe der verfügbaren Mittel	71 000,00	68 500,00	71 300,00	97 340,00	134 640,00
Ausgaben					
Schmuckwaren	40 000,00	35 000,00	32 000,00	28 000,00	23 000,00
Betriebsmittel	2 300,00	12 000,00	3 000,00	1 000,00	2 000,00
Personal	19 000,00	20 000,00	23 000,00	24 500,00	24 500,00
Steuern	10 000,00	4 020,00	3 800,00	9 560,00	4 580,00
Sonstige Ausgaben (Kredittilgung, Zinsen u. a.)	4 200,00	3 180,00	3 160,00	1 140,00	2 120,00
Summe der Ausgaben	75 500,00	74 200,00	64 960,00	64 200,00	56 200,00
Endbestand Bank/ Überschuss			6 340,00	33 140,00	78 440,00
Fehlbetrag/Bankkredit	4 500,00	5 700,00			

Arbeitsaufträge

a) Entwerfen Sie auf der Grundlage der Angaben in der Situationsbeschreibung einen Finanzierungsvorschlag für die Beschaffung des Fremdkapitals. Berücksichtigen Sie neben den Finanzierungskosten auch andere Gesichtspunkte, die für die Entscheidung von Bedeutung sind.

b) Erstellen Sie als Hilfsmittel eine Entscheidungsbewertungstabelle, in die Sie Ihre Entscheidungskriterien (z. B. Möglichkeit der Anpassung an den jeweiligen Kapitalbedarf; Kapitalkosten u. a.) eintragen. Gewichten Sie die Kriterien (Summe der Gewichte muss 10 betragen) und bewerten Sie die gewichteten Kriterien mit Punkten.
3 Punkte = Kriterium sehr gut erfüllt   1 Punkt = Kriterium ausreichend erfüllt
2 Punkte = Kriterium gut erfüllt   0 Punkte = Kriterium nicht erfüllt

Themenkreis 8
Die Unternehmung

Um welche Probleme geht es in diesem Kapitel?

Am Anfang einer Unternehmensgründung steht immer eine Geschäftsidee. Diese wiederum ist Ausgangspunkt für die Erstellung eines Planes, der gleichzeitig ein „Fahrplan" für die Verwirklichung der Gründungsidee darstellt. In diesem Plan wird u. a. auch festgelegt, welche Überlegungen für die Standortentscheidung bedeutsam sind sowie welche Rechtsform zu wählen ist. Mit der Wahl der Rechtsform werden z. B. weitreichende Entscheidungen hinsichtlich der Möglichkeiten künftiger Kapitalbeschaffung getroffen.

Karriere-Start-Messe in Dresden

8.1 Existenzgründung

8.1.1 Geschäftsidee

Viele Gründerinnen und Gründer von Unternehmen arbeiten als Selbstständige in ihrem erlernten Beruf. Es gibt aber auch angehende Gründer, die sich selbstständig machen wollen, aber nicht wissen, in welchem **Geschäftsfeld** sie genau tätig sein wollen. Die meisten greifen dabei auf schon bestehende **Geschäftsideen** zurück und entwickeln sie etwas weiter.

Quellen für Geschäftsideen
- eigene Recherchen, Befragungen, Beobachtungen
- Fachzeitschriften
- Messen (Gründermessen wie „Start" oder „Newcome", regionale Gründer- und Unternehmertage)
- Gründerwettbewerbe, Gründerinitiativen (Übersichten siehe u. a. www.fgf-ev.de)

Ausgangspunkt der Entwicklung einer Geschäftsidee können sein:

1. Zu einem bestimmten Zeitpunkt **vorhandene Bedürfnisse** der Menschen.
2. **Neue Bedürfnisse**, die sich im Laufe der Zeit durch Veränderung der Lebens- und Arbeitsverhältnisse ergeben.

Wann setzt sich ein Produkt durch?

[...] **ZEIT:** Die Konservendose. Erfunden 1889. Warum wurde sie erfolgreich?
Knoll: Die unterstützt das menschliche Bedürfnis nach Bequemlichkeit: portionierte Menge, haltbar, leicht zu transportieren. Daneben wurde die Konservendose auch deshalb ein erfolgreiches Produkt, weil ihre Erfindung in die Zeit der Industrialisierung fiel. Stichwort Verstädterung, Stichwort veränderte Lebensweisen. Lebensmittel mussten in die Städte transportiert werden.
ZEIT: Frischehaltefolie, 1953.
Knoll: Hat auch mit Bequemlichkeit zu tun. Vielleicht auch damit, dass Küchen kleiner wurden. Früher verpackte man Reste in Behältnissen aus Ton oder Glas. Die brauchten Platz.
ZEIT: Kann man aus diesen Beispielen Regeln ableiten, wann ein Produkt sich durchsetzt?
Knoll: Ich glaube schon. Am wichtigsten: Genügend Menschen müssen ein Problem verspüren, das mit dem Produkt gelöst wird. Oder ein Produkt muss antizipatorisch mithelfen, dass bestimmte Probleme erst gar nicht entstehen. Die Konservendose hat möglicherweise dazu beigetragen, dass das Problem „Lebensmittelversorgung der Städte" nicht entsteht. Zugleich hat sie uns allerdings ein Müllproblem beschert. Sie war also eine schlechte Problemlösung, weil sie neue Probleme erzeugte.
ZEIT: Trotzdem: Der latente Kundenwunsch ist das A und O?
Knoll: Ja, auf jeden Fall.
ZEIT: Aber wie finde ich den heraus? [...]
Knoll: Man kann Umfragen machen, man kann Marktforschung betreiben. Je mehr, desto verlässlicher ist das Ergebnis. Dann muss ich bestehende Lösungen mit meiner Produktidee vergleichen und die Frage stellen, ob sie das Problem besser in den Griff bekommt. Ich muss mir auch überlegen, was das Problem eigentlich ist. [...]
ZEIT: Das genügt schon?
Knoll: Nein. Ich muss mir auch die Frage stellen, welche Folgen es hat, wenn das neue Produkt sich durchsetzt. Welcher Entwicklungs- und Materialaufwand wird getrieben? Erzeugt das Produkt am Ende mehr Probleme, als es löst? Da kommt das Wort von der Nachhaltigkeit ins Spiel – in Bezug auf die technische Lösung wie auch auf die möglichen ökologischen, sozialen und kulturellen Auswirkungen. Die Antwort auf diese Fragen kann ich nicht vom Kunden erwarten. Die muss ich selber finden.
ZEIT: Aber bleiben wir beim Kunden. Besteht nicht eine Gefahr, wenn man sich auf Marktforschung verlässt? Als Kunde denke ich in konventionellen Bahnen, sozusagen in Produkten, die ich schon kenne. Ich habe keine Vorstellung, dass es etwas völlig anderes, völlig Neues geben könnte.
Knoll: Das ist ein Riesenproblem. Der Mensch – auch der Mensch als Unternehmer – ist ein Gewohnheitstier und lässt sich nur ungern auf Dinge ein, die etablierten Erwartungen widersprechen. Das Festhalten am Produkt und der Unwille zum Experiment sind große Hemmnisse. [...]
ZEIT: Also wie kommt das Neue in die Welt?
Knoll: Wirklich neue Produkte – also solche, die sich ganz neue Märkte schaffen – kommen nur in die Welt, wenn sich Menschen von den Fesseln konventionellen Denkens befreien. Und gleichzeitig in der Lage sind, neue, vielleicht noch gar nicht artikulierte Bedürfnisse zu erspüren. [...]

„Der Mut zum besseren Schraubenzieher", Zeit-Gespräch von Christian Tenbrock mit Christian Knoll, Forscher und Entwickler am Fraunhofer Institut, in: Die Zeit Nr. 39 vom 19. September 2002

Informationen zu Geschäftsideen für Unternehmensgründungen können auch bei Beratungsstellen für Existenzgründer oder aus dem Internet eingeholt werden (z. B. http://www.geschäftsidee.de). Darüber hinaus können auch fremde, meist schon markterprobte Ideen (= Franchising), für den Weg in die Selbstständigkeit genutzt werden.

Aufgabe 1 Seite 326

8.1.2 Businessplan

Unternehmensgründungen sind für die Beteiligten mit hohen finanziellen und persönlichen Risiken verbunden. Sie sind so komplex, dass eine ordentliche Planung erforderlich ist, auch wenn sich damit Unsicherheiten des Beschaffungs- und Absatzmarkes nicht ganz ausschließen lassen. Ein Plan hilft aber, den Überblick zu bewahren, sich der Risiken bewusst zu sein und gegebenenfalls Gegenmaßnahmen zu ergreifen. Die Gründer werden sich ihrer Stärken und Schwächen bewusst, können beispielsweise versuchen, sich entweder zusätzliche Qualifikationen anzueignen oder einen Partner zu suchen, der die eigenen Schwächen ausgleicht.

Der Businessplan enthält das Konzept zur Umsetzung einer Geschäftsidee.

Die Erstellung eines Businessplans zwingt dazu, die Unternehmensgründung systematisch zu analysieren und sich der eigenen Entscheidung bewusst zu werden. Er enthält alle Faktoren, die für den Erfolg oder Misserfolg entscheidend sein können. Er ist aber auch erforderlich, um andere zu überzeugen. Häufig reicht das Eigenkapital nicht aus, sodass die Gründer auf Fremdkapital angewiesen sind. Die **Fremdkapitalgeber** (z. B. Banken) stellen Kredite nur zur Verfügung, wenn sie davon ausgehen können, dass die Kreditnehmer ihre Schulden tilgen und die mit der Kreditaufnahme verbundenen Zinsen zahlen können. Öffentliche Förderer werden ein Vorhaben nur dann unterstützen, wenn die Gründung voraussichtlich erfolgreich sein wird. Auch lässt sich qualifiziertes Personal eher gewinnen, wenn es von der Unternehmensidee überzeugt ist.

Fragen zur Erstellung eines Businessplanes

1 Geschäftsidee

1.1 Was ist Ihre Geschäftsidee? (Produkt, Dienstleistung, Innovation?)

1.2 Welche Beweggründe haben Sie, sich selbstständig zu machen bzw. ihre Idee zu verwirklichen? (Welche persönlichen und fachlichen Faktoren sprechen dafür?)

1.3 Welchen Nutzen hat Ihr Angebot?

1.4 Warum sollte jemand Ihr Produkt/Ihre Dienstleitung kaufen bzw. welches Problem löst Ihr Produkt/Ihre Dienstleistung für den Kunden?

1.5 Welche Ziele haben Sie sich für Ihr Unternehmen gesetzt und wie wollen sie diese erreichen? (Qualitätsziele, Serviceziele, Wachstumsziele)

2 Gründerprofil

2.1 Welche kaufmännischen Qualifikationen haben Sie?

2.2 Welche Branchenerfahrungen haben Sie?

2.3 Waren Sie schon einmal selbstständig tätig und wenn ja, in welcher Branche?

2.4 Welche Kontakte/Referenzen haben Sie?

2.5 Welche Aufgabe(n) übernehmen Sie im Unternehmen?

3 Markteinschätzung

3.1 Wie groß ist das Marktvolumen für Ihre Dienstleistung/Ihr Produkt?

3.2 Welche Kunden sprechen Sie an? (Klein- oder Großkunden/Privatkunden oder Geschäftskunden/Altersgruppe, Einkommensgruppe, etc.)

3.3 Wie und mit welchen Maßnahmen gehen Sie auf die Bedürfnisse Ihrer Kunden ein?

3.4 Welche Kosten veranschlagen Sie für Ihre Marketingaktivitäten?

3.5 Inwieweit können Sie bereits vorhandene Kundenkontakte nutzen?

3.6 Für welche Strategie (eher Preis- oder Serviceorientierung) entscheiden Sie sich?

4 Wettbewerbssituation

4.1 Sind Ihre Mitbewerber eher große oder kleine Unternehmen?
4.2 Wo haben Ihre Mitbewerber Schwächen?
4.3 Was sind die Stärken Ihres Unternehmens bzw. wie heben Sie sich von Ihren Mitbewerbern ab? (Zusatznutzen)
4.4 Wie würden Sie die weitere Entwicklung der Marktsituation einschätzen? (Trendprognose)

5 Standort

5.1 Wie bedeutend ist die Frage der Standortwahl für Ihr Unternehmen/Ihre Branche?
5.2 Welche Voraussetzungen sollte der ideale Standort mit sich bringen? z. B. in Bezug auf Kunden-/Lieferantennähe; Verkehrsanbindung; Mietpreisniveau; Objektgröße und -zustand; Umfeld

6 Unternehmensorganisation und Personalmanagement

6.1 In welcher Rechtsform soll Ihr Unternehmen geführt werden?
6.2 Wie ist die Aufgabenverteilung im Unternehmen geregelt?
6.3 Wie organisieren Sie Ihren Produktions- bzw. Dienstleistungsprozess?
6.4 Wie wollen Sie Ihre Personalstruktur gestalten? Anzahl; Art (Festangestellte, freie Mitarbeiter, Aushilfen); Gehälter

7 Risikoanalyse

Welche gravierenden Probleme könnten auftreten und welche Lösungen würden Sie für geeignet halten? (Kunden bleiben aus; Auftreten von Nachahmern; Erstarkung der Mitbewerber; Mangel an qualifiziertem Personal; zu schnelles Unternehmenswachstum; Forderungsausfälle etc.)

8 Finanzierung – Kapitalbeschaffung

8.1 Wie kann das erforderliche Startkapital beschafft werden?
8.2 In welcher Höhe steht Eigenkapital zur Verfügung?
8.3 Wie viel Fremdkapital ist erforderlich?
8.4 Welcher Umsatz kann voraussichtlich erzielt werden und wann ist damit zu rechnen?
8.5 In welcher Höhe sind finanzielle Mittel für Zins- und Tilgungsdienste erforderlich?
8.6 In welcher Höhe ist mit Fördermitteln zu rechnen?

IHK für München und Oberbayern, www.ihk-muenchen.de/internet/mike/ihk-geschaeftsfelder/starthilfe/anhaenge/BPIHK.pdf, Zugriff: 13.2.2008 (geändert)

Bei der Wahl der Betriebsgröße ist darauf zu achten, dass das Unternehmen in der Startphase nicht zu groß gewählt wird. Je größer das Unternehmen, desto höher ist die Belastung mit fixen Kosten (z. B. Miete). Bei rückläufigen Verkaufszahlen lassen sich die fixen Kosten aber nicht oder nur schwer abbauen. Das kann bei Absatzschwierigkeiten dazu führen, dass das Unternehmen in Zahlungsschwierigkeiten gerät. Bei der Gründung sollte deshalb darauf geachtet werden, dass eine Betriebsgröße gewählt wird, die bei Bedarf schrittweise erweitert werden kann.

Aufgabe 2 Seite 326

8.1.3 Gründungsformalitäten

Mit der Gründung eines Unternehmens ist eine Reihe von Formalitäten verbunden. Zunächst ist das neu zu gründende Unternehmen bei verschiedenen Einrichtungen bzw. Behörden anzumelden.

Gewerbeamt

Gewerbliche Gründerinnen und Gründer müssen ihr Vorhaben beim Gewerbeamt der Gemeinde bzw. Stadt, in der der Betrieb eröffnet wird, anmelden.

Dazu werden benötigt:

- ein gültiger Personalausweis oder Reisepass
- je nach Tätigkeit (z. B. Gastronomie) eine Erlaubnis oder Genehmigung
- eine **Handwerkskarte**, falls ein Handwerksbetrieb gegründet werden soll
- eine **Gewerbekarte** für die Gründung eines handwerksähnlichen Betriebs
- ein Handelsregisterauszug, falls das Unternehmen im Handelsregister eingetragen ist
- eine Aufenthaltsgenehmigung (falls der Gründer nicht die deutsche Staatsangehörigkeit besitzt)
- 10 bis 40 Euro für die Anmeldegebühr
- ggf. ist ein Führungszeugnis oder die Auskunft aus dem Gewerbezentralregister erforderlich.

Die Bearbeitung einer Gewerbeanmeldung dauert in der Regel nur wenige Tage. Freiberufler melden kein Gewerbe an, sondern wenden sich direkt an ihr Finanzamt.

Das Gewerbeamt informiert automatisch folgende Behörden, bei denen der Existenzgründer auch angemeldet sein muß: Finanzamt, zuständige Berufsgenossenschaft, Industrie- und Handelskammer (IHK) oder Handwerkskammer (HWK), Amtsgericht (Handelsregister), das Gewerbeaufsichtsamt (zuständig für den Arbeits- und Gesundheitsschutz der Arbeitnehmer und Kunden; überprüft z. B. Öfen, Getränkeausschank).

Finanzamt

Jedes Unternehmen muss beim zuständigen Finanzamt angemeldet werden. Von dort wird ihm eine Steuernummer zugeteilt, unter der die Steuerzahlungen bzw. -erstattungen (z. B. Einkommensteuer, Umsatzsteuer, Gewerbesteuer) abgerechnet werden.

Handwerksrolle/Handelsregister

Soll ein **Handwerksbetrieb** gegründet werden, so ist die Eintragung in die Handwerksrolle bei der zuständigen Handwerkskammer erforderlich. Voraussetzung für die Eintragung in die Handwerksrolle ist im Normalfall die Meisterprüfung.

Kaufleute müssen ihre Firma in das Handelsregister beim Amtsgericht eintragen lassen.

Berufsgenossenschaft

Für Existenzgründer besteht in der Berufsgenossenschaft Zwangsmitgliedschaft. Die Berufsgenossenschaft ist Trägerin der Unfallversicherung für die beschäftigten Mitarbeiter.

Krankenkasse

Der Existenzgründer hat als Selbstständiger das Wahlrecht, seine Krankenkasse selbst zu bestimmen. Er kann wählen, ob er gesetzlich (gesetzliche Krankenkasse) oder freiwillig (private Krankenkasse) versichert sein will. Von der Krankenkasse erhält der Betrieb eine Betriebsnummer zugeteilt.

8.1.4 Gründungshilfen

Die KfW-Bankengruppe (vgl. http://www.kfw-mittelstandsbank.de/DE_Home/index.jsp) als Bank des Bundes und der Länder hat u. a. die Aufgabe, den Mittelstand und die Existenzgründer durch die Gewährung von zinsgünstigen Krediten zu unterstützen. Existenzgründer können bis zu 100 % Ihres Fremdkapitalbedarfs für Investitionen und Betriebsmittel über die KfW-Bankengruppe finanzieren. Der Höchstbetrag liegt derzeit bei 50 000 EUR, davon bis zu 20 000 EUR für Betriebsmittel. Liegt der Investitionsbetrag insgesamt über 50 000 EUR, so muss der übersteigende Betrag aus eigenen Mitteln (z. B. durch Beteiligung weiterer Gesellschafter) finanziert werden.

Zusammenfassende Übersicht zu Kapitel 8.1: Existenzgründung

Geschäftsidee

↓

Quellen: Recherchen, Befragungen, Messen, Gründerwettbewerb ...

↓

Ausgangspunkt der Überlegungen:
- vorhandene Bedürfnisse
- neue Bedürfnisse

↓

Businessplan

= Plan für die Umsetzung der Geschäftsidee

Inhalt:

1. Geschäftsidee
2. Gründerprofil
3. Markteinschätzung
4. Wettbewerbssituation
5. Standort
6. Unternehmensorganisation/Personalmanagement
7. Risikoanalyse
8. Finanzierung/Kapitalbeschaffung

Aufgabe 3 Seite 326

Wiederholung des Grundwissens

1. Nennen Sie mindestens vier Quellen, aus denen sich Geschäftsideen ermitteln lassen.
2. Welches sind die beiden Ausgangspunkte für die Entwicklung einer Geschäftsidee?
3. Was ist unter einem Businessplan zu verstehen und warum muss er erstellt werden?
4. Welche zentralen Inhalte (acht Punkte) sollte ein Businessplan enthalten?
5. Welche Gründungsformalitäten müssen bei der Gründung eines Unternehmens beachtet werden?

Aufgaben und Probleme

1. Im Jahre 2010 haben ca. 1,6 Millionen Menschen den Sprung in die Selbstständigkeit gewagt (vgl. nachstehende Grafik).
   Recherchieren Sie gegebenenfalls im Internet. Welche Geschäftsideen wurden wohl in den Bereichen
   - unternehmensnahe Dienstleistungen,
   - personenbezogene Dienstleistungen,
   - Einzelhandel jeweils verfolgt? Recherchieren Sie ggf. im Internet.

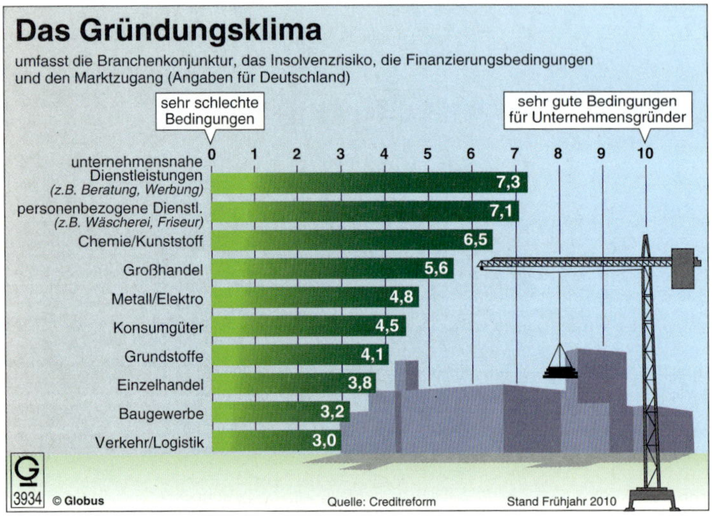

2. Franz Maurer und Hubert Burger haben an der Universität Karlsruhe einen erfolgreichen Abschluss als Diplomwirtschaftsingenieure gemacht. Sie beabsichtigen, in Karlsruhe ein „Lehrzentrum für Technikfächer“ zu gründen. Schüler und Studenten sollen die Möglichkeit erhalten, ihre an der Schule und Universität erworbenen Kenntnisse zu vertiefen, um damit bessere Noten zu erhalten.
   Erstellen Sie einen Businessplan.

3. a) Bilden Sie Arbeitsgruppen und erkunden Sie bei der Handwerkskammer, der Industrie- und Handelskammer, bei der Agentur für Arbeit, bei Banken sowie bei der örtlichen Verwaltungsbehörde u. a.
   - welche Möglichkeiten der Beratung zu einer Existenzgründung bestehen,
   - welche behördlichen Vorschriften bei einer Existenzgründung beachtet werden müssen,
   - welche beruflichen Qualifizierungsnachweise erforderlich sind,
   - unter welchen Bedingungen ein gewerblicher Betrieb zugelassen wird,
   - unter welchen Voraussetzungen Kredite gewährt werden,
   - welche Fördermittel bei welchen Institutionen beantragt werden können.

   b) Präsentieren Sie die Ergebnisse in geeigneter Form (Arbeitsblätter, Flipchart, Metaplan) in Ihrer Klasse und erläutern Sie die Einzelheiten.

8.2 Der Standort der Unternehmung

Die räumliche Lage eines Unternehmens ist für seine Leistungsfähigkeit von großer Bedeutung. Die Beschaffung von Material, die Herstellung von Gütern und Dienstleistungen sowie deren Absatz sind je nach Standort mit **unterschiedlichen Kosten** verbunden. Die Entscheidung über den Standort hat Einfluss auf die **Wirtschaftlichkeit** und damit auf den zu erzielenden Gewinn.

Die Wahl des Standorts treffen Unternehmen überwiegend unter Kostengesichtspunkten.

Welcher Standort unter Kostengesichtspunkten vorteilhaft ist, hängt von der Art des Betriebes ab. Bergwerke, Ziegeleien oder Zementfabriken sind durch naturgegebene Lagerstätten ihrer Rohstoffe **an einen Standort gebunden.** Dies gilt ebenso für landwirtschaftliche Betriebe durch ihre Abhängigkeit von Klima und Bodenbeschaffenheit.

Dagegen sind die meisten Industrie-, Handels- und Dienstleistungsbetriebe bei ihrer **Standortwahl frei.** Vor jeder Entscheidung werden sie daher zu prüfen haben, ob sie aus Kostengründen mehr die Nähe zu den Rohstoffvorkommen, zu den Energiequellen oder zu den Verkehrswegen benötigen, oder ob sie sich mehr in der Nähe der Kunden niederlassen müssen. Auch der Bedarf an Arbeitskräften sowie das Lohnniveau können bei der Wahl des richtigen Standorts maßgebend sein.

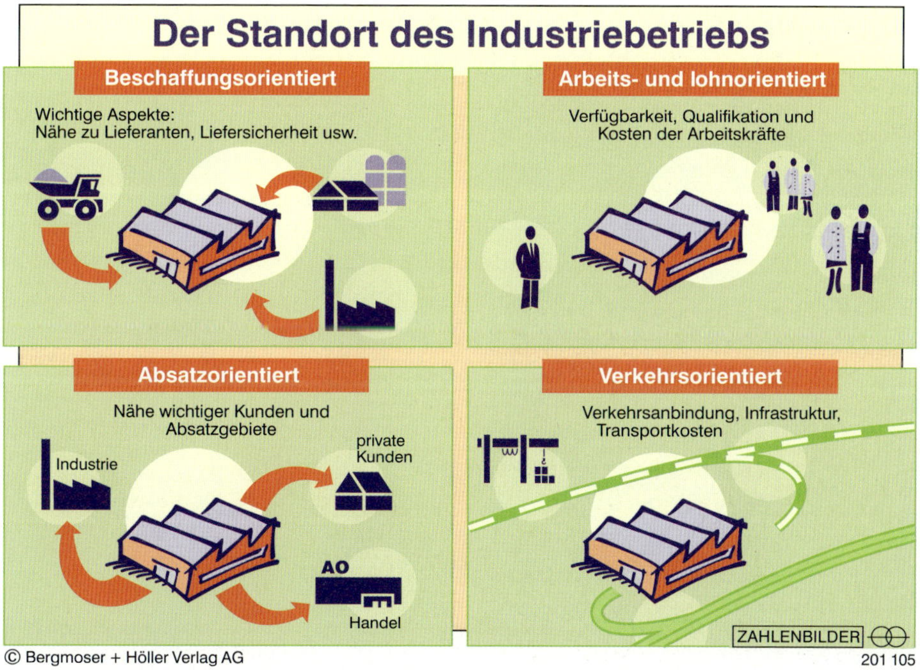

Checkliste Standortwahl

	Meine Notizen
– Haben Sie sich bereits für einen Standort entschieden?	
– Welche Standortfaktoren waren ausschlaggebend?	
– Dürfen Sie die in Frage kommenden Räume und Flächen für Ihren Betrieb nutzen?	
– Ist die Miete/Pacht ortsüblich und angemessen?	
– Müssen Umweltschutzvorschriften beachtet werden?	
– Dürfen Sie den Betrieb später erweitern, wenn das Unternehmen wächst und expandieren will?	
– Haben Sie die einzelnen Standortfaktoren, wie • Kundennähe • Kaufkraft • Kaufkraftentwicklung • Konkurrenzsituation • Verkehrslage • Arbeitsmarkt • Lohnniveau • Verkehrsanbindung • Park- und Stellplätze • Energieversorgung • Entsorgung beachtet?	
– Passt die Umgebung zu Ihrem Angebot?	
– Ist der Betriebsort attraktiv und werbewirksam genug?	
– Wie ist der Stand der örtlichen Verkehrs- und Bauleitplanung?	
– Ist der Standort für Sie langfristig sicher?	
– Ist das Grundstück frei von Altlasten?	
– ...	

Checkliste für Existenzgründer, S. 7; hrsg. v. Junioren des Handwerks e. V. Bundesverband Berlin, handwerk-magazin, Sonderheft für Existenzgründer, Meister 2003.

Zusammenfassende Übersicht zu Kapitel 8.2: Der Standort der Unternehmung

Standortwahl

- **Gebundener Standort**
  - **Absolut gebundener Standort** z. B. Kieswerk, Kohleabbau etc.
  - **Relativ gebundener Standort** z. B. bei Betriebsübernahme
- **Freier Standort** z. B. bei einer Neugründung

Einflussgrößen:

- **Konkurrenz**
- **Infrastruktur**
- **Miete, Pacht**
- **Beschaffungsmöglichkeiten**
- **öffentliche Abgaben**
- **Absatzmöglichkeiten/ Kaufkraft**
- **Arbeitskräfte (Kosten, Qualifikation)**
- **Verkehrswege/ Parkplätze**
- **Umweltbelastung/ Auflagen**
- **Energieversorgung/ Strom-, Gas-, Wasser-, Abwasseranschlüsse**

Aufgaben 1–3 Seite 330 f.

Wiederholung des Grundwissens

1. Warum zählt die Entscheidung über den richtigen Standort zu den wichtigsten Entscheidungen eines Unternehmens?
2. Welche Überlegungen spielen für die Entscheidung über den richtigen Standort eines Unternehmens eine Rolle?
3. Nennen Sie vier Faktoren, die für die Standortentscheidung eines Industriebetriebes bedeutsam sind.

Aufgaben und Probleme

1. Heinrich Klipfel hat mehrere Jahre als Automobilkaufmann in großen Unternehmen im Bereich Kfz-Bedarf gearbeitet. Er beabsichtigt, sich mit einem Kfz-Bedarfshandel selbstständig zu machen. Nachdem er einen Businessplan erstellt hat, will er sich zunächst mit der Standortentscheidung für das neu zu gründende Unternehmen beschäftigen.
   a) Weshalb ist die Wahl des Standortes ein bedeutender Faktor für die Entwicklungsmöglichkeiten des Unternehmens?
   b) Heinrich Klipfel verwendet für die Wahl des Standortes folgende Entscheidungstabelle:

Standortfaktoren	**Höchstwerte**	**Standorte**		
		A	**B**	**C**
Absatzchancen	100	90	50	40
Beschaffungsmöglichkeiten	50	40	40	40
Verkehrsanbindung	30	30	20	10
Arbeitskräfteangebot	20	10	15	20
Wirtschaftsförderung	30	20	20	30
Infrastruktur	10	10	10	5
Summe	**240**	**200**	**155**	**145**

   - Nennen Sie mögliche Gründe, die dazu geführt haben, dass Standort A bei der Bewertung der Absatzchancen die Punktzahl 90 erhalten hat.
   - Warum wird in der vorliegenden Tabelle der Standortfaktor „Arbeitskräfteangebot" höchstens mit 20 Punkten bewertet?
   - Nennen Sie weitere Standortfaktoren, die für die Standortentscheidung eines Unternehmens bedeutsam sein können.

   c) Aus welchen Gründen (mindestens zwei) bemühen sich die Gemeinden um Gewerbeansiedlungen?
   d) Mit welchen Maßnahmen kann eine Gemeinde die Gewerbeansiedlung fördern?

2. Ein Unternehmen der Elektroindustrie beabsichtigt, die Montage von Messuhren aus der Großstadt zu verlegen. Die Montage erfolgte bisher in verschiedenen Werkstätten, verteilt auf die ganze Stadt.
   a) Was können die Gründe für die geplante Standortverlegung sein?
   b) Welche Bedingungen müsste der neue Standort außerdem erfüllen?

3. Friedhelm Zimmermann hat im Anschluss an eine Tätigkeit als Schreinermeister eine Zusatzausbildung zum Küchenplaner gemacht und will sich nunmehr mit der Gründung eines Küchenstudios selbstständig machen.
   In der Badischen Zeitung werden im Großraum Freiburg u. a. zwei Ausstellungshallen zur Verpachtung angeboten:
   1. Halle I liegt im Gewerbegebiet March – einem kleinen Vorort von Freiburg. In diesem Gebiet haben sich zwischenzeitlich einige kleinere Gewerbebetriebe wie z. B. eine Versicherungsagentur, ein Kachelofenbauer und eine Zimmerei angesiedelt. Nach den vorliegenden Beschlüssen des Gemeinderates ist vorgesehen, die Gewerbeflächen an Klein- und Mittelbetriebe – nicht jedoch an größere Industriebetriebe – zu vergeben.

2. Halle II liegt im „Einkaufszentrum Gundelfingen“. In diesem Gebiet sind bereits mehrere größere Einzelhandelsgeschäfte wie z. B. ein Einkaufsmarkt und ein Möbelhandel angesiedelt.

Erstellen Sie eine Tabelle für die Entscheidungsfindung nach folgendem Muster und begründen Sie die Standortentscheidung:

Vorgehensweise bei der Erstellung einer Entscheidungsbewertungstabelle:

1. Auswahl geeigneter Kriterien, anhand derer die drei Standorte verglichen werden sollen (z. B. Lohnkostenniveau, Verkehrsanbindung u. a.). Die Kriterien werden in der ersten Spalte der Entscheidungsbewertungstabelle eingetragen.
2. Die ausgewählten Kriterien werden nach ihrer Wichtigkeit mit Gewichtungspunkten (W) von 1 bis 10 in der zweiten Spalte der Entscheidungsbewertungstabelle versehen. Dabei müssen nicht alle Gewichtungspunkte von 1 bis 10 vergeben werden. Es können auch mehrere Kriterien gleiche Punktzahlen aufweisen.
3. Die Ausprägung der einzelnen Kriterien bei den drei Standorten wird in den Spalten (B) mit Punkten von 0 bis 3 bewertet. Dabei ist folgende Bewertungstabelle zu benutzen:

sehr gute Ausprägung (sehr hoher Nutzen)	= 3 Bewertungspunkte
gute Ausprägung (hoher Nutzen)	= 2 Bewertungspunkte
mäßige Ausprägung (geringer Nutzen)	= 1 Bewertungspunkt
schwache oder keine Ausprägung (kein Nutzen)	= 0 Bewertungspunkte

4. Die Gewichtungspunkte (W) werden mit den Bewertungspunkten (B) multipliziert. Für jeden Standort ist die Summe aus den Ergebnissen W · B zu ermitteln.
5. Durch Vergleich der ermittelten Summen kann der günstigste Standort ermittelt werden.

		Standort A		**Standort B**	
Standortfaktoren	**Wichtigkeit** Ganz wichtiger Faktor = 10 Punkte Unwichtiger Faktor = 1 Punkt **(W)**	**Nutzen der Faktoren** sehr hoch = 3 Punkte kein Nutzen = 0 Punkte **(B)**	**Gewichteter Nutzen** **G = W · B**	**Nutzen der Faktoren** sehr hoch = 3 Punkte kein Nutzen = 0 Punkte **(B)**	**Gewichteter Nutzen** **G = W · B**
1. **2.** **...**					
Summen					

8.3 Rechtliche Rahmenbedingungen

8.3.1 Gewerbe

Gewerbe ist grundsätzlich jede wirtschaftliche Tätigkeit, die auf eigene Rechnung, eigene Verantwortung und auf Dauer mit der Absicht zur Gewinnerzielung betrieben wird.

Ein Gewerbe wird durch einen **Gewerbetreibenden** in einem **Gewerbebetrieb** ausgeführt. Wer ein Gewerbe ausübt, unterliegt der Gewerbeordnung. Danach muss jede gewerbliche Tätigkeit bei der zuständigen Gemeinde an- und abgemeldet werden. Umgangssprachlich wird in diesem Zusammenhang häufig vom **Gewerbeschein** gesprochen.

§ 6 GewO

Freie Berufe (Ärzte, Rechtsanwälte, Steuerberater) gelten zwar nach der Gewerbeordnung als Gewerbebetriebe, sind jedoch dem Anwendungsbereich der Gewerbeordnung entzogen.

§ 15a GewO

Vereinfachte Bestimmungen für freie Berufe
Gewerbetreibende sind verpflichtet, ihren Familiennamen mit mindestens einem ausgeschriebenen Vornamen an der Außenseite der Betriebsstätte anzubringen.
Da für freie Berufe die GewO nicht anzuwenden ist, gilt diese Bestimmung für diese Berufe nicht.
Freie Berufe sind auch nicht verpflichtet, eine Bilanz- und eine Gewinn- und Verlustrechnung zu erstellen.

Artikel 12 GG

Ausgehend von der in Artikel 12 des Grundgesetzes festgeschriebenen **Berufsfreiheit** wurde in der Gewerbeordnung die **Gewerbefreiheit** festgeschrieben. Danach steht es jedem im Rahmen weiterer Gesetze frei, ein Gewerbe zu betreiben und Beruf, Arbeitsplatz und Ausbildungsstätte frei zu wählen.

8.3.2 Kaufmann

Handelsrecht als Sonderrecht für Kaufleute

Für Personen, die im Geschäftsverkehr ständig Rechtsgeschäfte abschließen und im Normalfall eine entsprechende Erfahrung und Ausbildung haben, gilt das **Handelsrecht**. Entsprechende Bestimmungen sind im **Handelsgesetzbuch (HGB)** enthalten. Das Handelsgesetzbuch gilt nicht nur für den Handel im engeren Sinne (Kauf und Verkauf von Waren). Vielmehr kommt es auch für die Herstellung, Bearbeitung und Verarbeitung von Gütern sowie die auf Dienstleistungen gerichteten Tätigkeiten zur Anwendung.

Fehlen im HGB entsprechende Regelungen, so gilt das Bürgerliche Gesetzbuch (BGB). Ist eine Regelung sowohl im BGB als auch im HGB enthalten, so gilt für Kaufleute die speziellere Regelung des HGB.

Das Handelsrecht enthält Sonderregelungen, mit denen die Schnelligkeit bei der Abwicklung von Handelsgeschäften gefördert werden soll. Das HGB setzt Schutzvorschriften des BGB außer Kraft.

Kaufmannseigenschaft – Kaufmannsarten

Ob das Handelsrecht für ein Rechtsgeschäft zur Anwendung kommt, hängt davon ab, ob mindestens einer der Beteiligten Kaufmann ist.

Istkaufmann

Kaufmann gem. § 1 HGB ist, wer ein Handelsgewerbe betreibt. Als Handelsgewerbe gilt jeder Gewerbebetrieb, der nach Art und Umfang einen in kaufmännischer Weise eingerichteten Geschäftsbetrieb erforderlich macht (Großbetrieb). § 1 HGB

Eine Tätigkeit ist gewerblich, wenn sie **selbstständig** ausgeübt, **planmäßig** betrieben, **auf Dauer angelegt** und auf **Gewinn** ausgerichtet ist. Ausgenommen sind Betriebe der Urproduktion (z. B. Landwirtschaft, Forstwirtschaft) und freie Berufe. Da Kleinbetriebe keinen in kaufmännischer Weise eingerichteten Geschäftsbetrieb erforderlich machen, sind sie keine Kaufleute. Sie können aber unter bestimmten Voraussetzungen freiwillig die Kaufmannseigenschaft erwerben. Entscheidet sich ein Unternehmen für die freiwillige Eintragung, so erlangt es die Kaufmannseigenschaft und ist dadurch berechtigt, z. B. einem Mitarbeiter Prokura zu erteilen. Es ist aber auch verpflichtet, eine Bilanz und eine Gewinn- und Verlustrechnung nach den Vorschriften des Handelsrechts zu erstellen.

vgl. Kapitel 8.3.5

Der **Istkaufmann** ist verpflichtet, sich im **Handelsregister** eintragen zu lassen. Er erlangt seine Kaufmannseigenschaft aber nicht erst durch die Eintragung, sondern bereits mit der Aufnahme der Geschäftstätigkeit. Die Eintragung ins Handelsregister hat nur **rechtsbekundende (= deklaratorische)** und keine **rechtserzeugende (= konstitutive)** Wirkung. § 29 HGB

vgl. Kapitel 8.3.4

Kannkaufmann

Ein Gewerbetreibender, dessen Unternehmen einen in kaufmännischer Weise eingerichteten Geschäftsbetrieb **nicht** erforderlich macht (Kleingewerbetreibender), **kann** die Kaufmannseigenschaft erwerben, wenn er die Firma seines Unternehmens im Handelsregister eintragen lässt. Entscheidet er sich für die Eintragung, dann erlangt er mit der Eintragung die Kaufmannseigenschaft. § 2 HGB

Der Landwirt ist grundsätzlich kein Kaufmann. Er **kann** aber durch freiwillige **Eintragung im Handelsregister** Kaufmann werden, wenn sein Betrieb eine kaufmännische Organisation erforderlich macht. § 3 HGB

Die Eintragung ins Handelsregister hat bei **Kannkaufleuten rechtserzeugende (= konstitutive)** Wirkung.

Formkaufmann

Kapitalgesellschaften (z. B. eine Aktiengesellschaft) erlangen – **unabhängig von der Größe und dem Gegenstand ihres Unternehmens –** aufgrund der gewählten Rechtsform die Kaufmannseigenschaft (= **Formkaufmann**). Diese Unternehmen sind selbst dann Kaufleute, wenn nicht einmal ein Gewerbebetrieb vorliegt, und sie sind verpflichtet, sich im Handelsregister eintragen zu lassen. § 6 Abs. 2 HGB

Bei **Formkaufleuten** hat die Eintragung ins Handelsregister **rechtserzeugende (= konstitutive)** Wirkung.

Aufgabe 1 Seite 338

8.3.3 Firma

Begriff und Bedeutung

Wird in der täglichen Umgangssprache von Firma gesprochen, so ist damit meist ein ganz bestimmtes Unternehmen gemeint. Das Handelsrecht hingegen versteht unter Firma nicht das Unternehmen selbst, sondern verbindet mit diesem Begriff den Namen des Kaufmanns, unter dem dieser seine Geschäfte betreibt. Die Firma kann dabei Name sowohl für natürliche wie auch für juristische Personen sowie für rechtsfähige Personengesellschaften sein.

§ 17 HGB

Die Firma ist der Name, unter dem ein im Handelsregister eingetragener Kaufmann seine Geschäfte betreibt und seine Unterschrift abgibt. Ein Kaufmann kann unter seiner Firma klagen und verklagt werden.

Vorschriften zur Firmierung

Die Firmierung ist abhängig von der Rechtsform, in der ein Unternehmen betrieben wird. Die jeweils gültigen Firmierungsvorschriften finden sich in den entsprechenden Spezialgesetzen (z. B. GmbHG, AktG). Bei der Auswahl eines Firmennamens sind bestimmte Grundsätze zu beachten:

Firmierungsgrundsätze		
Firmenwahrheit (§§ 18, 19 HGB)	**Firmenklarheit (Firmenausschließlichkeit) (§ 30 HGB)**	**Firmenbeständigkeit (§§ 21, 22, 24 HGB)**
Die Firma darf nicht über die Art und/oder den Umfang des Unternehmens täuschen. Eine Irreführung der Öffentlichkeit muss ausgeschlossen sein.	Die Firma muss sich von den am selben Ort oder in derselben Gemeinde bereits bestehenden und in das Handelsregister eingetragenen Firmen deutlich unterscheiden.	Bei Veräußerung des Unternehmens darf die Firma vom Erwerber fortgeführt werden, sofern der bisherige Inhaber zustimmt. Ändert sich jedoch durch den Inhaberwechsel auch die Rechtsform, so ist aber ein entsprechender Rechtsformzusatz erforderlich.
Beispiele		
Eine kleine Bäckerei darf nicht als Hohenloher Brotfabrik firmieren.	Ein neu zu gründendes Fahrradgeschäft darf nicht mit „Fahrradhandel Biehler e.K." firmieren, wenn am gleichen Ort bereits ein Kaufmann unter dieser Firma im Handelsregister eingetragen ist.	Die Baustoffgroßhandlung Hans Strickler e.K. wird künftig von Anna Strickler (Tochter des Hans Strickler) weitergeführt. Der Firmenname darf beibehalten werden.

Firmenarten

Personenfirma	**Sachfirma**	**Fantasiefirma**	**Gemischte Firma**
ein oder mehrere Personennamen sind Bestandteil der Firma	der Gegenstand des Unternehmens (Tätigkeitsfeld) ist Bestandteil der Firma	Firma enthält eine frei erfundene Fantasiebezeichnung	Kombination von Sach- und Personenfirma
Beispiele			
Hein Kühn, e.K.	Heidelberger Zementfabrik AG	Bit & Byte OHG	Metallwarenfabrik Dorothea Mußler e.K.

8.3.4 Handelsregister

Das Handelsregister ist ein amtliches, öffentliches Verzeichnis, das Eintragungen über sämtliche Kaufleute im Bezirk des zuständigen Registergerichts führt.

Das Handelsregister wird im Normalfall von dem örtlich zuständigen **Amtsgericht** geführt. In das Handelsregister erfolgte Eintragungen werden im Internet und dem Bundesanzeiger bekannt gegeben. Die Eintragungen werden von den Gerichten in einem elektronischen System, dem gemeinsamen Registerportal **der Länder** der Bundesrepublik Deutschland, veröffentlicht. Jeder hat das Recht auf Einsichtnahme.

§ 8 HGB
§ 125 FGG[1]
§ 10 Abs. 1 S. 1, § 11, § 9 HGB

Das Handelsregister besteht aus **zwei Abteilungen**:

§ 3 Abs. 1 HRV

Abteilung A (§ 3 (2) HRV)[2]	Abteilung B (§ 3 (3) HRV)
Eintragung von Einzelkaufleuten und Personengesellschaften (offenen Handelsgesellschaften, Kommanditgesellschaften)	Kapitalgesellschaften (z. B. Aktiengesellschaften, Gesellschaften mit beschränkter Haftung)

Aufgabe 2 Seite 338 f.

8.3.5 Vollmachten

Die Organisation eines Gewerbebetriebes macht es notwendig, dass der Kaufmann Mitarbeitern Vollmacht erteilt, für ihn rechtsverbindlich Rechtsgeschäfte abzuschließen. Das BGB regelt die Erteilung und die Wirkung der Vollmacht. Das Handelsrecht trägt den Bedürfnissen des Geschäftslebens Rechnung, indem es dem Kaufmann zusätzlich das Recht gibt, die besonderen Vollmachten **Prokura** und **Handlungsvollmacht** zu erteilen.

§§ 164ff. BGB

Prokura

Erteilung

Die Prokura kann nur persönlich vom Kaufmann selbst und nicht von einem Vertreter erteilt werden und muss ins Handelsregister eingetragen werden. Wirksam wird sie aber bereits bei Erteilung bzw. Mitteilung an den Geschäftspartner. Damit hat die Eintragung ins Handelsregister **deklaratorische Wirkung.**

§ 53 HGB

Umfang

Der Umfang der Vertretungsmacht des Prokuristen ist Dritten gegenüber **nicht beschränkbar**. Der Prokurist ist befugt, alle Arten von gerichtlichen und außergerichtlichen Geschäften und Rechtshandlungen vorzunehmen, die in **irgendeinem Handelsgewerbe** vorkommen. Er kann damit auch branchenfremde Geschäfte tätigen. Allerdings ist er nicht dazu bevollmächtigt, **Privatgeschäfte** des Kaufmanns zu tätigen. Dazu wäre eine besondere Vollmacht erforderlich.

§ 50 HGB
§ 164ff. BGB

[1] *FGG: Gesetz über die Angelegenheiten der freiwilligen Gerichtsbarkeit.*
[2] *HRV: Verordnung über die Einrichtung und Führung des Handelsregisters (Handelsregisterverordnung).*

Grenzen

Dem Prokuristen ist es nicht erlaubt, im Rahmen der ihm erteilten Prokura folgende Geschäfte und Rechtshandlungen vorzunehmen:

§ 49 Abs. 2 HGB

1. **Belastung oder Veräußerung von Grundstücken**. Allerdings kann der Kaufmann dem Prokuristen aber eine **Sondervollmacht** zur Vornahme dieser Geschäfte erteilen.

§§ 28, 31, 245, 53 Abs. 1 HGB

2. – **Anmeldung der Firma zum Handelsregister**
   – **Unterzeichnung des Jahresabschlusses**
   – **Erteilung der Prokura**
   – **Veräußerung oder Aufgabe des Handelsgewerbes; Aufnahme eines Gesellschafters.**

   Diese Rechtshandlungen muss der Kaufmann **höchstpersönlich** vornehmen. Er kann sich dafür nicht von einem Prokuristen vertreten lassen, auch nicht mit einer Sondervollmacht.

Erlöschen

§ 53 Abs. 3, § 15 Abs. 3 HGB

Der Geschäftsinhaber kann die Prokura jederzeit widerrufen. Der Widerruf der Prokura ist zur Löschung im Handelsregister anzumelden. Solange die Prokura im Handelsregister noch nicht gelöscht ist, bleibt der gutgläubige Dritte geschützt.

Handlungsvollmacht

Begriff

Der gesetzlich vorgegebene Umfang der mit der Prokura verbundenen Vertretungsmacht setzt zwischen dem Kaufmann und dem Prokuristen ein ganz besonderes Vertrauensverhältnis voraus. Das Handelsrecht lässt deshalb eine Vollmacht zu, deren Umfang der Kaufmann selbst bestimmen kann.

§ 54 HGB

Ein Handlungsbevollmächtigter ist eine Person, der ein Kaufmann eine Vollmacht erteilt hat, ohne dass es sich dabei um eine Prokura handelt.

Arten und Umfang

Der Umfang der Handlungsvollmacht wird nicht von gesetzlichen Vorgaben, sondern vom Kaufmann selbst bestimmt. Nach dem Umfang sind drei Arten der Handlungsvollmacht zu unterscheiden:

Arten der Handlungsvollmacht		
Spezialhandlungsvollmacht	**Arthandlungsvollmacht**	**Generalhandlungsvollmacht (allgemeine Handlungsvollmacht)**
Diese Vollmacht berechtigt zur Vornahme **eines bestimmten Rechtsgeschäfts** und der mit diesem Rechtsgeschäft verbundenen Rechtshandlungen.	Sie berechtigt zur Vornahme aller Rechtsgeschäfte, welche die Vornahme von Geschäften der übertragenen Art mit sich bringt.	Sie berechtigt zur Vornahme aller Rechtsgeschäfte, welche im Handelsgewerbe des vollmachtgebenden Kaufmanns gewöhnlich vorkommen.
Ein Mitarbeiter einer Metallwarenfabrik wird beauftragt, die Ausstattung für das Besprechungszimmer zu beschaffen. Gegebenenfalls wäre er auch berechtigt, festgestellte Mängel zu rügen.	Ein Mitarbeiter eines Großmarktes ist für den Einkauf von Frischobst und Gemüse zuständig. Andere Kaufverträge für das Unternehmen darf er mit der erteilten Vollmacht nicht abschließen.	Ein Mitarbeiter eines Baustoffhandels kann mit der ihm erteilten allgemeinen Handlungsvollmacht alle Rechtsgeschäfte (z. B. Ein- und Verkauf von Waren, Mitarbeiter einstellen und entlassen) abschließen, die die Baustoffhandlung **gewöhnlich** mit sich bringt.

Erteilung und Erlöschen

Die Handlungsvollmacht kann vom Kaufmann selbst, einem Prokuristen oder von einem dazu Bevollmächtigten erteilt werden. Eine Eintragung ins Handelsregister ist nicht erforderlich. Die Handlungsvollmacht ist jederzeit widerrufbar.

Aufgaben 3 u. 4 Seite 339 f.

§167 BGB

Zusammenfassende Übersicht zu Kapitel 8.3: Rechtliche Rahmenbedingungen

Rechtliche Rahmenbedingungen

Gewerbe

= wirtschaftliche Tätigkeit
- in eigener Verantwortung
- auf Dauer angelegt
- mit der Absicht auf Gewinnerzielung

Gewerbeordnung

Kaufmann

Istkaufmann (§ 1 HGB)
= Betrieb eines Handelsgewerbes mit kaufmännisch eingerichtetem Geschäftsbetrieb (Großbetrieb)

Verpflichtung zur Eintragung ins HR

Kaufmann (§§ 2, 3 HGB)
= Kleinbetrieb oder Landwirt

Kaufmann kraft freiwilliger Eintragung

Formkaufmann (§ 6 HGB)
= Kaufmann wegen der gewählten Rechtsform

Verpflichtung zur Eintragung ins HR

Firma

Name, unter dem ein Kaufmann seine Geschäfte betreibt

Personen- / Sach- / Fantasie- firma

Oder:
Gemischte Firma

Handelsregister

amtliches, öffentliches Verzeichnis aller Kaufleute in einem Registerbezirk

Abteilung A / Abteilung B

Vollmachten

Vollmacht berechtigt zum Abschluss rechtsverbindlicher Rechtsgeschäfte

Prokura
Vollmacht zur Vornahme von Rechtsgeschäften **irgendeines** Handelsgewerbes

Handlungsvollmacht
Vollmacht zur Vornahme von gewöhnlichen Rechtsgeschäften eines bestimmten Handelsgewerbes
- Spezialhandlungsvollmacht
- Arthandlungsvollmacht
- Generalhandlungsvollmacht

Wiederholung des Grundwissens

1. Was ist unter einem Gewerbe zu verstehen?
2. Aus welchen beiden Bestandteilen besteht ein Gewerbe?
3. Nennen Sie Beispiele für Berufe, für die die Gewerbeordnung nicht anzuwenden ist.
4. Erklären Sie den Begriff Gewerbefreiheit.
5. Für welchen Personenkreis gilt das Handelsrecht (Handelsgesetzbuch)?
6. Wer ist „Istkaufmann“?
7. Wann erlangt ein Istkaufmann die Kaufmannseigenschaft?
8. Wodurch unterscheiden sich konstitutive und deklarative Wirkung einer Eintragung ins Handelsregister?
9. Erklären Sie den Begriff Kannkaufmann.
10. Welche Wirkung hat die Eintragung ins Handelsregister bei einem Kannkaufmann?
11. Was ist unter einem Formkaufmann zu verstehen?
12. Welche Wirkung hat die Eintragung ins Handelsregister bei einem Formkaufmann?
13. Was ist unter einer Firma zu verstehen?
14. Nennen und erklären Sie drei Firmierungsgrundsätze.
15. Nennen Sie zu jeder der vier Firmenarten jeweils ein Beispiel.
16. Welche Eintragungen enthält das Handelsregister und wer führt dieses?
17. Aus welchen beiden Abteilungen besteht das Handelsregister und was ist dort jeweils eingetragen?
18. Wer kann Prokura erteilen?
19. Wozu ist ein Prokurist befugt?
20. Nennen Sie Beispiele für Rechtshandlungen, die einem Prokuristen untersagt sind.
21. Wann erlischt die Prokura?
22. Was ist unter Handlungsvollmacht zu verstehen?
23. Unterscheiden Sie drei Arten von Handlungsvollmacht.
24. Wodurch unterscheiden sich Prokura und Handlungsvollmacht hinsichtlich ihres Umfangs?

Aufgaben und Probleme

1. Stellen Sie fest, wer in den nachfolgenden Fällen Kaufmann
   - auch ohne Eintragung im Handelsregister (Istkaufmann) gem. § 1 HGB,
   - durch freiwillige Eintragung im Handelsregister (Kannkaufmann) gem. § 2 HGB,
   - aufgrund der gewählten Gesellschaftsform (Formkaufmann) gem. § 6 HGB ist.

   a) Ein Malermeister beschäftigt 12 Malergesellen und einen Buchhalter.
   b) Ein Rentner kauft und verkauft gelegentlich Antiquitäten.
   c) Eine OHG wird als Großgewerbe (mit kaufmännischer Organisation) betrieben.
   d) Ein „Eismann“ fährt mit einem kleinen Bus durch die Straßen und verkauft Eis, das er von einer großen, in der Innenstadt gelegenen Eisdiele bezieht.
   e) Ein Koch übernimmt eine Betriebskantine. Er bezieht Gehalt und wirtschaftet auf Rechnung des Betriebs.
   f) Ein Arzt beschäftigt eine Arzthelferin.
   g) Ein Landwirt betreibt noch eine Molkerei, die überwiegend eigene Produkte des landwirtschaftlichen Betriebs verarbeitet.
   h) Eine OHG betreibt ein Kleingewerbe (ohne kaufmännische Organisation).

2. Isabell Kleinschmidt, Freiburg, übersetzt für Unternehmen Geschäftsbriefe in verschiedene Sprachen. Sie hat zwischenzeitlich zwei Mitarbeiterinnen in Teilzeit beschäftigt. Der Betrieb macht derzeit noch keinen nach Art und Umfang in kaufmännischer Weise eingerichteten Geschäftsbetrieb erforderlich.

a) Stellen Sie fest, ob im vorliegenden Fall ein Gewerbe vorhanden ist.
b) Isabell Kleinschmidt beabsichtigt, das Unternehmen im Handelsregister eintragen zu lassen. Machen Sie drei Firmierungsvorschläge.
c) Die Firma wird am 16. Juli d. J. in das Handelsregister unter dem Firmennamen „Freiburger Übersetzungsdienst, Inh. Isabell Kleinschmidt e.K“ eingetragen. Welche Folgen hat die Eintragung für Isabell Kleinschmidt?

3. Dieter Heimann, Am Bahndamm 9, 74080 Heilbronn, ist Inhaber eines Küchenstudios. Zu seiner Entlastung ermächtigt er seinen langjährigen Mitarbeiter Karl Senne, alle Geschäfte zu tätigen, die das Küchenstudio gewöhnlich mit sich bringt.
a) Stellen Sie fest, ob Karl Senne für das Küchenstudio Dieter Heimann e.K. folgende Rechtsgeschäfte bindend abschließen kann:
   1. Verkauf von Küchenzubehör,
   2. Einkauf von Büromaterial,
   3. Aufnahme eines Darlehens von der Sparkasse,
   4. Einstellung eines Schreiners,
   5. Begleichung einer Verbindlichkeit (Lieferung von Heizöl),
   6. Entlassung eines technischen Zeichners,
   7. Belastung eines Grundstücks mit einer Hypothek,
   8. Kauf eines Grundstücks als Kundenparkplatz.
b) Heimann befindet sich derzeit in Kur. Der Geschäftsführer einer Wohnbaugesellschaft bittet um ein sofortiges Angebot über den Einbau von 12 Einbauküchen in einem Mehrfamilienhaus. Da der Handlungsbevollmächtigte Senne derzeit im Geschäft mehrere Beratungstermine wahrzunehmen hat, bittet er seine Sekretärin Marianne Helbig, ein Angebot abzugeben und wenn möglich den Vertrag sofort abzuschließen.
   Das Angebot entspricht den Vorstellungen des Geschäftsführers, der auch sofort den Auftrag erteilt.
   Die Wohnbaugesellschaft hat am nächsten Tag ein günstigeres Angebot erhalten. Deren Geschäftsführer ruft deshalb bei Heimann an und teilt mit, dass er auf die Lieferung der 12 Einbauküchen verzichte. Der Kaufvertrag sei nicht zustande gekommen, weil nur die Sekretärin Helbig, nicht aber Heimann unterschrieben habe.
   Wie ist die Rechtslage?
c) Da Frau Helbig als Sekretärin nicht mehr ausgelastet ist, soll sie künftig auch verstärkt im Verkauf tätig sein und erhält von Heimann Verkaufsvollmacht.
   – Wäre die Vollmacht auch gültig, wenn sie vom Handlungsbevollmächtigten Senne erteilt worden wäre?
   – Frau Helbig bestellt von einem Vertreter, der im Betrieb vorspricht, mehrere moderne Küchenlampen für die Firma Heimann. Dieter Heimann ist jedoch von dem Design nicht begeistert.
     Stellen Sie fest, ob Heimann berechtigt ist, die Lampen zurückzuschicken und die Zahlung des Rechnungsbetrages zu verweigern.

4. Der Karlsruher Telediscountshop hat seiner Mitarbeiterin Katja Wimmer Prokura erteilt, während Edwin Stern als Handlungsbevollmächtigter (Allgemeine Handlungsvollmacht) für das Unternehmen tätig ist.
   Welche der folgenden Geschäfte können rechtswirksam abgeschlossen werden
– vom Handlungsbevollmächtigten Edwin Stern,
– von der Prokuristin Katja Wimmer,
– weder vom Handlungsbevollmächtigten noch von der Prokuristin?
   1. Einkauf von 10 000 Pack Druckerpapier,
   2. Verkauf eines gebrauchten Pkw,

3. Kauf eines Nachbargrundstücks zur Betriebserweiterung,
4. Verkauf einer nicht mehr benötigten Garage mit Grundstück,
5. Erteilung von Prokura,
6. Erteilung von Handlungsvollmacht,
7. Günstiger Gelegenheitskauf eines Picasso-Ölgemäldes. Der geschäftsführende Gesellschafter ist leidenschaftlicher Kunstsammler,
8. Kauf von festverzinslichen Wertpapieren zur Anlage eines vorübergehenden Liquiditätsüberschusses,
9. Aufnahme eines Kredits,
10. Kauf von 5 Lieferwagen. Es ist vorgesehen, dass der Telediscountshop seine Kunden auf Wunsch auch beliefert.

8.4 Rechtsformen

8.4.1 Überblick über die Rechtsformen von Unternehmen

In Abhängigkeit von den Zielen, die von einem Unternehmen verfolgt werden, lassen sich **Unternehmen in privatrechtlicher Form und Unternehmen in öffentlich-rechtlicher Form** unterscheiden.

Unternehmen in privatrechtlicher Form		Unternehmen in öffentlich-rechtlicher Form
Diese Unternehmen verfolgen meist **private Zielsetzungen** (im Normalfall: Gewinnerzielung) und befinden sich **vorwiegend in Privateigentum.** Sie können von natürlichen und juristischen[1] Personen gegründet werden.		Diese Unternehmen erfüllen **öffentliche Aufgaben** und befinden sich in **öffentlichem Eigentum.** Beispiele: städtische Versorgungs- und Verkehrsbetriebe, öffentlich-rechtliche Sparkassen, Landesversicherungsanstalten
Einzelunternehmen	**Gesellschaftsunternehmen**	

Die in privatrechtlicher Form geführten Unternehmen lassen sich in **Einzelunternehmen** und **Gesellschaftsunternehmen** einteilen.

In einem Einzelunternehmen gibt es nur einen Betriebsinhaber. Dieser stellt dem Unternehmen Kapital zur Verfügung und haftet alleine.

§ 1 HGB Ist eine kaufmännische Organisation des Unternehmens erforderlich, dann ist der Unternehmer Kaufmann und muss sein Unternehmen beim Handelsregister anmelden.

Gesellschaftsunternehmen sind privatrechtliche Vereinigungen von Personen zur Verfolgung eines gemeinsamen Zwecks

Es gibt im Wesentlichen zwei Gründe, um eine Gesellschaft zu gründen bzw. ein Einzelunternehmen in eine Gesellschaft umzuwandeln:

1. Das Unternehmen hat einen solchen Umfang, dass die anfallenden Leitungsaufgaben von einem Einzelunternehmer allein nicht bewältigt werden können.
2. Das benötigte Kapital kann von einer Person nicht alleine aufgebracht werden.

[1] *Juristische Personen: z. B. GmbH (vgl. S. 347 ff.)*

Für die Gründung eines Gesellschaftsunternehmens lässt das Handelsrecht zwei Grundformen zu[1]:

Personengesellschaft	Kapitalgesellschaft
Bei **Personengesellschaften** ist ein enges persönliches Verhältnis der Gesellschafter zum Unternehmen und das gegenseitige Vertrauen der Gesellschafter das wesentliche Merkmal. Zumindest ein Teil der Gesellschafter ist an der Leitung beteiligt und haftet persönlich.	Bei einer **Kapitalgesellschaft** steht vor allem die Kapitalbeschaffung im Vordergrund. Häufig fehlt die persönliche Bindung der Gesellschafter zum Unternehmen. Die Anteile an der Gesellschaft können frei veräußert werden. Die Gesellschafter haften nicht persönlich. Ihre Mitarbeit ist nicht erforderlich.

Eine Personengesellschaft ist eine Unternehmensform, an der mindestens zwei natürliche Personen und/oder juristische Personen zur Erreichung eines gemeinsamen Zweckes beteiligt sind. Eine Personengesellschaft ist keine juristische Person und hat nur eine eingeschränkte Rechtsfähigkeit.

Eine Kapitalgesellschaft ist eine Unternehmensform, bei der die Bereitstellung von Kapital im Vordergrund steht und eine persönliche Mitarbeit der Gesellschafter nicht erforderlich ist.

Zusammenfassende Übersicht zu Kapitel 8.4.1: Überblick über die Rechtsformen von Unternehmen

Unternehmungen

- in privatrechtlicher Form → Gewinnerzielung
- in öffentlich-rechtlicher Form → öffentliche Aufgaben

Privatrechtliche Form:

- Einzelunternehmen
- Gesellschaftsunternehmen = privatrechtliche Vereinigung von Personen (natürliche oder juristische) zur Verfolgung eines gemeinsamen Zweckes

Gesellschaftsunternehmen:

Personengesellschaften | **Genossenschaften** | **Kapitalgesellschaften**

Personengesellschaften:

- Gesellschaft des bürgerlichen Rechts (GbR oder BGB-Gesellschaft)
- Offene Handelsgesellschaft (OHG), Kommanditgesellschaft (KG), GmbH & Co. KG

- enges persönliches Verhältnis der Gesellschafter
- persönliche Haftung von Gesellschaftern
- Geschäftsführung durch Gesellschafter

Kapitalgesellschaften:

- Gesellschaft mit beschränkter Haftung (GmbH)
- Aktiengesellschaft (AG)

- keine persönliche Bindung der Gesellschafter zum Unternehmen; im Vordergrund steht die Kapitalaufbringung
- keine persönliche Haftung der Gesellschafter
- keine Pflicht zur Mitarbeit der Gesellschafter im Unternehmen

[1] *Die Genossenschaft als weitere Grundform eines Gesellschaftsunternehmens ist nicht Gegenstand des Lehrplanes.*

8.4.2 Einzelunternehmung

In der Einzelunternehmung bringt der Unternehmer allein das Eigenkapital auf. Er allein führt das Unternehmen und haftet auch allein für alle Verbindlichkeiten.

vgl. Kapitel 8.3.5

Zu seiner Vertretung kann ein Unternehmer unter bestimmten Voraussetzungen Handlungsbevollmächtigte und Prokuristen bestellen.

> **Veröffentlichung des Handelsregisters Heilbronn:**
>
> A 75233 **Malereibetrieb Wolfgang G. Schröder e.K.**
>
> Hamburg (Ausführung sämtlicher Maler- und Anstricharbeiten, Verkauf und Verlegen von Teppichböden, Verkauf von Tapeten und Gardinen sowie eigener Gerüstbau). Lessingstraße 2, Inhaber: Wolfgang Gerhard Schröder, Malermeister, Hamburg

vgl. Kapitel 8.3.3

Die **Firma** muss in jedem Fall einen Zusatz enthalten, der die Rechtsform angibt. So ist für die Einzelunternehmung der Zusatz „eingetragener Kaufmann“ bzw. „eingetragene Kauffrau“ verpflichtend. Die Bezeichnung der Firma ohne den Zusatz der Rechtsform kann frei gewählt werden. Neben den Personen- und Sachfirmen sind auch Fantasie- und Mischfirmen zulässig. Ein Einzelunternehmen besitzt selbst keine eigene Rechtspersönlichkeit wie z. B. eine Kapitalgesellschaft. Das bedeutet, dass der Unternehmer unter seinem Firmennamen als Vertragspartner bei Verträgen (Kaufverträge, Arbeitsverträge) mit anderen Personen auftritt.

Vor- und Nachteile eines Einzelunternehmens gegenüber einem Gesellschaftsunternehmen:

Vorteile
- alleiniges Entscheidungsrecht (Ausnahme: Einzelunternehmen muss Regelungen über die Mitbestimmung beachten)
- Flexibilität bei Entscheidungen, da keine Abstimmung erforderlich
- alleiniger Gewinnanspruch
- kein Mindestkapital erforderlich
- hohe Motivation des Einzelunternehmers, da der Gewinn des Unternehmens häufig die einzige Einkommensquelle darstellt
- i.d.R. keine Gründungsvorschriften (außer: Anmeldung zum Handelsregister, Gewerbeanmeldung beim Gewerbeamt)

Nachteile
- alleiniges Entscheidungsrecht beeinträchtigt evtl. die Qualität der Entscheidungen, da keine Absprache erforderlich bzw. möglich
- hohes Risiko, da Einzelunternehmer allein und unbeschränkt haftet
- begrenzte Möglichkeiten zur Beschaffung von Eigen- und Fremdkapital
- Auflösung des Unternehmens bei Tod des Unternehmers
- Existenz des Unternehmens ist u. U. abhängig von der privaten Lebensführung des Unternehmers

Zusammenfassende Übersicht zu Kapitel 8.4.2: Einzelunternehmung

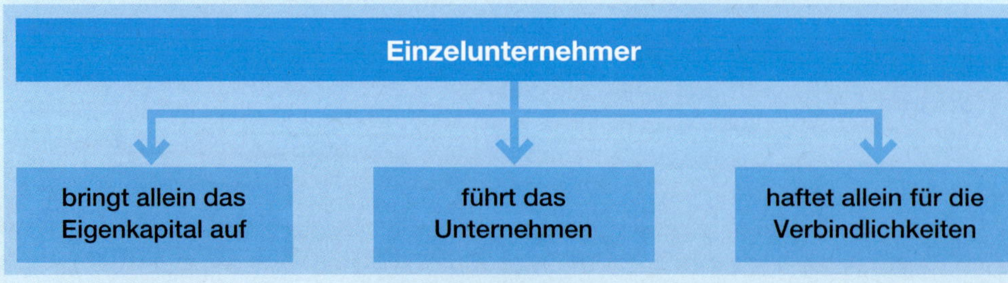

8.4.3 Personengesellschaften am Beispiel der Offenen Handelsgesellschaft (OHG)

Die Offene Handelsgesellschaft ist ein Zusammenschluss von zwei oder mehr Gesellschaftern zum Betrieb eines Handelsgewerbes unter gemeinschaftlicher Firma. Die Offene Handelsgesellschaft ist keine juristische Person. Sie kann aber eigenständig Rechte erwerben und Verbindlichkeiten eingehen und ist somit rechtsfähig.

§ 14 Abs. 2 BGB

Die OHG kann unter ihrer Firma Rechte erwerben und Verbindlichkeiten eingehen. Sie kann unter ihrer Firma vor Gericht klagen und verklagt werden.

Die OHG ist die **typische Rechtsform für kleinere und mittlere Unternehmen**, in denen jeweils mehrere Unternehmer gemeinschaftlich Kapital und persönliche Fähigkeiten (Ideen, Arbeitskraft) einsetzen und gemeinschaftlich unbegrenzt das Geschäftsrisiko tragen. Die OHG ist daher grundsätzlich als besonders kreditwürdig anzusehen.

Auszug aus einer Zeitungsanzeige

Unternehmer mit einem sehr guten Ruf im Werkzeugbau muss seinen Betrieb dringend erweitern. Dafür sucht er einen

Mitgesellschafter.

Der zukünftige Partner sollte möglichst kaufmännische Erfahrung und technisches Verständnis für diese Aufgabe mitbringen. Außerdem ist eine Kapitalbeteiligung von mindestens 100 000 EUR erwünscht.

Wen diese unternehmerische Aufgabe reizt, wende sich an

Unternehmensberatung Technika

28327 Bremen

Gründung und Firma

Bei der **Gründung** leisten die Gesellschafter **Einlagen**, die in Geldzahlungen, in der Übereignung von Sachen oder Übertragung von Rechten sowie im Erbringen von Dienstleistungen bestehen können. Das Eigentum an den eingebrachten Vermögensgegenständen steht den Gesellschaftern gemeinsam zu (**Gesamthandsvermögen**). Die Summe der in Geld bewerteten Einlagen bildet das **Eigenkapital** der OHG.

- **Grundlage für alle Regelungen der Beziehungen der Gesellschafter untereinander (Innenverhältnis) ist der Gesellschaftsvertrag.** Er legt neben der Kapitalaufbringung die Leitungsbefugnisse und die Ergebnisverteilung (Gewinn- und Verlustverteilung) fest. Ergänzend zum Gesellschaftsvertrag gilt das HGB.
- **Für das Verhältnis der Gesellschaft Dritten gegenüber (Außenverhältnis) ist das HGB maßgebend.** Das HGB allein bestimmt, wie ein Gesellschafter haftet und welche Rechtswirksamkeit die Rechtsgeschäfte der OHG mit Dritten haben.

Gründung der Munz und Kern OHG

Der Unternehmer Klaus Munz fand aufgrund einer Anzeige in Siegfried Kern den gesuchten Gesellschafter.

Im Gesellschaftsvertrag wurden folgende Regelungen zur Beteiligung vereinbart:

Klaus Munz bringt seinen Betrieb mit folgenden Vermögensgegenständen ein: Grundstück mit Gebäude: 550 000 EUR; Patent: 200 000 EUR; Bankguthaben: 50 000 EUR. Siegfried Kern stellt die geforderten 100 000 EUR Bankguthaben zur Verfügung.

Aktiva	**Gründungsbilanz**			**Passiva**
Bebaute Grundstücke	550 000	**Eigenkapital**		
Patent	200 000	Einlage Munz	800 000	
Bankguthaben	150 000	Einlage Kern	100 000	900 000
	900 000			900 000

§ 19 HGB Die Firma, unter der eine OHG ihre Rechtsgeschäfte abschließt (z. B. Kauf-, Arbeitsverträge) muss die Bezeichnung „offene Handelsgesellschaft" oder eine allgemein verständliche Abkürzung dieser Bezeichnung enthalten.

Firma einer OHG	
Personenfirma: Munz und Kern OHG	Fantasiefirma: Fit und Fun OHG
Sachfirma: Leonberger Getränkegroßhandel OHG	Gemischte Firma: Möbelfabrik Holzer OHG

Geschäftsführung und Vertretung

§ 116 Abs. 2 HGB Die **Geschäftsführung** bezieht sich auf die Rechtsbeziehungen der Gesellschafter untereinander (Innenverhältnis). Sie umfasst die Befugnis, Rechtshandlungen (z. B. Abschluss von Verträgen) für die OHG vornehmen zu können. Dabei ist zwischen **gewöhnlichen Geschäftsführungsmaßnahmen des Handelsgewerbes der OHG** (z. B. Wareneinkauf, Personaleinstellung) und **außergewöhnlichen Geschäftsführungsmaßnahmen** (z. B. Aufnahme eines **Großkredits**) zu unterscheiden. Das HGB räumt jedem Gesellschafter für **gewöhnliche Geschäftsführungsmaßnahmen** grundsätzlich Geschäftsführungsbefugnis ein. Das bedeutet, dass ein Gesellschafter, der vom Gesellschaftsvertrag nicht von der Geschäftsführung ausgeschlossen ist, eine gewöhnliche Rechtshandlung vornehmen kann, wenn ein anderer zur Geschäftsführung befugter Gesellschafter nicht widerspricht. Für **außergewöhnliche Rechtsgeschäfte** ist grundsätzlich ein Gesamtbeschluss aller Gesellschafter erforderlich (**= Gesamtgeschäftsführungsbefugnis**).

Die Geschäftsführung bezieht sich auf die Rechtsbeziehungen der Gesellschafter untereinander (Innenverhältnis).

§ 125 HGB Die **Vertretung** umfasst die Befugnis, **Rechtsgeschäfte** für die OHG **mit Dritten** rechtswirksam abschließen zu können. Sie erstreckt sich nach dem HGB auf alle gerichtlichen und außergerichtlichen Geschäfte und Rechtshandlungen einschließlich der Veräußerung und Belastung von Grundstücken sowie der Erteilung und des Widerrufs der Prokura.

Die Vertretung bezieht sich auf die Rechtsbeziehungen der Gesellschafter mit Dritten (Außenverhältnis).

§ 119 Abs. 2 HGB Im Gegensatz zur Geschäftsführungsbefugnis macht das HGB bei der Vertretungsmacht der OHG-Gesellschafter keinen Unterschied zwischen gewöhnlichen und außergewöhnlichen Geschäften. Zum Schutz des Dritten (z. B. Kunden, Lieferer) ist eine Beschränkung des Umfangs der Vertretungsmacht durch den Gesellschaftsvertrag im Außenverhältnis nicht wirksam.

Haftung

Die Haftung der OHG-Gesellschafter ist **Dritten gegenüber** für jeden Gesellschafter gleich:

Jeder Gesellschafter einer OHG haftet persönlich (unbeschränkt, unmittelbar) und gesamtschuldnerisch (solidarisch).

Eine Beschränkung der Haftung ist Dritten gegenüber unwirksam.

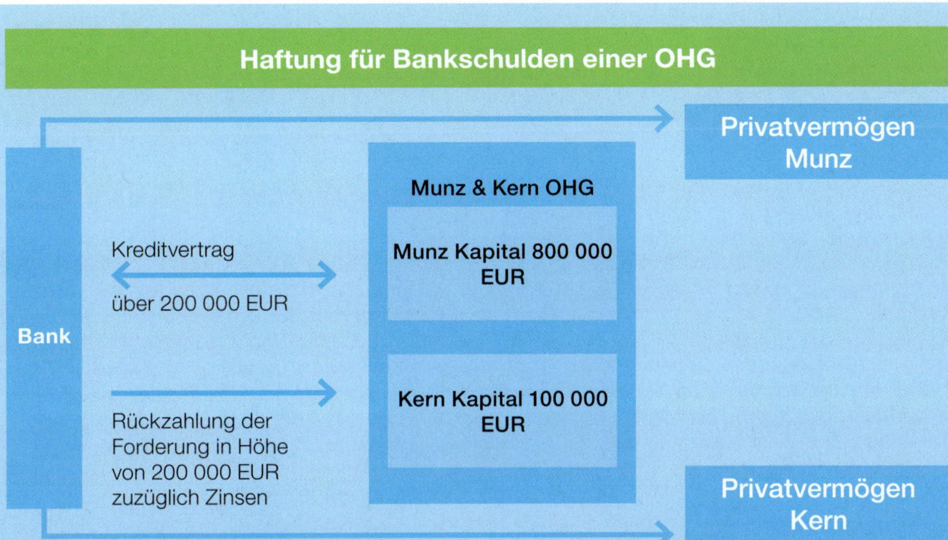

Die Gläubigerin (Bank) kann ihren Anspruch auf Rückzahlung des Darlehens sowohl gegen die OHG als auch **unmittelbar** gegen einen Gesellschafter nach ihrer Wahl geltend machen. Der Gesellschafter kann nicht einwenden, der Gläubiger müsse sich zuerst an die OHG wenden **(= unmittelbare Haftung** der Gesellschafter**)**. Jeder Gesellschafter haftet auch mit seinem Privatvermögen **(= unbeschränkte Haftung)**. Einwendungen, er hafte nur im Verhältnis seiner Beteiligung am Gesamtkapital der OHG, sind nicht möglich **(= solidarische Haftung)**.

Ergebnisverteilung

Die in einem Geschäftsjahr erwirtschafteten Gewinne werden nach den Vereinbarungen im Gesellschaftsvertrag auf die Gesellschafter verteilt. Ohne vertragliche Regelung bestimmt das HGB, dass zunächst jeder Gesellschafter seinen Kapitalanteil mit 4 % verzinst erhält und der Rest nach Köpfen verteilt wird. Entstandene Verluste werden nach dem Gesetz nach Köpfen verteilt. §§ 120 ff. HGB

Gewinnverteilung der Munz & Kern OHG

An der Munz & Kern OHG sind die Gesellschafter Munz (800 000 EUR) und Kern (100 000 EUR) beteiligt. Der Gewinn in Höhe von 108 000 EUR wird nach der gesetzlichen Regelung wie folgt verteilt:

	Munz	Kern	insgesamt
Kapitaleinlagen	800 000 EUR	100 000 EUR	900 000 EUR
4 % Verzinsung	32 000 EUR	4 000 EUR	36 000 EUR
Restverteilung nach Köpfen	36 000 EUR	36 000 EUR	72 000 EUR
Gewinnanteil	68 000 EUR	40 000 EUR	**108 000 EUR**

Aufgaben 1 u. 2 Seite 353 f.

Recht auf Privatentnahmen

§ 122 HGB

Da die OHG-Gesellschafter für ihre Mitarbeit im Unternehmen kein Gehalt beziehen, sind sie im Normalfall darauf angewiesen, die für die private Lebensführung anfallenden Ausgaben aus Privatentnahmen zu bestreiten. Ohne vertragliche Vereinbarung sind die OHG-Gesellschafter daher berechtigt, während des Geschäftsjahres bis zu 4 % des zu Anfang des Geschäftsjahres vorhandenen Kapitalanteils zu entnehmen. Von diesem Recht kann ein Gesellschafter auch dann Gebrauch machen, wenn das Unternehmen Verlust erzielt. Höhere Privatentnahmen sind möglich, wenn die übrigen Gesellschafter einwilligen oder wenn der Gesellschaftsvertrag eine entsprechende Vereinbarung enthält.

Vor- und Nachteile einer OHG gegenüber einem Einzelunternehmen und einer Kapitalgesellschaft

Vorteile

- das unternehmerische Risiko ist auf mehrere Personen verteilt
- normalerweise höhere Kreditwürdigkeit als bei Einzelunternehmen
- Qualität unternehmerischer Entscheidungen ist bei mehreren Personen im Normalfall besser
- meist höhere Eigenkapitalbasis als Einzelunternehmen
- hohes Interesse der Gesellschafter bei der Mitarbeit im Unternehmen, da Gewinnbeteiligung
- bei kleinen und mittelgroßen Gesellschaften Erleichterungen bei der Erstellung und Veröffentlichung des Jahresabschlusses

Nachteile

- persönliche und gesamtschuldnerische Haftung der Gesellschafter; damit höheres Risiko gegenüber der Beteiligung bei einer Kapitalgesellschaft
- evtl. geringere Flexibilität, da den Gesellschaftern das Recht auf Vertretung und Geschäftsführung zusteht (Abstimmungsprobleme bei Meinungsverschiedenheiten)
- im Vergleich zur Kapitalgesellschaft nur eingeschränkte Möglichkeiten der Kapitalbeschaffung (begrenzte Kapitalkraft)

Zusammenfassende Übersicht zu Kapitel 8.4.3: Personengesellschaften am Beispiel der Offenen Handelsgesellschaft (OHG)

Ergebnisverteilung:
- 4 % der Kapitaleinlage, Rest nach Köpfen
- Verlust nach Köpfen

(§ 121 HGB)

Privatentnahmen während des Jahres: 4 % des Kapitalanteils (§§ 121, 122 HGB)

Haftung: persönlich (= unbeschränkt + unmittelbar) + gesamtschuldnerisch (solidarisch) (§ 128 HGB)

Offene Handelsgesellschaft (OHG) = Personengesellschaft (§§ 105 ff. HGB): mindestens zwei Gesellschafter, die persönlich und gesamtschuldnerisch haften

Vertretung und Geschäftsführung: alle Gesellschafter Einzelvertretungs- und Geschäftsführungsbefugnis (§§ 125, 126, 114 HGB)

Firma: Personen-, Sach-, oder Fantasiefirma (§ 19 HGB) mit Zusatz OHG

8.4.4 Kapitalgesellschaften am Beispiel der Gesellschaft mit beschränkter Haftung (GmbH)

Begriff und Firma

Die Gesellschaft mit beschränkter Haftung (GmbH) ist eine Kapitalgesellschaft, bei der die Haftung gegenüber den Gläubigern auf das Gesellschaftsvermögen begrenzt ist (§ 13 GmbHG).

In gleicher Weise wie die Aktiengesellschaft zählt die GmbH zu den **Kapitalgesellschaften**. Sie ist eine **juristische Person** und entsteht demnach erst mit der Eintragung ins Handelsregister (**konstitutive Wirkung der Eintragung**. Wie die AG kann sie auch bereits von einer Person gegründet werden. Voraussetzung für die Gründung einer GmbH ist nicht – wie z. B. bei der OHG – der Betrieb eines Handelsgewerbes. Eine GmbH kann zu jedem **gesetzlich zulässigen Zweck** (z. B. karitative, politische Zwecke) gegründet werden. Da lediglich die GmbH als juristische Person – nicht aber eine natürliche Person – den Gesellschaftsgläubigern gegenüber haftet, ist die Rechtsform der GmbH z. B. nicht zulässig für Versicherungen, Bausparkassen, Ärzte und Apotheken. Eine GmbH ist aber – unabhängig von ihrer Tätigkeit – stets **Handelsgesellschaft** und unterliegt damit wie andere Kaufleute den Vorschriften des Handelsrechts. Sie ist in gleicher Weise wie die AG Kaufmann kraft Rechtsform (**Formkaufmann**).

§ 11 Abs. 1 GmbHG
§ 1 GmbHG

Die Firma muss die Bezeichnung „Gesellschaft mit beschränkter Haftung" oder eine allgemein verständliche Abkürzung dieses Begriffs enthalten. Eine GmbH als juristische Person kann sich auch an anderen Unternehmen (z. B. an einer OHG) beteiligen.

§ 4 GmbHG

Firma einer GmbH

Personenfirma: Richard Keller GmbH
Fantasiefirma: Fit & Fun GmbH
Sachfirma: Badische Treuhand GmbH
Mischfirma: Sanitärtechnik Reith GmbH

Kapitalaufbringung und Haftung

Die Verpflichtung zur Leistung von Einlagen ergibt sich für die Gesellschafter einer GmbH aus dem Gesellschaftsvertrag. Jeder Gesellschafter muss sich mindestens mit einem Geschäftsanteil beteiligen. Der Nennbetrag eines Geschäftsanteils muss mindestens auf den Betrag von einem Euro und auf volle Euro lauten. Die Nennbeträge der einzelnen Geschäftsanteile können unterschiedlich hoch sein. Das **Stammkapital** besteht aus der Summe der Nennbeträge der Geschäftsanteile und beträgt mindestens **25 000 EUR**.

§ 5 GmbHG

Das Stammkapital (Bezeichnung in der Bilanz: Gezeichnetes Kapital) einer GmbH ist der in der Satzung (= Gesellschaftsvertrag) festgelegte Betrag, mit dem die Gesellschafter an der Gesellschaft beteiligt sind.
Der Nennbetrag eines Geschäftsanteils gibt an, in welcher Höhe ein GmbH-Gesellschafter gemäß Gesellschaftsvertrag am Stammkapital einer GmbH beteiligt ist.

Vor Anmeldung zur Eintragung ins Handelsregister sind Sacheinlagen (z. B. Fahrzeuge, Grundstücke) vollständig zu leisten. Bareinlagen hingegen müssen lediglich zu einem Viertel geleistet werden. Die Summe der geleisteten Einlagen muss zum Zeitpunkt der Eintragung mindestens die Hälfte des Mindeststammkapitals von 25 000 EUR – also 12 500 EUR – betragen. Sieht der Gesellschaftsvertrag ausschließlich die Erbringung von Bareinlagen vor (d. h. es werden nur Geldeinlagen und keine Sacheinlagen geleistet), so lässt sich bereits mit einem Geldbetrag von 12 500 EUR eine GmbH gründen.

§ 7 Abs. 2 GmbHG

Der **Geschäftsanteil** verkörpert das **Mitgliedschaftsrecht** an einer GmbH. Seine Höhe bringt die Beteiligung am **tatsächlichen Reinvermögen** (tatsächliches Vermögen abzüglich tatsächliche Schulden) zum Ausdruck. Das tatsächliche Reinvermögen einer GmbH ist im Normalfall nicht identisch mit dem in der Bilanz ausgewiesenen gezeichneten Kapital.

Nennwert und tatsächlicher Wert von Geschäftsanteilen bei einer GmbH

In der Bilanz der Hubert Schmidt GmbH wird ein Stammkapital in Höhe von 50000 EUR ausgewiesen. An der Gesellschaft sind die beiden Gesellschafter Hubert und Karl Schmidt wie folgt beteiligt:
Nennbetrag des Geschäftsanteils Hubert Schmidt: 20000 EUR
Nennbetrag des Geschäftsanteils Karl Schmidt: 30000 EUR
In der Vergangenheit wurden Teile des erzielten Gewinns einbehalten und nicht an die Gesellschafter ausgeschüttet. Die Summe der nicht ausgeschütteten Gewinne ist in der Bilanzposition „Andere Gewinnrücklagen" ausgewiesen und beträgt 30000 EUR. Entsprechend der Höhe der Nennbeträge der Geschäftsanteile errechnen sich folgende tatsächlichen Werte:

	Hubert Schmidt	**Karl Schmidt**	**Summen**
Nennbeträge der Geschäftsanteile	20000 EUR	30000 EUR	**50000 EUR**
tatsächlicher Wert der Geschäftsanteile	32000 EUR	48000 EUR	**80000 EUR (= tatsächliches Eigenkapital)**

§ 15 Abs. 3 GmbHG

Der tatsächliche Wert eines Geschäftsanteils ist dann von Bedeutung, wenn ein Gesellschafter seine Beteiligung aufgeben will. Der Betrag des Geschäftsanteils ist Grundlage für die Ermittlung des Verkaufspreises. Soll ein Geschäftsanteil weiterveräußert werden, so bedarf der Vertrag der notariellen Beurkundung.

§ 13 Abs. 2 GmbHG

Den Gläubigern der GmbH haftet ausschließlich das Gesellschaftsvermögen. Sobald das Stammkapital voll einbezahlt ist, können die Gesellschafter nicht mehr persönlich in Anspruch genommen werden, es sei denn, der Gesellschaftsvertrag enthält Vereinbarungen über eventuell zu erbringende Nachschüsse (äußerst selten).

Für Verbindlichkeiten der Gesellschaft haftet ausschließlich die GmbH als juristische Person.

Gründung

§ 1 GmbHG

Die Errichtung einer GmbH ist durch eine oder mehrere Personen möglich.

§ 2 GmbHG

§ 11 Abs. 2 GmbHG

Der Gesellschaftsvertrag muss notariell beurkundet werden und ist von sämtlichen Gesellschaftern zu unterzeichnen. Da die Gesellschaft erst mit der Eintragung ins Handelsregister entsteht, haften die Handelnden persönlich und solidarisch (gesamtschuldnerisch) für Verbindlichkeiten aus Rechtsgeschäften, die sie bereits vor Eintragung ins Handelsregister abgeschlossen haben.

Unter folgenden Voraussetzungen ist die Gründung einer GmbH in einem **vereinfachten Verfahren** möglich: § 8 Abs. 1 Nr. 5 GmbHG

1. Es werden keine Sacheinlagen wie z. B. Grundstücke, Gebäude in die GmbH eingebracht § 5a GmbHG
2. Die Gesellschaft besteht aus **höchstens drei Gesellschaftern** und **einem Geschäftsführer**.

Sind die Voraussetzungen für eine Gründung im vereinfachten Verfahren erfüllt, so ist es erforderlich, das als Anlage dem GmbHG beigefügte **Musterprotokoll** zu verwenden und **notariell beurkunden** zu lassen. Diese Art der Gründung ist erheblich kostengünstiger als die Standardgründung, da eventuelle Rückfragen im Zusammenhang mit der Registereintragung weitgehend entfallen. § 6 Abs. 1a GmbHG *vgl. Anhang Seite 423*

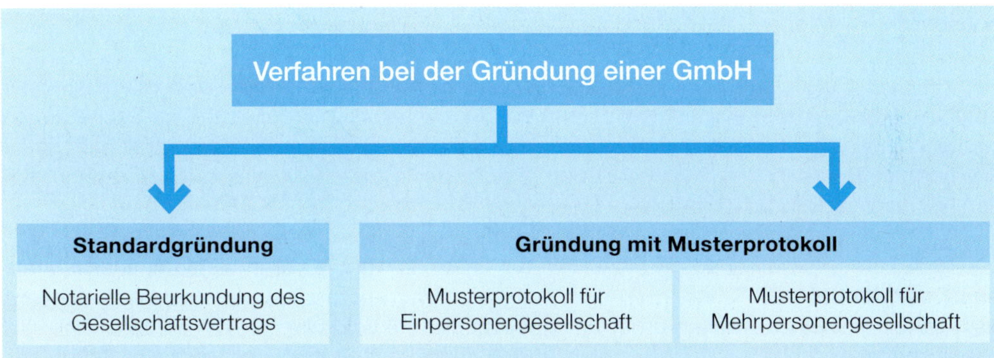

Organe

Aufgaben 1–4 Seite 353 ff.

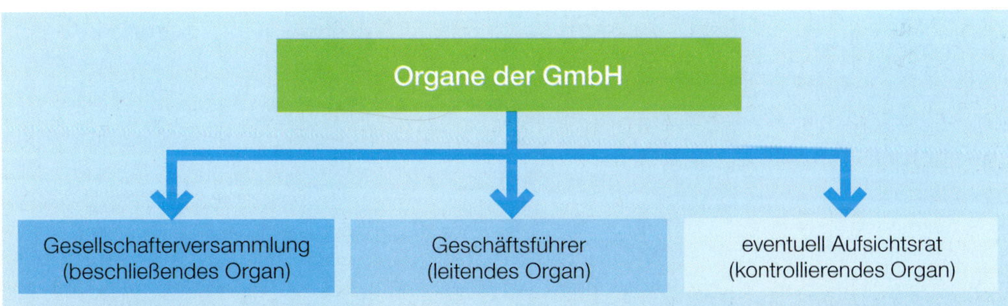

Organe einer GmbH sind die **Gesellschafterversammlung**, **die Geschäftsführer** und der **Aufsichtsrat**, der bei Gesellschaften mit mehr als 500 Arbeitnehmern gebildet werden muss. § 52 GmbHG, § 1 Nr. 3 DrittelbG

Die Gesellschafterversammlung wählt – sofern der Gesellschaftsvertrag keine andere Vereinbarung enthält – den/die Geschäftsführer, stellt den Jahresabschluss fest und fasst den Beschluss, wie das erzielte Jahresergebnis verteilt wird. Insbesondere bei der Ein-Mann-GmbH kommt es häufig vor, dass der einzige Gesellschafter auch gleichzeitig Geschäftsführer (Gesellschaftergeschäftsführer) der GmbH ist. Mit der Geschäftsführung können aber auch außenstehende Dritte beauftragt werden (**Fremdorganschaft**). Wie der Vorstand einer Aktiengesellschaft, sind die Geschäftsführer das zur Vertretung einer GmbH befugte Organ. Ihnen steht gleichermaßen die Geschäftsführungs- und Vertretungsbefugnis zu. Wurde die Geschäftsführung zwei oder mehreren Personen übertragen, so dürfen diese nur gemeinschaftlich handeln (Gesamtgeschäftsführungs- und -vertretungsbefugnis), es sei denn, in der Satzung ist Einzelvertretung vorgesehen. Zum Schutz von Dritten ist eine Beschränkung des Umfangs der Vertretungsmacht im Außenverhältnis unwirksam.

§ 35 GmbHG

§ 35 Abs. 2 GmbHG

Unternehmergesellschaft als Sonderform einer GmbH

§ 5a Abs. 1 GmbHG

Aufgabe 5 Seite 355 f.

Das GmbH-Gesetz lässt auch schon mit einem Mindeststammkapital von einem symbolischen Euro die Gründung einer „Mini-GmbH“ (= **Unternehmergesellschaft**) zu. Damit nach außen hin sichtbar wird, dass es sich hierbei um die Sonderform einer GmbH mit sehr geringem Gründungskapital handelt, muss die Firma zwingend den Zusatz „Unternehmergesellschaft (haftungsbeschränkt)“ oder „UG (haftungsbeschränkt)“ enthalten.

§ 5a Abs. 2 GmbHG

Die Anmeldung einer Unternehmergesellschaft zum Handelsregister darf – anders als bei einer GmbH im Allgemeinen – erst erfolgen, wenn das Stammkapital voll einbezahlt ist. Sacheinlagen sind nicht zulässig. Gründen mehr als drei Gesellschafter eine Unternehmergesellschaft, so ist eine normale Beurkundung vorgeschrieben. Das kostensparende Musterprotokoll kann in diesem Fall nicht verwendet werden.

vgl. Anlage 1 zu § 2 Abs. 1a GmbHG, Seite 423

§ 5a Abs. 3 und 5 GmbHG

Eine Unternehmergesellschaft darf ihre erzielten Gewinne nicht in vollem Umfang ausschütten. Sie ist **verpflichtet**, 25 % ihres um einen Verlustvortrag aus dem Vorjahr verminderten Jahresüberschusses einzubehalten und einer **gesetzlichen Rücklage** zuzuführen. Erst wenn die Gesellschafter beschließen, aus der gebildeten Rücklage das Stammkapital auf den Betrag des Mindeststammkapitals (25 000 EUR) zu erhöhen, kann der erzielte Jahresüberschuss gegebenenfalls in vollem Umfang an die Gesellschafter ausgeschüttet werden. Die Gesellschaft kann sich danach umfirmieren, wenn sie das für vorteilhaft hält.

Zusammenfassende Übersicht zu Kapitel 8.4.4: Kapitalgesellschaften am Beispiel der Gesellschaft mit beschränkter Haftung (GmbH)

Firma:
Personen-, Sach- oder Fantasiefirma mit Zusatz GmbH (§ 4 GmbHG)

Kaufmann:
- Kraft Rechtsform (Formkaufmann) § 6 GmbHG
- Eintragung ins Handelsregister: konstitutiv

Gründung:
mindestens 1 Gründer; zu jedem beliebigen Zweck, sofern gesetzlich nciht ausgeschlossen; aber immer: Handelsgesellschaft §§ 1, 13 Abs. 3 GmbHG

Gesellschaft mit beschränkter Haftung (GmbH)
= Kapitalgesellschaft mit eigener Rechtspersönlichkeit (juristische Person)
Grundlage: GmbH-Gesetz

Haftung:
Keine persönliche Haftung der Gesellschafter (Gesellschaftsvermögen haftet) § 13 Abs. 2 GmbHG

Gesellschaftsvertrag:
notarielle Beurkundung erforderlich § 2 GmbHG

Privatentnahmen während des Jahres:
nicht möglich; bei Mitarbeit der Gesellschafter im Unternehmen Gehaltszahlung durch GmbH

Gesellschafter:
natürliche und/oder juristische Personen übernehmen Geschäftsanteile (= Nennbeträge am Stammkapital) § 5 GmbHG

Geschäftsanteil Gesellschafter A Mindestnennbetrag 1 EUR

Geschäftsanteil Gesellschafter B Mindestnennbetrag 1 EUR

Stammkapital = Summe der Nennbeträge der Geschäftsanteile (mindestens: 25 000 EUR)
Zu leistende Einlage vor Eintragung im Handelsregister: mindestens 12 500 EUR bei Bargründung mit Mindeststammkapital

Geschäftsanteil = Mitgliedschaftsrecht
(Beteiligung am tatsächlichen Reinvermögen der GmbH)

Organe:
- Geschäftsführer (leitendes Organ)
- Gesellschafterversammlung (beschließendes Organ)
- Aufsichtsrat: freiwillig bis 500 Arbeitnehmer, darüber Pflicht (kontrollierendes Organ)

einfache und kostengünstige Gründung — **Sonderform einer GmbH Unternehmergesellschaft** § 5a GmbHG — geringe Kreditwürdigkeit

↓

Stammkapital < Mindeststammkapital gem § 5 GmbHG

Aufgabe 6 Seite 356

Firmenzusatz § 5a Abs. 1 GmbHG: Unternehmergesellschaft (haftungsbeschränkt) oder UG (haftungsbeschränkt)

Bildung einer gesetzlichen Rücklage (Gewinnausschüttungssperre) in Höhe von 25 % des Jahresüberschusses

Vor- und Nachteile

Vor- und Nachteile einer GmbH im Vergleich zu einem Einzelunternehmen und einer Personengesellschaft

Vorteile
- bei voller Einzahlung der Stammeinlage keine persönliche Haftung
- Geschäftsanteile lassen sich einfach veräußern
- leichtere Beschaffung von Eigenkapital

Nachteile
- wegen fehlender persönlicher Haftung der Gesellschafter oft geringeres Vertrauen bei den Gläubigern
- aufwendigere Gründung
- strengere Vorschriften zur Erstellung und Veröffentlichung des Jahresabschlusses aufgrund gesetzlicher Vorschriften

Wiederholung des Grundwissens

1. Unterscheiden Sie
   - Unternehmen in privatrechtlicher und öffentlich-rechtlicher Form,
   - Einzelunternehmen und Gesellschaftsunternehmen,
   - Personen- und Kapitalgesellschaft.
2. Welches sind Merkmale eines Einzelunternehmens?
3. Wie muss ein Einzelunternehmen firmieren?
4. Nennen Sie Vor- und Nachteile eines Einzelunternehmens.
5. Was ist eine OHG?
6. Worin zeigt sich die Rechtsfähigkeit einer OHG?
7. Erklären Sie den Begriff Gesamthandsvermögen.
8. Welche Regelungen sollte der Gesellschaftsvertrag einer OHG enthalten?
9. Unterscheiden Sie Innenverhältnis und Außenverhältnis.
10. Nennen Sie Beispiele für Firmierungen einer OHG.
11. Unterscheiden Sie Geschäftsführung und Vertretung.

12. Wie haftet ein OHG-Gesellschafter?
13. Wie wird das Ergebnis (Gewinn bzw. Verlust) einer OHG verteilt, falls der Gesellschaftsvertrag hierüber keine Vereinbarungen enthält?
14. In welcher Höhe darf ein OHG-Gesellschafter Privatentnahmen machen, wenn im Gesellschaftsvertrag darüber nichts vereinbart wurde?
15. Was ist eine Gesellschaft mit beschränkter Haftung?
16. Welche Wirkung hat die Eintragung ins Handelsregister bei der Gründung einer GmbH?
17. Zu welchen Zwecken kann eine GmbH gegründet werden?
18. Nennen Sie Geschäftszweige, für welche die Gründung einer GmbH nicht erlaubt ist.
19. Welche Kaufmannseigenschaft erwirbt eine GmbH?
20. Nennen Sie Beispiele für die Firma einer GmbH.
21. Unterscheiden Sie Stammkapital und Geschäftsanteil.
22. Wie hoch muss das Stammkapital mindestens sein?
23. Wer haftet für Verbindlichkeiten einer GmbH?
24. Welches sind die Organe einer GmbH?
25. Was ist unter Fremdorganschaft zu verstehen?
26. Nennen Sie Vor- und Nachteile einer GmbH im Vergleich zur Einzelunternehmung und zu Personengesellschaften.

Aufgaben und Probleme

1. E. Grün, F. Schuster und P. Zeller glauben eine Marktchance in der Produktion von Kehrmaschinen für Fußwege und Parkplätze entdeckt zu haben. Sie gründen eine Unternehmung in der Rechtsform der OHG. Das Gesellschaftsvermögen der Grün OHG beträgt 200 000 EUR mit den Kapitalanteilen von Grün mit 20 000 EUR, Schuster 120 000 EUR und Zeller 60 000 EUR.
   a) Welche Beweggründe könnten die drei Gesellschafter zur Gründung einer OHG veranlasst haben?
   Nennen Sie vier Gesichtspunkte.
   b) Obwohl Zeller laut **Gesellschaftsvertrag** nur für die Produktion zuständig ist, kauft er einen repräsentativen Firmenwagen für 48 000 EUR. Als das Autohaus von Grün die Bezahlung der 48 000 EUR fordert, verweigert er die Zahlung. Der Gesellschafter Grün führt folgende Argumente an:
      - der Kaufvertrag sei nicht gültig, da Zeller hier unbefugt gehandelt habe,
      - er sei sowieso nicht der richtige Adressat, sondern Zeller,
      - wenn er zuständig sei, dann höchstens für 16 000 EUR.

   Wie beurteilen Sie die einzelnen Argumente von Grün?
   c) Der Jahresgewinn beträgt 48 500 EUR. Wie hoch ist der jeweilige Gewinnanteil gemäß der gesetzlichen Bestimmung?
   d) Begründen Sie, unter welchen Voraussetzungen die vom Gesetzgeber vorgesehene Gewinnverteilung als angemessen bezeichnet werden kann (zwei Gesichtspunkte).
   e) Die Wettbewerbssituation der Grün OHG erfordert Rationalisierungsmaßnahmen. Es ist deshalb notwendig, zusätzlich Kapital in Höhe von 250 000 EUR zu beschaffen.
   Die Gesellschafter überlegen, ob das erforderliche Kapital durch Aufnahme weiterer OHG-Gesellschafter oder als Bankkredit beschafft werden soll.
      - Vergleichen Sie die beiden Möglichkeiten der Kapitalbeschaffung unter den Gesichtspunkten Mitsprache und Gewinnbeteiligung.
      - Welche Gründe sprechen gegen den Alternativvorschlag, das zusätzliche Kapital durch Umwandlung in eine GmbH zu beschaffen?

2. Herr Lutz arbeitet bisher erfolgreich als Autoverkäufer. Er möchte sich im Kfz-Handel selbstständig machen. Sein ehemaliger Mitarbeiter, Herr Huber, betrieb bisher eine kleine Reparaturwerkstatt ohne Autohandel.
Lutz und Huber wollen gemeinsam eine Unternehmung in der Rechtsform der OHG betreiben.
   a) Nennen Sie drei Gründe, die für die Entscheidung zur Wahl der OHG als Rechtsform bedeutend sind.
   b) Herr Huber ist mit 40 % Kapital an der OHG beteiligt. Abweichend von der gesetzlichen Regelung sieht der Gesellschaftsvertrag vor, dass Huber nur mit seinem Kapitalanteil haftet. Wie ist die Rechtslage, wenn ein Gläubiger der OHG von Huber eine Zahlung fordert, die dessen Kapitalanteil bei Weitem übersteigt?
   c) Neben der Reparaturwerkstatt soll, angeregt durch die Fitness-Bewegung, die Fabrikation eines Fahrradtyps aufgenommen werden.
      - Würden Sie empfehlen, die Fabrik neben der Reparaturwerkstatt am selben Standort zu errichten? Begründen Sie Ihre Empfehlung unter Berücksichtigung der Bestimmungsgründe für die Standortwahl.
      - Angenommen, in der nächsten Tarifrunde würde sich im Metallbereich eine außergewöhnlich hohe Lohnsteigerung ergeben.
        Welche Standortüberlegungen könnten sich daraus ergeben?

3. Die Galvaniktechnik Gerhard Kleinschmidt e.K. – eine Unternehmung mittlerer Größe mit einem Eigenkapital von 380 000 EUR – benötigt für die aus Konkurrenzgründen erforderlich gewordene Erweiterung und Rationalisierung ihres Betriebes zusätzliche Finanzierungsmittel. Da Kleinschmidt aber das für die Finanzierung notwendige Eigenkapital nicht besitzt, sieht er sich gezwungen, in Zukunft mit Gesellschaftern zusammenzuarbeiten. Er gründet mit den Herren Lehmann und Jürgens die „Renchtäler Galvanik GmbH", in die er sein bisheriges Unternehmen einbringt, während Lehmann und Jürgens sich mit Bareinlagen beteiligen.
   a) Welche Vorteile weist die neu zu gründende GmbH gegenüber der Einzelunternehmung auf?
   b) Die Rechtsform der GmbH erschien den drei Gesellschaftern günstiger als die der OHG. Welche Gründe könnten sie zu ihrer Entscheidung veranlasst haben?
   c) Welche Regelung zur Geschäftsführung und Vertretung würden Sie Herrn Kleinschmidt vorschlagen?
   d) Durch welche Organe ist die Belegschaft einer GmbH an der betrieblichen Willensbildung beteiligt? Beschreiben Sie den Aufbau dieser Organe.
   e) Wer ist Eigentümer des Vermögens
      – einer Offenen Handelsgesellschaft,
      – einer Gesellschaft mit beschränkter Haftung?

4. Schreinermeister Manfred Kenner ist es gelungen, aus Holzabfällen einen hochwertigen Wärmedämmschutz herzustellen. Die Dämmschutzplatten können in verschiedenen Stärken beschichtet oder unbeschichtet hergestellt werden.
Da auf dem Markt für Wärmeschutzmaterialien starker Wettbewerb herrscht, müssen erhebliche Investitionen vorgenommen werden. Kenner beschließt, eine GmbH zu gründen und Karl Weiner und Hermann Koffler als weitere Gesellschafter aufzunehmen. Kenner legt den Mitgesellschaftern folgenden Vorschlag für einen Gesellschaftsvertrag vor:

```
§ 1:  Firma: Kenner und Koffler Dämmstoff-GmbH

§ 2:  Sitz der Gesellschaft: Ulm

§ 3:  Geschäftsbeginn: 20.02.2010

§ 4:  Gegenstand des Unternehmens: Produktion und Vertrieb von
      Wärmedämmschutzplatten

§ 5:  Stammkapital und Geschäftsanteile:
Das Stammkapital der Gesellschaft beträgt 800 000 EUR.
Als Geschäftsanteile übernehmen:
- Manfred Kenner, Ulm              450 000 EUR
- Karl Weiner, Remstal             100 000 EUR
- Hermann Koffler, Ravensburg      250 000 EUR

§ 6:  Geschäftsführung und Vertretung:
Zu Geschäftsführern der GmbH werden bestellt:
- Manfred Kenner, zuständig für Einkauf und Produktion
- Hermann Koffler, zuständig für den Vertrieb. Jeder Geschäfts-
  führer ist allein vertretungsbefugt.
```

Der Gesellschaftsvertrag wird nach Klärung der rechtlichen Probleme am 12.02.2010 in notarieller Form geschlossen. Die Handelsregistereintragung erfolgt am 02.03.2010.

a) Weiner war mit der im Vertragsentwurf genannten Firmenbezeichnung nicht einverstanden. Er machte den Gegenvorschlag „Europäische Dämmstoffwerke GmbH". Beurteilen Sie die beiden Vorschläge zur Firmierung unter rechtlichen Gesichtspunkten.
b) Nennen Sie zwei weitere Punkte, die über die Mindestanforderungen des GmbH-Gesetzes hinaus im Gesellschaftsvertrag geregelt werden sollten.
c) Zu welchem Zeitpunkt entsteht die GmbH als juristische Person?
d) Koffler scheitert im ersten Geschäftsjahr mit seinem Marketingkonzept, sodass erhebliche Verluste entstehen. Kenner und Weiner betreiben deswegen die Ablösung von Koffler als Geschäftsführer der GmbH und wollen eine Kapitalerhöhung zur Sanierung der Gesellschaft beschließen. Weisen Sie bei den gegebenen Beteiligungsverhältnissen die Erfolgsaussichten der beiden Vorhaben nach.

5. Christian Burger hat die Meisterprüfung im Schreinerhandwerk abgelegt und will sich nach nunmehr ausreichender praktischer Erfahrung selbstständig machen. Seine Ersparnisse hat er für seine Ausbildung sowie für die Anschaffung eines Autos weitgehend aufgebraucht. Er verfügt lediglich über Barmittel in Höhe von 2 000 EUR, die er als Eigenkapital in das neu zu gründende Unternehmen einbringen will.
Christian Burger hat sich nach langen Vorüberlegungen entschieden, eine Unternehmergesellschaft zu gründen.

a) Welche Gründe könnten für die Entscheidung, eine Unternehmergesellschaft zu gründen, ausschlaggebend gewesen sein?
b) Machen Sie einen Firmierungsvorschlag für das neu zu gründende Unternehmen im Schreinerhandwerk.

c) Im ersten Geschäftsjahr erzielte Burger einen Jahresüberschuss in Höhe von 24 000 EUR. In welcher Weise kann Burger über diesen Betrag verfügen?
d) Welche Möglichkeiten hat Burger, die während eines Geschäftsjahres anfallenden Ausgaben im privaten Bereich (Konsumausgaben) zu bestreiten?

6. Vervollständigen Sie nachstehende Tabelle.

	OHG	GmbH
Wie viele Gründer sind erforderlich?		
Ist ein Mindestkapital vorgeschrieben? Wie hoch muss dieses gegebenenfalls sein?		
Handelt es sich um eine Personen- oder Kapitalgesellschaft?		
Welche Firmierungen sind möglich?		
Wer haftet für Verbindlichkeiten gegenüber den Gesellschaftsgläubigern?		
Wer hat Geschäftsführungs- bzw. Vertretungsbefugnis?		
Wie wird das Jahresergebnis verteilt?		

8.5 Entscheidungskriterien für die Wahl der Rechtsform

Für die Wahl der Rechtstform sind folgende Überlegungen bedeutend:

1. In welcher Höhe ist **Kapital** notwendig und wie kann es beschafft werden?
2. Wie soll die **Haftung** für Verbindlichkeiten des Unternehmens geregelt werden (beschränkte bzw. unbeschränkte oder überhaupt keine Haftung)?
3. Welchen Einfluss hat die gewählte Rechtsform für eine spätere **Beschaffung von Fremdkapital**?
4. Wie sollen die **Leitungsbefugnisse** im Unternehmen geregelt werden (Geschäftsführung und Vertretungsbefugnisse)?
5. Wie erfolgt die **Sicherung der Unternehmensfortführung** bei Gesellschafterwechsel (Tod oder Ausscheiden eines Gesellschafters)?
6. Welchen Einfluss hat die gewählte Rechtsform auf die **Veröffentlichung des Jahresabschlusses?**
7. Welche **Gründungskosten** fallen bei der jeweiligen Rechtsform an?
8. Wie kann die **steuerliche Belastung der Unternehmung und der Gesellschafter** möglichst niedrig gehalten werden?
9. Ist die **Bildung eines Aufsichtsrates** erforderlich?

Fallstudie Seite 357 f.

Zusammenfassende Übersicht zu Kapitel 8.5: Entscheidungskriterien für die Wahl der Rechtsform

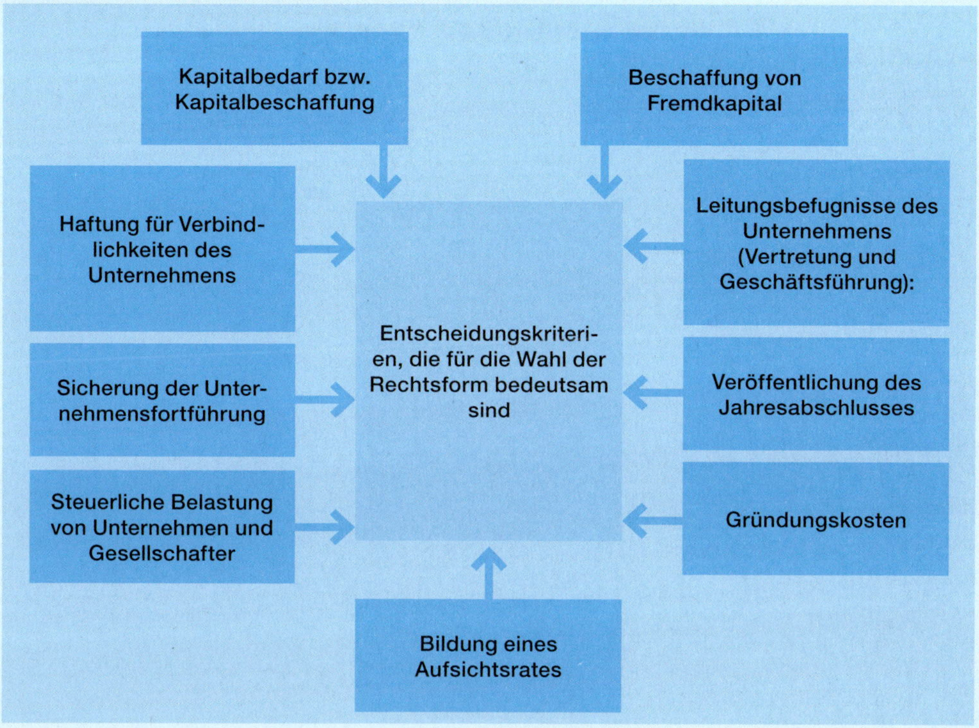

Wiederholung des Grundwissens

Welche Kriterien sind für die Wahl der Rechtsform bestimmend?

Aufgaben und Probleme

Fallstudie: Entscheidung über die günstigste Rechtsform eines Unternehmens – Entscheidungsbewertungstabelle

Die Diplominformatiker Adalbert Berner und Luisa Rauer haben sich auf die Gestaltung von Web-Seiten spezialisiert. Jeder hat bislang im Nebenerwerb Kundenaufträge abgewickelt. Das Auftragsvolumen hat zwischenzeitlich so zugenommen, dass beide beabsichtigen, miteinander ein Unternehmen zu gründen. Adelbert Berner besitzt ein Mehrfamilienhaus, in dessen Erdgeschoß die Büroräume nach einigen Umbaumaßnahmen untergebracht werden sollen. Die Kosten des Umbaus sowie die Kosten für die Büroausstattung werden auf insgesamt 600 000 EUR veranschlagt. Es ist vorgesehen, zunächst zwei Mitarbeiterinnen einzustellen.

Adalbert Berner und Luisa Rauer suchen für das zu gründende Unternehmen nach einer geeigneten Rechtsform.

Fertigen Sie für die Entscheidungsfindung eine Entscheidungsbewertungstabelle nach folgendem Muster an.

		OHG		GmbH	
Kriterien für die Wahl der Rechtsform	**Wichtigkeit** Ganz wichtiger Faktor = 10 Punkte Unwichtiger Faktor = 1 Punkt **(W)**	**Nutzen der Faktoren** sehr hoch = 3 Punkte kein Nutzen = 0 Punkte **(B)**	**Gewichteter Nutzen** **G = W · B**	**Nutzen der Faktoren** sehr hoch = 3 Punkte kein Nutzen = 0 Punkte **(B)**	**Gewichteter Nutzen** **G = W · B**
Haftungsumfang (beschränkt, unbeschränkt)					
Beschaffung von Eigenkapital					
Beschaffung von Fremdkapital					
…					
Summen					

Zur Vorgehensweise bei der Erstellung einer Entscheidungsbewertungstabelle vgl. S. 331.

Themenkreis 9
Arbeits- und Sozialwelt des Unternehmens

Um welche Probleme geht es in diesem Kapitel?

Die Arbeitnehmer stellen dem Unternehmen den Produktionsfaktor Arbeit zur Verfügung. Die Wertschöpfung eines Unternehmens entsteht aber nur aus dem Zusammenwirken aller Produktionsfaktoren (Arbeit, Kapital, Dispositiver Faktor[1]). Die Arbeitnehmer erwarten daher für ihren Einsatz eine gerechte Entlohnung. Für diese Entlohnung stehen dem Unternehmen verschiedene Möglichkeiten zur Verfügung (Entlohnung nach der Arbeitszeit, nach der Leistung, in Form von Prämien, durch Beteiligung am Betriebsergebnis). Damit das Unternehmen die Ansprüche an eine gerechte Entlohnung erfüllt, ist eine Bewertung der Arbeit erforderlich. Wurde der Wert einer zu verrichtenden Arbeit festgestellt, so lässt sich das entsprechende Entgelt z. B. auf der Grundlage eines Tarifvertrages ermitteln. Eventuelle Streitigkeiten aus dem Arbeitsverhältnis müssen gegebenenfalls mithilfe der Arbeitsgerichte gelöst werden.

Tarifverhandlungen sind Bestandteil der Arbeitswelt.

9.1 Bestimmungsfaktoren und Bewertung der Arbeitsleistung

9.1.1 Bestimmungsfaktoren der Arbeitsleistung

Die individuelle Leistung eines Arbeitnehmers ist Grundlage der Personalbeurteilung und damit letztlich auch der Entlohnung. Sie ist von folgenden Faktoren abhängig:

[1] *Unter dem Dispositiven Faktor versteht man die Tätigkeit der Geschäfts- bzw. Betriebsleitung, die die drei Elementarfaktoren – menschliche Arbeit, Betriebsmittel und Werkstoffe – planvoll und ökonomisch sinnvoll kombiniert.*

Anforderungen

Liegen die Stellenanforderungen unter den Fähigkeiten eines Arbeitnehmers, so liegt dessen individuelle Leistung zwangsläufig unter seinem Leistungsvermögen (Unterforderung). Umgekehrt wird die individuelle Leistungsfähigkeit eines Arbeitnehmers eingeschränkt, wenn er den Stellenanforderungen nicht gewachsen ist (Überforderung).

Aufgabe der Personalwirtschaft eines Unternehmens ist es, den Arbeitnehmer so einzusetzen, dass er mit der Stellenaufgabe weder über- noch unterfordert ist.

Leistungsfähigkeit

Unter Leistungsfähigkeit ist die Eignung (Qualifikation) eines Arbeitnehmers für eine bestimmte Stellenanforderung zu verstehen.

Ein Arbeitnehmer ist **qualitativ** für eine bestimmte Tätigkeit geeignet, wenn er z. B. aufgrund seiner Ausbildung, Begabung oder Erfahrung geeignet ist, den Anforderungen gerecht zu werden. Ist er auch in der Lage, die geforderte Arbeitsmenge zu erbringen, so liegt eine **quantitative** Eignung vor.

Bestimmungsgrößen der Leistungsfähigkeit eines Arbeitnehmers				
Begabung	**Körperliche Eignung**	**Ausbildung**	**Berufserfahrung**	**Übung**
Intelligenz (geistige Begabung), praktisch-technische Begabung, künstlerische Begabung.	Körpergröße, Muskulatur, Durchhaltevermögen.	Schulische Ausbildung, Weiterbildung, Studium.	Je länger die Berufserfahrung, desto eher ist ein Arbeitnehmer im Normalfall auch neuen Aufgabenstellungen gewachsen.	Durch langjährige Übung sich wiederholender Aufgaben kann eine immer größer werdende Leistung erreicht werden.

Leistungsbereitschaft (Leistungsmotivation)

Die Leistungsbereitschaft eines Menschen ist abhängig von den Triebkräften, die ihn zur Abgabe von Arbeitsleistungen bewegen. Die Triebkräfte bestehen in den Bedürfnissen, die der Mensch mit seiner Arbeitsleistung befriedigen will. Entsprechend der Bedürfnispyramide von Maslow werden zunächst die physiologischen Bedürfnisse (z. B. Sicherung von Nahrung) und zuletzt die Selbstverwirklichungsbedürfnisse (z. B. Entfaltung individueller Fähigkeiten) befriedigt.

Leistungsbedingungen

Aufgabe 1 Seite 369

Die Bedingungen, unter denen die Leistung erbracht wird (z. B. Gestaltung des Arbeitsplatzes, Ergonomie, Organisation, Personalführung, persönliche Beziehungen der Arbeitnehmer untereinander) haben eine Auswirkung auf die Leistungserbringung eines Arbeitnehmers.

9.1.2 Arbeitsbewertung

Ziele und Verfahren der Arbeitsbewertung

Die **Arbeitsbewertung** verfolgt vor allem das Ziel, für eine normale Leistung an einem bestimmten Arbeitsplatz eine „leistungsgerechte" Entlohnung zu finden. Dazu müssen zunächst die einzelnen **Anforderungen**, die ein bestimmter Arbeitsplatz stellt, ganz genau beschrieben und anschließend bewertet werden. Die Arbeitsbewertung erfolgt personenneutral. Das Ergebnis der Bewertung dieses Arbeitsplatzes wird in einer Größe, dem **Arbeitswert**, zusammengefasst.

Arbeitswertstudien haben die Aufgabe, den Schwierigkeitsgrad einer Arbeit durch Messen oder Schätzen zu erfassen. Für die Bewertung stehen dabei im Vordergrund:

- die erforderlichen Fachkenntnisse,
- die körperlichen und geistigen Beanspruchungen sowie
- alle bei der Arbeitsausführung auftretenden Belastungen.

Arbeitswertstudien dienen sowohl einer leistungsgerechten Lohnfindung als auch einer anforderungsgerechten Besetzung von Arbeitsplätzen.

Dabei kann die zu bewertende Tätigkeit als Ganzes oder nach einzelnen Anforderungsmerkmalen zergliedert bewertet werden. Danach lassen sich **summarische** oder **analytische Verfahren** der Arbeitsbewertung unterscheiden.

Aus einem Lohn- und Gehaltsrahmentarifvertrag[1]:

§ 2 Zielsetzung des Tarifvertrages
Der Tarifvertrag regelt die Eingruppierung als Grundlage für das Entgelt des Beschäftigten. Grundlage der Eingruppierung ist die bewertete und eingestufte Arbeitsaufgabe des Beschäftigten.
Die Arbeitsaufgabe wird eingestuft durch die Bewertung der Anforderungen entsprechend den nachfolgend festgelegten Systemen der Arbeitsbewertungsverfahren.
Die Eingruppierung des Beschäftigten erfolgt entsprechend den folgenden Bestimmungen.

§ 5 Ausgangspunkt der Bewertung
Bei der Bewertung der Höhe der Arbeitsanforderungen nach diesem Tarifvertrag ist ohne Beachtung von Geschlecht oder Alter der Beschäftigten, die die jeweilige Arbeit ausführen, von Folgendem auszugehen: Es wird eine Leistungsbasis unterstellt, die ohne gesteigerte Anstrengung (beim Leistungslohn: Tarifliche Normalleistung gemäß § 4.1 LRTV II) bei menschengerechter Gestaltung von Arbeitsplatz, Arbeitsablauf und Arbeitsumgebung zu erreichen ist.

Summarische Verfahren

Bei der summarischen Arbeitsbewertung wird die **gesamte Arbeitsaufgabe an einem Arbeitsplatz** als Ganzes eingeschätzt und zu anderen Arbeitsplätzen in Beziehung gesetzt. Dabei finden zwei Verfahren Anwendung.

Rangfolgeverfahren

Alle im Betrieb vorkommenden Arbeitsverrichtungen werden beschrieben. Zunächst werden die verschiedenen Beschreibungen in kleinen Bereichen verglichen und in einer Rangfolge angeordnet, dann in Abteilungen eines Betriebes und zuletzt im gesamten Betrieb.

Die Rangfolge wird so gebildet, dass die Arbeitstätigkeit mit der höchsten Beanspruchung und den höchsten Anforderungen der Lohngruppe mit dem höchsten Lohn zugeordnet wird. Die anderen Arbeitstätigkeiten werden entsprechend nachgeordnet. Zur besseren Übersicht und Vergleichbarkeit werden **Richtbeispiele** beschrieben, an denen sich die Zuordnungen orientieren können.

[1] *Aus dem Lohn- und Gehaltsrahmentarifvertrag I Nordwürttemberg/Nordbaden von 2001.*

Lohngruppenverfahren (Katalogverfahren)

Hierbei wird ähnlich verfahren. Zunächst werden jedoch den tarifvertraglich festgelegten Lohngruppen bestimmte Arbeitswertzahlen zugeordnet. Mithilfe der Lohngruppenmerkmale werden die verschiedenen Tätigkeiten im Betrieb analysiert und bewertet. Auch hierbei erleichtern Richtbeispiele, die in Betriebsvereinbarungen zwischen Betriebsrat und Unternehmensleitung festgelegt werden, die Eingruppierung der Vielzahl von Tätigkeiten.

Tarifvertraglich ist ebenfalls festgelegt, in welchem Verhältnis die einzelnen Arbeitswertgruppen zu einer Basislohngruppe (z. B. zur Lohngruppe 7: 100 %) stehen sollen. Diese Lohngruppe ist Basis bei den Tarifverhandlungen. Für besondere Betriebsarten gelten besondere Lohntarife.

Nordwürttemberg/Nordbaden
Monatsgrundlohntabelle zum summarischen System, gültig ab 1. Mai 2009

Lohn-gruppe	% zu Eck-lohn	Werkstatt		Gießerei		Montage			
						Stammarbeiter			Zeitarbeiter
						Monatsgrundlohn			
						zzgl. Montagezuschlag			
		Monatgrundlohn Euro	Minutenfaktor Cent	Monatsgrundlohn zzgl. Gießereizuschlag Euro	Minutenfaktor Cent	ohne Belastung Euro	mit Belastung Euro	f. d. Berechnung der LZ[1] mit Belastung[2] Euro	Mindestverdienst gemäß § 4.2 BMTV Euro
1	85,03	1796,73	19,67	1824,46	19,97	2030,30	2161,62	1912,94	2012,34
2	85,03	1796,73	19,67	1824,46	19,97	2030,30	2161,62	1912,94	2012,34
3	86,39	1825,35	19,98	1853,64	20,29	2062,65	2193,96	1941,56	2044,39
4	87,71	1853,33	20,29	1881,97	20,60	2094,26	2225,58	1969,54	2075,73
5	90,91	1920,79	21,03	1950,63	21,35	2170,49	2301,81	2037,00	2151,28
6	94,91	2005,41	21,95	2036,46	22,29	2266,11	2397,43	2121,62	2246,06
7	100,00	2112,95	23,13	2145,67	23,49	2387,63	2518,95	2229,16	2366,50
8	106,86	2257,99	24,72	2292,86	25,10	2551,53	2682,85	2374,20	2528,95
9	113,82	2404,97	26,33	2442,20	26,73	2717,62	2848,93	2521,18	2693,57
10	120,69	2550,03	27,91	2589,61	28,35	2881,53	3012,85	2666,24	2856,03
11	127,76	2699,53	29,55	2741,31	30,01	3050,47	3181,79	2815,74	3023,47
12	135,02	2852,88	31,23	2897,08	31,71	3223,75	3355,07	2969,09	3195,23

Quelle: ME_Industrie_NWNB_TV_Entgelte_Ausbildungsvertretungen_18_02_2010.pdf, hrsg. v. IG Metall 2009, Seite 9.

1 *Tariflohn + 5,5 % aus Lohngruppe 7*
2 *Ohne Belastung gilt der Tariflohn als Berechnungsgrundlage.*

Analytische Verfahren: Genfer Schema

Bei den analytischen Verfahren der Arbeitsbewertung wird nicht die Arbeitsaufgabe als Ganzes eingeschätzt, sondern sie wird in die **einzelnen Anforderungselemente** aufgegliedert. Jedes Anforderungsmerkmal wird gesondert bewertet. Die Gesamtzahl der Arbeitswerte ergibt sich aus der Summe der Teilwerte für die verschiedenen Teilbeanspruchungen.

Das bekannteste Gliederungssystem ist das **Genfer Schema**. Es gliedert zunächst die Anforderungsmerkmale in vier Hauptanforderungsgruppen:

- Können,
- Belastung,
- Verantwortung,
- Umgebungseinflüsse.

Diese Hauptgruppen werden weiter untergliedert. Durch verschiedene Abwandlungen wurde das Genfer Schema den Erfordernissen der Betriebspraxis angepasst.

Im Rahmentarifvertrag ist vereinbart, welche Höchstpunktzahl jedem dieser Merkmale zugeteilt werden kann. In jedem einzelnen Betrieb gilt es dann, für jeden Arbeitsplatz bei jedem Bewertungsmerkmal den zutreffenden Teilarbeitswert festzulegen. Schwierigkeiten bereitet es, diesen individuellen Wert zu ermitteln, da es kein absolut objektives Kriterium für eine gerechte Zumessung gibt. Ähnlich wie bei den summarischen Verfahren werden daher Rangreihen gebildet.

Die höchste **Rangstufenzahl** ist 100. Beim Bewertungsmerkmal Lärm werden die Rangstufenzahlen durch Zuordnung zu objektiv messbaren Phonzahlen ermittelt.

20 Bewertungsmerkmale nach dem Genfer Schema

Können
1. Kenntnisse, Ausbildung und Erfahrung
2. Geschicklichkeit, Handfertigkeit, Körpergewandtheit

Belastung
3. Belastung der Sinne und Nerven
4. Zusätzlicher Denkprozess
5. Belastung der Muskeln

Verantwortung
6. Verantwortung für die eigene Arbeit
7. Verantwortung für die Arbeit anderer
8. Verantwortung für die Sicherheit anderer

Umgebungseinflüsse
9. Schmutz
10. Staub
11. Öl/Fett
12. Temperatur
13. Nässe, Säure, Lauge
14. Gase, Dämpfe
15. Lärm
16. Erschütterung
17. Blendung und Lichtmangel
18. Erkältungsgefahr
19. Unfallgefahr
20. Hinderliche Schutzkleidung

Bewertungsmerkmal Lärm	
Zuordnung der Phonwerte zu Rangstufenzahlen	**Rangstufenzahl**
über 74 bis 76 Phon	15
über 76 bis 78 Phon	20
über 78 bis 80 Phon	25
über 80 bis 82 Phon	30
über 82 bis 83,5 Phon	35
über 83,5 bis 85 Phon	40
über 85 bis 87 Phon	45
über 87 bis 88,5 Phon	50
über 88,5 bis 90 Phon	55
über 90 bis 91,5 Phon	60
über 91,5 bis 93 Phon	65
über 93 bis 95 Phon	70
über 95 bis 96,5 Phon	75
über 96,5 bis 98 Phon	80
über 98 bis 99,5 Phon	85
über 99,5 bis 101 Phon	90
über 101 bis 103 Phon	95
über 103 bis 105 Phon	100

Die Rangstufenzahl bei anderen Bewertungsmerkmalen wird durch Vergleich der verschiedenen Arbeitstätigkeiten untereinander gefunden. Jede einzelne Rangstufenzahl muss anschließend mit einem Wichtefaktor multipliziert werden. Dadurch erhält man den Teilarbeitswert. Mit diesen für jedes Merkmal unterschiedlichen Wichtefaktoren wird die Bewertung der einzelnen Merkmale untereinander vorgenommen. Die Summe aller Teilarbeitswerte dividiert durch 10 ergibt den tatsächlichen Arbeitswert eines Arbeitsplatzes.

Nach Feststellung des Arbeitswertes eines solchen Arbeitsplatzes kann der Stundenlohn aus der geltenden Tariftafel berechnet werden.

Löhne für Arbeitsaufgaben nach der Arbeitswertung

Analytische Arbeitsbewertung

Monatsgrundlöhne in der Metallindustrie[1] zum analytischen System (Auszug für den Bereich Werkstatt)

Tarifgebiet	Arbeitswertgruppen											
	I	II	III	IV	V	VI	VII	VIII	IX	X	XI	XII
Nordwürttemberg/ Nordbaden	0-3,5 1832,98	über 3,5-6 1832,98	über 6-8,5 1876,89	über 8,5-11,5 1920,79	über 11,5-14,5 2005,41	über 14,5-17,5 2112,95	über 17,5-21 2240,20	über 21-24,5 2365,53	über 24,5-28 2490,85	über 28-31,5 2620,02	über 31,5-35 2744,08	*) *)

**) Für jeden weiteren angefangenen Arbeitswert über 35 einen Betrag in Höhe von 1,7 % des Geldbetrages der AW-Gruppe VI.*

Ein Mitarbeiter in der Härterei kommt z. B. auf einen Arbeitswert von 19, was der Lohngruppe VII entspricht. Damit erhält er einen Monatslohn von 2240,20 EUR und einen Stundenlohn von 2240,20 EUR / 160,95 Std. = 13,92 EUR.

Ein Mitarbeiter an einer CNC-gesteuerten Maschine wird mit 33 Arbeitswerten in der Lohngruppe XI eingestuft. Sein Monatslohn beträgt 2744,08 EUR, der Stundenlohn 2744,08 EUR / 160,95 Std. = 17,05 EUR.

Aufgabe 2 Seite 369

Auf diese Weise kann für sämtliche Arbeitsaufgaben im Betrieb eine leistungsorientierte Bewertung vorgenommen werden. Sämtliche Aufgaben werden beschrieben, auf ihre Anforderungen bei jedem Merkmal untersucht und bewertet. Daraus entsteht eine innerbetriebliche Rangordnung nach Arbeitswerten. Mit Richtbeispielen haben die Tarifpartner verbindliche Orientierungshilfen vereinbart.

Berechnung des Lohnsatzes (Lohnsatzdifferenzierung)

Arbeitsbewertung und Lohnhöhe eines Maschineneinrichters

Arbeitsplatzbewertungsbogen	Arbeitsplatz Nr. 122	
Anforderungen	Bewertung	
	Höchstpunktzahl	Istpunktzahl
I. Fachkönnen		
Berufsausbildung und Berufserfahrung	7	7
Geschicklichkeit	4	3
II. Belastung		
a) geistige Beanspruchung	6	4
b) körperliche Beanspruchung	5	4

[1] *Tarifvertrag über Entgelte und Ausbildungsvergütungen – Metallindustrie Nordwürttemberg/Nordbaden; gültig ab 01.05.2009, Seite 7.*

III. Verantwortung		
a) für Werkstücke und Betriebsmittel	3	2
b) für die Gesundheit anderer	4	3
c) für die Arbeitsqualität	3	3
IV. Umwelteinflüsse		
a) Temperatur	2	2
b) Öl, Fett, Schmutz und Staub	4	3
c) Gase, Dämpfe	2	2
d) Lärm	2	2
e) Unfallgefährdung	3	3
Summen	**45**	**38**

Der Arbeitsplatz des Maschineneinrichters wird mit 38 von 45 möglichen Punkten bewertet. Welcher Bruttolohn pro Stunde lässt sich errechnen, wenn zusätzlich folgende Informationen zur Verfügung stehen?

Höchstlohn des Betriebes	21,00 EUR
Niedrigster Lohn des Betriebes	10,50 EUR
Niedrigster Arbeitswert des Betriebes	10 Punkte

Berechnung:
Lohnsteigerungsfaktor (f) : (21,00 EUR – 10,50 EUR) / (45 Pkte. – 10 Pkte.) = 0,30 EUR/Pkt.
Lohn bei einem Arbeitswert von 0: 10,50 EUR – 10 Pkte. · 0,30 EUR/Pkt. = 7,50 EUR
Lohn bei einem Arbeitswert von 38 Punkten: 7,50 EUR + 38 Pkte. · 0,30 EUR/Pkt. = **18,90 EUR**

Ergebnis: Ein Maschineneinrichter am Arbeitsplatz 122, der die an ihn gestellten Arbeitsaufgaben zu 100 % erfüllt, erhält einen **Stundenlohn von 18,90 EUR.**

Aufgaben 3 u. 4 Seite 369

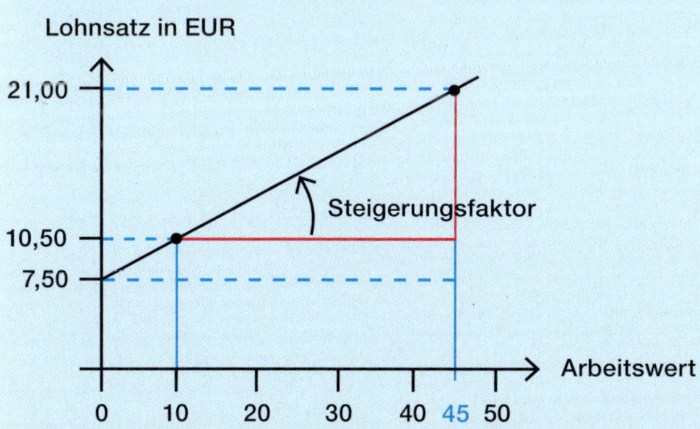

Sind der höchste und niedrigste Lohn sowie der höchste und niedrigste Arbeitswert eines Betriebes bekannt, so lässt sich der Lohnsatz für jeden beliebigen Arbeitswert berechnen.

Formeln zur Berechnung des Lohnsatzes

Bruttolohn = Lohnsatz beim Arbeitswert 0 + Arbeitswert · Steigerungsfaktor

$$L = L_0 + A \cdot f$$

$$\text{Steigerungsfaktor } f = \frac{\text{Höchster Lohn} - \text{Niedrigster (minimaler) Lohn}}{\text{Höchster Arbeitswert} - \text{Niedrigster (minimaler) Arbeitswert}}$$

$$\text{Steigerungsfaktor } f = \frac{L_{max} - L_{min}}{A_{max} - A_{min}}$$

$$\text{Lohnsatz beim Arbeitswert 0} = \text{Niedrigster (minimaler) Lohn} - \text{Niedrigster (minimaler) Arbeitswert} \cdot \text{Steigerungsfaktor}$$

$$L_0 = L_{min} - A_{min} \cdot f$$

Der Steigerungsfaktor ist von der Lohnspanne und der Arbeitswertspanne des Betriebes abhängig. Für den niedrigsten Arbeitswert wird der niedrigste Lohnsatz, für den höchsten Arbeitswert der höchste Lohnsatz bezahlt.

Arbeitsplatzbeschreibung und Arbeitsplatzbewertung

Beispiel Nr. 49 **Arbeitsbeschreibung Einsetzen und Härten von Kleinteilen**

Werkstück:
Kleine Teile der verschiedensten Art aus den verschiedensten härtbaren Materialien (kein Werkzeugteil).

Arbeitsunterlagen:
Arbeitsauftrag, mündliche Unterweisung, Härtevorschriften, Betriebsvorschriften.

Betriebsmittel:
Retortenöfen mit Öl- und Wasserabkühlbad und zwei elektrisch beheizte Salzbacköfen mit Ring-Gasabzug durch Ventilatoren; elektrisches Hebezeug.

Arbeitsplatz:
Stehend und gehend in einer großen, hellen und luftigen Härterei mit guten Luftwechselverhältnissen, Kunstlichtbeleuchtung durch Leuchtstoffröhren. Bodenfläche etwa 2 000m². 85 Phon.

Arbeitsvorgang und Arbeitsablauf:
Im Retortenofen werden Kleinteile ohne Gewinde oder Verzahnungen im Trommelwälzverfahren mit Propangasbeheizung und Ammoniakzuführung eingesetzt und gehärtet. Die Teile werden mit langen Röhrenschaufeln in die horizontal angeordnete Trommel geschüttet. Nach dem Verschließen des Ofens ist die Gas-, Ammoniak- und Luftzufuhr zu regeln und der Trommeltransport einzuschalten. Nach dem Wärmebehandlungsvorgang erfolgt die Ofenentleerung durch Handradübersetzung bei gleichzeitigem Drehen der Trommel zum Entleeren in das Wasser- oder Ölkühlbad. Eine Trommelfüllung nimmt etwa 25 bis 30 kg Material auf. Die Ofenzeit beträgt im Durchschnitt 45 Minuten. Während dieser Zeit werden in zwei danebenstehenden Salzbadeöfen andere Teile entweder gehärtet oder eingesetzt. Die angedrahteten Teile werden dabei auf welligen Halteeisen aufgereiht und nach der vorgeschriebenen Wärmebehandlung je nach Materialart in Öl, Wasser oder Salpeteransatz abgekühlt. Die Wärmebehandlung der verschiedenen Materialarten wird nach Unterweisung ausgeführt. Die Kontrolle der Probestücke auf Einsatztiefe und Härte muss die Kontrolle auf der Härteunterweisung bestätigen. Bei Abweichungen, die durch schwachen Badansatz oder abnormales Material entstehen können, entscheidet der Ofenführer, in schwierigen Fällen der Meister. Die Salzbäder werden täglich zweimal durch das Labor geprüft und bei Bedarf im Beisein des Vorarbeiters durch Zusatz von Glüh- und Zyansalzen auf die vorgeschriebene Konzentration gebracht.

Fertigungsart:
Großserienfertigung.

Bewer-tungs-Merk-male	Bewertungsbegründung: Beispiel Nr. 49	Rang-stufen	Wichte-faktor	Teilar-beits-wert
1	**Kenntnisse, Ausbildung und Erfahrung**	30	1,0	30,0
	Kenntnis der Betriebsmittel und ihrer Wirkungsweise			
2	**Geschicklichkeit, Handfertigkeit und Körpergewandtheit**	35	0,8	28,0
	Beim Einschaufeln der zu härtenden Teile sowie beim Andrahten und Abschrecken			
3	**Belastung der Sinne und Nerven**	25	0,9	22,5
	Aufmerksamkeit beim Regeln der Gas-, Ammoniak- und Luftzufuhr und beim Beobachten der Messinstrumente			
4	**Zusätzlicher Denkprozess**			
5	**Belastung der Muskeln**	35	0,8	28,0
	Ganztägiges Stehen und Gehen, beim Füllen (Schaufeln) und Entleeren der Trommeln sowie beim Hantieren mit den angedrahteten Teilen			
6	**Verantwortung für die eigene Arbeit**	30	0,8	24,0
	Für den einwandfreien Arbeitsablauf			
7	**Verantwortung für die Arbeit anderer**			
8	**Verantwortung für die Sicherheit anderer**			
9	**Schmutz**	10	0,3	3,0
	Verschmutzung durch die Härtearbeit			
10	**Staub**			
11	**Öl/Fett**	10	0,2	2,0
	Belästigung durch die Ölbäder			
12	**Temperatur**	40	0,3	12,0
	Belästigung durch die Strahlungswärme der Öfen, Werkstücke und Bäder			
13	**Nässe, Säure, Lauge**	15	0,2	3,0
	Belästigung durch Spritzer der Abschreckbäder			
14	**Gase, Dämpfe**	20	0,2	4,0
	Belästigung durch Bad- und Öldämpfe			
15	**Lärm**	40	0,5	20,0
	Durch das Gebläse und den Umgebungslärm			
16	**Erschütterung**			
17	**Blendung und Lichtmangel**	10	0,2	2,0
	Belästigung durch Hell-Dunkel-Wechsel			
18	**Erkältungsgefahr**	20	0,2	4,0
	Durch Zugluft			
19	**Unfallgefahr**	25	0,3	7,5
	Verbrennungen und Verbrühungen möglich			
20	**Hinderliche Schutzkleidung**			
	Summe der Teilarbeitswerte:			190,0
	Arbeitswert:			19,0

Zusammenfassende Übersicht zu Kapitel 9.1: Bestimmungsfaktoren und Bewertung der Arbeitsleistung

Bestimmungsfaktoren der Arbeitsleistung

- Anforderungen
- Leistungsfähigkeit
- Leistungsbereitschaft
- Leistungsbedingungen

Arbeitsbewertung
Ziel: Leistungsgerechte Entlohnung

Vorgehensweise:
- Beschreibung von Anforderungen eines Arbeitsplatzes
- Bestimmung des Arbeitswertes (unabhängig von der Person)

Verfahren:

Summarische Verfahren: Arbeitsaufgabe wird als Ganzes bewertet
- Rangfolgeverfahren
- Lohngruppenverfahren (Katalogverfahren)

Analytische Verfahren: Arbeitsaufgabe wird in Anforderungselemente aufgegliedert; jedes Element wird gesondert bewertet
- z. B. Genfer Schema (Können, Belastung, Verantwortung, Umgebungseinflüsse)

Wiederholung des Grundwissens

1. Nennen und beschreiben Sie vier Faktoren, von denen die Arbeitsleistung abhängig ist.
2. Wann ist ein Arbeitnehmer qualitativ und quantitativ für eine Tätigkeit geeignet?
3. Nennen Sie die Bestimmungsgrößen für die Leistungsfähigkeit eines Arbeitnehmers.
4. Wovon ist die Leistungsbereitschaft eines Arbeitnehmers abhängig?
5. Begründen Sie anhand von Beispielen, inwiefern die Arbeitsbedingungen einen Einfluss auf das Leistungsergebnis eines Arbeitnehmers haben.
6. Beschreiben Sie mögliche Folgen einer weitgehenden Arbeitszerlegung.
7. Welches Ziel wird mit einer Humanisierung des Arbeitsinhalts verfolgt?
8. Beschreiben Sie drei Maßnahmen zur Humanisierung des Arbeitsinhalts.
9. Warum ist eine Arbeitsbewertung erforderlich?
10. Welche Aufgabe haben Arbeitswertstudien?
11. Wodurch unterscheiden sich die summarische und die analytische Arbeitsbewertung?
12. Beschreiben Sie die einzelnen Verfahren zur summarischen Arbeitsbewertung sowie das Genfer Schema.
13. Was ist unter dem Steigerungsfaktor zu verstehen und wie wird er berechnet?
14. Wie berechnet sich der Bruttolohn für einen bestimmten Arbeitswert?

Aufgaben und Probleme

1. „Was ein Mensch bei der Arbeit leistet, hängt nicht nur von seiner eigenen Person ab, sondern auch von äußeren Einflüssen."
   a) Erläutern Sie die Aussage dieses Satzes.
   b) Nennen Sie Faktoren der Arbeitsgestaltung, die einen positiven Beitrag zur Arbeitsleistung der Mitarbeiter eines Unternehmens erbringen.

2. Mithilfe des Genfer Schemas wurde für einen Dreher ein Arbeitswert von 34 Punkten ermittelt. Berechnen Sie seinen Lohnsatz, wenn folgende Angaben gegeben sind:
   Höchster Lohnsatz: 16 EUR
   Niedrigster Lohnsatz: 12 EUR
   Höchster Arbeitswert 50 Punkte
   Niedrigster Arbeitswert 10 Punkte

3. Bei der Tailfinger Textilfabrik AG werden u. a. aus Gründen der leistungsgerechten Entlohnung die Tätigkeiten nach dem Genfer Schema bewertet. Der Betrieb ordnet den vorkommenden Tätigkeiten folgende betriebsindividuellen Höchstwerte zu:

	Höchstwerte	**Spezielle Werte für Arbeitsplatz 16**
I. Fachkönnen	30	20
II. Umwelteinflüsse	5	5
III. Verantwortung	20	15
IV. Belastung	5	2
Summen	**60**	**42**

   Der niedrigste Lohnsatz des Betriebes beträgt 12 EUR, der höchste Lohnsatz beträgt 18 EUR. Der niedrigste Arbeitswert wurde mit 10 Punkten ermittelt.
   a) Wie hoch ist der Lohnsatz eines Arbeitnehmers, der die Stelle des Arbeitsplatzes 16 besetzt?
   b) Der Rahmentarifvertrag, der für die Tailfinger Textilfabrik AG Gültigkeit besitzt, sieht 10 Lohngruppen vor. Begründen Sie, in welche Lohngruppe der Arbeitnehmer eingestuft werden sollte.

4. In einem Lohnabkommen der Elektroindustrie wurde eine analytische Arbeitsbewertung vereinbart. Basis ist der Tariflohn der untersten Lohngruppe mit 7,50 EUR je Stunde. Außerdem ist ein Steigerungsbetrag von 0,08 EUR je Stunde vorgesehen.
   Zur Berechnung des Grundlohns für die verschiedenen Arbeitsplätze liegen nach einer Arbeitswertermittlung in der Eltec GmbH folgende Ergebnisse vor:

Ergebnisse der Arbeitswertermittlung in der Eltec GmbH				
Anforderungsarten	**Gewichtungsfaktor**	**Anforderungen bei den einzelnen Arbeitsplätzen in Punkten** (10 = höchste Anforderung, 1 = niedrigste Anforderung)		
		Arbeitsplatz A	**Arbeitsplatz B**	**Arbeitsplatz C**
Kenntnisse	0,6	4	6	6
Muskelbelastung	0,4	5	10	7
Verantwortung	0,8	10	7	2
Arbeitsbedingungen	0,1	6	8	6

Im Tarifvertrag ist für die Berechnung des Arbeitswertlohnes die nachstehende Umrechnungstabelle enthalten.

Stufen	Arbeitswerte	Steigerungsfaktor
Sockel	0 – 5	–
1	6 – 10	1,3
2	11 – 15	1,5
3	16 – 20	1,8

Der Grundlohn für die einzelnen Arbeitsplätze wird nach folgender Formel ermittelt:

Grundlohn = Tariflohn der untersten Lohngruppe + (Steigerungsbetrag · Steigerungsfaktor für jeden über den Sockel hinausgehenden Arbeitswert)

a) Berechnen Sie die Arbeitswerte für die drei Arbeitsplätze.
b) Berechnen Sie den Grundlohn für die drei Arbeitsplätze.
c) Welche Bedeutung hat der Gewichtungsfaktor?
d) Welche Aussagen können aus dem Arbeitswert eines Arbeitsplatzes abgeleitet werden?
e) Welchen Einfluss hat der Arbeitswert auf den Grundlohn? Inwiefern ist dieser Grundlohn anforderungsabhängig?

9.2 Entlohnung der Arbeitsleistung

9.2.1 Das Problem der gerechten Entlohnung

Als Lohn wird das Entgelt bezeichnet, das Arbeitnehmer als Gegenleistung für den Einsatz ihrer Arbeitskraft bei der betrieblichen Leistungserstellung erhalten.

Für den Arbeitnehmer ist der Lohn die wesentliche **Einkommensquelle**, um seinen Lebensunterhalt zu bestreiten. Für das Unternehmen sind Löhne **Kosten**, die sowohl für die Wettbewerbsfähigkeit als auch für die Ertragslage von Bedeutung sind.

Die **Entlohnung** der Arbeitnehmer muss so gestaltet sein, dass sie sowohl vom Arbeitnehmer als auch von der Arbeitgeberseite **als gerecht empfunden** wird. Aus der Forderung nach gerechter Entlohnung ergeben sich bestimmte Anforderungen an ein zeitgemäßes Entlohnungssystem.Eine **gerechte Vergütung** muss

- **anforderungsgerecht**,
- **leistungsgerecht**,
- **leistungsfördernd** und
- **nachvollziehbar** sein.

- Arbeitslohn ist dann **anforderungsgerecht**, wenn die an eine Tätigkeit gestellten Anforderungen (Ausbildung, Erfahrung, Kraft, Geschicklichkeit) berücksichtigt werden. Dabei bleibt das Problem bestehen, wie die einzelnen Anforderungen zu gewichten sind. Die analytische Arbeitsbewertung versucht dieses Problem zu lösen.
- Arbeitslohn ist **leistungsgerecht,** wenn er die quantitative und qualitative Leistung des Arbeitnehmers berücksichtigt. Als Leistung kann aber auch gewertet werden, wenn durch Verminderung von Ausschuss oder durch Senkung von Maschinenkosten ein Beitrag zur Ertragsverbesserung erbracht wird.

- Bei der Vergütung der Arbeitsleistung sollen die leistungsabhängigen Bestandteile gleichzeitig Anreize enthalten, die Unternehmensziele nachhaltig zu verfolgen, z. B. Termintreue, Qualitätsverbesserung, Reduzierung von Fehlzeiten. Diese **unternehmensorientierte Motivation** soll sich **leistungsfördernd** auswirken.
- Für den Arbeitnehmer muss jederzeit **nachvollziehbar** sein, in welcher Form er den Leistungsanforderungen gerecht werden soll und wie sich das in seiner Vergütung niederschlägt.

9.2.2 Das Arbeitsentgelt im Arbeits- und Tarifvertrag

Der Tarifvertrag
In der Bundesrepublik Deutschland sind die wichtigsten Elemente der Lohnfindung und Lohnfestsetzung in **Tarifverträgen** (kollektiven Arbeitsverträgen) geregelt.

vgl. Kapitel 9.6

Vertragspartner sind die **Tarifpartner** oder **Sozialpartner**. Dies sind die im Arbeitgeberverband organisierten Arbeitgeber eines Tarifgebietes und die Gewerkschaften des gleichen Wirtschaftsbereiches.

Es gibt zwei **Arten von Tarifverträgen**:

- Mantel- bzw. Rahmentarifverträge,
- Lohn- oder Gehaltstarifverträge.

Mantel- oder Rahmentarifverträge enthalten Regelungen über die grundsätzlichen Rechte und Pflichten der Tarifpartner.

Sie gelten häufig für das gesamte Bundesgebiet. Sie enthalten alle längerfristig geltenden Vereinbarungen, u. a. die Einteilung in Lohn- und Gehaltsgruppen, Kriterien für die Bewertung von Arbeitsplätzen. Besondere Abkommen gibt es u. a. zur „Ausbildungsvergütung“ sowie zur „Zahlung vermögenswirksamer Leistungen“.

Lohn- und Gehaltstarifverträge (Lohn- und Gehaltsabkommen) enthalten die gegenwärtig geltenden Lohn- und Gehaltssätze für die im Rahmentarifvertrag gebildeten Gruppen.

Diese Verträge werden nur für regionale Tarifgebiete abgeschlossen. Ihre Laufzeit beträgt in der Regel ein Jahr.

Der Arbeitsvertrag
Auf der Basis tarifvertraglicher Regelungen zwischen den Tarifpartnern kann jeder Arbeitnehmer darüber hinaus in einem individuellen **Arbeitsvertrag** mit seinem Arbeitgeber seine spezielle Arbeitsentlohnung vereinbaren. Dabei kann es u. a. um die Einstufung in eine bestimmte Lohn- oder Gehaltsgruppe gehen, um die Zahlung außertariflicher Vergütungen oder um besondere Leistungen im Rentenalter (innerbetriebliche Altersversorgung).

Lohn ist die Bezahlung der Arbeitsleistung im Betrieb. Die Höhe des Lohnes wird im individuellen Arbeitsvertrag geregelt. Grundlage für die Lohnfestlegung sind die zwischen den Tarifpartnern geschlossenen Tarifverträge.

Manteltarifvertrag für Arbeiter und Angestellte in Nordwürttemberg/Nordbaden vom 31.03.2004 (Auszug)

Inhaltsverzeichnis

§	Inhalt
§ 1	Geltungsbereich
§ 2	Einstellung und Probezeit
§ 3	Arbeitsplatz, Arbeitsablauf, Arbeitsumgebung und Arbeitszeit
§ 4	Kündigung und Aufhebungsvertrag
§ 5	Zeugnis
§ 6	Alterssicherung
§ 7	Regelmäßige Arbeitszeit
§ 8	Abweichende Arbeitszeit
§ 9	Zuschlagspflichtige Mehr-, Spät-, Nacht-, Sonntags- und Feiertagsarbeit
§ 10	Höhe der Zuschläge für Mehr-, Spät-, Nacht-, Sonntags- und Feiertagsarbeit
§ 11	Entgeltzahlung
§ 12	Arbeitsunfähigkeit infolge Krankheit
§ 13	Arbeitsausfall, Arbeitsverhinderung, Unterstützung bei Todesfall, Wiedereinstellung nach Zeiten der Kindererziehung
§ 14	Vergütung der Mehraufwendungen bei Dienstreisen
§ 15	Reisende
§ 16	Beschränkung der Haftung der Beschäftigten und Ausschussregelung
§ 17	Vertretung der Beschäftigten
§ 18	Ausschlussfristen
§ 19	Beilegung von Streitigkeiten

9.2.3 Übersicht über die Formen der Arbeitsvergütungen (Lohnformen)

Die zweckmäßigste Form der Entlohnung ergibt sich danach, ob die zu erbringende Leistung zeitlich genau bestimmbar ist oder nicht und ob sie mehr mengen- oder qualitätsorientiert ist.

Entlohnung der Arbeit und Leistungsorientierung im Überblick

Lohnformen	Leistungsmerkmale
Zeitlohn	**Zeitlohn:** Geleistete Arbeitszeit (Std./ Monat) je nach Lohn- oder Gehaltsgruppe entsprechend Arbeitsplatzanforderungen.
Akkordlohn	**Akkordlohn:** Von Gruppen oder einem einzelnen Arbeitnehmer erbrachte Mengenleistung innerhalb bestimmter Zeiten und vorgegebener Qualitätsnormen.
Prämienlohn	**Prämienlohn:** Vergütung von Mehrleistung, z. B. durch Materialeinsparung, Werkzeugeinsparung, niedrige Ausschusskosten, Terminerfüllung, Maschinenauslastung.
Erfolgsbeteiligung	**Erfolgsbeteiligung:** Anteile am Unternehmensgewinn entweder leistungsorientiert (Lohngruppe) oder nach sozialen Aspekten (Betriebszugehörigkeit).

9.2.4 Zeitlohn

Zeitlohn wird für geleistete Arbeitszeit (z. B. Stunde, Monat) gezahlt. Diese Lohnform wird üblicherweise in folgenden Fällen gewählt:

- die geforderte Leistung ist nicht mengenmäßig erfassbar.
- der Qualitätsanspruch ist höher anzusetzen als die Mengenleistung,
- der Zeitbedarf für die einzelne Leistung ist nicht genau planbar,
- der Aufgabenanfall ist vielfältig,
- der Arbeitserfolg ist nicht direkt einem Mitarbeiter zuzurechnen.

Stundenlohn/Monatslohn

Der Stundenlohn ist eine Form der tarif- und arbeitsvertraglichen Möglichkeiten der Lohnfestsetzung. Sie findet sich überwiegend im Fertigungsbereich. In Tarifverträgen wird auch für Arbeitnehmer in den Fertigungsbereichen häufig ein **Monatslohn** festgelegt. Dadurch wird erreicht, dass durch die unterschiedliche Anzahl an Arbeitstagen in den einzelnen Monaten, an Feiertagen sowie im Schaltjahr das Einkommen je Monat gleich bleibt. Bei Bedarf kann entsprechend den tariflich vereinbarten Wochenarbeitszeiten daraus ein **Stundenlohn** errechnet werden.

Entsprechend den körperlichen und geistigen Anforderungen, die an den verschiedenen Arbeitsplätzen gestellt werden müssen, erfolgt die Zuordnung der Arbeitsplätze zu bestimmten **Lohngruppen**. Dadurch wird auch beim Zeitlohn ein **Leistungsbezug** hergestellt.

Die Kriterien für die Bewertung der Arbeitsplätze und die Bildung der Lohngruppen sind tarifrechtlich geregelt.

Beschreibung der Lohngruppen[1]

Lohngruppe 1 Arbeiten mit geringen Belastungen, die ohne vorherige Arbeitskenntnisse und ohne jegliche Ausbildung nach kurzer Anweisung ausgeführt werden können.	**Lohngruppe 2** Arbeiten mit geringen Belastungen, die ohne jegliche Ausbildung nach kurzer Anweisung und Übung ausgeführt werden können, oder Arbeiten der Lohngruppe 1, jedoch mit mittleren Belastungen.	**Lohngruppe 3** Arbeiten mit geringen Belastungen, die ohne jegliche Ausbildung nach einer kurzen Einarbeitungszeit ausgeführt werden können, oder Arbeiten der Lohngruppe 2, jedoch mit mittleren Belastungen …
Lohngruppe 4 Arbeiten mit geringen Belastungen, die eine gewisse Sach- und Arbeitskenntnis erfordern und nach einer kurzfristigen Einarbeitung ausgeführt werden können, …	**Lohngruppe 5** Arbeiten, die eine Anlernzeit von 10 bis 12 Wochen erfordern, oder Arbeiten der Lohngruppe 4, jedoch mit mittleren Belastungen …	**Lohngruppe 6** Arbeiten, die ein Können erfordern, das erreicht wird durch eine Anlernzeit von mehr als 12 Wochen …
Lohngruppe 7 Arbeiten, die neben beruflicher Fertigkeit und Berufskenntnissen einen Ausbildungsstand erfordern, wie er entweder durch eine fachentsprechende Ausbildung in einem anerkannten Ausbildungsberuf oder auf andere Weise erworben wird …	**Lohngruppe 8** Arbeiten, die Fertigkeiten und Berufserfahrungen voraussetzen, die über die Anforderungen der Lohngruppe 7 hinausgehen, jedoch mit erschwerenden Belastungen.	**Lohngruppe 9** Arbeiten, die ihrem Schwierigkeitsgrad nach an das fachliche Können weitere Erfahrungen stellen, die eine mehrjährige Berufserfahrung voraussetzen …

[1] *Anlage 4: Lohngruppenmerkmale im summarischen System zu Lohn- und Gehaltsrahmentarifvertrag I – Metallindustrie Nordwürttemberg/Nordbaden, Abschluss: 11.02.1988, 19.06.2001. Verschiedene Tarifverträge siehe unter: http://www2.igmetall.de*

Beschreibung der Lohngruppen		
Lohngruppe 10 Arbeiten, die außer umfangreichen Berufskenntnissen und einer mehrjährigen Berufserfahrung auch noch ein betriebliches Spezialwissen voraussetzen ...	**Lohngruppe 11** Arbeiten, deren Anforderungen durch die mitübertragene Verantwortung und Selbstständigkeit im Anforderungsausmaß noch über denen der Lohngruppe 10 liegen ...	**Lohngruppe 12** Arbeiten, die hervorragendes Können, Dispositionsvermögen, umfassendes Verantwortungsbewusstsein und entsprechende theoretische Kenntnisse erfordern ...

vgl. S. 362

Der Bruttolohn eines Arbeiters ergibt sich aus dem von den Tarifparteien vereinbarten Monatslohn für eine bestimmte Lohngruppe. Für die Zuordnung zu einer Lohngruppe sind die Anforderungen eines Arbeitsplatzes entscheidend.

Lohnermittlung an einem bestimmten Arbeitsplatz

Jochen Epple, 22 Jahre, ist nach seiner erfolgreichen Lehre als Industriemechaniker einer Reparaturkolonne zugewiesen worden. Zu deren Aufgabe gehört es, den Maschinenpark in der Werkstatt ständig zu warten. Seine Arbeitszeit entsprach den tarifvertraglichen Vereinbarungen. Nach der Beschreibung der Lohngruppen wurde er in Lohngruppe 7 eingestuft. Nach der Tariftabelle erhält er einen **Bruttolohn** von 2 112,95 EUR (s. S. 362).

Gehalt

Gehalt ist eine weitere Form des Zeitlohns bezogen auf einen Monat (Monatsgehalt) oder ein Jahr (Jahresgehalt). Gehalt wird für die Tätigkeiten von Angestellten im kaufmännischen und technischen Bereich gezahlt. Tarifliche Gehaltsvereinbarungen sind in der Regel auf einen Monat bezogen.

Die Höhe der Gehälter ergibt sich ebenfalls aus tarifvertraglich abgegrenzten Gehaltsgruppen. Aufgrund bestimmter Tätigkeitsmerkmale und mithilfe von Beispielen werden die einzelnen Arbeitsplätze den Gehaltsklassen zugeordnet. Tarifvertraglich ist ebenfalls eine Altersabstufung für Berufsanfänger geregelt.

Angestellten wird der Zeitlohn für die vereinbarte und geleistete Arbeitszeit als Gehalt meist monatlich gezahlt. Leistungsunterschiede werden durch Eingruppierung in verschiedene Gehaltsklassen berücksichtigt.

Metallindustrie Nordwürttemberg-Nordbaden[1]
Gehaltstafel (Auszug) für kaufm. und techn. Angestellte gültig ab 1. Juni 2008

	Euro	Euro
	K1	T1
im 1. Beschäftigungsjahr	1 614,41	1 876,35
im 2. Beschäftigungsjahr	1 705,39	1 978,32
im 3. Beschäftigungsjahr	1 797,56	2 084,56
im 4. Beschäftigungsjahr	1 898,93	2 192,02
...		

[1] *Gehaltstafel für kaufmännische und technische Angestellte, Metallindustrie Nordwürttemberg/Nordbaden, gültig seit 01. Juni 2008.*

Metallindustrie Nordwürttemberg-Nordbaden[1]
Gehaltstafel (Auszug) für kaufm. und techn. Angestellte gültig ab 1. Juni 2008

	Euro	Euro
	K4	T4
im 1. Beschäftigungsjahr	2 742,15	3 062,72
im 2. Beschäftigungsjahr	2 849,01	3 121,34
im 3. Beschäftigungsjahr	3 002,27	3 294,13
im 4. Beschäftigungsjahr	3 168,36	3 479,75
...		
	K6	T6
im 1. Beschäftigungsjahr	3 589,05	3 879,08
im 2. Beschäftigungsjahr	3 611,64	3 886,41
im 3. Beschäftigungsjahr	3 806,41	4 099,50
im 4. Beschäftigungsjahr	3 998,75	4 282,67
	K7	T7
	4 330,30	4 743,07

Anfangsgehalt einer Ingenieurin der Fachhochschule

Anke van Husen hat ihr Studium an einer Fachhochschule für Ingenieurwesen erfolgreich beendet und in einem Konstruktionsbüro eine Anfangsstellung angetreten. Zu ihren ersten Aufgaben zählt es, für ein Projekt „Verpackungsmaschinen" Einzelaggregate zu konstruieren, die Fertigungspläne zu erstellen und bei der Auswertung der Arbeitszeitaufnahmen mitzuwirken.

In ihrem Arbeitsvertrag ist die Gehaltsgruppe T 4 vereinbart, mit der Aussicht auf T 5 nach der Probezeit von einem Jahr.

Nach den Tätigkeitsmerkmalen des Tarifvertrages für die Gehaltsgruppe T 4 (siehe oben) ist die Einstufung gerechtfertigt. Nach der Gehaltstafel beträgt das Anfangsgehalt 3 062,72 EUR brutto.

[1] *Gehaltstafel für kaufmännische und technische Angestellte, Metallindustrie Nordwürttemberg/Nordbaden, gültig seit 01. Juni 2008.*

Aus einem Manteltarifvertrag der Metallindustrie

Gruppe T 4

Tätigkeitsmerkmale:

Schwierige technische Tätigkeiten, die mehrjährige Berufserfahrung oder einer Fachschulausbildung entsprechende Berufskenntnisse erfordern. Die Angestellten dieser Gruppe arbeiten selbstständig aufgrund gegebener Unterlagen und Anweisungen.

Beispiele:

Konstruieren von einfacheren Maschinen, von Bauelementen oder Werkzeugen.

Aufstellen und Berechnen von Schaltplänen.

Ausarbeiten von Projekten oder Angeboten.

Ausarbeiten von Fertigungs- oder Verfahrensplänen.

Terminverfolgen auf größeren Arbeitsgebieten.

Durchführen und Auswerten von Zeitaufnahmen.

Technische Kalkulationen.

Durchführen von Analysen oder Versuchsarbeiten im Prüffeld oder Labor ...

9.2.5 Akkordlohn

Akkordlohn wird auch als **Leistungslohn** bezeichnet. Dabei ist zu beachten, dass ausschließlich das mengenmäßige Ergebnis der Arbeit, die Stückzahl, als Leistungsmaßstab gewertet wird. Hauptziel der Entlohnung im Akkordsystem ist, die in der Zeiteinheit auszubringenden Stückzahlen zu steigern. Dabei wird die individuelle Leistungsbereitschaft der Arbeitnehmer mit einer entsprechend höheren Entlohnung entgolten.
Um Arbeiten im Akkordlohn entlohnen zu können, müssen folgende Bedingungen gegeben sein:

- Der Arbeitsablauf muss genau bestimmt sein,
- der Arbeitsablauf muss sich ständig wiederholen lassen,
- das Arbeitsergebnis muss genau zu messen sein,
- die Arbeitsgeschwindigkeit muss durch Arbeitnehmer beeinflussbar sein.

Akkordlohn ist die Lohnform, bei der die Mengenleistung bezahlt wird. Erhöht ein Arbeitnehmer seine Stückzahl, steigert er sein Einkommen.

Für Akkordentlohnung geeignete Arbeiten

In der Firma ELEMONTA, Furtwangen, werden verschiedene Steuergeräte in Serien für Ölheizungen hergestellt. Vor der letzten Funktionsprüfung und der anschließenden Verpackung sind folgende Arbeiten auszuführen:

Auf der Vorderseite der Geräte ist ein lackiertes Deckblech zu montieren, auf dem die Symbole und Werte für die Bedienungsvorgänge aufgetragen sind. Das Deckblech ist mit seinen Aussparungen über die herausstehenden Bedienungselemente zu stecken und mit dem Gehäuse zu verschrauben. Anschließend müssen die Bedienungshebel aufgesetzt und justiert werden.

Akkordlohn kann sowohl als **Einzelakkord** als auch als **Gruppenakkord** gezahlt werden. Die Entlohnung im Gruppenakkord gewinnt zunehmend an Bedeutung. Komplexer gewordene Fertigungsprozesse sowie ständige Neueinführungen und Änderungen von Produkten machen eine größere Flexibilität auch bei den Mitarbeitern erforderlich. Dies soll durch **Gruppenarbeit** erreicht werden.

Arbeitsgruppen organisieren und steuern den Fertigungsablauf selbstständig und eigenverantwortlich. Die einzelnen Gruppenmitglieder können verschiedenen Lohngruppen zugeordnet sein. Sie erhalten damit auch einen unterschiedlichen Monatsgrundlohn. Die Mehrleistung der gesamten Gruppe wird prozentual jedem Gruppenmitglied auf den Grundlohn zugeschlagen.

Für eine Entlohnung im Akkord gibt es zwei Möglichkeiten:

- den **Stückzeitakkord**,
- den **Stückgeldakkord**.

Stückzeitakkord
Mithilfe von **Arbeitszeitstudien** wird die Zeit ermittelt, die ein Arbeitsvorgang bei normaler Arbeitsbelastung beansprucht. Dabei werden nicht nur reine **Bearbeitungszeiten** gemessen, sondern auch die Zeiten für das Vorbereiten und Nachbereiten eines Arbeitsauftrags. Außerdem werden in die Zeitermittlung notwendige Pausen sowie Zeitanteile für unvorhersehbare Ereignisse einbezogen. Diese **Rüst- und Verteilzeiten** werden folglich ebenso entlohnt wie die reine Bearbeitungszeit. Die auf diesem Wege gewonnene Zeit je Einheit wird für zukünftige Aufträge als **Vorgabezeit** oder als **Zeitakkordsatz** genutzt.[1]

Für die Lohnermittlung wird zunächst die Summe aller Vorgabezeiten der erledigten Aufträge festgestellt. Diese Summe wird mit dem Geldbetrag pro Minute (= Minutenfaktor) multipliziert. Der Minutenfaktor wird auf der Grundlage des für Akkordarbeiten geltenden Stundenlohnes (Akkordrichtsatz) ermittelt. Der Akkordrichtsatz liegt je nach Tarifgebiet um 10 bis 25 % über dem Mindestlohn (Zeitlohn bei Normalleistung).

Zeitakkordsatz: $\dfrac{\text{60 Minuten}}{\text{Normalleistung (in Stück je Stunde)}}$

Minutenfaktor:[2] $\dfrac{\text{Akkordrichtsatz in EUR}}{\text{60 Minuten}}$

Bruttolohn = Zeitakkordsatz · Stück · Minutenfaktor

1 Auf die Erstellung von Arbeitszeitstudien kann hier nicht eingegangen werden.

2 In den meisten Betrieben wird mit der Dezimalminute gerechnet, d. h. die Arbeitsstunde wird in 100 Minuten geteilt.

Lohnabrechnung bei Gruppenakkord im Stückzeitakkord

Pascal Klein, Lucas Greiner und Gerhard Kütterer sind beim Systemlieferanten ELEMONTA beschäftigt und fertigen Steuergeräte für die Automobilindustrie. Pascal Klein und Lucas Greiner verrichten einfache Montagetätigkeiten, die mit einem Monatsgrundlohn von 1 750,00 EUR vergütet werden. Da Gerhard Kütterer neben seinen Montagearbeiten auch für die Qualitätsprüfung und für die Arbeitsabstimmung in der Gruppe zuständig ist, erhält er einen Monatsgrundlohn von 2 000,00 EUR. Die Vorgabezeit für ein Steuergerät beträgt 12 Minuten. Die Gruppe war im Abrechnungszeitraum zusammen 410 Stunden im Unternehmen anwesend und hat insgesamt 2 400 Steuergeräte gefertigt.

1. Welche Gutschrift (in Minuten) erhält die Gruppe für die erbrachte Leistung?
2. Welche Arbeitszeit (in Minuten) war tatsächlich erforderlich, um die Zeitgutschrift (vgl. 1.) zu erhalten?
3. Wie viel Prozent betrug im Abrechnungszeitraum die tatsächlich erbrachte Leistung?
4. Was verdienen die drei Mitarbeiter im Abrechnungszeitraum?

1. Zeitgutschrift	2 400 Stück × 12 Minuten	= 28 800 Minuten
2. tatsächliche Arbeitszeit	410 Stunden × 60 Minuten	= 24 600 Minuten
3. erbrachte **Leistung in Prozent (Leistungsgrad):**		**= 117,07 %**
4. Monatsgrundlohn Klein und Greiner		= 1 750,00 EUR
tatsächlicher Verdienst 1 750,00 × 1,1707		= 2 048,73 EUR
Monatsgrundlohn Kütterer		= 2 000,00 EUR
tatsächlicher Verdienst 2 000,00 × 1,1707		= 2 341,40 EUR

Der Leistungsanreiz bei Stückzeitakkord besteht darin, durch schnelleres Arbeiten oder bessere Arbeitsorganisation weniger Zeit für die Ausführung eines Auftrags zu benötigen, als die Vorgabezeit ausmacht. Dadurch erhöht sich der **effektive Arbeitslohn** je Stunde.

Stückgeldakkord

Auch beim Stückgeldakkord wird zunächst durch Arbeitsstudien festgestellt, welche Normalleistung ein Arbeitnehmer bei der betreffenden Arbeitsaufgabe erbringen kann. Daraus ergibt sich dann der Geldbetrag je Stück, der **Geldakkordsatz**.

$$\text{Geldakkordsatz} = \frac{\text{Akkordrichtsatz in EUR}}{\text{Normalleistung (in Stück)}}$$

Bruttolohn = Stückzahl · Geldakkordsatz

Werden in einer Stunde mehr Stück hergestellt, als für die Normalleistung erforderlich sind, erhöht sich der effektive Stundenlohn.

Der Stückgeldakkord hat in Industriebetrieben an Bedeutung verloren. Er hat den Nachteil, dass eine Tarifänderung eine völlig neue Berechnung der Stücklohnhöhe erforderlich macht. Diesen Nachteil vermeidet der Zeitakkord, weil die vorgegebenen Zeiteinheiten nicht betroffen sind und lediglich mit einem geänderten Geldfaktor (Minutenfaktor) multipliziert werden müssen.

Beim Stückzeitakkord wird je Einheit ein Zeitakkordsatz (z. B. Minuten je Stück), beim Stückgeldakkord ein Geldakkordsatz (z. B. EUR je Stück) vorgegeben.

Zeitlohn und Akkordlohn im Vergleich		
	Zeitlohn	**Akkordlohn**
Vorteile	• höhere Qualitätsgarantie • der Kreativität förderlich • geringer Zeitdruck • geringes Einkommensrisiko bei Beschäftigungsschwankungen	• Leistungsanreiz für Arbeitnehmer • bezahlte Mehrleistung • bessere Kapazitätsauslastung • Senkung der Stückkosten • genauere Kalkulation und Terminplanung
Nachteile	• geringer Leistungsanreiz • ungenaue Vorkalkulation • unsichere Terminplanung	• Gefahr der Überanstrengung • Gefahr der Qualitätseinbußen • zusätzliche Qualitätskontrollen • Gefahr der Überbeanspruchung von Betriebsmitteln • höheres Einkommensrisiko bei Beschäftigungsschwankungen

Aufgaben 1 u. 2 Seite 382 f.

9.2.6 Prämienlohn

In den letzten Jahren ist in der industriellen Fertigung die Entlohnung nach dem reinen Zeitlohn- oder Akkordlohn-System durch **Prämienlohnsysteme** abgelöst bzw. ergänzt worden. Für eine Entlohnung im Akkordlohn sind oft die erforderlichen Voraussetzungen nicht gegeben, weil z. B. der Aufwand für eine Einführung zu groß ist oder weil exakt messbare Leistungszeiten nicht zu ermitteln sind.

Der Wettbewerb zwingt die Betriebe aber dazu, in allen Bereichen leistungserhöhende oder kostensparende Maßnahmen zu ergreifen. Geforderte Leistungen können u. a. in folgenden Ansprüchen bestehen:

- Roh-, Hilfs- und Betriebsstoffe einzusparen,
- mit Betriebsmitteln sorgsam umzugehen,
- den Maschinenpark optimal auszulasten,
- Qualitätsstandards einzuhalten,
- die Produktivität zu erhöhen,
- Liefertermine zu gewährleisten,
- Ausschuss zu vermindern,
- die Durchlaufzeiten zu senken,
- die Produktionszeiten zu verkürzen,
- das Anwesenheitsverhalten der Mitarbeiter zu ändern.

Die Erfüllung solcher Ansprüche hängt sehr stark von der motivationalen Einstellung der Mitarbeiter zum Unternehmen ab. Durch Prämienanreize soll eine unternehmensorientierte Aufgabenerfüllung gefördert werden. Diesem Ziel dient auch die Einführung der Gruppenarbeit. In **Zielvereinbarungen** werden mit den Mitarbeitern für einzelne Teilaufgaben Normen vereinbart. Je nachdem, wie sie erreicht werden, berechnet sich die Prämie.

Zielvereinbarungen mit Höchstprämie

Höchstprämie:	270,00 EUR
Fertigungszeit:	um 10 % reduzieren
Krankenrate:	von 8 % auf 6,5 % senken
Ausschuss:	von 3 % auf 2 % senken
Nacharbeit:	von 2,6 % auf 1,5 % senken
Nutzungsgrad der Maschinen:	von 82 % auf 85 % erhöhen

Prämienlohn wird gewährt, wenn unterschiedliche Leistungsanforderungen erfüllt werden sollen, die mit dem Zeit- oder Akkordlohn nicht erfasst werden können. Der Prämienlohn setzt sich aus Grundlohn und Prämienzuschlag zusammen.

In der betrieblichen Praxis werden verschiedene **Prämienlohnsysteme** verwendet. Gemeinsam ist allen, dass zu dem tariflichen Grundlohn eine Prämie nach leistungsorientierten Schlüsseln gezahlt wird.

Prämien können gewährt werden:

- als gestaffelter Prozentzuschlag auf den Grundlohn bei Überschreiten bestimmter Stückzahlen,
- als einmaliger Bonus für einen eingehaltenen Termin oder eine nicht überschrittene Ausschussquote,
- als anteilige Gutschrift für eingesparte Gemeinkosten, z. B. Werkzeugverbrauch gegenüber Vorjahr.

Die Gewährung von Prämien wird im Angestelltenbereich zunehmend als **Instrument der Führung von Mitarbeitern** eingesetzt. Auf der Basis innerbetrieblicher Beurteilungen können Vorgesetzte in bestimmtem Rahmen Prämienzuschläge auf das Grundgehalt gewähren.

Aufgaben 3 u. 4 Seite 383

Prämienlohnsystem in einem Presswerk

In einem Presswerk wird 8 Stunden am Tag gearbeitet. Die Vorgabezeit für das Pressen und Abkanten eines bestimmten Teiles beträgt eine Stunde. Die Arbeitnehmer erhalten einen Stundenlohn (Grundlohn) von 14 EUR sowie eine Prämie von 50 % des ersparten Zeitlohnes, falls sie die Vorgabezeit entsprechend unterschreiten.

Istleistung (Stück)	Arbeitszeit in Stunden	Ersparte Zeit (Stunden)	Grundlohn (EUR)	Prämie: 50 % des ersparten Zeitlohnes (EUR)	Taglohn (EUR)	Lohnstückkosten (EUR)	tatsächlicher Stundenlohn
8	8	–	112	–	112	14,00	14,00
10	8	2	112	14	126	12,60	15,75
12	8	4	112	28	140	11,67	17,50
14	8	6	112	42	154	11,00	19,25
16	8	8	112	56	168	10,50	21,00
18	8	10	112	70	182	10,11	22,75

Vorteil für das Unternehmen: Sinkende Lohnstückkosten, dadurch evtl. Wettbewerbsvorteil
Vorteil für den Arbeitnehmer: Mehrleistung führt zu einem steigenden tatsächlichen Stundenlohn

9.2.7 Erfolgsbeteiligung

Erfolgsbeteiligung bedeutet, dass die Arbeitnehmer **am erwirtschafteten Gewinn** des Unternehmens beteiligt werden. Für die Arbeitnehmer bedeutet die Gewinnbeteiligung eine Verbesserung ihrer Einkommens- oder Vermögenssituation.

Der wichtigste Grund für eine Gewinnbeteiligung der Arbeitnehmer wird darin gesehen, dass letztlich der erwirtschaftete Gewinn zwar rechtlich den Kapitaleigentümern zusteht, aber nicht allein auf das eingebrachte Kapital zurückzuführen ist.

Als weitere Gründe werden angesehen, dass damit zusätzliche Leistungsanreize geschaffen werden, dass sich das Betriebsklima verbessern lässt und eine erhöhte Identifikation mit dem Unternehmen zu erreichen ist.

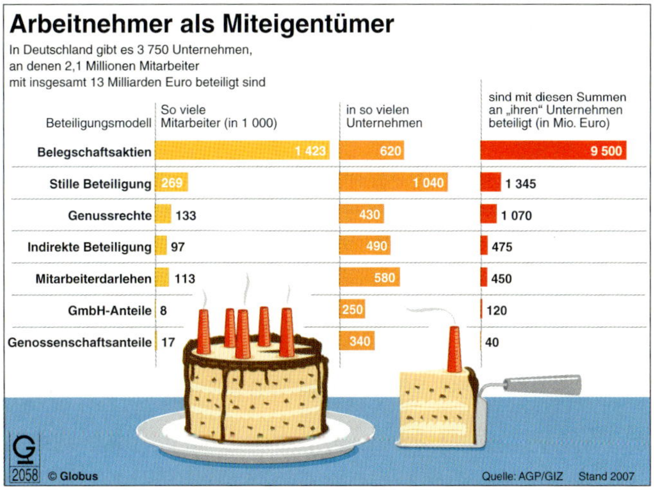

Die **Vermögensbildung in Arbeitnehmerhand** ist seit Bestehen der Bundesrepublik Deutschland ein erklärtes Ziel in allen gesellschaftlichen Gruppen. Über die Wege dazu bestehen unterschiedliche Auffassungen.

Die praktizierten Formen der Gewinnbeteiligung sind vielfältig. Die am meisten anzutreffenden Möglichkeiten sind:

- **Auszahlung** an Arbeitnehmer in bar, als Tantieme;
- Ausgabe von **Belegschaftsaktien (= Kapitalbeteiligung)** mit und ohne Zuzahlung (Arbeitnehmer werden Aktionäre und damit Miteigentümer);
- Ausgabe von verzinslichen **Schuldscheinen** (Arbeitnehmer werden Gläubiger ihres Unternehmens).

Die Einzelheiten einer Gewinnbeteiligung werden zumeist in **Betriebsvereinbarungen** zwischen Betriebsrat und Unternehmensleitung festgelegt. In der Regel ist die Höhe der Beteiligung an die Dauer der Betriebszugehörigkeit gekoppelt. Sowohl bei Belegschaftsaktien als auch bei Schuldscheinen kann die freie Verfügbarkeit an bestimmte Fristen gebunden sein.

Zusammenfassende Übersicht zu Kapitel 9.2: Entlohnung der Arbeitsleistung

Aufgabe 5 u. 6 Seite 383 f.

für Arbeitnehmer: Einkommen ← **Lohn, Gehalt** → für Arbeitgeber: Kosten

Gerechte Vergütung

Anforderungsrecht | Leistungsgerecht | Leistungfördernd | Nachvollziehbar

Formen der Arbeitsvergütung (Lohnformen)

Zeitlohn | Akkordlohn | Prämienlohn | Erfolgsbeteiligung

Akkordlohn:

Zeitakkord
Bruttolohn = Zeitakkordsatz · Minutenfaktor

Geldakkord
Bruttolohn = Stückzahl · Geldakkordsatz

Wiederholung des Grundwissens

1. Was ist unter Lohn zu verstehen?
2. Welche Anforderungen an die Entlohnung müssen erfüllt sein, damit sie als gerecht empfunden wird?
3. Welche beiden Elemente der Lohnfindung sind in Tarifverträgen geregelt?
4. Unterscheiden Sie Mantel- bzw. Rahmentarifverträge und Lohn- und Gehaltstarifverträge.
5. Welche Bedeutung haben Tarifverträge für die Vereinbarungen in einem Arbeitsvertrag?
6. Nennen Sie die Formen der Arbeitsvergütung (Lohnformen) und beschreiben Sie jeweils deren Merkmale.
7. Unter welchen Voraussetzungen sollte die geleistete Arbeit nach der Zeit entlohnt werden (Zeitlohn)?
8. Wie lässt sich bei Vereinbarung eines Zeitlohns der Bruttolohn eines Arbeitnehmers bestimmen?
9. Wodurch unterscheiden sich die Begriffe Lohn und Gehalt?
10. Unter welchen Voraussetzungen kann die geleistete Arbeit nach der Stückzahl entlohnt werden (Akkordlohn, Leistungslohn)?
11. Unterscheiden Sie die Begriffe Einzelakkord und Gruppenakkord.
12. Wodurch unterscheiden sich Stückzeitakkord und Stückgeldakkord?
13. Welche Absichten verfolgt ein Unternehmen mit der Gewährung von Prämien an die Mitarbeiter?
14. Wofür können Prämien gewährt werden?
15. Warum ist es gerechtfertigt, die Arbeitnehmer am Erfolg eines Unternehmens zu beteiligen?
16. Wie können Arbeitnehmer am Kapital eines Unternehmens beteiligt werden (Kapitalbeteiligung)?

Aufgaben und Probleme

1. Die Alexanderwerke produzieren u. a. Kaffeemühlen. Die meisten Einzelteile werden an Einzelarbeitsplätzen hergestellt. Die Montage der Kaffeemühlen erfolgt am Fließband.
   a) Begründen Sie, welche Lohnformen an diesen beiden Arbeitsplätzen angewendet werden sollten.
   b) Welchen Einfluss hat der Zeitlohn auf die Höhe der Stückkosten bei sinkender Beschäftigung des Unternehmens?
   c) Welchen Einfluss hat der Akkordlohn auf die Höhe der Stückkosten bei steigender Beschäftigung des Unternehmens?
   d) Wann haben Lohnkosten Einzelkostencharakter?
   e) Wann haben Lohnkosten Gemeinkostencharakter?
   f) Errechnen Sie den Bruttolohn eines Facharbeiters, wenn folgende Daten gegeben sind:

Mindestlohn:	12,00 EUR	Vorgabezeit je Stück:	4 Zeitminuten
Akkordzuschlag:	20 %	Hergestellte Menge:	2 000 Stück

   g) Warum wird der Akkordlohn von vielen als gerechter gegenüber dem Zeitlohn empfunden?

2. Ein Arbeitnehmer ist in der Montageabteilung einer Haushaltsgerätefabrik tätig. Er erhält einen Stundenlohn von 15 EUR. Seine Entlohnung ist auf Akkordlohn umgestellt worden. Es wird ein Akkordzuschlag von 10 % gewährt. Der Mindestlohn laut Tarifvertrag beträgt für diese Arbeit 15 EUR. Von der Arbeitsvorbereitung wurde eine Montageleistung von 20 Stück/Stunde als Normalleistung festgelegt.
   Berechnen Sie
   – den Akkordrichtsatz und
   – den Geldakkordsatz.

a) Wie hoch ist der Bruttolohn, wenn der Arbeitnehmer bei Akkordentlohnung in der 37-Stunden-Woche 850 Stück montiert?
b) Um wie viel Prozent hat sich der Stundenlohn des Arbeitnehmers durch die Einführung des Akkordlohns erhöht?
c) Wie hoch waren die Montagekosten je Stück vor Einführung des Akkordlohns (bei Normalleistung), wie hoch sind sie jetzt?
d) Gegenüber dem Zeitlohn (bei Normalleistung) haben sich die Montagekosten je Stück nach Einführung des Akkordlohns erhöht. Welche Gründe könnten das Unternehmen veranlasst haben, trotzdem die Akkordentlohnung einzuführen?

3. Die Bietigheimer Kunststoff OHG wendet das Prämienlohnverfahren an. Bei Überschreitung der Normalzeit ist der Mindestlohn garantiert. Die Arbeitnehmer erhalten 50 % der Mehrleistung als Prämie vergütet. Die Herstellungszeit je Gehäuse beträgt 4 Dezimalminuten.
Hinweis: Wird die Höhe des Lohnes auf der Grundlage von Dezimalminuten ermittelt, so wird jede Stunde mit 100 Dezimalminuten angesetzt. Dadurch ergeben sich Rechenvorteile.
Pro Einheit werden 0,60 EUR vergütet.
a) Je nach Leistungsgrad benötigt der Arbeitnehmer 3, 4 oder 5 Dezimalminuten. Berechnen Sie die jeweiligen Zeiten und den Stundenverdienst des Arbeitnehmers.
b) Welche Wirkung hat die Garantie des Mindestlohnes auf die Kalkulation und die Gewinnsituation dieses Unternehmens (mit rechnerischem Nachweis)?
c) Untersuchen Sie, weshalb dieser Betrieb kein reines Leistungslohnsystem eingeführt hat.

4. Die Holz & Form OHG hat mit den Arbeitnehmern der Abteilung „Regalbretter zuschneiden" folgende Regelung über die Zahlung eines Prämienlohnes vereinbart:
„Holz & Form verpflichtet sich, den Arbeitnehmern eine prozentuale Prämie vom Grundlohn zu zahlen. Der Prämiensatz errechnet sich als veränderlicher Vomhundertsatz von der Gesamtleistung entsprechend der Unterschreitung der Vorgabezeit".
a) Vervollständigen Sie nachstehende Tabelle, wenn davon auszugehen ist, dass die tägliche Arbeitszeit 10 Stunden beträgt und sich der Grundlohn auf 12 EUR beläuft.

Ist-leistung	Arbeits-zeit in Std.	Unterschreitung der Vorgabezeit in % der Gesamtleistung	Grund-lohn (EUR)	Prämie (EUR)	Taglohn (EUR)	Lohnstück-kosten (EUR)	Stunden-lohn (EUR)
10	10	–					
12	10	16,67					
14	10			Muster			
16	10						
18	10						
20	10						

b) Vergleichen Sie die Entwicklung der Lohnstückkosten und des Stundenlohnes mit dem Beispiel „Prämienlohnsystem in einem Presswerk" auf Seite 380 und kommentieren Sie das Ergebnis.

5. In einem Metall verarbeitenden Betrieb ist ein Mechaniker (40 Jahre) seit Jahren an einer Zahnfräsmaschine eingesetzt. Er hat überwiegend Spezialaufträge zu erledigen.
a) In welche Lohngruppe des Lohnrahmentarifvertrages für Nordwürttemberg/Nordbaden (vgl. S. 362 und S. 373 f.) würden Sie diesen Arbeitnehmer einstufen? Begründen Sie Ihre Zuordnung.

b) Wie hoch ist sein Entgelt für die Bearbeitung einer Kleinserie von 150 Stück, wenn die Zeitvorgabe je Stück 12 Minuten beträgt?
c) Wie hoch ist sein Stundenlohn, wenn er die Vorgabezeiten genau einhält?
d) Wie hoch ist sein Effektivlohn, wenn er den Serienauftrag in 28 Stunden ausgeführt hat?

6. In einer Möbelfabrik, in der Küchenmöbel hergestellt werden, sind die verschiedensten Aufgaben zu erledigen.
a) Welche Lohnform eignet sich für die Entlohnung folgender Tätigkeiten?
   - Elektrokarrenfahrer,
   - Zargenfräser in der Schreinerei,
   - Portier,
   - Montage der Scharniere und Schlösser,
   - Zeitnehmer,
   - Kontrolleur.
b) Begründen Sie Ihre Entscheidung.

9.3 Lohn- und Gehaltsabrechnung

Berechnung von Brutto- und Nettoentgelt

Die Zusammensetzung des Bruttoentgelts und des Nettoentgelts lässt sich nachstehender Übersicht entnehmen:

<table>
<tr><td>Grundgehalt
(bei Angestellten)

Grundlohn
(bei Arbeitern)</td><td colspan="2">Sonstige Geldbezüge

(z. B. Urlaubsgeld, Weihnachtsgeld)</td><td>Geldwerte Vorteile

(z. B. Überlassung eines Geschäftswagens zur privaten Nutzung)</td></tr>
<tr><td colspan="3">Geldbezüge</td><td>Sachbezüge</td></tr>
<tr><td colspan="4">Bruttoentgelt</td></tr>
<tr><td colspan="2">Gesetzliche Abzüge</td><td colspan="2" rowspan="2">Nettoentgelt</td></tr>
<tr><td>Steuern
- Lohnsteuer
- Kirchensteuer
- Solidaritätszuschlag</td><td>Sozialversicherungsbeiträge
- Krankenversicherung
- Pflegeversicherung
- Rentenversicherung
- Arbeitslosenversicherung</td></tr>
</table>

Bruttoentgelt – gesetzliche Abzüge = Nettoentgelt

Abzug von Lohn- und Kirchensteuer und Solidaritätszuschlag

Die Höhe der Lohnsteuer[1] ist abhängig
- von der Höhe des Bruttoentgelts und
- von persönlichen Merkmalen des Steuerpflichtigen wie Familienstand und Anzahl der Kinder.

[1] *Die Lohnsteuer ist eine Erhebungsform der Einkommensteuer und wird auf Einkünfte aus nichtselbstständiger Arbeit als Quellensteuer erhoben. Da sich die Höhe der zu zahlenden Einkommensteuer jeweils erst am Ende eines Jahres genau berechnen lässt, stellt die z. B. monatlich erhobene Lohnsteuer eine „Voraussteuer" dar.*

Die für die Steuerberechnung erforderlichen persönlichen Daten eines Arbeitnehmers sowie die sich daraus ergebende **Lohnsteuerklasse** sind der **Lohnsteuerkarte**[1] zu entnehmen. Die **Lohnsteuer** wird anhand der **Monatslohnsteuertabelle** ermittelt.

Bei Arbeitnehmern, die einer Steuer erhebenden Religionsgemeinschaft angehören, wird auf der Basis der Lohnsteuer die **Kirchensteuer** berechnet. Sie beträgt in Baden-Württemberg 8 %, in anderen Bundesländern teilweise 9 % von der Lohnsteuer.

Seit Januar 1995 wird der **Solidaritätszuschlag** (zurzeit 5,5 % der Lohnsteuer) zur wirtschaftlichen Förderung der neuen Bundesländer erhoben. Bei der Berechnung der Lohnsteuer und des Solidaritätszuschlags werden gegebenenfalls **Kinderfreibeträge** berücksichtigt. Daher weist die Monatslohnsteuertabelle bei gleichen Bruttobeträgen unterschiedliche Beträge für den Solidaritätszuschlag und die Kirchensteuer in Abhängigkeit von der Anzahl der Kinder des Steuerpflichtigen aus.

Lohnabrechnung eines Maschineneinrichters

Der Bruttolohn des Maschineneinrichters Steffen Neumann (22 Jahre) für Januar 2011 beträgt 2 452 EUR.
Der Lohnsteuerkarte sind folgende Informationen zu entnehmen:
Ledig, keine Kinder, römisch-katholisch, Lohnsteuerklasse I
Aus diesen Angaben lässt sich folgende Lohnabrechnung erstellen:

Bruttolohn	2 452,00 EUR	
- Lohnsteuer	337,08 EUR	Steuern
- Solidaritätszuschlag	18,53 EUR	
- Kirchensteuer	26,96 EUR	
- Krankenversicherung	201,07 EUR	Sozialversicherungsbeiträge
- Pflegeversicherung	23,91 EUR	
- Rentenversicherung	243,97 EUR	
- Arbeitslosenversicherung	34,33 EUR	
= Nettolohn	**1 566,15 EUR**	

Lohnsteuerklassen	
Steuerklasse I	Ledige und geschiedene Arbeitnehmer sowie verheiratete Arbeitnehmer, die von ihrem Ehegatten getrennt leben oder deren Ehegatte im Ausland lebt; Arbeitnehmer, die verwitwet sind.
Steuerklasse II	Arbeitnehmer, für die die Merkmale der Steuerklasse I zutreffen, wenn sie mindestens 1 Kind haben, das im Haushalt des Steuerpflichtigen lebt.
Steuerklasse III	Verheiratete Arbeitnehmer, die nicht dauernd getrennt leben und bei denen nur ein Ehegatte Lohn bzw. Gehalt bezieht; verheiratete Arbeitnehmer, deren Ehegatte auch beschäftigt ist, aber auf gemeinsamen Antrag in die Steuerklasse V eingestuft ist; verwitwete Arbeitnehmer nur in dem Kalenderjahr, das dem Todesjahr des Ehegatten folgt.
Steuerklasse IV	Verheiratete Arbeitnehmer, wenn beide Ehegatten Arbeitsentgelt beziehen und nicht dauernd getrennt leben.
Steuerklasse V	Arbeitnehmer mit den Merkmalen der Steuerklasse IV, wenn der Ehegatte auf gemeinsamen Antrag in die Steuerklasse III eingereiht wurde.
Steuerklasse VI	Sie wird auf den zweiten und jeder weiteren Lohnsteuerkarte von Arbeitnehmern eingetragen, die gleichzeitig von mehreren Arbeitgebern Arbeitsentgelt beziehen.

[1] *Die Lohnsteuerkarte in Papierform wird ab dem Veranlagungszeitraum 2011 durch eine elektronische ersetzt (§ 39e EStG).*

Allgemeine Monats-Lohnsteuertabelle 2010 (Auszug)
von 2 448,00 EUR bis 2 462,99 EUR mit Kirchensteuer 8 %

Kinderfreibetrag			0,0		0,5		1		1,5		2		2,5		3		3,5		4	
ab EUR	StK	Steuer	SolZ	KiStr	SolZ	KiStr	SolZ	KiStr	SolZ	KiStr	SolZ	KiStr	SolZ	KiStr	SolZ	KiStr	SolZ	KiStr	SolZ	KiStr
2448,00																				
	I	336,33	18,49	26,90	13,94	20,28	9,55	14,04	4,23	6,17	-	3,01	-	-	-	-	-	-	-	-
	II	304,91	-	-	12,31	17,91	8,11	11,80	-	6,08	-	1,46	-	-	-	-	-	-	-	-
	III	122,50	-	9,80	-	5,13	-	1,22	-	-	-	-	-	-	-	-	-	-	-	-
	IV	336,33	18,49	26,90	16,19	23,55	13,94	20,28	11,77	17,12	9,65	14,04	7,60	11,06	4,23	8,17	-	5,42	-	3,01
	V	601,16	33,06	48,09	-	-	-	-	-	-	-	-	-	-	-	-	-	-	-	-
	VI	633,83	34,86	50,70	-	-	-	-	-	-	-	-	-	-	-	-	-	-	-	-
2451,00																				
	I	337,08	18,53	26,96	13,98	20,34	9,69	14,10	4,36	8,22	-	3,05	-	-	-	-	-	-	-	-
	II	305,66	-	-	12,35	17,96	8,15	11,86	-	6,13	-	1,49	-	-	-	-	-	-	-	-
	III	123,16	-	9,85	-	5,18	-	1,26	-	-	-	-	-	-	-	-	-	-	-	-
	IV	337,08	18,53	26,96	16,22	23,60	13,98	20,34	11,80	17,17	9,69	14,10	7,64	11,11	4,36	8,22	-	5,46	-	3,05
	V	602,33	33,12	48,18	-	-	-	-	-	-	-	-	-	-	-	-	-	-	-	-
	VI	634,83	34,91	50,78	-	-	-	-	-	-	-	-	-	-	-	-	-	-	-	-
2454,00																				
	I	337,91	18,58	27,03	14,02	20,40	9,73	14,15	4,48	8,27	-	3,09	-	-	-	-	-	-	-	-
	II	306,41	-	-	12,39	18,02	8,19	11,91	-	6,18	-	1,53	-	-	-	-	-	-	-	-
	III	123,66	-	9,89	-	5,22	-	1,29	-	-	-	-	-	-	-	-	-	-	-	-
	IV	337,91	18,58	27,03	16,27	23,67	14,02	20,40	11,84	17,23	9,73	14,15	7,67	11,16	4,48	8,27	-	5,51	-	3,09
	V	603,33	33,18	48,26	-	-	-	-	-	-	-	-	-	-	-	-	-	-	-	-
	VI	636,00	34,98	50,88	-	-	-	-	-	-	-	-	-	-	-	-	-	-	-	-
2457,00																				
	I	338,66	18,62	27,09	14,06	20,46	9,76	14,20	4,61	8,32	-	3,13	-	-	-	-	-	-	-	-
	II	307,16	-	-	12,43	18,08	8,22	11,96	-	6,23	-	1,56	-	-	-	-	-	-	-	-
	III	124,33	-	9,94	-	5,26	-	1,33	-	-	-	-	-	-	-	-	-	-	-	-
	IV	338,66	18,62	27,09	16,31	23,72	14,06	20,46	11,88	17,28	9,76	14,20	7,71	11,22	4,61	8,32	-	5,56	-	3,13
	V	604,33	33,23	48,34	-	-	-	-	-	-	-	-	-	-	-	-	-	-	-	-
	VI	637,00	35,03	50,96	-	-	-	-	-	-	-	-	-	-	-	-	-	-	-	-
2460,00																				
	I	339,41	18,66	27,15	14,10	20,52	9,80	14,26	4,75	8,38	-	3,17	-	-	-	-	-	-	-	-
	II	307,91	-	-	12,47	18,14	8,26	12,02	-	6,28	-	1,6	-	-	-	-	-	-	-	-
	III	125,00	-	10,00	-	5,30	-	1,36	-	-	-	-	-	-	-	-	-	-	-	-
	IV	339,41	18,66	27,15	16,35	23,78	14,10	20,52	11,92	17,34	9,80	14,26	7,75	11,27	4,75	8,38	-	5,60	-	3,17
	V	605,50	33,30	48,44	-	-	-	-	-	-	-	-	-	-	-	-	-	-	-	-
	VI	638,16	35,09	51,05	-	-	-	-	-	-	-	-	-	-	-	-	-	-	-	-

IMACC Firmen Ratgeber: Lohn & Gehalt, Buchhaltung, Steuer & Recht (Hrsg.), Steuertabellen 2010, unter: http://www.imacc.de/Steuertabelle/Lohnsteuertabellen/2010/Tab_allg_KiSt_8_Monat_12000_2010.pdf, Zugriff am 08.11.2010

Abzug von Sozialversicherungsbeiträgen

Die Sozialversicherung ist eine gesetzliche Versicherung, die aus fünf Versicherungszweigen besteht und verschiedene Risiken abdeckt.

Versicherung	Versicherte Risiken	Beitragssatz (2011)	Arbeitgeber-anteil	Arbeitnehmer-anteil
Krankenversicherung	Krankheit	15,5 %	7,3 %	7,3 % + 0,9 %
Pflegeversicherung	Pflegebedürftigkeit	1,95 % / 2,20 %	0,975 %	0,975 % + 0,25 %
Arbeitslosenversicherung	Arbeitslosigkeit	2,8 %	1,4 %	1,4 %
Rentenversicherung	Erwerbsunfähigkeit und Altersrente	19,9 %	9,95 %	9,95 %
Unfallversicherung	Berufsunfälle	Abhängig von Gefahrenklassen im Betrieb	Arbeitgeber 100 %	

Versicherungspflichtig sind grundsätzlich alle Arbeitnehmer. Mit Ausnahme der Unfallversicherung wird der Beitrag vom sozialversicherungspflichtigen Entgelt berechnet.

Zur Finanzierung von Zahnersatz und Krankengeld müssen die Versicherten (nicht jedoch die Arbeitgeber) einen um 0,9 Prozentpunkte erhöhten Krankenversicherungsbeitrag zahlen. Weiterhin müssen kinderlose Arbeitnehmer, die über 23 Jahre alt sind, einen um 0,25 Prozentpunkte höheren **Pflegeversicherungsbeitrag** zahlen. Der Arbeitgeberanteil in Höhe von 0,975 % (Hälfte von 1,95 %) bleibt unverändert.

Die Beiträge zur **Kranken-, Renten-, Arbeitslosen- und Pflegeversicherung** werden bis zu einer bestimmten Höchstgrenze (Beitragsbemessungsgrenze[1]) vom sozialversicherungspflichtigen Bruttoentgelt berechnet. Liegt das Bruttoentgelt über dieser Grenze, so ist die Beitragsbemessungsgrenze anstelle des Bruttoentgelts Grundlage der Berechnung.

Monatliche Beitragsbemessungsgrenze für die alten Bundesländer im Jahr 2011	
Rentenversicherung Arbeitslosenversicherung	Krankenversicherung Pflegeversicherung
5 500 EUR	3 712,50 EUR

Der Arbeitgeberanteil zur Sozialversicherung stellt für die Unternehmen zusätzliche Personalkosten dar. In gleicher Weise wie z. B. Urlaubs- oder Weihnachtsgeld werden diese Personalkosten als **Lohnnebenkosten** bezeichnet.

[1] *Die Beitragsbemessungsgrenze darf nicht verwechselt werden mit einer Versicherungspflichtgrenze. Die Versicherungspflichtgrenze gibt das Einkommen an, bis zu dem jeder in der gesetzlichen Krankenversicherung (GKV) pflichtversichert ist. Nur wer mehr verdient, hat die Wahl, in der GKV zu bleiben oder in die private Krankenversicherung zu wechseln. Im Jahr 2011 beträgt die Versicherungspflichtgrenze 4 125,00 EUR pro Monat.*

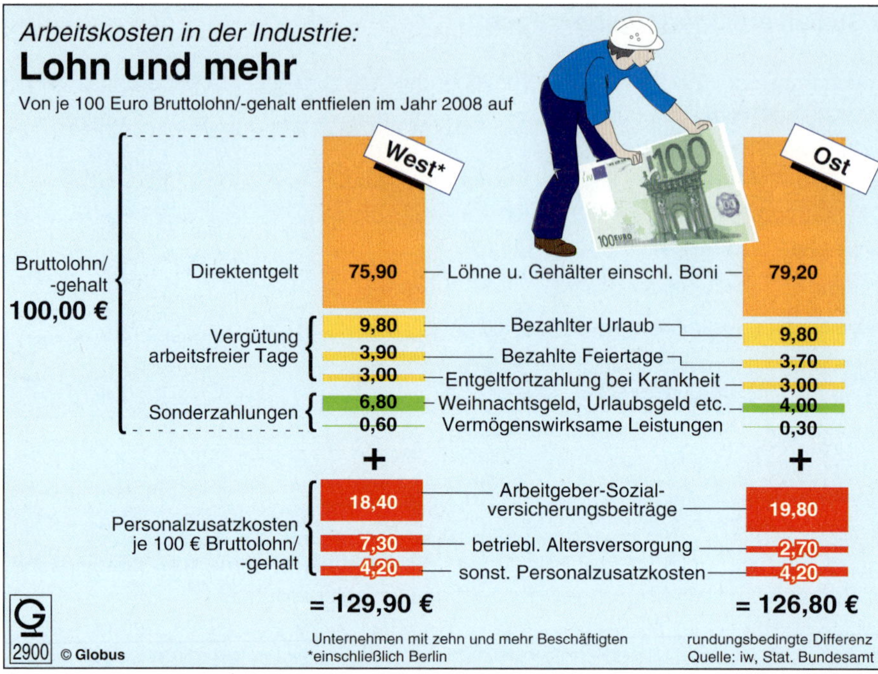

Ermittlung der Abzüge für Sozialversicherungsbeiträge (siehe Beispiel von Seite 385)
Steffen Neumann, 22 Jahre alt, kinderlos; Bruttogehalt (sozialversicherungspflichtig): 2 452,00 EUR

	Bemessungs-grundlage	Beitrags-satz	Beiträge Arbeitnehmer	Beiträge Arbeitgeber
Krankenversicherung	2 452,00 EUR	14,60 % 0,90 %	179,00 EUR 22,07 EUR	179,00 EUR
Pflegeversicherung	2 452,00 EUR	1,95 %	23,91 EUR	23,91 EUR
Rentenversicherung	2 452,00 EUR	19,90 %	243,97 EUR	243,97 EUR
Arbeitslosenversicherung	2 452,00 EUR	2,80 %	34,33 EUR	34,33 EUR
Summe Sozialversicherungsbeiträge			503,28 EUR	481,21 EUR Lohnnebenkosten des Arbeitgebers

Zusammenfassende Übersicht zu Kapitel 9.3: Lohn- und Gehaltsabrechnung

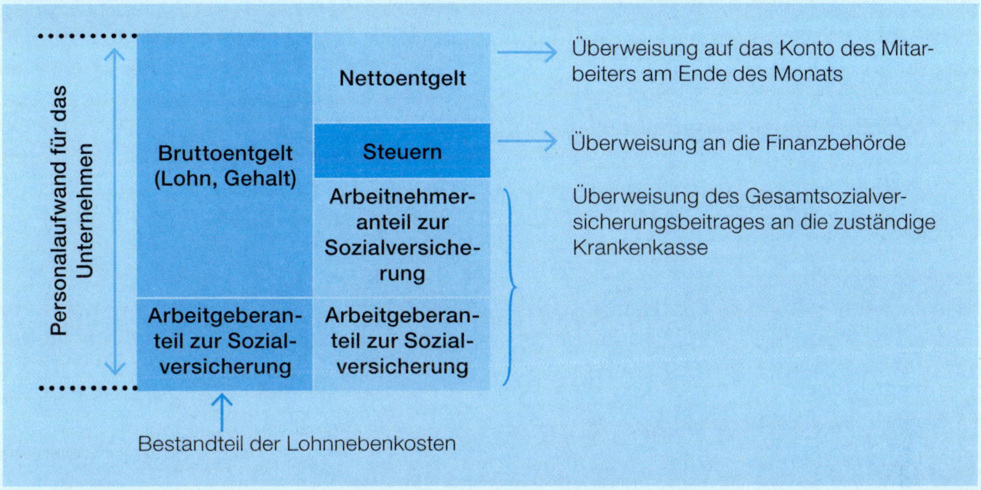

Aufgabe 1 Seite 389

Wiederholung des Grundwissens

1. Unterscheiden Sie Brutto- und Nettoentgelt.
2. Erklären Sie, was unter einem geldwerten Vorteil zu verstehen ist.
3. Wovon ist die Höhe des Betrags für den Lohnsteuerabzug abhängig?
4. In welche Steuerklasse ist ein lediger Arbeitnehmer ohne Kinder einzustufen?
5. Welche Bedeutung haben Beitragsbemessungsgrenzen?
6. Nennen Sie Beispiele für Lohnnebenkosten.

Aufgaben und Probleme

1. Erstellen Sie eine Gehaltsabrechnung für einen 20-jährigen, ledigen Angestellten unter Berücksichtigung der nachstehenden Daten:
   - keine Kinder, römisch-katholisch, 8 % Kirchensteuer
   - Beitragssatz Krankenversicherung: 14,6 % + 0,90 %
   - sonstige Beitragssätze: siehe Seite 387
   - Bruttogehalt 3 500 EUR
   - Lohnsteuer lt. Monatslohnsteuertabelle 627 EUR

9.4 Rechtsstellung von Auszubildenden und Arbeitnehmern

9.4.1 Berufsausbildungsvertrag

Abschluss des Berufsausbildungsvertrages

Der Berufsausbildungsvertrag wird zwischen dem Ausbildenden (Unternehmen) und dem Auszubildenden geschlossen.

§ 10 Abs. 1 BBiG

Zum Abschluss eines Berufsausbildungsvertrages durch einen Minderjährigen unter 18 Jahren bedarf es der Zustimmung des gesetzlichen Vertreters; das sind im Normalfall die Eltern.

§ 11 BBiG Für den Abschluss des Berufsausbildungsvertrages ist keine bestimmte Form vorgeschrieben (Formfreiheit). Jedoch hat der Ausbildende unmittelbar nach Abschluss des Berufsausbildungsvertrags den wesentlichen Inhalt des Vertrages schriftlich niederzulegen. Erfolgt diese **Niederschrift** nicht, so ist der Vertrag trotzdem gültig. In der Praxis wird der Ausbildungsvertrag regelmäßig schriftlich abgeschlossen. Dabei wird ein von der zuständigen Kammer herausgegebenes Vertragsmuster verwendet, das dem vom Bundesausschuss für die Berufsbildung herausgegebenen **Ausbildungsvertragsmuster** entspricht. Damit ist zugleich die Niederschrift erfolgt. Der Berufsausbildungsvertrag muss von der zuständigen Kammer genehmigt und in das Verzeichnis der Ausbildungsverhältnisse eingetragen werden. Dies ist die Voraussetzung dafür, dass der Auszubildende zur Zwischen- und Abschlussprüfung zugelassen wird.

Ausbildungsordnung

§ 4 BBiG Grundlage einer geordneten und einheitlichen Berufsausbildung ist die **Ausbildungsordnung**. Für einen anerkannten Ausbildungsberuf darf nur nach der Ausbildungsordnung ausgebildet werden. Sie hat mindestens festzulegen:

- die Bezeichnung des Ausbildungsberufs,
- die Ausbildungsdauer; sie soll nicht mehr als drei und nicht weniger als zwei Jahre betragen,
- die Fertigkeiten und Kenntnisse, die Gegenstand der Berufsausbildung sind (Ausbildungsberufsbild),
- eine Anleitung zur sachlichen und zeitlichen Gliederung der Fertigkeiten und Kenntnisse (Ausbildungsrahmenplan),
- die Prüfungsanforderungen.

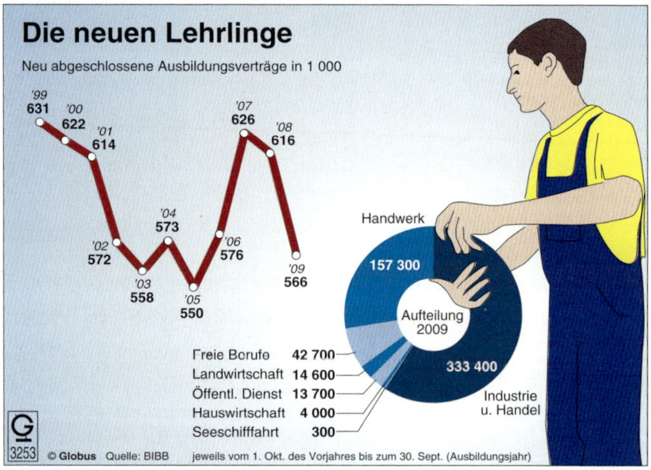

Pflichten des Ausbildenden (§§ 14, 17 BBiG)	Pflichten des Auszubildenden (§ 13 BBiG)
Ausbildende haben	Auszubildende haben sich in erster Linie darum zu bemühen, die zum Erreichen des Ausbildungsziels erforderlichen Fertigkeiten und Kenntnisse anzueignen. Sie sind insbesondere verpflichtet,
1. dafür zu sorgen, dass den Auszubildenden die Fertigkeiten und Kenntnisse vermittelt werden, die zum Erreichen des Ausbildungszieles erforderlich sind.	1. die ihnen im Rahmen ihrer Berufsausbildung aufgetragenen Aufgaben sorgfältig auszuführen (Bemühungspflicht).
2. selbst auszubilden oder einen Ausbilder damit zu beauftragen (Ausbildungspflicht).	2. an Ausbildungsmaßnahmen (z. B. Berufsschulunterricht, Prüfungen) teilzunehmen.
3. den Auszubildenden kostenlos die Ausbildungsmittel, insbesondere die Werkzeuge und Werkstoffe zur Verfügung zu stellen, die zur Berufsausbildung und zur Ablegung der Prüfungen erforderlich sind (Fürsorgepflicht).	3. den Weisungen des Ausbildenden, des Ausbilders oder anderer im Rahmen der Berufsausbildung weisungsberechtigter Personen zu folgen (Befolgungspflicht).

4. Auszubildende zum Besuch der Berufsschule sowie zum Führen von schriftlichen Ausbildungsnachweisen anzuhalten, soweit solche im Rahmen der Berufsausbildung verlangt werden, und diese durchzusehen.	4. die für die Ausbildungsstätte geltende Ordnung zu beachten.
5. Auszubildenden eine angemessene Vergütung zu gewähren (Vergütungspflicht). Bei Beendigung des Berufsausbildungsverhältnisses haben Ausbildende den Auszubildenden ein schriftliches Zeugnis auszustellen. Das Zeugnis muss Angaben enthalten über Art, Dauer und Ziel der Berufsausbildung sowie über die erworbenen beruflichen Fertigkeiten. Auf Verlangen ist auch auf Führung, Leistung und fachliche Fähigkeiten einzugehen (§ 16 BBiG).	5. Werkzeuge, Maschinen und sonstige Einrichtungen pfleglich zu behandeln (Sorgfaltspflicht).
	6. über Betriebs- und Geschäftsgeheimnisse Stillschweigen zu wahren (Verschwiegenheitspflicht).

Beendigung des Berufsausbildungsverhältnisses

Während der Probezeit, die mindestens einen Monat und höchstens vier Monate betragen darf (§ 20 BBiG), kann das Ausbildungsverhältnis ohne Einhaltung einer Kündigungsfrist jederzeit von beiden Seiten gekündigt werden. § 20, § 22 Abs. 1 BBiG

Nach Ablauf der Probezeit kann nur gekündigt werden
1. aus einem wichtigen Grund ohne Einhaltung einer Kündigungsfrist,
2. von den Auszubildenden mit einer Kündigungsfrist von vier Wochen, wenn sie die Berufsausbildung aufgeben oder sich für eine andere Berufstätigkeit ausbilden lassen wollen.

Eine Kündigung nach der Probezeit muss schriftlich mit der Angabe der Kündigungsgründe erfolgen. § 22 Abs. 2 und Abs. 3 BBiG

Das Berufsausbildungsverhältnis endet mit **Ablauf der Ausbildungszeit**. Bestehen die Auszubildenden vor Ablauf der Ausbildungszeit die Abschlussprüfung, so endet das Berufsausbildungsverhältnis mit Bekanntgabe des Ergebnisses durch den Prüfungsausschuss. Bestehen Auszubildende die Abschlussprüfung nicht, so verlängert sich das Berufsausbildungsverhältnis auf ihr Verlangen bis zur nächstmöglichen Wiederholungsprüfung, höchstens jedoch um ein Jahr. § 21 Abs. 1 bis Abs. 3 BBiG

Aufgabe 1 Seite 405

9.4.2 Arbeitsvertrag

Anbahnung des Arbeitsvertrags

Die Anbahnung eines Arbeitsvertrags ist möglich durch:

1. Vermittlung der Bundesagentur für Arbeit:
   Die Inanspruchnahme der Bundesagentur für Arbeit zur **Arbeitsvermittlung** ist kostenlos.
2. private Vermittler:
   § 421g SGB III
   Eine private Vermittlung bedarf grundsätzlich nicht der Genehmigung. Wer innerhalb der letzten drei Monate mindestens zwei Monate (ab 1. Januar 2011 sechs Wochen) arbeitslos war, Arbeitslosengeld bezieht und von der Agentur noch nicht vermittelt werden konnte, hat Anspruch auf einen **Vermittlungsgutschein**, der im Normalfall für einen Betrag von 2 000 EUR ausgestellt wird. Mit diesem Gutschein kann sich der Arbeitslose an einen privaten Vermittler wenden. Die Vergütung wird in Höhe von 1 000 EUR nach einer sechswöchigen und der Restbetrag nach einer sechsmonatigen Dauer des Beschäftigungsverhältnisses gezahlt. Das Modell „Vermittlungsgutschein" ist begrenzt bis zum 31. Dezember 2011.
3. Zeitungsinserate,
4. innerbetriebliche Stellenausschreibung,
5. Einschaltung von bereits im Betrieb beschäftigten Arbeitnehmern.

Aufgabe 2 Seite 405

Einstellungsverhandlungen

§ 670 BGB

Fordert der Arbeitgeber einen Bewerber zur Vorstellung auf, so hat er die für die Vorstellung anfallenden **Kosten** zu tragen. Der Arbeitgeber kann allerdings den Ersatz von Vorstellungskosten ausschließen, wenn er darauf im Einladungsschreiben ausdrücklich hinweist. Der Arbeitnehmer hat Fragen, an dessen Beantwortung der Arbeitgeber im Hinblick auf das zu begründende Arbeitsverhältnis ein berechtigtes Interesse hat, wahrheitsgemäß zu beantworten. Andere Fragen darf der Arbeitgeber nicht stellen.

- **Nach dem Allgemeinen Gleichbehandlungsgesetz (AGG) zulässige und unzulässige Fragen bei einem Einstellungsgespräch (vgl. insbesondere §§ 1, 7 AGG)**
- Fragen nach Namen, Wohnsitz, Geburtsdatum, Familienstand, Zahl und Alter der Kinder, Staatsangehörigkeit, Schulbildung, Berufsausbildung, Fremdsprachen, Arbeitszeugnissen sowie Wehr- und Ersatzdienst sind grundsätzlich zulässig.
- Ebenfalls zulässig ist die Frage danach, ob der Arbeitnehmer sich aus einem **ungekündigten Arbeitsverhältnis** bewirbt. Gleiches gilt für die Frage, ob der Arbeitnehmer sich aus der **Arbeitslosigkeit** bewirbt.
- Die Frage nach einer **Nebentätigkeit** ist zulässig, weil diese die Leistungsfähigkeit in einer Hauptbeschäftigung beeinträchtigen kann.
- Zulässig kann die Frage nach den **Vermögensverhältnissen** und **Schulden** des Bewerbers sein, wenn der Arbeitnehmer eine Position anstrebt, die besonderes Vertrauen erfordert und gegebenenfalls Korruptionsanfälligkeit ausgeschlossen werden soll.
- Die Frage nach **Lohnpfändungen** ist nur zulässig, wenn konkrete Anhaltspunkte aus den bisherigen Arbeitsverhältnissen vorliegen, weil dies einen erheblichen Arbeitsaufwand für den Arbeitgeber bedeuten kann.
- Die Frage einer **Schwangerschaft** ist wegen geschlechtsbezogener Diskriminierung grundsätzlich unzulässig.
- Die Frage nach dem **Gesundheitszustand** ist zulässig, wenn sie den Zweck hat, zu erfahren,

- ob beim Bewerber eine Krankheit vorliegt, welche die Eignung für die vorgesehene Tätigkeit einschränkt,
- ob bei Arbeitsaufnahme oder absehbar danach mit einer längeren krankheitsbedingten Arbeitsunfähigkeit zu rechnen ist,
- ob bei dem Bewerber eine ansteckende Krankheit vorliegt, die Dritte gefährden könnte.
- Die Frage nach einer Schwerbehinderteneigenschaft ist nach bisheriger Rechtsprechung zulässig. Nach Inkrafttreten des AGG ist diese Frage jedoch höchst problematisch, da es Ziel des Gesetzes ist, u. a. Benachteiligungen aufgrund einer Behinderung zu verhindern. Behinderte Bewerber könnten durch die Offenbarung der Behinderung im Auswahlverfahren benachteiligt werden.
- Beim Einstellungsgespräch darf auch nach Vorstrafen gefragt werden, wenn dies für die zu besetzende Stelle von Bedeutung ist. Der Bewerber muss jedoch nur über solche Vorstrafen Auskunft geben, die in einem polizeilichen Führungszeugnis aufgeführt werden.
- Die Frage nach der Religionszugehörigkeit ist – außer bei sogenannten „Tendenzbetrieben" von Religionsgemeinschaften – im Einstellungsgespräch unzulässig.

Eine **wahrheitswidrige Antwort** auf eine zulässige Frage stellt eine arglistige Täuschung dar, die den Arbeitgeber zur Anfechtung des Arbeitsvertrages berechtigt. § 123 BGB

Abschluss des Arbeitsvertrags

Für den Abschluss des Arbeitsvertrags gilt der Grundsatz der Vertragsfreiheit. Er umfasst die **Abschlussfreiheit**, die **Formfreiheit** und die **Gestaltungsfreiheit**.

Abschlussfreiheit

Art. 12 des Grundgesetzes garantiert allen Deutschen die freie Wahl des Arbeitsplatzes. Deshalb ist der Arbeitnehmer frei, ob er ein Arbeitsverhältnis eingehen will oder nicht. Auch der Arbeitgeber ist in seiner Entscheidung frei, ob er einen Arbeitsvertrag abschließen will. Er kann aus ganz persönlichen Gründen auch einen fachlich qualifizierten Bewerber ablehnen, z. B. weil dieser gefärbte Haare hat oder einen Schmuckring im Ohr trägt. Über die Ablehnungsgründe muss er nicht Rechenschaft ablegen.

Nach dem Allgemeinen Gleichbehandlungsgesetz (AGG) darf ein Arbeitgeber einen Bewerber um einen freien Arbeitsplatz nicht deshalb ablehnen, weil er eine Frau oder ein Mann ist. Er darf den Arbeitsplatz nicht nur für Frauen oder nur für Männer ausschreiben, es sei denn, ein bestimmtes Geschlecht ist für die Tätigkeit unverzichtbare Voraussetzung. Ein Verstoß gegen das Benachteiligungsverbot führt nicht zu einem Anspruch auf Einstellung, jedoch zu Schadensersatzansprüchen.

Formfreiheit

Für den Abschluss des Arbeitsvertrags gibt es **keine Formvorschrift**. Er kann rechtsgültig auch mündlich abgeschlossen werden. Jedoch hat der Arbeitgeber spätestens einen Monat nach dem vereinbarten Beginn des Arbeitsverhältnisses die wesentlichen Vertragsbedingungen schriftlich niederzulegen, die Niederschrift zu unterzeichnen und dem Arbeitnehmer auszuhändigen. Die Niederschrift erfüllt lediglich Beweisfunktion. Der Arbeitsvertrag ist auch dann gültig, wenn die Niederschrift nicht ausgefertigt wurde. § 2 NachwG

Über den Inhalt des Arbeitsvertrags ist eine Niederschrift anzufertigen.

- **In die Niederschrift eines Arbeitsvertrags sind mindestens aufzunehmen:**
- der Name und die Anschrift der Vertragsparteien,
- der Zeitpunkt des Beginns des Arbeitsverhältnisses,
- bei befristeten Arbeitsverhältnissen: die vorhersehbare Dauer des Arbeitsverhältnisses,
- der Arbeitsort oder, falls der Arbeitnehmer nicht nur an einem bestimmten Arbeitsort tätig sein soll, ein Hinweis darauf, dass der Arbeitnehmer an verschiedenen Orten beschäftigt werden kann,
- die Bezeichnung oder allgemeine Beschreibung der vom Arbeitnehmer zu leistenden Tätigkeit,
- die Zusammensetzung und die Höhe des Arbeitsentgelts einschließlich der Zuschläge, der Zulagen, Prämien und Sonderzahlungen sowie anderer Bestandteile des Arbeitsentgelts und deren Fälligkeit,
- die vereinbarte Arbeitszeit,
- die Dauer des jährlichen Erholungsurlaubs,
- die Fristen für die Kündigung des Arbeitsverhältnisses,
- ein in allgemeiner Form gehaltener Hinweis auf die Tarifverträge, Betriebs- oder Dienstvereinbarungen, die auf das Arbeitsverhältnis anzuwenden sind.

Gestaltungsfreiheit

Gestaltungsfreiheit bedeutet, dass Arbeitgeber und Arbeitnehmer frei festlegen können, welchen Inhalt der Arbeitsvertrag haben soll; sie können die Arbeitsbedingungen (Arbeitsentgelt, Urlaub, Arbeitszeit) grundsätzlich frei bestimmen.

Durch Gesetz, Tarifvertrag und Betriebsvereinbarung wird die Gestaltungsfreiheit von Arbeitsverträgen eingeengt. Da diese Regelungen den Zweck haben, den Arbeitnehmer zu schützen, darf davon zu Gunsten der Arbeitnehmer abgewichen werden.

Vom Gesetz abweichende Regelungen im Arbeitsvertrag

Nach § 3 Bundesurlaubsgesetz hat jeder Arbeitnehmer Anspruch auf jährlich 24 Urlaubstage. Den Vertragspartnern ist es nicht verboten, 26 Urlaubstage zu vereinbaren. Die Vereinbarung von 20 Urlaubstagen wäre unwirksam.

Pflichten und Rechte des Arbeitnehmers

Pflichten des Arbeitnehmers

Hauptpflichten des Arbeitnehmers sind die Arbeitspflicht und die Treuepflicht.

Der Umfang der **Arbeitspflicht** ist in der Regel im Arbeitsvertrag festgelegt (z. B. durch eine Stellenbeschreibung). Innerhalb des Rahmens, den der Arbeitsvertrag vorgibt, kann der Arbeitgeber Einzelanweisungen geben, die der Arbeitnehmer zu befolgen hat (Weisungsbefolgungspflicht).

Die **Treuepflicht** stellt dem Arbeitnehmer die Aufgabe, die Interessen seines Arbeitgebers wahrzunehmen und sich für den Erfolg des Betriebs einzusetzen.

§ 17 UWG

Aus der Treuepflicht ergeben sich verschiedene Unterlassungspflichten. An erster Stelle gehört dazu die **Verschwiegenheitspflicht**. Der Arbeitnehmer muss Betriebs- und Geschäftsgeheimnisse hüten und darf den Ruf des Arbeitgebers nicht schädigen. Der Verrat von Geschäftsgeheimnissen wird nach den Vorschriften des Gesetzes gegen den unlauteren Wettbewerb (UWG) mit Freiheits- oder Geldstrafen bedroht.

Aus der Treuepflicht ergibt sich auch die Pflicht zur Beachtung des Wettbewerbsverbots. Der Arbeitnehmer darf neben seiner Tätigkeit kein eigenes Unternehmen führen und im Geschäftszweig seines Arbeitgebers weder für eigene noch für fremde Rechnung Geschäfte betreiben noch Konkurrenzunternehmen mit Rat unterstützen. Das **gesetzliche Wettbewerbsverbot** für kaufmännische Angestellte ist im Handelsgesetzbuch (HGB) geregelt. Für andere (nicht kaufmännisch beschäftigte) Arbeitnehmer gibt es keine spezielle Regelung. Für diese Arbeitnehmer ergibt sich das Wettbewerbsverbot unmittelbar aus der Treuepflicht.

§§ 60, 61 HGB

Eine **Schadensersatzpflicht** entsteht, wenn dem Arbeitgeber durch schuldhafte Pflichtverletzung des Arbeitnehmers ein Schaden entstanden ist. Eine schuldhafte Pflichtverletzung liegt nicht nur bei vorsätzlichem, sondern auch bei fahrlässigem Handeln vor.
Grundsätzlich haftet der Arbeitnehmer deshalb auch dann, wenn ihm nur leichte Fahrlässigkeit vorzuwerfen ist. Bei unbeschränkter Arbeitnehmerhaftung könnte der Arbeitnehmer an den Folgen einer leichten Unaufmerksamkeit bis an sein Lebensende zu tragen haben. Deshalb hat die Rechtsprechung des Bundesarbeitsgerichts die Haftung des Arbeitnehmers der Höhe nach eingeschränkt.

§ 276 BGB

Folgende Umstände sollen bei der Festlegung des zu ersetzenden Schadens Beachtung finden:

- Größe der mit der Arbeit verbundenen Gefahr (Gefahrgeneigtheit der Arbeit),
- Grad des dem Arbeitnehmer zur Last fallenden Verschuldens,
- Höhe des Arbeitsentgelts,
- sonstige mit seiner Leistungsfähigkeit zusammenhängende Umstände (Unterhaltspflichten, Alter, Dauer der Betriebszugehörigkeit).

Arbeitnehmerhaftung bei grober Fahrlässigkeit

Paul Albers ist als Kraftfahrer bei einer Baustoffgroßhandlung beschäftigt. Er verursacht einen Verkehrsunfall, weil er trotz Rotlicht in einen Kreuzungsbereich einfährt. Der Arbeitgeber verlangt von Albers Schadensersatz für den zerstörten Lastwagen in Höhe von 70 000,00 EUR.

Trotz grober Fahrlässigkeit ist die Haftung von Albers angemessen zu beschränken, um eine lebenslange Belastung zu verhindern.

Rechte des Arbeitnehmers

Der Arbeitnehmer hat vor allem die Rechte auf

- Beschäftigung entsprechend der vereinbarten Tätigkeit,
- Vergütung,
- Urlaub,
- Zeugniserteilung und Aushändigung der Arbeitspapiere nach Beendigung des Arbeitsverhältnisses,
- Anhörung und Erörterung in betrieblichen Angelegenheiten, die seine Person betreffen,
- Einsichtnahme in die Personalakte,
- Beschwerde, wenn er sich benachteiligt oder ungerecht behandelt fühlt.

Pflichten und Rechte des Arbeitgebers

Pflichten des Arbeitgebers

Der Arbeitspflicht des Arbeitnehmers steht auf Seiten des Arbeitgebers die Entgeltzahlungspflicht gegenüber. Der Treuepflicht entspricht die Fürsorgepflicht des Arbeitgebers.

Treuepflicht des Arbeitnehmers und Fürsorgepflicht des Arbeitgebers lassen erkennen, dass das Arbeitsverhältnis mehr ist als nur ein gegenseitiger Vertrag, wie z. B. der Kaufvertrag oder der Mietvertrag. Das Arbeitsverhältnis ist darüber hinaus ein personenrechtliches Gemeinschaftsverhältnis.

– Vergütungspflicht

§ 611 BGB

Die Vergütungspflicht (Lohnzahlungspflicht, Entgeltzahlungspflicht) ist die Hauptpflicht des Arbeitgebers. Wurde im Arbeitsvertrag keine Lohnvereinbarung getroffen, gilt der Tariflohn als vereinbart.

§ 4 Entgelt-FZG

Der Arbeitgeber hat im Falle einer unverschuldeten Krankheit des Arbeitnehmers die Pflicht, das Arbeitsentgelt für die Zeit der Arbeitsunfähigkeit bis zur Dauer von sechs Wochen fortzuzahlen. Das Entgeltfortzahlungsgesetz schreibt vor, dass der Arbeitnehmer in dieser Zeit 100 % des Arbeitsentgelts erhält, das ihm in der regelmäßigen Arbeitszeit zugestanden hätte. Dabei werden Überstundenvergütungen nicht berücksichtigt.

§ 5 Entgelt-FZG

Der Arbeitnehmer hat dem Arbeitgeber die Arbeitsunfähigkeit und deren voraussichtliche Dauer unverzüglich anzuzeigen. Dauert die Arbeitsunfähigkeit länger als drei Tage, ist der Krankmeldung ein ärztliches Zeugnis beizulegen.

– Beschäftigungspflicht

Der Arbeitnehmer hat nicht nur die Pflicht, sondern auch das Recht auf Beschäftigung im Betrieb. Diese Beschäftigungspflicht besteht für den Arbeitgeber grundsätzlich auch dann noch, wenn er eine Kündigung ausgesprochen hat. Der Arbeitgeber erfüllt seine Pflicht nicht schon dadurch vollständig, dass er nach einer Kündigung den Lohn weiter bezahlt.

– Fürsorgepflicht

Die Fürsorgepflicht verlangt vom Arbeitgeber, Arbeitsräume, Arbeitsmittel und Arbeitsablauf so zu gestalten, dass der Arbeitnehmer gegen Gefahren für Leben und Gesundheit so weit geschützt ist, wie die Natur des Betriebs und der Arbeit es gestatten.

– Zeugniserteilungspflicht

Der Arbeitgeber hat die Pflicht, bei Ausscheiden des Arbeitnehmers aus dem Arbeitsverhältnis auf dessen Verlangen ein Zeugnis auszustellen.

Rechte des Arbeitgebers

Die Rechte des Arbeitgebers ergeben sich aus den Hauptpflichten des Arbeitnehmers. Der Arbeitgeber hat **Anspruch auf Erfüllung der Arbeitspflicht und der Treuepflicht** durch den Arbeitnehmer. Der Weisungsgebundenheit des Arbeitnehmers entspricht das **Weisungsrecht** des Arbeitgebers. Aufgrund des Weisungsrechts können (u. U. zusätzlich zu Stellenbeschreibungen) Art und Umfang der Arbeitsleistung näher bestimmt werden. Der Arbeitgeber kann das Weisungsrecht ganz oder zum Teil auf Vorgesetzte des Arbeitnehmers übertragen, z. B. auf Abteilungsleiter oder auf Meister.

Aufgaben 3 u. 4 Seite 406

Beendigung des Arbeitsverhältnisses

Gründe für die Beendigung des Arbeitsverhältnisses

Das Arbeitsentgelt bildet für den Arbeitnehmer zumeist seine Existenzgrundlage. Die Regeln, mit denen das Arbeitsverhältnis beendet werden kann, haben diesen Gesichtspunkt zu berücksichtigen.

Das Arbeitsverhältnis kann aus folgenden Gründen beendet werden:

Das Arbeitsverhältnis kann aufgrund des Arbeitsvertrags von vornherein in seiner zeitlichen Dauer begrenzt sein. Dann endet es, ohne dass es einer Kündigung bedarf, durch **Zeitablauf oder Zweckerreichung**. Bei Erreichung der Altersgrenze (Rentenalter) endet das Arbeitsverhältnis nicht automatisch, wenn nicht im Arbeitsvertrag oder Tarifvertrag eine entsprechende Regelung vorgesehen ist.

Durch **Aufhebungsvertrag** kann das Arbeitsverhältnis im gegenseitigen Einvernehmen jederzeit beendet werden, auch wenn das Arbeitsverhältnis einem besonderen Schutzgesetz (z. B. SGB IX „Rehabilitation und Teilhabe behinderter Menschen) untersteht. § 311 BGB

Da der Arbeitnehmer seine Arbeit persönlich zu verrichten hat, endet mit dem **Tod des Arbeitnehmers** auch das Arbeitsverhältnis.

Die **Kündigung** ist der weitaus häufigste Grund für die Beendigung eines Arbeitsverhältnisses.

Gründe für die Beendigung des Arbeitsverhältnisses				
zukünftig				**rückwirkend**
Zeitablauf oder Zweckerreichung des Arbeitsvertrags	Einvernehmliche Aufhebung des Arbeitsvertrags	Tod des Arbeitnehmers	Kündigung des Arbeitsvertrags	Anfechtung des Arbeitsvertrags

Die Kündigung des Arbeitsverhältnisses

Die Kündigung ist eine **empfangsbedürftige Willenserklärung** und wird deshalb erst wirksam, wenn sie dem Kündigungsempfänger zugegangen ist. Wann eine Willenserklärung zugegangen ist, wird durch Vorschriften des BGB geregelt. Die Kündigung bedarf der Schriftform. Eine Kündigung per Telefon oder per E-Mail ist unwirksam. §§ 130, 623 BGB

– Die ordentliche Kündigung

Mit einer ordentlichen Kündigung soll ein auf unbestimmte Zeit abgeschlossenes Arbeitsverhältnis aufgelöst werden. Entsprechend der Beschäftigungsdauer von Arbeitnehmern enthält das BGB Vorschriften über die zu beachtenden Kündigungsfristen. § 622 BGB

Die Grundkündigungsfrist beträgt vier Wochen zum 15. oder zum Ende eines Kalendermonats.

Für länger beschäftigte Arbeitnehmer gelten (ohne Unterscheidung von Arbeitern und Angestellten) einheitlich gestaffelte, gegenüber der Grundkündigungsfrist verlängerte Fristen für die Kündigung durch den Arbeitgeber. Die verlängerten Kündigungsfristen gelten nicht für die Kündigung durch den Arbeitnehmer. Arbeitnehmer können grundsätzlich mit einer Frist von vier Wochen kündigen. § 622 Abs. 1 BGB

Gesetzliche Kündigungsfristen für Arbeitnehmer (Angestellte und Arbeiter) nach § 622 BGB

Fristen bei Kündigung durch den Arbeitgeber

Regelmäßige Kündigungsfrist

Vier Wochen zum 15. oder zum Ende eines Kalendermonats

Kündigungsfristen für langjährig beschäftigte Arbeitnehmer (Arbeiter und Angestellte)

Beschäftigungsdauer in Jahren[1]	Kündigungsfrist in Monaten, zum Ende eines Kalendermonats
2	1
5	2
8	3
10	4
12	5
15	6
20	7

Die verlängerten gesetzlichen Kündigungsfristen gelten nur für Kündigungen durch den Arbeitgeber.

Vom Gesetz abweichende Kündigungsfristen können sowohl in Tarifverträgen als auch in Einzelarbeitsverträgen vereinbart werden.

Arten der Kündigungsfristen		
gesetzliche Kündigungsfristen	**tarifliche Kündigungsfristen**	**vertragliche Kündigungsfristen**
§ 622 BGB (für Auszubildende: § 22 Berufsbildungsgesetz)	(im Tarifvertrag vereinbarte Kündigungsfristen) **kürzer oder länger als die gesetzlichen Fristen möglich**	(im Einzelarbeitsvertrag vereinbarte Kündigungsfristen) **nur länger als die gesetzlichen Fristen möglich (Ausnahmen: § 622 Abs. 5 BGB)**

– Die außerordentliche Kündigung

Die außerordentliche Kündigung beendet das Arbeitsverhältnis vorzeitig und ohne Einhaltung der gesetzlich geltenden Kündigungsfristen. Mit der außerordentlichen Kündigung kann auch ein Arbeitsverhältnis beendet werden, für das eine ordentliche Kündigung nicht möglich ist.

[1] *Nach der Entscheidung des Europäischen Gerichtshofs (EuGH, Az: C-555/07) verstößt die Regelung von § 622 Abs. 2 BGB, wonach Beschäftigungszeiten, die vor Vollendung des 25. Lebensjahres liegen, nicht berücksichtigt werden, gegen EU-Recht (Diskriminierungsverbot).*

Voraussetzung für die außerordentliche Kündigung ist ein wichtiger Grund, der dem Kündigenden die Fortsetzung des Arbeitsverhältnisses bis zum Ablauf der ordentlichen Kündigungsfrist oder bis zur vereinbarten Beendigung des Arbeitsverhältnisses unzumutbar macht. § 626 BGB

Wichtige Gründe für außerordentliche Kündigungen	
Kündigung durch Arbeitgeber	**Kündigung durch Arbeitnehmer**
– Vorlage falscher Zeugnisse bzw. gefälschter Zeugnisse – Diebstahl, Unterschlagung, Betrug – grobe Beleidigung oder Tätlichkeit des Arbeitnehmers – unberechtigte Arbeitsverweigerung	– keine Zahlung des Arbeitsentgelts – grobe Beleidigung oder Tätlichkeit des Arbeitgebers – ernstliche Bedrohung von Leben oder Gesundheit durch das Arbeitsverhältnis

In der Regel erfolgt die außerordentliche Kündigung fristlos; der Arbeitgeber kann jedoch auch bei einer außerordentlichen Kündigung eine gewisse Frist einräumen.

Der Kündigungsberechtigte hat eine Frist von zwei Wochen, innerhalb derer er sich entscheiden muss, ob er eine außerordentliche Kündigung aussprechen will. Da der Arbeitgeber in dieser Zeit auch noch den Betriebsrat beteiligen muss, hat er sich sehr rasch zu entscheiden, ob er das Fehlverhalten eines Arbeitnehmers zum Anlass einer außerordentlichen Kündigung nehmen will. § 626 BGB

Die Abmahnung

Pflichtverletzungen des Arbeitnehmers im Verhaltensbereich sind häufig ein Kündigungsgrund. Nur in Ausnahmefällen wird eine Pflichtverletzung des Arbeitnehmers von der Rechtsprechung als so schwerwiegend angesehen, dass ohne vorherige Warnung eine Kündigung rechtsgültig ausgesprochen werden kann. Der Arbeitgeber muss den Arbeitnehmer vorher aufgefordert haben, sein Verhalten zu ändern. Diese Aufforderung, die schriftlich oder mündlich vorgebracht werden kann, wird als **Abmahnung** bezeichnet. Die Abmahnung ist gesetzlich nicht geregelt.

Aufgabe 5 Seite 406

In der Abmahnung muss der Pflichtenverstoß konkret genannt sein. Sie muss unmissverständlich klarmachen, dass der Arbeitnehmer im Wiederholungsfall mit einer Kündigung zu rechnen hat. Die Abmahnung erfolgt ohne Mitwirkung des Betriebsrats; dieser muss weder unterrichtet noch angehört werden.

Arbeitszeugnis

Der Arbeitnehmer hat das Recht, bei Beendigung des Arbeitsverhältnisses ein Arbeitszeugnis zu verlangen. Dabei sind zwei Arten von Zeugnissen zu unterscheiden: § 630 BGB, § 109 GewO

Einfaches Zeugnis	Qualifiziertes Zeugnis
Das **einfache Zeugnis** enthält Angaben zur Person sowie zur Art und Dauer der Beschäftigung. Aussagen zur Leistung und des Verhaltens des Arbeitnehmers dürfen darin nicht enthalten sein.	Das **qualifizierte Zeugnis** enthält zusätzlich zu den Angaben eines einfachen Arbeitszeugnisses auch Angaben zur Führung und den Leistungen des Arbeitnehmers.

Der Arbeitnehmer hat ein **Wahlrecht** zwischen einem einfachen und einem qualifizierten Zeugnis. Grundsätzlich soll das Arbeitszeugnis in positiver Form abgefasst sein, um die berufliche Weiterentwicklung des Arbeitnehmers nicht zu behindern. Werden aber wesentliche ungünstige Vorkommnisse verschwiegen oder unwahre Angaben gemacht, sodass ein falscher Gesamteindruck entsteht, kann der Aussteller des Zeugnisses gegenüber einem späteren Arbeitgeber schadensersatzpflichtig gemacht werden. Aus dem Spannungsverhältnis zwischen positiver Formulierung unter gleichzeitiger Vermeidung negativer Aussagen hat sich ein **Zeugniscode (Zeugnissprache)** entwickelt, der indirekt die Bewertung durch den Arbeitgeber erkennen lässt.

Formulierungen für Arbeitszeugnisse	
Formulierung	**Bedeutung**
… stets/immer/in jeder Hinsicht zu unserer vollsten/außerordentlichen Zufriedenheit	sehr gut
… stets zu unserer vollen Zufriedenheit	gut
… zu unserer vollen Zufriedenheit	befriedigend
… zu unserer Zufriedenheit	ausreichend
… im Großen und Ganzen zu unserer Zufriedenheit	mangelhaft
… hat sich bemüht, die übertragenen Aufgaben zu erledigen	ungenügend

Der Kündigungsschutz

Die sozial ungerechtfertigte Kündigung

Der Schutz des Arbeitnehmers durch das Kündigungsschutzgesetz ist an zwei Voraussetzungen gebunden, eine **zeitliche** und eine **betriebliche.**

Als **zeitliche** Voraussetzung wird verlangt, dass das Arbeitsverhältnis mit dem Gekündigten in demselben Betrieb oder Unternehmen ohne Unterbrechung **länger als sechs Monate** bestanden haben muss.

Die **betriebliche** Voraussetzung besteht darin, dass der Betrieb, in dem der Arbeitnehmer tätig ist, regelmäßig mehr als zehn Arbeitnehmer beschäftigt. Vor dem Januar 2004 lag die Grenze bei fünf Arbeitnehmern. Für Arbeitnehmerinnen und Arbeitnehmer, die nach der bisherigen Regelung eingestellt wurden, ändert sich jedoch nichts.

Der allgemeine Kündigungsschutz dient vor allem der Verhinderung sozial ungerechtfertigter Kündigungen.

§ 1 Abs. 2 KSchG

Damit eine Kündigung sozial gerechtfertigt ist, muss sie durch einen der folgenden Gründe bedingt sein:
- **Gründe in der Person des Arbeitnehmers,**
- **Gründe in dem Verhalten des Arbeitnehmers,**
- **dringende betriebliche Gründe, die einer Weiterbeschäftigung des Arbeitnehmers in diesem Betrieb entgegenstehen.**

Beispiele für sozial gerechtfertigte Kündigungsgründe

- Gründe in der Person des Arbeitnehmers:
  - mangelnde körperliche oder geistige Eignung,
  - Ungeschicklichkeit,
  - mangelnde Ausbildung,
  - mangelnde Befähigung, sich die erforderlichen Fähigkeiten zu erwerben,
  - lang andauernde Erkrankung, ohne dass die Genesung abzusehen ist.
- Verhaltensbedingte Gründe:
  - wiederholte Unpünktlichkeit,
  - Beleidigungen,
  - Schlechtarbeiten,
  - Verstöße gegen Gehorsams- und Verschwiegenheitspflicht.
- Betriebliche Erfordernisse:
  - Absatzschwierigkeiten,
  - Rohstoffmangel,
  - Einsatz arbeitssparender Maschinen, Änderung der Produktionsmethoden,
  - Stilllegung einzelner Abteilungen,
  - Betriebseinschränkungen.

Ist einem Arbeitnehmer aus dringenden betrieblichen Erfordernissen gekündigt worden, so ist die Kündigung trotzdem sozial ungerechtfertigt, wenn der Arbeitgeber bei der Auswahl der zu kündigenden Arbeitnehmer soziale Gesichtspunkte nicht oder nicht ausreichend berücksichtigt hat. Zwischen solchen Arbeitnehmern, deren Tätigkeit vergleichbar ist und die deshalb gleichermaßen für eine Kündigung in Betracht kommen, ist eine Auswahl nach sozialen Kriterien erforderlich (Sozialauswahl). Bei betriebsbedingten Kündigungen wird die Sozialauswahl auf vier Kriterien begrenzt:

§ 1 Abs. 2 KSchG

§ 1 Abs. 3 KSchG

- Dauer der Betriebszugehörigkeit,
- Lebensalter,
- Grad der Schwerbehinderung,
- Unterhaltspflicht des Arbeitnehmers.

Aufgabe 6 Seite 406

Die Kündigung eines Arbeitsverhältnisses ist **unwirksam**, wenn sie nicht durch eine der aufgeführten Gründe sozial gerechtfertigt ist.

Mitwirkung des Betriebsrats

Der Arbeitgeber hat vor jeder Kündigung die Pflicht, den Betriebsrat zu informieren. Der Betriebsrat kann sowohl einer ordentlichen wie einer außerordentlichen Kündigung widersprechen. Er hat dies dem Arbeitgeber spätestens innerhalb einer Woche unter Angabe von Gründen schriftlich mitzuteilen.

§ 102 Abs. 2 BetrVG

Der Widerspruch des Betriebsrats allein hat noch keine rechtliche Wirkung. Hat der Betriebsrat frist- und ordnungsgemäß widersprochen und hat der Arbeitnehmer Kündigungsschutzklage erhoben, muss der Arbeitgeber auf Verlangen des Arbeitnehmers diesen nach Ablauf der Kündigungsfrist bis zum rechtskräftigen Abschluss des Rechtsstreits bei unveränderten Arbeitsbedingungen weiterbeschäftigen.

§ 4, § 102 Abs. 5 KSchG

Kündigungsschutz für besondere Arbeitnehmergruppen

Für die folgenden Personengruppen gilt der Kündigungsschutz sowohl für die ordentliche als auch für die außerordentliche Kündigung:

- Nach dem Mutterschutzgesetz ist die Kündigung **während der Schwangerschaft** und bis zu vier Monaten nach der Entbindung unzulässig. (§ 9 MuSchG)
- Die **Mitglieder eines Betriebsrats**, einer Personalvertretung (im öffentlichen Dienst) oder einer Jugend- und Auszubildendenvertretung haben einen besonderen Kündigungsschutz. (§ 15 Abs. 1 und Abs. 2 KSchG)
- Die Kündigung eines **schwerbehinderten Menschen** bedarf der vorherigen Zustimmung des Integrationsamtes. (§ 85 SGB IX)
- Kündigungen von Arbeitnehmern in Elternzeit sind nur ausnahmsweise zulässig. Die Zulässigkeitserklärung kann nur die für den Arbeitsschutz zuständige oberste Landesbehörde bzw. eine von ihr bestimmte Stelle aussprechen. (§ 18 Abs. 1 BErzGG)

Aufgaben 7 bis 9 Seite 407 f.

Bei den folgenden Personengruppen ist lediglich die ordentliche Kündigung ausgeschlossen, die außerordentliche jedoch erlaubt:

- **Wehrdienstleistende** während der Dauer des Grundwehrdienstes und der Wehrübungen und **Zivildienstleistende**, (§ 2 Abs. 1 ArbPlSchG)
- **Auszubildende** nach Ablauf der Probezeit.

9.4.3 Arbeitsschutzrecht

Begriff und Aufgabe des Arbeitsschutzes

Der Arbeitnehmer ist bei der Arbeit im Betrieb von Gefahren bedroht. Hier greift der Staat mit gesetzlichen Regelungen ein, die den Arbeitnehmer vor Ausbeutung, Arbeitsunfähigkeit, Krankheit und Tod schützen sollen. Alle Bestimmungen und Vorschriften, die dem Schutz des Arbeitnehmers dienen, werden zusammengefasst als **Arbeitsschutzrecht** bezeichnet.

Zum **technischen Arbeitsschutz** zählen alle Vorschriften, die sich auf die Erhöhung der Arbeitssicherheit beziehen. Der Arbeitgeber ist verpflichtet, die Arbeitsstätte (Maschinen, Geräte, Anlagen) so einzurichten, dass der Arbeitnehmer gegen Gefahren für Leben und Gesundheit geschützt ist.

Sozialer Arbeitsschutz betrifft vor allem den Arbeitszeitschutz, den Urlaubsanspruch und den Kündigungsschutz. Es gibt gesetzliche Regelungen, die für alle Arbeitnehmer gelten.
Für einige Arbeitnehmergruppen gelten zusätzliche Schutzvorschriften, z. B. für Jugendliche, behinderte Menschen, werdende Mütter.

Bereiche und Personengruppen des Arbeitsschutzes

Die folgende Tabelle gibt einen Überblick über die Arbeitsschutzbestimmungen in der Bundesrepublik Deutschland.

Arbeitsschutzbestimmungen in der Bundesrepublik Deutschland				
	Gesundheits- und Unfallschutz	**Arbeitszeitschutz**	**Urlaubsanspruch**	**Kündigungsschutz**
Allgemeine Schutzbestimmungen durch – Gewerbeordnung – BGB – Arbeitszeitgesetz – Bundesurlaubsgesetz – Kündigungsschutzgesetz	– Schutz von Leben und Gesundheit	– regelmäßige tägliche Arbeitszeit: 8 Stunden – Ausdehnung für bestimmte Arbeiten um 2 Stunden täglich, jedoch höchstens auf 10 Stunden – befristete Arbeitszeitverlängerung durch Gewerbeaufsichtsamt – Mindestruhepausen und -zeiten	– Mindesturlaub: 24 Werktage	– Regelmäßige-Kündigungsfrist: 4 Wochen zum 15. oder zum Ende eines Kalendermonats – Erfordernis der sozial gerechtfertigten Kündigung
Sonderschutz für Jugendliche durch – Jugendarbeitsschutzgesetz	– Verbot der Kinderarbeit (unter 15 Jahre) – Verbot gefährlicher und tempoabhängiger Arbeit (Fließband- und Akkordarbeit) – Erstuntersuchungspflicht	– tägliche Arbeitszeit höchstens 8 Stunden – wöchentliche Arbeitszeit höchstens 40 Stunden – Fünftagewoche – Verbot der Sonntags- und Nachtarbeit	– erhöhter Urlaubsanspruch: bis 16 Jahre 30 Werktage bis 17 Jahre 27 Werktage bis 18 Jahre 25 Werktage	

Arbeitsschutzbestimmungen in der Bundesrepublik Deutschland (Fortsetzung)

	Gesundheits- und Unfallschutz	Arbeitszeitschutz	Urlaubsanspruch	Kündigungsschutz
Sonderschutz für Mütter durch – Mutterschutzgesetz – Bundeselterngeld- und Elternteilzeitgesetz (gilt auch für Väter)	– Verbot schwerer körperlicher Arbeit für werdende Mütter – Beschäftigungsverbot für 6 Wochen vor und 8 Wochen nach der Geburt	– Verbot der Mehrarbeit, Sonntags- und Nachtarbeit für werdende und stillende Mütter	– Anspruch auf Elternzeit bis zur Vollendung des 3. Lebensjahres eines Kindes	– Kündigungsschutz während der Schwangerschaft und bis 4 Monate nach der Geburt – Kündigungsschutz während der Elternzeit
Sonderschutz für Schwerbehinderte durch – SGB IX		Schwerbehinderte sind auf Verlangen von Mehrarbeit freizustellen	– Anspruch auf Zusatzurlaub	– Kündigung nur mit Zustimmung des Integrationsamtes
Sonderschutz für langjährig beschäftigte Arbeitnehmer durch das BGB (§ 622 Abs. 2)				– Verlängerung der Kündigungsfrist für langjährig beschäftigte Arbeitnehmer Betriebszugehörigkeit – Kündigungsfrist 2 Jahre – 1 Monat 5 Jahre – 2 Monate 8 Jahre – 3 Monate 10 Jahre – 4 Monate 12 Jahre – 5 Monate 15 Jahre – 6 Monate 20 Jahre – 7 Monate
Sonderschutz für Wehrdienstleistende durch – Arbeitsplatzschutzgesetz				– Kündigungsschutz während des Grundwehrdienstes oder während einer Wehrübung

Zusammenfassende Übersicht zu Kapitel 9.4: Rechtsstellung von Auszubildenden und Arbeitnehmern

Auszubildender | Ausbildungsvertrag | Ausbildender

↓

schriftliche Niederlegung
(Ausbildungsvertragsmuster)

↓

Pflichten des Auszubildenden
- Bemühungs- und Befolgungspflicht
- Teilnahme an Ausbildungsmaßnahmen
- Einhaltung der Ordnung der Ausbildungsstätte
- Sorgfaltspflicht
- Verschwiegenheitspflicht

...

Genehmigung von der zuständigen Kammer und Eintragung in das Verzeichnis der Ausbildungsverhältnisse

Pfichten des Auszubildenden
- Ausbildungspflicht
- Fürsorgepflicht
- Vergütungspflicht

...

Zusammenfassende Übersicht zu Kapitel 9.4: Rechtsstellung von Auszubildenden und Arbeitnehmern (Fortsetzung)

Beendigung des Ausbildungsverhältnisses durch Kündigung

Während der Probezeit

fristlos,
Schriftform, ohne
Angabe von Gründen

Nach dem Ablauf der Probezeit

Aus wichtigem Grund

fristlos,
Schriftform mit
Begründung

Berufsaufgabe/ Berufswechsel

mit 4-wöchiger
Kündigungsfrist,
Schriftform mit
Begründung

Anbahnung des Arbeitsvertrags

- Bundesagentur für Arbeit
- private Vermittler
- Zeitungsinserate
- innerbetriebliche Stellenausschreibung
- Einschaltung von bereits beschäftigten Arbeitnehmern

Einstellungsverhandlungen

Arbeitgeber | Arbeitsvertrag (Formfreiheit bei Abschluss) | Arbeitnehmer

schriftliche Niederlegung der wesentlichen Vertragsinhalte (Mindestinhalt vorgeschrieben)

Pflichten:
Beschäftigung, Vergütung, Fürsorge, Zeugniserteilung

Pflichten:
Dienstleistung, Treue, Verschwiegenheit, Handels-, Wettbewerbsverbot, Schadenersatzpflicht

Arbeitsschutzbestimmungen

- Gesundheits- und Arbeitsschutz
- Arbeitszeitschutz
- Urlaubsanspruch
- Kündigungsschutz

Wiederholung des Grundwissens

1. Wie heißen die Vertragspartner aus einem Berufsausbildungsvertrag?
2. Welche Formvorschriften sind beim Abschluss eines Berufsausbildungsvertrags zu beachten?
3. Nennen Sie einige wesentliche Inhalte einer Ausbildungsordnung.
4. Nennen Sie die Pflichten, die einem Ausbildenden und einem Auszubildenden aus dem Abschluss eines Berufsausbildungsvertrages entstehen.
5. Wie kann ein Berufsausbildungsverhältnis während und nach der Probezeit beendet werden?
6. Nennen Sie Möglichkeiten zur Anbahnung eines Arbeitsvertrages.
7. Wer trägt die Vorstellungskosten für ein Bewerbungsgespräch?

8. Nennen Sie einige erlaubte und unerlaubte Fragestellungen bei einem Bewerbungsgespräch.
9. Erklären Sie, was jeweils unter Abschlussfreiheit, Formfreiheit und Gestaltungsfreiheit beim Abschluss eines Arbeitsvertrages zu verstehen ist.
10. Welche Pflichten und Rechte ergeben sich aus einem Arbeitsvertrag jeweils für Arbeitgeber und Arbeitnehmer?
11. Nennen Sie Gründe für die Beendigung eines Arbeitsverhältnisses.
12. Welche Frist (Grundkündigungsfrist) ist bei der Kündigung eines Arbeitsverhältnisses einzuhalten?
13. Welche Kündigungsfristen muss ein Arbeitgeber bei der Kündigung eines langjährigen Mitarbeiter nach § 622 BGB beachten?
14. Nennen Sie Gründe für eine außerordentliche Kündigung.
15. Was ist eine Abmahnung?
16. Nennen Sie die zeitliche und die betriebliche Voraussetzung für die Anwendbarkeit des Kündigungsschutzgesetzes.
17. Welche Voraussetzung muss eine Kündigung erfüllen, damit sie sozial gerechtfertigt ist?
18. Beschreiben Sie das Mitwirkungsrecht des Betriebsrats bei einer Kündigung.
19. Welche Arbeitnehmergruppen genießen einen besonderen Kündigungsschutz?
20. Unterscheiden Sie technischen und sozialen Arbeitsschutz.
21. Nennen Sie die wesentlichen Inhalte der Arbeitsschutzbestimmungen.

Aufgaben und Probleme

1. Entscheiden Sie, ob die vorliegenden Fälle mit den Rechten und Pflichten eines Auszubildenden vereinbar sind. Begründen Sie Ihre Antwort gegebenenfalls anhand des Berufsbildungsgesetzes.
   a) Auszubildender Willi Zehnle bleibt drei Tage lang der Arbeit fern, um als Zuschauer am Fußballspiel des VfB Stuttgart in Barcelona teilnehmen zu können.
   b) Die Unternehmensleitung der Softtool AG legt Ihren Auszubildenden einen Ausbildungsvertrag mit folgendem Inhalt (Auszug) vor: *„Otto Köbele verpflichtet sich, nach Beendigung des Berufsausbildungsverhältnisses einen Arbeitsvertrag für mindestens drei Jahre abzuschließen.*
   c) Alexander Unger (16 Jahre alt) macht eine Ausbildung zum Maurer bei der Bauunternehmung Otto Kraft OHG. Der Ausbildungsvertrag enthält u. a. folgende Vereinbarung: *„Aufgrund der sehr erfreulichen Ergebnisse im Eignungstest ist ein Besuch der Berufsschule im ersten Ausbildungsjahr nicht erforderlich".*
   d) Viktor Lang hat mit der Techno AG einen Berufsausbildungsvertrag für den Ausbildungsberuf Mechatroniker abgeschlossen. Der Vertrag enthält u. a. folgende Formulierung: *„Wegen vieler Besonderheiten, die der Ausbildungsberuf Mechatroniker mit sich bringt, wird eine Probezeit von 6 Monaten vereinbart".*

2. Ein Industrieunternehmen hat in seiner Verwaltungszentrale ein großes Kundenservicecenter eingerichtet. Die örtliche Personalabteilung betreut derzeit 1 100 Mitarbeiterinnen und Mitarbeiter. Da die Umsätze jährlich steigen, wird laufend neues Personal gesucht. Frau Schröder ist für die Personalbeschaffung zuständig und bittet Sie in folgenden Fällen um Ihren Rat:
   Erläutern Sie, welche Möglichkeiten der Anbahnung eines Arbeitsvertrages für folgende Stellenbesetzungen genutzt werden sollten:
   - Eine Teilzeitmitarbeiterin wird für einfache Hilfstätigkeiten im Büro benötigt.
   - Für die Marketingabteilung wird eine neue Abteilungsleiterin gesucht.

3. Gesine Kupfer hat am 19. April d. J. mit der Laufener Bürstenfabrik GmbH vereinbart, zum 01. Juni d. J. eine Beschäftigung als Bürokauffrau aufzunehmen. Alle wesentlichen Einzelheiten der künftigen Beschäftigung – wie z. B. Gehalt, Arbeitszeit, Urlaub – wurden mündlich in gegenseitigem Einvernehmen geregelt. Im Rahmen der getroffenen Vereinbarungen wurde Gesine Kupfer ein Anfangsgehalt von brutto 1 960 EUR zugesagt.
Als Gesine Kupfer am 01. Juni d. J. ihre neue Stelle antritt, wird ihr vom Geschäftsführer der Bürstenfabrik mitgeteilt, dass das Bruttogehalt nicht – wie zuvor mündlich vereinbart – 1 960 EUR, sondern lediglich 1 760 EUR beträgt. Als Begründung wird angegeben, dass die betriebliche Kostensituation solche Maßnahmen erforderlich machte. Darüber hinaus – so der Geschäftsführer – sei der Arbeitsvertrag noch gar nicht zustande gekommen, da er nicht in schriftlicher Form geschlossen wurde. Der Geschäftsführer beruft sich dabei auf § 2 NachwG. Gesine Kupfer besteht jedoch auf Zahlung der vereinbarten 1 960 EUR Monatsgehalt.
Beurteilen Sie die Rechtslage.

4. Diplomingenieur Edmund Gruber, 46 Jahre alt, ist seit 15 Jahren bei der Metallbau GmbH als Produktentwickler beschäftigt.
   a) Herr Gruber beabsichtigt, bei einer Versicherungsgesellschaft eine Nebentätigkeit als Versicherungsvermittler aufzunehmen. Stellen Sie fest, ob er problemlos zusagen kann.
   b) Kann Herr Gruber sich von einem Bekannten, der dieselbe Berufsausbildung wie er hat, bei der Arbeit vertreten lassen, wenn er wichtige Privatangelegenheiten zu erledigen hat?
   c) Da ein Fahrer des Unternehmens erkrankt ist, wird Herr Gruber von der Geschäftsleitung angewiesen, bei einem Lieferer einen Motor abzuholen. Muss er die Weisung befolgen?
   d) Durch einen Bedienungsfehler zerstört Herr Gruber versehentlich die Festplatte des PC an seinem Arbeitsplatz. Kann der Arbeitgeber Ersatz des entstandenen Schadens verlangen?
   e) Verletzt Herr Gruber seine Treuepflicht, wenn er sich an einem Streikaufruf seiner Gewerkschaft beteiligt?

5. Prüfen Sie, ob folgende Vereinbarungen im Arbeitsvertrag eines technischen Angestellten rechtswirksam sind:
   a) Die Probezeit beträgt drei Monate. Innerhalb dieser Zeit ist jederzeit eine Kündigung ohne Angabe von Gründen möglich.
   b) Der Jahresurlaub beträgt 15 Werktage.
   c) Der Arbeitnehmer erklärt sich bereit, bei Personalknappheit auch aushilfsweise Ablagetätigkeiten zu übernehmen.
   d) Der Arbeitnehmer sichert zu, dass er sich an keinem Streik beteiligen wird.

6. Darf ein Arbeitgeber aus folgenden Gründen eine außerordentliche Kündigung aussprechen?
   a) Unterschlagung von Betriebsgeldern
   b) Übertretung des Rauchverbots
   c) Unsorgfältige und zu langsame Arbeitsweise
   d) Langandauernde Erkrankung
   e) Unerwartete Stornierung eines Großauftrags
   f) Entziehung der Fahrerlaubnis für einen Kraftfahrer.

7. Entscheiden Sie, in welchen Fällen bei der Kündigung eines Arbeitsverhältnisses, das länger als ein Jahr bestand, die Voraussetzungen einer sozial ungerechtfertigten Kündigung vorliegen.

Hinweis: Das Unternehmen beschäftigt regelmäßig mehr als zehn Arbeitnehmer.
Ordnen Sie zu:
1. sozial gerechtfertigte Kündigung
2. sozial ungerechtfertigte Kündigung

a) Kündigungsgrund: Stilllegung einzelner Abteilungen des Unternehmens. Soziale Gesichtspunkte bei der Auswahl des zu entlassenden Arbeitnehmers wurden berücksichtigt.
b) Kündigungsgrund: wiederholte, abgemahnte Unpünktlichkeit des Arbeitnehmers, der außerdem schon mehrfach die Verschwiegenheitspflicht verletzt hat. Soziale Gesichtspunkte wurden nicht geprüft.
c) Kündigungsgrund: einmalige Nichtbefolgung einer Anordnung der Unternehmensleitung.
d) Kündigungsgrund: offensichtliche mangelnde fachliche Eignung des Arbeitnehmers. Ein Einsatz in einer anderen, niedriger bezahlten Beschäftigung wäre möglich, wurde aber von dem Arbeitnehmer verweigert.

8. Elfriede Kurz, 45 Jahre alt, ist seit 15 Jahren bei der Emmendinger Garnfabrik AG als kaufmännische Angestellte beschäftigt. Zu welchem Termin und mit welcher Frist kann
   a) sie selbst kündigen,
   b) der Arbeitgeber ihr kündigen, wenn die gesetzlichen Kündigungsfristen zugrunde zu legen sind?

9. In der Burlafinger Textilfabrik AG wird eine Abteilung für Gardinenstoffe wegen Absatzmangels geschlossen. Allen Arbeitnehmern dieser Abteilung wird gekündigt. Der Betriebsrat wurde ordnungsgemäß angehört.
   a) Die Mitarbeiterin Katja Sterner, der ebenfalls gekündigt wurde, ist der Meinung, die Schließung der Abteilung „Gardinenstoffe" sei nicht notwendig gewesen. Sie will mit dieser Begründung beim Arbeitsgericht Klage gegen die Kündigung erheben. Der Betriebsrat rät ihr aber davon ab, da er die Klage für aussichtslos hält. Warum?
   b) Sigrid Lettau ist 42 Jahre alt und seit 20 Jahren bei der Burlafinger Textilfabrik AG beschäftigt. Sie hat vier minderjährige Kinder. Ihr Ehemann ist nicht berufstätig. Sie ist der Meinung, dass ihre Kündigung auch deswegen unberechtigt ist, weil zunächst der Mitarbeiterin Kluge hätte gekündigt werden müssen, die in der Abteilung „Trikotagen" eine ähnliche Tätigkeit ausübt wie sie. Frau Kluge ist 45 Jahre alt, aber erst seit 10 Jahren im Betrieb. Sie hat nur für ein minderjähriges Kind zu sorgen. Ihr Mann hat eine Halbtagsstelle als Friseur.
   Sigrid Lettau beantragt beim Arbeitsgericht die Feststellung, dass die ihr gegenüber ausgesprochene Kündigung unwirksam ist, weil bei der Auswahl der zu kündigenden Mitarbeiterin soziale Gesichtspunkte nicht ausreichend berücksichtigt worden seien. Hat Frau Lettau recht?

9.5 Arbeitsgerichtsbarkeit

Arbeitsrechtsstreitigkeiten, die nicht gütlich (außergerichtlich) beigelegt werden können, werden von „Gerichten für Arbeitssachen" (Arbeitsgerichte) entschieden. Die Tätigkeit der Arbeitsgerichte wird durch das Arbeitsgerichtsgesetz (ArbGG) geregelt.

Die Arbeitsgerichte sind zuständig für:

1. bürgerlich-rechtliche Streitigkeiten zwischen Arbeitnehmern und Arbeitgebern aus dem Arbeitsverhältnis, § 2 Abs. 1 ArbGG
2. bürgerlich-rechtliche Streitigkeiten zwischen Tarifvertragsparteien aus Tarifverträgen,
3. betriebsverfassungsrechtliche Streitigkeiten.

§ 8 ArbGG Die Arbeitsgerichtsbarkeit wird durch **Arbeitsgerichte** und **Landesarbeitsgerichte** sowie das Bundesarbeitsgericht (BAG) ausgeübt. Das Bundesarbeitsgericht hat seinen Sitz in Erfurt.

Im Arbeitsgerichtsverfahren sind die Gerichtsgebühren viel niedriger als bei anderen Gerichtsverfahren. Hinzu kommt, dass in der ersten Instanz jede Partei nur ihre eigenen Anwaltskosten zu tragen hat, gleichgültig, ob sie den Prozess gewinnt oder verliert.

Aufbau der Arbeitsgerichtsbarkeit

		Vertretung der Parteien
3. Instanz Bundesarbeitsgericht (mehrere Senate und Großer Senat)	**Senat** 1 vorsitzender Berufsrichter 2 Berufsrichter 2 Bundesarbeitsrichter	nur durch Rechtsanwälte (Vertretungszwang)
	↑ Revision	
2. Instanz Landesarbeitsgericht (mehrere Kammern)	**Kammer** 1 Berufsrichter 2 Landesarbeitsrichter	durch Gewerkschaften, Verbände oder Rechtsanwälte (Vertretungszwang)
	↑ Berufung	
1. Instanz Arbeitsgericht (mehrere Kammern)	**Kammer** 1 Berufsrichter 2 Arbeitsrichter	persönlich oder durch Gewerkschaften bzw. Verbände oder durch Rechtsanwälte (Kein Vertretungszwang)

Sprungrevision (von der 1. Instanz direkt zum Senat)

Berufung:	Ziel ist Neuverhandlung über **Tatfragen** und Neuentscheidung.
Revision:	Ziel ist Neuverhandlung über **Rechtsfragen** und Neuentscheidung.
Arbeitsrichter:	ehrenamtliche Beisitzer aus Kreisen der Arbeitgeber und Arbeitnehmer.

Zusammenfassende Übersicht zu Kapitel 9.5: Arbeitsgerichtsbarkeit

Gerichte für Arbeitssachen (Arbeitsgerichte)

↓

zuständig für
- bürgerlich-rechtliche Streitigkeiten zwischen Unternehmern und Arbeitgebern
- bürgerlich-rechtliche Streitigkeiten zwischen Tarifvertragsparteien aus Tarifverträgen
- betriebsverfassungsrechtliche Streitigkeiten

Wiederholung des Grundwissens

1. Welches Gesetz regelt die Tätigkeit der Arbeitsgerichte?
2. Wofür sind die Arbeitsgerichte zuständig?
3. Wie ist die Arbeitsgerichtsbarkeit aufgebaut?

9.6 Tarifvertragsrecht und Arbeitskampf

9.6.1 Tarifvertrag

Das Grundgesetz garantiert jedem Deutschen das Recht, eine Gewerkschaft oder einen Arbeitgeberverband (Koalition) zu gründen oder sich einer solchen Koalition anzuschließen. Mit der Koalitionsfreiheit verbunden ist das Recht dieser Koalition, zur Wahrung und Förderung der Arbeits- und Wirtschaftsbedingungen tätig zu werden. Dazu gehört auch die **Tarifautonomie**. Art. 9 Abs. 3 GG

Als Tarifautonomie wird das Recht der Arbeitnehmer und Arbeitgebervereinigungen bezeichnet, durch Tarifverträge die gemeinsamen Arbeitsbedingungen für die Beschäftigten ihres Bereichs innerhalb der gesetzlichen Schranken und damit ohne staatliche Einflussnahme zu vereinbaren.

Zum Abschluss von Tarifverträgen berechtigt (tariffähig) sind nach dem Tarifvertragsgesetz (TVG) Gewerkschaften, einzelne Arbeitgeber (Firmen-, Haus- oder Werktarifvertrag) sowie Vereinigungen von Arbeitgebern (Verbandstarifvertrag). Sie werden als Tarifvertragsparteien, Tarifpartner oder Sozialpartner bezeichnet. § 2 Abs. 3 TVG

Aufgabe 1 Seite 413

Die allgemeinen, auf längere Zeit gültigen Arbeitsbedingungen (z. B. regelmäßige Arbeitszeit, Teilarbeitszeit, Urlaub, Eingruppierung in Tarifgruppen) werden in **Manteltarifverträgen** geregelt. Die Lohn- und Gehaltssätze in den einzelnen Tarifgruppen werden in **Lohn- bzw. Gehaltstarifverträgen** (Entgelttarifverträge, Vergütungstarifverträge) mit kürzerer Laufzeit vereinbart.

Schließen eine Gewerkschaft und ein Arbeitgeberverband einen Tarifvertrag ab, dann sind die Mitglieder der Tarifvertragsparteien tarifgebunden. Die Normen des Tarifvertrags gelten dann unmittelbar für das Arbeitsverhältnis zwischen den tarifgebundenen Arbeitnehmern und den tarifgebundenen Arbeitgebern. § 3 TVG

Urlaubsgeld laut Tarifvertrag

Gabi Griesbaum ist in einem Callcenter beschäftigt. In ihrem Arbeitsvertrag ist kein Urlaubsgeld vereinbart. Später wird ein Tarifvertrag abgeschlossen, der die Zahlung von Urlaubsgeld vorsieht. Frau Griesbaum ist Mitglied der Gewerkschaft, ihr Arbeitgeber Mitglied des Arbeitgeberverbandes. Frau Griesbaum hat unter den gegebenen Bedingungen Anspruch auf Urlaubsgeld.

Aufgabe 2 Seite 413

Das Tarifvertragsgesetz sieht die Möglichkeit vor, Tarifverträge für allgemein verbindlich zu erklären. Mit der **Allgemeinverbindlichkeitserklärung** erfassen die Rechtsnormen des Tarifvertrags in seinem Geltungsbereich auch die bisher nicht tarifgebundenen Arbeitgeber und Arbeitnehmer. Die Allgemeinverbindlichkeitserklärung erfolgt durch das Bundesministerium für Arbeit und Soziales. § 5 Abs. 1, § 5 Abs. 4 TVG

Aufgrund des **Arbeitnehmer-Entsendegesetzes** gilt der Mindesttariflohn des Baugewerbes auch für solche Arbeitnehmer, die von einer ausländischen Baufirma auf eine deutsche Baustelle entsandt werden. Dadurch soll die deutsche Bauwirtschaft vor der „Billiglohn-Konkurrenz“ des Auslands geschützt werden.

Aufgaben 3 und 4 Seite 413 f.

9.6.2 Betriebsvereinbarung

§ 87 BetrVG

Die Betriebsvereinbarung ist ein Vertrag zwischen Arbeitgeber und Betriebsrat, der wie ein Tarifvertrag gegenseitige Pflichten für Arbeitgeber und Arbeitnehmer schaffen kann. Betriebsvereinbarungen können auch über Angelegenheiten getroffen werden, die nach dem Betriebsverfassungsgesetz der Mitbestimmung des Betriebsrats unterliegen.

9.6.3 Arbeitskampf

Der Streik

Das Arbeitskampfrecht ergibt sich aus dem im Grundgesetz verankerten Koalitionsrecht. Das Bundesarbeitsgericht hat in einer Entscheidung (1955) ausdrücklich festgestellt, dass Arbeitskämpfe in der freiheitlichen, sozialen Grundordnung der Bundesrepublik Deutschland zugelassen sind. Das Recht auf Streik ist im Einzelnen rechtlich kaum geregelt. Das Arbeitskampfrecht beruht deshalb fast ausschließlich auf Richterrecht.

Ein Streik muss von einer Gewerkschaft getragen werden.

Für die Rechtmäßigkeit eines Arbeitskampfes gelten folgende Grundsätze:

- Ein Arbeitskampf darf nur von Tarifvertragsparteien geführt werden.
- Das Ziel des Arbeitskampfes muss ein tariflich regelbares Ziel sein.
- Der Arbeitskampf darf nicht gegen die Friedenspflicht verstoßen.
- Zwischen den Tarifparteien soll ein hinreichendes Verhandlungs- und Kampfgleichgewicht bestehen.
- Im Arbeitskampf muss die Verhältnismäßigkeit der Mittel gewahrt bleiben. Vor einem Arbeitskampf müssen alle Verhandlungsmöglichkeiten ausgeschöpft sein (Ultima-Ratio-Prinzip). Ist ein Schlichtungsverfahren vorgesehen, dann muss dieses vorher durchgeführt sein.

Ein einzelner Arbeitnehmer kann nicht streiken. Seine Arbeitsniederlegung wäre Arbeitsverweigerung. Ein Streik muss von einer Gewerkschaft getragen werden. Ist das nicht der Fall, so handelt es sich um einen **„wilden Streik"**. Eine Teilnahme daran kann nach einer Abmahnung zur Kündigung des Arbeitsverhältnisses führen.

Ein Streik ist nur rechtmäßig, wenn er von der Gewerkschaft getragen wird.

Aufgabe 5
Seite 414

Der Streik kann Wirkungen nicht nur in dem unmittelbar bestreikten Betrieb, sondern auch Fernwirkungen in einem anderen Betrieb hervorrufen. Beispiel: Wegen des Streiks bei einem Kfz-Zulieferer muss auch ein Autohersteller die Produktion einstellen. Die Rechtsprechung hat entschieden, dass in diesem Fall die Arbeitnehmer ihren Anspruch auf Arbeitsentgelt ebenfalls verlieren, wenn durch die Lohnzahlung in dem mittelbar betroffenen Betrieb die Kampfstellung der bestreikten Arbeitgeber erheblich geschwächt wurde. Dies ist z. B. der Fall, wenn der Betrieb, bei dem die Fernwirkungen eintreten, dem gleichen Arbeitgeberverband angehört.

Die Aussperrung
Die Aussperrung ist das Kampfmittel der Arbeitgeber. Eine Aussperrung ist die Nichtzulassung von Arbeitnehmern zur Arbeit bei gleichzeitiger Verweigerung der Lohn- und Gehaltszahlung. Da streikende Arbeitnehmer ohnehin keinen Anspruch auf Lohn- und Gehaltszahlung haben, entfaltet die Aussperrung vor allem dann Wirkung, wenn solche Arbeitnehmer ausgesperrt werden, die bisher noch nicht im Streik waren. Reagiert der Arbeitgeber auf einen Streik mit Aussperrung, dann wird diese Aussperrung als **„Abwehraussperrung"** bezeichnet.

Die Aussperrung ist nach der Rechtsprechung zulässig; die Gewerkschaften fordern jedoch ein Verbot der Aussperrung. Sie begründen dies damit, dass nur bei einem Verbot der Aussperrung die Kampfparität gewährleistet sei. Die Arbeitgeber hätten im Arbeitskampf von vornherein die stärkere Position.

Aufgabe 6 Seite 414

Abwehraussperrungen sind nach der Rechtsprechung des Bundesarbeitsgerichts grundsätzlich gerechtfertigt, um ein Verhandlungsungleichgewicht zu Gunsten der Gewerkschaften zu verhindern. Im Einzelnen hat die Rechtsprechung dazu folgende Grundsätze entwickelt:

- Ein generelles Aussperrungsverbot ist mit den tragenden Grundsätzen des Tarifrechts unvereinbar und deshalb unzulässig.
- Der zulässige Umfang von Abwehraussperrungen richtet sich nach dem Grundsatz der Verhältnismäßigkeit (**Übermaßverbot**). Maßgebend ist der Umfang des Angriffsstreiks. Ist der Streik auf weniger als 25 % der Arbeitnehmer des Tarifgebiets beschränkt, so erscheint eine Abwehraussperrung nicht unverhältnismäßig, wenn sie ihrerseits 25 % der Arbeitnehmer des Tarifgebiets erfasst. Der Beschluss eines Arbeitgeberverbandes, begrenzte Teilstreiks mit einer unbefristeten Aussperrung aller Arbeitnehmer eines Tarifgebiets zu beantworten, ist im Allgemeinen unverhältnismäßig. Aussperrungsmaßnahmen, die einen unverhältnismäßigen Aussperrungsbeschluss befolgen, sind rechtswidrig.
- Eine Aussperrung, die gezielt nur die Mitglieder einer streikenden Gewerkschaft erfasst, nicht organisierte Arbeitnehmer jedoch verschont, ist unzulässig.

Die Neutralität der Bundesagentur für Arbeit
Nach den Vorschriften von Sozialgesetzbuch III (SGB III, Arbeitsförderung) darf durch die Gewährung von Arbeitslosengeld nicht in Arbeitskämpfe eingegriffen werden. § 146 Abs. 1 Satz 1 SGB III

Ein Arbeitnehmer, der sich **unmittelbar an einem Streik beteiligt**, hat bis zur Beendigung des Streiks keinen Anspruch auf Arbeitslosengeld. Das gilt auch für ausgesperrte Arbeitnehmer. Die Bundesagentur für Arbeit darf in diesen Fällen kein Arbeitslosengeld zahlen, da sie zur Neutralität verpflichtet ist. Dadurch soll verhindert werden, dass die Kampfparität durch Gewährung von Lohnersatzleistungen verändert wird. § 146 Abs. 2 SGB III

§ 146 Abs. 3 SGB III

Wenn der Arbeitnehmer nur **mittelbar von einem Arbeitskampf betroffen** ist, gilt eine besondere Regelung. Mittelbar von einem Arbeitskampf betroffen sind Arbeitnehmer eines Betriebs, der weder bestreikt wird noch selbst aussperrt, aber wegen eines Arbeitskampfes seine Tätigkeit einstellen muss. Die Produktion muss z. B. eingestellt werden, weil Zulieferungen von Betrieben ausbleiben, die von einem Arbeitskampf betroffen sind.

Ist ein vom Streik mittelbar betroffener Arbeitnehmer innerhalb des räumlichen und fachlichen Geltungsbereichs des umkämpften Tarifvertrags beschäftigt, dann hat er keinen Anspruch auf Arbeitslosengeld.

§ 146 Abs. 3 Nr. 2 SGB III

Selbst wenn der Arbeitnehmer außerhalb des räumlichen Geltungsbereichs des umkämpften Tarifvertrags beschäftigt ist, kann ihm von der Bundesagentur für Arbeit die Gewährung von Leistungen versagt werden. Dies ist dann der Fall, wenn der Arbeitnehmer im fachlichen Geltungsbereich des umkämpften Tarifvertrags beschäftigt ist und die erstrittenen wesentlichen Regelungen aller Voraussicht nach in den für seinen Raum gültigen Tarifvertrag übernommen werden sollen. Der Arbeitskampf wird dann „stellvertretend“ auch für die mittelbar betroffenen Arbeitnehmer geführt.

Zusammenfassende Übersicht zu Kapitel 9.6: Tarifvertragsrecht und Arbeitskampf

Tarifvertrag
(Kollektivarbeitsvertrag)

GEWERKSCHAFTEN → Tarifvertragspartner Sozialpartner ← ARBEITGEBER-VERBÄNDE

↓

Tarifverhandlungen
(Tarifautonomie: Recht, Tarifverträge ohne staatliche Einflussnahme abzuschließen)

↓

Ergebnis: (neuer) Tarifvertrag – gegebenenfalls erst nach Arbeitskampf

Arten

Mantel-/Rahmentarifvertrag	**Lohn-/Gehaltstarifvertrag**
Laufzeit: 3–5 Jahre **Inhalt:** allgemeine Arbeitsbedingungen (Arbeitszeit, Urlaub, Kündigungsfristen), Einteilung in Lohn- und Gehaltsgruppen	**Laufzeit:** 1–2 Jahre **Inhalt:** Höhe des Arbeitsentgelts (Lohnsätze, Urlaubsgeld)

§ 3 TVG Tarifbindung

Nur für Arbeitsverhältnisse von tarifgebundenen Arbeitgebern und tarifgebundenen Arbeitnehmern

ABER: § 5 TVG Allgemeinverbindlichkeit
▶ alle Arbeitnehmer und Arbeitgeber einer bestimmten Branche sind betroffen

↑

Antrag → Bundesministerium für Arbeit und Soziales ← Antrag

Wiederholung des Grundwissens

1. Was ist unter Tarifautonomie zu verstehen?
2. Wer darf nach dem Tarifvertragsgesetz (TVG) Tarifverträge abschließen?
3. Wodurch unterscheiden sich Manteltarifverträge von Lohn- und Gehaltstarifverträgen (Entgelttarifverträge)?
4. Für welche Personengruppen haben Tarifverträge Gültigkeit?
5. Welche Wirkung hat eine Allgemeinverbindlichkeitserklärung?
6. Wie heißen die Vertragspartner einer Betriebsvereinbarung?
7. Wann ist ein Arbeitskampf rechtmäßig?
8. Was ist ein „wilder Streik"?
9. Was ist unter Aussperrung zu verstehen?
10. In welchem Fall liegt eine Abwehraussperrung vor?
11. Warum darf die Bundesagentur für Arbeit nicht durch die Gewährung von Arbeitslosengeld in einen Arbeitskampf eingreifen?

Aufgaben und Probleme

1. Tarifvertragsfähigkeit
   Entscheiden Sie in nachstehenden Fällen, ob Tarifvertragsfähigkeit gegeben ist.
   1. Tarifvertragsfähigkeit liegt vor,
   2. Tarifvertragsfähigkeit liegt nicht vor.

   a) IG Bau verhandelt mit einem großen Bauunternehmen über einen Werktarifvertrag
   b) Opel bei einem Tarifvertrag der Automobilindustrie
   c) Bundesvereinigung der Deutschen Arbeitgeber bei einem Tarifvertrag mit der Metallindustrie
   d) Vereinigte Dienstleistungsgewerkschaft Ver.di bei einem Gehaltstarifvertrag für die Beschäftigten des privaten Bankgewerbes.
   e) Arbeitgeberverband der Metallindustrie bei einem Tarifvertrag mit der Industriegewerkschaft Metall
   f) Deutsche Bank AG bei einem Haustarifvertrag

2. Inhalte von Tarifverträgen
   In welchen Tarifverträgen sind folgende Fragen geregelt:
   - Wöchentliche Arbeitszeit
   - Zuschläge für Mehrarbeit
   - Alterssicherung
   - Höhe des Lohnes bzw. Gehalts
   - Eingruppierung von Beschäftigten in Lohngruppen

3. Lohn- und Gehaltszahlung – Tarifvertrag
   Die Tarifvertragsparteien in der Textilindustrie haben sich auf einen neuen Tarifvertrag geeinigt. Die Löhne und Gehälter werden darin um 2,4 % erhöht. Der Tarifvertrag wird nicht für allgemein verbindlich erklärt.
   Prüfen Sie, ob die Arbeitnehmer in den einzelnen Betrieben Anspruch auf die Lohn- und Gehaltserhöhung haben.
   a) Kaltenbach ist nicht in der Gewerkschaft, sein Arbeitgeber ist jedoch Mitglied im Arbeitgeberverband.
   b) Vogele ist Gewerkschaftsmitglied, ihr Arbeitgeber ist nicht Mitglied im Arbeitgeberverband.

c) Biehler ist nicht in der Gewerkschaft, sein Arbeitgeber ist nicht Mitglied des Arbeitgeberverbandes.
d) Schafferer ist Gewerkschaftsmitglied, sein Arbeitgeber ist im Arbeitgeberverband.

4. Allgemeinverbindlichkeit eines Tarifvertrages
Im Baugewerbe ist es üblich, den Tarifvertrag für allgemein verbindlich zu erklären.
a) Von wem kann eine Allgemeinverbindlichkeitserklärung vorgenommen werden?
b) Welche Voraussetzungen müssen für eine Allgemeinverbindlichkeit erfüllt sein?
c) Für wen gilt der Tarifvertrag nach der Erklärung der Allgemeinverbindlichkeit?

5. Streik – Voraussetzungen – Streikarten
Die IG Metall eines Tarifbezirks kündigt den Manteltarifvertrag pünktlich zum 31.03. d. J. Weil der Arbeitgeberverband der Forderung nach einer weiteren Arbeitszeitverkürzung um eine Stunde nicht zustimmt, beschließt die Gewerkschaft Mitte März zu streiken.
a) Beurteilen Sie, ob die Streikmaßnahmen Mitte März zulässig sind.
b) Im April sind die Tarifverhandlungen festgefahren. Auf Gewerkschaftsseite werden verschiedene Streikarten erörtert.
- Welche Streikarten lassen sich unterscheiden?
- Welche Voraussetzungen müssen erfüllt sein, bevor die Gewerkschaft in den Streik treten kann?
- Warum sind „Wilde Streiks" verboten?

6. In einer Tarifauseinandersetzung wollen die Arbeitgeber auf einen Schwerpunktstreik mit Aussperrung reagieren.
a) Die Arbeitgeber sperren alle Arbeitnehmer des bestreikten Wirtschaftszweiges im Tarifbereich aus.
   - Welche Gründe sprechen aus der Sicht der Unternehmungen dafür, auch arbeitswillige Arbeitnehmer auszusperren?
   - Wie beurteilen Sie die Maßnahme aus der Sicht der betroffenen Arbeitswilligen?
b) Dürfen die Arbeitgeber sich darauf beschränken, alle gewerkschaftlich organisierten Arbeitnehmer auszusperren?

9.7 Das Recht der Mitbestimmung

9.7.1 Ebenen der Mitbestimmung

In Betrieben wirken Kapital und Arbeit bei der Erstellung von Sachgütern und Dienstleistungen zusammen. Arbeitnehmer erbringen die Arbeitsleistung, sind aber mehr als nur ein Produktionsfaktor wie das Kapital. Das Leben des Arbeitnehmers wird wesentlich durch den Betrieb, in dem er tätig ist, bestimmt. Der Unternehmer kann den Betrieb umorganisieren oder eine Betriebsordnung aufstellen. Er kann zahlreiche Entscheidungen treffen, die sich auf die Arbeitnehmer auswirken.

Sinn der betrieblichen Mitbestimmung ist es, dass die Arbeitnehmer bei den Entscheidungen, die sie und ihren Arbeitsplatz betreffen, mitbestimmen können.

Art. 20 Abs. 1 GG

Die gesetzlichen Regelungen über eine Mitwirkung und Mitbestimmung der Arbeitnehmer verwirklichen das Bekenntnis zum sozialen Rechtsstaat im Grundgesetz für die Bundesrepublik Deutschland. Das Recht auf Mitbestimmung im allgemeinen Sinne ist in der Bundesrepublik

Deutschland durch das Betriebsverfassungsgesetz, das Mitbestimmungsgesetz, das Drittelbeteiligungsgesetz und das Montan-Mitbestimmungsgesetz geregelt.

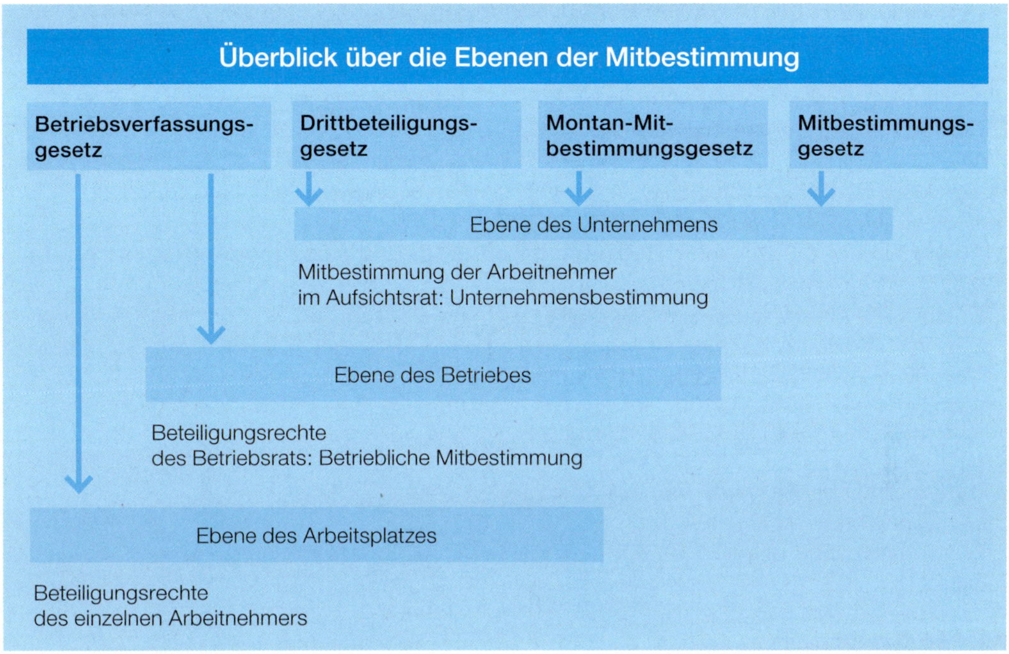

9.7.2 Beteiligungsrechte des Arbeitnehmers auf der Ebene des Arbeitsplatzes

Der Arbeitnehmer hat gemäß Betriebsverfassungsgesetz auf der Ebene des Arbeitsplatzes individuelle Rechte, die er ganz persönlich wahrnehmen kann. Er hat vor allem die folgenden Unterrichtungs-, Anhörungs- und Beschwerderechte:

- Recht auf Unterrichtung über seine Aufgaben und die damit verbundene Verantwortung sowie über die Einordnung seiner Tätigkeit in den betrieblichen Arbeitsablauf, § 81, § 82,
- Recht auf Unterrichtung über Unfall- und Gesundheitsgefahren am Arbeitsplatz sowie über Maßnahmen und Einrichtungen zur Abwendung dieser Gefahren, § 83 § 84 Abs. 1,
- Recht auf Anhörung in betrieblichen Angelegenheiten, die seine Person betreffen, § 85 Abs.1
- Recht auf Erörterung der Beurteilung seiner Leistungen, BetrVG
- Recht auf Einsicht in seine Personalakte,
- Recht auf Beschwerde, wenn er sich benachteiligt oder ungerecht behandelt fühlt. Die Beschwerde kann der Arbeitnehmer bei der zuständigen Stelle des Betriebs vorbringen. Der Betriebsrat ist verpflichtet, Beschwerden von Arbeitnehmern entgegenzunehmen und, falls er sie für berechtigt hält, beim Arbeitgeber auf Abhilfe hinzuwirken.

Die **Betriebsversammlung** hat die Aufgabe, den Kontakt und den Informationsfluss zwischen Belegschaft und Betriebsrat herzustellen. Sie besteht aus den Arbeitnehmern des Betriebs und wird von dem Vorsitzenden des Betriebsrats geleitet. Der Betriebsrat hat einmal in jedem Kalendervierteljahr eine Betriebsversammlung einzuberufen und ihr einen Tätigkeitsbericht zu erstatten. Der Arbeitgeber ist zu den Betriebsversammlungen unter Mitteilung der Tagesordnung einzuladen. Er ist berechtigt, in den Versammlungen zu sprechen. § 42 Abs. 1, § 43 Abs. 1 BetrVG

Die **Jugend- und Auszubildendenvertretung** nimmt die besonderen Belange

§ 60 BetrVG

- der jugendlichen Arbeitnehmer (Arbeitnehmer, die das 18. Lebensjahr noch nicht vollendet haben) und
- der Auszubildenden (sofern sie das 25. Lebensjahr noch nicht vollendet haben) wahr.

§ 67 BetrVG Eine **Jugend- und Auszubildendenvertretung** wird in Betrieben gewählt, in denen in der Regel mindestens fünf jugendliche Arbeitnehmer bzw. Auszubildende, die das 25. Lebensjahr noch nicht vollendet haben, beschäftigt sind. Sie kann zu allen Sitzungen des Betriebsrats einen Vertreter entsenden. Die Jugend- und Auszubildendenvertreter haben in der Sitzung des Betriebsrats Stimmrecht, soweit die zu fassenden Beschlüsse überwiegend jugendliche Arbeitnehmer und Auszubildende betreffen.

§ 61 BetrVG **Wahlberechtigt** sind jugendliche Arbeitnehmer unter 18 Jahren und Ausbildende unter 25 Jahren.

Wählbar sind Arbeitnehmer des Betriebs, die das 25. Lebensjahr noch nicht vollendet haben.

9.7.3 Beteiligungsrechte des Betriebsrats (betriebliche Mitbestimmung)

Die Bildung des Betriebsrats

§§ 1, 7, 8 BetrVG Betriebsräte werden in den Betrieben gebildet, die in der Regel mindestens fünf ständige wahlberechtigte Arbeitnehmer haben, von denen drei wählbar sind. Eine gesetzliche Verpflichtung zur Wahl eines Betriebsrats besteht nicht. Die Wahlberechtigung (**das aktive Wahlrecht**) für die Wahl des Betriebsrats haben alle Arbeitnehmer (also auch Auszubildende), die das 18. Lebensjahr vollendet haben. Wählbar sind alle Arbeitnehmer, die das aktive Wahlrecht besitzen und mindestens sechs Monate dem Betrieb angehören (**passives Wahlrecht**).

Der Betriebsrat ist die Interessenvertretung der Arbeitnehmer eines Betriebes.

Das Amt des Betriebsrats ist ein Ehrenamt. Ein Betriebsrat erhält keine besondere Vergütung. Durch eine Betriebsratstätigkeit versäumte Zeit hat jedoch der Arbeitgeber zu zahlen. Mitglieder des Betriebsrats sind von ihrer beruflichen Tätigkeit zu befreien, soweit dies für die Betriebsratstätigkeit erforderlich ist.

§ 21 BetrVG Die regelmäßige Amtszeit des Betriebsrats beträgt vier Jahre.

§ 9 BetrVG Die zahlenmäßige Zusammensetzung hängt von der Zahl der beschäftigten wahlberechtigten Arbeitnehmer ab.

Die allgemeinen Aufgaben des Betriebsrats

Die allgemeinen Aufgaben des Betriebsrats werden in § 80 BetrVG aufgezählt. § 80 BetrVG

Allgemeine Aufgaben des Betriebsrats	
Aufzählung	**Beispiele**
1. **Überwachung der Einhaltung von Rechtsnormen und arbeitsrechtlichen Grundsätzen,** die zugunsten von Arbeitnehmern gelten.	**Rechtsnormen:** Kündigungsschutzgesetz, Entgeltfortzahlungsgesetz, Arbeitszeitgesetz, Gewerbeordnung, Mutterschutzgesetz, Betriebsverfassungsgesetz usw. **Arbeitsrechtliche Grundsätze:** Gleichbehandlungsgrundsatz, Fürsorgepflicht.
2. **Beantragung von Maßnahmen,** die dem Betrieb und der Belegschaft dienen.	**Anregungen** für Einstellungen, Versetzungen, Umgruppierungen; Anregungen für Verbesserung der Arbeitsmethoden, für die Beseitigung vermeidbarer Arbeitserschwernisse.
3. **Entgegennahme von Anregungen** der Arbeitnehmer und der Jugendvertretung; Vertretung der Anregungen.	**Anregungen** jeder Art, die den Betrieb und die Mitarbeiter einschließlich der jugendlichen Arbeitnehmer betreffen.
4. **Durchsetzung der tatsächlichen Gleichbehandlung** von Männern und Frauen und die Vereinbarung von Familie und Beruf.	**Vorschlag** zur Einführung von Teilzeit.
5. **Eingliederung schutzbedürftiger Personen.**	**Eingliederung** Schwerbehinderter, Eingliederung von Arbeitnehmern aus krisenanfälligen Wirtschaftszweigen.
6. **Zusammenarbeit mit der Jugend- und Auszubildendenvertretung.**	**Maßnahmen** der Berufsausbildung, Vorbereitung und Durchführung der Wahl einer Jugendvertretung.
7. **Förderung der Beschäftigung älterer Arbeitnehmer.**	**Erhaltung von Arbeitsplätzen,** die besonders für ältere Arbeitnehmer geeignet sind.
8. **Integration ausländischer Arbeitnehmer** wie Maßnahmen zur Bekämpfung von Rassismus und Fremdenfeindlichkeit.	**Integrierung** in den Betrieb nach Einstellung, Hinwirkung auf Verständnisbereitschaft gegenüber ausländischen Mitarbeitern.
9. **Förderung der Maßnahmen des Arbeitsschutzes** und des betrieblichen Umweltschutzes.	**Vorschlag** zur Erstellung einer betrieblichen Ökobilanz.

Die Abstufung der Beteiligungsrechte des Betriebsrats

Das Betriebsverfassungsgesetz gibt dem Betriebsrat Beteiligungsrechte in sozialen, personellen und wirtschaftlichen Angelegenheiten. Die Beteiligungsrechte sind – geordnet nach der Intensität der möglichen Einflussnahme – wie folgt abgestuft:

1. **Informationsrecht** § 90 BetrVG
   Der Betriebsrat hat nur ein Fragerecht, der Arbeitgeber die Erläuterungspflicht.
   Beispiel: Information über die Planung von Neu-, Um- und Erweiterungsbauten.
2. **Mitspracherecht** § 92 BetrVG
   Der Betriebsrat kann verlangen, dass der Arbeitgeber ihn anhört und die Angelegenheit mit ihm erörtert.
   Beispiel: Beratung und Verhandlung zur Personalplanung.
3. **Widerspruchsrecht** § 99 BetrVG
   Der Widerspruch des Betriebsrats führt zu einer Nachprüfung durch das Arbeitsgericht.
   Beispiel: Widerspruch gegen eine Kündigung.

§ 87 BetrVG

4. **Mitbestimmungsrecht** („echte" Mitbestimmung)
Der Betriebsrat kann die Einführung einer bestimmten Regelung verlangen (Initiativrecht). Arbeitgeber und Arbeitnehmer können die Regelung nur gemeinsam treffen. Es besteht Einigungszwang. Kommt eine Einigung nicht zustande, dann entscheidet die Einigungsstelle.
Beispiel: Aufstellung einer Urlaubsplanes

§ 87 BetrVG

Wichtige Mitbestimmungsrechte des Betriebsrats in sozialen Angelegenheiten:
In sozialen Angelegenheiten kann der Arbeitgeber in den in § 87 BetrVG aufgezählten Fällen Maßnahmen grundsätzlich nur mit Zustimmung des Betriebsrats treffen. Kommt keine Einigung zwischen Arbeitgeber und Arbeitnehmer zustande, dann entscheidet die **Einigungsstelle** verbindlich. Damit hat der Betriebsrat in diesen Fällen ein echtes Mitbestimmungsrecht.

1. Fragen der Ordnung des Betriebs und des Verhaltens im Betrieb;
2. Beginn und Ende der täglichen Arbeitszeit einschließlich der Pausenregelungen;
3. Einführung und Anwendung von technischen Einrichtungen, die dazu bestimmt sind, das Verhalten oder die Leistung der Arbeitnehmer zu überwachen;
4. Regelungen über die Verhütung von Arbeitsunfällen und Berufskrankheiten sowie über den Gesundheitsschutz im Rahmen der gesetzlichen Vorschriften oder der Unfallverhütungsvorschriften;
5. Fragen der betrieblichen Lohngestaltung

Aufgaben 1 u. 2 Seite 421 f.

9.7.4 Unternehmensmitbestimmung

Wesen der Unternehmensmitbestimmung
Die gesetzlichen Regelungen zur Unternehmensmitbestimmung sollen den Arbeitnehmern unmittelbaren Einfluss auf wichtige unternehmerische Planungen und Entscheidungen gewähren.

Die Unternehmensmitbestimmung wird durch die Beteiligung der Arbeitnehmer im Aufsichtsrat verwirklicht.

Durch die Unternehmensmitbestimmung wird die Arbeitnehmerschaft an der Auswahl und der laufenden Kontrolle der Unternehmensleitung beteiligt; sie kann außerdem die Unternehmenspolitik in ihren Grundzügen mitbestimmen.

vgl. Seite 350

Schon durch die Mitwirkung der Arbeitnehmervertreter an der Bestellung und Abberufung der Unternehmensleitung wird eine soziale Unternehmenspolitik gefördert. Bei der Beratung unternehmerischer Absichten und Entscheidungen im Aufsichtsrat kann auch die Erfahrung und Sachkunde der Arbeitnehmer in den Entscheidungsprozess mit eingehen.

Die Unternehmensmitbestimmung wird auch als wirtschaftliche Mitbestimmung bezeichnet.

Unternehmensmitbestimmung nach dem Drittelbeteiligungsgesetz (DrittelbG)

§ 1 DrittelbG

Nach dem Drittelbeteiligungsgesetz muss der Aufsichtsrat einer Aktiengesellschaft, einer Kommanditgesellschaft auf Aktien sowie einer Gesellschaft mit beschränkter Haftung oder Genossenschaft zu einem Drittel aus Vertretern der Arbeitnehmer bestehen, falls in dem Unternehmen mehr als 500 Arbeitnehmer beschäftigt sind. Für Montangesellschaften und sogenannte Großunternehmen gilt ein besonderes Recht.

Von der Pflicht zur Drittelbeteiligung der Arbeitnehmer im Aufsichtsrat sind befreit

- Aktiengesellschaften und Kommanditgesellschaften auf Aktien, die Familiengesellschaften sind und weniger als 500 Arbeitnehmer beschäftigen,
- sogenannte Tendenzbetriebe (Unternehmen, die überwiegend politischen, konfessionellen, karitativen, erzieherischen, wissenschaftlichen oder künstlerischen Zwecken dienen).

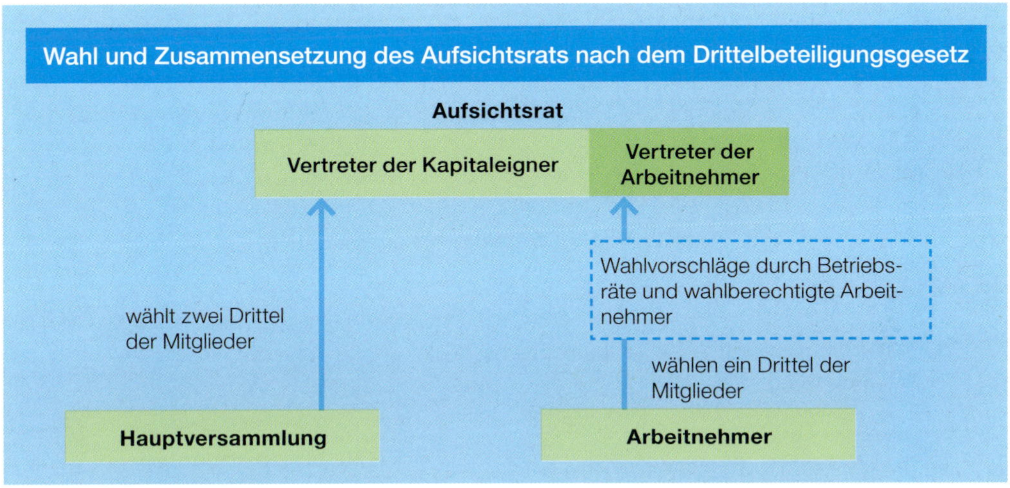

Unternehmensmitbestimmung nach dem Mitbestimmungsgesetz (MitbestG)
Für Kapitalgesellschaften und Genossenschaften[1], die in der Regel mehr als 2000 Arbeitnehmer beschäftigen und nicht der Montanmitbestimmung unterliegen, gilt das Mitbestimmungsgesetz von 1976. Zu den Kapitalgesellschaften zählen vor allem die AG, die GmbH und die KGaA. § 1 MitbestG

Bei einer Kapitalgesellschaft ist die Mitgliedschaft auf die reine Kapital(Geld-)beteiligung zugeschnitten. Die Gesellschafter haften nicht persönlich, ihre persönliche Mitarbeit an der Geschäftsführung ist nicht notwendig.

Das Gesetz legt fest, dass

1. der Aufsichtsrat paritätisch mit Vertretern der Kapitaleigner und der Arbeitnehmer besetzt ist,
2. Personal- und Sozialfragen durch einen Arbeitsdirektor (als Mitglied des Vorstands) besonders betreut werden,
3. bei Stimmengleichheit im Aufsichtsrat die Stimme des Vorsitzenden den Ausschlag gibt. Der Aufsichtsratsvorsitzende ist in der Regel ein Vertreter der Aktionäre (Kapitaleigner).

Die Mitbestimmung im Aufsichtsrat nach dem Mitbestimmungsgesetz 1976 ist nur zahlenmäßig paritätisch, tatsächlich ist es aber eine ungleichgewichtige Mitbestimmung:

1. Aufgrund der gesetzlichen Vorschriften für die Wahl gehört der Aufsichtsratsvorsitzende wohl immer der Gruppe der Kapitaleigner an.

[1] *Für Unternehmen, die im Bereich des Kohlebergbaus und der Eisen und Stahl erzeugenden Industrie tätig sind, gilt ein eigenständiges Gesetz: Das Montanmitbestimmungsgesetz.*

2. Der Aufsichtsratsvorsitzende hat bei der Abstimmung über die Bestellung der Vorstandsmitglieder bzw. Geschäftsführer eine ausschlaggebende Zweitstimme.
3. Der Gruppe der Arbeitnehmer im Aufsichtsrat ist ein leitender Angestellter zugeordnet, dessen Tätigkeitsbereich im Unternehmen ihn in die Nähe und an die Seite der Anteilseigner rücken lässt.

Daher könnte der Arbeitsdirektor u. U. auch gegen die Stimmen der Arbeitnehmervertreter gewählt werden.

Zusammenfassende Übersicht zu Kapitel 9.7: Das Recht der Mitbestimmung

Überblick über die Ebenen der Mitbestimmung

Produktionsfaktor **Arbeit** → **Betriebliches Ergebnis** ← Produktionsfaktor **Kapital**

↓

Betriebliche Mitbestimmung

Ebenen der Mitbestimmung

Ebene des Unternehmens (Mitbestimmungsgesetz, Drittelbeteiligungsgesetz)	Mitbestimmung der Arbeitnehmer im **Aufsichtsrat**: Unternehmensmitbestimmung
Ebene des Betriebes (Betriebsverfassungsgesetz)	Beteiligungsrechte des **Betriebsrats**
Ebene des Arbeitsplatzes (Betriebsverfassungsgesetz)	Beteiligungsrechte des **einzelnen Arbeitnehmers**

Wiederholung des Grundwissens

1. Wie lässt sich das Recht der Arbeitnehmer auf Mitbestimmung im Unternehmen begründen?
2. Nennen Sie die Gesetze, die Regelungen über die Mitbestimmung enthalten.
3. Nennen Sie Rechte des Arbeitnehmers auf der Ebene des Arbeitsplatzes.
4. Welche Aufgabe hat die Betriebsversammlung?
5. Wer ist in der Betriebsversammlung vertreten?
6. In welchen Betrieben werden Betriebsräte gebildet?
7. Welche Funktion nimmt der Betriebsrat wahr?
8. Wer ist bei der Wahl eines Betriebsrats wahlberechtigt?
9. Wer ist für den Betriebsrat wählbar?
10. Wie lange dauert die Amtszeit eines Betriebsrats?
11. Wovon ist die Zusammensetzung des Betriebsrats abhängig?
12. Unterscheiden Sie die unterschiedlichen Beteiligungsrechte des Betriebsrats.
13. Welchem Organ kommt die Unternehmensmitbestimmung zu?
14. Wodurch unterscheiden sich die Unternehmensmitbestimmung nach dem Drittelbeteiligungsgesetz und dem Mitbestimmungsgesetz?

Aufgaben und Probleme

1. Entscheiden Sie für die folgenden Situationen,
   1. ob der Betriebsrat ein Mitbestimmungsrecht nach dem Betriebsverfassungsgesetz hat,
   2. ob es sich gegebenenfalls um ein Mitwirkungsrecht, ein volles Mitbestimmungsrecht oder um ein Beratungs- bzw. Informationsrecht handelt.

   a) Die Geschäftsleitung eines Unternehmens ordnet wegen verstärkten Auftragseingangs für zwei Betriebsabteilungen Überstunden für die Dauer von drei Monaten an.

b) Einer der Geschäftsführer des Unternehmens bittet einen Sachbearbeiter der Einkaufsabteilung, am 1. März wegen unaufschiebbarer Arbeiten eine Stunde länger im Betrieb zu bleiben.
c) Die Gesellschafter des Unternehmens beschließen, einen weiteren Gesellschafter aufzunehmen.
d) Die Geschäftsleitung weist einer neu eingestellten Mitarbeiterin im Callcenter einen Arbeitsplatz in der Verkaufsabteilung zu.
e) Die Geschäftsleitung beschließt, ab 01. Januar neue Grundsätze zur Beurteilung der Mitarbeiter anzuwenden.
f) Die Geschäftsleitung kündigt einem Arbeiter.
g) Die Geschäftsleitung beschließt, aus Rationalisierungsgründen das Produktionsprogramm zu straffen und auf die Herstellung einiger Produkte zu verzichten.
h) die Geschäftsleitung will neue Kontrollgeräte einführen, um die Qualität der Arbeitsleistung der Arbeitnehmer zu überwachen.

2. Der Umfang der Geschäftstätigkeit der Firma Light House KG hat in den vergangenen Jahren stark zugenommen, sodass einige Neueinstellungen erforderlich waren. Einige Arbeitnehmer fordern nunmehr die Errichtung eines Betriebsrates. Die Belegschaft des Unternehmens setzt sich derzeit wie folgt zusammen:

Alter	Anzahl	davon weniger als 6 Monate im Betrieb	Deutsche Staatsangehörigkeit	Arbeitsvertrag	Ausbildungsvertrag
unter 18 Jahre	6	1	4	2	4
18 bis 25 Jahre	10	2	9	8	2
älter als 25 Jahre	50	5	30	49	1

a) Wie viele Personen sind bei der Light House KG wahlberechtigt?
b) Wie viele Personen sind wählbar?
c) Aus wie vielen Mitgliedern wird der Betriebsrat bestehen?
d) Wie lange dauert die regelmäßige Amtszeit des Betriebsrats?
e) Welche Möglichkeiten einer Mitbestimmung haben die Jugendlichen und Auszubildenden dieses Unternehmens?
f) Die Jugendlichen wollen zur Durchführung von Projektarbeiten einen eigenen Projektarbeitsraum. Auf welchem Weg lässt sich dieser Wunsch durchsetzen?

Anlage: Gründung einer GmbH – Musterprotokoll

Anlage zum GmbH-Gesetz
(zu § 2 Abs. 1a)

a) Musterprotokoll
für die Gründung einer Einpersonengesellschaft

UR. Nr. ....

Heute, den ....,

erschien vor mir, ...,
Notar/in mit dem Amtssitz in
....,

Herr/Frau[1])
....
....
....[2]).

1. Der Erschienene errichtet hiermit nach § 2 Abs. 1a GmbHG eine Gesellschaft mit beschränkter Haftung unter der Firma ....
   ....
   mit dem Sitz in ....
2. Gegenstand des Unternehmens ist ....
3. Das Stammkapital der Gesellschaft beträgt .... €
   (i. W. .... Euro) und wird vollständig von Herrn/Frau[1]) ....
   (Geschäftsanteil Nr. 1) übernommen. Die Einlage ist in Geld zu erbringen, und zwar sofort in voller Höhe/zu 50 Prozent sofort, im Übrigen sobald die Gesellschafterversammlung ihre Einforderung beschließt[3]).
4. Zum Geschäftsführer der Gesellschaft wird Herr/Frau[4]) ....
   .... ,
   geboren am .... , wohnhaft in ....
   ...., bestellt.
   Der Geschäftsführer ist von den Beschränkungen des § 181 des Bürgerlichen Gesetzbuchs befreit.
5. Die Gesellschaft trägt die mit der Gründung verbundenen Kosten bis zu einem Gesamtbetrag von 300 €, höchstens jedoch bis zum Betrag ihres Stammkapitals. Darüber hinausgehende Kosten trägt der Gesellschafter.
6. Von dieser Urkunde erhält eine Ausfertigung der Gesellschafter, beglaubigte Ablichtungen die Gesellschaft und das Registergericht (in elektronischer Form) sowie eine einfache Abschrift das Finanzamt – Körperschaftsteuerstelle –.
7. Der Erschienene wurde vom Notar/von der Notarin insbesondere auf Folgendes hingewiesen: ....

Hinweise:

[1]) Nicht Zutreffendes streichen. Bei juristischen Personen ist die Anrede Herr/Frau wegzulassen.

[2]) Hier sind neben der Bezeichnung des Gesellschafters und den Angaben zur notariellen Identitätsfeststellung ggf. der Güterstand und die Zustimmung des Ehegatten sowie die Angaben zu einer etwaigen Vertretung zu vermerken.

[3]) Nicht Zutreffendes streichen. Bei der Unternehmergesellschaft muss die zweite Alternative gestrichen werden.

[4]) Nicht Zutreffendes streichen.

b) Musterprotokoll
für die Gründung einer Mehrpersonengesellschaft
mit bis zu drei Gesellschaftern

UR. Nr. ....

Heute, den ....,

erschienen vor mir, ...,
Notar/in mit dem Amtssitz in

....,

Herr/Frau[1])

....
....[2]),

Herr/Frau[1])

....
....[2]),

Herr/Frau[1])

....
....[2]).

1. Die Erschienenen errichten hiermit nach § 2 Abs. 1a GmbHG eine Gesellschaft mit beschränkter Haftung unter der Firma ....
   ....
   mit dem Sitz in ....

2. Gegenstand des Unternehmens ist ....

3. Das Stammkapital der Gesellschaft beträgt .... €
   (i. W. .... Euro) und wird wie folgt übernommen:

   Herr/Frau[1]).. übernimmt einen Geschäftsanteil mit einem Nennbetrag in Höhe von ...... €
   (i. W. .... Euro) (Geschäftsanteil Nr. 1),

   Herr/Frau[1]).. übernimmt einen Geschäftsanteil mit einem Nennbetrag in Höhe von ...... €
   (i. W. .... Euro) (Geschäftsanteil Nr. 2),

   Herr/Frau[1]).. übernimmt einen Geschäftsanteil mit einem Nennbetrag in Höhe von ...... €
   (i. W. .... Euro) (Geschäftsanteil Nr. 3).

   Die Einlagen sind in Geld zu erbringen, und zwar sofort in voller Höhe/zu 50 Prozent sofort, im Übrigen sobald die Gesellschafterversammlung ihre Einforderung beschließt[3]).

4. Zum Geschäftsführer der Gesellschaft wird Herr/Frau[4]) ....
   ....,
   geboren am .... , wohnhaft in ....
   .... , bestellt.
   Der Geschäftsführer ist von den Beschränkungen des § 181 des Bürgerlichen Gesetzbuchs befreit.

5. Die Gesellschaft trägt die mit der Gründung verbundenen Kosten bis zu einem Gesamtbetrag von 300 €, höchstens jedoch bis zum Betrag ihres Stammkapitals. Darüber hinausgehende Kosten tragen die Gesellschafter im Verhältnis der Nennbeträge ihrer Geschäftsanteile.

6. Von dieser Urkunde erhält eine Ausfertigung jeder Gesellschafter, beglaubigte Ablichtungen die Gesellschaft und das Registergericht (in elektronischer Form) sowie eine einfache Abschrift das Finanzamt – Körperschaftsteuerstelle –.

7. Die Erschienenen wurden vom Notar/von der Notarin insbesondere auf Folgendes hingewiesen: ....

Hinweise:

[1]) Nicht Zutreffendes streichen. Bei juristischen Personen ist die Anrede Herr/Frau wegzulassen.

[2]) Hier sind neben der Bezeichnung des Gesellschafters und den Angaben zur notariellen Identitätsfeststellung ggf. der Güterstand und die Zustimmung des Ehegatten sowie die Angaben zu einer etwaigen Vertretung zu vermerken.

[3]) Nicht Zutreffendes streichen. Bei der Unternehmergesellschaft muss die zweite Alternative gestrichen werden.

[4]) Nicht Zutreffendes streichen.

Verzeichnis der Gesetze (einschl. Abkürzungen)

AktG	Aktiengesetz
AEntG	Arbeitnehmer-Entsendegesetz
ArbGG	Arbeitsgerichtsgesetz
ArbPlSchG	Arbeitsplatzschutzgesetz
BBiG	Berufsbildungsgesetz
BErzGG	Bundeserziehungsgeldgesetz
BetrVG	Betriebsverfassungsgesetz
BGB	Bürgerliches Gesetzbuch
DrittelbG	Drittelbeteiligungsgesetz
EntgeltFZG	Entgeltfortzahlungsgestz
EStG	Einkommensteuergesetz
EStR	Einkommensteuerrichtlinien
FGG	Gesetz über die Angelegenheiten der freiwilligen Gerichtsbarkeit
GebrMG	Gebrauchsmustergesetz
GeschmMG	Geschmacksmustergesetz
GewO	Gewerbeordnung
GG	Grundgesetz
HGB	Handelsgesetzbuch
HRV	Verordnung über die Einrichtung und Führung des Handelsregisters
KSchG	Kündigungsschutzgesetz
MarkenG	Markengesetz
MitbestG	Mitbestimmungsgesetz
MuSchG	Mutterschutzgesetz
NachwG	Nachweisgesetz
PatG	Patentgesetz
ProdHaftG	Produkthaftungsgesetz
SBG IX	SGB: Rehabilitation und Teilhabe behinderter Menschen
SG III	SGB: Arbeitsförderung
SGB	Sozialgesetzbuch
TVG	Tarifvertragsgesetz
UStG	Umsatzsteuergesetz
UWG	Gesetz gegen den unlauteren Wettbeworb
VerpackV	Verordnung über die Vermeidung und Verwertung von Verpackungsabfällen (Verpackungsverordnung)
ZPO	Zivilprozessordnung

Sachwortverzeichnis

A

B

H

I

J

K

L

M

Bildquellenverzeichnis

Brauner, Angelika/Bildungsverlag EINS, S. 26
Bergmoser + Höller Verlag, Aachen, S. 327, 416
dpa-Infografik/picture alliance, Frankfurt, S. 38, 250, 253, 254, 300, 326, 381, 388, 390, 411
eBay Inc., S. 39
Fotolia, S. 9 (Andreas Wechsel), 11 oben (Michael Kempf), 11 Mitte (Monart Design), 11 unten (Yuri Arcurs), 35 unten (Dream-Emotion), 72 (Mixage), 87 (Ingo Bartussek), 182 (chestra), 194 (Eisenhans), 202 (Alterfalter), 241 (Engel), 255 (Melisback)
imu-Infografik, Duisburg, S. 35
Lufthansa Bildarchiv/Frieder Blickle, S. 277
MEV Verlag, Augsburg, S. 88, 103, 109, 151, 264, 299, 300, 303 (2x), 307
picture-alliance, Frankfurt, S. 91 (ZB), 96 (dpa/dpa web), 321 (ZB), 359 (dpa), 410 (dpa)